科学出版社“十三五”普通高等教育本科规划教材
高等医药院校药学类系列教材

无机化学

主　编　傅　迎　章小丽
主　审　陈朝军
副主编　王美玲　蒋心惠　王巧峰　杜　曦
编　委　（按姓氏笔画排序）
王　宁（山西医科大学）
王巧峰（空军军医大学）
王美玲（内蒙古医科大学）
付　琛（西南大学）
刘　娜（大连医科大学）
杜　曦（西南医科大学）
李瑞祥（四川大学）
陈朝军（内蒙古医科大学）
武世奎（内蒙古医科大学）
周小霞（陆军军医大学）
胡密霞（内蒙古医科大学）
姚家灿（昆明医科大学）
袁泽利（遵义医学院）
章小丽（昆明医科大学）
蒋心惠（重庆医科大学）
喻　芳（昆明医科大学）
傅　迎（大连医科大学）

科学出版社
北　京

内 容 简 介

无机化学是高等医药院校药学专业学生的一门必修课。是药学、药物制剂、制药工程、中药学等专业的主要基础课程之一。本教材共15章内容，在编写时考虑到大学一年级学生的实际水平和与高中知识的衔接问题，在保证无机化学的基本原理、基本知识的基础上，尽量减少与高中知识的重叠，对每个知识点的表达力求简洁，每个知识点的衔接力求流畅。同时教材中突出无机化学与药学的紧密联系，增加了一些学科的前言内容和发展方向。

本教材适合药学、药物制剂、制药工程、中药学等药学相关专业本科生教学使用，也可作为药学相关从业人员的参考用书。

图书在版编目（CIP）数据

无机化学 / 傅迎，章小丽主编. —北京：科学出版社，2018.1
ISBN 978-7-03-055081-1
Ⅰ. ①无…　Ⅱ. ①傅…　②章…　Ⅲ. ①无机化学–医学院校–教材
Ⅳ. ①O61
中国版本图书馆 CIP 数据核字（2017）第 267515 号

责任编辑：周　园 / 责任校对：郭瑞芝
责任印制：赵　博 / 封面设计：陈　敬

科学出版社 出版
北京东黄城根北街 16 号
邮政编码：100717
http://www.sciencep.com
天津市新科印刷有限公司印刷
科学出版社发行　各地新华书店经销
*
2018 年 1 月第　一　版　　开本：787×1092　1/16
2025 年 7 月第八次印刷　　印张：20 1/2　插页：1
字数：576 000
定价：88.00 元
（如有印装质量问题，我社负责调换）

科学出版社“十三五”普通高等教育本科规划教材
高等医药院校药学类系列教材

专家委员会

前　言

无机化学是高等医药院校药学、临床药学、药物制剂、制药工程、中药学、医学检验、生物技术、生物制药、生物工程等专业大学一年级学生的主要基础课程之一，同时，也是为学好其他后续相关化学课程和专业课程奠定必要基础的重要课程。

本教材力求使学生在阅读时，能将已掌握的部分基础化学知识与无机化学课程顺畅衔接，因此，编者在对内容的选择和顺序的安排上做了精心的设计，并按照教学大纲的规定，最终确定了本教材的内容。本教材在文字表述上力求语言精练、概念准确，例题尽量与医药学相关领域紧密贴合，使读者在使用本教材时容易读懂基本内容，并通过看例题、做习题、专题讨论、查阅文献等多种学习方式，掌握无机化学课程所介绍的基本原理和基本知识。

教材中的拓展内容，是从医药学相关学科的角度，介绍了无机化学应用领域的前沿成就和未来发展方向，使读者通过阅读拓宽了对化学学科的认知视野。

本教材共 15 章，建议课时 60～80 学时。使用本教材时，可根据实际情况对教材内容进行适当取舍。本教材主要有以下几个特点：①注意与所学化学知识的衔接和过渡；②注重理论知识与医药等相关学科的联系，例如，元素的生物学效应部分读起来更引人入胜；③每章最后配有知识导图，有助于读者对本章主要内容进行归纳总结；④本教材对必须涉及的分析化学、物理化学、有机化学等相关知识，只进行适度介绍。

本教材的全体编者在编写过程中本着严谨的科学态度，认真反复完善教材的每一个方面，把多年宝贵的教学体会融入教材的字里行间。由于水平有限，错误和不妥之处在所难免，诚恳希望各位同行、专家及使用本教材的读者们给予批评指正。

在本教材编写筹备和完成过程中，科学出版社和编者所在学校给予了大力支持，在此一并表示诚挚的感谢！

陈朝军
2017 年 8 月

目　录

绪　论

一、无机化学的发展进程简介

人类自远古就因制陶、冶金、酿酒、染色等生活的需求，一直对涉及化学问题的生活实践进行着长期的摸索，并孕育了化学实验的萌芽，但那时远没有形成系统的化学知识。到 16 世纪中叶之后的一百多年时间里，先人们为求长生不老炼仙丹，为求贵求荣获取黄金，开启了最早的化学实验，并因为大力推崇令其非常兴盛，几大文明古国对此都有记载。这一时期积累了丰富的关于诸多物质间发生化学变化的经验，特别是那些需求目的非常明晰的化学实验的方法，逐渐在冶金和医药方面获得的长足进步，为后来形成更加完善的化学学科奠定了重要的基础。英语的 chemistry 一词起源于 alchemy(炼金术)，至今 chemist 依然包含了化学家和药剂师两个重要内涵，这也表明化学源于炼金术和制药业。

直到 17 世纪，人们陆续发明了蒸馏器、烧杯、冷凝器和过滤器等化学实验仪器，并总结提炼出诸如溶解、过滤、结晶、升华、蒸馏等化学实验操作方法，人们也意识到了其中潜藏的一些粗浅的化学反应规律，实践经验和提炼出的初步理论经反复印证和不断充实完善，在经历了漫长的积累和发展后，才最终向自然科学的道路迈进。

仰赖于技术的进步，现代化学实验具备了更多灵敏、精确和快速的高级实验手段，能够准确地进行定性定量的化学检测，特别是计算机的应用，使化学工作的自动化程度大大提高。

我国的化学实践发展史源远流长，距今一万年的新石器时代，我们的祖先在全世界率先制作了瓷器，到清代名传海外。我国早在殷代(公元前 2500—前 2000 年)就已有高超的青铜器熔炼技艺，春秋时期(公元前 770—前 476 年)冶炼技术也迅速兴起，不仅较早炼出了生铁，还是世界最早的炼钢国之一。

系统的近代化学知识和化学理论，是在 19 世纪中叶从欧洲传到中国来的。20 世纪初，为数不多的留学人回国后开始兴办化学教育，筹办与化学相关的刊物、工厂，1932 年 8 月成立中国化学会。他们是我国现代化学学科的开拓者和化学工业的先驱者，是我国现代化学各分支学科的带头人、奠基者。

二、化学与药学

15～16 世纪，化学实验开始在医药学等一些实用工艺中发挥作用，并不断得到发展。代表性人物是瑞士医生及医药化学家 P. A. Paracelsus(1493—1541)，他致力于把化学知识应用于医疗实践，制取药物，为人类解除病痛服务。在制备新药剂的过程中，探讨了许多无机物的分离、提纯方法，进行了一些合成实验，并总结出这些物质的性质。Paracelsus 被认为是“从根本上改变了医疗和化学的发展道路”的人。德国医生和医药化学家 Andreas Libavius(1540—1616)着重强调化学的实用意义，为推进化学成为一门独立学科做出了重要贡献。那个时期的许多医药化学家对化学实验的发展贡献卓著，欧洲资本主义生产方式的建立和发展，使近代化学实验作为一种相对独立的科学实践活动，从生产实践中分化出来，随着技术的不断进步，化学实验无论从广度上的拓宽还是深度上的推进，都取得了突飞猛进的发展，先进的实验仪器和装置把化学科学研究带入了一个又一个崭新的领域，为近代化学科学的发展奠定了基础。

17 世纪中叶后的一百多年，冶金工业快速发展，直到 19 世纪末，一直处于总结经验性的化学，由于科学元素论和原子、分子论的相继提出，元素周期律被发现，这期间建立了许多化学基本定律，使化学向着更精确的定量化学方向进步。对一些物质结构的研究和发现，使有机化学得以迅速发展。为测定相对原子质量和测定物质的组成及含量，促进建立了分析化学。将物理学的普遍规律用于化学问题的研究，确立了物理化学学科。由此，相继形成的无机化学、有机化学、分析化学、物理化学成为现代化学全面且重要的基础。

化学这门学科终于确立了是在原子、分子水平上研究物质的组成、结构、性质和变化规律的明确范畴。纵观化学发展历史不难发现，无机化学是化学这门科学的母体，其他化学的分支基本是从无机化学中分化、衍生而来的。

化学是药学毋庸置疑的基础，与无机化学有着密不可分的联系。化学家一直都致力于化学药物的研制和天然药物的提取，从而推动了化学和药学的共同发展，实际上，药物生产是化工行业重要的组成部分。药物的化学结构、构效关系、新药研发、天然药物提取、药物制剂、药理和毒理研究等问题，都要用化学知识和化学原理及化学方法解决，可以说没有化学，现代药学和现代药物也无从谈起。

三、无机化学是药学专业的重要基础

学生们在未来的职业生涯中将致力于生物、医药工程、环境或者农业等应用学科方面的工作，无机化学作为药学专业必修的重要基础课，主要目的是让学生学习和理解重要的化学原理，熟知重要的化学知识，掌握重要的化学实验技能，培养学生发现问题、思考问题的科学思维模式，以及力求应用所学来自主解决问题的能力，并为后续诸多其他基础课和专业课的学习，以及将来能有持续发展进步的能力奠定不可或缺的全面的基础。

四、本教材特点

本教材作为药学及相关专业学生的基础课，重点阐述基本化学理论及其应用、重要的化学原理及基本化学知识等。其中化学热力学基础、化学反应速率与化学平衡，是贯穿全书甚至对今后所有化学课程及其他课程都非常重要的基本化学原理；溶液、酸碱平衡、缓冲溶液、难容电解质的沉淀-溶解平衡，以及氧化还原与电极电势诸章，阐述了重要的化学基础知识；原子结构、分子结构和配位合物，阐述如何掌握物质主要结构特征的重要学说和主要理论；s 区元素、p 区元素、d 区元素、ds 区元素及 f 区元素这五章，阐述了元素周期表中几乎所有元素的一般性质，以及这些性质的递变规律，从化学键、化学结构及其与化学性质之间关系的角度，介绍了一些主要元素重要的化合物及其性质，并适当拓展了一些内容供读者做进一步的阅读学习。

五、学好无机化学

本教材涵盖了药学及相关专业读者应掌握的无机化学的全部内容，并将重要的关键词用黑体和对应的英文标示出来，便于在文中快速发现他们，感兴趣的读者还可以从相关网站等媒介上进一步查阅与所学内容相关联的信息；每一章最后的知识导图帮助读者了解该章的主要内容，以及清晰这些内容之间的相互联系，便于读者自学或归纳理顺所学内容。

教材中每一章主要的基本概念及其应用，都通过对应的具体例题进一步阐明，仔细研读和分析解题的过程，特别有助于学习和理解如何用抽象的概念解读理解具体问题，并最终解决问题。文中的图、表、曲线，有助于读者更翔实地了解除文字以外的其他信息，发现可能的发展规律和变化规律。

实际学习的过程中，注意关联前后所学知识，发现他们内在的关系，逐渐使所学成为全面的知识网。需要指出的是，学习自然学科应特别注意有关的定律、理论、学说、假说等的设定含义、应用条件和他们各自能解决什么问题，这非常有助于准确系统地掌握本学科涵盖的内容。最后，祝读者学习愉快。

(傅　迎　章小丽)

第一章 溶 液

溶液(solution)是由一种或几种物质分散于另一种物质中形成的均匀稳定的混合物分散体系。其中，能分散其他物质的称作**溶剂**(solvent)，被分散的物质是**溶质**(solute)。溶液不仅有液态，也有固态，如银-汞或金-银合金等；此外，还有空气、雾和烟等气态溶液，被分散的溶质有气态、液态和固态物质，所形成的溶液对应的分别如汽水、75%的乙醇溶液和葡萄糖溶液等。通常，液态溶液是最常见的溶液，其中含量较少的组分是溶质，含量较多的组分是溶剂。没有特殊指明溶剂时，一般指的是水。

第一节 溶 解

一、溶解和溶剂化作用

溶解(dissolve)是将一种物质(溶质)均匀地分散在另一种物质(溶剂)中的过程。溶解过程常会伴随能量或混合物体积变化，甚至还会有颜色变化。例如，NaOH 固体溶解于水的过程放热；NH_4NO_3 固体溶于水吸热；乙醇和水形成溶液时总体积变小；但 HAc 和水形成的溶液总体积增大；白色的无水 $CuSO_4$ 粉末溶解在水中后溶液变成蓝色。这些现象说明溶解不是简单的混合过程，有的还伴随了一定程度的化学变化，但又与通常的化学变化不完全相同。溶解过程是一种特殊的物理化学过程。

一般的溶解包括两个过程：一是溶质分子或者离子的分散，即溶质粒子(分子或离子)在溶剂分子的作用下克服相互间的作用力，向溶剂中分散的过程，这一过程需要吸收热量以克服溶质粒子之间的相互吸引力，是物理变化过程；二是溶质粒子与溶剂分子作用形成溶剂化分子或溶剂化离子的过程，也叫**溶剂化**(solvation)作用，通常是放热的化学过程。若水为溶剂，该溶剂化作用就称为**水合作用**(hydration)。溶解过程中，分散和溶剂化同时存在，溶解过程中能量、体积和颜色的变化，都受分散和溶剂化作用的影响。尽管有的溶解过程会伴随有化学变化，但通常溶质是单一的物质，有特定的组成、结构和摩尔质量等。

二、溶解度和相似相溶

溶液是混合物，溶质和溶剂的相对含量可以在一定范围内变化。在 293.15K 时，100g 水中最多能溶解 34.4g KCl 固体，继续加入 KCl，会出现固体 KCl 和溶液共存的现象。此时溶液中的 K^+、Cl^-的含量和固体 KCl 的量均不再改变，但是微观来看，固体 KCl 仍不断溶解，溶液中的 K^+和 Cl^-也不断再结合而析出结晶，溶液中存在溶解-结晶的动态平衡，这种与溶质固体共存的溶液被称为**饱和溶液**(saturated solution)。一定温度和压力下，溶质在一定量溶剂中形成饱和溶液时，被溶解溶质的量称为该溶质的**溶解度**(solubility)。

固体溶质的溶解度几乎不受压力的影响，但受温度影响明显。绝大多数固体物质的溶解度随温度的升高而增大，如 $NaNO_3$、$CaCl_2$；但也有少数固体溶解度随温度升高而减小，如 $Ce_2(SO_4)_3$；有的物质如 NaCl 的溶解度随温度升高改变很小。液体溶质的溶解度通常随温度的升高而增大，温度升高时，液体的分子间距明显增大，溶剂和溶质分子容易互溶。气体溶质的溶解度随温度升高而减少；压力对气体物质溶解度的影响很大，当气体压力增加时，气体进入液体的机会也增加，所以，考虑气体的溶解度时，必须注明溶液的温度和气体压力。

目前，尚没有完整阐明物质溶解度大小规律的理论。但大量的实验事实表明，溶解过程具有**相似相溶**(like dissolve like)规律，即溶质分子与溶剂分子的结构及分子间力的类型和大小越相近，溶解过程越容易。例如，H_2O 和 CH_3OH、C_2H_5OH 之间互溶性较好；但 H_2O 和 C_6H_6 或 CCl_4 之间几乎不互溶。药物合成和中草药有效成分的提取，常利用相似相溶规律选择适当的溶剂，以提高产率或提取率。

溶解度是反映物质溶解性的重要参数，也是影响药物生物利用度的重要因素之一。《中华人民共和国药典》(简称药典)中对药品的溶解度有别于通常化学上的表示方法，见表 1-1。

表 1-1 药典中关于溶解度的描述方法*

溶解性	解释
极易溶解	指溶质 lg(ml)能在溶剂不到 1ml 中溶解
易溶	指溶质 lg(ml)能在溶剂 1～不到 10ml 中溶解
溶解	指溶质 lg(ml)能在溶剂 10～不到 30ml 中溶解
略溶	指溶质 lg(ml)能在溶剂 30～不到 100ml 中溶解
微溶	指溶质 lg(ml)能在溶剂 100～不到 1000ml 中溶解
极微溶解	指溶质 lg(ml)能在溶剂 1000～不到 10 000ml 中溶解
几乎不溶/不溶	指溶质 lg(ml)在溶剂 10 000 ml 中不能完全溶解

注：*参考《中华人民共和国药典》2015 年版。

药典对上述溶解度的检测方法也有规定：称取研成细粉的供试品，或量取液体供试品，置于(25℃±2℃)的一定容量溶剂中，每隔 5min 强力振摇 30s，观察 30min 内的溶解情况，如没有目视可见的溶质颗粒或液滴时，即视为完全溶解(除非另有规定)。

第二节 溶液的浓度

溶液中各组分的比例发生变化时，溶液性质也会发生改变。例如，C_2H_5OH 在 H_2O 中的比例为 70%～75%时，才有杀菌消毒功能；稀 H_2SO_4 没有氧化性，浓 H_2SO_4 却有强氧化性。显然，溶质的含量会影响溶液的性质或者效能。对于饱和溶液，溶质的含量用溶解度表示；非饱和溶液溶质的含量以浓度表示，溶液中所含溶质的多少就是溶液的**浓度**(concentration)。

一、溶液浓度表示方法

(一) 质量摩尔浓度

质量摩尔浓度(molality，b_B)定义为溶质 B 的物质的量 n_B 除以溶剂的质量 m_A：

$$b_B = \frac{n_B}{m_A} \tag{1-1}$$

按照**国际单位制**(international system of units，SI)，b_B 的单位为 $mol \cdot kg^{-1}$。

(二) 摩尔分数

摩尔分数(mole fraction，x_B)定义为溶质 B 的物质的量 n_B 与溶液中总物质的量 $\sum n_i$ 之比：

$$x_B = \frac{n_B}{\sum n_i} \tag{1-2}$$

摩尔分数是量纲为一的量。对于溶剂 A 和溶质 B 组成的二组分溶液，溶剂的摩尔分数 x_A 和溶质的摩尔分数 x_B 之和等于 1。

(三) 质量分数

质量分数(mass fraction，ω_B)定义为溶质 B 的质量 m_B 除以溶液的总质量 m：

$$\omega_B = \frac{m_B}{m} \tag{1-3}$$

ω_B 也是量纲为一的量。对极稀溶液或在痕量元素分析中常用 ppm(10^{-6})或 ppb(10^{-9})表示。如药典规定，药品中 C_6H_6 的残留量不超过 2ppm，临床上用的 0.9%的生理盐水就是 NaCl 溶液的质量分数。

(四) 质量浓度

质量浓度(mass concentration，ρ_B)定义为溶质 B 的质量 m_B 除以溶液的体积 V：

$$\rho_B = \frac{m_B}{V} \tag{1-4}$$

ρ_B 的 SI 单位为 $kg \cdot m^{-3}$，常用单位为 $g \cdot L^{-1}$ 或 $mg \cdot L^{-1}$。

(五) 物质的量浓度

物质的量浓度(molarity，c_B)定义为溶质 B 的物质的量 n_B 除以溶液体积 V：

$$c_B = \frac{n_B}{V} \tag{1-5}$$

c_B 的 SI 单位为 $mol \cdot m^{-3}$ 或 $mol \cdot L^{-1}$，医药学中常用单位：$mol \cdot L^{-1}$ 和 $mmol \cdot L^{-1}$ 等。

关于物质的量浓度，应该注意以下几点：

(1) 必须指明物质 B 的基本单元，它可以是分子、离子、原子或它们的特定组合，如 $c(H_2SO_4)=1mol \cdot L^{-1}$，$c\left(\frac{1}{2}H_2SO_4\right)=2\,mol \cdot L^{-1}$，$c(Mg^{2+})=2mmol \cdot L^{-1}$。

(2) 因物质的量浓度会随着温度的变化而略有改变，故常用质量摩尔浓度 b_B ($mol \cdot kg^{-1}$)。对于稀薄溶液，认为 $c_B \approx b_B$。

(3) **世界卫生组织**(World Health Organization，WHO)建议：对于已知相对分子质量的物质，在人体液内的含量应当用物质的量浓度 c_B 表示，对于相对分子质量未知的物质，则用其质量浓度 ρ_B 表示。

实验室常用酸碱溶液的浓度见表 1-2。

表 1-2 实验室常用的酸碱溶液的浓度

溶液	浓盐酸	浓硫酸	浓硝酸	磷酸	冰醋酸	浓氨水
$c/(mol \cdot L^{-1})$	12.1	18.0	15.9	14.8	17.45	14.53
ω / %	37.2	96	70.4	85.5	99.8	56.6
$d/(g \cdot ml^{-1})$(20℃)	1.19	1.84	1.42	1.70	1.05	0.90

二、溶液浓度之间的换算

如果一些常用量的单位规定如下，即 A 表示溶剂，B 表示溶质；n 表示物质的量，单位为

mol；V 表示溶液的体积，单位为 L；m 表示质量，单位为 g；M 表示摩尔质量，单位为 $g \cdot mol^{-1}$；d 表示溶液密度，单位为 $g \cdot ml^{-1}$，ρ_B 和 c_B 的单位分别是 $g \cdot L^{-1}$ 和 $mol \cdot L^{-1}$。那么，几个常用浓度之间的换算关系式见表 1-3。

表 1-3　浓度之间的换算关系

浓度的表示方法	换算关系			
	ρ_B	c_B	ω_B	b_B
质量摩尔浓度 b_B	$\dfrac{1000\rho_B}{(1000d-\rho_B)M_B}$	$\dfrac{1000c_B}{1000d-c_BM_B}$	$\dfrac{1000\omega_B}{(1-\omega_B)M_B}$	—
质量分数 ω_B	$\dfrac{\rho_B}{1000d}$	$\dfrac{c_BM_B}{1000d}$	—	$\dfrac{b_BM_B}{1000+b_BM_B}$
质量浓度 ρ_B	—	$c_B \cdot M_B$	$1000\omega_B \cdot d$	$\dfrac{1000db_BM_B}{1000+b_BM_B}$
物质的量浓度 c_B	$\dfrac{\rho_B}{M_B}$	—	$\dfrac{1000d\omega_B}{M_B}$	$\dfrac{1000db_B}{1000+b_BM_B}$

第三节　稀薄溶液的依数性

溶液的性质既不同于溶质，又不同于溶剂。通常溶液性质可分为两类：一类是由溶质的本性决定的，如溶液颜色、导电性、密度、酸碱性等；另一类性质则与溶质本性无关，只与溶液中溶质的粒子数量有关，如稀薄溶液蒸气压下降、凝固点降低、沸点升高和渗透压等，这些性质称为溶液的**依数性质**(colligative properties)。难挥发非电解质稀薄溶液的依数性比较简明，故本节主要讨论他们的依数性。

一、溶液蒸气压下降

(一) 蒸气压

某温度下，将溶剂置于一个密闭的容器中，由于分子的热运动，溶剂分子一方面克服分子间作用力逸出液体表面形成蒸气，此过程称为**蒸发**(evaporation)；另一方面，气态溶剂分子也因热运动到液面而重新凝结，该过程称为**凝聚**(condensation)。一定时间后，溶剂分子的蒸发和凝聚达到了动态平衡，此时，密闭容器中气相已饱和的溶剂在该温度下产生的压力，称为饱和蒸气压，简称为**蒸气压**(vapor pressure)，以符号 p 表示，其单位为 Pa 或 kPa。

一定温度下，溶剂的蒸气压是常数，与溶剂的量无关，表 1-4 是 H_2O 在不同温度下的蒸气压。蒸发是吸热过程，蒸气压随着温度的升高而增大。

表 1-4　水在不同温度下的蒸气压

T/K	p/kPa	T/K	p/kPa	T/K	p/kPa
273	0.61	313	7.38	353	47.34
283	1.23	323	12.33	373	101.3
293	2.43	333	19.92	393	198.6
303	4.18	343	31.16	413	361.4

蒸气压还与溶剂的本性有关。同一温度下不同溶剂的蒸气压也不相同。例如，20℃时 H_2O 的蒸气压是 2.43kPa，而 C_2H_5OH 蒸气压为 5.67 kPa。另外，固体物质也有蒸气压，但其蒸气压值通常较小。表 1-5 是不同温度下冰的蒸气压。

表 1-5 不同温度下冰的蒸气压

T/K	253	263	265	267	269	271	273
p/kPa	0.11	0.27	0.31	0.37	0.44	0.52	0.61

一般地，把蒸气压较大的物质称为易挥发物质，蒸气压小的物质称为难挥发物质。讨论稀薄溶液依数性时，忽略难挥发溶质产生的蒸气压，只考虑纯溶剂的蒸气压。

(二) 溶液蒸气压下降

大量的实验事实表明，难挥发非电解质形成溶液后，溶液的蒸气压总是低于纯溶剂的蒸气压，这种现象称溶液的**蒸气压下降**(vapor pressure lowering)。下降的原因在于，溶质分子形成溶剂化分子后，削弱了溶剂分子的热运动；同时溶液表面也被溶剂化的溶质分子占据了一部分，因此，单位时间、单位表面积上溶剂分子蒸发的分子数减少，当达到蒸发凝聚平衡时，蒸气中溶剂分子数目相比纯溶剂时的分子数目要少。所以，溶液的蒸气压总是低于纯溶剂的蒸气压。溶液蒸气压下降也是溶液某些其他性质相比纯溶剂发生变化的重要原因。

1881 年，法国物理学家 F. M. Raoult 对难挥发非电解质稀薄溶液的蒸气压和其凝固点进行的大量相关实验。研究表明，在一定温度下，难挥发非电解质稀薄溶液的蒸气压，等于溶剂的蒸气压与溶剂的摩尔分数之积。

$$p = p^0 x_A \tag{1-6}$$

式中，p 为某温度下稀薄溶液的蒸气压；p^0 为该温度下纯溶剂 **A** 的蒸气压；x_A 为溶剂的摩尔分数，由于 $x_A < 1$，所以 $p < p^0$。

对仅含有一种溶质 **B** 的稀薄溶液，若 **B** 的摩尔分数为 x_B，则有 $x_A + x_B = 1$，即

$$p = p^0 x_A = p^0(1 - x_B) = p^0 - p^0 x_B$$

$$p^0 - p = p^0 x_B \tag{1-7}$$

等式(1-7)左边为溶液的蒸气压下降值，记为 Δp，即

$$\Delta p = p^0 x_B \tag{1-8}$$

式(1-8)表明，某温度下，难挥发非电解质稀薄溶液的蒸气压下降值，与溶质的摩尔分数成正比，而与溶质的本性无关，该结论称为 Raoult 定律。对稀薄溶液来说，$n_A \gg n_B$，$x_B = \dfrac{n_B}{n_A + n_B} \approx \dfrac{n_B}{n_A}$，当溶剂为 1000g，溶剂的摩尔质量为 $M_A(\text{g} \cdot \text{mol}^{-1})$，溶质 **B** 的质量摩尔浓度为 $b_B(\text{mol} \cdot \text{kg}^{-1})$，又推导出

$$x_B \approx \frac{n_B}{n_A} = b_B \frac{M_A}{1000}$$

$$\Delta p = p^0 x_B = p^0 \frac{M_A}{1000} b_B \tag{1-9}$$

$$\Delta p = K b_B \tag{1-10}$$

式(1-9)和式(1-10)中，K 是与溶剂的饱和蒸气压 p^0 及溶剂的摩尔质量 M_A 有关的比例常数，温度一定时，对于已知的溶剂，K 是常数。所以 Raoult 定律的另一种表述为：在某一温度下，难挥发非电解质稀薄溶液的蒸气压下降值，与溶质的质量摩尔浓度成正比，而与溶质的本性无关。

例 1-1 计算 298.15K 时含有 50.0g 蔗糖($C_{12}H_{22}O_{11}$)与 300g 水的蔗糖溶液的蒸气压。已知 298.15K 时水的蒸气压为 3.168kPa。

解 A 为溶剂水，B 为溶质蔗糖，则

$$x_B = \frac{n_B}{n_A + n_B} = \frac{\dfrac{50.0\,g}{342\,g\cdot mol^{-1}}}{\dfrac{50.0\,g}{342\,g\cdot mol^{-1}} + \dfrac{300\,g}{18\,g\cdot mol^{-1}}} = 0.008\,69$$

$$\Delta p = p^0 x_B = 3.168\,kPa \times 0.008\,69 = 0.027\,5kPa$$

蔗糖水溶液的蒸气压为 $p = p^0 - \Delta p = 3.168\,kPa - 0.027\,5\,kPa = 3.140kPa$

二、溶液沸点升高

(一) 沸点

随着温度的升高，溶剂的蒸气压逐渐增大，当溶剂的蒸气压与外界压力相等时，溶剂沸腾气化，此时的温度称为溶剂的**沸点**(boiling point，b.p.)。沸腾时，溶剂内部产生大量气泡逸出，液体内气泡的压力，即液体蒸气压等于外界压力。因此，沸点是溶剂的蒸气压等于外界压力时的温度。

一定外压下，溶剂的沸点是恒定的。外界压力等于 101.3kPa 时的沸点通常简称**沸点**，用 T_b^0 表示。没有特殊指明压力条件的沸点，均指该压力下的沸点。

在化工生产、制药行业或实验室研究中，常利用液体溶剂沸点随着外界压力而改变这一性质，采取减压以降低蒸发温度的原理进行蒸馏或浓缩，以防止热不稳定物质被破坏。抗疟特效药青蒿素就是由于分子结构中有特殊的过氧基，对热敏感，故需用低沸点溶剂提取，再经过减压浓缩，才能以较高的提取率获得青蒿素。医学上的高压蒸气灭菌法，利用高压消毒器来提高水蒸气的温度，从而缩短灭菌时间，并提高对热稳定的医药器械、敷料等的消毒灭菌效果。

(二) 溶液沸点升高

溶液的沸点 T_b 比溶剂沸点 T_b^0 高，如图 1-1 所示。例如，水在 101.3kPa 时的沸点为 373.15K，当形成难挥发非电解质溶液后，该溶液在 373.15K 时并不沸腾，需要继续加热升高至一定温度后才能沸腾。因溶液的蒸气压低于纯溶剂的蒸气压，故溶液的浓度越大，蒸气压降低的程度越大，沸点也就越高。这种难挥发非电解质稀薄溶液的沸点总是高于液体溶剂沸点的现象，称为溶液的**沸点升高**(boiling point elevation)。

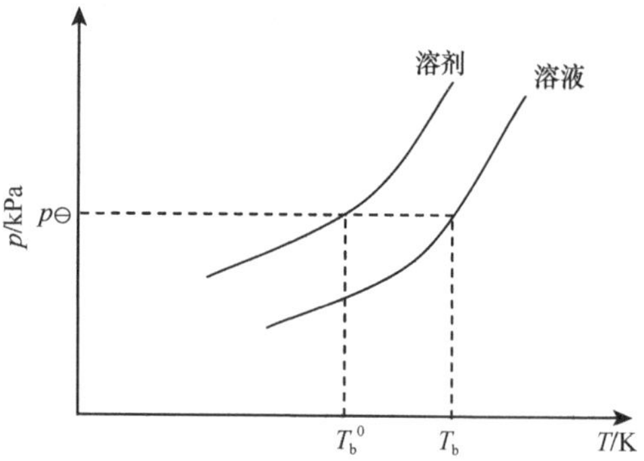

图 1-1 溶液沸点升高

由于稀薄溶液的沸点升高是由其蒸气压下降引起的，所以定量关系也符合 Raoult 定律，即

$$\Delta T_b = T_b - T_b^0 = K_b b_B \tag{1-11}$$

式中，ΔT_b 是溶液的沸点升高值；T_b 和 T_b^0 分别是溶液和纯溶剂的沸点；b_B 为溶液的质量摩尔浓度；K_b 是与溶剂本性有关的溶剂摩尔沸点升高常数，单位为 $K\cdot kg\cdot mol^{-1}$。表 1-6 是常见溶剂的沸点和沸点升高常数 K_b。

表 1-6 几种常见溶剂的沸点和沸点升高常数 K_b

溶剂	乙醚	氯仿	四氯化碳	乙醇	苯	水	乙酸
沸点/K	307.85	334.35	349.85	351.55	353.15	373.15	391.15
$K_b/(K\cdot kg\cdot mol^{-1})$	2.02	3.63	5.03	1.22	2.53	0.512	2.93

若已知溶剂的 K_b，再通过实验测定溶液的沸点升高值，经式(1-12)就可求得未知溶质的摩尔质量：

$$M_B = \frac{K_b \cdot m_B}{\Delta T_b \cdot m_A} \tag{1-12}$$

式中，M_B 为溶质的摩尔质量($kg \cdot mol^{-1}$)；m_A 和 m_B 分别为溶剂和溶质的质量。

例 1-2 将 4.45g 甘露醇($C_6H_{14}O_6$)溶于 100g 水中，所得甘露醇溶液的沸点为 373.27K，试计算甘露醇的摩尔质量(已知水的 K_b 为 $0.512K \cdot kg \cdot mol^{-1}$)。

解 设甘露醇的摩尔质量为 M_B，则有

$$\Delta T_b = K_b b_B = \frac{K_b \cdot m_B}{m_A \cdot M_B}$$

$$M_B = \frac{K_b \cdot m_B}{\Delta T_b \cdot m_A} = \frac{0.512K \cdot kg \cdot mol^{-1} \times 4.45g}{(373.27 - 373.15)K \times 100g} \times 1000g \cdot kg^{-1} \approx 190g \cdot mol^{-1}$$

三、溶液凝固点降低

(一) 凝固点

液体的**凝固点**(freezing point，f.p.)是指在一定外界压力下，该物质的液相蒸气压和固相蒸气压相等时的温度，即固-液两相共存并达到平衡时的温度。以溶剂 H_2O 为例，在 101.3kPa 和 273.15K 时，冰和水蒸气压相等，冰-水两相共存，273.15K 就是水的凝固点。如温度低于 273.15K，水的蒸气压则大于冰的蒸气压，此时冰-水的固液两相平衡会向形成冰的方向移动，水将凝结成冰；反之，当温度高于 273.15K，水的蒸气压则小于冰的蒸气压，平衡向形成水的方向移动，冰将融化。

(二) 溶液凝固点降低

如图 1-2 所示，液相溶剂的蒸气压曲线与固相的蒸气压曲线相交于 **D** 点，此时两者的蒸气压均等于 p^0，该点对应的温度就是溶剂的凝固点 T_f^0，此时溶剂固-液两相共存并达到平衡。难挥发非电解质溶液的蒸气压会下降，但固相溶剂的蒸气压依然大于溶液的蒸气压，在温度为 T_f^0 时，溶液中的溶剂不能凝固，直到温度降至 T_f 时，即溶剂固相的蒸气压曲线和溶液的蒸气压曲线相交于 **E** 点，这时，两者蒸气压相等，溶液中溶剂的固-液两相才能平衡共存，温度 T_f 就是溶液的凝固点，它比溶剂的凝固点降低了 ΔT_f。溶液浓度越高，凝固点越低，ΔT_f 则越大。

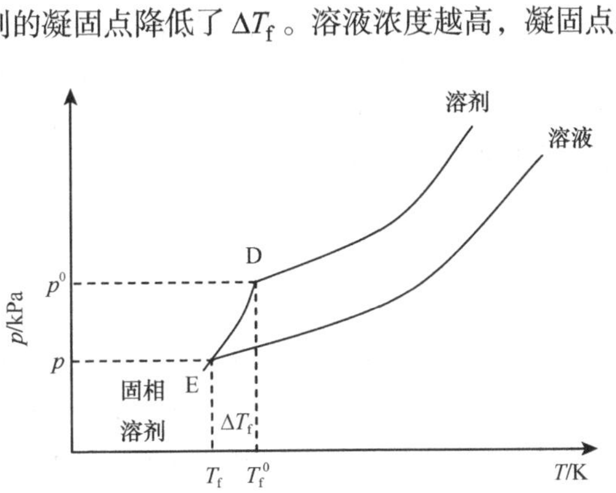

图 1-2 溶液凝固点下降

稀薄溶液的凝固点降低与溶液沸点升高，缘于溶液蒸气压下降。同理，难挥发非电解质稀

薄溶液凝固点下降的值，与溶质的质量摩尔浓度成正比，与溶质的本性无关，其数学表达式为

$$\Delta T_f = T_f^0 - T_f = K_f b_B \tag{1-13}$$

式中，ΔT_f 是溶液的凝固点降低值；T_f 和 T_f^0 分别是溶液和纯溶剂的凝固点；K_f 是与溶剂本性有关的摩尔凝固点降低常数，单位为 $K \cdot kg \cdot mol^{-1}$，其值可由理论推算或实验测定得到。表 1-7 是常见溶剂的凝固点和凝固点降低常数 K_f。

表 1-7　几种常见溶剂的凝固点(T_f^0)和凝固点降低常数(K_f)

溶剂	乙醚	氯仿	四氯化碳	乙醇	苯	水	乙酸
凝固点/K	156.95	280.80	250.25	155.85	278.65	273.15	290.15
$K_f/(K \cdot kg \cdot mol^{-1})$	1.80	14.4	32.0	1.99	4.90	1.86	3.90

同样，式(1-13)还可表示为

$$M_B = \frac{K_f \cdot m_B}{\Delta T_f \cdot m_A} \tag{1-14}$$

实际上，式(1-14)显示的用凝固点降低法测溶质摩尔质量的误差比沸点升高法小，因为大多数常见溶剂的 K_f 大于 K_b，而且到达凝固点时，溶液中有晶体析出，实验现象比较明显，易于观察，故测定准确度高。

凝固点降低法在医药学和生命科学的研究工作中应用更为广泛，特别是低温操作过程不易引起生物样品的变性或结构破坏。

例 1-3　将 0.817g 苯丙氨酸溶于 50.0g 水中，所得溶液的凝固点为 272.97K，试计算苯丙氨酸的摩尔质量(水的 K_f 为 $1.86 K \cdot kg \cdot mol^{-1}$)。

解　设苯丙氨酸的摩尔质量为 M_B

根据题意得

$$\Delta T_f = T_f^0 - T_f = 273.15\,K - 272.97\,K = 0.18K$$

$$M_B = \frac{K_f \cdot m_B}{\Delta T_f \cdot m_A} = \frac{1.86K \cdot kg \cdot mol^{-1} \times 0.817g}{0.18K \times 50.0g} \times 1000g \cdot kg^{-1} \approx 169g \cdot mol^{-1}$$

生产和日常生活中溶液凝固点降低的现象很多。例如，海水的凝固点低于 273.15K；常青树叶因含有无机盐、氨基酸和糖分在严寒的冬天也不会被冻坏，能保持长青；在冬季，为防止汽车水箱冻裂，常在水箱中加入适量甲醇、乙二醇或甘油等抗冻剂；路面撒上主要成分为 $CaCl_2$ 的融雪剂来清除道路上的积雪，也是利用溶液的凝固点降低原理；临床骨科常利用 10%NaCl 溶液制成的盐水冰袋敷在伤痛处，这种冰袋通常先在−18℃冰箱放置 24h 冻成霜状固体，在 18～24℃下持续使用 3h 后温度仍能达−5℃，低温持续时间明显优于纯水冰袋。药品、食品在运输储藏过程中，也常用冰盐混合物作为冷却剂。

四、溶液渗透压

(一) 渗透现象和渗透压

如图 1-3 实验装置所示，左侧是纯溶剂，右侧是某溶液，两侧用**半透膜**(semipermeable membrane)隔开。这里，半透膜只允许溶剂分子透过而溶质分子不能透过。在一定温度、压力下，起初，左右两侧的毛细管内液面高度相等，如图 1-3a 所示。渗透足够时间后，发现右侧液面高于左侧液面，并保持一定高度不再上升，如图 1-3b 所示。在渗透过程中，溶剂分子能自由地从半透膜两侧相互穿行，渗透的最终净结果，是溶剂分子通过半透膜从左边纯溶剂一侧渗透到右边溶液一侧，直到膜两侧溶剂分子达到渗透平衡。这种溶剂分子通过半透膜迁移到溶液

中的现象叫作**渗透**(osmosis)。

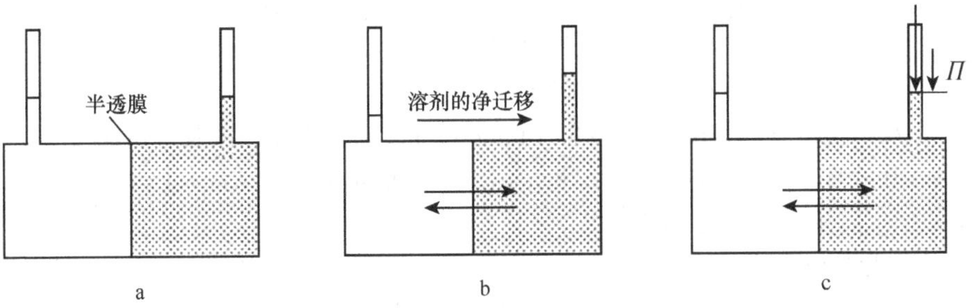

图 1-3 渗透现象与渗透压

一定温度下，若在溶液上方施加一定压力 Π，恰好使溶液处于渗透平衡状态，如图 1-3c 所示，这时所施加的压力 Π 就是该溶液的**渗透压**(osmotic pressure)，单位为 Pa 或 kPa。

由上述过程可以看出，能产生渗透现象应具备两个条件，一有半透膜；二是半透膜两侧单位体积内的溶剂分子数不相等。如果把左侧换成比右侧更稀的溶液来代替左侧的纯溶剂时，也能观察到与图 1-3b 类似的现象。常见的动物肠衣、蛋衣、细胞膜及人造火棉胶膜等，都是半透膜。

上述实验中，若在溶液侧施加的压力大于该溶液渗透压 Π，溶剂分子净迁移的方向就和图 1-3b 相反，这种现象称为**反向渗透**(reverse osmosis)。反向渗透能够将溶液中的溶质与溶剂分离开来，可除去水中的无机离子、细菌、病毒、有机物及胶体等杂质，该技术已广泛应用于医药、海水淡化和食品加工等行业。

(二) 溶液渗透压与温度和浓度的关系

19 世纪末的实验已经表明，一定温度下，溶液的渗透压与溶液的浓度成正比；浓度相同的溶液，其渗透压与热力学温度成正比。1886 年荷兰物理化学家 J. H. van't Hoff 根据大量实验结果总结出，难挥发非电解质稀薄溶液的渗透压与溶液浓度和温度之间存在如下关系

$$\Pi V = n_B RT \quad 或 \quad \Pi = c_B RT \tag{1-15}$$

式中，V 为溶液的总体积，单位 L；n_B 为溶质 B 物质的量，单位 mol；c_B 为溶液物质的量浓度，单位 $mol \cdot L^{-1}$；R 为摩尔气体常数($8.314\,kPa \cdot L \cdot mol^{-1} \cdot K^{-1}$)；$T$ 为热力学温度；Π 为溶液的渗透压，单位为 kPa。该定律表明，在一定温度下，难挥发非电解质稀薄溶液的渗透压仅与溶液中溶质的粒子数目有关，而与溶质的本性无关。

对于稀薄水溶液，$c_B\,(mol \cdot L^{-1}) \approx b_B\,(mol \cdot kg^{-1})$，式(1-15)还可写为

$$\Pi = b_B RT \tag{1-16}$$

在测定渗透压有困难时，可用式(1-15)或式(1-16)推算溶液的渗透压。

需要特别指出，式(1-15)和式(1-16)只适用于非电解质的稀薄溶液。由于电解质在水溶液中发生解离，溶液中的粒子数大大多于未离解前的分子数，此时需要对式(1-16)进行校正，即

$$\Pi = i b_B RT \tag{1-17}$$

式中，i 为校正因子。对于 AB 型电解质，如 NaCl，KCl，以及 AB_2 或 A_2B，如 $MgCl_2$，Na_2SO_4 型强电解质，在稀溶液中可做近似处理，校正因子 i 分别为 2 或 3。

例 1-4 人的血浆在 272.59K 结冰，求在体温为 39℃时血浆的渗透压(水的 K_f 为 $1.86\ K \cdot kg \cdot mol^{-1}$)。

解 水的凝固点为 273.15K，所以血浆凝固点下降 ΔT_f 为

$$\Delta T_f = 273.15K - 272.59K = 0.56K$$

根据公式 $\Delta T_f = K_f \cdot b_B$ 得

$$b_B = \frac{\Delta T_f}{K_f} = \frac{0.56\text{K}}{1.86\text{K}\cdot\text{kg}\cdot\text{mol}^{-1}} \approx 0.301\text{mol}\cdot\text{kg}^{-1}$$

$$c_B \approx b_B = 0.301\text{mol}\cdot\text{L}^{-1}$$

$$\Pi = c_B RT = 0.301\text{mol}\cdot\text{L}^{-1} \times 8.314\text{kPa}\cdot\text{L}\cdot\text{mol}^{-1}\cdot\text{K}^{-1} \times 312.15\text{K} \approx 781\text{kPa}$$

例 1-5 在 298.15K 时，将 0.101g 胰岛素溶于 10.0ml 水中，试计算该水溶液的渗透压(已知胰岛素的摩尔质量为 $5770\,\text{g}\cdot\text{mol}^{-1}$)。

解 根据式(1-15)得

$$\Pi = \frac{n_B RT}{V} = \frac{m_B RT}{M_B V}$$

将数据代入，得

$$\Pi = \frac{0.101\text{g} \times 8.314\text{kPa}\cdot\text{L}\cdot\text{mol}^{-1}\cdot\text{K}^{-1} \times 298.15\text{ K}}{5770\text{g}\cdot\text{mol}^{-1} \times \dfrac{10.0\text{ml}}{1000\text{ml}\cdot\text{L}^{-1}}} \approx 4.339\text{kPa}$$

渗透压法特别适于大分子化合物摩尔质量的测定；对于小分子溶质来说，常采用凝固点降低法测定其摩尔质量，小分子溶质一般容易透过半透膜，测定渗透压误差较大。

五、渗透压在医药学领域的应用

(一) 等渗溶液、高渗溶液和低渗溶液

溶液中能产生渗透效应的溶质粒子称为**渗透活性物质**(osmosis activated matter)，它们通常是分子、离子。一定温度下，含有渗透活性物质溶液的渗透压与其物质的量浓度成正比，所以，溶液的渗透压也常用**渗透浓度**(osmolarity)来表示，渗透浓度是溶液中所有渗透活性物质浓度的总和。

通常把同一温度下渗透压相等的两种溶液称为**等渗溶液**(isotonic solution)；渗透压不同的两个溶液中，相对低的溶液称为**低渗溶液**(hypotonic solution)，相对高的溶液称为**高渗溶液**(hypertonic solution)。

医药学上的等渗溶液、低渗溶液或高渗溶液是以血浆的总渗透压力为标准的。临床规定，渗透浓度为 280～320mmol·L^{-1} 的溶液为等渗溶液，渗透浓度低于 280mmol·L^{-1} 的溶液为低渗溶液，渗透浓度高于 320 mmol·L^{-1} 的溶液为高渗溶液。对于严重脱水的患者，常需要静脉滴注 280mmol·L^{-1}($50.0\,\text{g}\cdot\text{L}^{-1}$)的葡萄糖水溶液或者 308mmol·L^{-1}($9.0\,\text{g}\cdot\text{L}^{-1}$)的 NaCl 灭菌液，因为它们与血液的渗透压相等，也称为生理等渗溶液。肌体内的红细胞具有半透膜，正常情况下的红细胞膜内细胞质和膜外血浆的渗透压相等，若滴注高渗溶液，红细胞内的水分子将向膜外血浆渗透，红细胞会发生萎缩；若滴注低渗溶液，细胞膜外血浆中的水分子将向膜内渗透，甚至会使红细胞发生胀裂而产生溶血。因此临床上对患者大量补液时，一定要用生理等渗溶液，否则可能导致人体内水分失调及细胞变形和破坏而造成不良后果。

(二) 晶体渗透压与胶体渗透压

人体体液，如血浆、组织间液和细胞内液等，是由电解质，如 NaCl、小分子物质，如葡萄糖和高分子物质，如蛋白质等构成。医学上通常将高分子(平均摩尔质量大于 $10\,000\,\text{g}\cdot\text{mol}^{-1}$)物质称为胶体，所产生的渗透压称**胶体渗透压**(colloidal osmotic pressure)；其他物质称为晶体物质，产生的渗透压称**晶体渗透压**(crystal osmotic pressure)。

人血浆中晶体物质的质量浓度约为 $7.5g \cdot L^{-1}$，胶体物质的质量浓度约为 $70g \cdot L^{-1}$。前者虽含量较低，但摩尔质量较小，故在血浆中晶体物质的粒子数目较多，渗透浓度高，产生的渗透压也大。37℃时，正常人体血浆的渗透压约为 773kPa，其中晶体渗透压约为 769kPa，占人体血浆的渗透压力的 99.5 %。

人体内的不同半透膜，如细胞膜和毛细血管壁等的通透性是不同的，导致晶体渗透压和胶体渗透压在维持体内电解质和水平衡中的功能不同，细胞膜内外水分子的流动方向，主要由晶体渗透压调节，但毛细血管壁内外水和电解质的流动，主要靠胶体物质的渗透压调节。当人由于某些病变或者营养不良引起血浆中蛋白质减少时，血浆中的胶体渗透压相应降低，血浆中的水分子则会透过毛细血管壁流向组织间液，致使组织间液增多，形成水肿。临床上对大面积烧伤或失血过多而引起血容量降低的患者进行补液时，不仅要补充生理盐水，还要输入血浆或大分子血浆代用品以恢复血浆达到合适的渗透压。

综前所述，溶液的蒸气压下降、沸点升高、凝固点降低和渗透压这四个依数性产生的原因，均是由于溶剂中加入溶质后，引起溶剂的摩尔分数减小所产生的，这些依数性均只与溶液的浓度有关，与溶质的本性无关。稀薄溶液依数性与浓度的定量关系仅适用于理想溶液或稀薄溶液，不适用于浓度高的溶液，对电解质溶液也会出现较大的偏差。

第四节　强电解质溶液

除了化学上常遇到的强电解质物质外，能维持人体酸碱平衡和渗透平衡的也有多电解质物质，如 Na^+、K^+、Ca^{2+}、Mg^{2+}、Cl^-、HCO_3^-、CO_3^{2-}、$H_2PO_4^-$等。它们的含量和存在状态对神经和肌肉等组织的生理功能、生化活动都有重要影响。学习电解质溶液的基本理论、特性和变化规律等，对医药知识的学习十分重要。

一、电解质稀溶液的依数性

电解质稀薄溶液与非电解质稀薄溶液一样也有依数性，与非电解质稀薄溶液相比，其依数性的实验值与理论值相差较大。部分电解质凝固点降低的实验结果如表 1-8 所示。

表 1-8　某些电解质的凝固点降低值 ΔT_f

b_B /($mol \cdot kg^{-1}$)	$\Delta T_{f\ 实验值}$/K						$\Delta T_{f\ 理论值}$/K
	NaCl	KCl	$MgSO_4$	K_2SO_4	HCl	H_2SO_4	
0.100	0.348	0.346	0.264	0.458	0.355	0.413	0.186
0.050	0.176	0.175	0.133	0.239	0.179	0.216	0.0930
0.010	0.0359	0.0361	0.0301	0.0515	0.0366	0.0482	0.0186

因此，在研究电解质溶液依数性时，需要引入校正因子 i，i 可以通过实验测定

$$i = \frac{\Pi'(\text{实验值})}{\Pi(\text{理论值})}$$

$$\frac{\Delta p'}{\Delta p} = \frac{\Delta T_b'}{\Delta T_b} = \frac{\Delta T_f'}{\Delta T_f} = \frac{\Pi'}{\Pi} = i \tag{1-18}$$

式中 $\Delta p'$、$\Delta T_b'$、$\Delta T_f'$ 和 Π' 分别是电解质稀薄溶液的蒸气压下降、沸点升高、凝固点降低和渗透压。

S. A. Arrhenius 提出的电解质在水溶液中的解离理论认为，强电解质稀薄溶液在水中全部

解离，因而溶液单位体积内所含的粒子数比相同浓度非电解质溶液增多，故电解质溶液的依数性变化相应增大。

二、强电解质溶液理论简介

若强电解质在水溶液中完全解离，其电离度应为 100 %，但溶液导电性实验结果表明，强电解质在水溶液中的电离度小于 100%，表观上并非完全解离。1923 年，Debye 和 Hückel 提出的强电解质**离子相互作用理论**(ion interaction theory)，解释了强电解质稀薄溶液的未完全解离现象。其要点是，强电解质在水溶液中完全解离，但离子间通过静电力的作用，每个离子周围均被相反电荷离子包围，形成**离子氛**(ion atmosphere)。如图 1-4 所示，每个阳离子周围被多个阴离子包围，形成了带负电荷的离子氛；同样，每个阴离子周围也被阳离子包围，形成了带正电荷的离子氛，每个离子本身既是形成离子氛的中心离子，同时又在其他离子氛中。这样，几乎每个离子都受到周围离子的牵扯作用，而不能完全的独立自由移动。离子的热运动使每个离子在溶液中的位置不断变化，离子氛是一个统计学的平均结果。

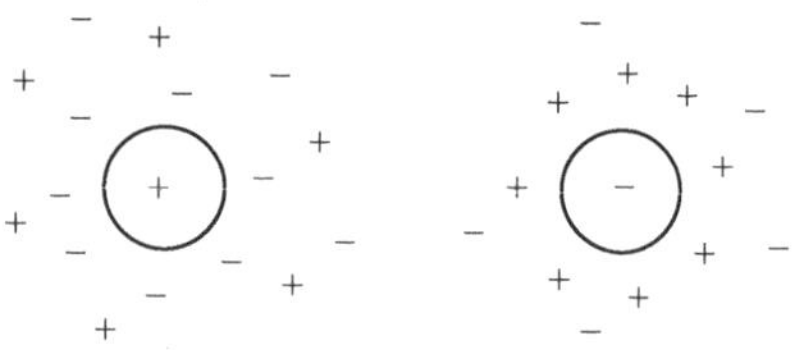
图 1-4　离子氛示意图

在强电解质溶液中，尤其是浓度较高的溶液中，还会存在阴离子、阳离子缔合成的**离子对**(iron pair)，这些离子对可以独立运动，在溶液中体现不出离子各自应有的行为，只有在溶液浓度无限稀的条件下，强电解质溶液中的离子才认为是能完全独立、自由运动的。由于离子氛和离子对的存在，离子应有性质的有效性下降，造成强电解质好像没有完全解离，实验测得的表观电离度小于 100 %。这个表观电离度反映了离子间相互牵制作用的大小，不能真实反映强电解质在溶液中解离的程度。

三、离子的活度和活度因子

(一) 活度和活度因子

在强电解质溶液中，离子氛或离子对的存在使离子的有效浓度减小。离子的有效浓度是指电解质溶液中实际发挥作用的离子浓度，称为**活度**(activity)，以 a_B 表示，它与质量摩尔浓度 b_B 有如下关系

$$a_B = \gamma_B \cdot \frac{b_B}{b^{\ominus}} \tag{1-19}$$

式中，γ_B 是溶质的活度因子，也称活度系数，$\gamma_B < 1$；$b^{\ominus}$ 是标准质量摩尔浓度($1mol \cdot kg^{-1}$)；a_B 和 γ_B 的量纲均为一。

γ_B 反映了电解质溶液中离子间相互牵制作用的强弱，通常由于离子间的互相牵制，离子的活度小于浓度。离子浓度越大，电荷越高，离子氛或离子对出现的概率就越大，离子间相互牵制作用就越强，γ_B 越小，活度和浓度相差就越大。当溶液无限稀释时，离子间相互影响极弱，γ_B 趋近于 1，此时活度近似等于浓度。在实际应用中需注意如下几点。

(1) 当强电解质溶液中离子浓度很小，且离子所带的电荷数也较少时，活度近似等于浓度，γ_B 等于 1。

(2) 溶液中中性分子的活度和浓度有差别，但不如离子的差别大，故中性分子的 γ_B 也近似为 1。

(3) 弱电解质溶液的 γ_B 近似为 1，因为弱电解质溶液中离子的浓度通常很小。

强电解质在溶液中全部解离成正、负离子，因此有

$$a_+ = \gamma_+ \cdot \frac{b_+}{b^\ominus} \qquad a_- = \gamma_- \cdot \frac{b_-}{b^\ominus} \tag{1-20}$$

由于电解质溶液中不存在单独的正离子或负离子，而且尚无任何严格的实验方法能直接测定单个离子的活度，所以引入离子的**平均活度**(mean activity)和离子的**平均活度因子** $\gamma_\pm$ (mean activity coefficient)，并定义为

$$a_\pm = (a_+^{\upsilon_+} \cdot a_-^{\upsilon_-})^{\frac{1}{\upsilon}} \tag{1-21}$$

$$\gamma_\pm = (\gamma_+^{\upsilon_+} \cdot \gamma_-^{\upsilon_-})^{\frac{1}{\upsilon}} \tag{1-22}$$

$$b_\pm = (b_+^{\upsilon_+} \cdot b_-^{\upsilon_-})^{\frac{1}{\upsilon}} \tag{1-23}$$

式(1-21)、式(1-22)、式(1-23)中，υ_+、υ_- 分别是强电解质电离方程式中相应的化学计量数，$\upsilon = \upsilon_+ + \upsilon_-$，故

$$a_B = a_\pm^\upsilon = (\gamma_\pm \frac{b_\pm}{b^\ominus})^\upsilon \tag{1-24}$$

由式(1-24)可知，若已知电解质溶液的平均活度因子 $\gamma_\pm$ 及平均质量摩尔浓度 $b_\pm$，即可求出该电解质的活度 a_B 及离子平均活度 $a_\pm$。

表 1-9 列出了 298.15K 时水溶液中一些强电解质离子的平均活度因子，可以看出活度因子不仅与离子的浓度有关，而且与离子所带电荷有关。

表 1-9　一些强电解质离子的平均活度因子

b_B / (mol·kg^{-1})	0.0050	0.010	0.050	0.10	0.50	1.0
HCl	0.928	0.904	0.803	0.796	0.753	0.809
KOH	0.930	0.900	0.820	0.800	0.730	0.760
KCl	0.927	0.901	0.815	0.769	0.651	0606
H_2SO_4	0.637	0.544	0.340	0.265	0.154	0.130
$CuSO_4$	0.530	0.410	0.210	0.160	0.068	0.047

(二) 离子强度

由于强电解质溶液中某离子的活度因子既受自身浓度和电荷的影响，又受其他离子的浓度和电荷的影响，综合这些影响因素，引入了离子强度的概念，**离子强度**(ionic strength)是衡量溶液中所有离子所产生电场强度的物理量，以 I 表示，其定义为

$$I = \frac{1}{2}\sum_i b_i z_i^2 \tag{1-25}$$

式中，I 为离子强度，单位为 mol·kg^{-1}；b_i 和 z_i 分别为溶液中某离子 i 的质量摩尔浓度和电荷数。

式(1-25)表明，I 仅与各离子的浓度及电荷数有关，而与离子的本性无关。I 的大小反映了离子间作用力的强弱，I 越大，离子间作用力越大，活度因子就越小；反之，I 越小，离子间作用力越小，活度因子越大。Debye 和 Hückel 从电学和分子运动论出发，从理论上导出了某离子的活度因子与溶液的离子强度之间的近似关系式

$$\lg\gamma_i = -Az_i^2\sqrt{I} \tag{1-26}$$

式中，A 为常数，在温度和溶剂一定时为确定值，可从相关数据手册中查得，如 298.15K 时的水溶液中，A 为 0.509 kg$^{1/2}$·mol$^{-1/2}$。由于单个离子的活度因子无法直接测定，式(1-26)可改为

$$\lg\gamma_{\pm} = -A|z_+ \cdot z_-|\sqrt{I} \tag{1-27}$$

式中，z_+ 和 z_- 分别为正负离子所带的电荷数，式(1-26)和式(1-27)称 Debye -Hückel 极限定律，适用于离子强度小于 0.01mol·kg^{-1} 的稀薄溶液。

在生物体中，电解质离子在体液中的浓度和比例是一定的，离子强度对酶、激素和维生素的功能影响不能忽视，所以进行精确计算时，应使用活度。

例 1-6 分别用离子浓度和离子活度计算 $0.005\ 00\ \text{mol·kg}^{-1}$ NaCl 溶液的在 298K 时的渗透压。

解 $0.005\ 00\ \text{mol·kg}^{-1}$ NaCl 溶液近似看作稀薄溶液，其离子浓度为 $0.0100\ \text{mol·kg}^{-1}$，$b_B \approx c_B$

(1) 用浓度直接计算：根据公式 $\Pi = ic_BRT$

$$\Pi = ic_BRT = 0.010\ 0\text{mol·L}^{-1} \times 8.314\text{kPa·L·mol}^{-1}\text{·K}^{-1} \times 298\text{K} = 24.8\text{kPa}$$

(2) 利用离子活度进行计算：溶液中的离子强度为

$$I = \frac{1}{2}\sum_i b_i z_i^2 = \frac{1}{2}(0.005\ 00\text{mol·kg}^{-1} \times 1^2 + 0.005\ 00\text{mol·kg}^{-1} \times 1^2) = 0.005\ 0\text{mol·kg}^{-1}$$

$$\begin{aligned}\lg\gamma_{\pm} &= -A|z_+ \cdot z_-|\sqrt{I} = -0.509 \times |(+1)\times(-1)| \times \sqrt{0.005\ 0} \\ &= -0.036\end{aligned}$$

平均活度因子 $\gamma_{\pm} = 0.92$

活度 $a_{\pm} = \gamma_{\pm} \cdot \dfrac{b_B}{b^{\ominus}} = 0.92 \times \dfrac{0.005\ 00}{1\text{mol·kg}^{-1}} = 0.004\ 6$

$$\Pi = iaRT = 2 \times 0.004\ 6\ \text{mol·L}^{-1} \times 8.314\ \text{kPa·L·mol}^{-1}\text{·K}^{-1} \times 298\ \text{K} = 23\ \text{kPa}$$

知 识 导 图

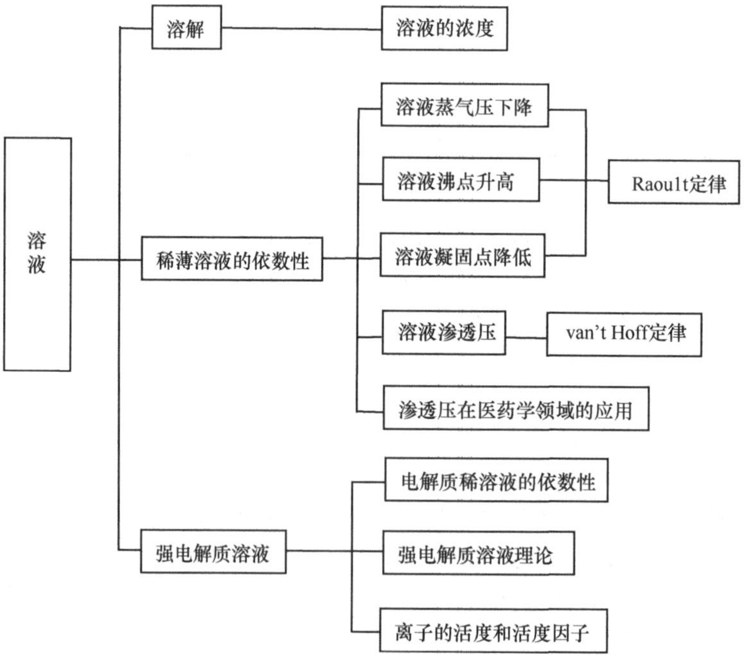

习 题

1. 溶液与化合物及普通混合物有什么区别?

2. 计算下列各溶液的物质的量浓度。

(1)250ml 甲硝唑葡萄糖注射液含甲硝唑(分子式为 $C_6H_9N_3O_3$)0.50g，求甲硝唑的物质的量浓度。

(2)临床 NH_4Cl 针剂的规格为 20.00ml，含有 0.16g 的 NH_4Cl，求该针剂物质的量浓度。

(3)在 100ml CCl_4 溶液中含有 10.0g 的 I_2，求 I_2 的物质的量的浓度。

3. 溶剂提取法是获得中草药药效成分的主要方法。一些成分，如多糖、氨基酸、鞣质、有机酸、生物碱等常以水为提取溶剂，而挥发油、油脂、树脂等以石油醚、乙醚氯仿和乙酸乙酯为提取溶剂，为什么？

4. 常压下，$0.10mol \cdot kg^{-1}$ 的乙醇溶液、蔗糖水溶液和 KCl 水溶液的沸点是否相同？为什么？

5. 简答题

(1) 河南省兰考县曾是焦裕禄带领人们治理盐碱地的地方，现已称为大粮仓。在盐碱地未治理之前，种的庄稼很难生长，为什么？

(2) 北方人吃冻梨时，将冻梨拿出来放入凉水中浸泡一段时间，冻梨表面结了一层薄冰，但里面却解冻了。为什么？

(3) 为什么在淡水中游泳会感到眼睛红肿、疼痛？

6. 甘露醇是一种组织脱水药，静脉注射后不易从毛细血管渗入组织，是临床上用于治疗和抢救多种原因的脑水肿的首选药物。试述甘露醇为什么能达到功效？

7. 在 37℃时，每升静脉注射液中需要 54.3g 葡萄糖才能使渗透压与血浆渗透压平衡。请问此时血浆的渗透压是多少？

8. 樟脑的熔点是 178℃，取某有机物晶体 0.028g 与 0.80g 樟脑熔融混合，测定其熔点为 170℃，求此物质的相对分子质量。(樟脑的 $K_f = 40℃ \cdot kg \cdot mol^{-1}$)

9. 冬天防止仪器结冰，要使溶液的凝固点降至 270.15K，应在 1000g 水中加入甘油($C_3H_8O_3$)多少克？

10. 尼古丁是烟草的主要有害成分之一，实验测得三种元素的数量比例为 C：H：N = 5：7：1。若将 1.268g 尼古丁溶于 10.0g 水中，所测得的沸点在 101.3kPa 下为 100.4℃，推断尼古丁的分子式。

11. 晶体渗透压和胶体渗透压有什么区别？

12. 试述离子相互作用理论的要点和离子氛的概念，并用该理论解释为何强电解质在水溶液中的表观离解度小于 100 %。

(王巧峰)

习 题 详 解

1. 答：溶液是指一种或几种物质以分子、原子或离子状态分散在另一种物质中所形成的均匀稳定的分散体系。其特征是均匀而又稳定，这是和普通混合物的区别；在溶液中，溶质与溶剂的相对含量在一定范围内可以变化，这是与化合物的区别。

2. 答：(1) $\frac{0.5g}{171.15g \cdot mol^{-1}} \times \frac{1}{250ml} \approx 0.012mol \cdot L^{-1}$

(2) $\frac{0.16\ g}{53.5g \cdot mol^{-1}} \times \frac{1}{20ml} \approx 0.15mol \cdot L^{-1}$

(3) $\frac{\frac{10g}{254g \cdot mol^{-1}}}{100L \times 10^{-3}} \approx 0.39mol \cdot L^{-1}$

3. 答：中草药成分在溶剂中的溶解度与溶剂性质密切相关。根据相似相溶原理，只要中草药成分的亲水性和亲脂性与溶剂性质像似，就会在其中有较大的溶解度。所以糖类(含有多羟基)等化合物会选择极性大的水。而其他的脂类、挥发油由于极性较小会选择极性较小的有机溶剂作为提取剂。

4. 答：不同。当乙醇溶液、蔗糖水溶液和 KCl 水溶液的质量摩尔浓度相等时，乙醇溶液的溶质是易挥发的乙醇，其溶液的沸点低于水的沸点；蔗糖水溶液的溶质的难挥发非电解质，其水溶液沸点高于水的沸点，而 KCl 是强电解质，其溶液沸点也高于纯水的沸点，但沸点增加的量和蔗糖水溶液不同。

5. 答：(1) 盐碱地中水溶液的渗透压高于植物体内细胞液的渗透压，将植物种植在盐碱地后，植物不能从土壤中吸收水分，反而其细胞内的水分会向土壤渗透，引起细胞的皱缩，并从悬浮状态中沉降下来(胞质分离现象)，致使植物很难生长。

(2) 梨中的水不是纯水，而是溶有糖和其他一些物质的溶液，它的凝固点比纯水低。冻梨放入水中后，梨周围的温度下降至0℃，纯水开始在梨表面结冰，而结冰过程中释放的热量使梨内解冻。

(3) 眼组织内液的渗透压高于淡水，淡水中水分子渗入眼内，导致细胞膨胀所致。

6. 答：甘露醇静脉注射后因为不易从毛细血管渗入组织，停留在血液循环中的甘露醇能迅速提高血浆渗透压力，使组织间的水分向血浆转移而产生组织脱水。

7. 答：依题意得，当注射液与血浆的渗透压达到平衡时，注射液的渗透压即为血浆的渗透压。由 $\Pi = c_B RT$ 得

$$\Pi = c_B RT = \frac{54.3\ \text{g}\cdot\text{L}^{-1}}{180.16\ \text{g}\cdot\text{mol}^{-1}} \times 8.314\ \text{kPa}\cdot\text{L}\cdot\text{mol}^{-1}\cdot\text{K}^{-1} \times 310.15\ \text{K} = 777.2\text{kPa}$$

8. 答：由 $\Delta T_f = K_f \cdot b_B = K_f \cdot \dfrac{m_B / M_B}{m(\text{樟脑})}$,有

$$M_A = \frac{K_f \cdot m_B}{\Delta T_f \cdot m(\text{樟脑})} = \frac{40\times10^3 \times 0.028}{(178-170)\times 0.80} = 175\text{g}\cdot\text{mol}^{-1}$$

9. 答：由 $\Delta T_f = K_f \cdot b_B = K_f \cdot \dfrac{m_B / M(C_3H_8O_3)}{m_A}$,有

$$m_B = \frac{\Delta T_f \cdot m_A \cdot M(C_3H_8O_3)}{K_f} = \frac{3.00\ \text{K}\times 1000\ \text{g}\times 92\ \text{g}\cdot\text{mol}^{-1}}{1.86\ \text{K}\cdot\text{kg}\cdot\text{mol}^{-1}} = 148.4\ \text{g}$$

10. 答：$M_B = \dfrac{K_b \cdot m_B}{\Delta T_b \cdot m_A} = \dfrac{0.512\ \text{K}\cdot\text{kg}\cdot\text{mol}^{-1}\times 1.268\ \text{g}}{0.4\ \text{K}\times 10\ \text{g}} \approx 162\ \text{g}\cdot\text{mol}^{-1}$

所以尼古丁的分子式为：$C_{10}H_{14}N_2$。

11. 答：人体体液如血浆、组织间液和细胞内液等由电解质(如 NaC1、KC1、$NaHCO_3$等) 、小分子物质(如葡萄糖、氨基酸、尿素等) 和大分子物质(如蛋白质、糖类、脂质等)构成。 医学上通常将电解质和小分子物质称为晶体物质，其产生的渗透压称为晶体渗透压；而将大分子物质称为胶体物质，其产生的渗透压称为胶体渗透压。

水分子通过细胞膜的流动方向，主要由晶体渗透压调节决定，但毛细血管壁半透膜内外水和电解质的流动，却要靠胶体物质的渗透压调节。

12. 答：离子相互作用理论的要点如下：①强电解质在水溶液中是完全解离的；②离子间通过静电力相互作用，每个离子的周围均被异性离子包围，形成所谓的离子氛。

在强电解质溶液中，电解质全部解离，溶液中离子浓度较大，离子间的相互作用比较明显。由于离子氛的存在，使得电解质溶液中每个离子都不是独立的自由离子，而受周围离子的牵扯作用，不能完全地自由行动。因此根据导电性实验测得的强电解质溶液的电离度减小，离子的有效性下降，即在单位体积溶液中所含离子数目比完全解离所得离子数目要小，所以表观解离度小于 100 %。

第二章　化学热力学基础

热力学是宏观上研究大量分子能量转化规律的一门学科，其重要基础是热力学第一定律和热力学第二定律，这两个定律是人类经验的总结，具有高度的普遍性，目前为止，还没有发现与这两个定律相违背的事实。将热力学基本原理和方法应用到化学反应研究中，形成了热力学的一个重要分支——**化学热力学**(chemical thermodynamics)。化学热力学主要研究化学反应过程中能量的转化规律，以及化学反应的方向和反应限度的问题。

热力学研究的对象是具有大量分子的整体。通过热力学研究，可以知道一个化学反应发生的可能性和反应的限度。热力学不能从微观细节上说明一个反应发生的具体历程、反应的快慢及反应发生的方式。热力学阐述的是理论上所遵循的一般规律和原理，所以，无论在科学研究还是生产实践中，都具有十分重要的指导意义。例如，在药物合成研发中，可首先要利用热力学方法判断该合成反应的可行性；又如，生物体本身是一个复杂的热力学系统，代谢过程伴随能量的变化是生命过程的特征之一，即便是复杂的生命现象也无不遵循热力学基本规律。

第一节　热力学的一些基本概念

热力学的研究对象和研究方法具有一定的特殊性，应先了解一些基本概念和术语。

一、系统与环境

在热力学研究中，将研究对象称为**系统**(system)或体系，系统以外与其密切相关的部分称为**环境**(surroundings)。

系统与环境是人为划分的，具有一定的主观性，系统与环境之间可以有实际存在的界面，也可以是人为假想的界面。系统与环境划分得当，可以方便问题的解决，如果选择不当，很可能使问题更加复杂，甚至根本无从下手。

根据系统与环境之间物质和能量交换情况的不同，可以将系统分为**孤立系统**(isolated system)、**封闭系统**(closed system)和**敞开系统**(open system)。

1. 孤立系统　又称为隔离系统，孤立系统与环境之间既没有物质交换也没有能量交换。例如，可将隔热良好且非常密闭的暖水瓶内的热水作为系统，瓶内水蒸气不会散失，所以系统与环境之间没有物质交换；又由于隔热良好，系统与环境也没有能量交换。严格来说，理想的绝热系统是没有的，因此，自然界中并不存在真正的孤立系统，只是某些情况下，一些系统可近似当作孤立系统处理。

2. 封闭系统　上述例子中，如果暖水瓶密闭性好但隔热较差，系统与环境之间没有物质交换，但却有热量散失，有能量交换，则为封闭系统。封闭系统是热力学中研究最多的一种系统，本章如果不做特殊说明，一般均指封闭系统。

3. 敞开系统　系统与环境之间既有物质交换又有能量交换。若上述例子中的暖水瓶密闭性和隔热性均较差，水和热量都会散失到环境中。敞开系统较为复杂，经典热力学不涉及这类系统。

二、状态与状态函数

当系统的宏观物理量，如温度 T、压力 p 和体积 V 等具有确定值的时候，说明系统处于一定的**状态**(state)，宏观物理量通常用来描述系统的状态。这些物理量与另一些热力学函数，如热力学能 U、焓 H 和熵 S 等统称为**系统的性质**。系统的性质可分为两类，即**广度性质**和**强度性质**。

1. 广度性质 与系统中物质的数量有关，是具有加和性的一类性质，如体积、质量、物质的量、热力学能、焓、熵等。例如，1mol 的氢气与 2mol 的氢气混合，总的物质的量为 3mol。

2. 强度性质 只与系统自身特性有关，而与物质数量无关，是不具有加和性的一类性质，如温度、压力、密度等。例如，1mol 300K 的水和 2mol 300K 水混合后，3mol 水的温度仍为 300K。

两个广度性质相除得到的是一个强度性质。例如，质量除以体积得到密度。

当系统的性质具有确定数值时，系统就处于确定的状态，当系统状态发生变化，这些性质中的一个或几个也会随之发生变化。热力学中把这些用来确定系统状态的性质称为**状态函数**(state function)。

三、过程与途径

系统从始态到终态所发生的状态变化称为**过程**(process)，实现过程所经历的具体步骤称为**途径**(path)。常见的热力学过程有如下几种。

1. 等温过程(isothermal process) 在恒定的环境温度下，系统始态和终态温度相等，并且等于环境温度的过程。

2. 等压过程(isobaric process) 在环境压力恒定下，系统始态和终态压力相等，并且等于环境压力的过程。

3. 等容过程(isochoric process) 系统体积保持不变的过程。一般在刚性容器中发生的变化是等容过程。

4. 绝热过程(adiabatic process) 在整个变化中，系统与环境没有热量交换(或热量交换可以忽略不计)的过程。

5. 循环过程(cyclic process) 系统从始态出发，经历一系列变化最终又回到始态的过程，该过程所有状态函数的改变量为零。

状态函数的变化只取决于系统的**始态**(initial state)和**终态**(final state)，而与变化途径无关，这是状态函数的一个重要特点。

第二节 热力学第一定律与化学反应热效应

一、热力学第一定律

(一) 热和功

系统在变化过程中，与环境之间存在着能量交换，而交换的方式有两种，即**热**(heat)和**功**(work)。

系统与环境由于温度不同而交换的能量称为热，用符号 Q 表示，单位为 J 或 kJ。热力学规定，系统从环境吸收热量，则 Q 取正号，即 $Q > 0$；系统向环境释放热量，则 Q 取负号，即

$Q<0$。

除热以外，系统与环境交换的其他能量称为功，功分为体积功、电功、表面功等几种，用符号 W 表示，单位为 J 或 kJ。环境对系统做功，W 取正号，即 $W>0$；系统对环境做功，则 W 取负号，即 $W<0$。

热和功均不是状态函数，其数值大小与系统变化所经历的途径密切相关。系统从始态到终态，途径不同，对应的 Q 和 W 亦不同，因此，不能说系统含有多少热或具有多少功。当系统与环境发生微小量的热或功的交换时，用 δQ 和 δW 表示，若发生相当量的热或功交换时，用 Q 和 W 表示。

热力学中一般将功分为体积功 W_e 和非体积功 W_f，系统在外压作用下体积变化时，系统与环境之间所传递的功是体积功，体积功在热力学中具有非常特殊的意义。体积功以外其他形式的功都称为非体积功，热力学研究中一般不考虑非体积功。

图 2-1 所示的是一个带有活塞的气缸，活塞下方的气体为系统，系统的压力为 p_i，活塞上方环境的压力为 p_e，假定不计活塞的质量及与缸体的摩擦，且整个过程在等温的条件下进行，若系统压力大于环境压力，则活塞向上运动，气体膨胀，如图 2-1a；反之，则气体被压缩，如图 2-1b。

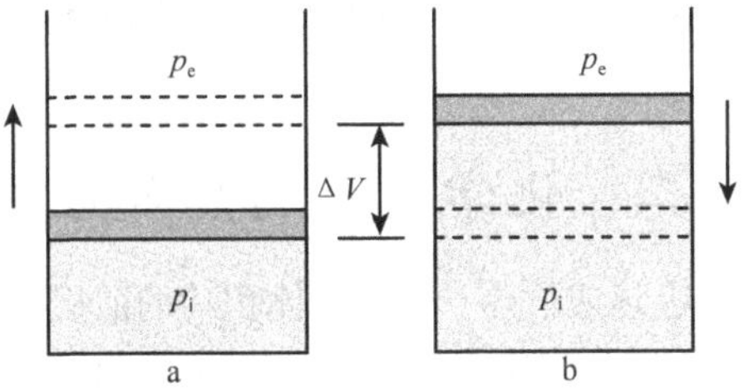

图 2-1　体积功示意

根据功的一般定义

$$\delta W = F\mathrm{d}l$$

由于膨胀过程中系统抵抗环境外压做功，力的方向与活塞位移的方向相反，因此系统所做体积功为

$$\delta W_e = -F_e\mathrm{d}l$$

若活塞面积为 A，则

$$\delta W_e = -F_e\mathrm{d}l = -\frac{F_e}{A}A\mathrm{d}l = -p_e\mathrm{d}V \tag{2-1}$$

式(2-1)即为体积功的计算公式。可以看出，系统膨胀时，$\mathrm{d}V>0$，$\delta W<0$，表明系统对环境做功；同理，当系统被压缩时，$\mathrm{d}V<0$，$\delta W>0$，表明环境对系统做功。

(二) 热力学能

系统内部的能量包括系统内物质分子运动的平动能、转动能、振动能和电子与核的能量及分子间相互作用的势能等的总和，也称为系统的**热力学能**(thermodynamic energy)或**内能**(internal energy)。热力学能用符号 U 表示，单位为 J 或 kJ。

热力学能是系统的状态函数，其数值大小仅取决于系统所处的状态。热力学能是广度性质，与系统内物质的量成正比。由于系统物质内部各微观粒子的运动形式非常复杂，因此热力学能的绝对值是无法确定的，在系统状态发生变化时，只需知道其改变值 ΔU 即可

$$\Delta U = U_2 - U_1$$

U_1 和 U_2 分别为始态 1 和终态 2 下的热力学能的数值。

(三) 能量守恒与热力学第一定律

19 世纪中期，大量实验和实践经验让人们逐渐认识到自然界存在着一种普遍规律，即自然界的一切物质都具有能量，能量有不同的形式，且各种能量之间可以相互转化，在转化过程中，能量的总值始终保持不变。这就是**能量守恒定律**，也称为**热力学第一定律**(the first law of thermodynamics)。

对于一个封闭系统，可以通过不同的途径由同一个始态达到相同的终态，虽然不同途径各有对应的 Q 和 W，但它们的($Q + W$)却都是一样的，即数值上都等于系统的热力学能的变化，即

$$\Delta U = U_2 - U_1 = Q + W \tag{2-2}$$

若系统的状态发生微小变化，则式(2-2)可以表示为

$$\mathrm{d}U = \delta Q + \delta W \tag{2-3}$$

式(2-2)和式(2-3)就是封闭系统的热力学第一定律的数学表达式，它表明封闭系统的热力学能、热和功的相互关系遵守能量守恒定律。

热力学第一定律是人类长期实践经验的总结，目前为止，还从未发现过与热力学第一定律相悖的事实。在 19 世纪的早期，有些人试图设计一种不需要任何动力和燃料，却能源源不断对外做功的机器，称为第一类永动机，结果均以失败告终，因此热力学第一定律也被表述为“第一类永动机是不可能的”。

二、化学反应的热效应

化学反应过程总是伴随着吸热或放热，在只做体积功的前提下，系统在等温过程中吸收或放出的热，称为化学反应热效应，简称**反应热**(heat of reaction)。研究化学反应热效应的学科称为**热化学**(thermochemistry)。热化学根据热效应来研究反应的有关现象及规律，它是热力学第一定律在化学反应中的具体应用。

(一) 等容热效应和等压热效应

影响化学反应热效应的因素很多，如体积、压力等，为方便起见，通常会选择研究特定条件下化学反应的热效应。

1. 等容热效应与热力学能的变化 若系统的变化在一个刚性密闭容器中进行，系统的体积始终保持不变，该过程是等容过程，即 $\Delta V = 0$，等容过程的热效应用 Q_V 表示。若系统不做非体积功，又由于等容过程体积功为零，则整个过程中的 $W = 0$，根据热力学第一定律可得

$$\Delta U = Q_V \tag{2-4}$$

如果系统发生微小变化，则式(2-4)表示为

$$\mathrm{d}U = \delta Q_V \tag{2-5}$$

式(2-4)和式(2-5)表明，在不做非体积功条件下，等容过程中封闭系统的热力学能变化量等于系统与环境交换的热。

2. 等压热效应与焓 系统变化在等压条件下进行时，其热效应用 Q_p 表示，若系统不做非功体积，根据热力学第一定律可得

$$\Delta U = U_2 - U_1 = Q_p - p_e(V_2 - V_1)$$

对等压过程，则有

$$U_2 - U_1 = Q_p - p_2V_2 + p_1V_1$$

整理可得

$$Q_p=(U_2+p_2V_2)-(U_1+p_1V_1)$$

由于 U、p、V 均为状态函数，所以它们的组合函数($U+pV$)也是系统的状态函数，这个状态函数被定义为**焓**(enthalpy)，用符号 H 表示

$$H \xlongequal{\text{def}} U+pV \tag{2-6}$$

H 为系统的广度性质，单位为 J 或 kJ。焓只是定义的函数，虽然焓具有能量的单位，但没有明确的物理意义。由于不能确定某一状态下热力学能的具体值，因此，也不知道焓的具体值，但是可以知道系统状态变化后焓的变化值 ΔH。

通过 H 的定义，可得

$$Q_p=H_2-H_1=\Delta H$$

因此，在等压且不做非功体积的条件下

$$\Delta H=Q_p \tag{2-7}$$

如果系统发生微小变化则上式表示为

$$dH=\delta Q_p \tag{2-8}$$

式(2-7)和式(2-8)说明，在不做非体积功的条件下，封闭系统经等压过程后，与环境所交换的热就等于系统焓的变化。由于大多数化学反应是在等压条件下进行的，所以，我们经常用化学反应的焓变来表示其等压热效应。

(二) 反应进度

对于任意一个化学反应

$$aA+bB = dD+eE$$

其化学计量方程式均可写为以下通式

$$0=\sum_B \nu_B B$$

该通式中，B 表示参与反应的任意组分，ν_B 为反应组分 B 的化学计量系数，无量纲。规定反应物的化学计量系数为负，产物的化学计量系数为正。

在计算化学反应热效应时，需了解化学反应的**反应进度**(extent of reaction)，反应进度用符号 ξ 表示，其单位为 mol，定义为

$$d\xi \xlongequal{\text{def}} \frac{dn_B}{\nu_B} \tag{2-9}$$

对上述化学反应，有

$$d\xi=\frac{dn_A}{\nu_A}=\frac{dn_B}{\nu_B}=\frac{dn_D}{\nu_D}=\frac{dn_E}{\nu_E}$$

即

$$d\xi=\frac{dn_A}{-a}=\frac{dn_B}{-b}=\frac{dn_D}{d}=\frac{dn_E}{e}$$

上式说明，当 a mol 的 A 和 b mol 的 B 反应生成了 d mol 的 D 和 e mol 的 E 时，反应进度为 1mol(ξ = 1mol)。反应进度 ξ 表明，无论用哪一个组分来描述反应进行的进程，这个化学反应的反应进度 ξ 都是相等的。

反应进度与化学计量数有关，讨论反应进度时，要注意指明化学计量方程式，方程式中化学计量数不同，反应进度亦不同。

例 2-1　10mol H_2(g)与 5mol O_2(g)反应一段时间生成了 3mol H_2O(l)，试分别以下列两个反应方程式为基础，计算反应进度。

(1) $H_2(g) + \frac{1}{2}O_2(g) \xlongequal{\quad} H_2O(l)$

(2) $2H_2(g) + O_2(g) \xlongequal{\quad} 2H_2O(l)$

解 根据反应(1)可得到反应进度ξ

$$\xi = \frac{\Delta n_{H_2(g)}}{-1} = \frac{\Delta n_{O_2(g)}}{-\frac{1}{2}} = \frac{\Delta n_{H_2O(l)}}{1} = 3\text{mol}$$

$$\Delta n_{H_2O(l)} = 3\,\text{mol}$$

$$\Delta n_{H_2(g)} = -3\,\text{mol}$$

$$\Delta n_{O_2(g)} = -1.5\,\text{mol}$$

同理，根据反应(2)，可得到反应进度ξ

$$\xi = \frac{\Delta n_{H_2(g)}}{-2} = \frac{\Delta n_{O_2(g)}}{-1} = \frac{\Delta n_{H_2O(l)}}{2} = 1.5\text{mol}$$

反应进度为 1mol 时，系统的焓变和热力学能变分别称为摩尔反应焓变和摩尔反应热力学能变，分别用 $\Delta_r H_m$ 和 $\Delta_r U_m$ 表示，即

$$\Delta_r H_m = \frac{\Delta_r H}{\xi},\quad \Delta_r U_m = \frac{\Delta_r U}{\xi} \tag{2-10}$$

反应的 $\Delta_r H_m$ 和 $\Delta_r U_m$ 与化学计量方程式有关，式(2-10)表示完成对应的一个计量单位的化学反应所发生的焓变和热力学能变。

(三) 热化学方程式与标准态

标明了化学反应中各组分的计量、物态、反应温度、反应压力和反应热效应的化学反应方程式，称为**热化学方程式**(thermochemical equation)。例如，298.15K，100kPa 时

$$H_2(g) + Cl_2(g) \xlongequal{\quad} 2HCl(g) \qquad \Delta_r H_m^\ominus = -184.63\ \text{kJ}\cdot\text{mol}^{-1}$$

$$\frac{1}{2}\ CH_3COOH(l) + O_2(g) \xlongequal{\quad} CO_2(g) + H_2O(l) \qquad \Delta_r H_m^\ominus = -437.27\ \text{kJ}\cdot\text{mol}^{-1}$$

关于反应热，需注意如下几点：

(1) ΔH 为等压反应热或反应焓变，$\Delta H > 0$，反应吸热；$\Delta H < 0$，反应放热。

(2) 下标“r”表示化学反应；“m”表示反应进度为 1mol。

(3) 上标“$\ominus$”表示标准态。

系统的状态与状态变化过程中能量的变化是密切相关的。因此，在比较不同反应的热效应时，必须确定统一的比较标准，该标准就是热力学**标准态**(standard state)。热力学标准态有如下规定。

1. 气体 压力为 100kPa 的纯理想气体，该压力为标准压力，用 $p^\ominus$ 表示。混合气体中各气体组分具有理想气体性质，各气体分压为 $p^\ominus$。

2. 溶液 标准态是指在标准压力下，浓度为 $1\text{mol}\cdot\text{L}^{-1}$ 或 $1\text{mol}\cdot\text{kg}^{-1}$(严格应为活度)，溶液具有理想溶液性质。

3. 溶剂 标准态是标准压力下的纯溶剂。

4. 固体或液体 标准压力下的纯液体或纯固体。

5. 生物系统 不同于一般系统，生物系统的标准态为 37℃，$c(H^+) = 1\times10^{-7}\text{mol}\cdot\text{L}^{-1}$。

6. 温度 标准态中没有规定温度的标准态，国际纯粹与应用化学联合会(International Union of Pure and Applied Chemistry, IUPAC)推荐 298.15K 为参考温度。化学手册中多为 298.15K 时的热力学数据。

(四) Hess 定律

1840 年，Hess 通过大量实验总结出：化学反应不论是一步还是几步完成，该反应的热效应总是相同的，这称为 **Hess 定律**(Hess's law)。Hess 定律说明了反应的热效应只与系统的始态和终态有关，而与反应所经历的途径无关。Hess 定律适用于不做非体积功的等容反应和等压反应，这也符合热力学第一定律，Hess 定律是热化学的一个基本定律。

根据 Hess 定律，处理热化学方程式就可以像处理代数方程那样，通过某些容易测量的化学反应热效应来计算那些难以测量甚至无法测量的化学反应的热效应。

(五) 化学反应的热效应

在等温、等压条件下，化学反应的热效应 $\Delta_r H$ 等于产物焓的总和减去反应物焓的总和，即

$$\Delta_r H = Q_p = (\sum H)_{产物} - (\sum H)_{反应物}$$

1. 通过标准摩尔生成焓计算　在标准压力 $p^{\ominus}$和反应温度 T 下，由元素或最稳定单质生成 1mol 某化合物时的焓变，称为该化合物在该温度下的**标准摩尔生成焓**(standard molar enthalpy of formation)，用符号 $\Delta_f H_m^{\ominus}(T)$表示。例如，在 100kPa 和 298.15K 时

$$H_2(g) + Cl_2(g) = 2\,HCl(g) \qquad \Delta_r H_m^{\ominus} = -184.63\ kJ \cdot mol^{-1}$$

表明 HCl(g)的标准摩尔生成焓 $\Delta_f H_m^{\ominus}$ 为

$$\Delta_f H_m^{\ominus}(HCl, g, 298.15K) = -92.32\ kJ \cdot mol^{-1}$$

在 $\Delta_f H_m^{\ominus}(T)$的定义中，规定最稳定单质的标准摩尔生成焓为零，即 $\Delta_f H_m^{\ominus}(T, 最稳定单质) = 0$。

根据 Hess 定律及标准摩尔生成焓的定义，由参与反应的各组分的标准摩尔生成焓，可求得整个反应的标准摩尔反应焓。如图 2-2 所示，设计两个途径可以得到产物，途径一，由稳定单质经由①直接生成产物，其热效应为 $\Delta_f H_m^{\ominus}$(产物)；途径二，稳定单质首先经由② 得到反应物，再由③反应得到产物，其热效应为 $\Delta_f H_m^{\ominus}$(反应物)与 $\Delta_r H_m^{\ominus}$ 之和。

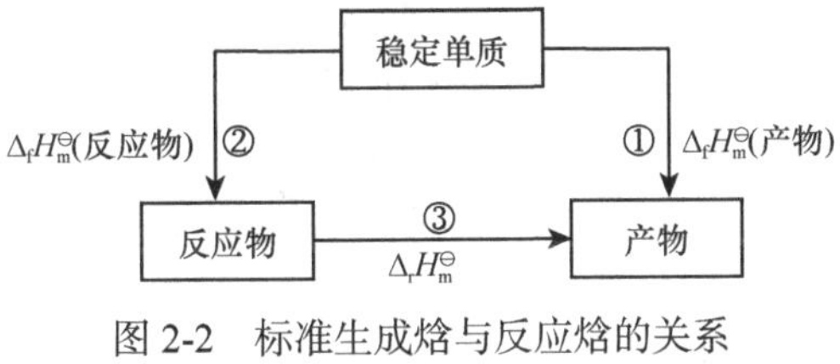

图 2-2　标准生成焓与反应焓的关系

由于途径一和途径二的反应热效应相等，因此有

$$\Delta_r H_m^{\ominus} = \sum \Delta_f H_m^{\ominus}(产物) - \sum \Delta_f H_m^{\ominus}(反应物) \tag{2-11}$$

对于一般化学反应

$$aA + bB = dD + eE$$

则有

$$\begin{aligned}\Delta_r H_m^{\ominus} &= d\Delta_f H_{m,D}^{\ominus} + e\Delta_f H_{m,E}^{\ominus} - (a\Delta_f H_{m,A}^{\ominus} + b\Delta_f H_{m,B}^{\ominus}) \\ &= \sum_B \nu_B \Delta_f H_m^{\ominus}(B)\end{aligned}$$

式(2-11)说明，化学反应的标准反应焓变等于产物的标准生成焓之和减去反应物的标准生成焓之和。在计算时，可以从本教材附录中或化学手册中查到相应物质的 $\Delta_f H_m^{\ominus}$，计算时应注意方程式中各物质的化学计量数。

例 2-2　生物体利用葡萄糖氧化反应而获得能量，试计算下列反应的 $\Delta_r H_m^{\ominus}(T = 298.15K)$。

$$C_6H_{12}O_6(s) + 6O_2(g) = 6CO_2(g) + 6H_2O(l)$$

解 通过附录查取相关热力学数据，见表 2-1。

表 2-1 相关热力学数据

参与反应各物质	$C_6H_{12}O_6(s)$	$O_2(g)$	$CO_2(g)$	$H_2O(l)$
$\Delta_f H_m^\ominus/(kJ\cdot mol^{-1})$	−1273.3	0	−393.5	−285.8

$$\begin{aligned}\Delta_r H_m^\ominus &= \sum \Delta_f H_m^\ominus(\text{产物}) - \sum \Delta_f H_m^\ominus(\text{反应物}) \\ &= [6\times(-393.5\ kJ\cdot mol^{-1}) + 6\times(-285.8\ kJ\cdot mol^{-1})] \\ &\quad -[1\times(-1273.3\ kJ\cdot mol^{-1}) + 6\times(0\ kJ\cdot mol^{-1})] \\ &= -2802.5\ kJ\cdot mol^{-1}\end{aligned}$$

2. 通过标准摩尔燃烧焓计算 绝大部分有机化合物的结构比较复杂，很难由稳定单质直接合成，它们的标准摩尔生成焓测定非常困难，但是有机化合物大都容易燃烧，因此，可以通过实验测定其燃烧反应的热效应，从而得到反应的标准摩尔燃烧焓 $\Delta_c H_m^\ominus(T)$。

在标准压力 $p^\ominus$ 和反应温度 T 下，1mol 物质完全燃烧为同温度下指定产物时的标准摩尔焓变，称为该物质的**标准摩尔燃烧焓(standard molar enthalpy of combustion)**，用符号 $\Delta_c H_m^\ominus(T)$ 表示，其中下标“c”表示燃烧，下标“m”表示反应进度为 1mol。

“完全燃烧”是指反应物燃烧后生成最稳定的产物，其中，化合物中的 C 转变为 $CO_2(g)$，H 转变为 $H_2O(l)$，N 转变为 $N_2(g)$，S 转变为 $SO_2(g)$ 等，热力学规定这些指定产物的标准摩尔燃烧焓为零。例如，在 298.15K 及 $p^\ominus$ 下

$$\frac{1}{2}CH_3COOH(l) + O_2(g) \xlongequal{\quad} CO_2(g) + H_2O(l) \qquad \Delta_r H_m^\ominus = -437.27 kJ\cdot mol^{-1}$$

该反应的产物均为标准摩尔燃烧焓定义中的指定产物，因此

$$\Delta_c H_m^\ominus(CH_3COOH) = 2\times(-437.27\ kJ\cdot mol^{-1}) = -874.54 kJ\cdot mol^{-1}$$

通过已知物质的标准摩尔燃烧焓可以求得化学反应的热效应，如图 2-3 所示，可以由两个途径得到燃烧产物，途径一，经由①反应物直接燃烧变为燃烧产物；途径二，反应物首先经由②得到反应产物，反应产物再由③燃烧变为燃烧产物。

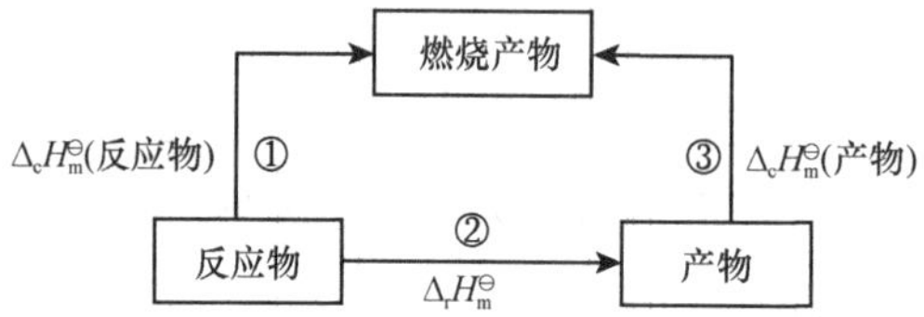

图 2-3 标准燃烧焓与反应焓的关系

两个途径虽然不同，但燃烧产物完全相同，根据 Hess 定律和标准燃烧焓的定义，可得

$$\Delta_r H_m^\ominus = \sum \Delta_c H_m^\ominus(\text{反应物}) - \sum \Delta_c H_m^\ominus(\text{产物}) \tag{2-12}$$

对于一般化学反应

$$aA + bB \xlongequal{\quad} dD + eE$$

则有

$$\begin{aligned}\Delta_r H_m^\ominus &= a\Delta_c H_{m,A}^\ominus + b\Delta_c H_{m,B}^\ominus - (d\Delta_c H_{m,D}^\ominus + e\Delta_c H_{m,E}^\ominus) \\ &= -\sum_B \nu_B \Delta_f H_m^\ominus(B)\end{aligned}$$

式(2-12)表明，化学反应的标准反应焓的改变值还等于反应物标准燃烧焓之和减去产物标准燃烧焓之和。本教材附录中或化学手册中可以查到相应物质的 $\Delta_c H_m^\ominus$，计算时需注意方程式中各物质的化学计量数。

在温度变化不大的情况下，温度对化学反应的标准摩尔焓变 $\Delta_r H_m^{\ominus}$ (或 $\Delta_r H_m$)及热力学能变 $\Delta_r U_m$ 的影响较小，可以认为它们是常数。另外，在没有特别注明温度的情况下，反应温度一般为 298.15K。

例 2-3 利用标准摩尔燃烧焓计算下列化学反应在的热效应，已知反应条件为标准压力，温度为 298.15 K。

$$C_2H_4(g) + H_2(g) \xlongequal{\quad} C_2H_6(g)$$

解 通过附录查得相关热力学数据，见表 2-2。

表 2-2 相关热力学数据

参与反应各物质	$C_2H_4(g)$	$H_2(g)$	$C_2H_6(g)$
$\Delta_c H_m^{\ominus}$ /(kJ·mol^{-1})	−1411	−286	−1560

$$\begin{aligned}\Delta_r H_m^{\ominus} &= \sum \Delta_c H_m^{\ominus}(\text{反应物}) - \sum \Delta_c H_m^{\ominus}(\text{生成物}) \\ &= [-1411\ \text{kJ}\cdot\text{mol}^{-1} + (-268\ \text{kJ}\cdot\text{mol}^{-1})] - (-1560\ \text{kJ}\cdot\text{mol}^{-1}) \\ &= -119\ \text{kJ}\cdot\text{mol}^{-1}\end{aligned}$$

第三节 化学反应的方向性

虽然自然界中一切过程均遵守热力学第一定律，但是热力学第一定律解决不了系统变化的方向问题，如 H_2 和 O_2 反应生成 H_2O 这个放热反应，反过来，在相同条件下将等量的热量传递给水，并不能使 H_2O 分解产生 H_2 和 O_2。同样，热力学第一定律也解决不了反应的限度问题。

一、热力学第二定律

(一) 自发过程

一定条件下不需要施加任何外力就能自动发生的过程称为**自发过程**(spontaneous process)。自然界中的一切自发过程都具有明确的方向和限度。例如，水可以自发地由高处流向低处，直至水位相等；溶液中溶质微粒总是自发地从高浓度区向低浓度区扩散，直至形成浓度均一的溶液；热总是自发地从高温物体传向低温物体直至温度相等，等等。自发过程具有不可逆性，这是自发过程的重要特征之一。

自发过程的逆过程不是不能发生，而是不能自动发生，需要一定程度的外力(如做功)干预才可以进行。例如，借助水泵做功才能将水由低水位送到高水位；压缩机做功能将冰箱内部的热量传递到周围温度较高的环境中，达到使冰箱内制冷的目的，等等。不难看出，借助外力使体系发生非自发过程的另一面，是环境状态也不能自发复原。大量的实践经验告诉我们，功可以自发的全部转变为热，而热却不能在不引起其他任何变化的条件下全部转化为功，这是功、热转换的方向和限度最显著的差别。

(二) 混乱度与熵

化学反应也是在一定条件下自发进行的系统，同样需要知道反应进行的方向和限度。在 18 世纪，化学家发现很多反应总是向着释放能量最多的方向自发进行，根据这一经验，提出了反应热是判断化学反应方向的判据，即放热反应能自发进行而吸热反应不能自发进行。但是很快人们又发现，某些吸热反应在常温常压下也是可以自发进行的。例如，硝酸钾晶体在水中的电离就是一个自发进行的吸热反应，由此可见，反应热不能作为判断化学反应方向的唯一判据。

因此，必须了解能使化学反应发生的真正内在推动力。

混乱度是指系统的无序程度，微观上，混乱度是物质内部微粒排列和运动无序程度的反映。混乱度越大，说明系统的无序程度越高。混乱度是热力学系统的一个宏观状态。在热力学中，用**熵**(entropy)来量度系统的混乱度，用符号 S 表示，单位为 $J \cdot K^{-1}$。根据 Boltzmann 公式

$$S = k \ln \Omega$$

式中，Ω 表示孤立系统的总微观状态数；k 为玻尔兹曼常数，通过 Boltzmann 公式可将系统的宏观物理量 S 与微观物理量 Ω 联系起来。

与 U、H 一样，熵也是状态函数，当系统的状态确定时，熵就确定，熵的变化值只取决于系统的始态和终态，而与变化途经无关。熵具有广度性质。

影响系统熵值大小的主要因素有如下几点。

(1) 物质的聚集状态：同一物质，气态熵最大，固相熵最小，即 $S_m(g) > S_m(l) > S_m(s)$。

(2) 分子的组成：对于聚集状态相同的物质，分子中的原子数目越多，混乱度越大，S 越大。例如，$S_m(C_2H_5OH) > S_m(CH_3COOH) > S_m(CH_3CHO)$；若分子中原子数相同，则相对分子质量越大，$S$ 越大。例如，$S_m(HI) > S_m(HBr) > S_m(HCl)$。

(3) 温度：温度越高，混乱度越大，S 越大。例如，$S_m(H_2O，498.15K，g) > S_m(H_2O，398.15K，g)$。

(4) 压力：压力增大时，物质体积减小，混乱度减小，S 亦减小。压力的变化对气体熵的影响较大，对液体和固体影响很小。

(三) 热力学第二定律

所有自发过程都是热力学不可逆过程，Kelvin 的**热力学第二定律**(the second law of thermodynamics)表明，“不可能从单一热源取出热，使之完全转变为功而不发生其他变化”，这也可表述为“第二类永动机是不可能的”。热力学第二定律的多种表述实质都是等价的，都是从不同角度阐述了自发过程是单向进行的，是不可逆的，以及自发过程总是伴随着系统的做功能力将降低这个特点。自发过程的总能量守恒，但能量的转换形式更分散、系统更无序。

结合系统变化过程中的 Q 与 T 的关系，Clausius 经过推导出下列不等式

$$dS \geqslant \frac{\delta Q}{T} \tag{2-13}$$

若系统发生变化，式(2-13)为

$$\Delta S \geqslant \frac{Q}{T} \tag{2-14}$$

式(2-13)和式(2-14)是热力学第二定律的数学表示式。其中 δQ 是过程中的热，T 是环境温度。系统发生的任意状态变化，其熵变在数值上等于可逆过程的热温熵，熵变值大于不可逆过程的热温熵。换言之，封闭系统中不可能发生熵变小于热温熵的过程。该不等式与“第二类永动机不可能”的表述等价。

将上述不等式应用于孤立系统或绝热系统中，即 $Q = 0$，式(2-14)为

$$\Delta S_{孤立} \geqslant 0 \tag{2-15}$$

式(2-15)表明，孤立系统自发过程的方向总是朝着熵值增大的方向进行，直到在该条件下系统熵值达到最大，即孤立系统达到平衡状态(过程的限度)时，熵值达到最大。这就是孤立系统的熵增加原理，也是热力学第二定律的又一种表述方式。

事实上，绝对的孤立系统几乎找不到，这使得孤立系统熵增加原理的实际应用十分困难。故将与系统密切相关的环境和系统合为一个大的孤立系统来处理，此时，这个孤立系统依然服从熵增加原理。因此，该孤立系统的熵变

$$\Delta S_{孤立} = \Delta S_{系统} + \Delta S_{环境} \geqslant 0 \tag{2-16}$$

显然，若要用熵作为判据，就必须知道系统和环境的熵变，而且环境界定非常困难，所以，

环境熵的改变很难确切求出。因此，熵作为判据实际上依然有局限性。

(四) 热力学第三定律与熵变的计算

与 U、H 一样，系统熵 S 的绝对数值也是不知道的，因此也需要规定一个相对标准。

热力学第三定律(the third law of thermodynamics)规定，在热力学温度 0K 时，任何纯物质完整晶体的熵值均为 0，即

$$\lim_{T\to 0\text{K}} S = 0$$

而任意温度下的熵值通常称为规定熵，即

$$S_T = S_0 + \int_0^T \mathrm{d}S$$

标准状态时，1mol 纯物质的规定熵称为该物质在温度 T 时的**标准摩尔熵**(standard molar entropy)，用 $S_{\mathrm{m}}^{\ominus}$ 表示，单位是 $\mathrm{J{\cdot}K^{-1}{\cdot}mol^{-1}}$，通常应用较多的是标准压力 $p^{\ominus}$和 298.15K 时的标准摩尔熵。

类似的，化学反应的标准摩尔熵变 $\Delta_{\mathrm{r}}S_{\mathrm{m}}^{\ominus}$ 等于生成物的标准摩尔熵之和减去反应物的标准摩尔熵之和，即

$$\Delta_{\mathrm{r}}S_{\mathrm{m}}^{\ominus} = \sum S_{\mathrm{m}}^{\ominus}(\text{生成物}) - \sum S_{\mathrm{m}}^{\ominus}(\text{反应物}) \tag{2-17}$$

对于一般化学反应

$$a\mathrm{A} + b\mathrm{B} =\!=\!=\!= d\mathrm{D} + e\mathrm{E}$$

则有

$$\begin{aligned}\Delta_{\mathrm{r}}S_{\mathrm{m}}^{\ominus} &= dS_{\mathrm{m,D}}^{\ominus} + eS_{\mathrm{m,E}}^{\ominus} - (aS_{\mathrm{m,A}}^{\ominus} + bS_{\mathrm{m,B}}^{\ominus}) \\ &= \sum_{\mathrm{B}} \nu_{\mathrm{B}} S_{\mathrm{m}}^{\ominus}(\mathrm{B})\end{aligned}$$

常见物质的标准摩尔熵可在本教材附表或化学手册上查到。

例 2-4 计算下列化学反应在 100kPa，298.15K 时的标准摩尔熵。

$$2\mathrm{CH_3OH(l)} + 3\mathrm{O_2(g)} =\!=\!=\!= 2\mathrm{CO_2(g)} + 4\mathrm{H_2O(l)}$$

解 查得相关热力学数据，见表 2-3。

表 2-3 相关热力学数据

参与反应各物质	$CH_3OH(l)$	$O_2(g)$	$CO_2(g)$	$H_2O(l)$
$S_{\mathrm{m}}^{\ominus}/(\mathrm{J{\cdot}K^{-1}{\cdot}mol^{-1}})$	126.8	205.14	213.74	69.91

$$\begin{aligned}\Delta_{\mathrm{r}}S_{\mathrm{m}}^{\ominus} &= \sum S_{\mathrm{m}}^{\ominus}(\text{生成物}) - \sum S_{\mathrm{m}}^{\ominus}(\text{反应物}) \\ &= (2\times 213.74\ \mathrm{J\cdot K^{-1}\cdot mol^{-1}} + 4\times 69.91\ \mathrm{J\cdot K^{-1}\cdot mol^{-1}}) \\ &\quad -(2\times 126.8\ \mathrm{J\cdot K^{-1}\cdot mol^{-1}} + 3\times 205.14\ \mathrm{J\cdot K^{-1}\cdot mol^{-1}}) \\ &= -161.9\ \mathrm{J\cdot K^{-1}\cdot mol^{-1}}\end{aligned}$$

二、化学反应的 Gibbs 自由能变

(一) Gibbs 自由能

大多数化学反应是在等温、等压且不做非体积功的条件下进行的，最方便的办法是找到系统的一个状态函数，能用其变化值来直接判断化学变化的方向和限度。根据这个思路，美国数学物理学家 Gibbs 给出了一个能较全面反映系统性质的状态函数，定义为 **Gibbs 自由能**(Gibbs free energy)，用符号 G 表示，单位为 $\mathrm{kJ{\cdot}mol^{-1}}$。Gibbs 自由能的定义为

$$G \ \underline{\underline{\ \mathrm{Def}\ }}\ H - TS \tag{2-18}$$

由于焓 H、温度 T 和熵 S 均为状态函数，因此，它们的组合函数 G 也是状态函数。

(二) Gibbs 自由能变与化学反应的方向

在等温、等压且不做非体积功的条件下，化学反应的 Gibbs 自由能变 $\Delta_r G$ 与焓变 $\Delta_r H$、熵变 $\Delta_r S$ 及反应温度 T 之间存在如下关系

$$\Delta_r G = \Delta_r H - T\Delta_r S \tag{2-19}$$

可以证明，在封闭系统中

$\Delta_r G_m < 0$　化学反应自发进行

$\Delta_r G_m = 0$　化学反应达到平衡

$\Delta_r G_m > 0$　反应不能自发进行

上述结论表明，化学反应总是向着 Gibbs 自由能减小的方向自发进行，直至达到该条件下 Gibbs 自由能最小的平衡状态为止。$\Delta_r G_m$ 可直接判断封闭系统在等温等压条件下化学反应的方向和限度，此为 **Gibbs 自由能减小原理**(principle of minimization of Gibbs free energy)。

从式(2-19)中可以看出，系统的 $\Delta_r G$ 取决于 $\Delta_r H$、$\Delta_r S$ 及 T，因此，可以根据 $\Delta_r H$ 和 $\Delta_r S$ 的大小及符号，基本判断出不同温度下利于反应自发进行的情况。

(1) 若 $\Delta_r H < 0$，$\Delta_r S > 0$，$\Delta_r G_m < 0$，反应在任何温度下都能自发进行。

(2) 若 $\Delta_r H > 0$，$\Delta_r S < 0$，$\Delta_r G_m > 0$，反应在任何温度下均不能自发进行。

(3) 若 $\Delta_r H < 0$，$\Delta_r S < 0$，只有当温度 T 不高时，$\Delta_r G_m < 0$，反应才自能发进行，温度高时反应进行。

(4) 若 $\Delta_r H > 0$，$\Delta_r S > 0$，只有当温度 T 较高时，$\Delta_r G_m < 0$，反应才自能发进行，温度过低反应不能进行。

(三) 化学反应标准摩尔 Gibbs 自由能变的计算

1. 通过标准摩尔反应焓 $\Delta_r H_m^\ominus$ 和标准摩尔反应熵 $\Delta_r S_m^\ominus$ 计算　根据 G 的定义可知

$$\Delta G = \Delta H - T\Delta S$$

标准状态下，已知化学反应的 $\Delta_r H_m^\ominus$ 与 $\Delta_r S_m^\ominus$，即可求得反应的 $\Delta_r G_m^\ominus$。

例 2-5　计算 298.15K 乙醇脱氢为乙醛反应的 $\Delta_r G_m^\ominus$。

$$CH_3CH_2OH(g) \Longleftrightarrow CH_3CHO(g) + H_2(g)$$

解　查表可得到下列热力学数据，见表 2-4。

表 2-4　热力学数据

参与反应各物质	$CH_3CH_2OH(g)$	$CH_3CHO(g)$	$H_2(g)$
$\Delta_f H_m^\ominus/(kJ\cdot mol^{-1})$	−235.3	−166.4	0
$S_m^\ominus/(J\cdot K^{-1}\cdot mol^{-1})$	282.0	265.7	130.6

$$\begin{aligned}\Delta_r H_m^\ominus &= \Delta_f H_m^\ominus(H_2,g) + \Delta_f H_m^\ominus(CH_3CHO,g) - \Delta_f H_m^\ominus(CH_3CH_2OH,g)\\ &= 0\ kJ\cdot mol^{-1} + (-166.4\ kJ\cdot mol^{-1}) - (-235.3\ kJ\cdot mol^{-1})\\ &= 68.9\ kJ\cdot mol^{-1}\end{aligned}$$

$$\begin{aligned}\Delta_r S_m^\ominus &= S_m^\ominus(H_2,g) + S_m^\ominus(CH_3CHO,g) - S_m^\ominus(CH_3CH_2OH,g)\\ &= 130.6\ J\cdot K^{-1}\cdot mol^{-1} + 265.7\ J\cdot K^{-1}\cdot mol^{-1} - 282.0\ J\cdot K^{-1}\cdot mol^{-1}\\ &= 114.3\ J\cdot K^{-1}\cdot mol^{-1}\end{aligned}$$

$$\begin{aligned}\Delta_r G_m^\ominus &= \Delta_r H_m^\ominus - T\Delta_r S_m^\ominus\\ &= 68.9\ kJ\cdot mol^{-1} - 298.15\times 114.3\times 10^{-3}\ kJ\cdot mol^{-1}\\ &= 34.82\ kJ\cdot mol^{-1}\end{aligned}$$

从计算结果可以看出，该反应的 $\Delta_r G_m^{\ominus} > 0$，说明乙醇脱氢产生乙醛的反应在标准态下不能自发进行，在温度较高时反应才会自发进行。

另外，因为温度对化学反应的标准摩尔焓变 $\Delta_r H_m^{\ominus}$ 影响较小，温度变化不大时，$\Delta_r S_m^{\ominus}$ 受温度影响也很小，所以，一般可用 $\Delta_r H_m^{\ominus}$(298.15K)和 $\Delta_r S_m^{\ominus}$(298.15K)代替其他温度下的 $\Delta_r H_m^{\ominus}(T)$ 和 $\Delta_r S_m^{\ominus}(T)$，即

$$\Delta_r G_m^{\ominus}(T) = \Delta_r H_m^{\ominus}(298.15\text{K}) - T\Delta_r S_m^{\ominus}(298.15\text{K}) \tag{2-20}$$

2. 通过标准摩尔生成 Gibbs 自由能 $\Delta_f G_m^{\ominus}$ 计算　在标准压力下，最稳定单质的 Gibbs 自由能为 0；由最稳定单质生成 1mol 该化合物时，该生成反应的摩尔 Gibbs 自由能的变化值就定义为该化合物的**标准摩尔生成 Gibbs 自由能**(standard molar free energy of formation)，用 $\Delta_f G_m^{\ominus}$ 表示。

在本教材附录和化学手册中，可以查到一些常见化合物在 298.15K 时的 $\Delta_f G_m^{\ominus}$ 数据。对于一般化学反应

$$a\text{A} + b\text{B} = d\text{D} + e\text{E}$$

$$\Delta_r G_m^{\ominus} = \sum \Delta_f G_m^{\ominus}(\text{生成物}) - \sum \Delta_f G_m^{\ominus}(\text{反应物})$$

$$\Delta_r G_m^{\ominus} = d\Delta_f G_{m,D}^{\ominus} + e\Delta_f G_{m,E}^{\ominus} - (a\Delta_f G_{m,A}^{\ominus} + b\Delta_f G_{m,B}^{\ominus})$$

$$= \sum_B v_B \Delta_f G_m^{\ominus}(\text{B})$$

对于例 2-5，还可通过上述公式计算反应的 $\Delta_r G_m^{\ominus}$：

查表可得到下列热力学数据(表 2-5)。

表 2-5　热力学数据

参与反应各物质	$CH_3CH_2OH(g)$	$CH_3CHO(g)$	$H_2(g)$
$\Delta_f G_m^{\ominus}/(\text{kJ}\cdot\text{mol}^{-1})$	−168.6	−133.7	0

$$\Delta_r G_m^{\ominus} = \Delta_f G_m^{\ominus}(H_2, g) + \Delta_f G_m^{\ominus}(CH_3CHO, g) - \Delta_f G_m^{\ominus}(CH_3CH_2OH, g)$$

$$= 0\ \text{kJ}\cdot\text{mol}^{-1} + (-133.7\ \text{kJ}\cdot\text{mol}^{-1}) - (-168.6\ \text{kJ}\cdot\text{mol}^{-1})$$

$$= 34.9\ \text{kJ}\cdot\text{mol}^{-1}$$

知 识 导 图

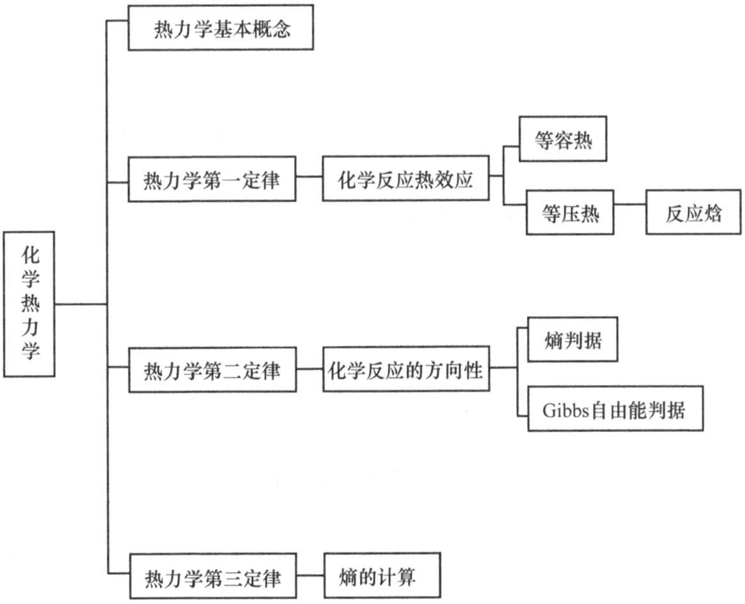

习　　题

1. 系统的状态改变后，是否系统所有的状态函数都会发生变化？

2. 状态函数 p、V、T、H、U 是否都具有加和性？

3. 空调可以将热从低温热源吸出并放给高温热源，是否与热力学第二定律矛盾？

4. 简述自发过程的特征有哪些？

5. 在 298.15K 时，N_2 的体积为 15L，在等温下，此气体反抗外压为 10^5 Pa 时，膨胀到体积为 50L，试计算此膨胀过程的体积功。

6. 已知葡萄糖($C_6H_{12}O_6$)和丙酮酸($C_3H_4O_3$)燃烧反应的热化学方程式为

(1) $C_6H_{12}O_6(s) + 6O_2(g) \longrightarrow 6CO_2(g) + 6H_2O(l)$　　$\Delta_r H_m^\ominus(1) = -2820\ kJ \cdot mol^{-1}$

(2) $C_3H_4O_3(s) + \frac{5}{2}O_2(g) \longrightarrow 3CO_2(g) + 2H_2O(l)$　　$\Delta_r H_m^\ominus(2) = -1170 kJ \cdot mol^{-1}$

葡萄糖转化为丙酮酸的反应

(3) $C_6H_{12}O_6(s) + O_2(g) \longrightarrow 2C_3H_4O_3(s) + 2H_2O(l)$

若三个反应均在温度 T 下进行，试计算反应(3)的标准摩尔反应焓变。

7. 利用已知热力学数据计算下列反应在 298.15K 时的 $\Delta_r H_m^\ominus$

$$4NH_3(g) + 5O_2(g) \longrightarrow 4NO(g) + 6H_2O(l)$$

已知

$$\Delta_f H_m^\ominus(NH_3,g) = -45.9\ kJ \cdot mol^{-1}$$
$$\Delta_f H_m^\ominus(NO,g) = 91.3\ kJ \cdot mol^{-1}$$
$$\Delta_f H_m^\ominus(H_2O,l) = -285.8\ kJ \cdot mol^{-1}$$
$$\Delta_f H_m^\ominus(O_2,g) = 0\ kJ \cdot mol^{-1}$$

8. 计算酯化反应的反应热效应 $\Delta_r H_m^\ominus$。

$$CH_3COOH(l) + C_2H_5OH(l) \longrightarrow CH_3COOC_2H_5(l) + H_2O(l)$$

9. 计算下列反应在 298.15 K 时的标准摩尔熵变

$$2SO_2(g) + O_2(g) \longrightarrow 2SO_3(g)$$

10. 计算化学反应在 298.15 K、$p^\ominus$时的标准摩尔熵变。

$$C_2H_5OH(l) \longrightarrow C_2H_4(g) + H_2O(g)$$

已知：$S^\ominus_{m,C_2H_5OH,l}$、$S^\ominus_{m,C_2H_4,g}$ 和 $S^\ominus_{m,H_2O,g}$ 分别为 160.70 $J \cdot K^{-1} \cdot mol^{-1}$、219.45 $J \cdot K^{-1} \cdot mol^{-1}$ 和 188.74 $J \cdot K^{-1} \cdot mol^{-1}$。

11. 已知在 298.15K 和标准压力下，反应

$$H_2(g) + \frac{1}{2}O_2(g) \longrightarrow H_2O(l)$$

$\Delta_r G_m^\ominus = -237.13\ kJ \cdot mol^{-1}$，$\Delta_r S_m^\ominus = -163.3\ J \cdot K^{-1} \cdot mol^{-1}$，试计算 398.15K 时该反应的 $\Delta_r G_m^\ominus$，假设 $\Delta_r H_m^\ominus$ 和 $\Delta_r S_m^\ominus$ 不随温度改变。

12. 计算下列反应的 $\Delta_r G_m^\ominus$，并判断反应能否正向自发进行

$$CaO(s) + CO_2(g) \longrightarrow CaCO_3(s)$$

(王　宁)

习 题 详 解

1. 答：有的会变化，有的不会变化，具体要看变化的过程，如等温过程则温度不会改变。

2. 答：不是，只有广度性质的状态函数才具有加和性，而 p、T 是强度性质。

3. 答：不矛盾，因为环境对空调做了电功。

4. 答：自发过程的特征包括：①自发过程具有确定的方向和限度；②自发过程具有不可逆性；③自发过程具有做功本领。

5. 答：$W=-p_e(V_2-V_1)=-10^5\,\text{Pa}\times(50\text{L}-15\text{L})\times10^{-3}=-3500\text{J}$

6. 答：(3)=(1)− 2 ×(2)

7. 答：$$\Delta_r H_m^{\ominus}(3)=\Delta_r H_m^{\ominus}(1)-2\times\Delta_r H_m^{\ominus}(2)=-480\text{kJ}\cdot\text{mol}^{-1}$$

$$\begin{aligned}\Delta_r H_m^{\ominus}&=4\times\Delta_f H_m^{\ominus}(\text{NO,g})+6\times\Delta_f H_m^{\ominus}(\text{H}_2\text{O,l})-4\times\Delta_f H_m^{\ominus}(\text{NH}_3\text{,g})\\&=4\times91.3\text{kJ}\cdot\text{mol}^{-1}+6\times(-285.8\text{kJ}\cdot\text{mol}^{-1})-4\times(-45.9\text{kJ}\cdot\text{mol}^{-1})\\&=-1166\text{kJ}\cdot\text{mol}^{-1}\end{aligned}$$

8. 答：查取相关热力学数据

$$\begin{aligned}\Delta_r H_m^{\ominus}&=-874.2\text{ kJ}\cdot\text{mol}^{-1}+(-1366.8\text{ kJ}\cdot\text{mol}^{-1})-(-2238.1\text{ kJ}\cdot\text{mol}^{-1})\\&=-2.9\text{kJ}\cdot\text{mol}^{-1}\end{aligned}$$

9. 答：查取相关热力学数据

$$\begin{aligned}\Delta_r S_m^{\ominus}&=2\times S_m^{\ominus}(\text{SO}_3\text{,g})-\left[2\times S_m^{\ominus}(\text{SO}_2\text{,g})+S_m^{\ominus}(\text{O}_2\text{,g})\right]\\&=2\times256.8\text{J}\cdot\text{K}^{-1}\cdot\text{mol}^{-1}-\left[2\times248.2\text{J}\cdot\text{K}^{-1}\cdot\text{mol}^{-1}+205.2\text{J}\cdot\text{K}^{-1}\cdot\text{mol}^{-1}\right]\\&=-188\text{J}\cdot\text{K}^{-1}\cdot\text{mol}^{-1}\end{aligned}$$

10. 答：$\Delta_r S_m^{\ominus}=\sum_B \nu_B S_{m,B}^{\ominus}$ $=219.45\text{J}\cdot\text{K}^{-1}\cdot\text{mol}^{-1}+188.74\text{J}\cdot\text{K}^{-1}\cdot\text{mol}^{-1}-160.70\text{J}\cdot\text{K}^{-1}\cdot\text{mol}^{-1}=247.49\text{ J}\cdot\text{K}^{-1}\cdot\text{mol}^{-1}$

11. 答：$$\begin{aligned}\Delta_r H_m^{\ominus}&=\Delta_r G_m^{\ominus}+T\Delta_r S_m^{\ominus}\\&=-273.13\text{kJ}\cdot\text{mol}^{-1}+298.15\text{K}\times(-163.3\text{J}\cdot\text{K}^{-1}\text{mol}^{-1})\times10^{-3}\\&=-321.82\text{ kJ}\cdot\text{mol}^{-1}\end{aligned}$$

$$\begin{aligned}\Delta_r G_m^{\ominus}(398.15)&=\Delta_r H_m^{\ominus}-398.15\Delta_r S_m^{\ominus}\\&=-321.82\text{kJ}\cdot\text{mol}^{-1}-398.15\text{K}\times(-163.3\text{J}\cdot\text{K}^{-1}\cdot\text{mol}^{-1})\times10^{-3}\\&=-256.80\text{ kJ}\cdot\text{mol}^{-1}\end{aligned}$$

12. 答：查取相关热力学数据

$$\begin{aligned}\Delta_r G_m^{\ominus}&=\Delta_f G_m^{\ominus}(\text{CaCO}_3\text{,s})-[\Delta_f G_m^{\ominus}(\text{CaO,s})+\Delta_f G^{\ominus}(\text{CO}_2\text{,g})]\\&=-1129.1\text{kJ}\cdot\text{mol}^{-1}-[(-603.3\text{kJ}\cdot\text{mol}^{-1})+(-394.4\text{kJ}\cdot\text{mol}^{-1})]\\&=-131.4\text{ kJ}\cdot\text{mol}^{-1}\end{aligned}$$

$\Delta_r G_m^{\ominus}<0$，故反应可以自发进行。

第三章 化学反应速率与化学平衡

热力学上可行的化学反应是不是实际上就能进行呢？其实，对于化学反应主要应考虑两个重要因素，一是反应的可行性，化学热力学已经能较好地解决这个问题；二是化学反应的速率。众所周知，有的如爆炸那样的反应瞬间就能完成，还有如铁生锈那样的反应却慢到无法察觉，甚至热力学上可行性很大的反应因为速率太慢而没有实际意义。化学反应速率是化学动力学研究的范畴，化学动力学主要研究化学反应的速率理论、反应机制和影响反应速率的因素等问题。本章将介绍化学反应速率理论和影响反应速率的主要因素。

另外，一定条件下，化学反应的最大限度是达到化学平衡，适当地改变反应条件，有助于促使化学平衡朝着预期的方向移动。

第一节 化学反应速率及其表示方法

化学反应速率(rate of chemical reaction)是衡量化学反应进行快慢的物理量，即反应系统中各物质的量随时间的变化率。随着反应的进行，反应物不断减少，生成物不断增加。表示化学反应速率时，既可用反应物也可用产物。对绝大多数反应而言，反应速率随着反应的进行而不断改变，化学反应速率是大于或等于零的值。

一、平均速率和瞬时速率

过氧化氢(H_2O_2)水溶液在I^-催化下的分解反应为

$$H_2O_2(aq) \xrightleftharpoons{I^-} H_2O(l) + \frac{1}{2}O_2(g)$$

298.15K 时，H_2O_2 的初始浓度为 0.80 $mol \cdot L^{-1}$，每隔 20min 测定反应器中 H_2O_2 的浓度，实验结果如表 3-1 所示。

表 3-1 H_2O_2 浓度随时间的变化情况(298.15 K)

t / min	0	20	40	60	80
$c(H_2O_2)$ / ($mol \cdot L^{-1}$)	0.80	0.40	0.20	0.10	0.05

用 H_2O_2 浓度对时间作图，可得如图 3-1 所示的浓度-时间曲线。

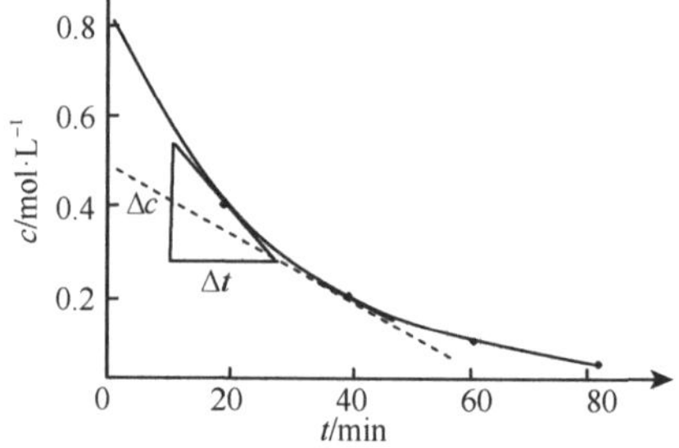

图 3-1 H_2O_2 分解反应的浓度-时间曲线

在某一时段内，反应物浓度的减少或生成物浓度的增加相对这段改变时间间隔的平均值，称为反应的**平均速率**(average rate)。H_2O_2 分解的平均速率可表示为

$$\overline{v} = -\frac{\Delta c_{H_2O_2}}{\Delta t}$$

平均速率反映了化学反应在某段时间内进行的快慢。它不表示化学反应在每一时刻的确切速率。用反应物表示反应速率时，表达式中应加“–”号。

瞬时速率(instantaneous rate)是化学反应在某一时刻的真实速率，它是时间间隔 Δt 趋近于零时反应的平均速率，是平均速率的极限值，故 H_2O_2 分解的瞬时速率为

$$v = \lim_{\Delta t \to 0} -\frac{\Delta c_{H_2O_2}}{\Delta t} = -\frac{dc_{H_2O_2}}{dt}$$

图 3-1 曲线上某点切线斜率的绝对值，就是 H_2O_2 分解反应在该对应时刻的瞬时速率。由图 3-1 可看出，在反应的前 20min，反应物浓度较大，反应物浓度随时间变化率的绝对值较大，曲线较陡，反应速率较快；在最后 20min，反应物浓度已经大大降低，反应物浓度随时间变化率的绝对值较小，曲线平缓，反应速率较慢。

在化学反应中，每一种物质的量都严格按照反应方程式中各自的化学计量系数成比例地改变，当化学反应中各物质的化学计量系数不相同时，选择不同物质表示的化学反应速率是不相同的。

二、化学反应速率

反应进度 ξ 表示的反应速率 v 可定义为单位体积内反应进度随时间的变化率，即

$$v = \frac{1}{V}\frac{d\xi}{dt} \tag{3-1}$$

式中，V 为体积。对任意化学反应计量方程式，则有

$$d\xi = \frac{dn_B}{\nu_B} \tag{3-2}$$

式中，n_B 为 B 的物质的量，ν_B 为 B 的化学计量系数。将式(3-2)代入式(3-1)得

$$v = \frac{1}{V}\frac{dn_B}{\nu_B dt} = \frac{1}{\nu_B}\frac{dc_B}{dt} \tag{3-3}$$

根据式(3-3)，化学反应速率具有“浓度·时间$^{-1}$”的量纲。

如合成氨反应，$N_2(g) + 3H_2(g) \rightleftharpoons 2NH_3(g)$，反应速率为

$$v = -\frac{1}{1}\frac{dc_{N_2}}{dt} = -\frac{1}{3}\frac{dc_{H_2}}{dt} = \frac{1}{2}\frac{dc_{NH_3}}{dt} \tag{3-4}$$

v 为整个反应的反应速率，与选择反应系统中的何种组分来表示该反应的速率无关，其数值只有一个，但与化学反应方程式的写法有关，通常，选择浓度比较容易测定的反应物或产物来表示反应速率。

第二节　化学反应速率理论简介

化学反应速率差别很大，有些反应瞬间就能完成，如火药的爆炸、胶片的感光等；有些反应则慢得难以觉察，如常温常压下氢气与氧气的化合、地壳深处煤和石油的形成等。为了探讨影响化学反应速率的内在因素，从 19 世纪末就开始从分子结构和分子运动的微观角度，来寻

找化学反应速率不同的原因，逐渐形成了两个较为成熟的理论，即化学反应速率的碰撞理论(collision theory)和过渡态理论(transition state theory)。

一、碰 撞 理 论

1918 年，W. C. M. Lewis 在 S. Arrhenius 活化能概念基础上，结合气体运动理论，建立了反应速率的**碰撞理论**(collision theory)。该理论认为，化学反应发生的前提是反应物分子或离子克服外层电子之间的斥力而充分接近，互相碰撞，碰撞促使外层电子重排，使旧键削弱、断裂，并形成新化学键，从而完成反应物转化为产物这个过程。

反应物分子之间存在大量的碰撞，并非每一次都能发生化学反应。能够发生化学反应的碰撞称为**有效碰撞**(effective collision)，不能发生化学反应的碰撞称为**弹性碰撞**(elastic collision)。发生有效碰撞的反应物分子必须具备两个条件，一是分子具有足够的能量，以满足破坏分子内旧的化学键和生成新键的需要；二是反应物分子碰撞时要有合适的方向，只有分子在恰当的部位发生碰撞，才能有旧键的断裂和新键的形成。一般而言，带相反电荷的简单离子相互碰撞时不存在取向问题，反应速率也较快；而发生在分子之间的反应，特别是体积较大的有机化合物分子之间的反应，碰撞的取向非常关键，所以这类分子间发生反应的速率通常较慢。图 3-2 所示的是气态 H_2O 分子与 CO 分子之间碰撞生成 CO_2 和 H_2 的两种典型情况。当 CO 中的 C 原子与 H_2O 中的 O 原子的取向使 O—C—O 处于一条直线时，导致反应能进行的有效碰撞才有可能发生。除此之外，进行的只是不能发生反应的弹性碰撞。

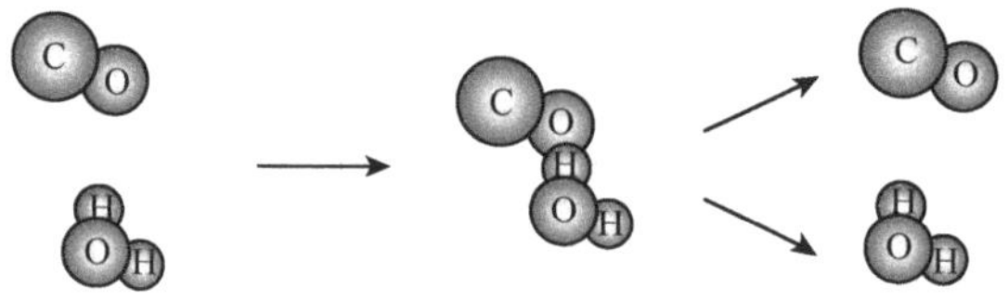

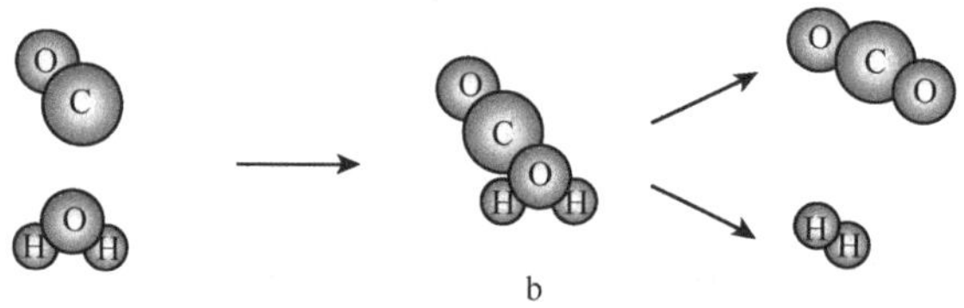

图 3-2　分子碰撞方位示意图

a. 弹性碰撞；b. 有效碰撞

反应物分子中那些具有较大动能且能够发生有效碰撞的分子称为**活化分子**(activated molecule)。活化分子具有的最低能量与反应物分子具有的平均能量之差，称为反应的**活化能**(activation energy)，即

$$E_a = E_c - \overline{E} \tag{3-5}$$

式中，E_a 为活化能，活化能为正值，受温度的影响很小；E_c 为活化分子所具有的最低能量，也称为化学反应**临界能**(critical energy)；$\overline{E}$ 为反应物分子的平均能量。

以气体分子为例，分子的能量分布如图 3-3 所示。一定温度下，以分子的动能 E 为横坐标，以能量 E 处的单位能量间隔内分子分数 $\dfrac{\Delta N}{N\Delta E}$ 为纵坐标作图，得到气态分子能量分布曲线。

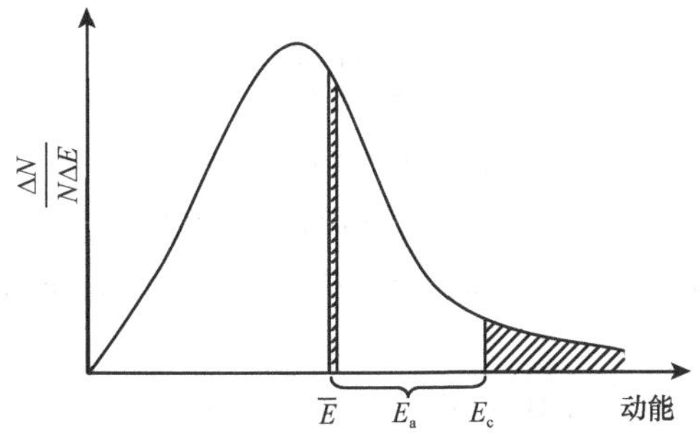

图 3-3　气态分子能量分布曲线

图 3-3 中，曲线与能量高于 E_c 的横坐标之间的阴影部分，代表活化分子与分子总数之间的比值，即活化分子分数。f 表示一定温度下的活化分子分数，即

$$f = e^{-\frac{E_a}{RT}} \tag{3-6}$$

由式(3-6)可知，化学反应速率与反应的活化能密切相关。一定温度下，活化能越小，活化分子分数越大，单位体积内的有效碰撞次数越多，反应速率就越快；反之，活化能越大，活化分子分数越小，单位体积内有效碰撞次数越少，反应速率就越慢。

不同反应具有不同的活化能，因此，不同的化学反应具有不同的反应速率，活化能不同是化学反应速率不同的根本原因。许多化学反应的活化能与断裂化学键所需的能量相近，通常为 40～400 $kJ \cdot mol^{-1}$，多数为 60～250 $kJ \cdot mol^{-1}$。当活化能小于 40 $kJ \cdot mol^{-1}$ 时，反应速率极快，用一般方法难以测定；活化能大于 400 $kJ \cdot mol^{-1}$ 时，反应速率慢到难以察觉。

对大多数反应而言，温度升高，化学反应速率加快。通常温度每升高 10K，反应速度就增加到原来的 2～4 倍。这是因为温度升高时，分子的平均能量增加，能量分布曲线右移，活化分子分数增加，如图 3-4 曲线下的全部阴影区域，反应物分子之间的有效碰撞增加，反应速率加快。

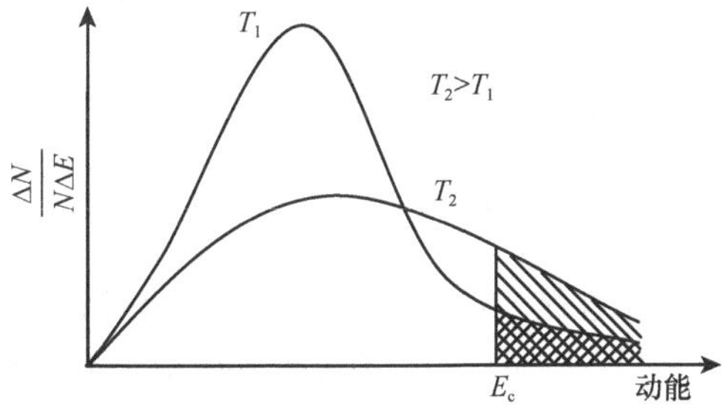

图 3-4　不同温度下气体分子的能量分布曲线

在碰撞理论中，f 又称为能量因子，故反应速率 v 也可表示为

$$v = zpf \tag{3-7}$$

式(3-7)中，z 为单位时间内的碰撞次数，即碰撞频率；p 为方位因子，对于不同类型的反应，p 的取值范围为 10^{-9}～1。

碰撞理论虽然直观易懂，但是，在具体处理反应物分子时，把分子当成刚性球体，忽略了分子的内部结构，因此，对于一些比较复杂的反应，常不能给予合理解释。

二、过渡态理论

1935 年，H. Eyring 在统计力学和量子力学的基础上，提出了**过渡态理论**(transition state theory)。过渡态理论认为，反应物分子不是简单的通过碰撞形成产物，而是经过形成一个不稳定的高能态的中间过渡态物质，称之为**活化络合物**(activated complex)的过程。例如，对于 CH_3Br 与 OH^- 的反应

$$CH_3Br + OH^- \rightleftharpoons CH_3OH + Br^-$$

电负性较大的 Br 原子使甲基 C 原子带上部分正电荷，当能量足够高的 CH_3Br 和 OH^-以适当的取向相互靠近到一定程度时，OH^-中的 O 原子与 CH_3Br 中 C 原子开始形成 C—O 键，削弱 C—Br 键，成为如图 3-5 所示的活化络合物。在 CH_3Br 与 OH^-形成的活化络合物中，C 原子周围有三个 C—H 正常共价键和两个虚线表示的 C 与 Br 和 C 与 O 之间临时共价键。

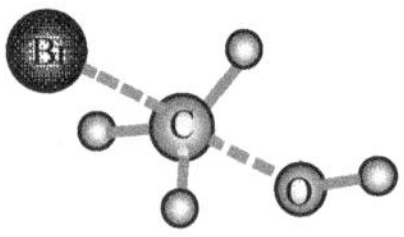

图 3-5　CH_3Br 与 OH^-形成的活化络合物

CH_3Br 与 OH^-反应过程的势能变化情况见图 3-6，E_a 是活化络合物的势能 E_2 与反应物分子的平均势能 E_1 之差，是正向反应的活化能；类似的，E_a' 表示逆向反应的活化能。正、逆向反应活化能之差是该反应的摩尔焓变 $\Delta_r H_m$ 。当 $E_a > E_a'$ 时，反应吸热；当 $E_a < E_a'$ 时，反应放热。从图 3-6 可以看出，该反应为放热反应。

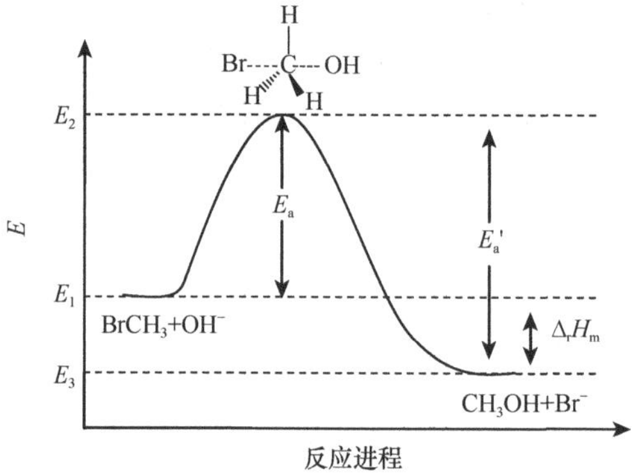

图 3-6　CH_3Br 与 OH^-反应的势能曲线

过渡态理论通过反应的微观过程，给出了比较明确的活化络合物模型，形成活化络合物的难易影响化学反应速率。活化络合物可以进一步分解为产物分子，也可以转化为反应物分子。此外，过渡态理论合理地将活化能与化学键联系起来，更进一步揭示了活化能的本质。但是，由于许多反应的活化络合物结构难以用一般实验确定，计算方法又过于复杂，致使这一理论在实际应用上受到一定限制。

第三节　影响化学反应速率的因素

一、浓度对化学反应速率的影响

(一) 速率方程

在一定温度下，化学反应速率与反应物的浓度密切相关，表示反应速率与反应物浓度之间

定量关系的数学式，称为**速率方程**(rate equation)。对于任意化学反应

$$aA + bB \xlongequal{\quad} dD + eE \tag{3-8}$$

速率方程表达式为

$$v = kc_A^{\alpha} \cdot c_B^{\beta} \tag{3-9}$$

式(3-9)中，k 为**速率常数**(rate constant)，与反应的本性和反应温度有关，在数值上等于单位浓度时的反应速率；α 和 β 分别是反应对 A 和 B 的**反应级数**(reaction order)；$(\alpha+\beta)$为该反应的总反应级数。需要特别注意的是，α 和 β 与式(3-8)中反应物的化学计量系数没有必然联系，其数值只能通过实验确定。

例 3-1　实验测得某温度时化学反应 $O_2(g) + 2NO(g) \xlongequal{\quad} 2NO_2(g)$在不同反应物浓度下的初始速率，根据表 3-2 中的实验数据确定该反应的速率方程，并求反应在该温度下的速率常数。

表 3-2　O_2 与 NO 的反应速率

实验序号	$c(O_2)/(mol \cdot L^{-1})$	$c(NO)/(mol \cdot L^{-1})$	$v/(mol \cdot L^{-1} \cdot s^{-1})$
1	1.10×10^{-2}	1.30×10^{-2}	3.21×10^{-3}
2	2.20×10^{-2}	1.30×10^{-2}	6.40×10^{-3}
3	1.10×10^{-2}	2.60×10^{-2}	1.28×10^{-2}
4	3.30×10^{-2}	1.30×10^{-2}	9.60×10^{-3}
5	1.10×10^{-2}	3.90×10^{-2}	2.88×10^{-2}

解　设该反应的速率方程式为 $v = kc^x(O_2) \cdot c^y(NO)$，由 1、2 组实验数据可得

$$v_1 = kc_1^x(O_2) \cdot c_1^y(NO)$$

$$v_2 = kc_2^x(O_2) \cdot c_2^y(NO)$$

两式相除得

$$\frac{v_1}{v_2} = \frac{kc_1^x(O_2) \cdot c_1^y(NO)}{kc_2^x(O_2) \cdot c_2^y(NO)} = \left(\frac{c_1(O_2)}{c_2(O_2)}\right)^x$$

代入实验数据得

$$\frac{3.21\times10^{-3}}{6.40\times10^{-3}} = \left(\frac{1.10\times10^{-2}}{2.20\times10^{-2}}\right)^x$$

$$x = 1$$

同理可得，$y = 2$。因此，该化学反应的速率方程为 $v = kc(O_2) \cdot c^2(NO)$。

将表中的实验数据分别代入速率方程，可计算出速率常数 k。例如，将实验 3 中的数据代入得 $1.28\times10^{-2}\ mol \cdot L^{-1} \cdot s^{-1} = k \times (1.10\times10^{-2}\ mol \cdot L^{-1}) \times (2.60\times10^{-2}\ mol \cdot L^{-1})^2$

$$k = 1.72\times10^3\ L^2 \cdot mol^{-2} \cdot s^{-1}$$

逐一求出其他实验组的 k 值，得平均值为 $\bar{k} = 1.72\times10^3\ L^2 \cdot mol^{-2} \cdot s^{-1}$。

(二) 元反应的速率方程

由反应物一步就直接转变为生成物的反应称为**元反应**(elementary reaction)。例如

$$CO(g) + H_2O(g) \xlongequal{\quad} CO_2(g) + H_2(g)$$

$$NO_2(g) + CO(g) \xlongequal{\quad} NO(g) + CO_2(g)$$

对于元反应

$$aA + bB \xlongequal{\quad} dD + eE$$

其反应速率可表示为

$$v = kc_A^a c_B^b \tag{3-10}$$

即温度一定时，元反应的速率与反应物浓度以其化学计量系数为指数的幂乘积成正比，式(3-10)中的幂指数即反应方程式中各反应物的化学计量系数。因此，元反应的反应级数可以根据反应式直接确定。

实际上，多数化学反应不是一步就能完成的，而是要经过几个中间反应步骤才能最终生成产物，反应的每一步都是元反应，这样的反应称为**复合反应**(complex reaction)，复合反应通常是由两个或以上元反应组成的化学反应。

对于一个机制不详的化学反应，即使由实验得到的速率方程与反应式恰好吻合，也并不代表该反应一定是元反应。例如

$$2NO(g) + O_2(g) \xlongequal{\quad} 2NO_2(g)$$

实验测定得到的速率方程恰好为

$$v = kc_{NO}^2 \cdot c_{O_2} \tag{3-11}$$

但机制实验测定证明，该反应包含如下两个元反应

$$2NO(g) \underset{k_2}{\overset{k_1}{\rightleftharpoons}} N_2O_2(g) \qquad (快反应)$$

$$N_2O_2(g) + O_2(g) \xrightarrow{k_3} 2NO_2(g) \qquad (慢反应)$$

快反应步骤瞬间就能达到化学平衡，即

$$k_1c_{NO}^2 = k_2c_{N_2O_2} \tag{3-12}$$

慢反应步骤则决定着整个复合反应的速率，故称为**速率控制步骤**(rate determining step)或**速率限速步骤**(rate limiting step)。慢反应的速率方程为

$$v = k_3c_{N_2O_2} \cdot c_{O_2} \tag{3-13}$$

$$c_{N_2O_2} = \frac{k_1}{k_2}c_{NO}^2 \tag{3-14}$$

将式(3-14)代入式(3-13)得

$$v = \frac{k_1k_3}{k_2}c_{NO}^2 \cdot c_{O_2}$$

令 $k = \frac{k_1k_3}{k_2}$，则速率控制步骤的速率方程与总反应速率式(3-11)完全相同。

(三) 简单级数反应的速率方程

实际上，化学反应非常复杂多样，反应物浓度随时间变化的情况也不能一概而论。下面以一级反应为例，讨论几种具有简单级数的化学反应，了解这几类反应的反应物浓度与反应时间的具体关系。

反应速率与反应物浓度的一次方成正比的反应是**一级反应**(first order reaction)。对于反应 $aA \rightarrow P$，速率方程为

$$v = -\frac{dc_A}{dt} = kc_A \tag{3-15}$$

c_{A_0} 和 c_A 分别为反应物 A 在 $t = 0$ 和 t 时刻的浓度。整理上式并积分

$$\int_{c_{A_0}}^{c_A} -\frac{dc_A}{c_A} = \int_0^t k dt$$

可得浓度-时间关系

$$\ln\frac{c_{A_0}}{c_A} = kt \tag{3-16}$$

$$\ln c_A = \ln c_{A_0} - kt \tag{3-17}$$

式(3-16)和式(3-17)都是表示一级反应的反应物浓度随时间变化的关系式。如果以 $\ln c_A$ 对 t 作图，可得一条斜率为 $-k$ 的直线，k 的量纲为[时间]$^{-1}$ 。

通常将反应物消耗一半所需要的时间称为反应的**半衰期**(half life)，用 $t_{1/2}$ 表示。半衰期是一个化学反应的重要参数。

一级反应的半衰期为

$$t_{1/2} = \frac{0.693}{k} \tag{3-18}$$

从式(3-18)可以看出，在一定温度下，一级反应的半衰期为常数，与反应物的初始浓度无关。属于一级反应的实例很多，如药物在体内的代谢反应、放射性元素的衰变、大多数的热分解反应、分子内部的重排及异构化反应等。

类似的，反应速率与反应物浓度的二次方成正比的反应属于二级反应，溶液中进行的一些加成反应、合成反应、取代反应等都属于二级反应。零级反应的反应速率与反应物浓度无关，如爆炸反应及在固体表面上进行的一些反应，临床使用的一些缓释长效药，因为释药速率在相当长的时间范围内比较恒定，也归为于零级反应，这类反应实例相对较少。

采用类似的方法，推导出二级反应和零级反应的反应物浓度与时间的关系式及各类反应的主要特征见表 3-3。

表 3-3　简单级数化学反应的特征

反应级数	基本方程式	直线关系	斜率	$t_{1/2}$	k 的量纲
0	$c_{A_0} - c_A = kt$	$c_A - t$	$-k$	$\frac{c_{A_0}}{2k}$	[浓度]·[时间]$^{-1}$
1	$\ln\frac{c_{A_0}}{c_A} = kt$	$\ln c_A - t$	$-k$	$\frac{0.693}{k}$	[时间]$^{-1}$
2	$\frac{1}{c_A} - \frac{1}{c_{A_0}} = kt$	$\frac{1}{c_A} - t$	k	$\frac{1}{kc_{A_0}}$	[浓度]$^{-1}$·[时间]$^{-1}$

例 3-2　放射性元素衰变是一级反应。^{14}C 的半衰期为 5730a(a 代表年)。在一个木质样品中测得 ^{14}C 含量只有原来的 68.5%。估算此样品存在了多少年？

解　　由　$t_{1/2} = \frac{0.693}{k}$　　　可得　$k = \frac{0.693}{5730}\ a^{-1}$

一级反应　$\ln\frac{c_0}{c} = kt$　　代入数据后得　$\ln\frac{1}{0.685} = \frac{0.693}{5730}t$

得　　$t = 3128\ a$

此木质样品距今 3128 年。

例 3-3　在 25℃时，HI 缓慢分解为 H_2 和 I_2 的速率方程为 $v = kc_{HI}^2$，其速率常数 $k = 2.4\times 10^{-21} L\cdot mol^{-1}\cdot s^{-1}$。假如将 0.0100mol 的 HI 置于 1.0L 的密闭容器中，当容器中只剩下 0.009 00mol 的 HI 时需要多长时间？

解　此反应为二级反应，有 $\frac{1}{c_A} - \frac{1}{c_{A_0}} = kt$，代入数据得

$$\frac{1}{0.009\,00\ mol\cdot L^{-1}} - \frac{1}{0.010\,0\ mol\cdot L^{-1}} = 2.4\times 10^{-21}\ L\cdot mol^{-1}\cdot s^{-1}\times t$$

$$t = 4.6\times 10^{21}\ s$$

二、温度对化学反应速率的影响

对大多数化学反应而言，温度对化学反应速率的影响更为显著，通常，温度升高，反应速率加快。1889 年，瑞典化学家 S. Arrhenius 根据大量实验事实，提出了反应速率常数与温度之

间的经验公式，即 Arrhenius 方程

$$k = A \cdot e^{-\frac{E_a}{RT}} \tag{3-19}$$

或

$$\ln k = -\frac{E_a}{RT} + \ln A \tag{3-20}$$

式中，k 为反应的速率常数；A 为常数，称为指前因子或碰撞频率因子；E_a 为活化能，在一定温度范围内可近似地看成常数；R 为摩尔气体常数；T 为热力学温度。

根据 Arrhenius 方程，速率常数随温度升高而增加，特别对活化能 E_a 较大的反应，温度的微小变化，将导致 k 发生较大的变化。反应的指前因子一般不易获得，故通常采用确定不同温度下反应速率常数的方法，来确定不同温度下的反应速率。

若温度 T_1 时速率常数为 k_1，T_2 时速率常数为 k_2，分别代入式(3-20)得

$$\ln k_1 = -\frac{E_a}{RT_1} + \ln A$$

$$\ln k_2 = -\frac{E_a}{RT_2} + \ln A$$

两式相减得

$$\ln \frac{k_2}{k_1} = \frac{E_a(T_2 - T_1)}{RT_1T_2} \tag{3-21}$$

例 3-4 120℃时乙酸磺胺分解反应的活化能为 $95.7\text{kJ}\cdot\text{mol}^{-1}$，反应的速率常数为 $9\times10^{-6}\ \text{s}^{-1}$。已知该药分解 10% 即失效，求该药在 25℃时的有效期。

解 设 25℃时乙酸磺胺分解反应的速率常数为 k

$$\ln \frac{9.00\times10^{-6}}{k} = \frac{95.7\times10^3\ \text{J}\cdot\text{mol}^{-1}\times(393.15\ \text{K} - 298.15\ \text{K})}{8.314\ \text{J}\cdot\text{K}^{-1}\cdot\text{mol}^{-1}\times298.15\text{K}\times393.15\ \text{K}}$$

$$k = 7.99\times10^{-10}\ \text{s}^{-1}$$

由反应速率常数的量纲可知该反应为一级反应。设乙酸磺胺的有效期为 t

由

$$\ln \frac{c_{A_0}}{c_A} = kt$$

$$\ln \frac{1}{(1-0.10)} = 7.99\times10^{-10}\ \text{s}^{-1}\times t$$

得

$$t = 1.32\times10^8\text{s}$$

即此磺胺药在 25℃时的有效保存期约为 51 个月。

三、催化剂对化学反应速率的影响

(一) 催化剂和催化作用

催化剂(catalyst)是只需添加很少量就能显著改变化学反应速率，而其本身的质量和性质在化学反应前后均不发生改变的物质。例如，H_2 和 O_2 在常温常压下并不发生生成 H_2O 的反应，但加入少许 Pt 粉后反应立即发生，而 Pt 的化学性质和质量都没有改变，加入的 Pt 粉就是该反应的催化剂。能使反应速率加快的催化剂称为正催化剂；能使反应速率减慢的催化剂称为负催化剂或阻化剂。除非特别指明，一般所说的催化剂均指正催化剂。

催化剂之所以能提高化学反应速率，是由于它参加了化学反应，改变了反应历程，降低了反应的活化能，故反应物分子中的活化分子分数大大增加，从而使反应速率加快。图 3-7 表明

催化剂改变了原反应历程，从而使化学反应将沿着活化能较低的途径进行。催化剂使原化学反应分几步进行，而每一步反应的活化能均小于原反应的活化能，每一步的反应速率都较快，所以，总反应速率也就明显加快了。

催化剂同等程度地提高正反应和逆反应的反应速率，因此，催化剂只能改变反应速率，而不能改变反应的方向，也不能使化学平衡发生移动。

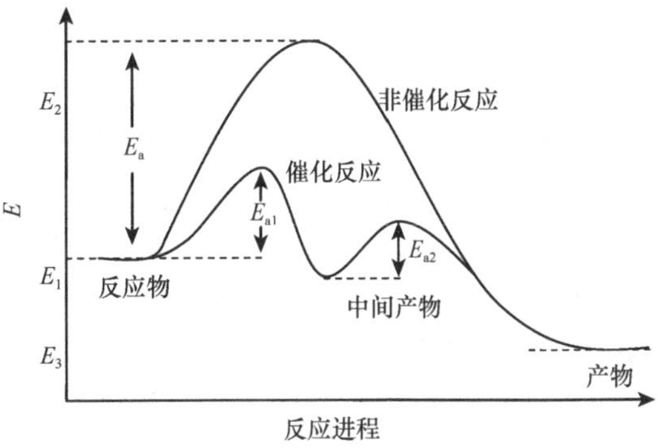

图 3-7 催化剂反应势能曲线

(二) 生物催化剂——酶

酶(enzyme)是生物体内特有的，催化特定化学反应的蛋白质、RNA 或其复合体，生物体内几乎所有的化学反应都是在酶的催化作用下完成的。酶不同于一般的催化剂，它具有如下几个特点。

(1) 高度专一性：一种酶只对某一种或某一类反应起催化作用。例如，α-淀粉酶作用于淀粉分子的主链，使其水解成糊精；而 β-淀粉酶只水解淀粉分子的支链，生成麦芽糖。

(2) 高度催化活性：对同一化学反应而言，酶催化的反应速率比普通催化剂催化的反应速率快 $10^6 \sim 10^{10}$ 倍。

(3) 条件依赖性强：大多数酶是蛋白质物质，极易受外界条件的影响而失活。酶催化反应需要在温和的条件下进行，酶抑制剂的存在、温度或 pH 的改变都会显著降低酶的活性，甚至使其失活。人体内大多数酶稳定的最适温度在 37℃左右，而最适的 pH 则与酶所处的具体部位有关，一般为 6.0～8.0。

第四节 化学平衡及化学平衡常数

一、可逆反应与化学平衡

在一定条件下，既能正向进行又能逆向进行的化学反应称为**可逆反应**(reversible reaction)。通常用相反的箭头符号“$\rightleftharpoons$”表示可逆反应。例如

$$2NO(g) + O_2(g) \rightleftharpoons 2NO_2(g)$$

$$HF(aq) + H_2O(l) \rightleftharpoons H_3O^+(aq) + F^-(aq)$$

$$AgCl(s) \rightleftharpoons Ag^+(aq) + Cl^-(aq)$$

大多数化学反应都是可逆反应，只是可逆的程度不同而已。一般把可逆程度极微小的化学反应叫作**不可逆反应**(irreversible reaction)。例如，MnO_2 催化下的 $KClO_3$ 分解反应

$$2KClO_3(s) \xrightarrow[\triangle]{MnO_2} 2KCl(s) + 3O_2(g)$$

由于反应正向进行得很完全，这样的反应就认为是不可逆反应。

在一定条件下进行的可逆反应，如果当反应体系中各物质的浓度不再随时间而改变，这时的正向反应速率和逆向反应速率相等，体系就达到了**化学平衡**(chemical equilibrium)，化学平衡是一种动态平衡。对于可逆反应来说，如果正向反应、逆向反应的速率不等，但只要体系与环境间没有物质交换，体系所处的外界条件不变，反应体系便会自发地趋于平衡。例如，乙酸(CH_3COOH)溶液很快就能达到解离平衡，即

$$CH_3COOH(aq) + H_2O(l) \rightleftharpoons CH_3COO^-(aq) + H_3O^+(aq)$$

而在敞开容器中加热分解 $NH_4Cl(s)$ 时

$$NH_4Cl(s) \xrightarrow{\triangle} NH_3(g) + HCl(g)$$

由于产生的气态物质不断进入环境中，反应向右进行，而且非常完全。

二、实验平衡常数

可逆反应在一定条件下达到平衡时，各物质的浓度不再改变，此浓度称为平衡浓度。表 3-4 列出了 298.15 K 时可逆反应

$$N_2O_4(g) \rightleftharpoons 2NO_2(g)$$

初始时反应物和产物的浓度 c_0 及达到化学平衡时它们的平衡浓度 c_{eq}。

表 3-4　298.15 K 时的 NO_2-N_2O_4 体系

编号	c_0 / (mol·L^{-1})		c_{eq} / (mol·L^{-1})		$\dfrac{c_{eq}^2(NO_2)}{c_{eq}(N_2O_4)}$ / (mol·L^{-1})
	NO_2	N_2O_4	NO_2	N_2O_4	
1	0.000	0.670	0.0547	0.643	4.65×10^{-3}
2	0.050	0.446	0.0457	0.448	4.66×10^{-3}
3	0.030	0.500	0.0475	0.491	4.60×10^{-3}
4	0.040	0.600	0.0523	0.594	4.60×10^{-3}
5	0.200	0.000	0.0204	0.089 8	4.63×10^{-3}

数据显示，在一定温度下体系达到平衡时，$\dfrac{c_{eq}^2(NO_2)}{c_{eq}(N_2O_4)}$ 的比值保持基本不变，而且与体系中各物质的起始浓度无关。

实验表明，一定温度下，化学反应达到平衡时，生成物平衡浓度以其化学计量系数为指数幂的乘积与反应物平衡浓度以其化学计量系数为指数幂的乘积之比总是一个常数。例如，上述反应达到平衡后，则有

$$K_c = \frac{c_{eq}^2(NO_2)}{c_{eq}(N_2O_4)} \tag{3-22}$$

式中，$c_{eq}(NO_2)$、$c_{eq}(N_2O_4)$ 分别表示 NO_2、N_2O_4 的平衡浓度，K_c 称为该反应的**实验平衡常数**(experimental equilibrium constant)。

对于气态反应，体系中各物质的浓度与其分压成正比，因此，上述反应实验平衡常数还可表示为

$$K_p = \frac{p_{eq}^2(NO_2)}{p_{eq}(N_2O_4)} \tag{3-23}$$

从式(3-22)可以看出，实验平衡常数的量纲与化学反应方程式的化学计量系数有关。例如，式(3-22)中 K_c 的量纲为浓度；式(3-23)中 K_p 的量纲为压力。

三、标准平衡常数

如果用相对平衡浓度，即物质的平衡浓度与标准浓度 $c^\ominus$ (1 mol·L^{-1})之比取代式(3-22)中的平衡浓度，上述可逆反应的**标准平衡常数**(standard equilibrium constant)即为

$$K_c^\ominus = \frac{[NO_2]^2}{[N_2O_4]} \tag{3-24}$$

式中，$[NO_2]$、$[N_2O_4]$分别表示 NO_2、N_2O_4 的相对平衡浓度，即

$$[NO_2]=\frac{c_{eq}(NO_2)}{c^{\ominus}} \qquad [N_2O_4]=\frac{c_{eq}(N_2O_4)}{c^{\ominus}}$$

同样的，上述反应的标准平衡常数还可表示成

$$K_p^{\ominus}=\frac{p_{NO_2}^2}{p_{N_2O_4}} \tag{3-25}$$

式中的 p_{NO_2}、$p_{N_2O_4}$ 是反应平衡时 NO_2、N_2O_4 的相对分压，即气态物质的平衡分压与标准压力 $p^{\ominus}$ (100 kPa)之比

$$p_{NO_2}=\frac{p_{eq}(NO_2)}{p^{\ominus}} \qquad p_{N_2O_4}=\frac{p_{eq}(N_2O_4)}{p^{\ominus}}$$

对于一般的可逆反应

$$aA+bB \rightleftharpoons dD+eE$$

其标准平衡常数为

$$K_c^{\ominus}=\frac{[D]^d[E]^e}{[A]^a[B]^b}=\frac{\left[\frac{c_{eq}(D)}{c^{\ominus}}\right]^d\left[\frac{c_{eq}(E)}{c^{\ominus}}\right]^e}{\left[\frac{c_{eq}(A)}{c^{\ominus}}\right]^a\left[\frac{c_{eq}(B)}{c^{\ominus}}\right]^b}$$

如果该反应中各物质均是气态物质，其标准平衡常数为

$$K_p^{\ominus}=\frac{p_D^d p_E^e}{p_A^a p_B^b}=\frac{\left[\frac{p_{eq}(D)}{p^{\ominus}}\right]^d\left[\frac{p_{eq}(E)}{p^{\ominus}}\right]^e}{\left[\frac{p_{eq}(A)}{p^{\ominus}}\right]^a\left[\frac{p_{eq}(B)}{p^{\ominus}}\right]^b}$$

书写可逆反应的标准平衡常数表达式时需要注意以下几点。

(1) 反应体系中的纯固体、纯液体或稀溶液中的溶剂，均不写入标准平衡常数表达式中；溶液组分使用相对浓度；气体组分则使用相对分压。例如，乙酸的解离平衡

$$CH_3COOH(aq)+H_2O(l) \rightleftharpoons CH_3COO^-(aq)+H_3O^+(aq)$$

$$K_c^{\ominus}=\frac{[CH_3COO^-][H_3O^+]}{[CH_3COOH]}$$

Fe_3O_4 被 H_2 还原的化学平衡

$$Fe_3O_4(s)+4H_2(g) \rightleftharpoons 3Fe(s)+4H_2O(g)$$

$$K_c^{\ominus}=\frac{[H_2O]^4}{[H_2]^4} \text{ 或 } K_p^{\ominus}=\frac{p_{H_2O}^4}{p_{H_2}^4}$$

H_2O_2 的分解反应

$$H_2O_2(aq) \xrightleftharpoons{I^-} H_2O(l)+\frac{1}{2}O_2(g)$$

$$K^{\ominus}=\frac{p_{O_2}^{\frac{1}{2}}}{[H_2O_2]}$$

(2) 标准平衡常数表达式必须与化学计量方程式相对应，同一反应若写法不同，标准平衡

常数表达式也不同。例如

$$2CO(g)+O_2(g) \rightleftharpoons 2CO_2(g)$$

$$K_p^{\ominus}=\frac{p_{CO_2}^2}{p_{CO}^2 \cdot p_{O_2}}$$

若反应式写成

$$CO(g)+\frac{1}{2}O_2(g) \rightleftharpoons CO_2(g)$$

则标准平衡常数表达式为

$$K_p^{\ominus'}=\frac{p_{CO_2}}{p_{CO} \cdot \left(p_{O_2}\right)^{\frac{1}{2}}}$$

显然

$$K_p^{\ominus} \neq K_p^{\ominus'}$$

相同反应条件下，两者之间的关系是

$$K_p^{\ominus}=\left(K_p^{\ominus'}\right)^2 \tag{3-26}$$

(3) 正、逆向反应的标准平衡常数互为倒数。

从式(3-24)和式(3-25)可以看出，标准平衡常数无量纲。比较标准平衡常数与实验平衡常数的表达式可知，标准平衡常数$K_c^{\ominus}$与实验平衡常数K_c在数值上相等，而$K_p^{\ominus}$与K_p在数值上不一定相等。

标准平衡常数值的大小与物质的浓度或分压无关，而与反应温度和化学反应的本性有关，标准平衡常数值越大，化学反应正向进行得越彻底。标准平衡常数界定了一定温度下化学反应可能进行的最大限度。

例 3-5 将等摩尔的PCl_3和Cl_2通入一个容积为 5.0L 的容器中，在 523K 达到平衡时，测得 PCl_5的分压为1.0×10^5 Pa，若已知该温度下$K_p^{\ominus}=0.540$，计算(1)PCl_3和 Cl_2的起始浓度；(2)PCl_3的转化率。

解 (1) 在 523K 时 $PCl_3(g)+Cl_2(g) \rightleftharpoons PCl_5(g)$

$$K_p^{\ominus}=\frac{p_{PCl_5}}{p_{PCl_3} \cdot p_{Cl_2}} \qquad 0.540=\frac{\frac{1.0\times10^5\,\text{Pa}}{p^{\ominus}}}{p_{PCl_3} \cdot p_{Cl_2}}$$

$$p_{PCl_3}=p_{Cl_2}=1.36$$

体系中各物质的平衡浓度为

$$c_{eq}(PCl_5)=\frac{100\ \text{kPa}}{8.314\ \text{J}\cdot\text{K}^{-1}\cdot\text{mol}^{-1}\times523\ \text{K}}=0.023\,0\ \text{mol}\cdot\text{L}^{-1}$$

$$c_{eq}(PCl_3)=c_{eq}(Cl_2)=\frac{1.36\times100\ \text{kPa}}{8.314\ \text{J}\cdot\text{K}^{-1}\cdot\text{mol}^{-1}\times523\ \text{K}}=0.031\,3\ \text{mol}\cdot\text{L}^{-1}$$

PCl_3和Cl_2的起始浓度为

$$c_0(PCl_3)=c_0(Cl_2)=0.031\,3\ \text{mol}\cdot\text{L}^{-1}+0.0230\ \text{mol}\cdot\text{L}^{-1}=0.054\,3\ \text{mol}\cdot\text{L}^{-1}$$

(2) PCl_3的转化率为

$$\alpha=\frac{0.023\,0\text{mol}\cdot\text{L}^{-1}}{0.054\,3\text{mol}\cdot\text{L}^{-1}}\times100\%=42.4\%$$

例 3-6 利用$\Delta_f G_m^{\ominus}$求反应$NH_3(aq)+H_2O(l) \rightleftharpoons NH_4^+(aq)+OH^-(aq)$的标准平衡常数

$K_c^\ominus$。

解 $NH_3(aq)+H_2O(l) \rightleftharpoons NH_4^+(aq)+OH^-(aq)$

$\Delta_f G_m^\ominus / kJ\cdot mol^{-1}$ −237.2   −26.6   −79.4   −157.3

$\Delta_r G_m^\ominus = -79.4\ kJ\cdot mol^{-1} - 157.3\ kJ\cdot mol^{-1} + 237.2\ kJ\cdot mol^{-1} + 26.6\ kJ\cdot mol^{-1} = 27.1\ kJ\cdot mol^{-1}$

根据 $\Delta_r G_m^\ominus = -RT\ln K_c^\ominus$，得

$$\ln K_c^\ominus = -\frac{\Delta_r G_m^\ominus}{RT} = -\frac{27.1\times10^3\ J\cdot mol^{-1}}{8.314 J\cdot K^{-1}\cdot mol\times298.15K} = -10.93$$

$$K_c^\ominus = 1.79\times10^{-5}$$

四、多 重 平 衡

在一个系统中，如果有几个反应同时处于平衡状态，则系统中相关物质的分压或浓度必然同时满足这几个平衡，这种现象称为**多重平衡**(multiple equilibrium)。例如，处于同一反应器中的 SO_2、SO_3、NO、NO_2 及 O_2，在一定温度下达到平衡时，有

(1) $SO_2(g)+\frac{1}{2}O_2(g) \rightleftharpoons SO_3(g)$ $\Delta_r G_{m_1}^\ominus = -RT\ln K_{p_1}^\ominus$

(2) $NO_2(g) \rightleftharpoons NO(g)+\frac{1}{2}O_2(g)$ $\Delta_r G_{m_2}^\ominus = -RT\ln K_{p_2}^\ominus$

(3) $SO_2(g)+NO_2(g) \rightleftharpoons SO_3(g)+NO(g)$ $\Delta_r G_{m_3}^\ominus = -RT\ln K_{p_3}^\ominus$

反应(3) = 反应(1) + 反应(2)，则

$$\Delta_r G_{m_3}^\ominus = \Delta_r G_{m_1}^\ominus + \Delta_r G_{m_2}^\ominus$$

$$-RT\ln K_{p_3}^\ominus = -RT\ln K_{p_1}^\ominus - RT\ln K_{p_2}^\ominus$$

$$\ln K_{p_3}^\ominus = \ln K_{p_1}^\ominus + \ln K_{p_2}^\ominus$$

$$K_{p_3}^\ominus = K_{p_1}^\ominus \cdot K_{p_2}^\ominus \tag{3-27}$$

同理，反应(1) = 反应(3) − 反应(2)，则

$$K_{p_1}^\ominus = \frac{K_{p_3}^\ominus}{K_{p_2}^\ominus} \tag{3-28}$$

式(3-27)和式(3-28)表明，在多重平衡体系中，若某反应可由另外两个或多个反应相加或相减而得到，则该反应的标准平衡常数就等于另外两个或多个反应标准平衡常数的积或商。这个规律被称为**多重平衡规则**(multiple equilibrium rule)。

第五节 化学平衡的移动

当反应条件改变时，原有的化学平衡无法保持而发生移动，反应系统中各种物质的浓度或分压也将改变，直到建立新的化学平衡。这种由于外界条件的改变，使可逆反应从一种平衡状态向另一种平衡状态转变的现象，称为**化学平衡的移动**(shift of chemical equilibrium)。化学平衡主要受反应体系中物质的浓度、反应压力和反应温度的影响。

一、浓度对化学平衡的影响

由化学热力学原理，对于任意状态下的可逆反应

$$\Delta_r G_m = \Delta_r G_m^\ominus + RT \ln Q \tag{3-29}$$

式(3-29)称为化学反应等温式，Q 为**反应商**(reaction quotient)，它是任意状态下生成物浓度以其化学计量系数为指数幂的乘积与反应物平衡浓度以其化学计量系数为指数幂的乘积之比。

体系达到平衡状态时，$\Delta_r G_m = 0$，则 $Q = K^\ominus$，于是

$$\Delta_r G_m^\ominus = -RT \ln K^\ominus \tag{3-30}$$

由式(3-29)和式(3-30)可得

$$\Delta_r G_m = RT \ln \frac{Q}{K^\ominus} \tag{3-31}$$

对于平衡体系，如果改变其中某物质的浓度，那么，其 $Q \neq K^\ominus$，原有的化学平衡就会发生移动。如果增大反应物浓度或减小产物浓度，则 $Q < K^\ominus$，即 $\Delta_r G_m < 0$，平衡将向正反应方向移动，随着反应的进行，反应物浓度不断减小，产物浓度不断增加，Q 值增大，直至体系在新的平衡浓度下建立起新的化学平衡，此时，$Q = K^\ominus$；反之，如果增大产物浓度或减小反应物浓度，则 $Q > K^\ominus$，即 $\Delta_r G_m > 0$，平衡将向逆反应方向移动，以使反应物浓度增加，产物浓度减小，Q 值减小，直至体系建立起新的化学平衡。

二、压力对化学平衡的影响

压力对固体和液体体积的影响极小，可以忽略。对于有气体参与的反应，压力的改变将使平衡发生移动。压力改变有两种情况，一种是改变平衡体系中某气体的分压，一种是改变体系的总压力。

改变平衡体系中某气体的分压与改变平衡体系中某物质的浓度对化学平衡的影响极为相似。

这里，反应体系总压是指体系中所有气体物质的分压之和。对于反应前后化学计量系数之和等于零的气相反应，总压力的变化不会引起化学平衡的移动，因为压力的改变对生成物和反应物的影响是等效的。对于反应前后化学计量系数之和不相等的气相反应，增大压力，平衡向气体计量系数减小的方向移动；反之，平衡向气体计量系数增大的方向移动。

例 3-7 在 325 K 和 1.0×10^5 Pa 时，已知反应 $N_2O_4(g) \rightleftharpoons 2NO_2(g)$ 中 N_2O_4 的分解率为 50.2%。若保持温度不变，压力增加为 1.0×10^6 Pa，N_2O_4 的分解率是多少？

解 设有 1.0mol N_2O_4，其分解率为 x，则

	$N_2O_4(g) \rightleftharpoons$	$2NO_2(g)$
起始量 /mol	1.0	0
平衡量 /mol	$1.0 - x$	$2x$

达到平衡时，体系各物质总量为 $(1.0 - x) + 2x = (1.0 + x)$ mol

设平衡时体系总压力为 p，则各物质的相对分压为

$$p_{N_2O_4} = \frac{p}{p^\ominus} \times \frac{1-x}{1+x} \qquad p_{NO_2} = \frac{p}{p^\ominus} \times \frac{2x}{1+x}$$

$$K_p^\ominus = \frac{p_{NO_2}^2}{p_{N_2O_4}} = \frac{\left(\dfrac{p}{p^\ominus} \times \dfrac{2x}{1+x}\right)^2}{\dfrac{p}{p^\ominus} \times \dfrac{1-x}{1+x}} = \frac{p}{p^\ominus} \times \frac{4x^2}{1-x^2}$$

当压力为 1.0×10^5 Pa 时，代入 $x = 0.502$，得

$$K_p^\ominus = \frac{1 \times 10^5}{p^\ominus} \times \frac{4 \times 0.502^2}{1 - 0.502^2} = 1.35$$

当压力为1.0×10^6 Pa 时

$$K_p^{\ominus}=\frac{p}{p^{\ominus}}\times\frac{4x^2}{1-x^2}=\frac{1.0\times10^6}{p^{\ominus}}\times\frac{4x^2}{1-x^2}=\frac{40x^2}{1-x^2}=1.35$$

$$x=0.181=18.1\%$$

该反应中的气体产物分子数多于气体反应物分子数，当压力增大时，反应逆向移动，使N_2O_4的分解率减小。

一定温度下，反应体系中物质浓度或压力的改变，将引起平衡体系各组分浓度或分压的改变，反应商不等于标准平衡常数，化学平衡将移动。

三、温度对化学平衡的影响

与浓度或压力改变对化学平衡的影响不同，反应温度改变时，标准平衡常数的值也随之改变。标准平衡常数是温度的函数。van’t Hoff 方程表明了温度对标准平衡常数的影响

$$\lg\frac{K_2^{\ominus}}{K_1^{\ominus}}=\frac{\Delta_r H_m^{\ominus}}{2.303R}\left(\frac{T_2-T_1}{T_1\times T_2}\right)\tag{3-32}$$

式中，$K_1^{\ominus}$和$K_2^{\ominus}$分别是可逆反应在温度T_1和T_2时的标准平衡常数；$\Delta_r H_m^{\ominus}$为反应的标准摩尔反应焓变。温度改变时，新的平衡常数是$K_2^{\ominus}$。由式(3-32)可以看出，当反应为放热反应时，$\Delta_r H_m^{\ominus}<0$，升高温度$T_2>T_1$，则$K_2^{\ominus}<K_1^{\ominus}$，平衡将逆向移动；降低温度，平衡将正向移动。当反应为吸热反应时，$\Delta_r H_m^{\ominus}>0$，升高温度$T_2>T_1$，则$K_2^{\ominus}>K_1^{\ominus}$，平衡将正向移动；降低温度，平衡逆向移动。

总结浓度、压力和温度几个因素分别对化学平衡的影响，得出 Le Chatelier 平衡移动原理：如果改变平衡状态的任意一个条件，平衡将向减弱这个改变的方向移动。

研究浓度、压力和温度等因素对化学平衡的影响，在实际工作中具有十分重要的意义。以熟知的合成氨反应为例

$$N_2(g)+3H_2(g)\rightleftharpoons 2NH_3(g)\qquad \Delta_r H_m^{\ominus}=-92.6\text{kJ}\cdot\text{mol}^{-1}$$

如何确定反应条件以提高NH_3产率是需要考虑的主要问题。首先，增加系统压力，有利于NH_3的生成。实际上，合成氨反应通常在500～1000atm的高压下进行；反应过程中不断把产生的NH_3从反应混合物中分离出来，实质是降低产物浓度，促使平衡向右移动。其次，这是个放热反应，降低温度更有利于生成NH_3，但从反应动力学考虑，温度低会使反应速率变慢，又不利于反应的进行。因此，将多种因素综合考虑，生产实践中确定合成氨反应的最佳温度为573～773K。

四、生物体系中的稳态和内稳态

生物体是一个复杂的开放系统，需要不断从外界摄取各种物质，通过消化、吸收等一系列复杂的化学反应，提供机体生长发育所必需的物质和能量。因此生物体内的每一个化学反应都是在不断输入和输出的过程中进行的，是远离平衡的化学体系。

我们知道，可逆反应达到化学平衡时，体系内各物质的浓度保持不变。但这并不是说，当一个反应体系内各物质的浓度恒定，系统就一定处于平衡状态。例如，对于高温条件下 A 物质转化为 B 物质的反应

$$A\rightleftharpoons B$$

如果反应在敞开系统内进行，在系统中不断输入 A，部分 A 在系统中转变成 B，若将含有 A 和 B 的混合物以恒定比例移出，虽然体系内 A 和 B 的组成保持不变，但远未达到平衡。这种具有恒定输入输出且远离平衡的敞开系统所达到的状态就称为**稳态**(steady state)。稳态下总有

$$\frac{c_{\mathrm{B}}}{c_{\mathrm{A}}}=Q_{\mathrm{s}}$$

Q_{s}代表稳态时的浓度比，它不是热力学常数，而是由反应物输入速度、在反应器中的停留时间决定。稳态与平衡态的区别在于如下几点。

(1) 稳态时，尽管参与反应的各组分浓度不发生变化，但正反应、逆反应速率不等，净反应速率不等于零；而在化学平衡时，正反应、逆反应速率相等，净反应速率等于零。

(2) 稳态时，改变反应物输入速度，Q_{s}即发生变化；在达到化学平衡态时，改变体系中任意组分的浓度或分压，体系将重新建立平衡，但标准平衡常数不变。

在生物体内，几乎所有参与正常生命过程物质的浓度都各自维持在一个非常狭窄的范围。例如，作为一个敞开系统，细胞可以从周围摄取Ca^{2+}，也不断地把多余的Ca^{2+}释放到周围环境中去，从而维持自身Ca^{2+}浓度在$1\times10^{-5}\,\mathrm{mol\cdot L^{-1}}$左右。这种由细胞内有关化学反应决定，并受整个生物体影响的稳态，称为**内稳态**(homeostasis)，因为有生物因素的参与，内稳态则是指在生物体系内可能达到的稳态。而一般意义上的稳态是由化学反应或化学机制决定。

知识导图

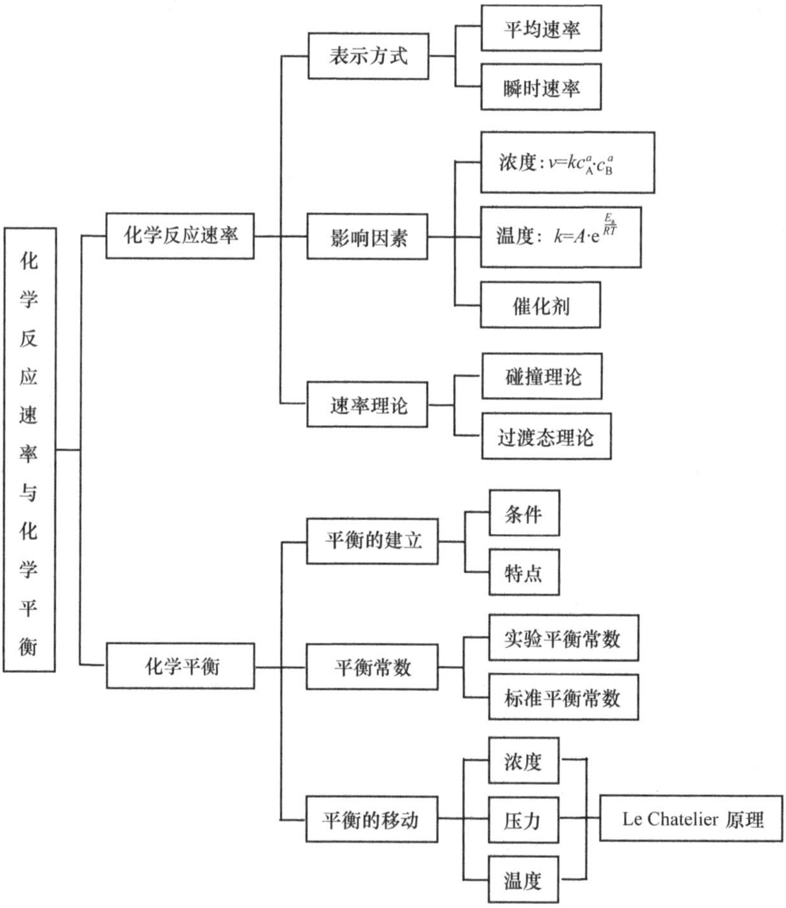

习 题

1. 判断下列说法是否正确？

(1) 反应速率常数取决于反应温度，与反应物的浓度无关。

(2) 反应活化能越大，反应速率也越大。

(3) 加热才能进行的反应一定是吸热反应。

(4) 在速率方程中，各物质浓度幂的指数等于反应式中各物质化学式前的化学计量数时，该反应即为元反应。

(5) 温度升高使反应速率加快的主要原因，是温度升高使反应物分子之间的碰撞次数增多，从而使反应速率加快。

(6) 两个不同的反应相比，活化能大的其反应速率一定慢。

(7) 任何反应的反应速率都是随时间而变化的。

(8) 有了化学反应方程式，我们就能够写出它的速率方程。

(9) 反应 $C(s) + H_2O(g) \rightleftharpoons CO(g) + H_2(g)$ 是一个反应前后分子数目相等的反应，系统的压力改变不影响它的平衡状态。

(10) 因为 $\Delta_r G_m^{\ominus} = -RT\ln K^{\ominus}$，所以温度升高，平衡常数变小。

2. 简要回答下列问题

(1) 什么是反应的速率常数？它的大小与浓度、温度、催化剂等因素有什么关系？

(2) 什么是活化能？

(3) 什么是催化剂？其特点有哪些？

3. 对于化学反应 $S_2O_8^{2-}(aq) + 3I^-(aq) \longrightarrow 2SO_4^{2-}(aq) + I_3^-(aq)$，当反应速率 $\frac{dc(S_2O_8^{2-})}{dt}$ 为 $2.0\times10^{-3}mol\cdot L^{-1}\cdot s^{-1}$ 时，$-\frac{dc(I^-)}{dt}$ 和 $\frac{dc(SO_4^{2-})}{dt}$ 各为多少？

4. 化学反应 $A + 2B \longrightarrow 2C$ 在 250K 时的反应速率和浓度间的关系如表 3-5 所示。

(1) 写出该反应的速率方程，并指出反应级数。

(2) 求该反应的速率常数。

(3) 求 $c(A) = 0.010mol\cdot L^{-1}$，$c(B) = 0.020mol\cdot L^{-1}$ 时的反应速率。

表 3-5　反应速率和浓度间关系(250K)

序号	$c(A)/(mol\cdot L^{-1})$	$c(B)/(mol\cdot L^{-1})$	$v(B)/(mol\cdot L^{-1}\cdot s^{-1})$
1	0.10	0.010	1.2×10^{-3}
2	0.10	0.040	4.8×10^{-3}
3	0.20	0.010	2.4×10^{-3}

5. 已知 ^{60}Co 衰变的 $t_{1/2} = 5.26a$，放射性 ^{60}Co 所产生的 γ 射线广泛用于癌症治疗，放射性物质的强度以 ci(居里)表示。某医院购买一台 20ci 的钴源，使用 10 年后还剩多少？

6. 某反应 $A \rightarrow P$，当 A 的浓度为 $0.10mol\cdot L^{-1}$ 及 $0.050mol\cdot L^{-1}$ 时测其反应速率，如果前后两次的速率比分别为 0.50、1.0 和 0.25，求上述三种情况下的反应级数。

7. 在 300K 时，反应 $2H_2O_2 \longrightarrow 2H_2O + O_2$ 的活化能为 $75.3kJ\cdot mol^{-1}$。如果在酶催化下反应活化能为 $25.1kJ\cdot mol^{-1}$。设指前因子不变，求该温度下有酶催化与无酶催化时反应速率的比值。

8. 青霉素 G 的分解为一级反应，实验数据如表 3-6 所示，求反应的活化能和指前因子。

表 3-6　青霉素 G 分解的实验数据

T/K	310	316	327
k/h^{-1}	2.16×10^{-2}	4.05×10^{-2}	0.119

9. 丙酮二羧酸在水溶液中的分解反应在 283K 的速率常数为 $1.08\times10^{-4}s^{-1}$，在 333K 的速率常数为 $5.48\times10^{-2}s^{-1}$，求反应的活化能和在 310K 的速率常数。

10. 阿司匹林的水解为一级反应。373K 下速率常数为 $7.92\ \text{d}^{-1}$，活化能为 $56.484\text{kJ}\cdot\text{mol}^{-1}$，求 290K 下水解 30%所需的时间。

11. 在 298K 时，反应 $2NO_2(g) \rightleftharpoons N_2O_4(g)$ 的 $K_p^\ominus = 7.0\times10^{-5}$，已知系统内 NO_2 的分压为 $1.5\times10^4\ \text{Pa}$。求 N_2O_4 的分压和平衡系统的总压。

12. 根据下表数据(表 3-7)，求反应 $CuSO_4\cdot5H_2O(s) \rightleftharpoons CuSO_4(s)+5H_2O(g)$ 在 298K 时的标准平衡常数和 $CuSO_4\cdot5H_2O(s)$ 表面 H_2O 的平衡分压。若 298K 时 H_2O 的饱和蒸气压为 3169.9Pa，试判断 $CuSO_4\cdot5H_2O(s)$ 能否风化。

表 3-7 相关数据

物质	$H_2O(g)$	$CuSO_4(s)$	$CuSO_4\cdot5H_2O(s)$
$\Delta_f G_m^\ominus/(\text{kJ}\cdot\text{mol}^{-1})$	−228.5	−661.9	−1880.1

(周小霞)

习 题 详 解

1. 答：(1) (√)、(2) (×)、(3) (×)、(4) (×)、(5) (×)、(6) (×)、(7) (×)、(8) (×)、(9) (×)、(10) (×)

2. 答：(1) 化学反应速率方程 $v = kc_A^\alpha\cdot c_B^\beta$ 式中的比例常数 k 就是速率常数。速率常数在数值上等于反应物浓度均为 $1\text{mol}\cdot\text{L}^{-1}$ 时的反应速率。k 的大小与反应物浓度无关，与温度和反应的本性有关。

(2) 活化能表示活化分子具有的最低能量与反应物分子平均能量之差。对于一个给定的化学反应，活化能越大，反应速率越小。

(3) 催化剂是添加少量就能显著改变化学反应速率，而其本身的质量和性质在化学反应前后均不发生改变的物质。催化剂参与反应，改变反应历程，降低反应活化能。催化剂不改变反应体系的热力学状态，催化剂同等程度的影响正反应、逆反应速率，但不影响化学平衡，只能改变达到平衡的时间。

3. 答：因为 $-\dfrac{dc(S_2O_8^{2-})}{dt} = -\dfrac{dc(I^-)}{3dt} = \dfrac{dc(SO_4^{2-})}{2dt} = 2.0\times10^{-3}\text{mol}\cdot\text{L}^{-1}\cdot\text{s}^{-1}$

所以 $-\dfrac{dc(I^-)}{dt} = 6.0\times10^{-3}\text{mol}\cdot\text{L}^{-1}\cdot\text{s}^{-1}$ $\qquad \dfrac{dc(SO_4^{2-})}{dt} = 4.0\times10^{-3}\text{mol}\cdot\text{L}^{-1}\cdot\text{s}^{-1}$

4. 答：(1) $v = kc_Ac_B$，是二级反应。

(2) 依次代入三组数据计算出的速率常数均为 $1.2\ \text{L}\cdot\text{mol}^{-1}\cdot\text{s}^{-1}$。

(3) $v = kc_Ac_B = 1.2\times0.010\times0.020 = 2.4\times10^{-4}\ \text{mol}\cdot\text{L}^{-1}\cdot\text{s}^{-1}$

5. 答：^{60}Co 的衰变为一级反应，根据 $t_{1/2} = \dfrac{0.693}{k}$ 得

$$k = \frac{0.693}{t_{1/2}} = \frac{0.693}{5.26\text{a}} = 0.132\text{a}^{-1}$$

以 ^{60}Co 的初始浓度 20ci，$k = 0.132\text{a}^{-1}$，$t = 10\text{a}$ 代入式(3-16)得

$$\ln\frac{20}{c_{Co}} = 0.132\times10 \qquad\qquad c_{Co} = 5.3\text{ci}$$

6. 答：设速率方程为 $v = kc^x$

根据题意前后两次速率之比为 $\dfrac{0.10^x}{0.050^x} = 2^x$

当比值分别为 0.50、1.0 和 0.25 时，x 依次为−1、0、−2。

7. 答：设 H_2O_2 在无酶催化条件下的速率常数为 k_1，在酶催化条件下的速率常数为 k_2，则

$$k_1 = Ae^{-\frac{75.3\times10^3\ \text{J}\cdot\text{mol}^{-1}}{RT}}, \quad k_2 = Ae^{-\frac{25.1\times10^3\ \text{J}\cdot\text{mol}^{-1}}{RT}}$$

$$\frac{k_2}{k_1}=\frac{e^{-\frac{25.1\times10^3\,\text{J}\cdot\text{mol}^{-1}}{RT}}}{e^{-\frac{75.3\times10^3\,\text{J}\cdot\text{mol}^{-1}}{RT}}}=e^{\frac{50.2\times10^3\,\text{J}\cdot\text{mol}^{-1}}{RT}}=e^{\frac{50.2\times10^3\,\text{J}\cdot\text{mol}^{-1}}{8.314\text{J}\cdot\text{K}^{-1}\cdot\text{mol}^{-1}\times300\text{K}}}=5.51\times10^8$$

所以 300K 时有酶催化时的反应速率是无酶催化时的 5.51×10^8 倍。

8. 答：根据表格，得到如下数据(表 3-8)。

表 3-8　相关数据列表

$1/T$	0.003 226	0.003 165	0.003 058
$\ln k$	−3.835	−3.206	−2.129

$\ln k$-$1/T$ 图如下(图 3-8)。

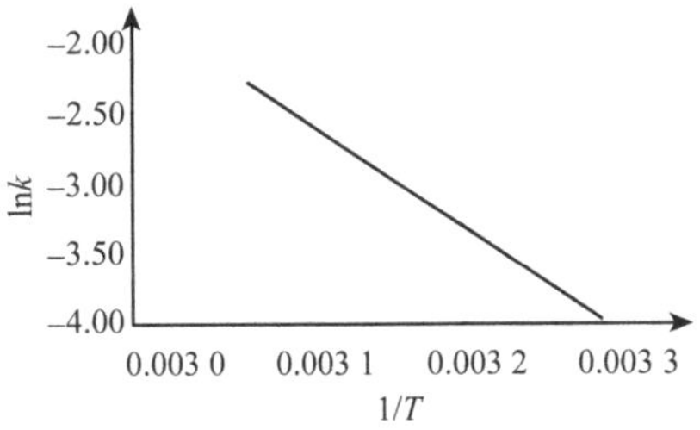

图 3-8　青霉素 G 分解的 $\ln k$-$1/T$ 图

直线方程为　　$\ln k=28.896-10\,145\dfrac{1}{T}$

所以 $\ln A=28.896$，$A=\mathrm{e}^{28.896}=3.54\times10^{12}$　　$\dfrac{E_\mathrm{a}}{R}=10\,145$，$E_\mathrm{a}=8.43\times10^4\,\text{J}\cdot\text{mol}^{-1}$

9. 答：根据题意得如下两方程。

$$\ln(1.08\times10^{-4}\,\text{s}^{-1})=\ln A-\frac{E_\mathrm{a}}{8.314\text{J}\cdot\text{K}^{-1}\cdot\text{mol}^{-1}\times283\text{K}}\qquad(1)$$

$$\ln(5.48\times10^{-2}\,\text{s}^{-1})=\ln A-\frac{E_\mathrm{a}}{8.314\text{J}\cdot\text{K}^{-1}\cdot\text{mol}^{-1}\times333\text{K}}\qquad(2)$$

联立(1)和(2)解得：$E_\mathrm{a}=97\,614\text{J}\cdot\text{mol}^{-1}$，$\ln A=32.35$

根据 $\ln k=\ln A-\dfrac{E_\mathrm{a}}{RT}$，310K 时的速率常数为

$$k=\exp\left(32.35-\frac{97\,614\text{J}\cdot\text{mol}^{-1}}{8.314\text{J}\cdot\text{K}^{-1}\cdot\text{mol}^{-1}\times310\text{K}}\right)=0.003\,99\text{s}^{-1}$$

10. 答：根据　$\ln\dfrac{k_2}{k_1}=\dfrac{E_\mathrm{a}}{R}\dfrac{(T_2-T_1)}{T_1T_2}$　　得 $\ln\dfrac{k_2}{7.92\text{d}^{-1}}=\dfrac{56\,484\text{J}\cdot\text{mol}^{-1}\times(290\text{K}-373\text{K})}{8.314\text{J}\cdot\text{K}^{-1}\cdot\text{mol}^{-1}\times373\text{K}\times290\text{K}}$

290K 下的速率常数为 $k_2=0.0431\text{d}^{-1}$

根据　$\ln\dfrac{c_0}{c}=kt$　　得 $\ln\dfrac{c_0}{(1-0.30)c_0}=0.0431t$　　$t=8.28\text{d}$

所以，290K 下水解 30%所需时间为 8.28 天。

11. 答：根据　$K_\mathrm{p}^{\ominus}=\dfrac{p_{N_2O_4}}{p_{NO_2}^2}$ 得 $\dfrac{p_{N_2O_4}}{\left(\dfrac{1.5\times10^4\text{Pa}}{1.0\times10^5\text{Pa}}\right)^2}=7.0\times10^{-5}$

$$p_{N_2O_4}=1.575\times10^{-6}\text{，}\ P_\mathrm{eq}(N_2O_4)=0.16\text{Pa}$$

$$p_\mathrm{total}=0.16\text{Pa}+15\,000\text{Pa}=15\,000.16\text{Pa}$$

12. 答：反应 $CuSO_4 \cdot 5H_2O(s) \rightleftharpoons CuSO_4(s) + 5H_2O(g)$ 在 298K 时的标准吉布斯自由能为：

$$\Delta_r G_m^\ominus = -661.9\text{kJ}\cdot\text{mol}^{-1} + 5\times(-228.5\text{kJ}\cdot\text{mol}^{-1}) - (-1880.1\text{kJ}\cdot\text{mol}^{-1}) = 75.7\text{kJ}\cdot\text{mol}^{-1}$$

由 $\Delta_r G_m^\ominus = -RT\ln K^\ominus$ 得 $K^\ominus = \exp\left(-\dfrac{\Delta_r G_m^\ominus}{RT}\right) = \exp\left(-\dfrac{75.7\times10^3\text{J}\cdot\text{mol}^{-1}}{8.314\text{J}\cdot\text{K}^{-1}\cdot\text{mol}^{-1}\times298\text{K}}\right) = 5.38\times10^{-14}$

$CuSO_4 \cdot 5H_2O(s)$ 表面 H_2O 的平衡分压为 $p_{eq}(H_2O)$，则

$$K^\ominus = \left(\frac{p_{eq}(H_2O)}{100\times10^3}\right)^5 \qquad 5.38\times10^{-14} = \left(\frac{p_{eq}(H_2O)}{100\times10^3}\right)^5$$

$$p_{eq}(H_2O) = 221.9\text{Pa}$$

由于 H_2O 在 $CuSO_4 \cdot 5H_2O(s)$ 表面的平衡分压低于该温度下 H_2O 的饱和蒸气压，所以 $CuSO_4 \cdot 5H_2O(s)$ 不能风化。

第四章 酸碱平衡

酸和碱是人们熟知的两类普遍而重要的化学物质。在生物体内，酸碱物质也对人的生理和病理变化起着重要的作用，酸碱平衡对于维持人体体液正常的渗透压力和 pH 是必不可少的。此外，很多药物本身就是酸或碱，如维生素 C、水杨酸、碳酸氢钠等，它们的分析测定及药理作用等也与酸碱的基本性质有重要关系。本章将主要介绍关于酸碱的基本理论、弱酸弱碱的解离平衡及酸碱溶液 pH 的主要计算方法等内容。

第一节 酸碱理论

人类对于酸碱的认识是不断深化的，随着人们对酸碱物质的性质、组成和结构等研究的逐步深入，相继提出了一系列的酸碱理论，其中比较重要的有电离理论、溶剂理论、质子理论、电子理论和软硬酸碱原则等。本节将着重讨论酸碱质子理论。

一、酸碱质子理论

与 S. A. Arrhenius 的经典酸碱理论不同，1923 年，丹麦科学家 Brönsted 和英国科学家 Lowry 提出了**酸碱质子理论**(proton theory of acid and base)。

(一) 酸碱的定义

酸碱质子理论认为，凡能给出质子(H^+)的物质就是**酸**(acid)，如 HCl、HAc、NH_4^+ 等，也称质子酸；凡能接受质子的物质就是**碱**(base)，如 NH_3、OH^-、CO_3^{2-} 等，也称质子碱。而如 HCO_3^-、H_2O、$H_2PO_4^-$ 这样既能给出质子又能接受质子的物质，则是**两性物质**(amphoteric substance)。酸碱质子理论中没有盐的概念。

根据酸碱质子理论，酸和碱都不是孤立的物质，酸给出质子成为碱，碱接受质子后变成酸。酸碱可以是分子，也可以是离子，酸碱既有联系又能相互转化，两者的关系可表示为

$$酸 \rightleftharpoons 质子 + 碱$$

$$HCl \rightleftharpoons H^+ + Cl^-$$

$$HAc \rightleftharpoons H^+ + Ac^-$$

$$NH_4^+ \rightleftharpoons H^+ + NH_3$$

$$H_2O \rightleftharpoons H^+ + OH^-$$

$$[Fe(H_2O)_6]^{3+} \rightleftharpoons H^+ + [Fe(H_2O)_5OH]^{2+}$$

不难看出，酸碱质子理论大大地扩展了酸碱的定义范围。

一对具有共轭关系的酸碱称为**共轭酸碱对**(conjugated acid-base pair)。共轭酸碱对中的酸称为**共轭酸**(conjugate acid)，而碱称为**共轭碱**(conjugate base)。例如，HAc 和 Ac^-是一对共轭酸碱，HAc 是 Ac^-的共轭酸，Ac^-是 HAc 的共轭碱。在一对共轭酸碱对中，它们仅相差一个质子。酸越强，其共轭碱越弱；反之亦然。质子酸碱之间的这种关系被称为共轭关系。

(二) 酸碱反应

质子在溶液中不能独立存在，在酸给出质子的瞬间，质子迅速与质子接受体(碱)结合。因此，酸碱质子理论认为，酸碱反应是质子传递的过程，产物则是生成了新的酸碱。例如，HCl

与 NH_3 的反应

$$\overset{H^+}{\overbrace{HCl + NH_3}} \rightleftharpoons NH_4^+ + Cl^-$$

$$\text{酸}_1 \quad \text{碱}_2 \qquad\qquad \text{酸}_2 \quad \text{碱}_1$$

反应是酸 HCl 给出质子，生成其共轭碱 Cl^-；而碱 NH_3 接受质子，生成其共轭酸 NH_4^+。HCl 与 Cl^-、NH_3 与 NH_4^+ 分别是一对共轭酸碱对。酸碱反应总是由强碱获得强酸给出的质子后，分别转化为对应的较弱共轭酸和共轭碱。HCl 与 NH_3 在水溶液、气相中及非水溶剂中均能进行反应。

用质子传递的观点来考察解离反应、中和反应和水解反应，发现它们均可归结为酸碱反应。例如

解离反应 $HAc + H_2O \rightleftharpoons H_3O^+ + Ac^-$

中和反应 $HAc + OH^- \rightleftharpoons H_2O + Ac^-$

水解反应 $H_2O + Ac^- \rightleftharpoons HAc + OH^-$

上述各类反应的实质也都是传递质子的反应，可见，酸碱质子理论还扩大了酸碱反应的范围。

(三) 酸碱的强度

酸或碱的强弱首先取决于酸给出质子或者碱接受质子能力的强弱。给出质子能力强的物质是强酸，接受质子能力强的物质是强碱，反之，就是弱酸或弱碱。

其次，酸或碱的强度还与溶剂的性质有关。例如，在 H_2O 中，HCl 是强酸，HAc 是弱酸。如果 NH_3 为溶剂，由于 NH_3 接受质子能力强于 H_2O，NH_3 碱性比 H_2O 强，所以，在水溶液中 HCl 和 HAc 的酸性有强弱之分。而在 NH_3 中，HCl 和 HAc 两者均呈强酸性，被溶剂 NH_3 拉到同一酸度水平。这种原本有不同强度的酸或碱被某种溶剂拉平到同一酸或碱强度水平的效应，称为**拉平效应**(leveling effect)，具有拉平效应的溶剂称为拉平溶剂。上例中的 NH_3 就是 HCl 和 HAc 的拉平溶剂。而对于我们熟知的在水溶液中均呈强酸性的 $HClO_4$、HCl、HNO_3 等，H_2O 就是它们的拉平溶剂。若换以 HAc 为溶剂，由于 HAc 的碱性比 H_2O 弱，$HClO_4$、HCl、HNO_3 等水溶液中的强酸把质子转移给 HAc 的能力就会显出差别，下列反应会进行得越来越不完全。

$$HClO_4 + HAc \rightleftharpoons H_2Ac^+ + ClO_4^-$$

$$HCl + HAc \rightleftharpoons H_2Ac^+ + Cl^-$$

$$HNO_3 + HAc \rightleftharpoons H_2Ac^+ + NO_3^-$$

其酸强度顺序就为 $HClO_4 > HCl > HNO_3$。这种由某种溶剂将原处于同一强度的酸或碱区分开来的作用，称为**区分效应**(differentiating effect)。具有区分效应的溶剂称为区分溶剂，这里，HAc 就是 $HClO_4$、HCl、HNO_3 的区分溶剂。

拉平效应和区分效应揭示了酸碱强度的相对性。利用溶剂的拉平效应能测定各种酸或碱的总浓度；利用溶剂的区分效应则可分别测定各种酸或碱的含量。

综上可见，酸碱质子理论全面考虑了酸碱的强度和溶剂的酸碱性，明确了酸碱强弱的辩证关系，因此，酸碱质子理论在无机化学和分析化学中有着广泛的应用，也是目前最常用的酸碱理论之一。然而，酸碱质子理论将酸碱局限于质子的给予或接受，却不能处理如 $AlCl_3$、SO_3 等不含 H 物质的酸碱性及无质子传递的反应等问题。

二、酸碱电子理论

1923 年，美国化学家 G. N. Lewis 在酸碱电离理论和质子理论的基础上，结合物质分子内部的电子分布情况，提出了**酸碱电子理论**(electron theory of acid and base)。该理论认为，凡是能接受电子对的物质就是酸，称为 Lewis 酸，又称亲电试剂，如 H^+、Cu^{2+}、BF_3 等；凡是能给出电子对的物质就是碱，称为 Lewis 碱，又称亲核试剂，如 OH^-、NH_3、CN^-等。此外，电子理论指出，酸碱反应的实质是酸提供空轨道，接受碱提供的电子对形成配位键，产物是酸碱配合物。例如

$$\text{酸} + \text{碱} \rightleftharpoons \text{酸碱配合物}$$

$$H^+ + :OH^- \rightleftharpoons H:OH$$

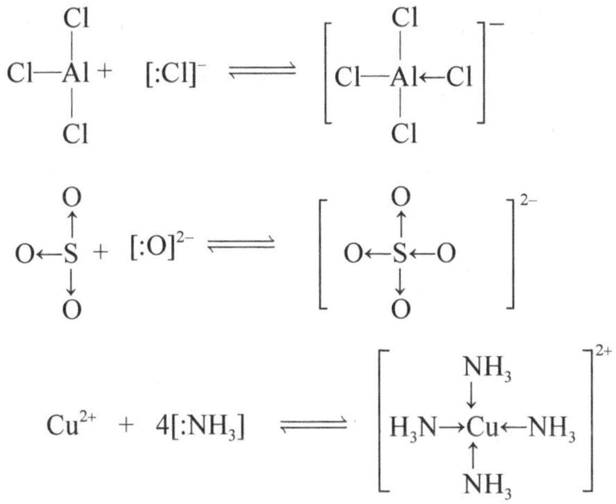

由于配位键在化合物中的普遍存在，酸碱电子理论中的酸碱及酸碱反应的范围相比酸碱电离理论和质子理论更为全面和广泛。金属阳离子、含金属离子的负离子或中性分子、金属氧化物、盐类、大部分的无机化合物，甚至有机化合物等都视为 Lewis 酸、Lewis 碱或酸碱配合物，酸碱电子理论在有机化学中的应用更为广泛，极大地扩大了酸碱的范围。因此，Lewis 酸碱也称为广义酸碱。酸碱电子理论中酸碱的概念比较笼统，涵盖物质宽泛，对酸碱的强弱也不能给出明确的定量标度，在本课程中较少应用。

三、软硬酸碱原则

在酸碱电子理论的基础上，为了区分各类酸碱的特性，确定酸碱的强弱，1963 年，美国化学家 R.G. Pearson 提出了**软硬酸碱原则**(hard-soft-acid-base)。

软硬酸碱原则将 Lewis 酸碱分为了“硬”“软”两类。将对外层电子控制得紧的吸电子原子称为**硬酸**(hard acid)，如 K^+、Na^+、Ca^{2+}、Mg^{2+}、Al^{3+}、Fe^{3+}等是硬酸。硬酸体积小、正电荷高、极化率低。反之，体积大、正电荷低或等于零、极化率高、对外层电子控制得松的吸电子原子称为**软酸**(soft acid)，如 Ag^+、Cu^+、Au^+、Cd^{2+}、Hg^{2+}等是软酸。同时，软硬酸碱原则将对外层电子控制得紧的给电子原子称为**硬碱**(hard base)，如 F^-、O^{2-}、OH^-、SO_4^{2-} 等是硬碱。硬碱电负性大、难氧化。反之，电负性小、易氧化、对外层电子控制得松的给电子原子称为**软碱**(soft base)，如 I^-、S^{2-}、SCN^-、$S_2O_3^{2-}$ 等是软碱。而介于软硬酸碱之间的酸碱称为交界酸碱，如 Zn^{2+}、Fe^{2+}、Sn^{2+}、Pb^{2+}等是交界酸；Br^-、NO_2^-、SO_3^{2-} 等是交界碱。

软硬酸碱原则提出了“硬亲硬，软亲软，软硬结合不稳定”的原则。这一原则表明 K^+、

Na^+、Ca^{2+}、Mg^{2+}这样的硬酸与 F^-、O^{2-}、OH^-这样的硬碱结合所得产物较稳定； Ag^+、Cu^+、Au^+这样的软酸与 I^-、S^{2-}这样的软碱结合所得产物较稳定； Zn^{2+}、Fe^{2+}、Sn^{2+}这样的交界酸既可与 F^-、O^{2-}这样的硬碱稳定结合，又可与 I^-、S^{2-}这样的软碱稳定结合。而硬酸与软碱或软酸与硬碱结合形成的配合物则较不稳定。

软硬酸碱原则成功地解释了配合物和有机物的稳定性、有机反应的活性和选择性等问题，因此被广泛地应用于有机化学和配合物体系。但是，软硬酸碱原则的应用只是定性的，缺乏酸碱软硬度的定量标准，也不易确定酸碱的相对强度。

第二节　弱电解质的解离平衡

一、弱电解质的解离平衡和解离常数

弱电解质在水溶液中只有部分解离，同时，解离出的离子又互相吸引，部分已经解离的两个组分能重新结合再生成弱电解质，故弱电解质的解离过程是可逆的。一定温度下，当溶液中已解离的离子和未解离的弱电解质之间处于动态平衡时，弱电解质就达到了**解离平衡**(dissociation equilibrium)。

(一) 一元弱酸、一元弱碱的解离平衡

在一元弱酸 HB 溶液中，存在下列解离平衡

$$HB + H_2O \rightleftharpoons B^- + H_3O^+$$

在一定温度下达到解离平衡时，未解离的弱酸分子和已解离离子的平衡浓度之间的关系为

$$K_a = \frac{[H_3O^+][B^-]}{[HB]} \tag{4-1}$$

式中，K_a 称为酸的**解离常数**(dissociation constant)；$[H_3O^+]$、$[B^-]$、[HB]分别表示 H_3O^+、B^-和 HB 的平衡浓度。

同理，在一元弱碱 B^-的水溶液中

$$B^- + H_2O \rightleftharpoons HB + OH^-$$

$$K_b = \frac{[HB][OH^-]}{[B^-]} \tag{4-2}$$

式中，K_b称为碱的解离常数。$[OH^-]$、$[B^-]$和[HB]分别表示 OH^-、B^-和 HB 的平衡浓度。

所有一元弱酸、一元弱碱的水溶液中都存在着解离平衡，都有各自的解离常数。例如，一元弱酸 HAc 和一元弱碱 NH_3 的解离平衡

$$HAc + H_2O \rightleftharpoons Ac^- + H_3O^+ \qquad K_a(HAc) = \frac{[H_3O^+][Ac^-]}{[HAc]}$$

$$NH_3 + H_2O \rightleftharpoons NH_4^+ + OH^- \qquad K_b(NH_3) = \frac{[NH_4^+][OH^-]}{[NH_3]}$$

K_a、K_b 的大小表明了弱酸、弱碱在水溶液中的强度性质，K_a越大，酸在水中给出质子的能力越强，酸性越强；类似的，K_b越大，碱在水中接受质子的能力越强，碱性越强。反之亦然。例如，室温时 HAc、HCN 的 K_a 分别为 1.75×10^{-5} 和 4.93×10^{-10}，表明 HAc 是比 HCN 更强的酸。

弱电解质的解离常数值取决于弱电解质的本性和解离反应的温度，解离常数值的大小反映了弱电解质在水溶液中的解离能力。弱电解质的解离常数通常很小，故常用其负对数 pK_a 或 pK_b 来表示

$$pK_a = -\lg K_a \qquad pK_b = -\lg K_b \tag{4-3}$$

(二) 多元弱酸、多元弱碱的解离平衡

多元弱酸、多元弱碱水溶液中也存在类似一元弱酸、一元弱碱的解离平衡，只是它们的解离是分步进行的，每一步解离都有其对应的解离常数，称为逐级解离常数。例如，H_2CO_3是二元弱酸，分两步解离，对应的逐级解离常数分别为K_{a1}和K_{a2}

$$H_2CO_3 + H_2O \rightleftharpoons HCO_3^- + H_3O^+ \qquad K_{a1} = \frac{[H_3O^+][HCO_3^-]}{[H_2CO_3]} = 4.5\times10^{-7}$$

$$HCO_3^- + H_2O \rightleftharpoons CO_3^{2-} + H_3O^+ \qquad K_{a2} = \frac{[H_3O^+][CO_3^{2-}]}{[HCO_3^-]} = 4.7\times10^{-11}$$

同理，H_3PO_4分三步解离$K_{a1} = 6.9\times10^{-3}$，$K_{a2} = 6.1\times10^{-8}$，$K_{a3} = 4.8\times10^{-13}$。不难看出，多元弱酸的$K_{a1} \gg K_{a2} \gg K_{a3}$。

多元弱碱的解离平衡与多元弱酸类似。

(三) 水的质子自递平衡

H_2O是最常见的溶剂，是既可以给出质子又可以接受质子的两性物质。在H_2O分子间存在着**质子自递反应**(proton self-transfer reaction)

$$H_2O + H_2O \overset{H^+}{\rightleftharpoons} OH^- + H_3O^+$$

反应达到平衡时有

$$K_w = [H_3O^+][OH^-]^* \tag{4-4}$$

式中，K_w称为水的**质子自递常数**(proton self-transfer constant)，也称为水的**离子积**(ion product)，同样的，K_w也是温度的函数，室温下，$K_w = 1.0\times10^{-14}$。

水溶液中总有水的质子自递，故式(4-4)适用于所有水溶液，即不论是酸性溶液、碱性溶液还是中性溶液中，H_3O^+和OH^-都同时存在，水溶液中H_3O^+浓度和OH^-浓度的乘积总为常数K_w。

(四) 共轭酸碱解离常数的关系

共轭酸碱对中，共轭酸的酸性与其共轭碱的碱性呈共轭的关系，其对应的解离常数K_a与K_b也有相互联系，以共轭酸碱对HB-B^-为例

$$HB + H_2O \rightleftharpoons B^- + H_3O^+ \qquad K_a = \frac{[H_3O^+][B^-]}{[HB]}$$

$$B^- + H_2O \rightleftharpoons HB + OH^- \qquad K_b = \frac{[HB][OH^-]}{[B^-]}$$

若将HB的K_a与B^-的K_b相乘，则有

$$K_a \cdot K_b = \frac{[H_3O^+][B^-]}{[HB]}\cdot\frac{[HB][OH^-]}{[B^-]}$$

$$K_a \cdot K_b = [H_3O^+][OH^-]$$

$$K_a \cdot K_b = K_w \tag{4-5}$$

式(4-5)表明，共轭酸碱对中，共轭酸的酸解离常数K_a与其共轭碱的碱解离常数K_b的乘积总是等于水的离子积常数K_w。这也从另一个方面证明共轭酸碱对中，共轭酸的酸性与其共轭碱的碱性呈相互共轭的关系。

---

* $[H_3O^+]$可简化为$[H^+]$，本章均以$[H_3O^+]$表示。

此外，式(4-5)可以便于由弱酸的 K_a 求出其共轭碱的 K_b，或者由弱碱的 K_b 求出其共轭酸的 K_a。

例 4-1 25℃时，NH_3 的碱解离平衡常数 $K_b=1.8\times10^{-5}$，试计算 NH_4^+ 的酸解离平衡常数 K_a。

解 NH_4^+ 是 NH_3 的共轭酸，据式(4-5)得

$$K_a(NH_4^+)=\frac{K_w}{K_b(NH_3)}=\frac{1.0\times10^{-14}}{1.8\times10^{-5}}=5.6\times10^{-10}$$

多元弱酸、多元弱碱的解离虽然是分步进行的，但情况类似。例如

$$H_2CO_3+H_2O \rightleftharpoons HCO_3^- + H_3O^+ \qquad K_{a1}=\frac{[H_3O^+][HCO_3^-]}{[H_2CO_3]}$$

$$HCO_3^- + H_2O \rightleftharpoons CO_3^{2-} + H_3O^+ \qquad K_{a2}=\frac{[H_3O^+][CO_3^{2-}]}{[HCO_3^-]}$$

对于二元弱碱 CO_3^{2-}

$$CO_3^{2-} + H_2O \rightleftharpoons HCO_3^- + OH^- \qquad K_{b1}=\frac{[OH^-][HCO_3^-]}{[CO_3^{2-}]}$$

$$HCO_3^- + H_2O \rightleftharpoons H_2CO_3 + OH^- \qquad K_{b2}=\frac{[OH^-][H_2CO_3]}{[HCO_3^-]}$$

其中 H_2CO_3 与 HCO_3^-，HCO_3^- 与 CO_3^{2-} 分别是共轭酸碱对，不难看出

$$K_{a1}\cdot K_{b2}=K_w \qquad K_{a2}\cdot K_{b1}=K_w$$

同理可推证，对三元弱酸和与它们分别对应的共轭碱之间有如下关系

$$K_{a1}\cdot K_{b3}=K_w \qquad K_{a2}\cdot K_{b2}=K_w \qquad K_{a3}\cdot K_{b1}=K_w$$

二、弱电解质解离平衡的移动

任何化学平衡都是一定条件下的动态平衡，条件改变，平衡将发生移动。弱电解质的解离平衡同样如此。

(一) 稀释效应

弱电解质在水溶液中的解离程度用**解离度**(dissociation degree，α)衡量，弱电解质的解离度是指达到解离平衡时，已解离的分子数和原有的分子总数之比，即

$$\alpha=\frac{\text{已解离的分子数}}{\text{原有分子总数}}\times100\% \tag{4-6}$$

例如，实验测得室温下 0.10mol·L^{-1} HAc 溶液的解离度 α=1.32%，表明每 10 000 个 HAc 分子中有 132 个解离。可见，解离度能定量地表示弱电解质在溶液中的解离程度，解离度主要与温度、溶液的浓度有关。

解离常数与解离度都能反映弱电解质解离的程度，都可用来衡量弱电解质的相对强弱，两者之间也存在一定的关系。

设 HB 的起始浓度为 c mol·L^{-1}，解离度为 α，则

	$HB+H_2O \rightleftharpoons$	B^-	$+H_3O^+$
起始浓度	c	0	0
平衡浓度	$c(1-\alpha)$	$c\alpha$	$c\alpha$

平衡时 $$K_a=\frac{[H_3O^+][B^-]}{[HB]}=\frac{c\alpha\cdot c\alpha}{c(1-\alpha)}=\frac{c\alpha^2}{1-\alpha}$$

通常，弱电解质的解离度很小，当 $\alpha<5\%$时，认为 $1-\alpha\approx1$，得

$$K_a = c\alpha^2 \qquad 或 \qquad \alpha = \sqrt{\frac{K_a}{c}} \tag{4-7}$$

式(4-7)表明，弱电解质的解离度将随溶液的稀释，即弱电解质浓度 c 的减小而增大，此规律称为稀释定律。

例 4-2 已知 25℃时，0.10mol·L^{-1}HAc 溶液的解离度为 1.32%，计算溶液中[H_3O^+]。相同温度下，若将该 HAc 溶液稀释至浓度为 0.050mol·L^{-1}，试计算其解离度及[H_3O^+]。

解 $HAc + H_2O \rightleftharpoons Ac^- + H_3O^+$

起始浓度 c 0 0

平衡浓度 $c(1-\alpha)$ $c\alpha$ $c\alpha$

$$[H_3O^+] = c\alpha = 0.10\ \text{mol·L}^{-1} \times 0.013\,2 = 1.32\times10^{-3}\ \text{mol·L}^{-1}$$

当 $\alpha < 5\%$时，据式(4-7)得

$$K_a = c\alpha^2 = 0.10 \times (0.013\,2)^2 = 1.74\times10^{-5}$$

稀释后

$$\alpha = \sqrt{\frac{K_a}{c}} = \sqrt{\frac{1.74\times10^{-5}}{0.050}} = 0.018\,7 = 1.87\%$$

$$[H_3O^+] = c\alpha = 0.050\ \text{mol·L}^{-1} \times 0.018\,7 = 9.35\times10^{-4}\ \text{mol·L}^{-1}$$

0.10mol·L^{-1} HAc溶液的 α=1.32%，[H_3O^+] = 1.32×10^{-3} mol·L^{-1}，而当溶液稀释至 0.050 mol·L^{-1}时，α=1.87%，[H_3O^+] = 9.35×10^{-4} mol·L^{-1}。上述结果表明，同一弱电解质溶液浓度越稀，解离度越大。

(二) 同离子效应

当弱电解质溶液中存在其他电解质时，将对弱电解质的解离产生一定的影响。例如，若在 HAc 溶液中加入少量 NaAc，因 NaAc 是强电解质，在水溶液中全部解离为 Na^+和 Ac^-，溶液中 Ac^-的浓度较高，根据平衡移动原理，HAc 的解离平衡将向左移动，从而降低了 HAc 的解离度，即

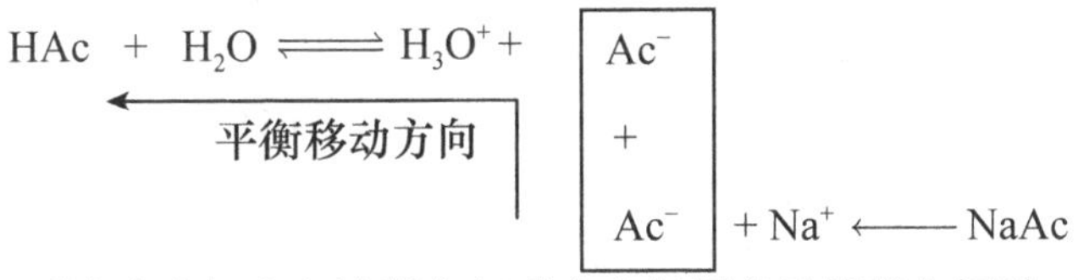

这种在弱电解质溶液中加入与该弱电解质含有相同离子的强电解质，导致弱电解质解离度降低的现象，称为**同离子效应**(common ion effect)。

例 4-3 在 0.10mol·L^{-1} HAc 溶液中加入固体 NaAc，使其浓度为 0.10mol·L^{-1}，设溶液体积不变。试计算 HAc 的解离度及溶液中[H_3O^+]。已知，HAc 的 $K_a = 1.75\times10^{-5}$。

解 $HAc + H_2O \rightleftharpoons Ac^- + H_3O^+$

起始浓度 0.10 0.10 0

平衡浓度 $0.10(1-\alpha) \approx 0.10$ $0.10(1+\alpha) \approx 0.10$ 0.10α

$$K_a = \frac{[H_3O^+][Ac^-]}{[HAc]} = \frac{0.10\times0.10\alpha}{0.10} = 1.75\times10^{-5}$$

得

$$\alpha = 1.75 \times 10^{-4} = 0.017\,5\%$$

$$[H_3O^+] = 0.10\alpha = 0.10\text{mol·L}^{-1} \times 1.75 \times 10^{-4} = 1.75\times10^{-5}\ \text{mol·L}^{-1}$$

例 4-2 中，0.10mol·L^{-1}HAc 溶液的 α=1.32%，[H_3O^+] = 1.32×10^{-3}mol·L^{-1}；而在例 4-3 中，同离子效应使 HAc 的解离度和溶液中[H_3O^+]都大大降低，可见同离子效应对弱电解质解离的影响十分显著。科学实验和生产实践中，常利用同离子效应选择性地控制溶液中某离子的浓度，

或调节溶液的 pH。

(三) 盐效应

若在 HAc 溶液中加入 NaCl，溶液的离子强度增大，离子间的相互牵制作用增强，H_3O^+与 Ac^-结合成分子的机会将减少，HAc 的解离度将略有增大。这种在弱电解质中加入不含相同离子的强电解质而导致弱电解质的解离度增大的现象，称为**盐效应**(salt effect)。实验测定表明，若在 0.10mol·L^{-1} HAc 溶液中加入 0.10mol·L^{-1}NaCl，则 HAc 的解离度将由 1.32%增大到 1.7%。

其实，产生同离子效应的同时也伴随有盐效应，但盐效应的影响远比同离子效应小得多，因此，一般情况下即使不考虑盐效应，也不会引起太大误差。

第三节 酸碱溶液 pH 的计算

通常情况下，一般用$[H_3O^+]$或$[OH^-]$表示溶液的酸碱度，对于一些$[H_3O^+]$或$[OH^-]$很小的溶液，常用它们的负对数 pH 或 pOH 表示，即

$$pH = -\lg[H_3O^+] \qquad pOH = -\lg[OH^-] \tag{4-8}$$

①

在 25℃时

$$pH + pOH = 14 \tag{4-9}$$

本节主要讨论一元弱酸、一元弱碱，多元弱酸、多元弱碱及两性物质水溶液 pH 的计算。

一、一元弱酸或一元弱碱溶液

在一元弱酸溶液中，同时存在着弱酸的解离平衡和水的质子自递平衡。对一元弱酸 HB 溶液，若起始浓度为 c_a，解离常数为 K_a，当 $K_a \cdot c_a \geqslant 20K_w$时，可以忽略水的质子自递平衡，溶液中的 H_3O^+主要来自弱酸的解离，即

	HB + H_2O ⇌	B^-	+ H_3O^+
起始浓度	c_a	0	0
平衡浓度	$c_a-[H_3O^+]$	$[H_3O^+]$	$[H_3O^+]$

平衡时

$$K_a = \frac{[H_3O^+][B^-]}{[HB]} = \frac{[H_3O^+]^2}{c_a - [H_3O^+]}$$

解方程得

$$[H_3O^+] = \frac{-K_a + \sqrt{K_a^{\ 2} + 4K_a c_a}}{2} \tag{4-10}$$

式(4-10)是计算一元弱酸溶液中 H_3O^+浓度的精确公式。

当 $K_a \cdot c_a \geqslant 20K_w$，且 $\dfrac{c_a}{K_a} \geqslant 500$ ② 时，$[HB] \approx c_a$，即 $c_a-[H_3O^+] \approx c_a$，则

① 严格来说，pH、pOH 的定义应该以活度表示，但实际工作中通常近似用浓度表示。

② 当 $\dfrac{c_a}{K_a} = 500$ 时，按简化式计算，有 $[H_3O^+] = \sqrt{K_a c_a} = \sqrt{500K_a^2} = 22.4K_a$ 。

按精确式计算：$[H_3O^+] = -\dfrac{K_a}{2} + \sqrt{\dfrac{K_a^2}{4} + 500K_a^2} = 21.9K_a$ 。

最简化式计算结果的相对误差约为 $\dfrac{22.4K_a - 21.9K_a}{21.9K_a} \times 100\% \approx +2.2\%$ 。

当允许误差为 5%时，可求得 $\dfrac{c_a}{K_a} = 380$ ，故规定 $\dfrac{c_a}{K_a} = 500$ ，以保证计算误差小于 5%。

$$K_a = \frac{[H_3O^+]^2}{c_a - [H_3O^+]} \approx \frac{[H_3O^+]^2}{c_a}$$

$$[H_3O^+] = \sqrt{K_a c_a} \tag{4-11}$$

式(4-11)是计算一元弱酸溶液中 H_3O^+浓度的简化公式。

同理，对于一元弱碱溶液

当 $K_b \cdot c_b \geqslant 20K_w$ 时 $$[OH^-] = \frac{-K_b + \sqrt{K_b^2 + 4K_b c_b}}{2} \tag{4-12}$$

当 $K_b \cdot c_b \geqslant 20K_w$，且 $\frac{c_b}{K_b} \geqslant 500$ 时 $$[OH^-] = \sqrt{K_b c_b} \tag{4-13}$$

一般情况下，当 $K_{a(b)} \cdot c_{a(b)} \geqslant 20K_w$，且 $c_{a(b)}/K_{a(b)} \geqslant 500$ 时，可用简化公式计算 H_3O^+或 OH^-浓度；当 $K_{a(b)} \cdot c_{a(b)} \geqslant 20K_w$，但 $c_{a(b)}/K_{a(b)} < 500$ 时，则用精确公式计算 H_3O^+或 OH^-浓度，否则，计算误差较大。

例 4-4 阿司匹林($C_9H_7O_4H$)其 $K_a = 3.0 \times 10^{-4}$。若将 0.50g 阿司匹林溶于水，配成 50ml 溶液，计算所得溶液的 pH。

解 $$c(C_9H_7O_4H) = \frac{\frac{m}{M}}{V} = \frac{\frac{0.50\ g}{180\ g \cdot mol^{-1}}}{0.05\ L} = 0.056\ mol \cdot L^{-1}$$

$$K_a \cdot c_a = 3.0 \times 10^{-4} \times 0.056 > 20K_w，但 \frac{c_a}{K_a} = \frac{0.056}{3.0 \times 10^{-4}} < 500$$

故 $$[H_3O^+] = \frac{-K_a + \sqrt{K_a^2 + 4K_a c_a}}{2}$$

$$= \frac{-3.0 \times 10^{-4} + \sqrt{(3.0 \times 10^{-4})^2 + 4 \times 3.0 \times 10^{-4} \times 0.056}}{2}$$

$$= 4.0 \times 10^{-3}\ (mol \cdot L^{-1})$$

$$pH = -lg[H_3O^+] = -lg(4.0 \times 10^{-3}) = 2.4$$

例 4-5 分别计算浓度均为 $0.10 mol \cdot L^{-1}$ 的氨水和 NH_4Cl 溶液的 pH。已知，$NH_3 \cdot H_2O$ 的 $K_b = 1.8 \times 10^{-5}$。

解 氨水的 $K_b \cdot c_b = 1.8 \times 10^{-5} \times 0.10 \geqslant 20K_w$，且 $\frac{c_b}{K_b} = \frac{0.10}{1.8 \times 10^{-5}} > 500$

则 $$[OH^-] = \sqrt{K_b c_b} = \sqrt{1.8 \times 10^{-5} \times 0.10} = 1.3 \times 10^{-3}\ (mol \cdot L^{-1})$$

即 $$pOH = -lg[OH^-] = -lg(1.3 \times 10^{-3}) = 2.89$$

$pH = 14 - pOH = 14 - 2.89 = 11.11$

NH_4^+ 和 NH_3 为共轭酸碱对，则

$$K_a(NH_4^+) = \frac{K_w}{K_b(NH_3)} = \frac{1.0 \times 10^{-14}}{1.8 \times 10^{-5}} = 5.6 \times 10^{-10}$$

$$K_a \cdot c_a = 5.6 \times 10^{-10} \times 0.10 \geqslant 20K_w，且 \frac{c_a}{K_a} = \frac{0.10}{5.6 \times 10^{-10}} > 500$$

故 $$[H_3O^+] = \sqrt{K_a c_a} = \sqrt{5.6 \times 10^{-10} \times 0.10} = 7.5 \times 10^{-6} mol \cdot L^{-1}$$

则 $$pH = -lg[H_3O^+] = -lg(7.5 \times 10^{-6}) = 5.12$$

二、多元弱酸或多元弱碱溶液

假设二元弱酸 H_2B 的起始浓度为 c_a，同理，当 $K_{a1}c_a \geqslant 20K_w$ 时，可以忽略水的质子自递平衡。H_2B 第一步解离所产生的 H_3O^+ 对 HB^-的进一步解离产生同离子效应，从而大大抑制了 HB^-的解离。所以，对于多元弱酸来说，由于 H_3O^+的同离子效应，下一步解离总比上一步解离困难得多。当 $\frac{K_{a1}}{K_{a2}} > 10^2$ 时，忽略第二步解离所产生的 H_3O^+，可将多元酸当作一元弱酸处理。若 $\frac{c_a}{K_{a1}} \geqslant 500$，则 $[H_3O^+] = \sqrt{K_{a1}c_a}$，且$[H_3O^+] \approx [HB^-]$。代入$K_{a2} = \frac{[H_3O^+][B^{2-}]}{[HB^-]}$，得$[B^{2-}] \approx K_{a2}$，与弱酸 H_2B 的起始浓度无关。多元弱酸溶液中酸根离子的浓度极低，故当需要大量此酸根离子时，通常用它们的盐。

同样，三元弱酸的 $K_{a1} \gg K_{a2} \gg K_{a3}$，在符合类似上述条件的情况下，只考虑第一步而忽略第二和第三步解离产生的 H_3O^+，计算溶液中 $[H_3O^+]$ 时，将三元弱酸近似地当作一元弱酸来处理。

对多元弱碱，如 Na_2CO_3、Na_3PO_4 等在溶液中的分步解离与多元弱酸相似，根据类似的条件，可近似地按一元弱碱溶液计算溶液中的 $[OH^-]$。

例 4-6 计算 $0.10mol \cdot L^{-1}$ H_2CO_3 溶液的 pH。已知，H_2CO_3 的 $K_{a1} = 4.5 \times 10^{-7}$；$K_{a2} = 4.7 \times 10^{-11}$。

解 $K_{a1}c_a \geqslant 20K_w$，$\frac{K_{a1}}{K_{a2}} > 10^2$，$\frac{c_a}{K_{a1}} > 500$，故将其视为一元弱酸，即

$$[H_3O^+] = \sqrt{K_{a1}c_a} = \sqrt{4.5 \times 10^{-7} \times 0.10} = 2.1 \times 10^{-4}(mol \cdot L^{-1})$$

则

$$pH = -lg[H_3O^+] = -lg(2.1 \times 10^{-4}) = 3.68$$

三、两性物质溶液

常见的两性物质有阴离子型，如 HCO_3^-、$H_2PO_4^-$、HPO_4^{2-}；弱酸弱碱型，如 NH_4Ac、NH_4CN 和氨基酸型，如 NH_3^+—CHR—COO^-。两性物质溶液中的质子传递涉及多个平衡，推导计算 pH 的精确公式方法复杂，本章不做详细讨论。通常需根据具体情况，进行近似处理后再计算。

例如，阴离子型两性物质 $NaHCO_3$ 溶液，当 $cK_{a2} > 20K_w$，且 $c > 20K_{a1}$ 时，溶液中 $[H_3O^+]$ 的近似计算公式为

$$[H_3O^+] = \sqrt{K_{a1}K_{a2}} \quad 或 \quad pH = \frac{1}{2}(pK_{a1} + pK_{a2}) \qquad (4\text{-}14)$$

式中，K_{a1} 和 K_{a2} 分别是 H_2CO_3 的一级和二级解离常数。其他阴离子型两性物质也有近似的计算公式。例如

$H_2PO_4^-$ 溶液 $\quad [H_3O^+] = \sqrt{K_{a1}K_{a2}} \quad$ 或 $\quad pH = \frac{1}{2}(pK_{a1} + pK_{a2})$

HPO_4^{2-} 溶液 $\quad [H_3O^+] = \sqrt{K_{a2}K_{a3}} \quad$ 或 $\quad pH = \frac{1}{2}(pK_{a2} + pK_{a3})$

其中 K_{a1}、K_{a2} 和 K_{a3} 分别是 H_3PO_4 的一级、二级和三级解离常数。

对于弱酸弱碱组成的两性物质，如 NH_4Ac，在其溶液中有

$$NH_4^+ + H_2O \rightleftharpoons NH_3 + H_3O^+$$
$$Ac^- + H_2O \rightleftharpoons HAc + OH^-$$
$$H_2O + H_2O \rightleftharpoons H_3O^+ + OH^-$$

当 $cK_a > 20K_w$，且 $c > 20K_a'$ 时，溶液中 $[H_3O^+]$ 可用类似于式(4-14)的近似公式计算，即

$$[H_3O^+]=\sqrt{K_aK_a'} \quad 或 \quad pH=\frac{1}{2}(pK_a+pK_a') \tag{4-15}$$

式中，K_a 为 NH_4^+ 的解离常数；K_a' 为 Ac^- 的共轭酸 HAc 的解离常数。

对于氨基酸型两性物质，其 $[H_3O^+]$ 的近似计算公式与 NH_4Ac 类似，$[H_3O^+]=\sqrt{K_aK_a'}$，其中 K_a 为氨基酸作为酸时的解离常数，K_a' 为氨基酸作为碱时其共轭酸的解离常数。

两性物质溶液浓度不太低的情况下，其 pH 只与相关的解离常数有关，与它们的浓度无关。

例 4-7 计算 $0.10mol\cdot L^{-1}$ NaH_2PO_4 溶液的 pH。已知：H_3PO_4 的 $pK_{a1}=2.16$，$pK_{a2}=7.21$，$pK_{a3}=12.32$。

解 $cK_{a2}>20K_w$，且 $c>20K_{a1}$，根据近似计算公式

得 $$pH=\frac{1}{2}(pK_{a_1}+pK_{a_2})=\frac{1}{2}(2.16+7.21)=4.68$$

知 识 导 图

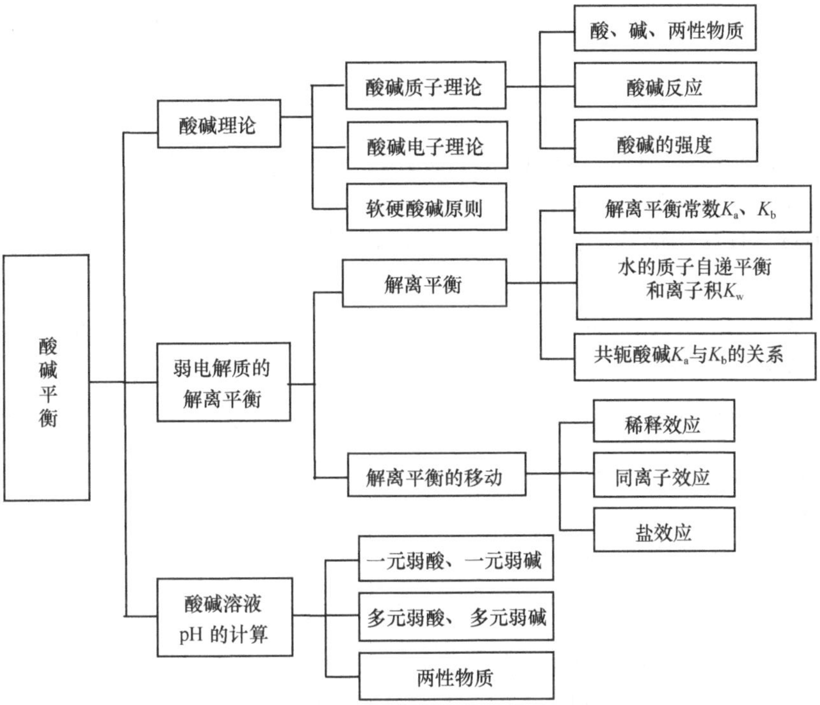

习 题

1. 根据酸碱质子理论，判断下列物质中哪些是酸？哪些是碱？哪些是两性物质？

HS^-、SO_4^{2-}、$H_2PO_4^-$、NH_4^+、HAc、OH^-、NO_2^-、H_2O、CO_3^{2-}、HCl、$[Al(H_2O)_5OH]^{2+}$

2. 指出下列各物质的共轭碱：H_3O^+、H_2CO_3、HPO_4^{2-}、NH_4^+、H_2S、HS^-、H_2SO_4。

3. 指出下列各物质的共轭酸：H_2O、NH_3、NO_3^-、$H_2PO_4^-$、S^{2-}、$[Al(H_2O)_5OH]^{2+}$、CO_3^{2-}

4. 指出下列各物质在水溶液中，酸性的强弱顺序：HS^-、$H_2PO_4^-$、H_2O、NH_4^+、H_2CO_3、HCl

5. 举例说明什么是拉平效应？什么是区分效应？

6. 分别计算下列溶液的 pH。

(1) $0.010mol\cdot L^{-1}$ HCN 溶液　　(2) $0.010mol\cdot L^{-1}$ NaAc 溶液

(3) $0.010mol\cdot L^{-1}$ NH_4Ac 溶液　　(4) $0.010mol\cdot L^{-1}$ $NaHCO_3$ 溶液

7. 298K 时，0.010mol·L^{-1}某一元弱酸溶液的 pH 为 4.25，试求该弱酸的解离平衡常数 K_a 和解离度 α。若将该弱酸溶液稀释一倍，求其 K_a、α 和 pH。

8. 解痛药吗啡($C_{17}H_{19}NO_3$)是一种弱碱，主要由未成熟的罂粟籽提取得到，其 $K_b = 7.9\times10^{-7}$。试计算 0.01mol·L^{-1} 吗啡水溶液的 pH。

9. 奎宁($C_{20}H_{24}N_2O_2$)是从金鸡纳树皮中提炼出的一种重要的生物碱，用作抗疟疾药物。若将 1g 奎宁溶于 2L 水中，计算所得溶液的 pH。已知奎宁的 $K_{b1} = 7.9\times10^{-6}$，$K_{b2} = 2.0\times10^{-10}$。

10. 计算 0.020mol·L^{-1} H_2CO_3 溶液中 H_3O^+、HCO_3^- 和 CO_3^{2-} 的浓度。已知：H_2CO_3 的 $K_{a1}= 4.5\times10^{-7}$，$K_{a2} = 4.7\times10^{-11}$。

11. 将 10ml 0.30mol·L^{-1} HAc 和 20ml 0.15mol·L^{-1} HCN 混合，计算所得溶液中的$[H_3O^+]$、$[Ac^-]$、$[CN^-]$。已知：HAc 的 $K_a = 1.75\times10^{-5}$，HCN 的 $K_a = 4.93\times10^{-10}$。

12. 在盛有 20.00ml 0.100mol·L^{-1} NH_3 溶液的烧杯中，逐步加入 0.100mol·L^{-1} HCl 溶液。试计算：

(1) 加入 10.00ml HCl 后，混合液的 pH。

(2) 加入 20.00ml HCl 后，混合液的 pH。

(3) 加入 30.00ml HCl 后，混合液的 pH。

(喻 芳)

习题详解

1. 答：只属于酸的是 NH_4^+、HAc、HCl；只属于碱的是 SO_4^{2-}、OH^-、NO_2^-、CO_3^{2-}；属于两性物质的是 HS^-、$H_2PO_4^-$、H_2O、$[Al(H_2O)_5OH]^{2+}$。

2. 答：H_3O^+、H_2CO_3、HPO_4^{2-}、NH_4^+、H_2S、HS^-、H_2SO_4的共轭碱分别为H_2O、HCO_3^-、PO_4^{3-}、NH_3、HS^-、S^{2-}、HSO_4^-。

3. 答：H_2O、NH_3、NO_3^-、$H_2PO_4^-$、S^{2-}、$[Al(H_2O)_5OH]^{2+}$、CO_3^{2-} 的共轭酸分别为 H_3O^+、NH_4^+、HNO_3、H_3PO_4、HS^-、$[Al(H_2O)_6]^{3+}$、HCO_3^-。

4. 答：查出各物质的 K_a 或 K_b，根据 $K_a = \dfrac{K_w}{K_b}$，将 K_b 换算成 K_a，根据 K_a 的大小，可得酸性强弱顺序：$HCl > H_2CO_3 > H_2PO_4^- > NH_4^+ > HS^- > H_2O$。

5. 答：(略)

6. 答：(1) 查表得 HCN 的 $K_a= 4.93\times10^{-10}$

$$cK_a > 20K_w,\quad \frac{c}{K_a} = \frac{0.010}{4.93\times10^{-10}} > 500$$

$$[H_3O^+] = \sqrt{K_a c} = \sqrt{0.010\times4.93\times10^{-10}} = 2.2\times10^{-6}(\text{mol·L}^{-1})$$

$$pH = -\lg[H_3O^+] = -\lg(2.2\times10^{-6}) = 5.66$$

(2) 查表得 HAc 的 $K_a= 1.75\times10^{-5}$，则

$$K_b(Ac^-) = \frac{K_w}{K_a(HAc)} = \frac{1.0\times10^{-14}}{1.75\times10^{-5}} = 5.7\times10^{-10}$$

$$c_bK_b > 20K_w,\quad \frac{c_b}{K_b} = \frac{0.010}{5.7\times10^{-10}} > 500$$

$$[OH^-] = \sqrt{K_b c_b} = \sqrt{0.010\times5.7\times10^{-10}} = 2.39\times10^{-6}\ (\text{mol·L}^{-1})$$

$$pOH = -\lg[OH^-] = -\lg(2.39\times10^{-6}) = 5.62$$

$$pH = 14 - pOH = 14 - 5.62 = 8.38$$

(3) NH_4Ac 为两性物质，查表得 HAc 的 $K_a = 1.76\times10^{-5}$，NH_3 的 $K_b = 1.8\times10^{-5}$

则 $K_a(NH_4^+) = \dfrac{K_w}{K_b(NH_3)} = \dfrac{1.0\times10^{-14}}{1.8\times10^{-5}} = 5.6\times10^{-10}$

$$[H_3O^+]=\sqrt{K_aK_a'}=\sqrt{1.75\times10^{-5}\times5.6\times10^{-10}}=9.9\times10^{-8}\ (mol\cdot L^{-1})$$

$$pH=-lg[H_3O^+]=-lg(9.9\times10^{-8})=7.00$$

(4) HCO_3^- 为两性物质，查表得 H_2CO_3 的 $K_{a1}=4.5\times10^{-7}$，$K_{a2}=4.7\times10^{-11}$

$$[H_3O^+]=\sqrt{K_{a1}K_{a2}}=\sqrt{4.5\times10^{-7}\times4.7\times10^{-11}}=4.6\times10^{-9}\ (mol\cdot L^{-1})$$

$$pH=-lg[H_3O^+]=-lg(4.6\times10^{-9})=8.34$$

7. 答：$pH=4.25$，则$[H_3O^+]=5.6\times10^{-5}(mol\cdot L^{-1})$

$$\alpha=\frac{[H_3O^+]}{c}=\frac{5.6\times10^{-5}}{0.01}=0.56\ \%$$

$\alpha<5\ \%$，则 $K_a=c\alpha^2=0.010\times(5.6\times10^{-3})^2=3.1\times10^{-7}$

稀释一倍后，$c(HB)=5.0\times10^{-3}\ mol\cdot L^{-1}$。$K_a$与浓度无关，稀释后仍为 3.1×10^{-7}

$$\frac{c}{K_a}\geqslant500\ ，则\ \alpha=\sqrt{\frac{K_a}{c}}=\sqrt{\frac{3.1\times10^{-7}}{5.0\times10^{-3}}}=0.0079=0.79\ \%$$

$$[H_3O^+]=c\alpha=5.0\times10^{-3}\times0.0079=4.0\times10^{-5}\ (mol\cdot L^{-1})$$

$$pH=-lg[H_3O^+]=-lg(4.0\times10^{-5})=4.40$$

8. 答：$K_b\cdot c_b=7.9\times10^{-7}\times0.01>20K_w$，且 $\frac{c_b}{K_b}=\frac{0.01}{7.9\times10^{-7}}\geqslant500$

$$[OH^-]=\sqrt{K_bc_b}=\sqrt{7.9\times10^{-7}\times0.01}=8.89\times10^{-5}\ (mol\cdot L^{-1})$$

$$pOH=-lg[OH^-]=-lg(8.89\times10^{-5})=4.05$$

$$pH=14-pOH=14-4.05=9.95$$

9. 答：$c(C_{20}H_{24}N_2O_2)=\dfrac{\frac{m}{M}}{V}=\dfrac{\frac{1}{324}}{2}=1.54\times10^{-3}(mol\cdot L^{-1})$

由于 $\frac{K_{b1}}{K_{b2}}=\frac{7.9\times10^{-6}}{2.0\times10^{-10}}>10^2$，故可忽略其第二级解离所产生的 OH^-，将其当作一元弱碱处理

$$K_{b1}\cdot c_b=7.9\times10^{-6}\times1.54\times10^{-3}>20K_w$$

但 $\frac{c_b}{K_{b1}}=\frac{1.54\times10^{-3}}{7.9\times10^{-6}}<500$，故计算一元弱碱 OH^-浓度的最简式不能使用

$$[OH^-]=\frac{-K_b+\sqrt{K_b^{\ 2}+4K_bc_b}}{2}$$

$$=\frac{-7.9\times10^{-6}+\sqrt{(7.9\times10^{-6})^2+4\times7.9\times10^{-6}\times1.54\times10^{-3}}}{2}$$

$$=1.06\times10^{-4}(mol\times L^{-1})$$

$$pOH=-lg[OH^-]=-lg(1.06\times10^{-4})=3.97$$

$$pH=14-pOH=14-3.97=10.03$$

10. 答：由于 $\frac{K_{a1}}{K_{a2}}=\frac{4.2\times10^{-7}}{5.6\times10^{-11}}>10^2$，故可忽略 H_2CO_3 的第二级解离所产生的 H_3O^+，将其当作一元弱酸处理

$$cK_{a1}>20K_w，\ \frac{c}{K_{a1}}=\frac{0.020}{4.2\times10^{-7}}>500$$

$$[H_3O^+]=\sqrt{K_ac}=\sqrt{0.02\times4.2\times10^{-7}}=9.2\times10^{-5}(mol\cdot L^{-1})$$

$$[HCO_3^-]\approx[H_3O^+]=9.2\times10^{-5}(mol\cdot L^{-1})$$

$K_{a2}=\frac{[H_3O^+][CO_3^{2-}]}{[HCO_3^-]}$，可得$[CO_3^{2-}]\approx K_{a2}=5.6\times10^{-11}$

11. 答：混合后 $c(HAc)=0.10mol\cdot L^{-1}$；$c(HCN)=0.10mol\cdot L^{-1}$

因为 $K_a(HAc)\gg K_a(HCN)$，故 H^+主要取决于 HAc 的解离

$$cK_a>20K_w，\ \frac{c}{K_a}=\frac{0.10}{1.76\times10^{-5}}>500$$

$$[H_3O^+] = \sqrt{K_a c} = \sqrt{0.10 \times 1.76 \times 10^{-5}} = 1.33 \times 10^{-3}(mol \cdot L^{-1})$$

$$[Ac^-] = [H_3O^+] = 1.33 \times 10^{-3}(mol \cdot L^{-1})$$

由 $K_a(HCN) = \dfrac{[H_3O^+][CN^-]}{[HCN]}$，可得 $[CN^-] = \dfrac{K_a[HCN]}{[H_3O^+]}$，$[HCN] \approx c(HCN) = 0.10(mol \cdot L^{-1})$

$$[CN^-] = \frac{4.93 \times 10^{-10} \times 0.10}{1.33 \times 10^{-3}} = 3.71 \times 10^{-8}(mol \cdot L^{-1})$$

12. 答：查表得 $K_b(NH_3) = 1.8 \times 10^{-5}$

(1) 加入 10.00ml HCl，反应后，体系中有 0.1×0.01mol NH_3 和 0.1×0.01mol NH_4Cl，则

由 $K_b = \dfrac{[NH_4^+][OH^-]}{[NH_3]}$，可得

$$[OH^-] = \frac{[NH_3]K_b}{[NH_4^+]} = \frac{\dfrac{0.1 \times 0.01}{0.03} \times 1.8 \times 10^{-5}}{\dfrac{0.1 \times 0.01}{0.03}} = 1.8 \times 10^{-5}(mol \cdot L^{-1})$$

$$pOH = -\lg[OH^-] = -\lg(1.8 \times 10^{-5}) = 4.74$$

$$pH = 14 - pOH = 14 - 4.74 = 9.26$$

(2) 加入 20.00 ml HCl，NH_3 与 HCl 恰反应，反应后生成 0.1×0.02mol NH_4Cl

$$K_a(NH_4^+) = \frac{K_W}{K_b(NH_3)} = \frac{1.0 \times 10^{-14}}{1.8 \times 10^{-5}} = 5.6 \times 10^{-10}$$

$$c(NH_4^+) = \frac{0.1 \times 0.02}{0.04} = 0.05(mol \cdot L^{-1})$$

$$c_a K_a > 20K_w, \quad \frac{c_a}{K_a} = \frac{0.05}{5.6 \times 10^{-10}} > 500$$

$$[H_3O^+] = \sqrt{K_a c} = \sqrt{0.05 \times 5.6 \times 10^{-10}} = 5.3 \times 10^{-6}(mol \cdot L^{-1})$$

$$pH = -\lg[H_3O^+] = -\lg(5.3 \times 10^{-6}) = 5.28$$

(3) 加入 30.00ml HCl，反应后，体系中有 0.1×0.01mol HCl 和 0.1×0.02mol NH_4Cl。HCl 是强酸，而 NH_4Cl 是弱酸，体系中的$[H_3O^+]$主要取决于剩余的强酸 HCl

$$[H_3O^+] = \frac{0.1 \times 0.01}{0.05} = 0.02(mol \cdot L^{-1})$$

$$pH = -\lg[H_3O^+] = -\lg(0.02) = 1.7$$

第五章 缓冲溶液

科学研究和生产实际中遇到的许多化学反应，往往需要在一定 pH 条件下才能正常进行。生物体内正常进行的生物化学反应，如生物体内酶催化反应，对 pH 的要求更精确；科学研究中细菌的培养等也需要一定的 pH 范围；临床上所用的很多药物本身就是酸或碱，药物的稳定性、溶解性和疗效等都需要适宜的 pH 条件。保持溶液体系 pH 的相对稳定，在化学、药学和生命科学中都具有重要意义。怎样才能使溶液的 pH 保持相对稳定呢？在对酸碱平衡研究的过程中发现，某些溶液在部分外界条件改变时仍能保持其 pH 基本不变，这样的溶液称为缓冲溶液。本章主要研究缓冲溶液的组成、缓冲作用原理及其相关知识。

第一节 缓冲溶液的组成及其作用原理

一、缓冲溶液及其组成

纯水及普通溶液因外来物质的影响，其 pH 容易发生变化。例如，在 1.0L $0.10mol \cdot L^{-1}$ NaCl 溶液中，加入 0.010mol HCl 或 NaOH，NaCl 溶液的 pH 将改变 5 个单位，pH 发生了显著变化。但是，在 1.0L 含 HAc 和 NaAc 均为 0.10mol 的溶液中，分别加入 0.010mol HCl 或 NaOH，pH 从 4.75 下降到 4.66 或上升到 4.84，pH 仅改变 0.09。在上述 HAc 和 NaAc 混合溶液中加入一定量的水稀释，pH 改变也很小。以上事实说明，由 HAc 和 NaAc 组成的溶液，在一定条件下能保持其 pH 基本不变。这类能够抵抗少量外来强酸、强碱，或在有限量稀释时保持 pH 基本不变的溶液，称为**缓冲溶液**(buffer solution)。缓冲溶液对强酸、强碱或稀释的抵抗作用称为**缓冲作用**(buffer action)。

缓冲溶液一般由具有足够浓度及适当比例的共轭酸碱对组成。缓冲溶液中的共轭酸碱对称为**缓冲系**(buffer system)或**缓冲对**(buffer pair)。常见的缓冲系主要有三种类型：弱酸及其共轭碱；弱碱及其共轭酸；两性物质及其对应的共轭酸(碱)。一些常见的缓冲系见表 5-1。

表 5-1 常见的缓冲系

缓冲系	共轭酸	共轭碱	pK_a(25℃)
HAc-NaAc	HAc	Ac^-	4.76
H_2CO_3-$NaHCO_3$	H_2CO_3	HCO_3^-	6.35
H_3PO_4-NaH_2PO_4	H_3PO_4	$H_2PO_4^-$	2.16
Tris·HCl-Tris①	$Tris \cdot H^+$	Tris	7.85
$H_2C_8H_4O_4$- $KHC_8H_4O_4$②	$H_2C_8H_4O_4$	$HC_8H_4O_4^-$	2.94
NH_4Cl-NH_3	NH_4^+	NH_3	9.25
$CH_3NH_3^+Cl^-$- $CH_3NH_2$③	$CH_3NH_3^+$	CH_3NH_2	10.66
NaH_2PO_4-Na_2HPO_4	$H_2PO_4^-$	HPO_4^{2-}	7.21
Na_2HPO_4-Na_3PO_4	HPO_4^{2-}	PO_4^{3-}	12.32

注：①三(羟甲基)甲胺盐酸盐-三(羟甲基)甲胺；②邻苯二甲酸-邻苯二甲酸氢钾；③盐酸甲胺-甲胺。

二、缓冲作用原理

缓冲溶液为什么具有缓冲作用呢？现以 HAc-NaAc 组成的缓冲系为例，说明缓冲溶液的作用原理。

在 HAc-NaAc 混合溶液中，NaAc 是强电解质，完全解离成 Na^+和 Ac^-；HAc 是弱电解质，解离度较小，而且溶液中存在大量的 Ac^-所产生较强的同离子效应，更严重抑制了 HAc 的解离，使 HAc 几乎完全以分子状态存在于溶液中。因此，HAc-NaAc 混合溶液中 HAc 和 Ac^-的量较大，此共轭酸碱对在水溶液中有如下质子转移平衡

$$\underset{(\text{大量})}{HAc} + H_2O \rightleftharpoons H_3O^+ + \underset{(\text{大量})}{Ac^-}$$

加入少量强酸时，Ac^-与外加的 H_3O^+反应转化为 HAc，使上述质子转移平衡左移，重新达到平衡时，溶液中 H_3O^+浓度没有因为外加了强酸而有明显升高，溶液的 pH 基本保持不变。共轭碱 Ac^-发挥了抵抗少量外来强酸的作用，故称之为抗酸成分。

加入少量强碱时，溶液中的 H_3O^+与外加的 OH^-结合生成 H_2O，同时溶液中的 HAc 将质子传递给 H_2O，以补充被消耗掉的 H_3O^+，质子转移平衡右移。重新达到平衡时，H_3O^+浓度没有因为外加了强碱而有明显降低，溶液的 pH 也基本保持不变。共轭酸 HAc 发挥了抵抗少量外来强碱的作用，故称之为抗碱成分。

可见，缓冲作用是通过溶液中足量的共轭酸碱对及其质子转移平衡的移动，抵抗了外来的强酸或强碱，保持了 pH 的基本稳定。

第二节 缓冲溶液的 pH

一、缓冲溶液 pH 的近似计算公式

弱酸 HB 及其共轭碱 B^-组成的缓冲溶液中，质子转移平衡为

$$HB + H_2O \rightleftharpoons H_3O^+ + B^-$$

$$K_a = \frac{[H_3O^+][B^-]}{[HB]}$$

整理得

$$[H_3O^+] = K_a \times \frac{[HB]}{[B^-]}$$

等式两边同取负对数，得

$$pH = pK_a + \lg\frac{[B^-]}{[HB]} = pK_a + \lg\frac{[\text{共轭碱}]}{[\text{共轭酸}]} \tag{5-1}$$

式 (5-1) 是计算缓冲溶液 pH 的公式，称为 Henderson-Hasselbalch **方程式**(Henderson-Hasselbalch equation)。其中 pK_a 为弱酸 HB 解离常数的负对数，平衡浓度$[B^-]$与[HB]的比值$\frac{[B^-]}{[HB]}$称为**缓冲比**(buffer-component ratio)。若上述缓冲溶液中 HB 和 B^-的初始浓度分别为 $c(HB)$和 $c(B^-)$，设已离解的 HB 浓度为 $c'(HB)$，则 HB 和 B^-的平衡浓度分别为

$$[HB] = c(HB) - c'(HB)$$

$$[B^-] = c(B^-) + c'(HB)$$

考虑 B^-对 HB 的同离子效应，$c'(HB)$可忽略，故$[HB] \approx c(HB)$，$[B^-] \approx c(B^-)$，式(5-1)可表示为

$$pH = pK_a + \lg\frac{[B^-]}{[HB]} = pK_a + \lg\frac{c(B^-)}{c(HB)} \tag{5-2}$$

设缓冲溶液的体积为 V，有 $c(HB)= n(HB)/V$，$c(B^-)= n(B^-)/V$，所以

$$pH = pK_a + \lg\frac{n(B^-)/V}{n(HB)/V} = pK_a + \lg\frac{n(B^-)}{n(HB)} \tag{5-3}$$

由以上各式可知：

(1)式(5-1)说明，缓冲溶液的 pH 主要取决于弱酸的 pK_a，其次是缓冲比，缓冲溶液的 pH 随缓冲比的改变而改变。当缓冲比等于1时，$pH = pK_a$。

(2)弱酸的解离常数 K_a 是温度的函数，所以温度对缓冲溶液的 pH 有影响。

(3)稀释缓冲溶液时，因缓冲比没变，由式(5-3)计算的 pH 也不变，即缓冲溶液有一定的抗稀释能力。但稀释会引起离子强度改变，使 HB 和 B^- 的活度因子及活度都受到不同程度的影响，实际上，稀释缓冲溶液时，其 pH 是会有一定改变的。特别是过分稀释时，缓冲系中共轭酸碱因不能维持足够的浓度而丧失缓冲能力。

在保持 pH 基本不变时，缓冲溶液抗稀释的能力通常用稀释值表示。设缓冲溶液的浓度为 c，加入等体积水稀释，稀释后与稀释前的 pH 之差定义为稀释值，符号为 $\Delta pH_{1/2}$。

$$\Delta pH_{1/2} = (pH)_{c/2} - (pH)_c$$

稀释值的数据可查阅相关化学手册。对 $HA\text{-}A^-$ 型(如 $HAc\text{-}Ac^-$)和 $HA^-\text{-}A^{2-}$ 型(如 $H_2PO_4^-\text{-}HPO_4^{2-}$)缓冲系，$\Delta pH_{1/2}>0$；对 $BH^+\text{-}B$ 型(如 $NH_4^+\text{-}NH_3$)缓冲系，$\Delta pH_{1/2}<0$。

例 5-1 25℃时，在 500ml 0.200mol · L^{-1} HAc 溶液中，加入 1.64g NaAc 固体，配制 1L 缓冲溶液，求此缓冲溶液的 pH。

解 查表 5-1，HAc 的 pK_a= 4.76

$$c(NaAc) = \frac{1.64g}{82.0g \cdot mol^{-1} \times 1L} = 0.020\,0mol \cdot L^{-1}$$

$$c(HAc) = \frac{0.200mol \cdot L^{-1}}{2} = 0.100\ mol \cdot L^{-1}$$

代入式(5-2)得

$$pH = pK_a + \lg\frac{c(NaAc)}{c(HAc)} = 4.76 + \lg\frac{0.0200}{0.100} = 4.06$$

例 5-2 25℃时，某缓冲溶液由 50.0ml 0.10mol · L^{-1} $NH_3 \cdot H_2O$ 和 50.0ml 0.10mol · L^{-1} NH_4Cl 溶液混合而成。计算：①该缓冲溶液的 pH；②加入 1.0ml 0.10mol · L^{-1} NaOH 溶液后的 pH；③加入 1.0ml 0.10mol · L^{-1} HCl 溶液后的 pH。

解 查表 5-1，NH_4^+ 的 $pK_a = 9.25$

$$50.0ml = 0.050\,0L$$

$$n(NH_4Cl) = 0.10mol \cdot L^{-1} \times 0.050\,0L = 5.0 \times 10^{-3} mol$$

$$n(NH_3) = 0.10mol \cdot L^{-1} \times 0.050\,0L = 5.0 \times 10^{-3} mol$$

①
$$pH = pK_a + \lg\frac{n(NH_3)}{n(NH_4^+)} = 9.25 + \lg\frac{5.0 \times 10^{-3}}{5.0 \times 10^{-3}} = 9.25$$

②加入 1.0ml 0.10 mol · L^{-1} NaOH 溶液，即加入 1.0×10^{-4} mol NaOH 后，

$$n(NH_4Cl) = 5.0 \times 10^{-3} mol - 1.0 \times 10^{-4} mol = 4.9 \times 10^{-3} mol$$

$$n(NH_3) = 5.0 \times 10^{-3} mol + 1.0 \times 10^{-4} mol = 5.1 \times 10^{-3} mol$$

$$pH = pK_a + \lg\frac{n(NH_3)}{n(NH_4^+)} = 9.25 + \lg\frac{5.1 \times 10^{-3}}{4.9 \times 10^{-3}} = 9.27$$

③加入 1.0ml 0.10 mol · L^{-1} HCl 溶液，即加入 1.0×10^{-4} mol HCl 后，

$$n(NH_4Cl) = 5.0\times10^{-3}mol + 1.0\times10^{-4}mol = 5.1\times10^{-3}mol$$

$$n(NH_3) = 5.0\times10^{-3}mol - 1.0\times10^{-4}mol = 4.9\times10^{-3}mol$$

$$pH = pK_a + \lg\frac{n(NH_3)}{n(NH_4^+)} = 9.25 + \lg\frac{4.9\times10^{-3}}{5.1\times10^{-3}} = 9.23$$

计算结果表明，加入少量强酸和强碱时，缓冲溶液能保持 pH 基本不变。

二、缓冲溶液 pH 计算公式的校正

用式(5-1)、式(5-2)或式(5-3)计算缓冲溶液的 pH 时，因未考虑离子强度的影响，得到的计算值与实测值会不完全相同。如果考虑离子强度的影响，用活度替代浓度，计算值将接近测定值，即

$$pH = pK_a + \lg\frac{a(B^-)}{a(HB)} = pK_a + \lg\frac{[B^-]\cdot\gamma(B^-)}{[HB]\cdot\gamma(HB)} = \{pK_a + \lg\frac{\gamma(B^-)}{\gamma(HB)}\} + \lg\frac{[B^-]}{[HB]}$$

$$pH = pK_a' + \lg\frac{[B^-]}{[HB]} \tag{5-4}$$

式中，γ(HB)和γ(B^-)分别为溶液中 HB 和 B^-的活度因子，$\lg\frac{\gamma(B^-)}{\gamma(HB)}$为校正因数，校正因数与弱酸的电荷数和溶液的离子强度有关。表 5-2 列出了弱酸电荷数为 z 时，不同的缓冲系在 20℃时的校正因数。一般在 0 ~ 30℃，校正因数的变化不大。

表 5-2 不同 I 和 z 时缓冲溶液的校正因数(20℃)

I	校正因数 $\lg\frac{\gamma(B^-)}{\gamma(HB)}$			
	$z = +1$	$z = 0$	$z = -1$	$z = -2$
0.01	+0.04	−0.04	−0.13	−0.22
0.05	+0.08	−0.08	−0.25	−0.42
0.10	+0.11	−0.11	−0.32	−0.53

例 5-3 pH 接近于 7.0 的磷酸盐缓冲溶液常用来培养酶，某种酶能存在于 pH 为 6.90 ~7.15 的培养液中。求含有 0.028mol · L^{-1} Na_2HPO_4 和 0.020mol · L^{-1} KH_2PO_4 的缓冲溶液的精确 pH。

解 此混合溶液含 $H_2PO_4^-$ - HPO_4^{2-} 缓冲对，共轭酸为 $H_2PO_4^-$，查表 5-1 可知 H_3PO_4 的 pK_{a2} = 7.21；缓冲溶液中存在 Na^+、K^+、$H_2PO_4^-$、HPO_4^{2-}，离子强度为

$$I = \frac{1}{2}\sum_i c_i z_i^2 = \frac{1}{2}[2\times0.028mol\cdot L^{-1}\times1^2 + 0.028\ mol\cdot L^{-1}\times(-2)^2 + 0.020\ mol\cdot L^{-1}\times1^2 + 0.020\ mol\cdot L^{-1}\times(-1)^2] = 0.10\ mol\cdot L^{-1}$$

弱酸 $H_2PO_4^-$ 的 z 为−1，查表 5-2，校正因数为−0.32，用式(5-4)计算缓冲溶液的精确 pH

$$pH = pK_{a2} + \lg\frac{\gamma(HPO_4^{2-})}{\gamma(H_2PO_4^-)} + \lg\frac{[HPO_4^{2-}]}{[H_2PO_4^-]} = 7.21 + (-0.32) + \lg\frac{0.028}{0.020} = 7.04$$

此缓冲溶液的 pH 符合培养酶的实际要求。

若实际工作中对 pH 的要求精确，需用 pH 计准确测定溶液的 pH，并适当调整所加入酸或碱的量，直至达到所要求的 pH。

第三节 缓冲容量和缓冲范围

一、缓冲容量的概念

缓冲溶液的缓冲能力有一定的限度，当加入的强酸或强碱超过一定量时，缓冲溶液不仅难以保持 pH 基本不变，甚至失去缓冲能力。缓冲溶液的缓冲能力是如何衡量的呢？1922 年，Slyke V 提出用**缓冲容量**(buffer capacity)β 定量地表示缓冲溶液缓冲能力的大小。缓冲容量是指单位体积缓冲溶液的 pH 发生一个单位的改变时，需外加一元强酸或一元强碱的物质的量，其定义为

$$\beta \xlongequal{\text{def}} \frac{\mathrm{d}\,n_{\mathrm{a(b)}}}{V|\mathrm{dpH}|} \tag{5-5}$$

式中，V 是缓冲溶液的体积；$\mathrm{d}n_{\mathrm{a(b)}}$是向缓冲溶液中加入微小量的一元强酸($\mathrm{d}n_{\mathrm{a}}$)或一元强碱($\mathrm{d}n_{\mathrm{b}}$)的物质的量；|dpH|为缓冲溶液 pH 的微小改变量的绝对值。β 为正值，量纲为“浓度·pH^{-1}”，pH 是一个没有量纲的数值，所以 β 的单位实际是“浓度”。对于一定量的 $\mathrm{d}n_{\mathrm{a(b)}}$和 V，pH 改变值|dpH|越小，β 越大，表明缓冲溶液的缓冲能力越强。

二、影响缓冲容量的因素

缓冲容量 β、缓冲溶液的总浓度 $c_{总}$、[HB]和[B^-]之间的关系可表示如下*

$$\beta = 2.303 \times \frac{[\mathrm{HB}]}{c_{总}} \times \frac{[\mathrm{B}^-]}{c_{总}} \times c_{总} \tag{5-6}$$

式(5-6)中，$c_{总} = [\mathrm{HB}] + [\mathrm{B}^-]$。理论和实验均证明，缓冲容量与缓冲比 $\frac{[\mathrm{B}^-]}{[\mathrm{HB}]}$ 和总浓度 $c_{总}$ 这两个因素有关。

1. 总浓度对缓冲容量的影响 对于同一缓冲系，当缓冲比一定时，总浓度越大，缓冲容量越大。如图 5-1 中曲线 a 和 b，两者均为 HAc-NaAc 缓冲系，缓冲比相同时，b 的缓冲容量总是大于 a。

2. 缓冲比对缓冲容量的影响 对于同一缓冲系，当总浓度一定时，缓冲比越接近 1，缓冲容量越大；缓冲比越偏离 1，缓冲容量越小；缓冲比等于 1 时，缓冲系有最大缓冲容量。如图 5-1，曲线 a~d 上的最高点对应各缓冲系的最大 β 值，此时缓冲比等于 1，即[HB] = [B^-]。由式(5-6)可得

$$\beta_{最大} = 2.303 \times \frac{1}{1+1} \times \frac{1}{1+1} \times c_{总} = 0.575\,8c_{总} \tag{5-7}$$

例 5-4 将 $0.20\mathrm{mol \cdot L^{-1}}$ HB 溶液和 $0.20\mathrm{mol \cdot L^{-1}}$ B^-溶液以 9∶1、3∶1 及 1∶1 的体积比混合，分别计算不同体积比时缓冲系的缓冲容量。

解 用 $0.20\mathrm{mol \cdot L^{-1}}$ HB 溶液和 $0.20\mathrm{mol \cdot L^{-1}}$ B^-溶液混合时，由于 $n(\mathrm{B}^-)= 0.20V(\mathrm{B}^-)$，$n(\mathrm{HB})= 0.20V(\mathrm{HB})$，代入式(5-3)得

$$\mathrm{pH} = \mathrm{p}K_{\mathrm{a}} + \lg\frac{0.20V(\mathrm{B}^-)}{0.20V(\mathrm{HB})} = \mathrm{p}K_{\mathrm{a}} + \lg\frac{V(\mathrm{B}^-)}{V(\mathrm{HB})}$$

此时体积比等于缓冲比。

* 式(5-6)的推导较复杂，可参看相关资料。

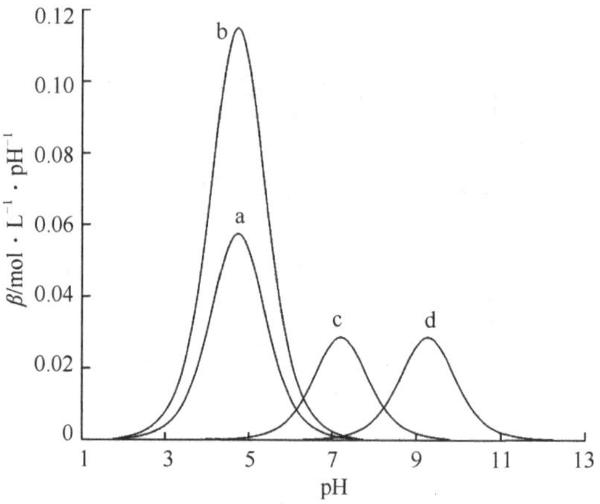

图 5-1　缓冲容量与 pH 的关系

a. 0.1mol · L^{-1}(HAc + NaAc)；b. 0.2mol · L^{-1}(HAc + NaAc)；c. 0.05mol · L^{-1}($KH_2PO_4 + K_2HPO_4$)；d. 0.05mol · L^{-1} ($H_3BO_3 + NaH_2BO_3$)

取 a *V* 体积的 HB 溶液与 b *V* 体积的 B^-溶液混合，则$[B^-]/[HB] = b/a$，据式(5-6)有

$$\beta = 2.303\times\left\{\frac{a}{a+b}\times\frac{b}{a+b}\right\}\times c_{总}$$

$c_{总} = [HB] + [B^-] = 0.20\ mol\cdot L^{-1}$，当 a∶b = 9∶1 时，

$$\beta = 2.303\times\frac{9}{9+1}\times\frac{1}{9+1}\times 0.20\ mol\cdot L^{-1} = 0.041 mol\cdot L^{-1}$$

同理，当 a∶b = 3∶1 及 a∶b = 1∶1 时，分别有 $\beta = 0.086 mol\cdot L^{-1}$ 及 $\beta = 0.12 mol\cdot L^{-1}$。

计算结果表明，缓冲系 HB-B^-在总浓度相同时，缓冲比越接近 1，缓冲容量越大。

三、缓 冲 范 围

实验证明，在缓冲溶液的总浓度一定时，当缓冲比为 1∶10 ~ 10∶1 时，缓冲溶液才具有一定的缓冲能力，所对应的 pH 范围为(pK_a−1) ~ (pK_a + 1)。通常这个 pH 范围看作是缓冲溶液能有效发挥缓冲作用的**缓冲范围**(buffer range)。不同缓冲系中共轭酸的 pK_a 不同，故其缓冲范围(pK_a ±1)也各不相同。

第四节　缓冲溶液的配制

一、缓冲溶液的配制方法

配制缓冲溶液的原则和步骤如下几点：

1. 选择适宜的缓冲系　选择缓冲系时应考虑两个因素，第一，缓冲系中共轭酸的 pK_a 应尽量接近溶液的 pH，或 pH 在所选缓冲系的缓冲范围(pK_a±1)之内，以使缓冲溶液有较大的缓冲容量。例如，配制 pH 为 5.0 的缓冲溶液，因为 HAc 的 pK_a = 4.75，可选择 HAc-Ac^-缓冲系，而不选择 HCOOH-$HCOO^-$缓冲系，因 HCOOH 的 pK_a = 3.74。第二，所选缓冲系对主反应不能有干扰，也没有沉淀反应、配位反应等副反应。对药用缓冲系，必须考虑缓冲系是否会使药物另外带来毒副影响，是否与主药发生配伍禁忌，在加温灭菌及储存期内是否稳定等。例如，硼酸-硼酸盐缓冲系有一定毒性，不能用作口服和注射用药的缓冲溶液。

2. 要有适当的总浓度　为使缓冲溶液具有足够的抗酸、抗碱成分和较大的缓冲容量，缓冲溶液的总浓度通常应控制在 0.05 ~ 0.2mol · L^{-1} 为宜。若总浓度过高，将因离子强度过大或渗透压过高等因素而不适合。

3. 确定所需缓冲系的量 缓冲系选定之后，可根据 Henderson-Hasselbalch 方程式计算所需共轭酸及其共轭碱的量。为方便，常使用相同浓度的共轭酸 HB 和共轭碱 B^- 配制缓冲溶液，由于 $n(B^-) = c_{初始}(B^-) \times V(B^-)$，$n(HB) = c_{初始}(HB) \times V(HB)$，而 $c_{初始}(HB) = c_{初始}(B^-)$，代入式(5-3)得

$$pH = pK_a + \lg\frac{c_{初始}(B^-) \times V(B^-)}{c_{初始}(HB) \times V(HB)} = pK_a + \lg\frac{V(B^-)}{V(HB)} \tag{5-8}$$

在实际工作中，还常利用酸碱反应来形成缓冲系，如过量弱酸与适量强碱反应。例如

$$HAc(过量) + NaOH(适量) \longrightarrow NaAc + H_2O$$

反应剩余的 HAc 和反应生成的 NaAc 即可形成 HAc-NaAc 缓冲系。用过量弱碱与适量强酸反应与上述情况类似。

4. 校正 由于计算时未考虑离子强度等因素的影响，计算结果与实测值有一定的偏离，所以，最后还需借助 pH 计，用加入强酸或强碱的方法，对所配缓冲溶液的 pH 加以校正。

例 5-5 如何配制 pH = 9.30 的缓冲溶液 1000ml ?(忽略溶液混合后引起的体积变化)

解(1) 选择缓冲系：因 $NH_3 \cdot H_2O$ 的 $pK_b = 4.75$，则 NH_4^+ 的 $pK_a = 14.00 - 4.75 = 9.25$，接近 pH = 9.30，故选用 NH_4^+-NH_3 缓冲系。

(2) 确定总浓度：一般要求具备中等缓冲能力，选用 0.10mol · L^{-1} NH_4Cl 和 0.10mol · L^{-1} $NH_3 \cdot H_2O$ 溶液构成缓冲系。设需 NH_4Cl 和 $NH_3 \cdot H_2O$ 溶液的体积分别为 $V(NH_4Cl)$和 $V(NH_3)$，应用式(5-8)得

$$pH = pK_a + \lg\frac{V(NH_3)}{V(NH_4Cl)}$$

$$9.30 = 9.25 + \lg\frac{V(NH_3)}{1000ml - V(NH_3)}$$

$$\frac{V(NH_3)}{1000ml - V(NH_3)} = 1.12$$

解得 $V(NH_3) = 528ml$

所需 NH_4Cl 的体积为 $V(NH_4Cl) = 1000ml - 528ml = 472ml$

将 528ml 0.10mol · L^{-1} $NH_3 \cdot H_2O$ 溶液与 472ml 0.10mol · L^{-1} NH_4Cl 溶液混合，用 pH 计准确测定其 pH，并适当调整 NH_4Cl 或 $NH_3 \cdot H_2O$ 的加入量，直至 pH=9.30。

例 5-6 柠檬酸(H_3Cit)及其盐是一种供细菌培养的常用缓冲体系。现采用 H_3Cit 与 NaOH 溶液混合配制 pH = 5.00 的缓冲溶液，在 450ml 0.10mol · L^{-1} 的 H_3Cit 溶液中，应加入多少体积 0.10mol · L^{-1} NaOH 溶液？已知 H_3Cit 的 $pK_{a1} = 3.13$、$pK_{a2} = 4.76$、$pK_{a3} = 6.40$。(忽略溶液混合后引起的体积变化)。

解 根据配制原则，应选 H_2Cit^- - $HCit^{2-}$ 缓冲系，质子转移反应有两步。

(1) $H_3Cit + NaOH \Longrightarrow NaH_2Cit + H_2O$

将 H_3Cit 完全中和生成 NaH_2Cit，需 0.10mol · L^{-1} NaOH 450ml，并生成 NaH_2Cit

$$450ml \times 0.10mol \cdot L^{-1} = 45mmol$$

(2) $NaH_2Cit + NaOH \Longrightarrow Na_2HCit + H_2O$

设中和部分 NaH_2Cit 需 NaOH 溶液的体积 $V(NaOH) = x$ml，则生成 Na_2HCit 0.10 $x$mmol，剩余 $NaH_2Cit(45 - 0.10x)$mmol

$$pH = pK_{a2} + \lg\frac{n(HCit^{2-})}{n(H_2Cit^-)}$$

$$5.00 = 4.76 + \lg\frac{0.10x}{45 - 0.10x}$$

$$\frac{0.10x}{45 - 0.10x} = 1.74$$

解得

$$x = 286$$

共需 NaOH 溶液的体积为 450ml + 286ml = 736ml。

实际工作中，常根据已确定的实验配方直接配制缓冲溶液，相关数据可查阅化学手册。例如，磷酸盐缓冲系和医学上广泛使用的 Tris-Tris·HCl 缓冲系可依据表 5-3 和表 5-4 所列配方配制。表 5-5 是药典中部分缓冲液的配制方法。涉及生物系统时，不仅要求缓冲溶液具有适当的缓冲范围，有时还要求所用的磷酸盐或碳酸盐必须是钾盐或是钠盐等，要求较为严格。

表 5-3　$H_2PO_4^-$和 HPO_4^{2-}组成的缓冲溶液(25℃)*

pH	*x*/ml	*β*	pH	*x*/ml	*β*
5.80	3.6	—	7.00	29.1	0.031
5.90	4.6	0.010	7.10	32.1	0.028
6.00	5.6	0.011	7.20	34.7	0.025
6.10	6.8	0.012	7.30	37.0	0.022
6.20	8.1	0.015	7.40	39.1	0.020
6.30	9.7	0.017	7.50	41.1	0.018
6.40	11.6	0.021	7.60	42.8	0.015
6.50	13.9	0.024	7.70	44.2	0.012
6.60	16.4	0.027	7.80	45.3	0.010
6.70	19.3	0.030	7.90	46.1	0.007
6.80	22.4	0.033	8.00	46.7	—
6.90	25.9	0.033			

注：* *x* 表示所需 $0.1mol \cdot L^{-1}$ NaOH 溶液体积。配制方法为，在 50ml $0.1mol \cdot L^{-1}$ KH_2PO_4 溶液中加入 *x*ml $0.1\ mol \cdot L^{-1}$ NaOH 溶液，并稀释至 100ml。

表 5-4　Tris 和 Tris·HCl 组成的缓冲溶液*

缓冲溶液组成/($mol \cdot kg^{-1}$)			pH	
Tris	Tris·HCl	NaCl	25℃	37℃
0.02	0.02	0.14	8.220	7.904
0.05	0.05	0.11	8.225	7.908
0.006 667	0.02	0.14	7.745	7.428
0.016 67	0.05	0.11	7.745	7.427
0.05	0.05		8.173	7.851
0.016 67	0.05		7.699	7.382

注：* Tris 和 Tris·HCl 分别为三(羟甲基)甲胺($(HOCH_2)_3CNH_2$)和三(羟甲基)甲胺盐酸盐($(HOCH_2)_3CNH_2 \cdot HCl$)。在其中加入 NaCl 是为了调节离子强度至 0.16，得到等渗溶液。

表 5-5 药典中部分缓冲液的配制

缓冲液	pH	配制方法
甲酸钠缓冲液	3.3	取 2mol·L^{-1}甲酸溶液 25ml，加酚酞指示液 1 滴，用 2mol·L^{-1}氢氧化钠溶液中和，再加入 2mol·L^{-1}甲酸溶液 75ml，用水稀释至 200ml，调节 pH 至 3.25～3.30 即得
乙酸-乙酸钾缓冲液	4.3	取乙酸钾 14g，加冰醋酸 20.5ml，再加水稀释至 1000ml，即得
柠檬酸盐缓冲液	6.2	取 2.1%柠檬酸水溶液，用 50% 氢氧化钠溶液调节 pH 至 6.2，即得
巴比妥缓冲液	7.4	取巴比妥钠 4.42g，加水使溶解并稀释至 400ml，用 2 mol·L^{-1}盐酸溶液调节 pH 至 7.4，滤过即得
氨-氯化铵缓冲液	10.0	取氯化铵 5.4g，加水 20ml 溶解后，加浓氨溶液 35ml，再加水稀释至 100ml，即得

二、标准缓冲溶液

标准缓冲溶液是配制简便、性质稳定并具有较大的缓冲容量和抗稀释能力的缓冲溶液，一般用于校正 pH 计。一些常用标准缓冲溶液的 pH 及温度系数列于表 5-6。

表 5-6 标准缓冲溶液

溶液	浓度/(mol·L^{-1})	pH(25℃)	温度系数/(ΔpH·$℃^{-1}$)
$KHC_4H_4O_6$(酒石酸氢钾)	饱和，25℃	3.557	−0.001
$KHC_8H_4O_4$(邻苯二甲酸氢钾)	0.05	4.008	+0.001
KH_2PO_4-Na_2HPO_4	0.025，0.025	6.865	−0.003
KH_2PO_4-Na_2HPO_4	0.008 695，0.030 43	7.413	−0.003
$Na_2B_4O_7·10H_2O$(硼砂)	0.01	9.180	−0.008

温度系数大于 0 时，表示缓冲溶液 pH 将随温度的升高而增大；温度系数小于 0，则表示缓冲溶液的 pH 将随温度的升高而减小。

第五节 缓冲溶液在医药上的应用

缓冲溶液在医学、药学、化学等领域均有广泛的应用。例如，微生物培养、细菌染色、组织切片、临床化验、药物研发生产、临床用药、蛋白质分离提纯及核酸和遗传基因的研究等，都需要一定 pH 的缓冲溶液。下面简要介绍人体血液中主要的缓冲系和缓冲溶液在药物制剂中的应用。

一、血液中的缓冲系

人的各种体液都具有一定的正常 pH 范围。例如，胃液的 pH 范围为 1.0~3.0，尿液的 pH 范围为 4.7~8.4，血液的 pH 范围为 7.35~7.45。血液能保持如此狭窄的 pH 范围，是因为血液中存在多种缓冲系，并与肾、肺共同协调作用的结果。血液中存在的缓冲系主要有如下几种。

(1) 血浆中：H_2CO_3-HCO_3^-、$H_2PO_4^-$-HPO_4^{2-}、H_nP-$H_{n-1}P^-$(H_nP 代表蛋白质)。

(2) 红细胞中：H_2b-Hb^-(H_2b 代表血红蛋白)、H_2bO_2-HbO_2^- (H_2bO_2 代表氧合血红蛋白)、H_2CO_3-HCO_3^-、$H_2PO_4^-$-HPO_4^{2-}。

在诸多缓冲系中，H_2CO_3-HCO_3^-的浓度最高，缓冲能力最强，对维持血液 pH 处于正常范围发挥的作用最重要。CO_2是人体正常新陈代谢过程中产生的酸性物质，溶于体内的CO_2以溶解态 $CO_2(aq)$形式存在，与血浆中的HCO_3^-组成 $CO_2(aq)$- HCO_3^-缓冲系。正常人体中 [HCO_3^-]与[$CO_2(aq)$]的浓度分别为 24mmol · L^{-1}和 1.2mmol · L^{-1}。在 37℃时，当血浆中的离子强度为 0.16 时，$CO_2(aq)$校正后的 $pK_{a1}'=6.10$，代入式(5-4)得

$$pH = pK_{a1}' + \lg\frac{[HCO_3^-]}{[CO_2(aq)]} = 6.10 + \lg\frac{0.024mol\cdot L^{-1}}{0.0012mol\cdot L^{-1}} = 6.10 + \lg\frac{20}{1} = 7.40$$

当血浆中 $CO_2(aq)$- HCO_3^-缓冲系的缓冲比等于 20 : 1 时，血浆的正常 pH 为 7.40。若 pH 小于 7.35，就会发生**酸中毒**(acidosis)；若 pH 大于 7.45，则会发生**碱中毒**(alkalosis)；当血浆的 pH <6.8 或 pH>7.8 时，就会导致死亡。

血浆中溶解的 $CO_2(aq)$会生成 H_2CO_3，H_2CO_3部分解离产生HCO_3^-，血浆中原来也贮存有HCO_3^-，它们共同达成如下平衡

$$CO_2(g) + H_2O(l) \rightleftharpoons H_2CO_3(aq) \rightleftharpoons H^+(aq) + HCO_3^-(aq)$$

当体内酸性物质增加时，血浆中大量存在的抗酸成分HCO_3^-与H^+结合，上述平衡向左移动。增加的CO_2通过加快呼吸从肺部排出，减少的HCO_3^-则由肾脏减少对其排泄而得以补充，使[H^+]不发生明显改变。

体内碱性物质增加时，H^+将结合OH^-生成H_2O，上述平衡向右移动。大量的抗碱成分H_2CO_3解离，以补充被消耗的H^+。同时通过肺减缓CO_2的呼出，使减少的H_2CO_3得以补充。增加的HCO_3^-则通过肾脏加速对其排泄，以维持恒定的缓冲比。

虽然血浆中 $CO_2(aq)$- HCO_3^-的缓冲比为 20 : 1，但此缓冲系仍然是血液中的一个重要的缓冲系，这是因为人体是一个敞开系统，HCO_3^-和 $CO_2(aq)$浓度的改变能通过肺和肾脏正常的生理功能进行调节，使它们在血浆中的浓度保持相对稳定，从而维持血液 pH 的恒定。

此外，血液中存在的其他缓冲系也有协助调控血液 pH 的功能。例如，血液对体内代谢所产生的大量 CO_2 的转运，主要是靠红细胞中的血红蛋白和氧合血红蛋白缓冲系来实现的。

二、缓冲溶液在药物制剂中的应用

在药物生产过程和临床用药时，药物的疗效、稳定性、溶解性及对机体的刺激性等必须全面考虑。在许多药物的处方中加入缓冲溶液主要有两个用途，一是稳定药物溶液的 pH，以使药剂质量稳定。例如，眼部用药常使用磷酸盐缓冲液(NaH_2PO_4-Na_2HPO_4)、硼酸缓冲液、硼酸盐缓冲液来保持 pH 的稳定。另外，有些药物会被缓冲液中的酸碱催化水解，如HPO_4^{2-}对青霉素 G 钾盐、苯氧乙基青霉素的水解均有催化作用。为减少这种催化作用的影响，在实际生产处方中，应使用浓度尽可能低的缓冲溶液或选择没有催化作用的缓冲系。二是调整药物溶液的 pH，以减少药物刺激、提高疗效。例如，维生素 C 水溶液酸性较强，若直接用于局部注射会使患者有难受的刺痛，因此，常加入 $NaHCO_3$使其部分中和成钠盐，调节其 pH 为 5.5 ~ 6.0，这样既可以减轻注射时的疼痛，又能增加其稳定性。有研究表明，加入缓冲液的局部麻醉药能减少注射疼痛，对组织刺激小，吸收快，麻醉剂能立即发挥作用，并可增加麻醉深度，延长麻醉时间。

知识导图

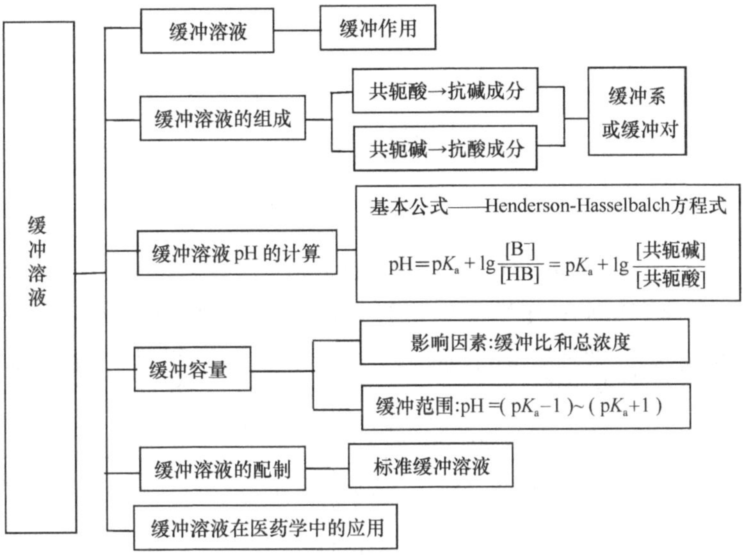

习　题

1. 什么是缓冲溶液？试以 $H_2PO_4^-$ - HPO_4^{2-} 缓冲系为例，说明缓冲作用的原理。

2. 什么是缓冲容量？影响缓冲容量的主要因素有哪些？

3. 配制以下 pH 的缓冲溶液，如何选择合适的缓冲系？(可参考表 5-1 中的有关数据)

(1) pH ≈ 4.0；(2) pH ≈ 7.0；(3) $[H_3O^+] \approx 1.0\times10^{-9}\ mol\cdot L^{-1}$。

4. 将 10.0 g Na_2CO_3 和 10.0 g $NaHCO_3$ 溶于水制备 250 mL 缓冲溶液，求溶液的 pH。

5. 计算 pH = 5.00，总浓度为 $0.20mol\cdot L^{-1}$ 的 C_2H_5COOH(丙酸，用 HPr 表示)- C_2H_5COONa 缓冲溶液中，C_2H_5COOH 和 C_2H_5COONa 的物质的量浓度。若向 1L 该缓冲溶液中加入 0.010 mol HCl，溶液的 pH 等于多少？(已知丙酸的 $pK_a = 4.87$。)

6. 柠檬酸(H_3Cit)及其盐是一种供细菌培养的常用缓冲体系，用 $0.100mol\cdot L^{-1}$ NaH_2Cit 溶液与 $0.050mol\cdot L^{-1}$ NaOH 溶液等体积混合，求此缓冲溶液的 pH。(已知 H_3Cit 的 $pK_{a1} = 3.13$、$pK_{a2} = 4.76$、$pK_{a3} = 6.40$。)

7. 向 100ml 某缓冲溶液中加入 0.20g NaOH 固体，所得缓冲溶液的 pH 为 5.60。已知原缓冲溶液共轭酸 HB 的 $pK_a = 5.30$，$c(HB) = 0.25mol\cdot L^{-1}$，求原缓冲溶液的 pH。

8. 阿司匹林(乙酰水杨酸、以 HAsp 表示)以游离酸(未解离的)形式从胃中吸收，若患者服用解酸药，调整胃容物的 pH 为 2.95，然后口服阿司匹林 0.65g。假设阿司匹林立即溶解，且胃容物的 pH 不变，问患者可以从胃中立即吸收的阿司匹林为多少克？(已知阿司匹林的 $Mr = 180.2$、$pK_a = 3.48$。)

9. 求 $0.100\ mol\cdot L^{-1}$ pH = 4.45 的 HAc 和 NaAc 缓冲溶液的缓冲容量。

10. 分别加 NaOH 溶液或 HCl 溶液于 Na_2HPO_4 溶液中。写出可能配制的缓冲溶液的抗酸成分、抗碱成分和各缓冲系的理论缓冲范围。如果上述三种溶液的物质的量浓度相同，它们以何种体积比混合，才能使所配制的缓冲溶液有最大缓冲容量？(已知 H_3PO_4 的 $pK_{a1} = 2.16$、$pK_{a2} = 7.21$、$pK_{a3} = 12.32$。)

11. 用 $0.020mol\cdot L^{-1}$ H_3PO_4 溶液和 $0.020mol\cdot L^{-1}$ NaOH 溶液配制 100ml pH = 7.40 的生理缓冲溶液，求需 H_3PO_4 溶液和 NaOH 溶液的体积(ml)。

12. 临床检验得知患者甲、乙、丙三人血浆中 HCO_3^- 和溶解态 $CO_2(aq)$ 的浓度如下：

甲 $[HCO_3^-] = 24.0mmol\cdot L^{-1}$，$[CO_2(aq)] = 1.20\ mmol\cdot L^{-1}$

乙 $[HCO_3^-] = 21.6mmol\cdot L^{-1}$，$[CO_2(aq)] = 1.35\ mmol\cdot L^{-1}$

丙 $[HCO_3^-] = 56.0mmol \cdot L^{-1}$，$[CO_2(aq)] = 1.40\ mmol \cdot L^{-1}$

已知在血浆中校正后的 $pK'_{a1}(H_2CO_3) = 6.10$，试分别计算三位患者血浆的 pH。并判断谁为酸中毒，谁为碱中毒，谁为正常?

(章小丽)

习 题 详 解

1. 答(略)
2. 答(略)
3. 答：(1) $HAc\text{-}Ac^-$；(2) $H_2PO_4^- \text{-} HPO_4^{2-}$；(3) $NH_4^+\text{-}NH_3$。
4. 答：将 10.0 g Na_2CO_3 和 10.0 g $NaHCO_3$ 溶于水制备 250ml 缓冲溶液，求溶液的 pH。

$$n(HCO_3^-) = \frac{10.0g}{84.0g \cdot mol^{-1}} = 0.119mol \qquad n(CO_3^{2-}) = \frac{10.0g}{106g \cdot mol^{-1}} = 0.094mol$$

$$pH = pK_a + lg\frac{n(CO_3^{2-})}{n(HCO_3^-)} = 10.33 + lg\frac{0.094}{0.119} = 10.23$$

5. 答：(1) 设 $c(HPr)= x\ mol \cdot L^{-1}$，则 $c(NaPr)=(0.20-x)mol \cdot L^{-1}$

$$pH = pK_a + lg\frac{c(Pr^-)}{c(HPr)} = 4.87 + lg\frac{0.20 - x}{x} = 5.00$$

解得 $x = 0.085$ 即 $c(HPr) = 0.085mol \cdot L^{-1}$

$$c(NaPr) = 0.20mol \cdot L^{-1} - 0.085mol \cdot L^{-1} = 0.12mol \cdot L^{-1}$$

(2) 加入 0.010mol HCl 后

$$pH = pK_a + lg\frac{n(Pr^-)}{n(HPr)} = 4.87 + lg\frac{0.12 - 0.010}{0.085 + 0.010} = 4.93$$

6. 答：根据题意，NaH_2Cit 过量。过量的 H_2Cit^- 与 OH^- 反应：$H_2Cit^- + OH^- \rightleftharpoons HCit^{2-} + H_2O$，生成 $HCit^{2-}$，剩余的 H_2Cit^- 与 $HCit^{2-}$ 组成缓冲系

$$c(H_2Cit^-) = (0.100V - 0.050V)/ 2V = 0.025mol \cdot L^{-1}$$
$$c(HCit^{2-}) = 0.050V / 2V = 0.025mol \cdot L^{-1}$$

$$pH = pK_{a2} + lg\frac{c(HCit^{2-})}{c(H_2Cit^-)} = 4.76 + lg\frac{0.025}{0.025} = 4.76$$

7. 答：100ml = 0.100L

$$n(NaOH) = \frac{0.20/40}{0.100} = 0.050(mol \cdot L^{-1})$$

加入 NaOH 后

$$pH = 5.30 + lg\frac{c(B^-) + 0.050}{0.25 - 0.050} = 5.60$$

解得 $c(B^-) = 0.35(mol \cdot L^{-1})$

原溶液 $pH = 5.30 + lg\frac{0.35}{0.25} = 5.45$

8. 答：$pH = pK_a + lg\frac{n(Asp^-)}{n(HAsp)} = 3.48 + lg\frac{n(Asp^-)}{n(HAsp)} = 2.95$

$$\frac{n(Asp^-)}{n(HAsp)} = 0.295$$

依题意 $n(Asp^-) + n(HAsp) = \frac{0.65g}{180.2g / mol} = 0.003\ 6\ mol$

解得 $n(HAsp)= 0.002\ 8\ mol$

可吸收阿司匹林的质量 $= 0.002\ 8mol \times (180.2\ g \cdot mol^{-1}) = 0.50g$

9. 答：根据 Henderson-Hasselbalch 方程式

$$pH = pK_a + \lg\frac{c(NaAc)}{c(HAc)}$$

$$4.45 = 4.76 + \lg\frac{c(NaAc)}{c(HAc)}$$

可得
$$\frac{c(NaAc)}{c(HAc)} = 0.49$$

因为
$$c(HAc) + c(Ac^-) = 0.100mol \cdot L^{-1}$$

所以
$$c(HAc) = 0.067mol \cdot L^{-1}; \ c(Ac^-) = 0.033mol \cdot L^{-1}$$

代入式(5-6)得

$$\beta = 2.303 \times 0.067 \times 0033 / 0.100 = 0.051mol \cdot L^{-1} \cdot pH^{-1}$$

10. 答：可配制的缓冲溶液及相关情况见下表。

溶液组成	缓冲系	抗酸成分	抗碱成分	有效缓冲范围	$\beta_{最大}$时体积比
$Na_2HPO_4 + HCl$	$H_2PO_4^- - HPO_4^{2-}$	HPO_4^{2-}	$H_2PO_4^-$	6.21 ~ 8.21	2∶1
$Na_2HPO_4 + HCl$	$H_3PO_4 - H_2PO_4^-$	$H_2PO_4^-$	H_3PO_4	1.16 ~ 3.16	2∶3
$Na_2HPO_4 + NaOH$	$HPO_4^{2-} - PO_4^{3-}$	PO_4^{3-}	HPO_4^{2-}	11.32 ~ 13.32	2∶1

11. 答：设第一步反应需 H_3PO_4 和 NaOH 溶液体积各为 $x$ml

(1) $H_3PO_4 + NaOH = NaH_2PO_4 + H_2O$

$x$ml H_3PO_4 与 $x$ml NaOH 完全反应，生成 NaH_2PO_4 0.020 $x$mmol

(2) 第二步反应：设生成的 NaH_2PO_4 再部分与 NaOH $y$ml 反应，生成 Na_2HPO_4，其与剩余 NaH_2PO_4 组成缓冲溶液

	$NaH_2PO_4(aq)$+	$NaOH(aq)$	═══	$Na_2HPO_4(aq) + H_2O(l)$
起始量 mmol	$+0.020x$	$+0.020y$		
变化量 mmol	$-0.020y$	$-0.020y$		$+0.020y$
平衡量 mmol	$0.020(x-y)$	0		$+0.020y$

$$7.40 = 7.21 + \lg\frac{0.020y}{0.020(x-y)}$$

$$\frac{y}{x-y} = 1.55$$

依题意又有
$$2x + y = 100$$

解得
$$x = 38.4, \ y = 23.2$$

即需 H_3PO_4 溶液 38.4ml，NaOH 溶液 38.4ml + 23.2ml = 61.6ml。

12. 答：患者甲血浆的 pH 为

$$pH = pK'_{a1} + \lg\frac{[HCO_3^-]}{[CO_2(aq)]} = 6.10 + \lg\frac{24.0}{1.20} = 7.40$$

患者乙血浆的 pH 为

$$pH = 6.10 + \lg\frac{21.6}{1.35} = 7.30$$

患者丙血浆的 pH 为

$$pH = 6.10 + \lg\frac{56.0}{1.40} = 7.70$$

血浆的正常 pH 为 7.35 ~ 7.45，当 pH＜7.35 时属于酸中毒，当 pH＞7.45 时属于碱中毒。因此患者甲属于正常，患者乙属于酸中毒，患者丙属于碱中毒。

第六章　难溶强电解质溶液的沉淀溶解平衡

通常，当某物质室温下在 100g 水中的溶解度小于 0.01g 时，此物质称为难溶物；若已溶解的部分全部解离，溶液中没有已溶解而未解离的分子存在，此物质为强电解质，如 AgCl、$PbCrO_4$、$CaCO_3$ 等，它们都属于难溶强电解质。但这种界限不是绝对的，如 $PbCl_2$ 和 Hg_2SO_4 在 100g 水中的溶解度都大于 0.01g，但是由于这些物质的摩尔质量较大，其饱和溶液的物质的量浓度很小，所以也都视为难溶强电解质。

在难溶强电解质的饱和溶液中，存在着难溶强电解质固体与其溶解产生的离子之间的平衡，即**沉淀-溶解平衡**(precipitation-dissolution equilibrium)。在医药学中，沉淀-溶解平衡有着广泛的应用，如人体内尿结石的形成，龋齿的产生与防治，某些难溶电解质药物的制备，易溶药品中某些杂质的分离及药品的质量控制等，都会涉及沉淀溶解平衡的有关知识。

第一节　溶度积和溶度积规则

一、溶　度　积

将 AgCl 固体加入水中，由于 H_2O 分子的作用，一方面，部分 Ag^+和 Cl^-脱离固体表面进入溶液成为离子，此过程称为**溶解**(dissolution)；另一方面，溶液中的 Ag^+和 Cl^-能相互结合生成 AgCl 固体，这个过程称为**沉淀**(precipitation)。当溶解和沉淀的速率相等时，便达到沉淀-溶解的动态平衡，溶液中各离子的浓度(严格为活度)不变。如 AgCl 固体与溶液中离子之间存在如下平衡

$$AgCl(s) \underset{沉淀}{\overset{溶解}{\rightleftharpoons}} Ag^+(aq) + Cl^-(aq)$$

有

$$K_{sp} = [Ag^+][Cl^-]$$

K_{sp} 称为**溶度积常数**(solubility product constant)，简称溶度积。

对于一般的沉淀-溶解平衡

$$A_aB_b(s) \rightleftharpoons aA^{n+}(aq) + bB^{m-}(aq)$$

其溶度积可以表示为

$$K_{sp} = [A^{n+}]^a \cdot [B^{m-}]^b \tag{6-1}$$

式(6-1)表示在一定温度下，难溶强电解质达到沉淀-溶解平衡时各离子浓度幂次方之乘积为一常数。难溶强电解质的溶解度通常较小，因此，溶液的离子强度也很小，活度因子趋近于 1，可以用浓度代替活度。一般情况下，溶度积是指 298K 时的值。

例 6-1　298K 时，将含有 Ag^+ 的溶液与另一含有 CrO_4^{2-} 的溶液混合后，生成了 Ag_2CrO_4 沉淀。平衡时测得溶液中 Ag^+ 浓度为 $3.7\times10^{-6}mol \cdot L^{-1}$，$CrO_4^{2-}$ 浓度为 $8.6\times10^{-2}mol \cdot L^{-1}$，计算 Ag_2CrO_4 的溶度积。

解

$$Ag_2CrO_4(s) \rightleftharpoons 2Ag^+(aq) + CrO_4^{2-}(aq)$$

根据溶度积的定义，有

$$K_{sp} = [Ag^+]^2[CrO_4^{2-}] = (3.7\times10^{-6})^2 \times (8.6\times10^{-2}) = 1.2\times10^{-12}$$

和其他平衡常数一样，溶度积是温度的函数，与溶液中离子的浓度和未溶解固体的量无关。其大小反映了难溶强电解质在水中溶解能力的大小。一定温度下，对于同种类型的难溶强电解质，K_{sp} 越大，其溶解度越大。例如，常温下 AgCl 的溶度积(1.77×10^{-10})大于 AgBr 的溶度积

(5.35×10^{-13})，即常温下 AgCl 的溶解度大于 AgBr。

二、溶度积与溶解度的关系

溶度积和**溶解度**(solubility)都表示难溶强电解质在水中溶解程度的大小，为了便于溶度积与溶解度两者之间的换算，溶解度 S 也可以用物质的量浓度表示。设难溶电解质 A_aB_b 的溶解度为 S，沉淀-溶解达到平衡时

$$A_aB_b(s) \rightleftharpoons aA^{n+}(aq) + bB^{m-}(aq)$$

平衡浓度/mol · L^{-1}　　　　aS　　　bS

$$K_{sp} = [A^{n+}]^a[B^{m-}]^b = (aS)^a(bS)^b = a^ab^b \cdot S^{(a+b)}$$

$$S = \sqrt[a+b]{\frac{K_{sp}}{a^a \cdot b^b}} \qquad (6\text{-}2)$$

例 6-2　已知 298.15K 时，$K_{sp}(AgCl) = 1.77\times10^{-10}$、$K_{sp}(AgBr) = 5.35\times10^{-13}$、$K_{sp}(AgI) = 8.52\times10^{-17}$、$K_{sp}(Ag_2CrO_4) = 1.12\times10^{-12}$。分别计算并比较它们的溶解度。

解　(1) 设 AgX 的溶解度为 Smol · L^{-1}，根据

$$AgX(s) \rightleftharpoons Ag^+(aq) + X^-(aq)$$

平衡时

$$[Ag^+] = [X^-] = S$$

$$K_{sp}(AgX) = [Ag^+] \cdot [X^-] = S \cdot S = S^2$$

所以

$$S = \sqrt{K_{sp}(AgX)}$$

$$S_{AgCl} = \sqrt{1.77\times10^{-10}}\ mol \cdot L^{-1} = 1.33\times10^{-5}\ mol \cdot L^{-1}$$

$$S_{AgBr} = \sqrt{5.35\times10^{-13}}\ mol \cdot L^{-1} = 7.31\times10^{-7}\ mol \cdot L^{-1}$$

$$S_{AgI} = \sqrt{8.52\times10^{-17}}\ mol \cdot L^{-1} = 9.23\times10^{-9}\ mol \cdot L^{-1}$$

(2) 设 Ag_2CrO_4 的溶解度为 S，根据

$$Ag_2CrO_4(s) \rightleftharpoons 2Ag^+(aq) + CrO_4^{2-}(aq)$$

平衡时，$[CrO_4^{2-}] = S$，$[Ag^+] = 2S$

$$K_{sp}(Ag_2CrO_4) = [Ag^+]^2[CrO_4^{2-}] = (2S)^2\times S = 4S^3$$

$$S_{Ag_2CrO_4} = \sqrt[3]{\frac{K_{sp}(Ag_2CrO_4)}{4}}\ mol \cdot L^{-1} = \sqrt[3]{\frac{1.12\times10^{-12}}{4}}\ mol \cdot L^{-1} = 6.54\times10^{-5} mol \cdot L^{-1}$$

溶解度的大小顺序为 $S_{Ag_2CrO_4} > S_{AgCl} > S_{AgBr} > S_{AgI}$

从例 6-2 可以看出，在比较难溶强电解质溶解度的大小时，如果是同种类型的难溶强电解质，可以通过它们 K_{sp} 的大小直接进行判断，K_{sp} 较大的溶解度就较大；如果是不同类型的难溶强电解质，必须计算出其溶解度，然后进行比较。通常的难溶强电解质溶解度都比较小，在水溶液中不发生水解等副反应，或副反应程度小到可以忽略。

三、溶度积规则

一定温度时，在沉淀溶解的过程中，可以通过测定溶液中离子的相应浓度，确知反应是否达到沉淀-溶解平衡。例如

$$A_aB_b(s) \rightleftharpoons aA^{n+}(aq) + bB^{m-}(aq)$$

若以 Q 表示该难溶强电解质离子浓度幂的乘积，即

$$Q = c(A^{n+})^a\, c(B^{m-})^b \qquad (6\text{-}3)$$

Q 称为**离子积**(ion product)。根据化学热力学原理，比较 Q 与 K_{sp} 的大小，就可以判断沉淀-溶解平衡移动的方向。

(1) $Q< K_{sp}$，不饱和溶液，平衡向沉淀溶解的方向移动。

(2) $Q = K_{sp}$，达到沉淀-溶解平衡。

(3) $Q> K_{sp}$，过饱和状态，平衡向生成沉淀的方向移动。

上述 Q 与 K_{sp} 的关系称为**溶度积规则**(rule of solubility product)，它是难溶强电解质沉淀-溶解平衡移动规律的总结，也是判断沉淀生成和溶解的依据，其实质就是化学热力学原理在难溶电解质沉淀-溶解平衡中的应用。

由于影响沉淀溶解的因素较多，因此，由计算得出的结果可能会和实际情况略有出入。例如，计算结果可能 Q 略大于 K_{sp}，但此时仍未观察到有沉淀生成，这可能是由于：①Q 是按浓度计算而不是按活度计算；②由于溶液中没有结晶中心存在，即使溶液过饱和，也暂时没有沉淀析出；③只有当溶液中沉淀物达到一定量时，才能观察到沉淀物固体。

第二节　沉淀-溶解平衡的移动

当难溶强电解质已经达到沉淀-溶解平衡，再改变溶液中离子的浓度，平衡就会移动，从而导致生成更多的沉淀或者沉淀溶解。

一、沉淀的生成

(一) 沉淀生成的条件

含有组成沉淀物质的离子的溶液互称沉淀剂。根据溶度积规则，沉淀剂混合后生成沉淀时，其 $Q>K_{sp}$。

例 6-3　将 20ml 浓度为 0.010mol · L^{-1} 的 $CaCl_2$ 溶液加入到 60ml 浓度为 0.080mol · L^{-1} 的 K_2SO_4 溶液中，能否析出 $CaSO_4$ 沉淀？若有沉淀析出，计算沉淀生成后残留的 Ca^{2+}和 SO_4^{2-} 的浓度。已知 $K_{sp}(CaSO_4)= 4.9\times10^{-5}$。

解　混合后各离子的浓度分别为

$$c(Ca^{2+}) = 20\times\frac{0.010}{20+60}\ mol\cdot L^{-1} = 2.5\times10^{-3}\ mol\cdot L^{-1}$$

$$c(SO_4^{2-}) = 60\times\frac{0.080}{20+60}\ mol\cdot L^{-1} = 6.0\times10^{-2}\ mol\cdot L^{-1}$$

$$Q=c(Ca^{2+})c(SO_4^{2-})= 2.5\times10^{-3}\times 6.0\times 10^{-2} = 1.5\times10^{-4}$$

由于 $Q>K_{sp}(CaSO_4)$，因此，两种溶液混合后有沉淀析出。

由题意可知，SO_4^{2-} 过量，生成 $CaSO_4$ 沉淀后残留 SO_4^{2-} 的浓度为

$$[SO_4^{2-}] = 6.0\times10^{-2}mol\cdot L^{-1} - 2.5\times10^{-3}mol\cdot L^{-1} = 5.8\times10^{-2}\ mol\cdot L^{-1}$$

残留的 Ca^{2+} 浓度为 $[Ca^{2+}] = \dfrac{K_{sp}}{[SO_4^{2-}]} = \dfrac{4.9\times10^{-5}}{5.8\times10^{-2}}\ mol\cdot L^{-1} = 8.4\times10^{-4}mol\cdot L^{-1}$

(二) 同离子效应和盐效应对沉淀生成的影响

1. 同离子效应　在难溶强电解质溶液中加入与其含有相同离子的易溶强电解质，难溶强电解质解离度降低的效应称为**同离子效应**(common ion effect)。例如，25℃时，AgCl 在水中的溶解度为

$$S = [Ag^{+}]\cdot[Cl^{-}] = \sqrt{K_{sp(AgCl)}} = \sqrt{1.77\times10^{-10}}\ mol\cdot L^{-1} = 1.33\times10^{-5}\ mol\cdot L^{-1}$$

如果向此溶液中加入含有相同 Cl^- 的易溶强电解质 NaCl，使溶液中的 Cl^-浓度为 $1.00mol \cdot L^{-1}$，则 AgCl 的溶解度就为

$$S = [Ag^+] = \frac{K_{sp}}{[Cl^-]} = \frac{1.77\times10^{-10}}{1.00} mol \cdot L^{-1} = 1.77\times10^{-10} mol \cdot L^{-1}$$

计算表明，此时 AgCl 的溶解度约为纯水中溶解度的十万分之一。

同离子效应的影响在实际中很常见，例如，根据同离子效应用沉淀剂洗涤沉淀，以避免沉淀物质因溶解而有更多的损失；采用适当加大沉淀剂的用量，能使被测组分沉淀得更完全。一般情况下，当一种离子与沉淀剂生成沉淀后，其在溶液中的残留量低于 $1.0\times10^{-5}mol \cdot L^{-1}$ 时，则认为该离子已经沉淀完全。

2. 盐效应　在难溶强电解质溶液中，加入含有不相同离子的易溶性强电解质，而使难溶强电解质溶解度略有增加的效应称为**盐效应**(salt effect)。例如，难溶强电解质 $BaSO_4$ 和 AgCl 都分别溶于 H_2O 和 KNO_3 两种溶液中，实验结果见表 6-1。可以看出，在 KNO_3 溶液中，$BaSO_4$ 和 AgCl 的溶解度均比在 H_2O 中大，并随 KNO_3 浓度的增大而增大。这是因为加入 KNO_3 后，溶液中离子总数明显增多，离子强度增大，由于溶液中正负离子之间的相互牵制作用增强，Ba^{2+} 和 SO_4^{2-} 结合生成沉淀的机会相对减少，这时平衡将向沉淀溶解的方向移动，致使 $BaSO_4$ 在 KNO_3 溶液中的溶解度比在 H_2O 中增大了；AgCl 的情况与 $BaSO_4$ 类似。

表 6-1　$BaSO_4$ 和 AgCl 在水和 KNO_3 溶液中的溶解度(25℃)

$c(KNO_3)/mol \cdot L^{-1}$	$S(BaSO_4)/10^{-5}mol \cdot L^{-1}$	$S(AgCl)/10^{-5}mol \cdot L^{-1}$
0.000	0.96	1.278
0.001	1.16	1.325
0.005	1.42	1.385
0.010	1.63	1.427

必须注意到，在同离子效应存在的同时，盐效应也存在，但盐效应远远弱于同离子效应，因此，通常主要考虑同离子效应的影响。

(三) 酸度对沉淀生成的影响

某些难溶强电解质，如硫化物等弱酸盐沉淀和氢氧化物沉淀等的溶解情况与溶液的酸度密切相关，因此，通过调整溶液的 pH，可以控制沉淀的生成与否；在实际工作中，还常通过调整溶液的 pH，达到分离杂质、纯化物质的目的。

例 6-4　在 10ml $0.0015mol \cdot L^{-1}$ $MnSO_4$ 溶液中，加入 5.0ml $0.050mol \cdot L^{-1}$ $NH_3 \cdot H_2O$，能否生成 $Mn(OH)_2$ 沉淀? 已知 $NH_3 \cdot H_2O$ 的 $K_b = 1.8\times10^{-5}$，$Mn(OH)_2$ 的 $K_{sp} = 2.1\times10^{-13}$。

解　在混合溶液中

$$c(Mn^{2+}) = \frac{0.0015\times10}{15} mol \cdot L^{-1} = 0.001\,0 mol \cdot L^{-1}$$

$NH_3 \cdot H_2O$ 为一元弱碱，其浓度 $c = \dfrac{0.050\times5}{15} mol \cdot L^{-1} = 0.017\ mol \cdot L^{-1}$

$\because cK_b > 20K_w$，$\dfrac{c}{K_b} > 500$　$\therefore c(OH^-) = \sqrt{cK_b} = \sqrt{0.017\times1.8\times10^{-5}} mol \cdot L^{-1} = 5.5\times10^{-4} mol \cdot L^{-1}$

$$Mn(OH)_2 \rightleftharpoons Mn^{2+} + 2OH^-$$

$$Q = c(Mn^{2+})c(OH^-)^2 = 3.0\times10^{-10} > K_{sp}$$

所以能生成 $Mn(OH)_2$ 沉淀。

例 6-5 向浓度为 0.10mol · L^{-1} 的 $ZnSO_4$ 溶液中通 H_2S 气体至饱和(H_2S 的浓度为 0.10mol · L^{-1})时，溶液中刚好有 ZnS 沉淀生成，求此时溶液的$[H^+]$。若使 Zn^{2+}沉淀完全，溶液的$[H^+]$应为多少？已知 ZnS 的 $K_{sp} = 2.0\times10^{-22}$，$H_2S$ 的 $K_{a1} = 1.3\times10^{-7}$，$K_{a2} = 7.1\times10^{-15}$。

解 此题涉及沉淀-溶解平衡和弱酸的解离平衡。溶液中通入 H_2S 气体后产生的 H^+ 将影响 S^{2-}浓度，而 S^{2-}又和 Zn^{2+} 处于沉淀-溶解平衡体系中。

$$ZnS(s) \rightleftharpoons Zn^{2+}(aq) + S^{2-}(aq)$$

若溶液中刚好有 ZnS 沉淀生成，则 $Q = K_{sp}$

此时
$$[S^{2-}] = \frac{K_{sp}}{[Zn^{2+}]} = \frac{2.0\times10^{-22}}{0.10}\ \text{mol}\cdot L^{-1} = 2.0\times10^{-21}\ \text{mol}\cdot L^{-1}$$

$$H_2S \rightleftharpoons 2H^+ + S^{2-}$$

$$K = K_{a1}\cdot K_{a2} = \frac{[H^+]^2[S^{2-}]}{[H_2S]}$$

$$[H^+] = \sqrt{\frac{K_{a1}K_{a2}[H_2S]}{[S^{2-}]}} = \sqrt{\frac{1.3\times10^{-7}\times7.1\times10^{-15}\times0.10}{2.0\times10^{-21}}}\ \text{mol}\cdot L^{-1} = 0.21\text{mol}\cdot L^{-1}$$

因此，要生成 ZnS 沉淀，溶液中$[H^+] \leqslant 0.21\text{mol}\cdot L^{-1}$。

当 Zn^{2+}沉淀完全时，$[Zn^{2+}] \leqslant 1.0\times10^{-5}\text{mol}\cdot L^{-1}$，此时 $[S^{2-}] \geqslant \frac{K_{sp}}{[Zn^{2+}]}$

$$\because [S^{2-}] = \frac{[H_2S]K_{a1}K_{a2}}{[H^+]^2} \qquad \therefore \frac{[H_2S]K_{a1}K_{a2}}{[H^+]^2} \geqslant \frac{K_{sp}}{[Zn^{2+}]}$$

即
$$[H^+] \leqslant \sqrt{\frac{[H_2S]K_{a1}K_{a2}[Zn^{2+}]}{K_{sp}}}$$

带入数据计算得 $[H^+] \leqslant \sqrt{\frac{0.10\times1.3\times10^{-7}\times7.1\times10^{-15}\times1.0\times10^{-5}}{2.0\times10^{-22}}}\ \text{mol}\cdot L^{-1} = 2.1\times10^{-3}\ \text{mol}\cdot L^{-1}$

因此，要使 Zn^{2+}沉淀完全，需溶液的$[H^+] \leqslant 2.1\times10^{-3}\ \text{mol}\cdot L^{-1}$。

二、分 步 沉 淀

当溶液中同时含有几种离子，且它们均能与同一种沉淀剂发生沉淀反应，加入此沉淀剂后，沉淀就会按先后顺序产生，这种现象称为**分步沉淀**(fractional precipitate)。在分步沉淀中，最先满足 $Q > K_{sp}$ 的物质最先沉淀出来。

例 6-6 某酸性溶液中，Zn^{2+}和 Fe^{3+} 的浓度均为 0.10mol · L^{-1}，增大溶液 pH，哪种离子先生成氢氧化物沉淀？如何利用氢氧化物沉淀分离 Zn^{2+} 和 Fe^{3+}？已知 $K_{sp}\{Zn(OH)_2\} = 6.86\times10^{-17}$，$K_{sp}\{Fe(OH)_3\} = 2.79\times10^{-39}$。

解 生成 $Fe(OH)_3$ 沉淀必须满足

$$c(OH^-) > \sqrt[3]{\frac{K_{sp}\{Fe(OH)_3\}}{c(Fe^{3+})}} = \sqrt[3]{\frac{2.79\times10^{-39}}{0.10}}\ \text{mol}\cdot L^{-1} = 3.0\times10^{-13}\text{mol}\cdot L^{-1}$$

即
$$pH > 1.48$$

生成 $Zn(OH)_2$ 沉淀需满足

$$c(OH^-) > \sqrt{\frac{K_{sp}\{Zn(OH)_2\}}{c(Zn^{2+})}} = \sqrt{\frac{6.86\times10^{-17}}{0.10}}\ \text{mol}\cdot L^{-1} = 2.6\times10^{-8}\text{mol}\cdot L^{-1}$$

即 $$pH > 6.42$$

由以上计算可知，当 pH＞1.48 时可生成 $Fe(OH)_3$ 沉淀，而生成 $Zn(OH)_2$ 沉淀需要 pH＞6.42，因此，该溶液中 Fe^{3+} 先生成氢氧化物沉淀。

当 $Fe(OH)_3$ 沉淀完全时，须满足 $c(OH^-) > \sqrt[3]{\dfrac{K_{sp}\{Fe(OH)_3\}}{1.0\times10^{-5}}}$

$$c(OH^-) > \sqrt[3]{\frac{2.79\times10^{-39}}{1.0\times10^{-5}}}\ mol\cdot L^{-1} = 6.5\times10^{-12}\ mol\cdot L^{-1}$$

即 $$pH > 2.81$$

可以看出，只要控制溶液的 pH 在 2.81 ~ 6.42 范围内，就可以使 $Fe(OH)_3$ 沉淀完全，而 Zn^{2+} 仍留在溶液中。

分步沉淀通常用于离子的分离。例如，许多金属离子可以生成氢氧化物沉淀，如果它们的溶解度相差较大，则可以控制酸度以使金属离子分步沉淀，从而实现金属离子分离的目的。

例 6-7　某溶液中 Ba^{2+} 和 Ag^+ 的浓度均为 $0.10 mol\cdot L^{-1}$，加入 K_2CrO_4 后，哪一种离子先沉淀？当第二种离子开始沉淀时，溶液中首先沉淀的金属离子的浓度是多少？已知 $K_{sp}(BaCrO_4) = 1.17\times10^{-10}$，$K_{sp}(Ag_2CrO_4) = 1.12\times10^{-12}$。

解
$$BaCrO_4(s) \rightleftharpoons Ba^{2+}(aq) + CrO_4^{2-}(aq)$$

沉淀 Ba^{2+} 应满足
$$c(CrO_4^{2-}) > \frac{K_{sp}(BaCrO_4)}{c(Ba^{2+})}$$

$$c(CrO_4^{2-}) > \frac{1.17\times10^{-10}}{0.10}\ mol\cdot L^{-1} = 1.2\times10^{-9}\ mol\cdot L^{-1}$$

$$Ag_2CrO_4(s) \rightleftharpoons 2Ag^+(aq) + CrO_4^{2-}(aq)$$

沉淀 Ag^+ 应满足
$$c(CrO_4^{2-}) > \frac{K_{sp}(Ag_2CrO_4)}{c(Ag^+)^2}$$

$$c(CrO_4^{2-}) > \frac{1.12\times10^{-12}}{(0.10)^2}\ mol\cdot L^{-1} = 1.1\times10^{-10}\ mol\cdot L^{-1}$$

Ag^+ 开始沉淀所需的 CrO_4^{2-} 浓度小于 Ba^{2+} 开始沉淀所需的 CrO_4^{2-} 浓度。所以，加入 CrO_4^{2-} 后 Ag^+ 先沉淀。当 Ba^{2+} 开始沉淀时，溶液中 Ag^+ 的浓度为

$$[Ag^+] = \sqrt{\frac{K_{sp}(Ag_2CrO_4)}{[CrO_4^{2-}]}} = \sqrt{\frac{1.1\times10^{-12}}{1.2\times10^{-9}}}\ mol\cdot L^{-1} = 3.0\times10^{-2}\ mol\cdot L^{-1}$$

当 Ba^{2+} 开始沉淀时，Ag^+ 的浓度为 $3.0\times10^{-2}\ mol\cdot L^{-1}$，在溶液中远没有沉淀完全，故不能用 K_2CrO_4 分离 Ag^+ 和 Ba^{2+}。

三、沉淀的溶解

根据溶度积规则，若沉淀溶解，则 $Q < K_{sp}$。

(一) 生成弱电解质

1. 生成水　难溶氢氧化物，如 $Mg(OH)_2$、$Cu(OH)_2$、$Fe(OH)_3$ 等能溶于酸，加入酸后生成弱电解质水，溶液中 OH^- 的浓度降低，使 $Q < K_{sp}$，平衡将向着沉淀溶解的方向移动。$Fe(OH)_3$ 溶于 HCl 的过程为

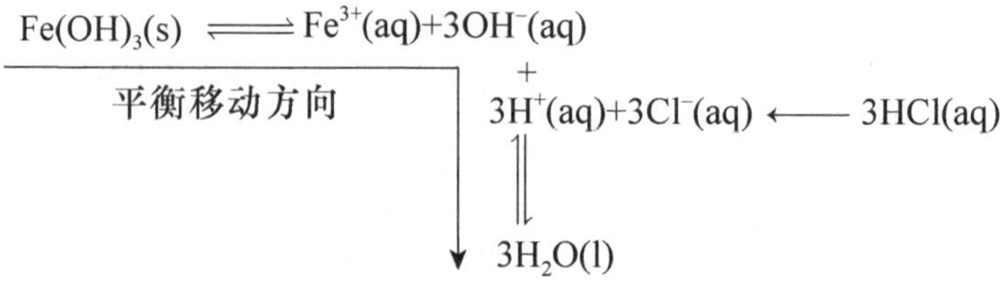

总反应为 $Fe(OH)_3(s)+3H^+(aq) \rightleftharpoons Fe^{3+}(aq)+3H_2O(l)$

该反应的平衡常数为 $K=\dfrac{K_{sp}\{Fe(OH)_3\}}{K_w^3}=\dfrac{2.79\times10^{-39}}{(1.0\times10^{-14})^3}=2.79\times10^3$

2. 生成弱酸 在弱酸盐沉淀中加入强酸使其溶解，是常用的方法。例如，$CaCO_3$ 溶于 HCl 的过程为

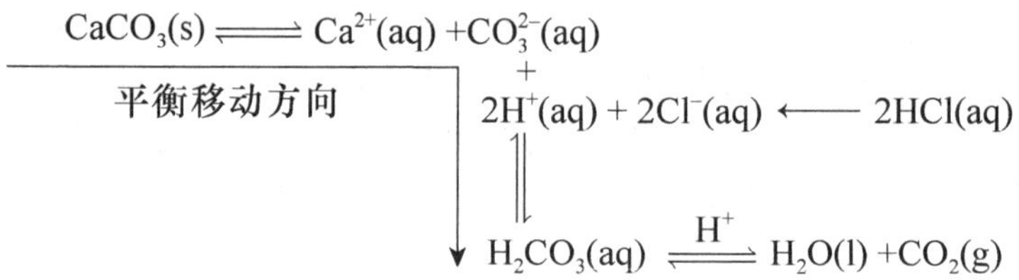

总反应为 $CaCO_3(s)+2H^+(aq) \rightleftharpoons Ca^{2+}(aq)+CO_2(g)+H_2O(l)$

该反应的平衡常数为 $K=\dfrac{K_{sp}(CaCO_3)}{K_{a1}K_{a2}}=\dfrac{3.36\times10^{-9}}{4.5\times10^{-7}\times4.7\times10^{-11}}=1.6\times10^8$

加入 HCl 后，溶液中的 CO_3^{2-} 与酸反应生成 CO_2 和 H_2O，使溶液中 CO_3^{2-} 的浓度降低，导致 $Q<K_{sp}$，而使沉淀溶解。

3. 生成弱碱 以 $Mg(OH)_2$ 为例，其过程为

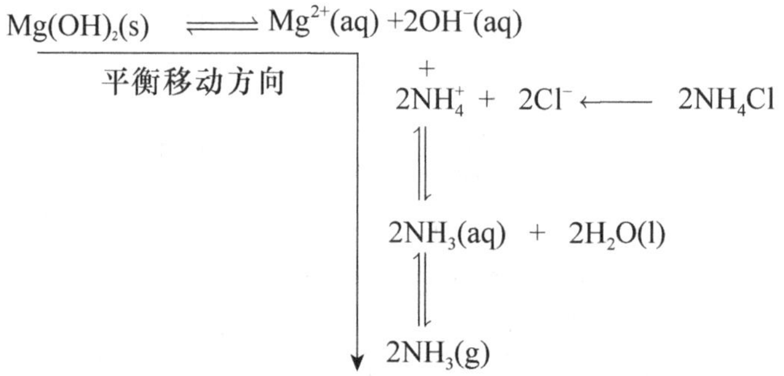

总反应为 $Mg(OH)_2(s)+2NH_4^+(aq) \rightleftharpoons Mg^{2+}(aq)+2NH_3(g)+2H_2O(l)$

该反应的平衡常数为 $K=\dfrac{K_{sp}\{Mg(OH)_2\}}{K_b^2(NH_3)}=\dfrac{5.61\times10^{-12}}{(1.79\times10^{-5})^2}=1.75\times10^{-2}$

加入 NH_4Cl 后，溶液中 OH^- 与 NH_4^+ 反应生成 NH_3 和 H_2O，使溶液中 OH^- 的浓度降低，导致 $Q<K_{sp}$，而使沉淀溶解。

（二）生成配合物

AgCl 沉淀既不溶于酸又不溶于碱，但是可溶解于氨水，这是因为 Ag^+ 与 NH_3 生成了化学性质稳定的配合物，其过程为

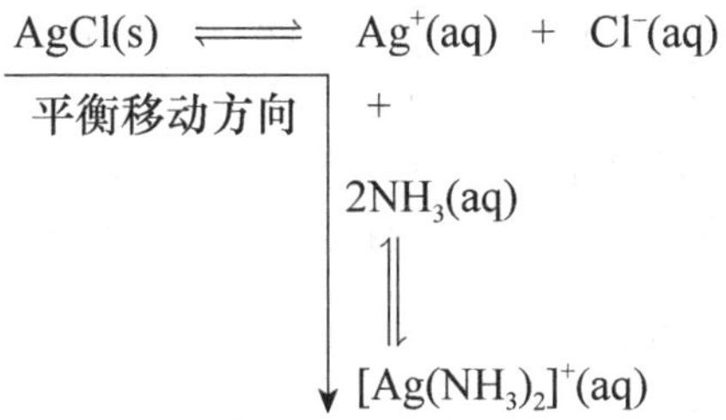

溶液中 Ag^+与 NH_3 结合成稳定的配离子$[Ag(NH_3)_2]^+$，使溶液中 Ag^+浓度大大降低，导致 AgCl 沉淀溶解。

(三) 发生氧化还原反应

对于 K_{sp} 很小的沉淀物质，通常的方法难以使其溶解，若加入适当的氧化剂或还原剂，使难溶强电解质的某一离子发生氧化或还原反应，使该离子的浓度降低，导致 $Q<K_{sp}$，就能达到沉淀溶解的目的。例如，CuS 的 K_{sp} 很小，即使加入较浓的 HCl，虽然能生成少量 H_2S 使 S^{2-} 浓度略有降低，Cu^{2+}浓度稍有增加，但仍不足以使 $Q<K_{sp}$，因此，CuS 难溶于非氧化性的强酸中，但 CuS 可溶于 HNO_3，是因为 S^{2-}被 HNO_3 氧化

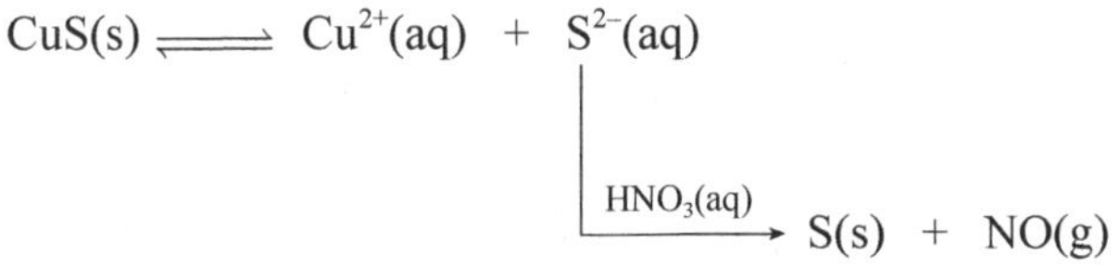

总反应式为
$$3CuS(s)+8HNO_3(aq) = 3Cu(NO_3)_2(aq)+2NO(g)+3S(s)+4H_2O(l)$$

四、沉淀的转化

在含有某种沉淀的溶液中加入另一种沉淀剂，使得原来沉淀转化为新的沉淀，该过程就是沉淀的转化。

(一) 转化为更稳定的沉淀

如果在白色的 $PbSO_4$ 沉淀中加入足够量的 K_2CrO_4 溶液，就会有黄色的 $PbCrO_4$ 沉淀生成。这是由于 $PbCrO_4(K_{sp}=1.77\times10^{-14})$是比 $PbSO_4(K_{sp}=1.06\times10^{-8})$更稳定的沉淀物，$PbCrO_4$ 的生成降低了溶液中 Pb^{2+}浓度，破坏了 $PbSO_4$ 的沉淀-溶解平衡，使平衡向转化为 $PbCrO_4$ 的方向移动，转化过程为

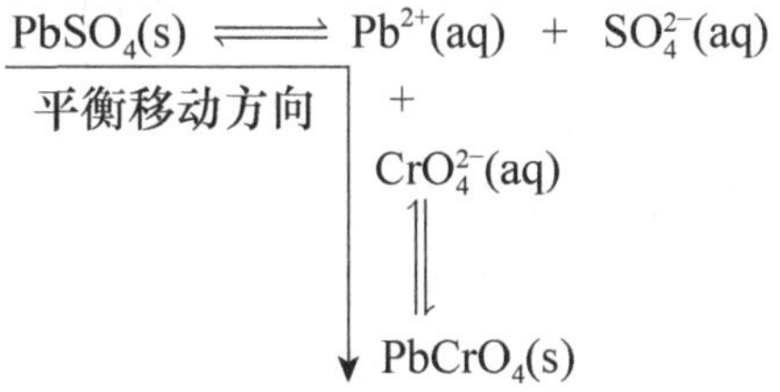

当转化反应达平衡时
$$PbSO_4(s)+CrO_4^{2-} \rightleftharpoons PbCrO_4(s)+SO_4^{2-}$$

平衡常数为
$$K=\frac{[SO_4^{2-}]}{[CrO_4^{2-}]}$$

对上式进行处理可得

$$K=\frac{[SO_4^{2-}]}{[CrO_4^{2-}]}=\frac{[Pb^{2+}][SO_4^{2-}]}{[Pb^{2+}][CrO_4^{2-}]}=\frac{K_{sp}(PbSO_4)}{K_{sp}(PbCrO_4)}=\frac{1.06\times10^{-8}}{1.77\times10^{-14}}=5.99\times10^5$$

该反应的平衡常数很大，说明 $PbSO_4$ 很容易转化为 $PbCrO_4$ 沉淀，且转化反应能进行得很完全。通常，若加入的新沉淀剂能使原沉淀转化为更稳定的新沉淀物质，这个转化是很容易实现的。

(二) 转化为较不稳定的沉淀

在难溶强电解质 $BaSO_4$(K_{sp} = 1.08×10^{-10})和 $BaCO_3$(K_{sp} = 2.58×10^{-9})之间的沉淀转化有以下两种情况。

(1) $BaCO_3$ 转化为 $BaSO_4$ 沉淀。转化反应为

$$BaCO_3(s)+SO_4^{2-}\rightleftharpoons BaSO_4(s)+CO_3^{2-}$$

反应的平衡常数为

$$K=\frac{[CO_3^{2-}]}{[SO_4^{2-}]}=\frac{[Ba^{2+}][CO_3^{2-}]}{[Ba^{2+}][SO_4^{2-}]}=\frac{K_{sp}(BaCO_3)}{K_{sp}(BaSO_4)}=\frac{2.58\times10^{-9}}{1.08\times10^{-10}}=24$$

该平衡常数不够大，需要在 $BaCO_3$ 沉淀中加入足量的可溶性硫酸盐，如加入足量的 Na_2SO_4，才能使 $BaCO_3$ 转化为 $BaSO_4$ 沉淀。

(2) $BaSO_4$ 转化为 $BaCO_3$ 沉淀。转化反应为

$$BaSO_4(s)+CO_3^{2-}\rightleftharpoons BaCO_3(s)+SO_4^{2-}$$

反应的平衡常数为

$$K=\frac{[SO_4^{2-}]}{[CO_3^{2-}]}=\frac{[Ba^{2+}][SO_4^{2-}]}{[Ba^{2+}][CO_3^{2-}]}=\frac{K_{sp}(BaSO_4)}{K_{sp}(BaCO_3)}=\frac{1.08\times10^{-10}}{2.58\times10^{-9}}=\frac{1}{24}$$

反应达到平衡时，$[CO_3^{2-}]$需达到$[SO_4^{2-}]$的 24 倍，因此，$BaSO_4$ 比较难以转化为 $BaCO_3$。实际工作中，需反复用 Na_2CO_3 溶液溶解 $BaSO_4$，才能实现这个转化反应。

从上述沉淀转化的例子可以看出，若两种沉淀物质的溶解度差别不大，通过控制转化条件，使难溶沉淀转化为较易溶的沉淀是可能的。但是，当两种难溶电解质的溶解度相差很大时，更难溶的沉淀转化为较易溶的沉淀就很困难，甚至不可能。例如，AgI($K_{sp}=8.52\times10^{-17}$)不可能转化为 AgCl($K_{sp}=1.77\times10^{-10}$)沉淀。

第三节　沉淀-溶解平衡在医药学中的应用

一、在医学中的应用

1. 结石与沉淀物　人的尿液中含有 $C_2O_4^{2-}$、PO_4^{3-}、Ca^{2+}、Mg^{2+}、NH_4^+、H^+、OH^- 等离子。其中部分离子间会反应生成沉淀，如 $C_2O_4^{2-}$ 和 Ca^{2+}形成 CaC_2O_4 沉淀，PO_4^{3-} 和 Ca^{2+}形成 $Ca_3(PO_4)_2$ 沉淀，这些沉淀是尿结石的主要成分。人体血液中 $C_2O_4^{2-}$ 和 Ca^{2+}通常是过饱和的，但却难以形成 CaC_2O_4 沉淀，这是由于血液中存在蛋白质等能抑制结晶的高分子物质，尽管 $Q>K_{sp}$，但仍无沉淀生成。血液经过肾小球过滤后成为原始的尿液，蛋白质等高分子物质被过滤保留于血液中，而尿液中由于缺少了蛋白质等结晶抑制物，从而使 $C_2O_4^{2-}$ 和 Ca^{2+} 在肾小管内形成 CaC_2O_4 沉淀，这种现象在尿道中也可能发生，若形成的结石较小、尿液停留时间短，微小结石容易随尿液排出，不会堵塞通道。但某些人尿中结晶抑制物的浓度过低，或滤液流动速率太慢、尿液停留时间过长，则容易形成**尿结石**(urinary calculus)。因此，医学上常通过加快排尿速率(缩短滤液停留时间)、加大尿量(减少 $C_2O_4^{2-}$、Ca^{2+}的浓度)等办法防治结石。生活中多饮水也是防治

尿结石的一种方法。

2. 龋齿与沉淀物 牙齿表面的保护层是牙釉质，主要是由溶度积很小的羟基磷灰石组成，其化学式为 $Ca_{10}(OH)_2(PO_4)_6$，羟基磷灰石非常坚硬，在唾液中存在如下平衡

$$Ca_{10}(OH)_2(PO_4)_6(s) \rightleftharpoons 10Ca^{2+} + 6PO_4^{3-} + 2OH^-$$

进食后食物若在口腔内有残留，在细菌和酶的作用下产生的有机酸将与 OH^- 反应，使上述平衡向沉淀溶解的方向移动，而削弱了牙釉质层，进而有产生**龋齿**(decayed tooth)的基础。

F^-能使牙釉质层由 $Ca_{10}(OH)_2(PO_4)_6$ 转化为更难溶的 $Ca_{10}F_2(PO_4)_6$，反应式如下

$$Ca_{10}(OH)_2(PO_4)_6(s) + 2F^-(aq) \rightleftharpoons Ca_{10}F_2(PO_4)_6(s) + 2OH^-(aq)$$

由于 $Ca_{10}F_2(PO_4)_6$ 很难溶于酸，因此，牙齿具有较强的耐酸能力，F^-有利于保护牙齿。

二、在药学中的应用

1. 在药物生产中的应用 临床上许多难溶药物是利用沉淀反应制备出来的；而某些易溶药物在制备过程中，也利用沉淀反应进行纯化和精制，如 $BaSO_4$、$Al(OH)_3$ 的制备等。

(1) $BaSO_4$ 的制备：由于 Ba^{2+}离子不易被 X 射线穿透，临床上用钡盐作 X 射线的造影剂，诊断胃肠道疾病。然而 Ba^{2+}有毒，能使蛋白质变性而失去生理功能，所以可溶性钡盐，如 $BaCl_2$、$Ba(NO_3)_2$ 及在酸性胃液中能溶解的 $BaCO_3$ 等钡盐都不能用作造影剂。而 $BaSO_4$ 由于难溶于酸，在水中溶解度也小，所以常用作 X 射线透视胃肠道的造影剂，俗称"**钡餐**"(barium meal)。制备 $BaSO_4$ 通常以 $BaCl_2$ 和 Na_2SO_4 原料，或向可溶性钡盐溶液中加入 H_2SO_4 制得。

$$Ba^{2+} + SO_4^{2-} \rightleftharpoons BaSO_4\downarrow$$

$BaSO_4$ 是细晶形沉淀，最适宜的制备条件是在适当稀的可溶钡盐热溶液中，慢慢加入沉淀剂 Na_2SO_4 或 H_2SO_4，并不断搅拌溶液，待 $BaSO_4$ 沉淀析出后，仍在溶液中放置一段时间(陈化)，使小颗粒晶体溶解，大颗粒晶体再长大，小颗粒晶体中的杂质在溶解过程中进入溶液，从而能获得纯度高、质量好的 $BaSO_4$ 晶体。

所得 $BaSO_4$ 沉淀经过滤、洗涤、干燥、灭菌、杂质检查及含量测定等环节，符合药典质量标准，即可供药用。

(2) 药用 NaCl 的制备：以粗食盐为原料，其中所含主要杂质有 K^+、Ca^{2+}、Mg^{2+}、Fe^{3+}、Br^-、I^-、SO_4^{2-}、重金属离子及有机物和沙尘。通常选择合适的沉淀剂，如 $Ca(OH)_2$、$BaCl_2$、Na_2CO_3 等，使上述杂质离子转化为沉淀，经过滤被分离去除。再浓缩较纯的 NaCl 溶液，得到高纯度的 NaCl。再经过与前例类似的环节，供药用。

2. 在药物质量控制中的应用 为了确保药品质量，必须按照国家规定的药品质量标准，对药品进行严格的质量检查工作。对药品的质量检查包括杂质检查和含量测定两个主要方面，其中不少工作都是利用沉淀反应完成的。

(1) 重金属的限量检查：是检查杂质的重要内容之一。由于在药品生产过程中有接触铅的机会，而铅容易在人体内蓄积致使中毒，因此，检查重金属离子时常以铅为代表。

检查方法：取一定量的样品，在一定条件下与 H_2S 试液混合，样品中的微量 Pb^{2+}与试剂反应产生棕色沉淀，使溶液混浊。

$$Pb^{2+} + H_2S \rightleftharpoons PbS\downarrow + 2H^+$$

以一定量的标准铅(标准铅的量按药典规定计算)在相同条件下与 H_2S 试液的反应结果为标准进行比较，判断样品中重金属杂质是否超过限度。

(2) 注射用 H_2O 中 Cl^- 的限度检查方法：取纯 H_2O 样 50ml，加 5 滴稀 HNO_3 酸化，加 $0.10mol \cdot L^{-1}$ $AgNO_3$ 溶液 1ml，放置 30s 不得发生混浊。该检验方法的原理是利用 Cl^- 与 Ag^+ 反应生成 AgCl 沉淀。其中加入硝酸是为了防止 CO_3^{2-}、PO_4^{3-}、OH^-等离子的干扰。

根据所用 H_2O 样的体积、所用试剂的浓度和体积，利用 $K_{sp}(AgCl)$可以计算出该方法允许 Cl^- 存在的限度。在该条件下，溶液中的 Ag^+浓度为

$$[Ag^+]=0.10\times\frac{1}{50+1}\ mol\cdot L^{-1}=2.0\times10^{-3}mol\cdot L^{-1}$$

$$K_{sp}=[Ag^+][Cl^-]=1.77\times10^{-10}$$

$$[Cl^-]=\frac{K_{sp}}{[Ag^+]}=\frac{1.77\times10^{-10}}{2.0\times10^{-3}}\ mol\cdot L^{-1}=8.85\times10^{-8}\ mol\cdot L^{-1}$$

计算结果表明，如果$[Cl^-]$超过 $8.85\times10^{-8}\ mol\cdot L^{-1}$，就会产生沉淀使溶液变混浊，因此纯水中允许 Cl^-存在的最大限度为 $8.85\times10^{-8}\ mol\cdot L^{-1}$。

知 识 导 图

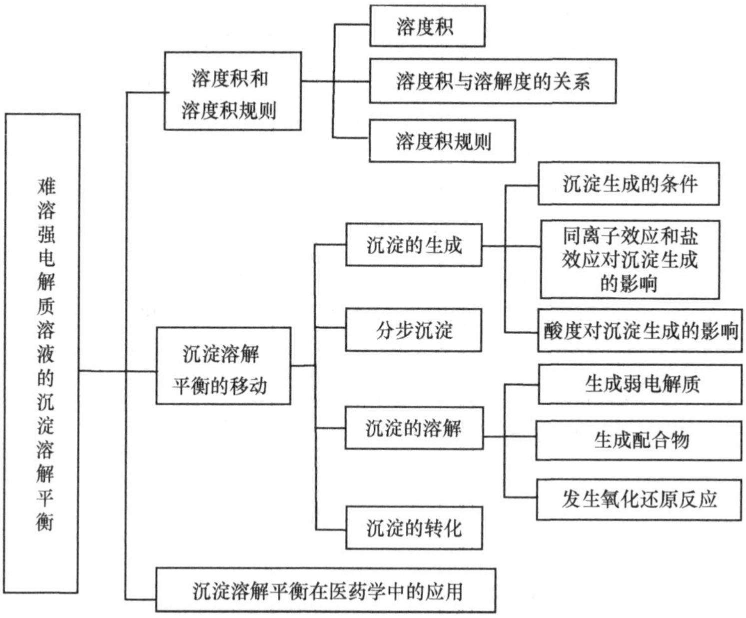

习 题

1. 简述下列基本概念

(1) 溶度积和溶度积规则。

(2) 沉淀溶解平衡中的同离子效应和盐效应。

(3) 分步沉淀、沉淀完全和沉淀转化。

2. 解释下列现象

(1) $Fe(OH)_3$ 能溶于稀盐酸。

(2) $Mg(OH)_2$ 溶于 NH_4Cl 溶液。

(3) CaC_2O_4 能溶于 HCl 溶液，却不溶于 HAc 溶液。

(4) MnS 在 H_2SO_4 和 HAc 中都能溶解。

(5) AgCl 溶于氨水，加入硝酸又出现沉淀。

(6) H_2S 通入 $ZnSO_4$ 溶液中，ZnS 沉淀很不完全，但是在 $ZnSO_4$ 溶液中先加入若干 NaAc，再通入 H_2S 气体，ZnS 几乎完全沉淀出来。

3. 判断下列说法是否正确

(1) PbI_2 和 $CaCO_3$ 的 K_{sp} 近似相等，则两者的饱和溶液中$[Pb^{2+}]$和$[CO_3^{2-}]$近似相等。

(2) 难溶强电解质的溶度积 K_{sp} 和离子积 Q 所表达的意义是相同的。

(3) 要生成氢氧化物沉淀，则溶液的 pH 必须大于 7。

(4) 在 AgBr 沉淀中加足量的 $Na_2S_2O_3$，沉淀消失，其原因是 Ag^+ 氧化了 $S_2O_3^{2-}$ 。

(5) 温度相同时，$BaSO_4$ 在纯水中的溶解度与在生理盐水中都一样。

(6) 温度相同时，Ag_2CO_3 在纯水中的溶解度大于在 $AgNO_3$ 溶液中的溶解度。

4. 将浓度均为 $0.1mol \cdot L^{-1}$ $MgCl_2$ 溶液和 NaOH 溶液等体积混合，试通过计算说明溶液中有无 $Mg(OH)_2$ 沉淀生成？已知 $K_{sp}\{Mg(OH)_2\} = 5.61\times10^{-12}$。

5. 设溶于水中的 $Mn(OH)_2$ 完全解离，试计算：①$Mn(OH)_2$ 在水中的溶解度；②$Mn(OH)_2$ 饱和溶液中的$[Mn^{2+}]$和$[OH^-]$；③$Mn(OH)_2$ 在 $0.20mol \cdot L^{-1}$ $MnCl_2$ 溶液中的溶解度。已知 $K_{sp}\{Mn(OH)_2\} = 2.06\times10^{-13}$。

6. 在室温下，将 H_2S 通入 $0.10mol \cdot L^{-1}$ 的 $ZnCl_2$ 溶液至饱和，通过计算说明有无 ZnS 沉淀生成。如通入含有 $0.30mol \cdot L^{-1}$ HCl 和 $0.10mol \cdot L^{-1}$ $ZnCl_2$ 的混合溶液中，通过计算说明有无 ZnS 沉淀生成。已知饱和 H_2S 溶液浓度为 $0.10mol \cdot L^{-1}$，$K_{a1} = 1.3\times10^{-7}$、$K_{a2} = 7.1\times10^{-15}$、ZnS 的 $K_{sp} = 2.5\times10^{-22}$。

7. 若将 10.0ml $0.100mol \cdot L^{-1}$ $BaCl_2$ 溶液与 40.0ml $0.0250mol \cdot L^{-1}$ Na_2SO_4 溶液混合，则生成沉淀后残留在溶液中的 Ba^{2+} 和 SO_4^{2-} 的浓度各为多少？已知 $K_{sp}(BaSO_4)= 1.1\times10^{-10}$。

8. 溶液中含有 Pb^{2+}和 Ba^{2+}，它们的浓度分别为 $0.010mol \cdot L^{-1}$ 和 $0.10\ mol \cdot L^{-1}$，当逐滴加入 K_2CrO_4 溶液时，哪种离子先沉淀？当第二种离子开始沉淀时，第一种离子是否沉淀完全？已知 $PbCrO_4$ 的 $K_{sp} = 1.77\times10^{-14}$，$BaCrO_4$ 的 $K_{sp} = 1.6\times10^{-10}$。

9. 某溶液中含有 $0.010mol \cdot L^{-1}$ KBr 和 $0.10mol \cdot L^{-1}$ KCl，当向该溶液中逐滴加入 $AgNO_3$ 溶液，使 Cl^- 有一半沉淀为 AgCl 沉淀时，溶液中的 Br^- 浓度为多少？已知 AgCl 的 $K_{sp} = 1.77\times10^{-10}$，AgBr 的 $K_{sp} = 5.38\times10^{-13}$。

10. 将 100ml $0.10mol \cdot L^{-1}$ 的 $NH_3 \cdot H_2O$ 与 100ml $0.020mol \cdot L^{-1}$ 的 $MgCl_2$ 溶液混合后有无 $Mg(OH)_2$ 沉淀生成？如欲使生成的沉淀溶解，或是在混合时就不生成沉淀，则在该体系中应加入多少克 NH_4Cl？已知 $Mg(OH)_2$ 的 $K_{sp} = 5.61\times10^{-12}$，$NH_3 \cdot H_2O$ 的 $K_b = 1.8\times10^{-5}$，并设两溶液混合时体积具有加和性，加入 NH_4Cl 后体积不发生改变。

11. 如果用$(NH_4)_2S$ 溶液来处理 AgI 沉淀，使之转化为 Ag_2S 沉淀，试计算该反应的平衡常数为多少？已知 Ag_2S 的 $K_{sp} = 6.69\times10^{-50}$，AgI 的 $K_{sp} = 1.5\times10^{-16}$。

(杜　曦)

习 题 详 解

1. 略。

2. 略。

3. 答：(1) 错误；(2) 错误；(3) 错误；(4) 错误；(5) 错误；(6) 正确。

4. 答：混合后 $c(Mg^{2+})= c(OH^-)= 0.05\ mol \cdot L^{-1}$

$$Q = c(Mg^{2+})\cdot c(OH^-)^2 = 0.05\times(0.05)^2 = 1.25\times10^{-4} > K_{sp}\{Mg(OH)_2\}= 5.61\times10^{-12}$$

有沉淀生成

5. 答：$Mn(OH)_2(s) \rightleftharpoons Mn^{2+}(aq)+ 2OH^-(aq)$

$$K_{sp}\{Mn(OH)_2\}= [Mn^{2+}][OH^-]^2$$

①$Mn(OH)_2$ 在水中的溶解度

$$K_{sp}\{Mn(OH)_2\}= S\times(2S)^2$$

$$S=\sqrt[3]{\frac{K_{sp}}{4}}=\sqrt[3]{\frac{2.06\times10^{-13}}{4}}\ mol \cdot L^{-1} = 3.72\times10^{-5}\ mol \cdot L^{-1}$$

②$Mn(OH)_2$ 饱和溶液中：$[Mn^{2+}] = S = 3.72\times10^{-5}\ mol \cdot L^{-1}$，$[OH^-] = 2S = 7.44\times10^{-5}\ mol \cdot L^{-1}$

③$Mn(OH)_2$ 在 $0.20\ mol \cdot L^{-1}$ $MnCl_2$ 溶液中的溶解度

$$Mn(OH)_2(s) \rightleftharpoons Mn^{2+}(aq) + 2OH^-(aq)$$

平衡时　$S + 0.2 \approx 0.2$　　$2S$

$$K_{sp}(Mn(OH)_2)= 0.2\times(2S)^2$$

$$S=\sqrt{\frac{K_{sp}\{Mn(OH)_2\}}{4\times 0.20}}=\sqrt{\frac{2.06\times 10^{-13}}{4\times 0.20}}\ mol\cdot L^{-1}=5.1\times 10^{-7}\ mol\cdot L^{-1}$$

6. 答：此题涉及沉淀-溶解平衡和酸的解离平衡。溶液中通入 H_2S 气体后产生的 H^+和 S^{2-}处于酸的解离平衡中，而 S^{2-}又要和 Zn^{2+}处于沉淀-溶解平衡体系中。

(1) 因为 $K_{a2}=\frac{[H^+][S^{2-}]}{[HS^-]}$，所以 S^{2-}的浓度近似等于 K_{a2}

此时 $c(S^{2-})\cdot c(Zn^{2+})= 7.1\times 10^{-15}\times 0.1 = 7.1\times 10^{-16} > K_{sp}$，有沉淀生成。

(2) 若通入 H_2S 至 $0.30mol\cdot L^{-1}$HCl 和 $0.10mol\cdot L^{-1}$ $ZnCl_2$ 的混合溶液中

根据 $K=K_{a1}K_{a2}=\frac{[H^+]^2[S^{2-}]}{[H_2S]}$，则

S^{2-}的浓度为 $K_{a1}K_{a2}\frac{[H_2S]}{[H^+]^2}=1.3\times 10^{-7}\times 7.1\times 10^{-15}\times\frac{0.10}{0.30^2}=1.03\times 10^{-21}$

此时 $c(S^{2-})\cdot c(Zn^{2+})= 1.02\times 10^{-21}\times 0.1 = 1.03\times 10^{-22} < K_{sp}$，无沉淀生成。

7. 答：由题可知，该 $BaCl_2$ 和 Na_2SO_4 的混合溶液有 $BaSO_4$ 沉淀生成，当沉淀-溶解达到平衡时，$[Ba^{2+}][SO_4^{2-}] = K_{sp}$。

混合溶液生成沉淀之前 Ba^{2+}和 SO_4^{2-} 浓度相等，沉淀溶解平衡中两离子的化学计量关系为 1：1，所以沉淀生成后溶液中残留的 Ba^{2+}和 SO_4^{2-} 的浓度应相等。

$$[Ba^{2+}]=[SO_4^{2-}]=\sqrt{K_{sp}}\ mol\cdot L^{-1}=1.0\times 10^{-5}\ mol\cdot L^{-1}$$

8. 答：根据溶度积原理可知，溶液中 Pb^{2+}和 CrO_4^{2-} 首先达到 $PbCrO_4$ 的溶度积，所以 $PbCrO_4$ 先沉淀。当第二种离子 Ba^{2+}开始沉淀时，

$$[CrO_4^{2-}]=\frac{K_{sp}(BaCrO_4)}{[Ba^{2+}]}=\frac{1.6\times 10^{-10}}{0.10}\ mol\cdot L^{-1}=1.6\times 10^{-9}mol\cdot L^{-1}$$

此时溶液中$[Pb^{2+}]=\frac{K_{sp}(PbCrO_4)}{[CrO_4^{2-}]}=\frac{1.77\times 10^{-14}}{1.6\times 10^{-9}}\ mol\cdot L^{-1}=1.10\times 10^{-5}\ mol\cdot L^{-1}$

根据沉淀完全的定义，两种离子基本能分离。

9. 答：当向该溶液中逐滴加入 $AgNO_3$ 溶液时，AgBr 先沉淀，AgCl 后沉淀。当 Cl^-有一半沉淀为 AgCl 沉淀时，此时

$$[Ag^+]=\frac{K_{sp}(AgCl)}{[Cl^-]}=\frac{1.77\times 10^{-10}}{0.05}\ mol\cdot L^{-1}=3.54\times 10^{-9}\ mol\cdot L^{-1}$$

$$[Br^-]=\frac{K_{sp}(AgBr)}{[Ag^+]}=\frac{5.38\times 10^{-13}}{3.54\times 10^{-9}}\ mol\cdot L^{-1}=1.52\times 10^{-4}\ mol\cdot L^{-1}$$

10. 答：(1) 溶液混合后，$c(Mg^{2+})= 0.010mol\cdot L^{-1}$，$c(NH_3\cdot H_2O)= 0.05mol\cdot L^{-1}$，当 $NH_3\cdot H_2O$ 达到解离平衡时，$c(OH^-)=\sqrt{cK_b}=\sqrt{0.05\times 1.79\times 10^{-5}}=9.5\times 10^{-4}\ mol\cdot L^{-1}$

$c(Mg^{2+})\cdot c(OH^-)^2 = 0.010\times(9.5\times 10^{-4})^2 = 9.03\times 10^{-9} > K_{sp}\{Mg(OH)_2\}$，有沉淀生成。

(2) 如欲使生成的沉淀溶解，或是在混合时就不生成沉淀，设应加入 x g NH_4Cl。$c(NH_4^+)=\frac{x}{53.5\times 0.2}\ mol\cdot L^{-1}$

据 $NH_3\cdot H_2O$ 的解离平衡，有 $[OH^-]=K_b\times\frac{[NH_3\cdot H_2O]}{[NH_4^+]}=1.8\times 10^{-5}\times\frac{0.05}{\frac{x}{53.5\times 0.2}}\ mol\cdot L^{-1}$

据溶度积规则，若没有沉淀生成，则

OH^-的浓度必须小于 $\sqrt{\frac{K_{sp}\{Mg(OH)_2\}}{[Mg^{2+}]}}=\sqrt{\frac{5.61\times 10^{-12}}{0.010}}=2.37\times 10^{-5}\ mol\cdot L^{-1}$

所以 $1.8\times10^{-5}\times\dfrac{0.05}{\dfrac{x}{53.5\times0.2}}<2.37\times10^{-5}$，

$x=0.4(\text{g})$

11. 答：使 AgI 转化为 Ag_2S 沉淀，根据反应方程式

$$2AgI(s)+S^{2-}\rightleftharpoons Ag_2S(s)+2I^-$$

可计算反应的平衡常数 K

$$K=\frac{[I^-]^2}{[S^{2-}]}=\frac{[Ag^+]^2[I^-]^2}{[Ag^+]^2[S^{2-}]}=\frac{K_{sp}^2(AgI)}{K_{sp}(Ag_2S)}=\frac{(1.5\times10^{-16})^2}{6.69\times10^{-50}}=3.36\times10^{17}$$

第七章 氧化还原反应

有一类化学反应的反应过程中没有电子的转移，或在反应前后元素的氧化数均没有变化，这类反应是非氧化还原反应；还有一类化学反应是氧化还原反应，即在反应过程中有电子的转移，或在反应前后有的元素氧化数发生了变化。氧化还原反应可以在任何介质中进行，本章所论述的是在水溶液中发生的氧化还原反应。

第一节 基本概念

一、化合价、氧化数及确定规则

熟知的化合价是用来表示原子能够化合或置换一价原子(如 H)或一价原子团(如 OH^-)的数目。在离子化合物中，某离子的化合价就是该离子的电荷数；而在共价化合物中，某元素的化合价为该原子形成的共价单键的数目。但是，随着物质化学结构理论的发展，化学键的实质越来越清晰地被揭示，化合价的概念已经难以准确反映化合物中原子相互结合的真实情况。在价键理论和电负性的基础上，1948 年美国化学教授 Gladstone 提出了“氧化数”的概念。1970 年，IUPAC 进一步严格定义了氧化数概念，并对其计算方法做出了规定。IUPAC 对氧化数的定义是，在化合物中，假设将每个化学键中的电子指定给相互键合的两原子中电负性较大的原子，由此这个原子所得的荷电数就是该元素在这个化合物中的氧化数。例如，在 NaBr 分子中，钠的氧化数为+1，溴的氧化数为−1；在 H_2O 分子中，两对成键电子都归电负性大的 O 原子，则 H 的氧化数为+1，O 的氧化数为−2；在 NO_2 中，四对成键电子都归电负性大的 O 原子，则 N 的氧化数为+4。由此可见，氧化数是化合物中某元素具有的形式电荷数。确定化合物中元素氧化数的具体规则有如下几条。

(1) 单质中，元素的氧化数为零。

(2) 单原子离子中，元素的氧化数等于离子所带的电荷数。

(3) 共价化合物中，电负性大的元素氧化数为负，电负性小的元素氧化数为正。在中性分子中，各元素氧化数的代数和为零；在多原子离子中，各元素氧化数的代数和等于离子所带的电荷数。

(4) 在绝大多数化合物中，H 的氧化数为+1，活泼金属的氢化物，如 LiH、NaH、CaH_2、$LiAlH_4$ 中，H 的氧化数为−1。

(5) O 在化合物中的氧化数通常为−2；过氧化物，如 H_2O_2、Na_2O_2、BaO_2 中为−1；在超氧化物，如 KO_2 中为 $-\frac{1}{2}$；在 OF_2 中为+2。

(6) 所有氟化物中，F 的氧化数为−1。

(7) 碱金属和碱土金属在化合物中的氧化数分别为+1 和+2。

氧化数和化合价既有联系，又有区别。对于离子化合物，化合价和氧化数在数值上是相同的。对于共价化合物，元素的氧化数与化合价是有区别的，首先，氧化数可为分数，而化合价只有整数；其次，同一物质中同种元素的氧化数和化合价的数值不一定相同，如 Fe_3O_4 中，Fe 有+2 和+3 价两种价态；而 Fe 的氧化数是 $+\frac{8}{3}$。由此还可发现，元素的氧化数是其在化合物中的平均电荷数。

二、氧化还原反应的基本概念

化学反应前后元素的氧化数发生了变化的反应就是**氧化还原反应**(oxidation-reduction reaction)。其中，元素氧化数升高的过程称为**氧化**(oxidation)，元素氧化数降低的过程称为**还原**(reduction)。例如，在下面的氧化还原反应中

$$\overset{+7}{2KMnO_4} + \overset{+2}{10FeSO_4} + 9H_2SO_4 \rightleftharpoons \overset{+2}{2MnSO_4} + \overset{+3}{5Fe_2(SO_4)_3} + 2KHSO_4 + 8H_2O$$

氧化剂　　还原剂　　　　　　　还原产物　　氧化产物

Mn 元素的氧化数从+7 降低到+2，Mn 被还原；Fe 元素的氧化数从+2 升高到+3，这个过程 Fe 被氧化。在氧化还原反应中，氧化和还原是同时发生的，有的元素的氧化数升高，有的元素的氧化数降低。氧化数升高的物质称为**还原剂**(reductant)，它在反应过程中能使另一种物质还原，本身被氧化，其反应产物称为氧化产物；氧化数降低的物质称为**氧化剂**(oxidant)，它在反应过程中能使另一种物质氧化，本身被还原，其反应产物称为还原产物。例如，在上述反应中，$KMnO_4$ 是氧化剂，$MnSO_4$ 是还原产物；$FeSO_4$ 是还原剂，$Fe_2(SO_4)_3$ 是氧化产物。在这个反应中，H_2SO_4 虽然也参加了反应，但其分子中各元素的氧化数没有改变，通常称其为反应介质。

另外，在氧化还原反应中还有一种情况就是自身氧化还原反应，即在氧化还原反应中，某一单质或化合物既是氧化剂又是还原剂，例如

(1) $(\overset{-3}{N}H_4)_2\overset{+6}{Cr_2}O_7 \rightleftharpoons \overset{0}{N_2} + \overset{+3}{Cr_2}O_3 + 4H_2O$

(2) $\overset{+1}{Cu^+} \rightleftharpoons \overset{+2}{Cu^{2+}} + \overset{0}{Cu}$

(3) $\overset{0}{P_4} + 3NaOH + 3H_2O \rightleftharpoons 3NaH_2\overset{+1}{P}O_2 + \overset{-3}{P}H_3$

反应(2)和(3)中，氧化数升高和降低发生在同一元素上，同时生成高氧化态物质和低氧化态物质，这类氧化还原反应称为**歧化反应**(disproportionation reaction)，它属于自身氧化还原反应。

三、氧化还原电对

氧化还原反应中同时存在氧化和还原两个过程，氧化还原反应也是由氧化与还原这两个半反应构成。例如

$$Fe + Cu^{2+} \rightleftharpoons Fe^{2+} + Cu$$

组成上述氧化还原反应的两个半反应为

氧化反应　　$Fe - 2e^- \rightleftharpoons Fe^{2+}$

还原反应　　$Cu^{2+} + 2e^- \rightleftharpoons Cu$

在半反应中，同一种元素的不同氧化态物质构成一个共轭的氧化还原电对。在电对中，氧化数高的物质是氧化型物质，氧化数低的物质是还原型物质。氧化还原电对的通式为：氧化型/还原型。例如

Cu^{2+} / Cu　　　　Fe^{2+} / Fe

氧化型 / 还原型　　氧化型 / 还原型

一个电对发生的反应为

$$Ox. + ne^- \rightleftharpoons Red.$$

氧化还原反应是两个或多个氧化还原电对共同作用的结果，因此，氧化还原反应一般写成

$$Red.(1) + Ox.(2) \rightleftharpoons Ox.(1) + Red.(2)$$

其中(1)和(2)分别表示氧化还原反应中两个电对的氧化态物质和还原态物质。

在一个氧化还原反应中，若一个电对中氧化型物质降低氧化数的趋势越强，该电对的氧化能力就越强，电对中还原型物质升高氧化数的趋势就越弱，其还原能力就越弱。同理，如果电对中还原型物质增加氧化数的趋势越强，则还原剂型物质的还原能力越强，电对中氧化型物质的氧化能力就越弱。例如，在酸性溶液中的 $Cr_2O_7^{2-}/Cr^{3+}$电对，氧化型物质 $Cr_2O_7^{2-}$ 的氧化能力强，还原型物质 Cr^{3+}的还原能力弱；在 I_2/I^-电对中，还原型物质 I^-还原能力强，氧化型物质 I_2 的氧化能力弱。氧化还原反应一般是较强的氧化剂和较强的还原剂发生反应，生成较弱的氧化剂和较弱的还原剂，例如

$$Cr_2O_7^{2-} + 6I^- + 14H^+ \rightleftharpoons 2Cr^{3+} + 3I_2 + 7H_2O$$

较强的氧化剂 $Cr_2O_7^{2-}$ 和较强的还原剂 I^-反应生成了较弱的还原剂 Cr^{3+}和较弱的氧化剂 I_2。

第二节　氧化还原方程式的配平

氧化还原反应方程式的配平有多种方法，一般来说，对于简单的反应可用观察法，对于较复杂的氧化还原反应常用氧化数法和离子-电子法。

离子-电子法配平化学方程式，首先要求将化学反应式写成离子反应式，反应式中的难溶物质、弱电解质、气体都以分子式写出，其余写成离子式。配平时遵循还原剂因氧化数升高所失去的电子数，和氧化剂因氧化数下降所获得的电子数相等的原则。以高锰酸钾与丙醇的反应为例，离子-电子法配平氧化还原反应的主要步骤如下。

例 7-1　离子-电子法配平 $KMnO_4$ 在酸性介质中与 C_3H_7OH 发生氧化还原反应，生成 Mn^{2+} 和 C_2H_5COOH 的反应式。

解　(1) 先以离子反应式写出氧化还原反应式

$$MnO_4^- + C_3H_7OH \longrightarrow Mn^{2+} + C_2H_5COOH$$

(2) 将该反应式分为两个半反应。一个是氧化剂 MnO_4^-和它的还原产物 Mn^{2+}，另一个是还原剂 C_3H_7OH 和它的氧化产物 C_2H_5COOH

氧化剂的还原　　$MnO_4^- \longrightarrow Mn^{2+}$

还原剂的氧化　　$C_3H_7OH \longrightarrow C_2H_5COOH$

(3) 分别配平半反应式。有的反应是在酸性或碱性介质中进行的，因此，在配平半反应时，根据反应所处的介质条件，需要添加 H^+或 OH^-和 H_2O 进行配平。配平半反应既要配平物质，又要配平电荷。

$$MnO_4^- + 8H^+ + 5e^- \rightleftharpoons Mn^{2+} + 4H_2O$$

$$C_3H_7OH + H_2O - 4e^- \rightleftharpoons C_2H_5COOH + 4H^+$$

(4) 上述两个半反应分别乘以最小公倍数 4 和 5，使总电子得失数目相等，再合并两个半反应式，得到配平的总氧化还原反应式

$$4MnO_4^- + 5C_3H_7OH + 12H^+ \rightleftharpoons 4Mn^{2+} + 5C_2H_5COOH + 11H_2O$$

第三节　原电池与电极电势

一、原　电　池

(一) 原电池的基本概念

在蓝色的 Cu^{2+}溶液中插入银白色的锌片，会观察到 Zn 片表面有紫红色的金属 Cu 沉积，溶液的蓝色逐渐变淡，溶液温度升高。这是由于发生了如下氧化还原反应

$$Zn + Cu^{2+} \rightleftharpoons Zn^{2+} + Cu$$

反应中电子由 Zn 转移到了 Cu，因电子流动没有做功，因此，反应中的化学能转变为热能释放出来。如果将上述反应设计成如图 7-1 所示的装置，在两池中分别加入 $ZnSO_4$、$CuSO_4$溶液，在 $ZnSO_4$溶液中插入锌片，$CuSO_4$溶液中插入铜片，两池通过离子交换膜相隔或用一个盐桥连接起来(倒置的 U 形管盐桥中装满用饱和 KCl 和琼胶做成的胶冻)。锌片和铜片用导线连接，并在其中串联一个电流计。这时可以发现电流计的指针向 Cu 片一方偏转，说明有电流产生，并且，电子从 Zn 片流向 Cu 片。这种利用自发的氧化还原反应产生电流，使化学能转化为电能的装置称为**原电池**(primary cell)。

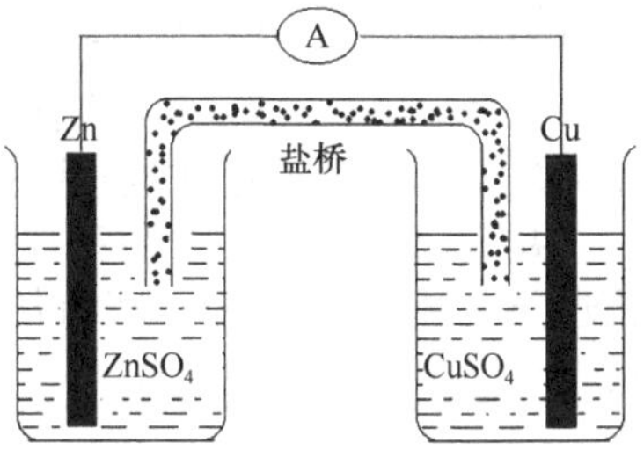

图 7-1　铜锌原电池示意图

在图 7-1 的原电池中，电子流出的电极为负极，发生氧化反应，如 Zn^{2+}/Zn 电极；电子流入的电极为正极，发生还原反应，如 Cu^{2+}/Cu 电极

负极	$Zn(s) - 2e^- \rightleftharpoons Zn^{2+}(aq)$	氧化反应
正极	$Cu^{2+}(aq) + 2e^- \rightleftharpoons Cu(s)$	还原反应
电池反应	$Zn(s) + Cu^{2+}(aq) \rightleftharpoons Cu(s) + Zn^{2+}(aq)$	

原电池中的金属 Zn 片不断失去电子转化为 Zn^{2+}，Cu^{2+}不断获得电子转化为金属 Cu，而盐桥中阴离子 Cl^-向锌盐溶液方向移动，阳离子 K^+向铜盐溶液方向移动，维持盐桥两侧溶液的电中性，使原电池连续产生电流，直至 Zn 完全溶解或 Cu^{2+}完全沉积为止。

(二) 电极类型

理论上讲，任何一个能自发进行的氧化还原反应都能组成一个原电池，根据电极的组成和性质，构成原电池的电极通常有以下四种类型。

1. 金属-金属离子电极　由金属浸在含有该金属离子的盐溶液中所构成。例如，Cu(s)插在 $CuSO_4$溶液中，其电极反应为

$$Cu^{2+}(aq) + 2e^- \rightleftharpoons Cu(s)$$

表示该类电极的符号为

$$Cu(s)|\ Cu^{2+}(aq)$$

用“|”符号表示两相的界面。

2. 气体-离子电极　由气体物质与其氧化或还原所形成的离子及惰性导电材料，如铂、石墨等组成。惰性电极不参加电极反应，只起吸附气体和传导电子的作用，也有催化气体电极反应的作用。例如

氢电极符号：$Pt(s)|\ H_2(g)$，$H^+(aq)$

电极反应式

$$2H^+(aq) + 2e^- \rightleftharpoons H_2(g)$$

氯电极符号：$Pt(s)|\ Cl_2(g)$，$Cl^-(aq)$

电极反应式

$$Cl_2(g) + 2e^- \rightleftharpoons Cl^-(aq)$$

3. 金属-金属难溶盐电极　是在金属表面覆盖一薄层该金属的难溶盐，然后浸入含有该难溶盐负离子的溶液中而构成，如 Ag-AgCl 电极、甘汞电极等。

Ag-AgCl 电极是由表面涂有 AgCl 的 Ag 丝插在 HCl 溶液中构成。其电极反应式为

$$AgCl(s) + e^- \rightleftharpoons Ag(s) + Cl^-(aq)$$

电极符号为：$Ag(s)|AgCl(s)|\ Cl^-(aq)$

甘汞电极是实验室常用的一种电极，它的组成是在金属 Hg 的表面覆盖一层 Hg_2Cl_2，然后注入氯化钾溶液。电极反应式为

$$Hg_2Cl_2(s) + 2e^- \rightleftharpoons 2Hg(l) + 2Cl^-(aq)$$

电极符号为：$Pt(s)|Hg(l)|Hg_2Cl_2(s)|\ Cl^-(aq)$

4. 氧化还原电极 是将惰性导电材料插入含有某种元素不同氧化态离子的溶液中构成的。惰性导电材料与反应体系没有任何化学反应发生，只起导电作用。例如，Pt 插入含有 Fe^{3+}和 Fe^{2+}的溶液中，其电极反应为

$$Fe^{3+}(aq) + e^- \rightleftharpoons Fe^{2+}(aq)$$

Fe^{3+}和 Fe^{2+}两种氧化态物质处于同一相中，之间没有相界面，用“，”号分开，其电极符号为：$Pt(s)|\ Fe^{3+}(aq)$，$Fe^{2+}(aq)$

(三) 原电池的表示方法

一般地，将两个电极组合即可构成原电池，其中每一个电极称作半电池，原电池可以用符号表示。用电池符号表示原电池时需遵循如下原则。

(1) 负极写在左边，正极写在右边，每个电极的导电材料写在最外侧。

(2) 两个电极之间的盐桥用“‖”符号表示。

(3) 标明物质的状态，气体表明分压，电解质溶液要标明浓度或活度。

(4) 电极里没有相界面的两种物质之间用“，”号分开；有相界面的用“|”符号分开。例如，用电池符号表示的 Cu-Zn 原电池为

$$(-)Zn\ |\ ZnSO_4(c_1)\|\ CuSO_4(c_2)|\ Cu(+)$$

二、电 极 电 势

当两个半电池连通构成原电池后即产生电流，表明两个电极的电势是不同的。以最简单的金属-金属离子电极为例，当金属插入其盐溶液中，会同时出现两个相反的变化，一方面，金属晶体表面上的原子受盐溶液中极性较大的 H_2O 分子的影响，有将电子留在电极表面而溶解于溶液中的趋势；另一方面，溶液中的金属离子有结合电极上金属晶体的电子而沉积到金属表面上的趋势，这两个趋势的大小与金属的活泼性和金属离子在溶液中的浓度有关。

金属越活泼，金属将电子留在电极上溶解进入溶液的趋势就越大；溶液中金属离子的浓度越大，金属离子结合电极上的电子并沉积的趋势就越大。当金属的溶解和溶液中金属离子的沉积速率相等时达到动态平衡

$$M \rightleftharpoons M^{n+}(aq) + ne^-$$

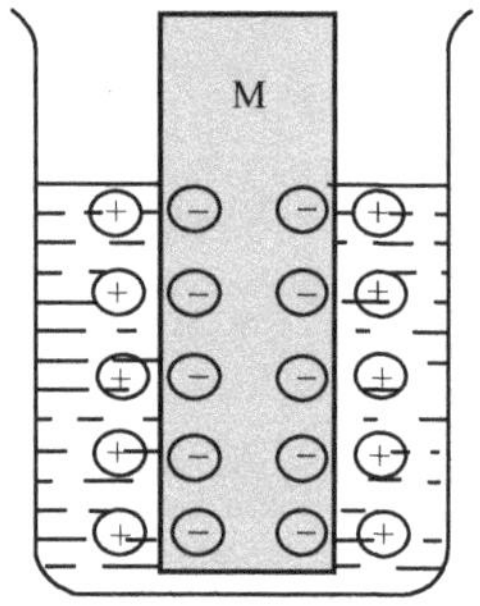

图 7-2 电极电势产生示意图

在一个确定金属离子浓度的溶液中，如果金属的溶解趋势大于其离子沉积的趋势，金属表面的自由电子过剩而带负电荷，由于负电荷的吸引和排斥使靠近金属表面附近的溶液带正电荷，从而导致金属周围聚集了较多的正离子，在金属与溶液之间形成一个双电层，产生了电势差，如图 7-2 所示。这种电势差就是这个金属-金属离子电极的**电极电势**(electrode potential)。

相反，如果在给定浓度的溶液中，金属离子沉积到金属电极上的趋势大于金属以离子进入溶液的趋势，最后达到动态平衡时所形成的双电层是金属电极带正电荷，金属电极周围的溶液带负电荷。

显然，该电极电势的大小和符号，取决于金属本身的性质和原来溶液中金属离子浓度的大小。在金属盐溶液的浓度一定的情况下，金属越活泼，金属将电子留在电极以离子进入溶液的

趋势越大；相反，金属越不活泼，相应的金属离子沉积到电极的趋势越大。其他类型的电极也有类似的双电层而产生电势差，即电极电势。电极电势用符号φ表示。

两个电极组成电池时，电子流出的电极为负极，获得电子的电极为正极，原电池的**电动势**(electromotive force，E)等于正极的电极电势φ_+减去负极的电极电势φ_-，即

$$E = \varphi_+ - \varphi_-$$

三、标准电极电势

(一) 标准氢电极

到目前为止，还不能直接实验测定或理论计算单个电极的电极电势，只能测得由两个电极所组成的电池的电动势。在实际应用中，采用**标准氢电极**(standard hydrogen electrode)作为标准。将其他电极的电极电势与标准电极的电极电势进行比较，从而确定其他电极的电极电势的相对值。这种方法正如确定海拔高度以海平面做标准一样。知道了每个半电池的电极电势，就可以知道它们所组成电池的电动势。

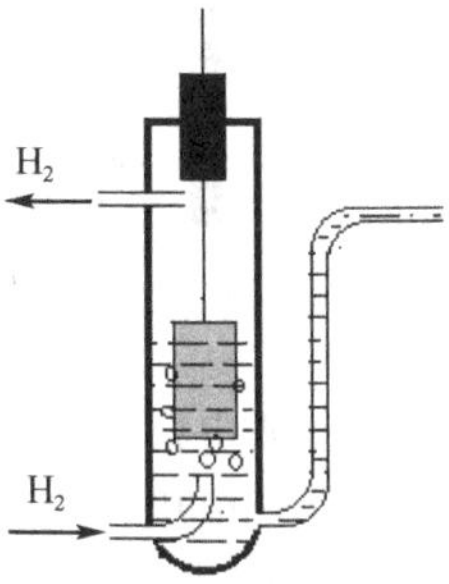

图 7-3 标准氢电极

标准氢电极如图 7-3 所示，是将镀有一层 Pt 黑的 Pt 片浸入 H^+活度为 $1.0mol \cdot L^{-1}$ 的稀 H_2SO_4 溶液中，在 298K 时连续通入纯 H_2，并保持 H_2 的压强为 100kPa。被 Pt 黑吸附的 H_2 与溶液中的 H^+建立了如下的动态平衡

$$2H^+(aq) + 2e^- \rightleftharpoons H_2(g, p^-)$$

这个电极为标准氢电极，产生的电势差称为氢电极的标准电极电势，IUPAC 规定标准氢电极的电极电势为零，即 $\varphi^{\ominus}_{H^+/H_2} = 0.000\ 0V$。

(二) 标准电极电势

对于任意待测电极，将其与标准氢电极组成原电池

待测电极 ‖ 标准氢电极

由所测电池的电动势值得知待测电极的电极电势值。待测电极可能为正电极，电极电势是高于 0 的正值；待测电极也可能为负极，其电极电势是低于 0 的负值。

若待测电极也处于标准态，即组成该电极溶液中的离子浓度(活度)为 $1.0mol \cdot L^{-1}$，气体的分压为 100kPa，液体或固体都是纯物质，则所测得的电极电势就是该电极的**标准电极电势**(standard electrode potential)，用符号$\varphi^{\ominus}$表示。

例如，测定 Zn^{2+}/Zn 电极的标准电极电势时，将纯 Zn 片插入 $1.0mol \cdot L^{-1}$ 的 Zn^{2+}溶液中，与标准氢电极组成原电池，如图 7-4 所示，电位计测得其电动势为 0.7626V，由于 Zn^{2+}/Zn 电极在电池中为负极，故

$$\varphi^{\ominus}_{Zn^{2+}/Zn} = -0.7626V$$

用同样的方法将标准 Cu^{2+}/Cu 电极与标准氢电极组成原电池，测得的电动势为 0.34V，Cu^{2+}/Cu 电极在电池中为正极，则

$$\varphi^{\ominus}_{Cu^{2+}/Cu} = 0.34V$$

然而，由于 H_2 难以纯化，不易控制标准压强，Pt 黑容易中毒等原因，在实际测定中将待测电极与标准氢电极组成电池，确定待测电极的电极电势的方法难以实现，因此，常用饱和甘汞电极代替标准氢电极。饱和甘汞电极结构如图 7-5 所示。电极符号为

$$Pt|Hg(l)|Hg_2Cl_2(s)|KCl(c)$$

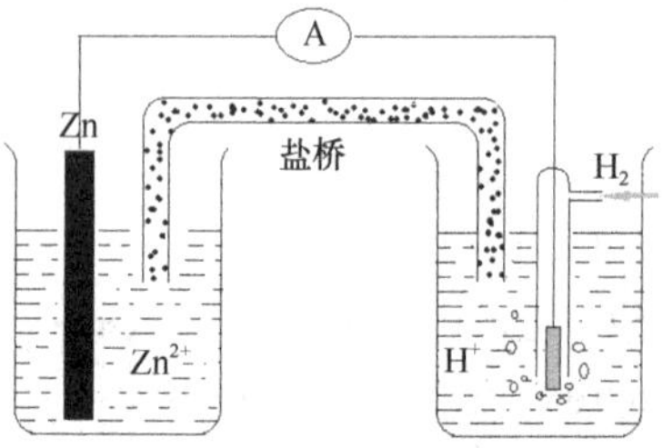

图 7-4 测定 Zn^{2+}/Zn 电极标准电极电势的装置图

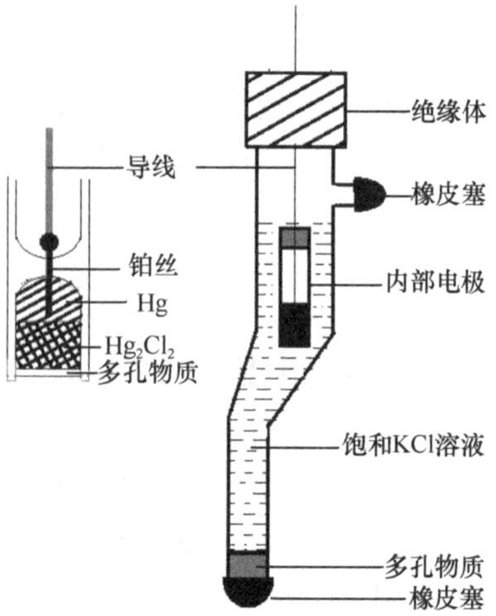

图 7-5 饱和甘汞电极示意图

饱和甘汞电极容易获得，电极电势也很稳定，298K 时，其电极电势为 0.241 5V，是实际最常用的参比电极，电极溶液是与 KCl 晶体共存的 KCl 饱和溶液。将任意待测电极和饱和甘汞电极组成原电池，根据电子流动方向确定电池的正负极，再根据所测电池电动势的值，就可以知道任意待测电极的电极电势。

对某些特殊电极，例如 Na^+/Na、F_2/F^-等电极，常通过热力学计算得到其标准电极电势。表 7-1 和表 7-2 列出了一些电极的标准电极电势。使用标准电极电势数据时，应注意以下几点。

(1) 标准电极电势的数值与电极在氧化还原反应中的实际反应方向无关，即与电极是做正极还是负极无关。例如，Fe^{3+}/Fe^{2+}电对无论在氧化还原反应中得电子还是失电子，其标准电极电势都是+0.771V，因为电对的标准电极电势值是相对于标准氢电极得到的，不因反应方向的改变而改变。通常，电极做正极还是做负极，取决于在电池中其电极电势的相对高低，两个电极中，电极电势高的做正极，低的做负极。因此，电极反应均用可逆号表示。如

$$Fe^{3+}(aq) + e^- \rightleftharpoons Fe^{2+}(aq)$$

(2) 标准电极电势的数值与半反应的计量系数无关，其具有强度性质。例如

$$Cl_2(g) + 2e^- \rightleftharpoons 2Cl^-(aq) \qquad \varphi^\ominus = +1.356V$$

若计量系数改变

$$\frac{1}{2}Cl_2(g) + e^- \rightleftharpoons Cl^-(aq) \qquad \varphi^\ominus = +1.356V$$

(3) 标准电极电势是热力学数据。表 7-1、表 7-2 及本教材附表给出的标准电极电势数据是在 298K、水溶液体系中测定的，因而只适用于水溶液体系，其他温度条件下的反应、非水溶剂中的反应均不能用这些数据。

(4) 许多氧化还原反应受酸性和碱性介质的影响明显，因此，标准电极电势通常分为酸表和碱表两种，查表时必须注意反应的介质条件。例如

$$MnO_4^- + 8H^+ + 5e^- \rightleftharpoons Mn^{2+} + 4H_2O \qquad \varphi^\ominus = 1.51V$$

$$MnO_4^- + 2H_2O + 3e^- \rightleftharpoons MnO_2 + 4OH^- \qquad \varphi^\ominus = 0.60V$$

表 7-1 一些物质在酸性水溶液中的标准电极电势(298.15K)

	电极反应						$\varphi_A^\ominus$ / V
	氧化型		电子数		还原型		
最弱的氧化剂	Li^+	+	e^-	$\rightleftharpoons$	Li	最强的还原剂	−3.040
	K^+	+	e^-	$\rightleftharpoons$	K		−2.931
	Ba^{2+}	+	$2e^-$	$\rightleftharpoons$	Ba		−2.92
	Ca^{2+}	+	$2e^-$	$\rightleftharpoons$	Ca		−2.84
	Na^+	+	e^-	$\rightleftharpoons$	Na		−2.71
	Mg^{2+}	+	$2e^-$	$\rightleftharpoons$	Mg		−2.356
	Al^{3+}	+	$3e^-$	$\rightleftharpoons$	Al		−1.676
得到电子或氧化能力依次增强 ↓	Mn^{2+}	+	$2e^-$	$\rightleftharpoons$	Mn	失去电子或还原能力依次增强 ↑	−1.170 0
	Zn^{2+}	+	$2e^-$	$\rightleftharpoons$	Zn		−0.762 6
	Fe^{2+}	+	$2e^-$	$\rightleftharpoons$	Fe		−0.440 0
	Ni^{2+}	+	$2e^-$	$\rightleftharpoons$	Ni		−0.257
	Sn^{2+}	+	$2e^-$	$\rightleftharpoons$	Sn		−0.137 5
	Pb^{2+}	+	$2e^-$	$\rightleftharpoons$	Pb		−0.126 2
	$2H^+$	+	$2e^-$	$\rightleftharpoons$	H_2		0.000 0
	Cu^{2+}	+	e^-	$\rightleftharpoons$	Cu^+		+0.159
	Cu^{2+}	+	$2e^-$	$\rightleftharpoons$	Cu		+0.340 0
	I_2	+	$2e^-$	$\rightleftharpoons$	$2I^-$		+0.535 0
	$H_3AsO_4 + 2H^+$	+	$2e^-$	$\rightleftharpoons$	$HAsO_2 + 2H_2O$		+0.560 0
	$O_2 + 2H^+$	+	$2e^-$	$\rightleftharpoons$	H_2O_2		+0.695
	Fe^{3+}	+	e^-	$\rightleftharpoons$	Fe^{2+}		+0.771 0
	Ag^+	+	e^-	$\rightleftharpoons$	Ag		+0.799 1
	Br_2	+	$2e^-$	$\rightleftharpoons$	$2Br^-$		+1.087
	$2IO_3^- + 12H^+$	+	$10e^-$	$\rightleftharpoons$	$I_2 + 6H_2O$		+1.195
最强的氧化剂	$Cr_2O_7^{2-} + 14H^+$	+	$6e^-$	$\rightleftharpoons$	$2Cr^{3+} + 7H_2O$	最弱的还原剂	+1.36
	Cl_2	+	$2e^-$	$\rightleftharpoons$	$2Cl^-$		+1.396
	$MnO_4^- + 8H^+$	+	$5e^-$	$\rightleftharpoons$	$Mn^{2+} + 4H_2O$		+1.510 0
	$H_2O_2 + 2H^+$	+	$2e^-$	$\rightleftharpoons$	$2H_2O$		+1.763
	F_2	+	$2e^-$	$\rightleftharpoons$	$2F^-$		+2.870 0

表 7-2 一些物质在碱性水溶液中的标准电极电势(298.15K)

	电极反应						$\varphi_B^{\ominus}$ / V
	氧化型		电子数		还原型		
得到电子或氧化能力依次增强 ↓	$ZnO_2^{2-} + 2H_2O$	+	$2e^-$	$\rightleftharpoons$	$Zn + 4OH^-$	失去电子或还原能力依次增强 ↑	−1.216 0
	$2H_2O$	+	$2e^-$	$\rightleftharpoons$	$H_2 + 2OH^-$		−0.828
	$Fe(OH)_3$	+	e^-	$\rightleftharpoons$	$Fe(OH)_2 + OH^-$		−0.560 0
	S	+	$2e^-$	$\rightleftharpoons$	S^{2-}		−0.480 0
	$Cu(OH)_2$	+	$2e^-$	$\rightleftharpoons$	$Cu + 2OH^-$		−0.224 0
	$CrO_4^{2-} + 4H_2O$	+	$3e^-$	$\rightleftharpoons$	$Cr(OH)_3 + 5OH^-$		−0.120 0
	$NO_3^- + H_2O$	+	e^-	$\rightleftharpoons$	$NO_2^- + 2OH^-$		+0.010 0
	$Ag_2O + H_2O$	+	$2e^-$	$\rightleftharpoons$	$2Ag + 2OH^-$		+0.342 0
	$ClO_4^- + H_2O$	+	$2e^-$	$\rightleftharpoons$	$ClO_3^- + 2OH^-$		+0.360 0
	$O_2 + 2H_2O$	+	$4e^-$	$\rightleftharpoons$	$4OH^-$		+0.401 0
	$ClO_3^- + 3H_2O$	+	$6e^-$	$\rightleftharpoons$	$Cl^- + 6OH^-$		+0.620 0
	$ClO^- + H_2O$	+	$2e^-$	$\rightleftharpoons$	$Cl^- + 2OH^-$		+0.890

因此，酸表中的标准电极电势，除了氧化型和还原型物质浓度为 $1.0mol \cdot L^{-1}$ 外，溶液中的 H^+ 也是标准态浓度，为 $1.0mol \cdot L^{-1}$；同理，碱表中的 OH^- 浓度为 $1.0mol \cdot L^{-1}$。而没有 H^+ 和 OH^- 参与的电极反应，标准电极电势值在酸表和碱表中是相同的。

四、电池电动势和化学反应 Gibbs 自由能的关系

根据化学热力学，在等温等压条件下，体系 Gibbs 自由能的减少 ΔG 等于体系对外所做的最大非体积功，即

$$\Delta_r G_m = -W_{f, max}$$

对于电池来说，最大非体积功就是电池做的电功，该电功等于

$$W_{f,max} = qE$$

式中，E 是电池电动势；q 是电池中通过的电量。如果反应过程中有 $n$mol 电子转移，则电量为

$$q = nF$$

式中，F 是法拉第常数，表示 1mol 电子的电量，即 $F = 9.65 \times 10^4 C \cdot mol^{-1}$。

归结为

$$\Delta_r G_m = -nFE \tag{7-1}$$

若电池中所有物质都处于标准态，则为

$$\Delta_r G_m^{\ominus} = -nFE^{\ominus} \tag{7-2}$$

式中，$E^{\ominus}$ 的单位为伏特(V)，n 为氧化还原方程式中得失电子的数目。

据此，若已知电池的标准电动势 $E^{\ominus}$，就可以求出氧化还原反应的标准 Gibbs 自由能变化 $\Delta_r G_m^{\ominus}$；反之，若已知氧化还原反应的标准 Gibbs 自由能变化 $\Delta_r G_m^{\ominus}$，也能得知该反应所构成原电池的标准电动势 $E^{\ominus}$。由于一个化学反应 Gibbs 自由能的变化可以作为化学反应方向的判据，因此，也能以 $E^{\ominus}$ 值代替 $\Delta_r G_m^{\ominus}$ 来判断氧化还原反应在标准状态下进行的方向。

例 7-2 试计算 Cu-Zn 原电池在 298K 时的标准电动势 $E^{\ominus}$ 及 $\Delta_r G_m^{\ominus}$。

解 该 Cu-Zn 原电池为

$$(-)Zn \mid ZnSO_4(1mol \cdot L^{-1}) \| CuSO_4(1mol \cdot L^{-1}) \mid Cu(+)$$

电池对应的氧化还原反应为

$$Zn + Cu^{2+} \rightleftharpoons Zn^{2+} + Cu$$

查表可知： $\varphi^{\ominus}_{Zn^{2+}/Zn} = -0.7626$， $\varphi^{\ominus}_{Cu^{2+}/Cu} = 0.34V$

$$E^{\ominus} = \varphi^{\ominus}_{+} - \varphi^{\ominus}_{-} = 0.34\ V - (-0.7626V) = 1.1026V$$

进行 1mol 化学反应转移的电子数目 $n = 2mol$，则

$$\begin{aligned}\Delta_r G^{\ominus}_m &= -nFE^{\ominus} \\ &= -2 \times 9.65 \times 10^4 C \cdot mol^{-1} \times 1.1026V \\ &= -2.13 \times 10^5 J \cdot mol^{-1} = -213kJ \cdot mol^{-1}\end{aligned}$$

例 7-3 根据标准电极电势，计算下列反应的 $\Delta_r G^{\ominus}_m$，并判断该反应在标准状态下能否进行？

$$Cr_2O_7^{2-} + 6Fe^{2+} + 14H^+ \rightleftharpoons 2Cr^{3+} + 6Fe^{3+} + 7H_2O$$

解 该氧化还原反应对应的两个半反应为

正极：$Cr_2O_7^{2-} + 14H^+ + 6e^- \rightleftharpoons 2Cr^{3+} + 7H_2O$ $\varphi^{\ominus} = 1.36\ V$

负极：$Fe^{3+} + e^- \rightleftharpoons Fe^{2+}$ $\varphi^{\ominus} = 0.771\ V$

电池的电动势为

$$E^{\ominus} = \varphi^{\ominus}_{Cr_2O_7^{2-}/Cr^{3+}} - \varphi^{\ominus}_{Fe^{3+}/Fe^{2+}} = 1.36\ V - (0.771V) = 0.589V$$

$$\begin{aligned}\Delta_r G^{\ominus}_m &= -nFE^{\ominus} \\ &= -6 \times 9.65 \times 10^4 C \cdot mol^{-1} \times 0.589V \\ &= -3.41 \times 10^5 J \cdot mol^{-1} = -341kJ \cdot mol^{-1}\end{aligned}$$

$\Delta_r G^{\ominus}_m < 0$，标准状态下该反应能进行。

第四节 影响电极电势的因素

如前所述，电极和溶液间的双电层决定了电极的电极电势，因此，电极材料本身的性质、溶液中离子的浓度、气体的压强和温度等因素，都能影响电极电势的大小。而且，绝大多数的氧化还原反应是在非标准状态下进行的，那么，电极电势又该如何确定呢？

一、Nernst 方程

假设将电极 Ox./Red.与标准氢电极组成原电池

正极 $Ox. + n\,e^- \rightleftharpoons Red.$

负极 $2H^+ + 2e^- \rightleftharpoons H_2(g)$

电池反应 $Ox. + \frac{n}{2}\ H_2(g) \rightleftharpoons Red. + n\,H^+$

根据化学反应等温式，有

$$\Delta_r G_m = \Delta_r G^{\ominus}_m + RT\ \ln \frac{\frac{c(Red.)}{c^{\ominus}} \cdot \left(\frac{c_{H^+}}{c^{\ominus}}\right)^n}{\frac{c(Ox.)}{c^{\ominus}} \cdot \left(\frac{p_{H_2}}{p^{\ominus}}\right)^{\frac{n}{2}}}$$

根据电池电动势和 Gibbs 自由能的关系，转换为

$$E = E^{\ominus} - \frac{RT}{nF}\ln\frac{\frac{c(\text{Red.})}{c^{\ominus}}\cdot\left(\frac{c_{\text{H}^+}}{c^{\ominus}}\right)^n}{\frac{c(\text{Ox.})}{c^{\ominus}}\cdot\left(\frac{p_{\text{H}_2}}{p^{\ominus}}\right)^{\frac{n}{2}}}$$

即

$$\varphi - \varphi_{\text{H}^+/\text{H}_2} = (\varphi^{\ominus} - \varphi^{\ominus}_{\text{H}^+/\text{H}_2}) - \frac{RT}{nF}\ln\frac{\frac{c(\text{Red.})}{c^{\ominus}}\cdot\left(\frac{c_{\text{H}^+}}{c^{\ominus}}\right)^n}{\frac{c(\text{Ox.})}{c^{\ominus}}\cdot\left(\frac{p_{\text{H}_2}}{p^{\ominus}}\right)^{\frac{n}{2}}}$$

式中，$c(\text{Ox.})$和 $c(\text{Red.})$表示氧化型物质和还原型物质的浓度。对于标准氢电极，$p_{\text{H}_2} = p^{\ominus} = 100\text{kPa}$，$c_{\text{H}^+} = 1.0\text{mol}\cdot\text{L}^{-1}$，$\varphi_{\text{H}^+/\text{H}_2} = \varphi^{\ominus}_{\text{H}^+/\text{H}_2} = 0.0000\text{V}$，在 298K 时，将气体常数 R 和法拉第常数 F 都代入 Nernst 方程式，自然对数转换为常用对数，则电极的 Nernst 方程式为

$$\varphi = \varphi^{\ominus} + \frac{0.059\,16}{n}\lg\frac{c(\text{Ox.})}{c(\text{Red.})} \tag{7-3}$$

式(7-3)称为电极电势的 **Nernst 方程**(Nernst equation)。利用 Nernst 方程可以计算任意条件下一个电对的电极电势。用 Nernst 方程式时要注意以下几点。

(1) 方程式中的[Ox.]或[Red.]并非仅仅是氧化型物质和还原型物质的浓度，而是包括了参加电极反应的所有物质的浓度；如果这些物质的配平系数不是 1，各物质浓度的方次等于它们相应的配平系数。

(2) 纯固体、纯液体和稀溶液中 H_2O 的浓度视为常数，不列入方程式。对气体参与的电极反应，用气体的分压代替浓度。

表 7-3 举例说明了上式的表示方法。

表 7-3 Nernst 方程式的表示方法

半反应	Nernst 方程式
$Fe^{3+} + e^- \rightleftharpoons Fe^{2+}$	$\varphi_{Fe^{3+}/Fe^{2+}} = \varphi^{\ominus}_{Fe^{3+}/Fe^{2+}} + 0.059\,16\lg\frac{c(Fe^{3+})}{c(Fe^{2+})}$
$Cu^{2+} + 2e^- \rightleftharpoons Cu$	$\varphi_{Cu^{2+}/Cu} = \varphi^{\ominus}_{Cu^{2+}/Cu} + \frac{0.059\,16}{2}\lg c(Cu^{2+})$
$Cl_2(g) + 2e^- \rightleftharpoons 2Cl^-$	$\varphi_{Cl_2/Cl^-} = \varphi^{\ominus}_{Cl_2/Cl^-} + \frac{0.059\,16}{2}\lg\frac{\left(\frac{p_{Cl_2}}{p^{\ominus}}\right)}{c^2(Cl^-)}$
$O_2 + 4H^+ + 4e^- \rightleftharpoons 2H_2O$	$\varphi_{O_2/H_2O} = \varphi^{\ominus}_{O_2/H_2O} + \frac{0.059\,16}{4}\lg\left(\frac{p_{O_2}}{p^{\ominus}}\right)c^4(H^+)$
$Cr_2O_7^{2-} + 14H^+ + 6e^- \rightleftharpoons 2Cr^{3+} + 7H_2O$	$\varphi_{Cr_2O_7^{2-}/Cr^{3+}} = \varphi^{\ominus}_{Cr_2O_7^{2-}/Cr^{3+}} + \frac{0.059\,16}{6}\lg\frac{c(Cr_2O_7^{2-})\cdot c^{14}(H^+)}{c^2(Cr^{3+})}$

二、影响电极电势的因素

电极电势主要受离子浓度、溶液的酸度、沉淀的生成及生成配合物等因素的影响。

(一) 离子浓度对电极电势的影响

例 7-4 已知$\varphi^{\ominus}_{Cu^{2+}/Cu} = 0.34\text{V}$，求 Cu^{2+}浓度为 $0.01\text{mol}\cdot\text{L}^{-1}$ 时铜电极的电极电势。

解 铜电极的电极反应为

$$Cu^{2+}(aq)+2e^- \rightleftharpoons Cu(s)$$

$$\varphi_{Cu^{2+}/Cu}=\varphi^{\ominus}_{Cu^{2+}/Cu}+\frac{0.05916}{2}\lg c(Cu^{2+})$$

$$=0.34V+\frac{0.05916V}{2}\lg 0.01=0.281V$$

从计算结果可以看出，当电对中氧化型物质 Cu^{2+}浓度降低时，Cu 电极的电极电势值减小，Cu^{2+}的氧化能力减弱，还原型物质 Cu 的还原性增强。对任意电对，电对中氧化型物质浓度减小，电极电势降低；还原型物质浓度降低，电极电势增加。

(二) 溶液酸度对电极电势的影响

如果在电极反应中，除氧化型和还原型物质外，还有其他物质，如 H^+和 OH^-参加电极反应，酸度的改变会对电极电势产生影响，甚至远大于氧化型和还原型物质浓度变化产生的影响。

例 7-5 反应为 $Cr_2O_7^{2-}+14H^++6e^- \rightleftharpoons 2Cr^{3+}+7H_2O$，电对 $Cr_2O_7^{2-}/Cr^{3+}$的标准电极电势为 1.36V，计算在 298K，$Cr_2O_7^{2-}$、Cr^{3+}的浓度均为 $1.0mol \cdot L^{-1}$、pH = 6 时，电对 $Cr_2O_7^{2-}/Cr^{3+}$的电极电势。

解 电极 $Cr_2O_7^{2-}+14H^++6e \rightleftharpoons 2Cr^{3+}+7H_2O$ 的 Nernst 方程式为

$$\varphi_{Cr_2O_7^{2-}/Cr^{3+}}=\varphi^{\ominus}_{Cr_2O_7^{2-}/Cr^{3+}}+\frac{0.05916}{6}\lg\frac{c(Cr_2O_7^{2-})\cdot c^{14}(H^+)}{c^2(Cr^{3+})}$$

pH = 6，$c(H^+)=1.0\times10^{-6}mol \cdot L^{-1}$，所以

$$\varphi_{Cr_2O_7^{2-}/Cr^{3+}}=1.36V+\frac{0.05916V}{6}\lg[1\times10^{-6}]^{14}=0.532V$$

从上述计算可见，在标准状态下电对 $Cr_2O_7^{2-}/Cr^{3+}$的电极电势为 1.36V，电对中氧化型物质 $Cr_2O_7^{2-}$是强氧化剂，还原型物质 Cr^{3+}是弱还原剂。若只将 H^+浓度从 $1.0mol \cdot L^{-1}$ 降低到 $1.0\times10^{-6}mol \cdot L^{-1}$，电对 $Cr_2O_7^{2-}/Cr^{3+}$的电极电势从 1.36V 降低到 0.532V，使 $Cr_2O_7^{2-}$ 的氧化能力大大减弱。该电对的电极电势与 $c^{14}(H^+)$有关，因此，$c(H^+)$的变化对其电极电势有显著的影响。

(三) 生成沉淀对电极电势的影响

在一个电对中，氧化型或还原型物质生成沉淀，实际上改变了氧化型或还原型物质的浓度，从而能引起电极电势的变化。

例 7-6 已知 $\varphi^{\ominus}_{Ag^+/Ag}=0.7991$ V，若在组成该电极的溶液中加入 NaCl，使其生成 AgCl 沉淀，并保持溶液中 Cl^- 浓度为 $1.0\ mol\cdot L^{-1}$。试计算该条件下 Ag^+/Ag 电对的电极电势。

解 电对的电极反应为 $Ag^++e^- \rightleftharpoons Ag$ $n=1$

有 $$\varphi_{Ag^+/Ag}=\varphi^{\ominus}_{Ag^+/Ag}+0.05916\lg c(Ag^+)$$

而 Ag^+浓度受下面沉淀平衡影响

$$Ag^++Cl^- \rightleftharpoons AgCl(s) \qquad [Ag^+][Cl^-]=K_{sp}=1.77\times10^{-10}$$

$$[Ag^+]=\frac{K_{sp}}{[Cl^-]}$$

所以 $$\varphi_{Ag^+/Ag}=0.7991V+0.05916\lg 1.77\times10^{-10}=0.222V$$

显然，由于 Ag^+转化为 AgCl 沉淀，使溶液中氧化型物质 Ag^+的浓度急剧降低，从而大大降低了 Ag^+/Ag 电对的电极电势。实际上，当在 Ag^+溶液中加入 Cl^-产生 AgCl 沉淀后，形成了

一个新的电极 AgCl/Ag，即

$$AgCl(s) + e^- \rightleftharpoons Ag(s) + Cl^-(aq)$$

因此，在 Cl^-浓度为 1.0 mol·L^{-1} 时，前面计算所得 Ag^+/Ag 电对的电极电势就等于电对 AgCl/Ag 的标准电极电势 $\varphi^{\ominus}_{AgCl/Ag}$。在$[Cl^-] = 1.0 mol \cdot L^{-1}$的溶液中，平衡时氧化型物质 Ag^+的浓度大大减少，其氧化能力下降，还原型物质 Ag(s)的还原能力增强，更易失去电子生成 AgCl(s)。由此可以得出，Ag^+所形成的卤化物 AgX 沉淀的 K_{sp}(AgX)越小，沉淀平衡时 Ag^+的浓度也越低，对应的 $\varphi^{\ominus}_{AgX/Ag}$ 也越小。比较 AgX 的 K_{sp} 与对应的 $\varphi^{\ominus}_{AgX/Ag}$，可以更清楚地看出上述结论，结果见表 7-4。

表 7-4 AgX 的 K_{sp} 与对应的 $\varphi^{\ominus}_{AgX/Ag}$

			电对			$\varphi^{\ominus}$/V
↑	↑	↑	$AgI(s) + e^-$	$\rightleftharpoons$	$Ag(s) + I^-$	−0.152
减小	减小	减小	$AgBr(s) + e^-$	$\rightleftharpoons$	$Ag(s) + Br^-$	+0.071
			$AgCl(s) + e^-$	$\rightleftharpoons$	$Ag(s) + Cl^-$	+0.221
			$Ag^+ + e^-$	$\rightleftharpoons$	Ag(s)	+0.799
$\varphi^{\ominus}$	$K^{\ominus}_{sp}$	$[Ag^+]$				

(四) 生成配合物对电极电势的影响

若电对中的氧化型物质或还原型物质在溶液中还能进一步生成配合物，也会导致氧化型或还原型物质浓度的显著变化，从而对电极电势产生影响，具体内容将在配合物一章中进行讨论。

第五节 电极电势的应用

电极电势值是电化学中十分重要的数据，除了计算原电池的电动势外，还可以比较氧化剂氧化能力及还原剂还原能力的相对强弱、判断氧化还原反应进行的方向和限度、选择合适的氧化剂和还原剂，进一步还可以求氧化还原反应的平衡常数等。

一、判断氧化剂及还原剂的相对强弱

电极电势的大小反映了氧化还原电对中氧化型物质和还原型物质氧化还原能力的相对强弱。若电对的电极电势越大，则该电对中的氧化型物质是越强的氧化剂，还原型物质是越弱的还原剂；反之，若电对的电极电势越小，则该电对中的氧化型物质是越弱的氧化剂，还原型物质是越强的还原剂。以如下几个电对为例（表 7-5）。

表 7-5 几个电对氧化剂及还原剂的相对强弱

电对	电极反应	$\varphi^{\ominus}$/V
F_2/F^-	$F_2 + 2e^- \rightleftharpoons 2F^-$	+2.87
MnO_4^-/Mn^{2+}	$MnO_4^- + 8H^+ + 5e^- \rightleftharpoons Mn^{2+} + 4H_2O$	+1.51
$Cr_2O_7^{2-}/Cr^{3+}$	$Cr_2O_7^{2-} + 14H^+ + 6e^- \rightleftharpoons 2Cr^{3+} + 7H_2O$	+1.36
Br_2/Br^-	$Br_2 + 2e^- \rightleftharpoons 2Br^-$	+1.087
Fe^{3+}/Fe^{2+}	$Fe^{3+} + e^- \rightleftharpoons Fe^{2+}$	+0.771
I_2/I^-	$I_2 + 2e^- \rightleftharpoons 2I^-$	+0.535

从上至下标准电极电势依次减小，则氧化型物质的氧化能力也遵循 $F_2 > MnO_4^- > Cr_2O_7^{2-} > Br_2 > Fe^{3+} > I_2$ 的顺序；相反，还原型物质的还原能力由强到弱为 $I^- > Fe^{2+} > Br^- > Cr^{3+} > Mn^{2+} > F^-$ 的顺序。应当注意的是，$\varphi^\ominus$是标准状态下的电极电势，这里用$\varphi^\ominus$的大小判断氧化型物质或还原型物质的氧化还原能力时，也只是标准状态下的结果。如果氧化还原反应是在非标准状态下进行的，那么，要比较非标准状态下各电对中氧化型或还原型物质的氧化还原能力，则必须通过 Nernst 方程式进行计算，求出在给定条件下的电极电势再进行比较。

例 7-7　比较在 pH = 5.00 时，MnO_4^- 和 Br_2 的氧化能力强弱。

解　查表，标准状态下 $\varphi^\ominus(MnO_4^-/Mn^{2+}) > \varphi^\ominus(Br_2/Br^-)$，故 MnO_4^- 的氧化能力比 Br_2 强。

$$MnO_4^- + 8H^+ + 5e^- \rightleftharpoons Mn^{2+} + 4H_2O$$

根据 Nernst 方程，在 pH = 5.00 时

$$\begin{aligned}\varphi_{MnO_4^-/Mn^{2+}} &= \varphi^\ominus_{MnO_4^-/Mn^{2+}} + \frac{0.059\,16}{5}\lg\frac{c(MnO_4^-)\cdot c^8(H^+)}{c(Mn^{2+})}\\ &= 1.51V + \frac{0.059\,16}{5}\lg(1\times10^{-5})^8\\ &= 1.04V\end{aligned}$$

而 Br_2/Br^- 的电极电势不受介质酸碱性的影响，故 $\varphi(Br_2/Br^-) = \varphi^\ominus(Br_2/Br^-) = 1.066V$。

此时，$\varphi_{Br_2/Br^-} > \varphi_{MnO_4^-/Mn^{2+}}$，则 Br_2 的氧化能力比 MnO_4^- 强。

二、判断反应进行的方向

我们知道，当化学反应的 Gibbs 自由能变化 $\Delta_r G_m < 0$ 时，反应可以自发正向进行。

$$\Delta_r G_m = -nFE$$

对于氧化还原反应，$\Delta_r G_m < 0$ 时，其 $E > 0$，反应可以自发正向进行。由于

$$E = \varphi_+ - \varphi_-$$

即当 $\varphi_+ > \varphi_-$，氧化还原反应能够自发正向进行。

例 7-8　已知，$\varphi^\ominus_{Sn^{2+}/Sn} = -0.137\,5V$，$\varphi^\ominus_{Pb^{2+}/Pb} = -0.126\,2V$，判断反应

$$Pb^{2+} + Sn \rightleftharpoons Pb + Sn^{2+}$$

(1) 在标准状态下的反应方向。

(2) 在 $c(Sn^{2+}) = 1mol\cdot L^{-1}$，$c(Pb^{2+}) = 0.1mol\cdot L^{-1}$ 时的反应方向。

解　(1) 根据反应方程式，Pb^{2+}/Pb 是正极，Sn^{2+}/Sn 是负极，在标准状态下，

$$E^\ominus = \varphi^\ominus_{Pb^{2+}/Pb} - \varphi^\ominus_{Sn^{2+}/Sn} = -0.126\,2V - (-0.137\,5V) = 0.011\,3V$$

$E^\ominus > 0$，所以在标准状态下上述反应可以自发地向正反应方向进行。

(2) 当 $[Sn^{2+}] = 1mol\cdot L^{-1}$，$[Pb^{2+}] = 0.1mol\cdot L^{-1}$ 时，根据 Nernst 方程

$$\begin{aligned}\varphi_{Pb^{2+}/Pb} &= \varphi^\ominus_{Pb^{2+}/Pb} + \frac{0.059\,16}{2}\lg c(Pb^{2+})\\ &= -0.126\,2\,V + \frac{0.059\,16V}{2}\lg 0.1 = -0.156V\end{aligned}$$

$$\begin{aligned}\varphi_{Sn^{2+}/Sn} &= \varphi^\ominus_{Sn^{2+}/Sn} + \frac{0.059\,16}{2}\lg c(Sn^{2+})\\ &= -0.137\,5V + \frac{0.059\,16\,V}{2}\lg 1 = -0.137\,5V\end{aligned}$$

$$\begin{aligned}E &= \varphi_{Pb^{2+}/Pb} - \varphi_{Sn^{2+}/Sn}\\ &= -0.156V - (-0.1375V)\\ &= -0.018\,5V\end{aligned}$$

所以，上述反应在 $c(Sn^{2+}) = 1mol \cdot L^{-1}$，$c(Pb^{2+}) = 0.1mol \cdot L^{-1}$ 时，不能自发正向进行，逆反应可自发进行。

当一种氧化剂遇到多种还原剂时，其反应首先发生在氧化剂和还原能力最强的还原剂之间；反之亦然，即氧化剂与还原剂的电极电势相差越大时，反应的 $\Delta_r G_m$ 越小，它们之间越容易发生反应。

三、计算氧化还原反应平衡常数

(一) 氧化还原反应平衡常数

氧化还原反应只是化学反应的一种，它同其他反应一样都遵循化学反应的基本原理。Gibbs 自由能变化 $\Delta_r G_m^\ominus$与平衡常数的关系是

$$\Delta_r G_m^\ominus = -RT \ln K^\ominus$$

对氧化还原反应

$$\Delta_r G_m^\ominus = -nFE^\ominus$$

故氧化还原反应平衡常数与电池电动势的关系为

$$K^\ominus = e^{\left(\frac{nFE^\ominus}{RT}\right)} \tag{7-4}$$

因此，通过电池的标准电动势 $E^\ominus$，可以直接计算氧化还原反应的平衡常数。

例 7-9 求下列氧化还原反应的平衡常数

$$MnO_4^- + 5Fe^{2+} + 8H^+ \rightleftharpoons Mn^{2+} + 5Fe^{3+} + 4H_2O$$

解 查表可知 $\varphi^\ominus_{MnO_4^-/Mn^{2+}} = +1.51V$， $\varphi^\ominus_{Fe^{3+}/Fe^{2+}} = +0.771V$

所以

$$K^\ominus = e^{\left(\frac{nFE^\ominus}{RT}\right)}$$

$$= e^{\left[\frac{5\times96\,500\times(1.51-0.771)}{8.314\times298}\right]}$$

$$= 3.18\times10^{62}$$

计算结果显示 $K^\ominus$值很大，说明在标准状态下该反应进行得非常完全。

(二) 与氧化还原反应相关的其他平衡常数

如果将表面上的非氧化还原反应设计成适当的原电池，也可以求得这类非氧化还原反应的平衡常数。例如，弱酸(或弱碱)的解离常数 K_a、水的离子积 K_w、难溶性强电解质的溶度积常数 K_{sp} 等，都可以通过式 7-4 求出。

例 7-10 已知半反应 $Ag^+ + e^- \rightleftharpoons Ag$ 和 $AgCl + e^- \rightleftharpoons Ag + Cl^-$的标准电极电势分别为 0.7991V 和 0.2223V，求 AgCl 在 25℃时的溶度积常数 K_{sp}。

解 将上述两个半反应组成原电池

正极 $Ag^+ + e^- \rightleftharpoons Ag$

负极 $Ag + Cl^- \rightleftharpoons AgCl + e^-$

电池反应 $Ag^+ + Cl^- \rightleftharpoons AgCl$

可见，该电池的平衡常数的倒数是 AgCl 溶度积常数。

根据 $\Delta_r G_m^\ominus = -nFE^\ominus$和$\Delta_r G_m^\ominus = -RT\ln K^\ominus$，可得

$$K^{\ominus} = e^{\left(\frac{nFE^{\ominus}}{RT}\right)}$$

$$= e^{\left[\frac{1\times 965\,00\times(0.7991-0.2223)}{8.314\times 298}\right]}$$

$$= 5.7\times 10^{9}$$

所以 AgCl 的溶度积常数 K_{sp} 为

$$K_{sp} = \frac{1}{K^{\ominus}} = 1.75\times 10^{-10}$$

再如，可将一元弱酸 HA 计成如下原电池(浓差电池)

$$(-)Pt \mid H_2(100kPa) \mid HA(1mol\cdot L^{-1}) \parallel H^{+}(1mol\cdot L^{-1}) \mid H_2(100kPa) \mid Pt(+)$$

电池反应为

$$HA \rightleftharpoons H^{+} + A^{-}$$

测定组成电池的电动势，可知负极的电极电势，再通过 Nernst 方程计算出负极溶液中 H^{+}的浓度，从而计算出该反应的解离平衡常数 K_a。

第六节　元素电势图及应用

一、元素电势图及应用

(一) 元素电势图

许多元素具有多种氧化态，不同氧化态物质之间可以组成电对，每一个电对都有对应的电极电势。把一种元素不同氧化态物质从左到右按氧化数由高到低的顺序排成一行，只要两个氧化态物质用直线连接起来，在直线上方标明此电对的标准电极电势值，如图 7-6 所示。这种图是 W. M. Latimer 提出的元素电势图。根据溶液的 pH 不同，又可以分为酸图 $\varphi_A^{\ominus}$ 和碱图 $\varphi_B^{\ominus}$ 两大类。

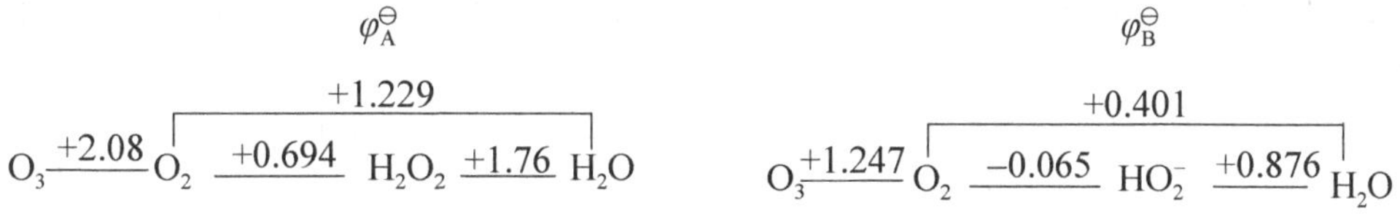

图 7-6　氧元素的电势图

元素电势图简单明了地提供以下几方面信息。

(1) 元素常见的氧化态。

(2) 元素各种氧化态物质的氧化还原能力的相对大小。

(3) 元素的某氧化态物质能否发生歧化反应，歧化反应的产物是什么。

(4) 酸碱介质对氧化还原能力有影响。若电极电势在酸图和碱图中相同，则表示该电对氧化型和还原型物质的氧化还原能力不受溶液的 pH 影响。

(二) 元素电势图的应用

元素电势图不仅简明直观地表明了元素各电对的标准电极电势，而且对了解元素各氧化态物质氧化还原能力和稳定性也非常方便，对掌握元素的基本化学性质具有重要意义。

1. 计算某元素未知电对的标准电极电势　元素电势图不是标出所有电对的标准电极电势，

但是利用已知的两个或以上的相邻电对的标准电极电势，就可以计算出某些未知电对的标准电极电势。例如，某元素的电势图为

$$\mathrm{A}\xrightarrow{\Delta_r G_1^{\ominus},\varphi_1^{\ominus}}\mathrm{B}\xrightarrow{\Delta_r G_2^{\ominus},\varphi_2^{\ominus}}\mathrm{C}$$
$$\underbrace{\qquad\qquad\qquad\qquad}_{\Delta_r G_3^{\ominus},\varphi_3^{\ominus}}$$

根据标准 Gibbs 自由能变化 $\Delta_r G_m^{\ominus}$ 与电对的标准电极电势的关系：

$$\Delta_r G_1^{\ominus}=-n_1F\varphi_1^{\ominus}\text{，}\quad \Delta_r G_2^{\ominus}=-n_2F\varphi_2^{\ominus}\text{，}\quad \Delta_r G_3^{\ominus}=-n_3F\varphi_3^{\ominus}$$

n_1、n_2、n_3 分别为相应电对的电子转移数，且 $n_3=n_1+n_2$。根据热力学状态函数的基本性质

$$\Delta_r G_3^{\ominus}=\Delta_r G_1^{\ominus}+\Delta_r G_2^{\ominus}$$

则

$$\Delta_r G_3^{\ominus}=-n_3F\varphi_3^{\ominus}=-(n_1+n_2)F\varphi_3^{\ominus}$$

可得

$$\varphi_3^{\ominus}=\frac{n_1\varphi_2^{\ominus}+n_2\varphi_2^{\ominus}}{n_1+n_2}$$

若有 i 个相邻电对，则

$$\varphi^{\ominus}=\frac{n_1\varphi_1^{\ominus}+n_2\varphi_2^{\ominus}+\cdots+n_i\varphi_i^{\ominus}}{n_1+n_2+\cdots+n_i}\tag{7-5}$$

例 7-11 298K 时，酸性条件下，碘元素电势图如下，请计算 $\varphi^{\ominus}_{IO_3^-/I^-}$ 和 $\varphi^{\ominus}_{IO_3^-/HIO}$。

$$IO_3^-\text{———}HIO\xrightarrow{1.45\ V}I_2\xrightarrow{0.53V}I^-$$
$$\underbrace{\qquad\qquad\qquad\qquad\qquad}_{1.20V}\ (IO_3^-\to I_2)$$

解 据电势图，未知电对电极电势为

$$\varphi^{\ominus}_{IO_3^-/I^-}=\frac{5\times\varphi^{\ominus}_{IO_3^-/I_2}+1\times\varphi^{\ominus}_{I_2/I^-}}{5+1}=\frac{5\times1.20+1\times0.53}{6}=1.09V$$

$$\varphi^{\ominus}_{IO_3^-/HIO}=\frac{5\times\varphi^{\ominus}_{IO_3^-/I_2}-1\times\varphi^{\ominus}_{HIO/I_2}}{5-1}=\frac{5\times1.20-1\times1.45}{4}=1.14V$$

2. 判断能否发生歧化反应 在标准状态下，利用元素电势图可以非常容易地判断歧化反应能否发生。

例如，某元素不同氧化态的三种物质，按氧化态由高到低排列如下

$$\underset{\text{高氧化数}}{\mathrm{A}}\xrightarrow{\varphi^{\ominus}_{A/B}}\underset{\text{中间氧化数}}{\mathrm{B}}\xrightarrow{\varphi^{\ominus}_{B/C}}\underset{\text{低氧化数}}{\mathrm{C}}$$

这三种物质可以组成两个电对：A/B 电对和 B/C 电对，如果

$$\varphi^{\ominus}_{B/C}>\varphi^{\ominus}_{A/B}$$

则 B/C 电对中 B 是较强的氧化剂，而 A/B 电对中 B 是较强的还原剂，这两个电对所组成的原电池中 B/C 电对为正极，A/B 电对为负极，电池的标准电动势为

$$E^{\ominus}=\varphi^{\ominus}_{B/C}-\varphi^{\ominus}_{A/B}>0$$

于是由 B 发生歧化反应生成的 A 和 C 反应的 Gibbs 自由能变化

$$\Delta G^{\ominus}<0$$

因此，B 生成 A 和 C 的反应能自发进行，即 B 能自发发生歧化反应。例如，酸性溶液中溴的元素电势图为

$$BrO_3^-\xrightarrow{1.49V}HBrO\xrightarrow{1.59V}Br_2$$

因为 $\varphi^{\ominus}_{HBrO/Br_2} > \varphi^{\ominus}_{BrO_3^-/HBrO}$，所以在酸性溶液中，HBrO 不稳定，将发生下列歧化反应：

$$5HBrO \rightleftharpoons 2Br_2 + H^+ + BrO_3^- + 2H_2O$$

又如铁的元素电势图为

$$Fe^{3+} \xrightarrow{0.771V} Fe^{2+} \xrightarrow{-0.44V} Fe$$

由于 $\varphi^{\ominus}_{Fe^{2+}/Fe} < \varphi^{\ominus}_{Fe^{3+}/Fe^{2+}}$，所以 Fe^{2+}不能发生歧化反应。

可以发现如下规律，在电势图中，如果 $\varphi^{\ominus}_{右} > \varphi^{\ominus}_{左}$，则中间氧化态物质能发生歧化反应；若 $\varphi^{\ominus}_{右} < \varphi^{\ominus}_{左}$，中间氧化态不发生歧化反应。

二、电势-pH 图

电势-pH 图是指以电对的电极电势为纵坐标，溶液的 pH 为横坐标，做出的等温等浓度条件下电极电势 φ 随 pH 变化的关系图。下面以水为例来说明电势-pH 图。

大多数氧化还原反应是在水溶液中进行的。水本身既可以作为氧化剂，又可以作为还原剂，而且其氧化还原性与 pH 密切相关。与水的氧化和还原相对应的两个电对的电极反应及 Nernst 方程式分别为

(1) H_2O 被还原　　$2H^+ + 2e^- \rightleftharpoons H_2(g)$　　$\varphi^{\ominus}_{H^+/H_2} = 0.000\,0V$

$$\varphi_{H^+/H_2} = \varphi^{\ominus}_{H^+/H_2} + \frac{0.059\,16}{2}\lg\frac{c^2_{H^+}}{\left(\frac{p_{H_2}}{p^{\ominus}}\right)}$$

(2) H_2O 被氧化　　$O_2(g) + 4H^+ + 4e^- \rightleftharpoons 2H_2O$　　$\varphi^{\ominus}_{O_2/H_2O} = +1.23V$

$$\varphi_{O_2/H_2O} = \varphi^{\ominus}_{O_2/H_2O} + \frac{0.059\,16}{4}\lg\left(c^4_{H^+}\cdot\frac{p_{O_2}}{p^{\ominus}}\right)$$

如果 p_{H_2} 和 p_{O_2} 均为 100kPa，则上式为

$$\varphi_{H^+/H_2} = -0.059\,16pH$$

$$\varphi_{O_2/H_2O} = 1.23 - 0.059\,16pH$$

根据上述表达式，分别计算出 pH 从 0→14 所对应的 φ_{H^+/H_2} 及 φ_{O_2/H_2O}，就得到如图 7-7 所示水的电势-pH 图。

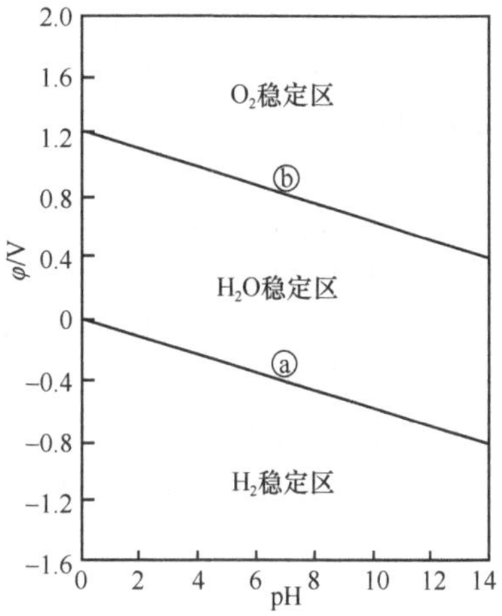

图 7-7　水的电势-pH 图

图 7-7 中ⓐ和ⓑ二直线分别表示 φ_{H^+/H_2} 及 φ_{O_2/H_2O} 随着 pH 增大而降低的趋势。ⓐ线上任意一点都表示在该 pH 时 H_2O 和 H_2(100kPa)处于平衡状态；ⓑ线上任意一点都表示在该 pH 时 H_2O 和 O_2(100kPa)处于平衡状态。当反应体系的电极电势在ⓑ线上方时，平衡时的氧气分压 $p_{O_2} > p^{\ominus}$，这时水被氧化放出氧气。所以，ⓑ线上方的区域中，H_2O 不稳定，而 O_2 稳定，称为 O_2 稳定区。反之，当反应体系的电极电势在ⓑ线下方时，平衡时的氧气分压应有 $p_{O_2} < p^{\ominus}$，此时，多余的氧气被还原生成水，故ⓑ线以下的区域为 H_2O 稳定区。同理，当电极电势在ⓐ线之下时，应有 $p_{H_2} > p^{\ominus}$，故ⓐ线之下为 H_2 稳定区，水被还原放出氢气；反之，在ⓐ线之上为 H_2O 稳定区。

第七节　疾病与氧化还原反应简介

一、癌症发生、治疗与氧化还原反应

医学界在针对疾病和老化的系列研究中发现了**自由基**(radical)，人体内有多种自由基，其性质较活泼、不稳定，具有较强地获取其他物质的电子的能力，使自己原本不成对的电子成对，从而变得稳定。然而，失去电子的物质可能因此变得不稳定，转而去获取其他物质的电子，于是就产生了连锁反应，这些失去电子的物质被氧化而遭到破坏，如 DNA、蛋白质、脂质等生物大分子的损伤等。各种因素引起自由基的增加，或者体内消除自由基能力的下降，导致体内氧化和抗氧化反应平衡被破坏，就会引起某些疾病的发生。居十大死亡原因之首的癌症，公认的罪魁祸首便是自由基。

体内还原电子的还原作用，是电子经体内电子传递链的连锁反应，能促进抗氧化反应的进行，消除细胞内活性氧化成分，抑制因自由基引发 DNA 等大分子的损伤。同时应用还原电子的抗氧化作用，可以减少肿瘤代谢产生的自由基，增强抗肿瘤能力。此外，还原电子通过调节因恶性肿瘤引起的体内酸碱失衡及氧化还原状况失衡，维持体内环境的稳定性，促进正常的细胞代谢，减轻或消除化疗的不良作用，对患者的治疗非常有益。

二、糖尿病发生、治疗与氧化还原反应

越来越多的基础及临床研究表明，糖尿病的病理改变与氧化压力(应激)状态密切相关。糖尿病患者氧化应激产生的确切机制尚不完全清楚，目前认为其与活性氧自由基产生过多和清除降低有关。高血糖状态所致的多元醇代谢的亢进，葡萄糖的自身氧化，蛋白质的非酶促糖基化和蛋白激酶(PKC)的活化等可引起活性氧自由基过量产生。高血糖还可使抗氧化酶超氧化物歧化酶(SOD)、过氧化氢酶(CAT)、谷胱甘肽过氧化物酶(GSH-Px)的糖基化而致其活性降低，糖代谢紊乱使维生素 C 和维生素 E 等抗氧化剂水平下降，从而使活性氧自由基清除减少。

活性氧自由基也可通过活化 c-Jun 激酶等，使胰岛素底物蛋白磷酸化，加速胰岛素底物的降解，引起胰岛素抵抗。活性氧自由基还可直接损伤胰岛 B 细胞，促进 B 细胞凋亡，还可通过影响胰岛素信号传导通路间接抑制 B 细胞功能。从而加重患者的血糖升高，对细胞造成更为显著的损害。

活性氧自由基可损伤生物大分子，改变其细胞内信息传递，损伤细胞的结构和功能。氧化应激引发神经细胞凋亡，引起糖尿病神经功能障碍；加速低密度脂蛋白(LDL)在动脉内膜的沉积和对血管内皮的损伤，从而可促进血栓形成，引起糖尿病的血管功能障碍。

抗氧化治疗已被大量的基础和临床实验证明是糖尿病治疗的方法之一。其中，还原电子的抗氧化作用备受关注。还原电子在体内通过还原氢离子为氢原子，再通过氢原子的抗氧化作用直接清除活性氧自由基，并提高 SOD 等酶的清除自由基的能力，减少对细胞的损伤，改善细胞内糖代谢等，从而起到对糖尿病的治疗作用。

知 识 导 图

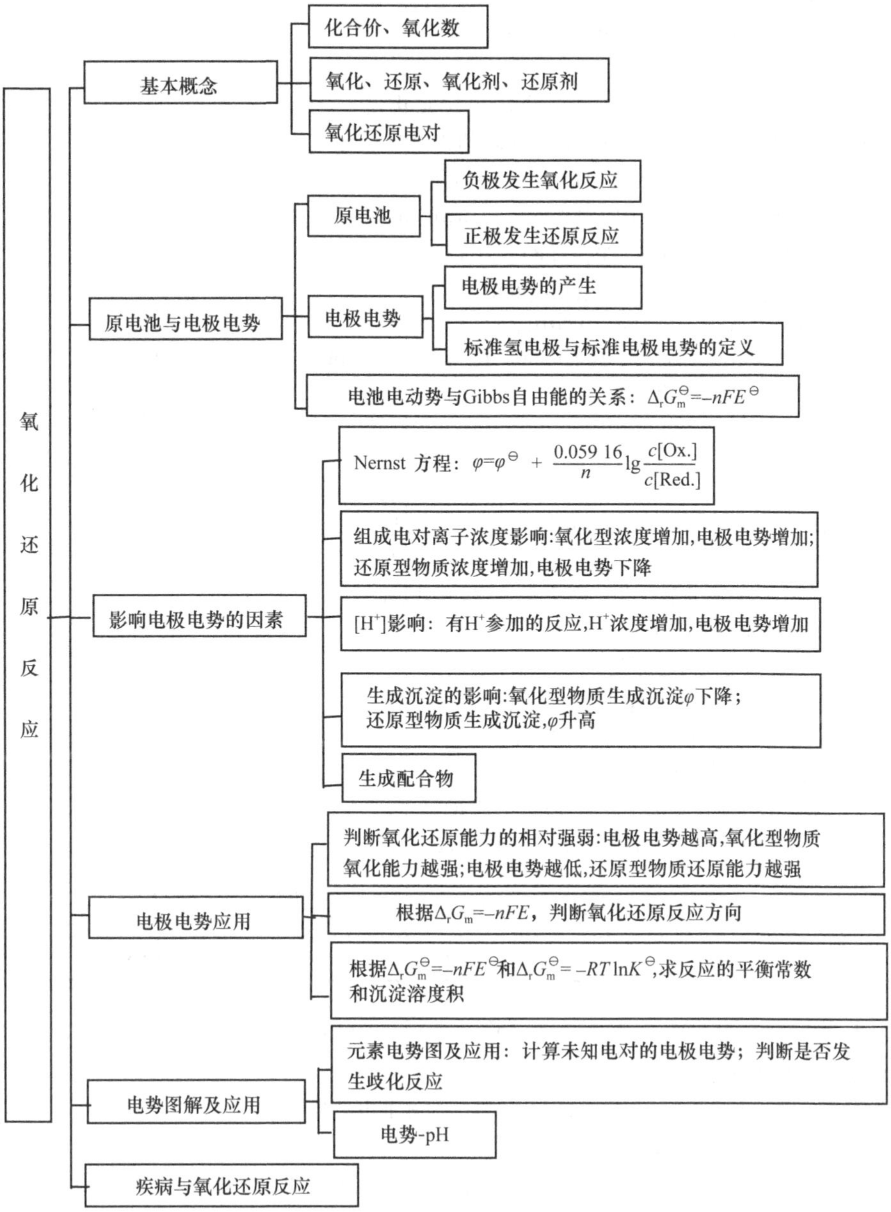

习　　题

1. 用离子-电子法配平下列反应方程式。

(1) $MnO_4^- + C_2H_5OH \longrightarrow CH_3COOH + Mn^{2+}$　　(酸性介质)

(2) $HgS + NO_3^- + Cl^- \longrightarrow HgCl_4^{2-} + NO_2 + S$　　(酸性介质)

(3) $CrO_4^{2-} + HSnO_2^- \longrightarrow HSnO_3^- + CrO_2^-$　　(碱性介质)

(4) $PbO_2 + Cl^- \longrightarrow Pb^{2+} + Cl_2$　　(酸性介质)

(5) $MnO_4^- + SO_3^{2-} \longrightarrow MnO_4^{2-} + SO_4^{2-}$　　(碱性介质)

2. 将下列反应设计成原电池，用标准电极电势判断标准态下电池的正极和负极，写出电极反应、电极符号和电池符号。

(1) $Zn + 2Ag_2O + H_2O \rightleftharpoons Zn(OH)_2 + 2Ag$

(2) $2Fe^{3+} + 2I^- \rightleftharpoons 2Fe^{2+} + I_2$

(3) $PbO_2 + Pb + 2H_2SO_4 \rightleftharpoons 2PbSO_4 + 2H_2O$

(4) $2H_2 + O_2 \rightleftharpoons 2H_2O$

(5) $4Zn + 7OH^- + NO_3^- + 6H_2O \rightleftharpoons NH_3 + 4Zn(OH)_4^{2-}$

3. 写出下列电对在酸性介质中的电极反应式和相应的 Nernst 方程。

MnO_4^-/Mn^{2+}，Zn^{2+}/Zn，AgI/Ag，H_2O_2/H_2O，HgI_4^{2-}/Hg，$CO_2/HCOOH$

4. 写出下列电对在碱性介质中的电极反应式和相应的 Nernst 方程。

$Ca(OH)_2/Ca$，HO_2^-/OH^-，$H_2PO_4^-/P$，MnO_4^-/MnO_2

5. 计算下列原电池的电动势，写出相应的电池反应。

(1) $Zn \mid Zn^{2+}(0.010\ mol\cdot L^{-1}) \| Fe^{2+}(0.0010\ mol\cdot L^{-1}) \mid Fe$

(2) $Pt \mid Fe^{3+}(0.10\ mol\cdot L^{-1})$，$Fe^{2+}(0.010\ mol\cdot L^{-1}) \| Cl^-(2.0\ mol\cdot L^{-1}) \mid Cl_2(p^\ominus) \mid Pt$

6. 根据下列半反应的电极电势： $\varphi^\ominus$ / V

$Fe^{3+} + e^- \rightleftharpoons Fe^{2+}$ 0.77

$Cl_2 + 2e^- \rightleftharpoons 2Cl^-$ 1.36

$I_2 + 2e^- \rightleftharpoons 2I^-$ 0.54

$MnO_4^- + 8H^+ + 5e^- \rightleftharpoons Mn^{2+} + 4H_2O$ 1.51

$Fe^{2+} + 2e^- \rightleftharpoons Fe$ −0.44

判断：(1) 哪个是最强的氧化剂？哪个是最强的还原剂？

(2) 要使 Cl^-氧化应选何氧化剂？

(3)要使 Fe^{3+} 还原应选何还原剂？

7. 已知下列电对的电极电势见下表。

请回答下列问题，并写出有关离子反应方程式。

(1) 稀盐酸与铁反应的产物是什么？

(2) Fe^{2+}应保存在酸性介质中，能否使用稀 HNO_3？

(3) 在 H_2O_2溶液中滴加几滴 Fe^{3+}溶液，会有什么现象？

电对	Fe^{2+}/Fe	H^+/H_2	O_2/H_2O_2	Fe^{3+}/Fe^{2+}	NO_3^-/NO	H_2O_2/H_2O
$\varphi_A^\ominus$ /V	−0.44	0	0.68	0.77	0.96	1.77

8. 已知 $\varphi^\ominus_{MnO_4^-/Mn^{2+}} = +1.51V$，$\varphi^\ominus_{Cl_2/Cl^-} = +1.36V$，若将此两电对组成原电池，请写出：

(1) 该电池的电池符号。

(2) 写出正负极的电极反应和电池反应并计算电池标准电动势。

(3) 计算电池反应在 298K 时的 $\Delta_r G_m^\ominus$ 和 $K^\ominus$。

(4) 计算当$[H^+] = 1.0\times10^{-2}\ mol\cdot L^{-1}$，其他离子浓度均为 $1.0mol\cdot L^{-1}$，$p_{Cl_2} = 100kPa$ 时电池的电动势。

(5) 在(4)的情况下 $\Delta_r G_m^\ominus$ 和 $K^\ominus$是多少。

9. 已知某原电池反应

$$3HClO_2(aq) + 2Cr^{3+}(aq) + 4H_2O = 3HClO + Cr_2O_7^{2-}(aq) + 8H^+(aq)$$

(1) 计算该原电池的电动势。

(2) 当 pH = 0.00，$Cr_2O_7^{2-}$、$HClO_2$、HClO 的浓度分别为 $0.80mol\cdot L^{-1}$、$0.15mol\cdot L^{-1}$、$0.20mol\cdot L^{-1}$时，原电池的电动势为 0.15V，计算此时 Cr^{3+} 的浓度。

(3) 计算 25℃下电池反应的标准平衡常数。

(4) $Cr_2O_7^{2-}$ 是橙红色，$Cr^{3+}(aq)$是绿色。如果 20.0ml 的 $1.00mol\cdot L^{-1}$ $HClO_2$溶液与 20.0ml $0.50mol\cdot L^{-1}$ $Cr(NO_3)_3$溶液混合，最终当溶液 pH=0 时为何种颜色？

10. 已知：$\varphi^{\ominus}_{Ni^{2+}/Ni} = -0.23V$，$\varphi^{\ominus}_{Ag^{+}/Ag} = +0.80V$，

$$\varphi^{\ominus}_{Pb^{2+}/Pb} = -0.13V，\varphi^{\ominus}_{Cu^{2+}/Cu} = +0.34V，$$

写出下列电池的电池反应式，并求电动势 E，判断该电池反应能否自发进行，计算反应的平衡常数 $K^{\ominus}$。

(1) $Ni \mid Ni^{2+}(0.20mol·L^{-1}) \parallel Ag^{+}(0.050mol·L^{-1}) \mid Ag$

(2) $Pb \mid Pb^{2+}(0.50mol·L^{-1}) \parallel Cu^{2+}(0.30mol·L^{-1}) \mid Cu$

11. 根据下列酸性条件下的元素电势图，解决以下问题：

$$IO_3^- \text{———} HIO \xrightarrow{1.45V} I_2 \xrightarrow{0.53V} I^-$$

$$IO_3^- \xrightarrow{1.20V} I_2$$

$$O \xrightarrow{0.68V} H_2O_2 \xrightarrow{1.77V} H_2O$$

(1) 计算 $\varphi^{\ominus}_{IO_3^-/I^-} = ?$，$\varphi^{\ominus}_{IO_3^-/HIO} = ?$

(2) 指出图中哪些物质能发生歧化反应，并写出反应方程式；

(3) 从电极电势考虑，在酸性介质中 HIO_3 与 H_2O_2 能否反应？

(4) 从电极电势考虑，在酸性介质中 I_2 与 H_2O_2 能否反应？

(5) 综合考虑(3)、(4)，HIO_3 与 H_2O_2 反应的最终结果是什么？写出反应方程式说明之。

12. 有一原电池，其中一电极是将银片插入 $0.10mol·L^{-1}$ 的 $AgNO_3$ 溶液中，另一电极是在镀有铂黑的铂片上不断地通入 100kPa 的 $H_2(g)$，并将其插入 $0.10mol·L^{-1}$ HA 溶液中。已知 HA 为一元弱酸，$K_a = 1.0\times10^{-5}$。

(1) 指出该电池的正、负极。

(2) 写出两极上的电极反应式和电池反应式。

(3) 写出该原电池的符号。

(4) 计算该原电池的电动势 E。已知 $\varphi^{\ominus}_{Ag^{+}/Ag} = 0.80V$，$\varphi^{\ominus}_{H^{+}/H_2} = 0.00V$。

13. 某原电池的一个半电池是由金属银浸在 $1.0mol·L^{-1}$ 的 Ag^{+}溶液中组成，另一个半电池是由银片浸在$[Br^-] = 1.0mol·L^{-1}$的 AgBr 饱和溶液中组成。后者为负极，测得电池的电动势为 0.728 V，试计算 $\varphi^{\ominus}_{AgBr/Ag}$ 和 $K_{sp}(AgBr)$。已知 $\varphi^{\ominus}_{Ag^{+}/Ag} = 0.80V$。

14. 已知某原电池的正极是氢电极，$p(H_2) = 100kPa$，负极的电极电势是恒定的。当氢电极中 pH = 4.0 时，该电池的电动势是 0.412V。如果氢电极中所用的溶液为一个未知 H^{+}浓度的缓冲溶液，又重新测得原电池的电动势为 0.427V。计算该缓冲溶液的 H^{+}浓度和 pH 值。如果该缓冲溶液中$[HA] = [A^-] = 1.0mol·L^{-1}$，试计算该弱酸 HA 的解离平衡常数。

(李瑞祥)

习 题 详 解

1. 答：(1)

$$MnO_4^- + 5e^- + 8H^+ \rightleftharpoons Mn^{2+} + 4H_2O$$

$$C_2H_5OH + H_2O - 5e^- \rightleftharpoons CH_3COOH + 4H^+$$

$$4MnO_4^- + 5C_2H_5OH + 12H^+ \rightleftharpoons 5CH_3COOH + 4Mn^{2+} + 11H_2O$$

(2)

$$HgS - 2e^- + 4Cl^- \rightleftharpoons HgCl_4^{2-} + S$$

$$2NO_3^- + 2e^- + 4H^+ \rightleftharpoons 2NO_2 + 2H_2O$$

$$HgS + 2NO_3^- + 4H^+ + 4Cl^- \rightleftharpoons HgCl_4^{2-} + 2NO_2 + S + 2H_2O$$

(3)

$$CrO_4^{2-} + 3e^- + 2H_2O \rightleftharpoons CrO_2^- + 4OH^-$$

$$HSnO_2^- - 2e^- + 2OH^- \rightleftharpoons HSnO_3^- + H_2O$$

$$H_2O + 2CrO_4^{2-} + 3HSnO_2^- \rightleftharpoons 3HSnO_3^- + 2CrO_2^- + 2OH^-$$

(4)
$$4H^+ + PbO_2 + 2e^- \rightleftharpoons Pb^{2+} + 2H_2O$$
$$2Cl^- - 2e^- \rightleftharpoons Cl_2$$
$$PbO_2 + 2Cl^- + 4H^+ \rightleftharpoons Pb^{2+} + Cl_2 + 2H_2O$$

(5)
$$MnO_4^- + e^- \rightleftharpoons MnO_4^{2-}$$
$$2OH^- + SO_3^{2-} - 2e^- \rightleftharpoons SO_4^{2-} + H_2O$$
$$2MnO_4^- + SO_3^{2-} + 2OH^- \rightleftharpoons 2MnO_4^{2-} + SO_4^{2-} + H_2O$$

2. 答:

(1) 负极符号: $Zn|Zn(OH)_2(s)|OH^-(aq)$
$$Zn - 2e^- + 2OH^- \rightleftharpoons Zn(OH)_2$$
正极符号: $Ag(s)|Ag_2O|OH^-(aq)$
$$Ag_2O + 2e^- + H_2O \rightleftharpoons 2Ag + 2OH^-$$
电池符号: $(-)Zn|Zn(OH)_2(s)|OH^-(aq)|Ag_2O|Ag(s)(+)$

(2) 负极符号: $Pt|I_2(s)|I^-(aq)$
$$I_2 + 2e^- \rightleftharpoons 2I^-$$
正极符号: $Pt(s)|Fe^{3+}(c_1)$, $Fe^{2+}(c_2)$
$$Fe^{3+} + e^- \rightleftharpoons Fe^{2+}$$
电池符号: $(-)Pt|\ I_2(s)|I^-(aq)||\ Fe^{3+}(c_1)$, $Fe^{2+}(c_2)|Pt(s)(+)$

(3) 负极符号: $Pb|PbSO_4(s)|H_2SO_4(c_1)$
$$Pb - 2e^- + SO_4^{2-} \rightleftharpoons PbSO_4$$
正极符号: $Pt(s)|\ PbO_2\ |\ PbSO_4(s)|\ H_2SO_4(c_1)$
$$PbO_2 + 2e^- + SO_4^{2-} + 4H^+ \rightleftharpoons PbSO_4 + 2H_2O$$
电池符号: $(-)Pb\ |\ PbSO_4(s)|\ H_2SO_4(c_1)||\ PbO_2\ |\ PbSO_4(s)|\ Pt(s)(+)$

(4) 负极符号: $Pt(s)|\ H_2(g)|\ H^+(aq)$
$$H_2 - 2e^- \rightleftharpoons 2H^+$$
正极符号: $Pt(s)|\ O_2(g)|\ OH^-(aq)$
$$O_2 + 4e^- + 2H_2O \rightleftharpoons 4OH^-$$
电池符号: $(-)Pt(s)|\ H_2(g)|\ H^+(aq)||\ OH^-(aq)|\ O_2(g)|\ Pt(s)(+)$

(5) 负极符号: $Zn(s)|\ Zn(OH)_4^{2-}(c_1)$, $OH^-(c_2)$
$$Zn - 2e^- + 4OH^- \rightleftharpoons Zn(OH)_4^{2-}$$
正极符号: $Pt(s)|\ NH_3(g)|\ NO_3^-(c_1)$, $OH^-(c_2)$
$$NO_3^- + 8e^- + 6H_2O \rightleftharpoons NH_3 + 9OH^-$$
电池符号:
$$(-)Zn(s)|\ Zn(OH)_4^{2-}\ (c_1),\ OH^-(c_2)||\ NO_3^-\ (c_1),\ OH^-(c_2)|\ NH_3(g)|\ Pt(s)(+)$$

3. 答:

(1)
$$MnO_4^- + 5e^- + 8H^+ \rightleftharpoons Mn^{2+} + 4H_2O$$
$$\varphi = \varphi^\ominus + \frac{0.05916}{5}\lg\frac{c(Mn^{2+})\cdot c^8(H^+)}{c(Mn^{2+})}$$

(2)
$$Zn^{2+} + 2e^- \rightleftharpoons Zn$$
$$\varphi = \varphi^\ominus + \frac{0.05916}{2}\lg c(Zn^{2+})$$

(3)
$$AgI + e^- \rightleftharpoons Ag + I^-$$
$$\varphi = \varphi^\ominus + 0.05916\lg\frac{K_{sp}(AgI)}{[I^-]^2}$$

(4)
$$H_2O_2 + 2e^- + 2H^+ \rightleftharpoons 2H_2O$$
$$\varphi = \varphi^\ominus + \frac{0.05916}{2}\lg c(H_2O_2)\cdot c^2(H^+)$$

(5)
$$HgI_4^{2-} + 2e^- \rightleftharpoons Hg + 4I^-$$
$$\varphi = \varphi^\ominus + \frac{0.05916}{2}\lg\frac{[HgI_4^{2-}]}{K_s\cdot[I^-]^8}$$

(6)
$$CO_2 + 2e^- + 2H^+ \rightleftharpoons HCOOH$$
$$\varphi = \varphi^\ominus + \frac{0.05916}{2}\lg\frac{c^2[H^+][\frac{p_{CO_2}}{p^\ominus}]}{c(HCOOH)}$$

4. 答：

(1)
$$Ca(OH)_2 + 2e^- \rightleftharpoons Ca + 2OH^-$$
$$\varphi = \varphi^\ominus + \frac{0.05916}{2}\lg\frac{K_{sp,Ca(OH)_2}}{[OH^-]^4}$$

(2)
$$HO_2^- + 2e^- + H_2O \rightleftharpoons 3OH^-$$
$$\varphi = \varphi^\ominus + \frac{0.05916}{2}\lg\frac{c(HO_2^-)}{c^3(OH^-)}$$

(3)
$$H_2PO_4^- + 5e^- + 2H_2O \rightleftharpoons P + 6OH^-$$
$$\varphi = \varphi^\ominus + \frac{0.05916}{5}\lg\frac{c(H_2PO_4^-)}{c^6(OH^-)}$$

(4)
$$MnO_4^- + 3e^- + 2H_2O \rightleftharpoons MnO_2 + 4OH^-$$
$$\varphi = \varphi^\ominus + \frac{0.05916}{3}\lg\frac{c(MnO_4^-)}{c^4(OH^-)}$$

5. 答：

(1) 负极：$Zn^{2+} + 2e^- \rightleftharpoons Zn$

$$\varphi_- = -0.763V + \frac{0.05916V}{2}\lg 10^{-2} = -0.822V$$

正极：$Fe^{2+} + 2e^- \rightleftharpoons Fe$

$$\varphi_+ = -0.44 + \frac{0.0591}{2}\lg 10^{-3} = -0.529V$$
$$E = \varphi_+ - \varphi_- = 0.293V$$

(2) 负极：$Fe^{3+} + e^- \rightleftharpoons Fe^{2+}$

$$\varphi_- = 0.771V + 0.05916V \times \lg 10 = 0.830V$$

正极：$Cl_2 + 2e^- \rightleftharpoons 2Cl^-$

$$\varphi_+ = 1.396V + \frac{0.05916V}{2}\lg\left(\frac{1}{4}\right) = 1.378V$$

$$E = \varphi_+ - \varphi_- = 0.548V$$

6. 答：

(1) 最强氧化剂：MnO_4^-；最强还原剂：Fe。

(2) MnO_4^-(酸性介质)。

(3) I^-或者 Fe。

7. 答：

(1) 产物为 $FeCl_2$ 和 H_2。

$$Fe + 2H^+ \rightleftharpoons Fe^{2+} + H_2$$

(2) 不能。$\varphi^\ominus(NO_3^-/NO) > \varphi^\ominus(Fe^{3+}/Fe^{2+})$，$Fe^{2+}$会被氧化。

$$3Fe^{2+} + NO_3^- + 4H^+ \rightleftharpoons 3Fe^{3+} + NO + 2H_2O$$

(3) 会有气泡产生。

$$2H_2O_2 \xlongequal{Fe^{3+}} 2H_2O + O_2$$

8. 答：

(1) (−)Pt | $Cl_2(p^\ominus)$| $Cl^-(1.0\ mol \cdot L^{-1})$|| $MnO_4^-(1.0\ mol \cdot L^{-1})$，$Mn^{2+}(1.0\ mol \cdot L^{-1})$，$H^+(1.0\ mol \cdot L^{-1})$| Pt(+)

(2) 正极反应：$MnO_4^- + 8H^+ + 5e^- \rightleftharpoons Mn^{2+} + 4H_2O$

负极反应：$2Cl^- - 2e^- \rightleftharpoons Cl_2$

电池反应：$2MnO_4^- + 10Cl^- + 16H^+ \rightleftharpoons 2Mn^{2+} + 5Cl_2 + 8H_2O$

(3) $E^\ominus = \varphi^\ominus(MnO_4^-/Mn^{2+}) - \varphi^\ominus(Cl_2/Cl^-) = 1.510V - 1.396V = 0.114V$

$$\Delta_r G_m^\ominus = -nFE^\ominus = -10 \times 96500C \cdot mol^{-1} \times 0.114 = -110kJ \cdot mol^{-1}$$

$$\lg K^\ominus = \frac{nE^\ominus}{0.05916} = \frac{10 \times 0.114}{0.05916} = 19.27$$

$$K^\ominus = 1.86 \times 10^{19}$$

(4) $E = E^\ominus + \frac{0.05916}{n}\lg Q = E^\ominus + \frac{0.05916}{10}\lg c^{16}(H^+) = 0.114V + \frac{0.05916}{10}\lg(0.01)^{16} = -0.075V$

(5) $\Delta_r G_m = -nFE = -10 \times 96\,500C \cdot mol^{-1} \times (-0.075) = 72.375kJ \cdot mol^{-1}$

温度不变，平衡常数保持不变，$K^\ominus = 2.4 \times 10^{25}$

9. 答：

(1) $E^\ominus = \varphi^\ominus(HClO_2/HClO) - \varphi^\ominus(Cr_2O_7^{2-}/Cr^{3+}) = 1.673 - 1.36 = 0.313V$

(2) 因为 $E = E^\ominus + \frac{0.05916}{n}\lg Q$，

所以：$0.15 = 0.313V + \frac{0.05916}{6}\lg\frac{0.15^3 \times c^2(Cr^{3+})}{0.80 \times 0.20^3}$，

$$\lg\frac{0.80 \times 0.20^3}{0.15^3 \times [Cr^{3+}]^2} = 16.53, \qquad \frac{0.80 \times 0.20^3}{0.15^3 \times c^2(Cr^{3+})} = 3.4 \times 10^{16}$$

$$c(Cr^{3+}) = 7.5 \times 10^{-9} mol \cdot L^{-1}$$

(3) $\lg K^\ominus = \frac{nE^\ominus}{0.05916} = \frac{6 \times 0.313}{0.05916} = 31.74$

$$K^\ominus = 5.5 \times 10^{31}$$

(4) 设平衡时$[Cr^{3+}] = x mol \cdot L^{-1}$，则：$[Cr_2O_7^{2-}] = \frac{1}{2} \times 0.25 = 0.125mol \cdot L^{-1}$

$$[HClO_2] = 0.500mol \cdot L^{-1} - \frac{3}{2} \times 0.25mol \cdot L^{-1} = 0.125mol \cdot L^{-1}$$

$$[HClO] = 0.500mol \cdot L^{-1} - 0.125mol \cdot L^{-1} = 0.375mol \cdot L^{-1}$$

$$[H^+] = 1.00mol \cdot L^{-1}$$

则：$0.125 \times \frac{0.375^3}{0.125^3 \cdot x^2} = 5.5 \times 10^{31}$

$$x = [Cr^{3+}] = 2.5 \times 10^{-16} mol \cdot L^{-1}$$

由于$[Cr^{3+}]$比$[Cr_2O_7^{2-}]$小很多，所以溶液呈橙红色。

10. 答：

(1) 电池反应式 $2Ag^+ + Ni \rightleftharpoons Ni^{2+} + 2Ag$

$E = E^\ominus + \frac{0.05916V}{n}\lg Q$，所以：

$$E = E^\ominus + \frac{0.05916V}{2}\lg\frac{c^2(Ag^+)}{c(Ni^{2+})} = (0.7991 + 0.257) + \frac{0.05916V}{2}\lg\frac{0.050^2}{0.20} = 1.00 > 0$$

该电池反应能自发进行。

$$\lg K^\ominus = \frac{nE^\ominus}{0.05916V} = \frac{2 \times 1.06}{0.05916V} = 35.84$$

$$K^\ominus = 6.9 \times 10^{35}$$

(2) 电池反应式 $Cu^{2+} + Pb \rightleftharpoons Pb^{2+} + Cu$.

$E = E^\ominus + \frac{0.05916}{n}\lg Q$，所以

$$E = E^\ominus + \frac{0.05916}{2}\lg\frac{c(Cu^{2+})}{c(Pb^{2+})} = (0.34V + 0.1262V) + \frac{0.05916V}{2}\lg\frac{0.30}{0.50} = 0.46 > 0$$

该电池反应能自发进行。

$$\lg K^\ominus = \frac{nE^\ominus}{0.05916} = \frac{2 \times 0.4662}{0.05916} = 15.76$$

$$K^{\ominus}=5.8\times10^{15}$$

11. 答：

(1) $\varphi^{\ominus}(IO_3^-/I^-)=\dfrac{5\times1.20V+1\times0.53V}{6}=1.09V$

$$\varphi^{\ominus}(IO_3^-/HIO)=\frac{5\times1.20V-1\times1.45V}{4}=1.14V$$

(2) 根据在元素电势图中$\varphi_{(右)}>\varphi_{(左)}$时，中间物种将自发歧化，可推断在酸性条件下，HIO 和 H_2O_2 可发生歧化反应，有关反应式如下

$$10HIO \rightleftharpoons 2HIO_3+4I_2+4H_2O,\quad 2H_2O_2 \rightleftharpoons 2H_2O+O_2$$

(3) 因为在酸性介质中$\varphi^{\ominus}(IO_3^-/I^-)>\varphi^{\ominus}(O_2/H_2O_2)$，所以 HIO_3 与 H_2O_2 能反应。

(4) 因为在酸性介质中$\varphi^{\ominus}(IO_3^-/I_2)<\varphi^{\ominus}(H_2O_2/H_2O)$，所以 I_2 与 H_2O_2 能反应。

(5) 由于发生下述反应，所以最终结果是 H_2O_2 完全分解。

$$2HIO_3+5H_2O_2 \rightleftharpoons I_2+5O_2+6H_2O,\quad 5H_2O_2+I_2 \rightleftharpoons 2HIO_3+4H_2O$$

反应总结果是：$2H_2O_2 \rightleftharpoons O_2+2H_2O$

12. 答：

(1) 银电极：$\varphi(Ag^+/Ag)=\varphi^{\ominus}(Ag^+/Ag)+\dfrac{0.05916}{1}\times\lg c(Ag^+)\ 0.80V+\dfrac{0.05916V}{1}\times\lg0.10=0.741V$

氢电极：$\varphi(H^+/H_2)=\varphi^{\ominus}(H^+/H_2)+\dfrac{0.05916}{2}\times\lg\dfrac{c^2(H^+)}{p^{\ominus}_{H_2}}$

$$=0.00+\frac{0.05916V}{2}\times\lg(1\times10^{-5}\times0.10)=-0.177V$$

故银电极为正极，氢电极为负极。

(2)正极反应 $2Ag^++2e^- \rightleftharpoons 2Ag$； 负极：$H_2-2e^- \rightleftharpoons 2H^+$，

电池反应：$2Ag^++H_2 \rightleftharpoons 2Ag+2H^+$

(3) $Pt\,|(H_2(g)(p)|\,H^+(0.001\,00mol\cdot L^{-1})\|\,Ag^+(0.100mol\cdot L^{-1})|\,Ag$

(4) $E=\varphi(Ag^+/Ag)-\varphi(H^+/H_2)=0.741+0.177=0.918V$

13. 答：该电池的正极为银电极，$\varphi^{\ominus}(Ag^+/Ag)=0.80V$

该电池的负极为银-溴化银电极：

$$\varphi^{\ominus}(AgBr/Br^-)=\varphi(Ag^+/Ag)-E^{\ominus}=0.80V-0.728V=0.072V$$

而$\varphi^{\ominus}(AgBr/Br^-)=\varphi(Ag^+/Ag)+0.059\,16\times\lg K_{sp,\ AgBr}$

即 $0.071=0.80+0.059\,16\times\lg K_{sp,\ AgBr}$

则 $\lg K_{sp,\ AgBr}=-12.32$，$K_{sp,\ AgBr}=4.8\times10^{-13}$

14. 答：正极反应为 $2H^++2e^- \rightleftharpoons H_2$，在 $P(H_2)=100kPa$ 情况下，

$$\varphi_{正}=\varphi^{\ominus}(H^+/H_2)+\frac{0.05916}{2}\times\lg c^2(H^+)=-0.059\,16\times pH$$

又 $E_1=\varphi_{1正}-\varphi_{负}$，$E_2=\varphi_{2正}-\varphi_{负}$，而$\varphi_{负}$是恒定的，

则 $E_1-E_2=\varphi_{1正}-\varphi_{2正}$，有

$$0.412-0.427=-0.05916\times pH_1-(-0.059\,16\times pH_2)$$，则 $pH_1=4.00$，$pH_2=3.75$

$$[H^+]=1.8\times10^{-4}mol\cdot L^{-1},$$

而 $HA \rightleftharpoons H^++A^-$，其中$[HA]=[A^-]=1.0mol\cdot L^{-1}$，则

$$K_a=\frac{1.8\times10^{-4}\times1.0}{1.0}=1.8\times10^{-4}$$

第八章 原子结构

化学是从分子、原子或离子水平研究物质的组成、结构、性质及变化规律的自然学科。自然界的物质种类繁多、性质各异，主要原因就在于物质内部结构的不同。以生命科学的发展为例，现代技术手段的突飞猛进，已经达到了能深入到细胞、生物单分子，并可从基因水平阐明致病原因的阶段，与之相关的诸多领域，如药物化学、药理学、生理和病理学等的研究，也已达到了深入到从细胞水平来探究药物治疗的阶段。

分子是组成物质的基本单元，绝大多数的分子是由原子组成，原子又是由核外电子和原子核构成。因此，在了解分子之前，必须充分了解原子的主要特性，在化学变化中，通常只是原子核外电子的运动状态发生改变。对原子结构的研究主要是掌握原子核外电子运动的规律和特点，从而了解不同元素的基本性质及其变化的规律性，并为掌握化学键和分子结构打下基础。

第一节 氢原子的 Borh 模型

氢原子(H 原子)是自然界所有原子中最简单的原子，近代关于原子核外电子运动状态的研究就是从研究 H 原子光谱开始的。

一、氢原子光谱及氢原子的 Borh 模型

1909 年，英国物理学家 E. Rutherford 依据 α 粒子(He^{2+})散射实验结果，提出了“原子行星模型”，认为原子的质量几乎全部集中在直径很小且带正电的原子核上，带负电的电子在原子核外绕核运动，电子的质量与原子核相比小到可以忽略。但 Rutherford 的原子模型不能解释原子的稳定性，也无法解释原子产生线状光谱的原因。

众所周知，让一束白光通过石英棱镜，不同波长的光由于折射率的不同而发生折射，在 400～760nm 的可见光区可以观察到红、橙、黄、绿、青、蓝、紫等彩色连续带状光谱。若 H 原子受激发，产生的光经棱镜分光后，得到的却是一条条不连续的线，称为线状光谱，也称谱线。每种原子都有自己的特征性谱线，且谱线波长是不变的，是原子的特征谱线，就如同人的指纹一样。H_2 受到激发后辐射而产生的 H 原子光谱如图 8-1 所示。

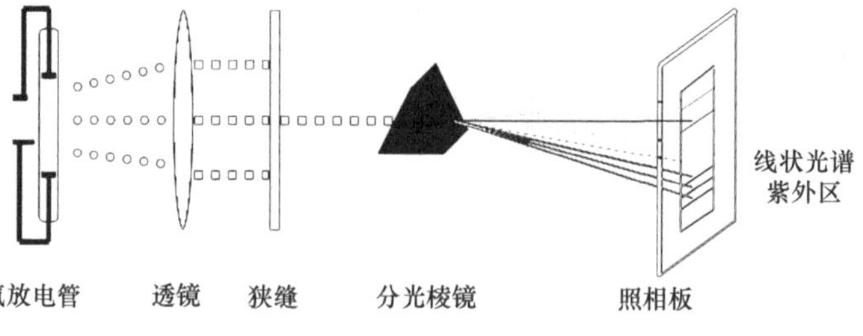

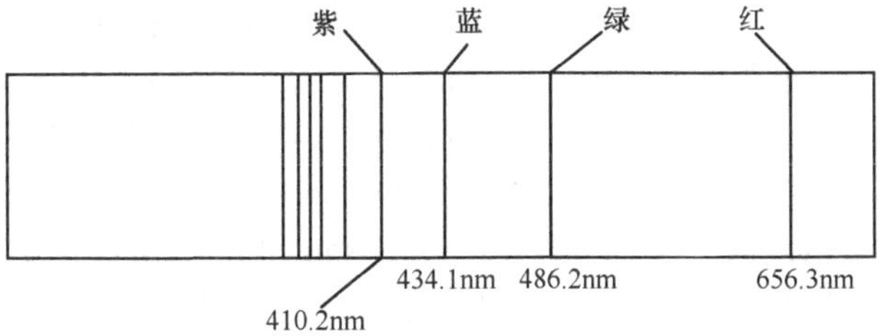

图 8-1 氢原子的线状光谱

这些谱线的波长符合式(8-1)

$$\frac{1}{\lambda}=\frac{R_{\mathrm{H}}}{hc}\left(\frac{1}{n_1^2}-\frac{1}{n_2^2}\right) \tag{8-1}$$

式(8-1)中，λ 是波长；$\frac{R_{\mathrm{H}}}{hc}=1.097\times10^{7}\,\mathrm{m}^{-1}$ (J. R. Rydberg 常数)；n_1 和 n_2 都是正整数，且 $n_2>n_1$。

1913 年，丹麦物理学家 N. Borh 在 Rutherford 原子核模型的基础上，将 Planck 关于热辐射的量子理论和 A. Einstein 的光子学说应用到 H 原子模型研究，建立并提出了 H 原子结构模型，也称 Borh 理论，包含如下几项基本假设：

(1) 原子核外电子只在符合量子化条件的轨道上运动，轨道的能量是确定的，电子在这些轨道上运动时既不吸收能量也不辐射能量，处于能量定态。

(2) 电子在不同的轨道上运动，其能量状态不同。轨道的能量状态称为**能级**(energy level)。电子离核越远，所处的能级越高，对应的能量也越高。电子总是尽量靠近原子核，以处于稳定的低能态。当原子处于最低能态时，称为**基态**(ground state)，其他状态称为**激发态**(exited state)。

(3) 电子可以在不同的轨道间跃迁，这时将发生能量的辐射或吸收，其值为两个定态的能量差，该能量差与辐射光(或吸收光)频率 ν 的关系为

$$\nu=\frac{E_2-E_1}{h} \tag{8-2}$$

式(8-2)中，E_1 和 E_2 分别为两个不同能级对应的能量；h 为 Planck 常数。

当电子由高能态轨道跃迁到低能态轨道时，能量差以光的形式辐射出，产生一定频率的光，记录下的谱线就是原子光谱。

Borh 理论成功地解释了 H 原子光谱，阐明了一定波长光的能量与电子在不同能级之间跃迁时能量差的关系，在原子结构理论的发展过程中做出了很大贡献。但是，Borh 的 H 原子模型理论还是沿袭经典物理学的思路，认为电子是在固定的轨道上运动，没有认识到电子作为微观粒子，其运动具有特殊性，没有准确反映微观粒子的运动规律。因而，没能进一步解释多电子原子光谱和 H 原子光谱在磁场中的分裂现象等实验事实。随着对客观世界认识的不断深入，微观粒子的运动特征随着量子力学的形成和发展才被逐渐认识。

二、电子的波粒二象性

19 世纪，科学家已经认识到光不仅具有波动性还具有粒子性，即光具有波粒二象性。1924 年，法国物理学家 L. de Broglie 受光的波粒二象性的启发，提出了“物质波”假设，即一切运动着的微观粒子，如电子、原子等都具有波粒二象性。将光的波粒二象性的关系式用到电子上，得出电子运动的波长公式为

$$\lambda=\frac{h}{p}=\frac{h}{mv} \tag{8-3}$$

式(8-3)中，λ 是 de Broglie 波长；p 是微粒的动量；m 是微粒的质量；v 是微粒的运动速度；h 是 Planck 常数。式(8-3)的重要意义在于，Planck 常数把电子的粒子性和波动性联系起来。宏观物体运动时，实物粒子 mv 的值远大于 h，其波长很短，波动性可以忽略；反之，若是微观粒子的运动，其 de Broglie 波长不能忽略，表明微观粒子的运动有显著的波动性。

1927 年，de Broglie 假设被美国物理学家 C. Davisson 和 L. Germer 的电子衍射实验所证实，该实验用高能电子束轰击作为光栅的镍金属晶体薄层，如图 8-2 所示。实验结果如图 8-3 所示，电子衍射图有一系列明暗相间的衍射环，与 X 射线衍射结果极其相似，这是波互相干涉的结果。并且，从衍射图上得出的电子波长和用 de Broglie 公式计算的结果完全一致，这进一步证明了 de Broglie 预言的正确性。电子衍射实验充分说明电子运动具有与光相似的波动性。

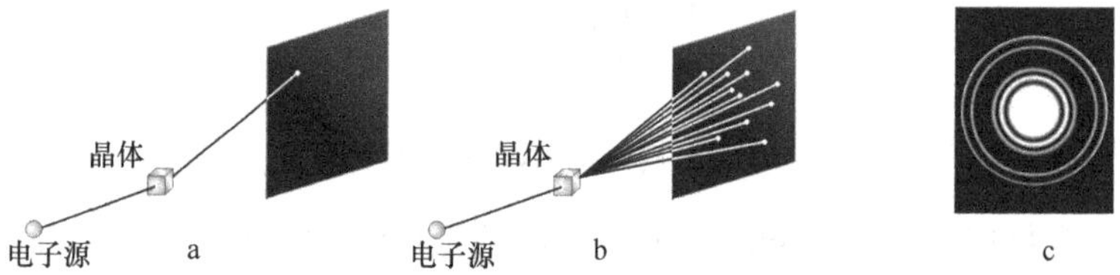

图 8-2　电子衍射实验示意图

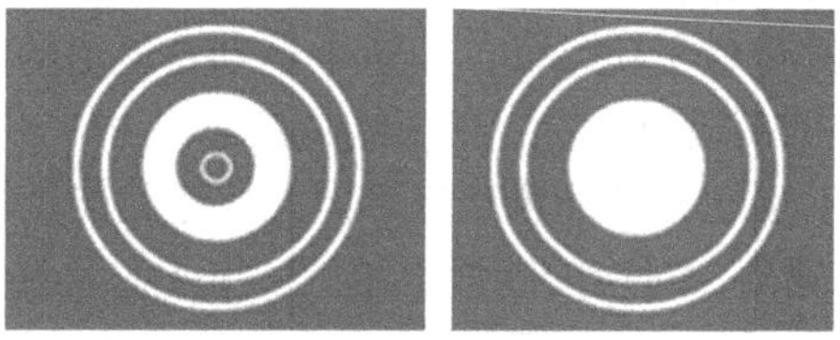
图 8-3　X 射线衍射及电子衍射图

三、Heisenberg 不确定原理

1927 年，德国科学家 W. Heisenberg 提出了著名的**测不准原理**(uncertainty principle)，也称**不确定原理**

$$\Delta x \cdot \Delta p_{\mathrm{x}} \geqslant \frac{h}{4\pi} \tag{8-4}$$

式(8-4)中，Δx 为粒子在坐标 x 方向的位置误差；Δp_{x} 为动量在 x 方向的误差。不确定原理表明：无法同时准确地确定微观粒子的位置和动量。也就是说，若所确定的微观粒子的位置越准确，即 Δx 小，其动量(或运动速度)就越不准确，即 Δp_{x} 大；同样的，若确定它的动量越准确，即 Δp_{x} 小，其位置就越不准确，即 Δx 大。不确定原理进一步说明了微观粒子具有波粒二象性，其运动规律不符合经典力学。

第二节　氢原子的量子力学模型

一、波动方程及相关量子数

(一) 波动方程

根据微观粒子运动的波粒二象性，1926 年，奥地利物理学家 E. Schrödinger 推导出电子运动的二阶偏微分方程，即 Schrödinger 方程

$$\frac{\partial^2\psi}{\partial x^2}+\frac{\partial^2\psi}{\partial y^2}+\frac{\partial^2\psi}{\partial z^2}+\frac{8\pi^2 m}{h^2}(E-V)\psi=0 \tag{8-5}$$

式(8-5)中，ψ 是波函数；E 是体系中电子的总能量，等于势能与动能之和；V 是体系的总势能，表示原子核对电子的吸引能；m 是电子的质量。求解该方程非常复杂，本章不做过多讨论，但需知方程的解 ψ 是描述电子波动状态的函数，称为**波函数**(wave function)，通常也把波函数 ψ 称作**原子轨道**(atomic orbital)。波函数只是描述原子核外电子运动状态的数学函数，本身无明确的物理意义，这与经典力学中的轨道在概念上有本质的不同。

为求解方便，数学处理中将直角坐标 $\psi(x，y，z)$转换成球坐标 $\psi(r，\theta，\varphi)$，见图 8-4。P 是质点在空间的位置，其坐标为$(x，y，z)$；r 表示电子距原子核的距离；θ，φ 称为方位角，θ 角是 OP 与 z 轴的夹角；φ 是 OP 在 xOy 面的投影 OP' 与 x 轴的夹角，即

$$x = r\sin\theta\cos\varphi$$
$$y = r\sin\theta\cos\varphi$$
$$z = r\cos\varphi$$
$$r^2 = x^2+y^2+z^2$$

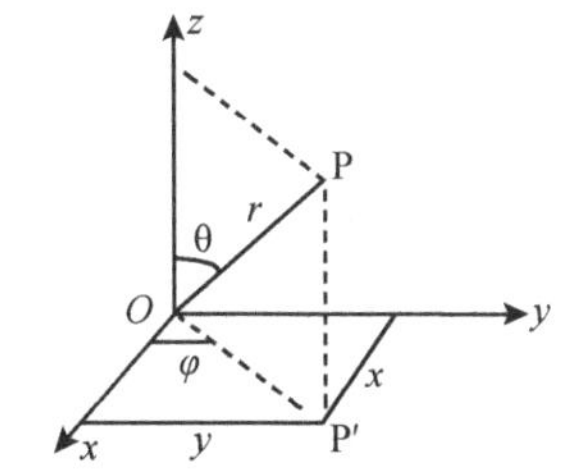

图 8-4　直角坐标与球坐标转换关系图

每个波函数 ψ 可以分解成两部分函数的乘积，即

$$\psi(r，\theta，\varphi)= R_{n,\,l}(r)\cdot Y_{l,\,m}(\theta，\varphi) \tag{8-6}$$

式中，$R_{n,\,l}(r)$仅与电子离核的距离 r 有关，是波函数的径向部分；$Y_{l,\,m}(\theta，\varphi)$与方位角 θ和 φ 有关，是波函数的角度部分，简称**角度波函数**(angular wave function)。

(二) 相关量子数及其意义

Schrödinger 方程有系列解，符合 H 原子核外电子运动状态的合理解中有三个重要的常数，称为**量子数**(quantum number)，分别是**主量子数**(principal quantum number)、**角量子数**(sublevel)和**磁量子数**(orbital)。每一个量子数对应的具体数值，都有其明确的意义，当它们的数值确定时，波函数 $\psi(r，\theta，\varphi)$就确定了，原子轨道也就确定了。

1. 主量子数　用符号 n 表示。取值为正整数，即 $n = 1，2，3，\cdots$。主量子数是决定原子核外电子能量的重要参数。n 越大，表明电子距离原子核的平均距离越远，轨道能量越高，即

$$E_1 < E_2 < E_3 <\cdots$$

n 值决定电子层数，具有相同 n 的轨道属于电子的同一主能级层。也可用光谱学符号 K，L，M，N，… 分别表示 $n = 1，2，3，4，\cdots$的电子层。

2. 角量子数　用符号 l 表示。它的取值受主量子数 n 的限制，只能取小于 n 的正整数和零，即 $l = 0，1，2，3，\cdots，(n-1)$，共有 n 个值。

角量子数决定原子轨道的形状。l 的每一个取值对应一种形状的原子轨道，也称亚层。按光谱学的习惯，不同 l 值对应的光谱学符号为

l 取值：	0	1	2	3	…
对应的亚层：	s	p	d	f	…

当 n，l 一定时，对应的是第 n 主能级层上的某个亚层，例如，$n = 2$，$l = 1$ 对应的是 2p 亚层。

H 和 He^+核外只有一个电子，能量只由主量子数决定；而多电子原子核外电子间有静电排斥，电子是分层排布的，电子的能量不仅取决于主量子数 n，还与角量子数 l 有关。

3. 磁量子数 用符号 m 表示。其取值受角量子数 l 的限制，可以取$-l$ 到$+l$ 共$(2l + 1)$个值，即 $m = 0$，±1，±2，…，$\pm l$。磁量子数决定原子轨道的空间取向。

由 l 确定的亚层在空间有$(2l + 1)$个向不同方向伸展的轨道。例如 $l = 1$ 时，磁量子数可以有三个取值，即 $m = 0$，±1，表明 p 亚层在空间有三个伸展方向，或表述为 p 亚层在空间有三个取向，记为 p_x，p_y 和 p_z 轨道。磁量子数只表示轨道在空间的伸展方向，与电子的能量无关，这三个 p 轨道的能量相等。这种能量相等但空间伸展方向不同的轨道称为**等价轨道**或**简并轨道**(equivalent orbital)。确定一个原子轨道需要 n，l，m 三个量子数，三者的关系如表 8-1 所示。

表 8-1 量子数与原子轨道数

主量子数 n	角量子数 l	磁量子数 m	波函数 ψ	同一电子层的轨道数 (n^2)
1	0	0	ψ_{1s}	1
2	0	0	ψ_{2s}	4
	1	0	ψ_{2p_z}	
		±1	ψ_{2p_x}、ψ_{2p_y}	
3	0	0	ψ_{3s}	9
	1	0	ψ_{3p_z}	
		±1	ψ_{3p_x}、ψ_{3p_y}	
	2	0	$\psi_{3d_{z^2}}$	
		±1	$\psi_{3d_{xz}}$、$\psi_{3d_{xy}}$	
		±2	$\psi_{3d_{yz}}$、$\psi_{3d_{x^2-y^2}}$	

二、原子轨道及电子云角度分布图

(一) 波函数的角度分布图

用波函数描述核外电子运动状态是比较抽象的，相对而言，用波函数的图形理解原子轨道就比较直观。表 8-2 列出了由 Schrödinger 方程得到的基态 H 原子的波函数。

表 8-2 氢原子的一些波函数、径向波函数和角度波函数

轨道	$\psi_{n,l,m}(r, \theta, \varphi)$	$R_{n,l}(r)$	$Y_{l,m}(\theta, \varphi)$
ls	$\sqrt{\dfrac{1}{\pi a_0^3}}e^{-r/a_0}$	$2\sqrt{\dfrac{1}{a_0^3}}e^{-r/a_0}$	$\sqrt{\dfrac{1}{4\pi}}$
2s	$\dfrac{1}{4}\sqrt{\dfrac{1}{2\pi a_0^3}}(2-\dfrac{r}{a_0})e^{-r/a_0}$	$\sqrt{\dfrac{1}{8\pi a_0^3}}(2-\dfrac{r}{a_0})e^{-r/a_0}$	$\sqrt{\dfrac{1}{4\pi}}$
$2p_z$	$\dfrac{1}{4}\sqrt{\dfrac{1}{2\pi a_0^3}}(\dfrac{r}{a_0})e^{-r/2a_0}\cos\theta$		$\sqrt{\dfrac{3}{4\pi}}\cos\theta$
$2p_x$	$\dfrac{1}{4}\sqrt{\dfrac{1}{2\pi a_0^3}}(\dfrac{r}{a_0})e^{-r/2a_0}\sin\theta\cos\varphi$	$\sqrt{\dfrac{1}{24a_0^3}}(\dfrac{r}{a_0})e^{-r/2a_0}$	$\sqrt{\dfrac{3}{4\pi}}\sin\theta\cos\varphi$

续表

轨道	$\psi_{n,l,m}(r, \theta, \varphi)$	$R_{n,l}(r)$	$Y_{l,m}(\theta, \varphi)$
2 p_y	$\frac{1}{4}\sqrt{\frac{1}{2\pi a_0^3}}(\frac{r}{a_0})e^{-r/2a_0}\sin\theta\sin\varphi$		$\sqrt{\frac{3}{4\pi}}\sin\theta\sin\varphi$

注：$a_0 = 52.9$pm。

与各函数对应的原子轨道角度分布图，是以原子核为原点的三维空间坐标系，将角度分布函数 $Y_{l,m}(\theta, \varphi)$随角度(θ, φ)的变化作图，在空间形成一个曲面，曲面上有函数值的符号，在图形的波瓣上分别用“+”或“–”表示。这样就得到波函数的角度分布图。例如，s 轨道角度函数对应 $l = 0$、$m = 0$，由表 8-2 可知

$$Y_s = Y_{0,0}(\theta, \varphi) = \sqrt{\frac{1}{4\pi}}$$

说明 s 轨道的角度波函数与角度无关，因此，s 轨道的角度分布图是一个半径为$\sqrt{\frac{1}{4\pi}}$的球面，球面内标记“+”号，表明 s 轨道角度函数在全区域内均为正值，如图 8-5a 所示。

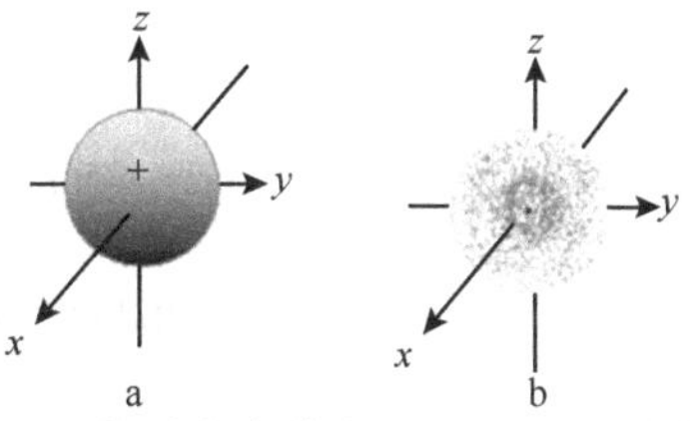

图 8-5　s 轨道角度分布图和 s 电子云剖面图

a. s 轨道角度分布图；b. s 电子云剖面图

类似地，p_z轨道的角度函数对应 $l = 1$、$m = 0$，由表 8-2 可知，

$$Y_{p_z} = Y_{1,0}(\theta, \varphi) = \sqrt{\frac{3}{4\pi}}\cos\theta$$

Y_{p_z}与 φ 无关，仅随 θ 变化而变化，将不同 θ 值代入 Y_{p_z}中，即求得 Y_{p_z}值，如表 8-3 所示。

表 8-3　Y_{p_z}值随 θ 的变化值

θ	0°	30°	60°	90°	120°	135°	150°	180°
$\cos\theta$	1.000	0.866	0.500	0.000	–0.500	–0.707	–0.866	–1
Y_{p_z}	0.489	0.423	0.244	0.000	–0.244	–0.346	–0.423	–0.489

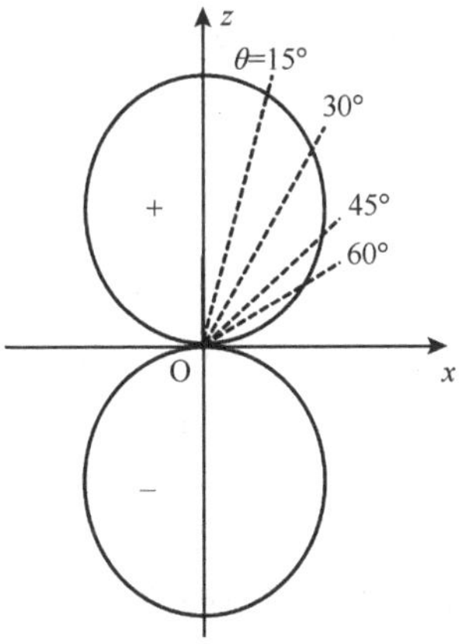

图 8-6　p_z轨道角度分布图剖面图

以不同 θ 时所对应的 Y_{p_z}作图，并绕 z 轴旋转 360°，就可获得在 xy 平面上方和下方两个相切于原点的哑铃型球体，即呈双波瓣的图形，p_z轨道的角度分布图的剖面图如图 8-6 所示。

两波瓣沿 z 轴方向伸展，在 xy 平面上波函数值为 0，波函数为零的点称为节点，节点所在平面称为节面。类似的，还可以得到 Y_{p_x}，Y_{p_y}及其他 $Y_{l,m}(\theta, \varphi)$图形。

由于 $Y_{l,m}(\theta,\varphi)$与主量子数 n 无关，只与量子数 l 和 m 有关，当 n 不同但 l 和 m 相同时，轨道角度分布和伸展方向均相同。例如，$2p_z$、$3p_z$、$4p_z$ 轨道的角度分布都是 xy 平面上方和下方两个相切的球，呈哑铃型，并沿 z 轴方向伸展，统称 p_z 轨道的角度分布。$Y_{l,m}$ 值只是个函数值，不代表电子离核的远近。p 轨道角度分布见图 8-7。

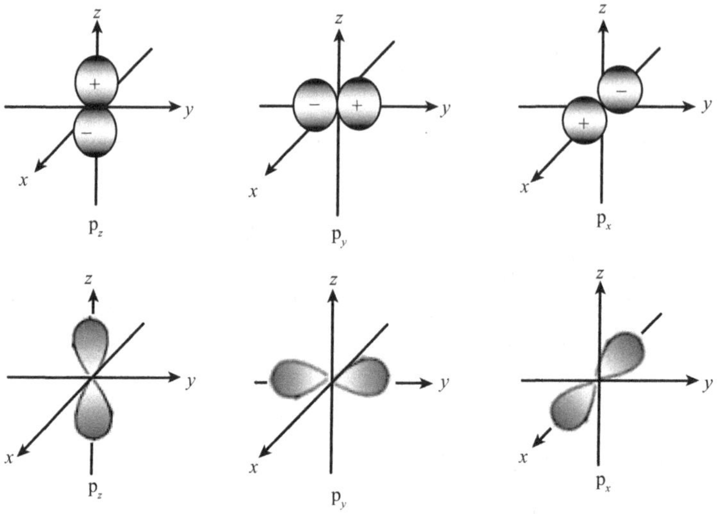

图 8-7　p 轨道角度分布图和电子云图

类似的，d 轨道角度分布见图 8-8。

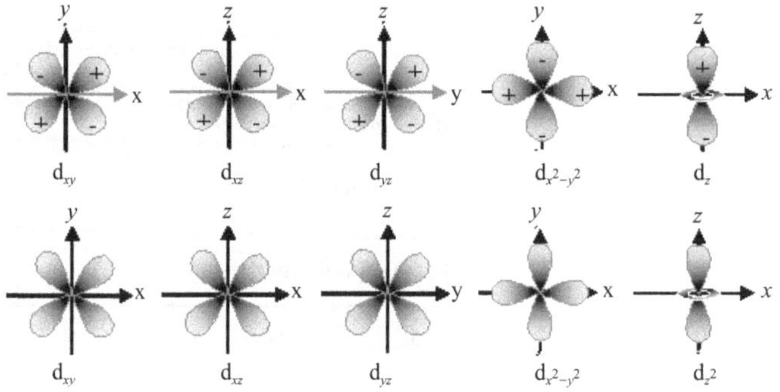

图 8-8　d 轨道角度分布图和电子云图

需要说明的是，原子轨道角度分布图中的“+”和“−”号是波函数数值的符号，与波在不同相位中的正、负号含义相同，反映了电子的波动性。原子之间成键时，两成键原子轨道的两个波相遇产生干涉，同号则相互加强，异号则相互减弱或抵消，这对化学键的形成有重要意义，下一章将进一步讨论。

(二) 电子云的角度分布图

表示电子概率密度$|\psi|^2$的几何图形称为**电子云**(electron cloud)。将 1s 轨道的$|Y_{l,\ m}(\theta,\ \varphi)|^2$随角度$\theta$，$\varphi$改变作图，得到 1s 电子云的角度分布图，图 8-5b 是 1s 电子云的角度分布界面图，电子在该区域出现的概率不低于 90%。可以看出，1s 电子云图是球形对称的，即以原子核为中心的任何方向上，在离原子核一定距离的微小空间里，电子出现的概率密度是相等的。图中小黑点密集的地方表示电子在该区域出现的概率密度大，小黑点稀疏的地方概率密度小。

电子云的角度分布$|Y_{l,\ m}(\theta,\varphi)|^2$图与原子轨道角度分布图相似。由于$|Y_{l,\ m}(\theta,\varphi)|<1$，$|Y_{l,\ m}(\theta,\varphi)|^2$是更小的数值，因均为正值，在图中通常不标出符号。因此，电子云的角度分布图比原子轨道角度分布图更“瘦”。电子云的角度分布图只表示在空间不同方位电子概率密度的变化情

况，不表示电子出现的概率密度与离核远近之间的关系。

类似的处理，可得 p 电子云和 d 电子云的角度分布图，分别如图 8-7 和图 8-8 所示。

三、原子轨道径向分布函数图

以径向分布函数 D(*r*)对 *r* 作图，分别得到 H 原子的 s、p 和 d 轨道径向分布函数图，如图 8-9 所示。此图反映了电子在核外空间出现概率的大小与电子离原子核距离 *r* 的关系，图中每一个峰表示电子在距核 *r* 处出现的概率有一个极大值，主峰表现了概率的最大值。

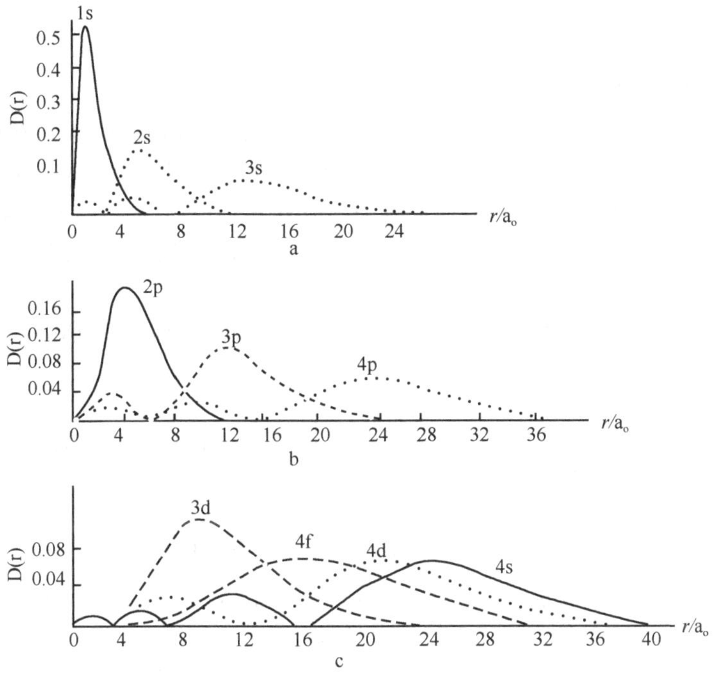

图 8-9　氢原子轨道径向分布函数图

a. s 轨道；b. p 轨道；c. d 轨道

在基态 H 原子中，1s 电子出现概率的极大值在 52.9pm 的球壳上，虽然这与 Borh 半径吻合，但含义却不相同。1s 径向分布函数图在 52.9pm 处出现的极大值，实质是 1s 电子在核外出现的概率最大球壳与核的距离，而不是一个半径为 52.9pm 的经典轨道。如图 8-9a。

可以看出，*n* 一定时，*l* 越小，径向分布的峰越多，表明 *n* 相同的同一主能级层中，s、p、d、f 各亚层中的电子在原子核附近出现的概率越来越小，如图 8-9c。从径向分布函数图还可以发现，*l* 相同时，*n* 越大，主峰距离原子核越远，表明同类亚层内电子所在的能级层越高，距离原子核就越远。如图 8-9a 和 b。

对于 *n* 和 *l* 都不同的情况，情况较复杂。例如，4s 轨道径向分布的第一个峰比 3d 轨道的主峰离核更近，表明 4s 轨道上电子的能量比 3d 轨道上的能量低。另外，这更说明 Borh 理论中假设的固定轨道是不存在的，外层电子也可以在内层出现，这正是电子波动性的反映。

对比来看，电子云的角度分布图不仅表示电子在空间不同角度出现的概率密度的大小，还反映了电子概率密度分布也具有方向性；而径向分布函数图则表示电子在核外空间出现的概率随半径变化的情况。

第三节　多电子原子结构

一、多电子原子轨道能级

H 原子核外只有一个电子，从 Schrödinger 方程求得精确解就可描述该电子的运动状态。但在多电子原子中，每个电子除受到核对其吸引外，还受到其他电子的排斥，很难求 Schrödinger 方程的精确解，只能采取将求得的 H 原子结构的结论应用到多电子原子中，得到近似处理的结果。

(一) 屏蔽效应和钻穿效应

1. 屏蔽效应　在多电子原子中，某电子 i 受到原子核和其他电子的共同作用，电子之间的排斥作用与原子核对电子的吸引作用正好相反，其结果相当于其他电子对原子核有所屏蔽，抵消了部分正电荷对电子的吸引力，这种效应称为其他电子对电子 i 的**屏蔽效应**(screening effect)。其他电子对核电荷抵消得越多，对电子 i 的屏蔽作用就越强。实际上，屏蔽作用主要来自于内层电子。

若原子的核电荷为 Z，对核外某电子 i 来说，由于屏蔽效应而被抵消的核电荷数称为屏蔽常数 σ，则它们有以下的关系

$$Z' = Z - \sigma \tag{8-7}$$

式(8-7)中，Z'为**有效核电荷**(effective nuclear charge)。对于 i 电子，其能量的近似计算与只有一个单电子的 H 原子公式类似，即

$$E_n = -\frac{(Z-\sigma)^2}{n^2} \times 2.179 \times 10^{-18}\,\text{J} \tag{8-8}$$

从式(8-8)可以看出，如果屏蔽常数 σ 越大，屏蔽效应就越大，则电子 i 受到核吸引的有效核电荷 Z'降低的就越多，电子的能量就越高，该电子就活跃。

多电子原子中，电子的能量与 n、Z、σ 有关。n 越小，能量越低。例如，1s 电子的能量低于 2s 电子的能量；Z 越大，相同亚层上电子的能量越低。例如，F 原子 1s 电子的能量比 H 原子 1s 电子的能量低；反过来，σ 越大，受到的屏蔽作用越强，能量就越高。

屏蔽常数 σ 数值的大小既与电子 i 所处的状态有关，又与原子中其余电子的数目有关。1930 年，J.C.Slater 提出了计算 σ 值的经验规则：将原子中的电子按下列顺序分组，(1s)(2s2p)(3s3p)(3d)(4s4p)(4d)(4f)(5s5p)(5d)…，然后按照以下规则计算屏蔽常数 σ。

(1) 外层电子对内层电子没有屏蔽作用，$\sigma = 0$。

(2) 次外层对外层电子的屏蔽作用较强，$\sigma = 0.85$；内层电子几乎屏蔽了核对外层电子的吸引，$\sigma = 1.00$。

(3) 同一轨道中电子的相互屏蔽作用较小，$\sigma = 0.35$；1s 电子之间为 $\sigma = 0.30$。

(4) 若被屏蔽的为 nd 或 nf 电子时，所有内层电子对被屏蔽电子的 $\sigma = 1.00$。

当 l 相同而 n 不同时，n 越大，电子层数越多，外层电子受到内层的屏蔽作用越强，轨道能级越高，即

$$E_{1s} < E_{2s} < E_{3s} < \cdots$$
$$E_{2p} < E_{3p} < E_{4p} < \cdots$$

2. 钻穿效应　当 n 相同而 l 不同时，由函数的径向分布可知，l 越小，曲线上的峰就越多，电子钻穿到离核更近的能力越强，即电子在核附近出现的可能性越大，受核的吸引力越强，同时，受其他电子的屏蔽作用就越弱，能量就越低。这种由于角量子数 l 不同，而在原子核附近

出现的概率也不同的现象称为核外电子的**钻穿效应**(penetrating effective)。因此，n 相同的同一主能级层上，不同亚层有如下能级顺序

$$E_{ns} < E_{np} < E_{nd} < E_{nf} < \cdots$$

这个顺序也可以从原子轨道的径向分布函数图 8-9 看出。

电子的钻穿效应会造成 n 小能量却高的反常现象，比如 4s 轨道上电子的钻穿能力更强，导致 $E_{4s} < E_{3d}$，此现象称之为**能级交错**(energy level overlap)。

(二) 多电子原子的原子轨道近似能级

美国化学家 L. Pauling 根据光谱实验结果，总结出多电子原子的原子轨道近似能级顺序，如图 8-10 所示。

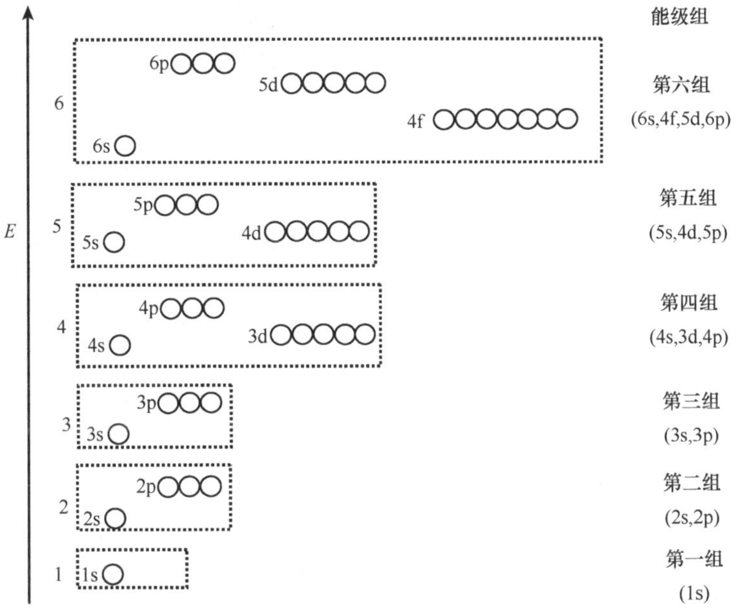

图 8-10　Pauling 原子轨道近似能级图

图 8-10 显示了原子轨道能级组的划分。每个方框代表一个能级组，每个圆圈代表一个原子轨道。按能级的高低，把原子轨道划分为若干个能级组，同一能级组内各原子轨道能级之间能量差别较小，不同能级组的原子轨道之间能量差别较大，可以发现高能级组内有更多的能级交错现象，如：$E_{4s} < E_{3d} < E_{4p}$，$E_{5s} < E_{4d} < E_{5p}$，$E_{6s} < E_{4f} < E_{5d} < E_{6p}$ 等。

1956 年，我国著名化学家徐光宪根据光谱实验数据，提出了被广泛采用的多电子原子轨道能级分级的定量依据，即$(n + 0.7l)$值越大，轨道能级越高。并把$(n + 0.7l)$整数值相同的原子轨道合为一个能级组，表 8-4 列出了徐光宪的能级分组。徐光宪规则得到的能级组划分次序与 Pauling 近似能级顺序吻合。

表 8-4　原子轨道近似能级组分组表

$(n+0.7l)$	1.0	2.0	2.7	3.0	3.7	4.0	4.4	4.7	5.0	5.4	5.7	6.0	6.1	6.4	6.7
能级	1s	2s	2p	3s	3p	4s	3d	4p	5s	4d	5p	6s	4f	5d	6p
能级组	1	2		3			4			5			6		

原子轨道的近似能级顺序如图 8-11 示意。图中按箭头方向从下至上逐个渐次经过的顺序，

即为原子轨道能量从低到高渐次增大的顺序。

因为有些原子的核外电子排布有特殊性，图 8-11 只反映原子序数适中的多电子原子核外电子的基本能级顺序，但不能满足所有原子轨道的近似能级。另外，原子轨道能量的高低顺序，会因原子核电荷数的不同而发生变化，原子轨道能级高低变化的情况，主要受屏蔽效应和钻穿效应的影响。

F. A. Cotton 原子轨道能级图反映了所有元素原子的轨道能级顺序，见图 8-12。

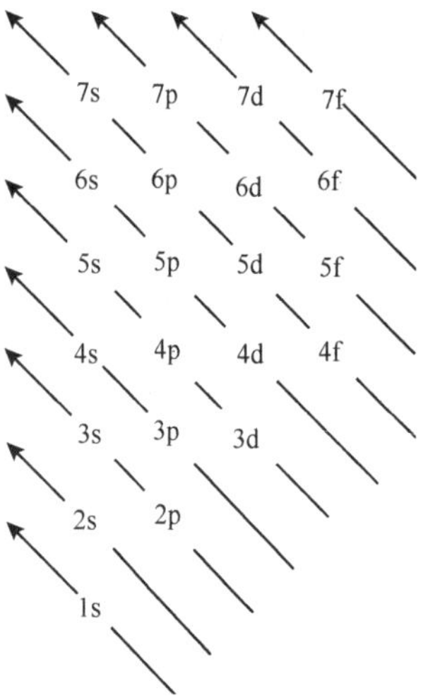

图 8-11　原子轨道近似能级顺序

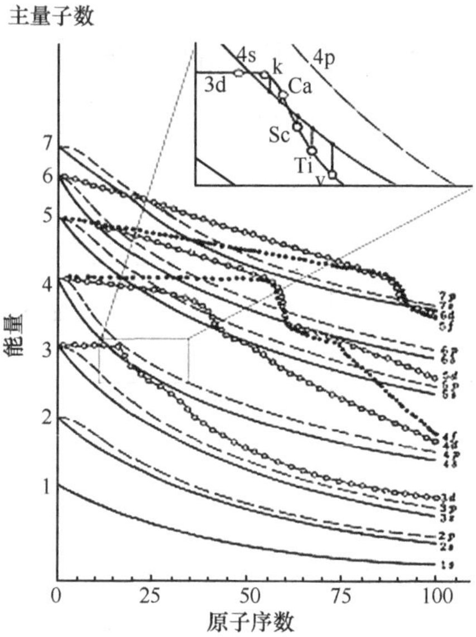

图 8-12　Cotton 原子轨道能级图

(三) 电子自旋量子数

深入研究原子光谱时发现，用高分辨率光谱仪观察发现每一条谱线又是由两条非常靠近的谱线组成。G. E. Uhlenbeck 等认为，这是由于电子除了绕核运动外，还有绕自身轴旋转的自旋，这种自旋运动也是量子化的，并引入了新的量子数—电子**自旋量子数**(spin)m_s，来描述电子自身的运动状态。m_s 只有 $+\frac{1}{2}$ 和 $-\frac{1}{2}$ 两个值，分别表示电子两种相反的自旋方向，也可用箭头符号“↑”和“↓”表示。两个电子的自旋方向相同，称为平行自旋；方向相反的称自旋相反。

由此可知，一个原子轨道是由 n、l 和 m 三个量子数决定的；而 n、l、m 和 m_s 四个量子数确定电子的运动状态。

二、原子核外电子组态

原子核外的电子排布又称为电子组态。基态原子的核外电子是按照一定的规律排布的，排布遵守如下三个规则。

(一) Pauli 不相容原理

1925 年，奥地利物理学家 W. Pauli 提出“在同一原子中不可能存在四个量子数完全相同的两个电子”，称为 Pauli 不相容原理。可以推知，由于在一个原子轨道中不可能存在两个自旋相同的电子，所以，每个轨道最多只能容纳两个自旋方向相反的电子。例如，Mg 原子的 3s 轨道上有两个电子，若用(n，l，m，m_s)量子数来表示每个电子的运动状态，分别是(3，0，0，$+\frac{1}{2}$)和(3，0，

0，$-\frac{1}{2}$)，即在同一轨道中的两个电子的其他量子数都相同，但它们的自旋量子数 m_s 一定相反。

每个电子层有 n^2 个原子轨道，按照 Pauli 不相容原理，每个电子层最多能容纳的电子为 $2n^2$ 个。

(二) 能量最低原理

核外多个电子排布时，在不违背 Pauli 不相容原理的前提下，总是先占据能量最低的轨道，当能量较低的轨道排满之后，电子再依次进入高能级轨道，基态原子的电子排布使整个原子处于最低能量状态，即原子核外电子排布遵循能量最低原理。

(三) Hund's 规则

Hund's 规则指出，“电子在简并轨道上排布时，将尽可能分占不同的轨道且自旋平行”。这样排布的原子处于最低能量状态。例如，基态 C 原子电子的组态是 $1s^22s^22p^2$，2p 轨道中的 2 个电子若像 1s 和 2s 轨道中的电子都成对互为反自旋，就需要额外的能量以克服电子之间的排斥力来成对，这将使原子的总能量升高，不符合能量最低原理。因此，这两个电子会分占不同的 2p 轨道，且平行自旋，它们的四个量子数分别为(2，1，0，$+\frac{1}{2}$)和(2，1，1，$+\frac{1}{2}$)等。

光谱实验结果指出，等价轨道在全充满(p^6，d^{10}，f^{14})，半充满(p^3，d^5，f^7)或全空(p^0，d^0，f^0)时，原子是能量较低的稳定状态。例如，$_{24}$Cr 按电子填充原则，其组态应为 $1s^22s^22p^63s^23p^63d^44s^2$，但根据该原子的光谱实验结果显示，实际上却是 $1s^22s^22p^63s^23p^63d^54s^1$，因为这样的排布使 Cr 的 3d 和 4s 轨道均为半充满状态，原子处于很稳定的低能量状态；又如，$_{29}$Cu 原子的基态电子组态为 $1s^22s^22p^63s^23p^63d^{10}4s^1$，而不是 $1s^22s^22p^63s^23p^63d^94s^2$，也是类似的原因。

为简化电子组态的书写，通常把内层已达到与稀有气体原子的电子组态相同的部分，用稀有气体的元素符号加方括号“[ ]”表示，这部分被称为**原子芯**(atomic core)。例如，基态 Ca 原子的电子组态为 $1s^22s^22p^63s^23p^64s^2$，也可写作[Ar]$4s^2$，[Ar]称为 Ar 原子芯；基态 Ag 原子的电子组态可写作[Kr]$4d^{10}5s^1$，[Kr]为 Kr 原子芯等。原子芯部分的电子结构很稳定，在化学反应中，这些电子一般都不变化。原子芯以外的电子称为**价电子**(valence electron)，价电子所处的电子层称为价电子层或价层，价电子在化学反应中是活跃的电子。例如，$_{24}$Cr 原子的电子组态[Ar]$3d^54s^1$，其价层电子组态是 $3d^54s^1$；类似的，$_{29}$Cu 原子的价层电子组态是 $3d^{10}4s^1$。

第四节 原子的电子组态与元素周期表

元素的性质随着核电荷数的递增而呈现周期性的变化，这个规律称为**周期律**(periodic law)。元素周期表不仅记录了地球上已经发现的所有元素，更揭示了元素性质周期性变化的主要规律，原子的电子组态是决定元素周期表的重要基础。

一、能级组与元素的周期

原子轨道能级组是划分元素**周期**(period)的内在原因。每一个能级组对应一个周期。根据多电子原子轨道的光谱序，周期表共分成七行，每一行为一个周期，共七个周期。

元素在周期表中所属的周期数等于该元素原子的电子层数。例如，基态 O 原子的电子组态为 $1s^22s^22p^4$，即 O 原子有两个电子层($n = 2$)，位于第二周期。

每一周期容纳元素的数目与该能级组最多能容纳的电子数目一致，因此各周期包括的元素数目分别是 2 个、8 个、8 个、18 个、18 个、32 个、32 个。其中第 1 周期、第 2 周期、第 3

周期是短周期，第 4 周期、第 5 周期、第 6 周期是长周期，第 7 周期是不完全周期。

例 8-1 判断第 5 周期和第 7 周期各包含多少个元素，为什么?

解 按照能级组划分，第 5 周期包括 5s、4d、5p 亚层，原子轨道数为(1 + 5 + 3)= 9，这些轨道最多能容纳 18 个电子，所以，第 5 周期应包含 18 个元素。

同理，第 7 周期包含 7s、5f、6d、7p 亚层，原子轨道数是 16 个，最多能容纳 32 个电子，即包含 32 个元素。

二、价层电子组态与族

根据原子的价层电子组态，把性质相似的元素归为一个**族**(group)。同族元素的价层电子组态相似，元素的性质与其价层电子组态密切相关。

元素在周期表中共划分为 16 个族，占 18 列，其中ⅠA～ⅧA 为**主族**(main group)，ⅧA 为稀有气体元素，也称为 0 族；ⅠB～Ⅷ为**副族**(subgroup)，Ⅷ占三列。IUPAC 建议，用 1～18 列代替原周期表中主族、副族序号。

1. 主族元素 价层电子排布在最外层的 *n*s 或 *n*p 轨道上。同族元素从上到下电子层依次增加，价层电子排布相同，价层轨道上的电子总数等于其族数。周期表中共有 8 个主族，主族元素的内层轨道全充满，很稳定，通常只有价层电子参加化学反应。

2. 副族元素 价层电子一般是排布在(*n*−1)d 和 *n*s 轨道上。副族也有 8 个，其中ⅠB、ⅡB 元素有$(n-1)d^{10}$的价电子结构，族数只等于 *n*s 轨道上的电子数；ⅢB～Ⅷ元素的族数等于(*n*−1)d 及 *n*s 轨道上电子数的总和；ⅧB 有三列元素，价层电子也是(*n*−1)d 及 *n*s 轨道上的电子数之和，但分别为 8～10。在化学反应中，副族元素通常除了失去最外层 *n*s 轨道上的电子外，还能失去部分(*n*−1)d 轨道上的电子。第 6 周期、第 7 周期的ⅢB 族分别是各包含 15 个元素的镧系和锕系，价层电子排布在(*n*−2)f、(*n*−1)d 及 *n*s 轨道上。

副族元素也称为过渡元素。其中镧系元素和锕系元素还称为内过渡元素。

三、元 素 分 区

根据元素的价层电子组态特征，通常将周期表中的元素分为五个**区**(block)，如图 8-13 所示。

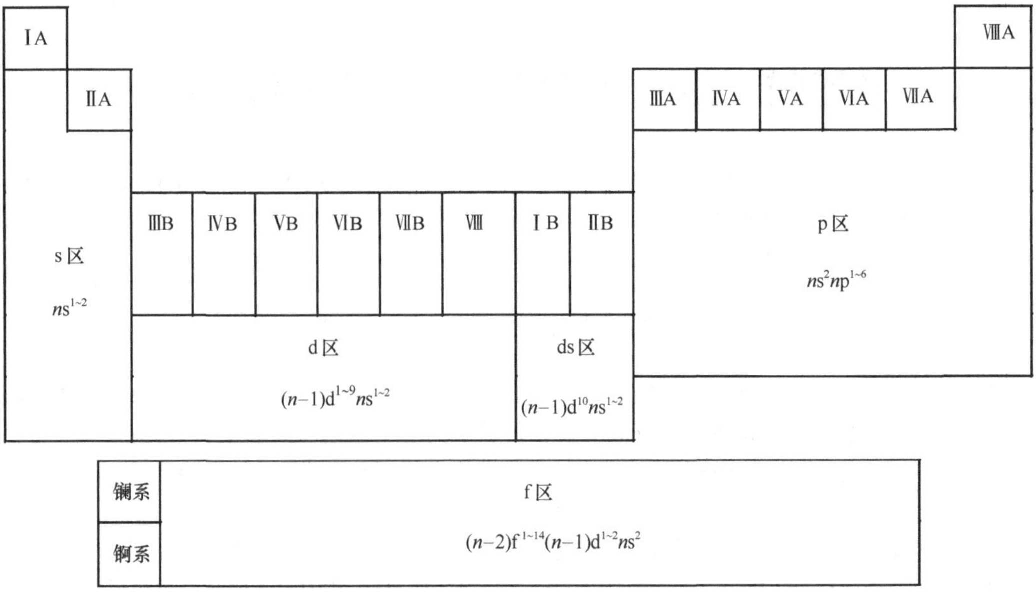

图 8-13 周期表元素分区图

1. s 区元素 包括ⅠA 和ⅡA 族。s 区元素的价电子组态是 $ns^{1\sim2}$，都是活泼金属(H 除外)，在化学反应中容易失去价电子形成+1 或+2 价阳离子。在化合物中它们的氧化数不变。

2. p 区元素 包含ⅢA～0 族(ⅧA)。p 区元素价电子组态是 $ns^2np^{1\sim6}$，大部分是非金属元素。除 He 元素外，p 区元素有多种氧化数，形成的化合物非常丰富。

3. d 区元素 包括ⅢB～Ⅷ族。d 区元素价层电子组态的特征一般为 $(n-1)d^{1\sim9}ns^2$(除 Pd 外)，都是金属元素。$(n-1)$d 轨道内的电子能不同程度的参与形成化学键，因此，每种元素通常都有多种氧化数。

4. ds 区元素 包括ⅠB 和ⅡB。其价层电子组态的特征为 $(n-1)d^{10}ns^{1\sim2}$。不同于 d 区元素，ds 区元素的$(n-1)$d 轨道是全充满的，它们都是金属，氧化数可变。

5. f 区元素 价层电子组态为 $(n-2)f^{0\sim14}(n-1)d^{0\sim2}ns^2$。其中，最后一个电子填充在 4f 轨道上的称为镧系元素；填充在 5f 轨道上的称为锕系元素。f 区元素只有$(n-2)$f 轨道上的电子数不同，因此，同系内元素的化学性质极为相似。f 区元素都是具有多种氧化数的金属，常见氧化数为+3。

例 8-2 已知某元素的原子序数为 27，试写出该元素基态原子的电子组态，价层电子组态，并指出该元素在周期表中所属周期、族和区及单电子数。

解 该基态原子含有的 27 个电子的组态为 $1s^22s^22p^63s^23p^63d^74s^2$ 或 $[Ar]3d^74s^2$。价层电子组态为 $3d^74s^2$，可知该元素位于 d 区；价层电子总数为 9，属于ⅧB 族；其最外层电子的主量子数 $n=4$，该元素位于第 4 周期；3d 轨道有 7 个电子，故有 3 个单电子。

第五节 元素性质的周期性

原子结构周期性变化的特点决定了元素性质的周期性变化，元素的性质主要包括原子的有效核电荷、原子半径、电离能、电子亲和能和元素电负性等，这些性质均随原子电子组态的变化而呈现周期性变化。

一、有效核电荷

在多电子原子中，原子核吸引最外层电子的有效核电荷，随原子序数的增加而呈现周期性的变化。

同一周期从左到右，主族元素每增加的一个电子均在同一电子层中，随着核电荷数的增加，有效核电荷的增加也比较迅速；副族元素增加的电子在$(n-1)$d 亚层上，次外层电子对外层电子的屏蔽作用较大，因而有效核电荷增加比较缓慢；f 区元素每增加的电子都在$(n-2)$f 亚层上，对外层电子的屏蔽作用更大，有效核电荷几乎不增加。

同族元素从上至下，电子层逐渐增加，内层电子的屏蔽作用使有效核电荷增加缓慢，如图 8-14 所示。

二、原子半径

根据原子所受相邻原子作用力的不同，分为三种**原子半径**(atomic radius)，即共价半径、van der Waals 半径和金属半径。共价分子或原子晶体中，以共价单键结合的两个原子核间距离的一半，称为共价半径。通常把同元素原子间形成共价键键长的一半作为该元素的共价半径；van der Waals 半径是指单质分子晶体中相邻分子之间非键合原子核间距离的一半；金属单质晶体中两个相邻原子核间距离的一半为金属半径。

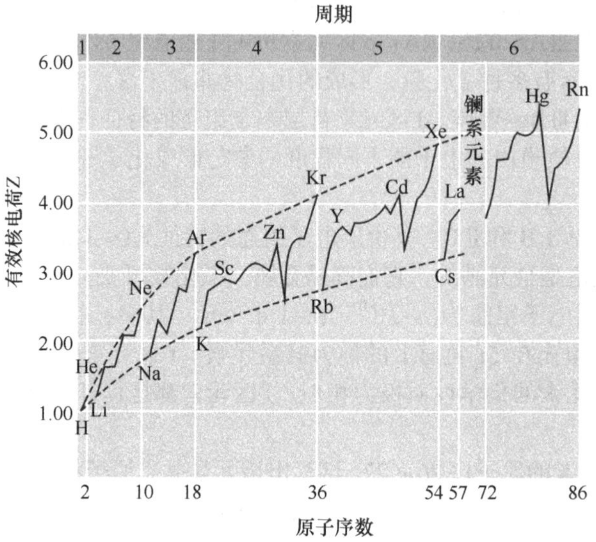

图 8-14 有效核电荷的周期性变化

三种半径中，原子处于键合状态的是共价半径和金属半径，比 van der Waals 半径小。例如，

原子	共价半径/pm	van der Waals/pm	金属半径/pm
C	77	155	
Na	157	231	186
Cl	99	198	

同一周期主族元素从左到右，因有效核电荷显著增加，核对外层电子的吸引力显著增大，故原子半径明显逐渐减小。

同一周期过渡元素的有效核电荷增加不明显，因此，原子半径缓慢减小；当$(n-1)$d 轨道全充满形成 18 电子构型时，对外层的屏蔽作用变大，导致对最外层电子的有效核电荷明显减少，因而原子半径有所增加。内过渡元素有效核电荷变化不大，原子半径几乎不变。

同一主族元素从上到下，原子半径随周期数的增加而显著递增。由于内层电子的屏蔽效应，有效核电荷实际增加不多，从上到下电子层数增加的影响超过了有效核电荷增加的影响，所以，原子半径是逐渐增大的。

同一副族元素，原子半径的变化趋势与主族元素相似，但原子半径增大的幅度较小。值得注意的是，镧系、锕系元素的原子半径，随原子序数的增加而逐渐减小的趋势变小，这是因为增加的电子进入$(n-2)$f 亚层，对外层电子的屏蔽作用更大，但是，一个 f 电子还不能完全“抵消”一个核电荷的影响，所以，原子半径减小缓慢，从 La 到 Lu 原子半径缓慢减小的现象称为**镧系收缩**(lanthanide contraction)。镧系收缩的结果使镧系后面部分第 6 周期副族元素的原子半径，与同族第 5 周期相应元素的原子半径很相近，致使 Zr 和 Hf、Nb 和 Ta 及 Mo 和 W 的化学性质分别极其相似。

表 8-5 为周期表中元素的原子半径。其中金属元素为金属半径；稀有气体为 van der Waals 半径；其余为共价半径。

三、电　离　能

1mol 基态的气态原子失去电子，形成 1mol 气态阳离子所需要的能量为元素的**电离能**(ionization

energy)，单位 kJ · mol^{-1}。电离能反映原子失去电子的难易程度。电离能越大，原子越难失去电子，元素的非金属性也越强；反之，则金属性越强。影响电离能的主要因素有原子的有效核电

表 8-5 元素的原子半径(pm)

H																	He
37																	122
Li	Be											B	C	N	O	F	Ne
152	111											88	77	70	66	64	160
Na	Mg											Al	Si	P	S	Cl	Ar
186	160											143	117	110	104	99	191
K	Ca	Sc	Ti	V	Cr	Mn	Fe	Co	Ni	Cu	Zn	Ga	Ge	As	Se	Br	Kr
227	197	161	145	132	125	124	124	125	125	128	133	122	122	121	117	114	198
Rb	Sr	Y	Zr	Nb	Mo	Tc	Ru	Rh	Pd	Ag	Cd	In	Sn	Sb	Te	I	Xe
248	215	181	160	143	136	136	133	135	138	144	149	163	141	141	137	133	217
Cs	Ba	La	Hf	Ta	W	Re	Os	Ir	Pt	Au	Hg	Tl	Pb	Bi	Po	At	Rn
265	217	173	159	143	137	137	134	136	136	144	160	170	175	155	153		

La	Ce	Pr	Nd	Pm	Sm	Eu	Gd	Tb	Dy	Ho	Er	Tm	Yb
188	183	183	182	181	180	204	180	178	177	177	176	175	194

荷、原子半径和原子的电子组态。这些影响因素在元素周期表中均呈现周期性变化，因而，元素的电离能在周期表中也具有周期性变化的规律。

原子失去第一个电子时所需的最低能量称为第一电离能 I_1；失去第二个电子时所需的能量称为第二电离能 I_2，…依此类推。原子失去电子后形成阳离子，半径变小，核对电子的吸引力增强，因而同一元素的各级电离能将依次增大。例如，

$$Li(g) - e^- \longrightarrow Li^+(g) \qquad I_1 = 520.2kJ \cdot mol^{-1}$$
$$Li^+(g) - e^- \longrightarrow Li^{2+}(g) \qquad I_2 = 7298.1kJ \cdot mol^{-1}$$
$$Li^{2+}(g) - e^- \longrightarrow Li^{3+}(g) \qquad I_3 = 11\,815kJ \cdot mol^{-1}$$

通常用元素的第一电离能来比较原子失去电子的倾向。图 8-15 为元素的第一电离能与原子序数的关系。

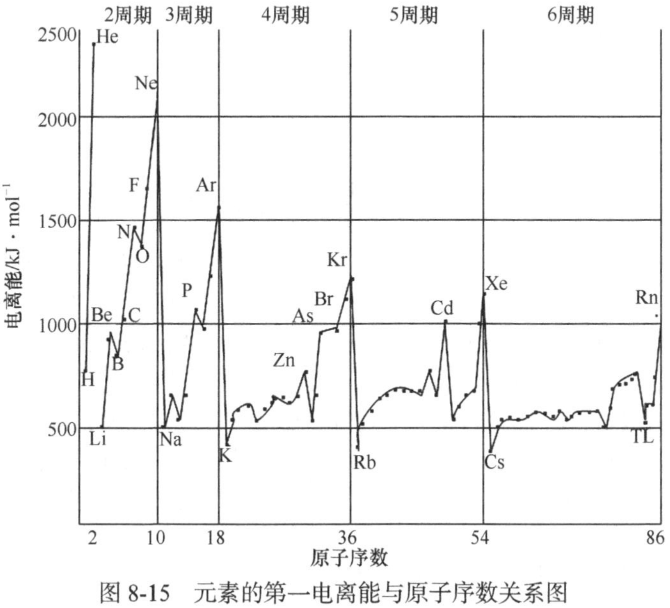

图 8-15 元素的第一电离能与原子序数关系图

同一周期主族元素自左向右，因原子半径逐渐减小和有效核电荷递增，核对外层电子的吸引力逐渐加大，因而，基态原子失去电子所需要的能量逐渐升高，所以，电离能呈逐渐增大趋势。稀有气体因具有稳定的电子层结构，在同一周期中电离能最高。

同一主族元素从上到下因原子半径增大显著，核对外层电子的吸引力减弱，最外层电子的电离趋于容易，因而电离能逐渐降低。

四、电子亲和能

1mol 基态的气态原子获得电子形成 1mol 气态阴离子所释放的能量称为元素的**电子亲和能**(affinity energy)，单位 $kJ \cdot mol^{-1}$。电子亲和能反映原子结合电子能力的大小。释放的能量越多，就越易于获得电子成为负离子。影响电子亲和能的主要因素与电离能类似。因此，电子亲和能的变化规律类似于电离能，也呈现出周期性的变化规律。同一周期从左到右，元素的电子亲和能逐渐增大(0 族除外)；同一族从上到下，元素的电子亲和能逐渐变小，变化规律见图 8-16。例如，卤族元素原子的电子亲和能较高，它们易与电子结合成为稳定的负离子，而金属元素原子的电子亲和能普遍较低，很难得到电子形成负离子。

电子亲和能用 A_1，A_2，…表示。当原子获得多个电子时，需要克服负电荷之间的排斥力，因此要吸收能量，A 为正值。例如

$$O(g) + e^- \longrightarrow O^-(g) \qquad A_1 = -140.0 kJ \cdot mol^{-1}$$
$$O^-(g) + e^- \longrightarrow O^{2-}(g) \qquad A_2 = 844.2 kJ \cdot mol^{-1}$$

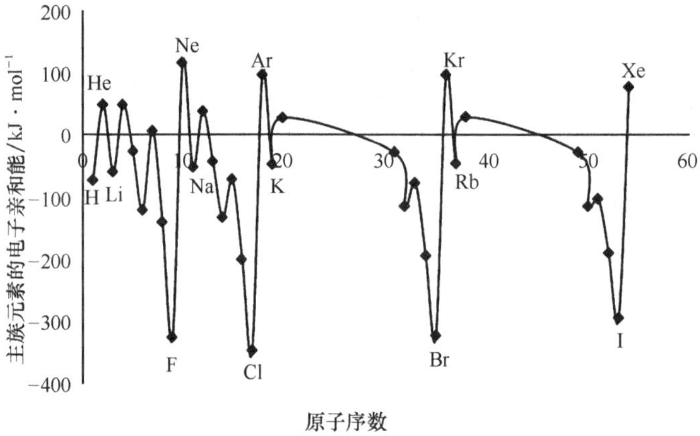

图 8-16 元素的第一电子亲和能

五、元素的电负性

从上面的讨论可知，元素的电离能和电子亲和能分别是孤立地衡量基态原子得失电子的能力。但是，分子中的原子间争夺电子的能力，需要综合考虑原子的电离倾向和亲和能力这两方面的因素。因此，L. Pauling 在 1932 年首先提出了元素**电负性**(electronegativity)的概念，以此衡量原子在成键时吸引成键电子能力的相对大小。并指定 F 的电负性等于 3.98，通常记为 4.0，此为元素电负性的比较标度，也称 Pauling 电负性标度，以此得出其他元素的电负性值。

元素的电负性较真实地反映了元素的金属性和非金属性。表 8-6 列出了各元素的电负性。元素的电负性越大，该原子在分子中吸引成键电子的能力越强，元素的非金属性也就越强；反之就弱。

元素的电负性在周期表中呈现明显的周期性变化。从表 8-6 可看出，同一周期主族元素从

左到右，元素电负性呈递增趋势；同一主族从上到下，元素电负性呈下降趋势。副族元素的电负性没有明显的变化规律。

表 8-6 元素 Pauling 电负性表

H 2.20																	He
Li 0.98	Be 1.57											B 2.04	C 2.55	N 3.04	O 3.44	F 3.98	Ne
Na 0.93	Mg 1.31											Al 1.61	Si 1.90	P 2.19	S 2.58	Cl 3.16	Ar
K 0.82	Ca 1.00	Sc 1.36	Ti 1.54	V 1.63	Cr 1.66	Mn 1.55	Fe 1.83	Co 1.88	Ni 1.91	Cu 1.90	Zn 1.65	Ga 1.81	Ge 2.01	As 2.18	Se 2.55	Br 2.96	Kr
Rb 0.82	Sr 0.95	Y 1.22	Zr 1.33	Nb 1.60	Mo 2.16	Tc 2.10	Ru 2.28	Rh 2.20	Pd 2.28	Ag 1.93	Cd 1.69	In 1.73	Sn 1.96	Sb 2.05	Te 2.10	I 2.66	Xe
Cs 0.79	Ba 0.89	La 1.10	Hf 1.30	Ta 1.50	W 1.70	Re 1.90	Os 2.20	Ir 2.20	Pt 2.20	Au 2.40	Hg 1.90	Tl 2.04	Pb 2.33	Bi 2.02	Po 2.00	At 2.20	

按照 Pauling 的电负性标度，通常认为金属元素的电负性一般小于 2.0，非金属元素的电负性一般大于 2.0。在周期表中，Cs 的电负性最小，等于 0.79，位于周期表的左下角，是金属性最强的元素；F 的电负性最大，等于 4.0，在周期表右上角，是非金属性最强的元素。

知 识 导 图

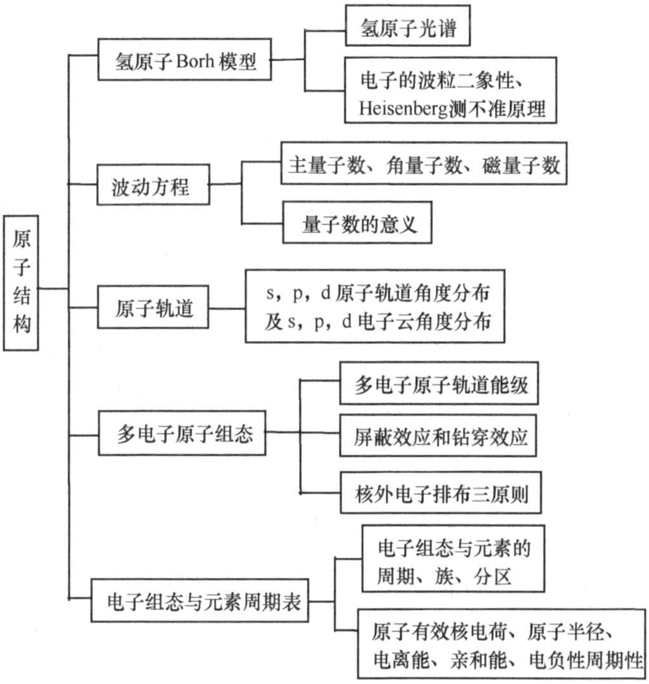

习 题

1. 原子核外电子的运动状态有何特点？
2. 根据氢原子线状光谱的实验事实，能了解到其核外电子运动的哪些特征？

3. 在多电子原子中，哪些量子数决定电子的能量？

4. 指出下列电子组态分别属于基态还是激发态？

A. $1s^22s^12p^3$　　B. $1s^22s^22p^63s^2$　　C. $1s^22s^22p^63s^23p^63d^54s^1$

D. $1s^22s^22p^63s^14s^1$　　E. $1s^22s^22p^63s^23p^63d^54s^2$　　F. $1s^22s^22p^63s^23p^63d^{10}4s^1$

5. 下列各说法是否正确？为什么？

(1) s 电子绕核运动时，其轨道是一个圆圈，而 p 轨道上的电子是按“∞”字形运动的。

(2) 电子云是用统计的方法描述核外电子出现的概率大小。

(3) 当角量子数为 1 时，有 3 个等价轨道。角量子数为 2 时，有 5 个等价轨道。

(4) 每个原子轨道只能容纳 2 个电子，自旋方向可以相同。

(5) 含有 d 电子的原子都属于副族元素。

(6) 主量子数为 1 时，有自旋相反的两个轨道。

(7) 主量子数为 3 时，有 3s、3p、3d 共三个轨道。

(8) 电子云是电子出现的概率随 r 变化的图像。

6. 写出下列各亚层或轨道的名称。

(1) $n=2$，$l=0$　　(2) $n=3$，$l=1$　　(3) $n=4$，$l=2$

(4) $n=4$，$l=0$，$m=0$　　(5) $n=2$，$l=1$，$m=+1$　　(6) $n=4$，$l=2$，$m=-1$

7. 下列各组量子数描述的核外电子的运动状态中哪些合理？哪些不合理？为什么？

(1) $n=2\quad l=1\quad m=1\quad m_s=-1$　　(2) $n=3\quad l=2\quad m=2\quad m_s=+\frac{1}{2}$

(3) $n=3\quad l=3\quad m=2\quad m_s=-\frac{1}{2}$　　(4) $n=4\quad l=2\quad m=3\quad m_s=+\frac{1}{2}$

8. 在下列各组中填充合理的量子数。

(1) $n=1\quad l=?\quad m=?\quad m_s=?$　　(2) $n=4\quad l=2\quad m=1\quad m_s=?$

(3) $n=4\quad l=3\quad m=?\quad m_s=-\frac{1}{2}$　　(4) $n=?\quad l=3\quad m=3\quad m_s=+\frac{1}{2}$

(5) $n=3\quad l=?\quad m=2\quad m_s=-\frac{1}{2}$　　(6) $n=3\quad l=?\quad m=-1\quad m_s=-\frac{1}{2}$

9. 当主量子数 $n=4$ 时，共有多少个原子轨道？各轨道分别能容纳多少电子？该电子层最多可容纳多少个电子？

10. 已知某原子中 6 个电子的各组量子数分别如下，请排出这些电子能量的高低顺序。

(1) 4，2，1，−1/2　　(2) 4，1，0，+1/2　　(3) 2，1，0，+1/2

(4) 2，0，0，−1/2　　(5) 3，1，1，−1/2　　(6) 3，0，0，+1/2

11. 氮的价层电子组态为 $2s^22p^3$，试用 4 个量子数分别表示每个价电子的运动状态。

12. 根据下列元素的价层电子组态，分别指出它们在周期表中位于哪个周期？哪个族？最高氧化数是多少？

(1) $2s^22p^1$　　(2) $3d^{10}4s^2$　　(3) $3d^54s^2$　　(4) $5s^25p^4$　　(5) $5s^2$

13. 试给出下列原子的电子排布式和未成对电子数。

(1) 第 4 周期第六个元素；　　(2) 4p 轨道半充满的主族元素。

(3) 原子序数为 30 的元素的最稳定离子；　　(4) 第 3 周期的稀有气体元素；

14. 第四周期某元素，其原子失去 2 个电子后，在 $l=2$ 的简并轨道中各有一个单电子，试推断该元素的原子序数，并指出该元素的名称。

15. 根据表中所给信息，完整填出下表。

元素	基态原子电子组态	价层电子组态	周期	族	区	最高氧化数
$_{33}As$						
$_{24}Cr$						
$_{28}Ni$						
$_{30}Zn$						

(傅　迎　胡密霞)

习题详解

1. 略。
2. 略。
3. 答：n 和 l
4. 答：基态 B、C、E、F；激发态 A、D。
5. 答：(3)正确；其余错误。
6. 答：(1)2s；(2)3p；(3)4d；(4)4s；(5)$2p_x$；(6)$4d_{xy}$。
7. 答：(2)合理；(1)、(3)、(4)不合理。
8. 答：(1) $n=1\quad l=0\quad m=0\quad m_s=+\frac{1}{2}$　　(2) $n=4\quad l=2\quad m=1\quad m_s=+\frac{1}{2}$

(3) $n=4\quad l=3\quad m=0\quad m_s=-\frac{1}{2}$　　(4) $n=4\quad l=3\quad m=3\quad m_s=+\frac{1}{2}$

(5) $n=3\quad l=2\quad m=2\quad m_s=-\frac{1}{2}$　　(6) $n=3\quad l=2\quad m=-1\quad m_s=-\frac{1}{2}$

除(2)外，其他题还可有多个答案。
9. 答：16；2，6，10，14；32。
10. 答：(1)>(2)>(5)>(6)>(3)>(4)
11. 答：$\left(2,0,0,-\frac{1}{2}\right)$，$\left(2,0,0,+\frac{1}{2}\right)$，$\left(2,1,0,+\frac{1}{2}\right)$，

$\left(2,1,1,+\frac{1}{2}\right)$，$\left(2,1,-1,+\frac{1}{2}\right)$

12. 答：(1) 2；ⅢA；+3　　(2) 4；ⅡB；2　　(3) 4；ⅦB；7

(4) 5；ⅥA；+6　　(5) 5；ⅡA；2

13. 答：(1) $1s^22s^22p^63s^23p^63d^54s^1$；2　　(2) $1s^22s^22p^63s^23p^63d^{10}4s^24p^3$；3

(3) $1s^22s^22p^63s^23p^63d^{10}$；0　　(4) $1s^22s^22p^63s^23p^6$；0

14. 答：M^{2+} 为 $3d^5$，M 原子的价层电子为 $3d^54s^2$，该元素的原子序数 25；锰(Mn)
15. 答：根据表中所给信息，完整填出表 8-7。

表 8-7　几种元素的相关数据

元素	基态原子电子组态	价层电子组态	周期	族	区	最高氧化数
$_{33}As$	$1s^22s^22p^63s^23p^63d^{10}4s^24p^3$	$4s^24p^3$	4	ⅤA	p	+5
$_{24}Cr$	$1s^22s^22p^63s^23p^63d^54s^1$	$3d^54s^1$	4	ⅥB	d	+6
$_{28}Ni$	$1s^22s^22p^63s^23p^64s^23d^8$	$4s^23d^8$	4	Ⅷ	d	+2
$_{30}Zn$	$1s^22s^22p^63s^23p^63d^{10}4s^2$	$3d^{10}4s^2$	4	ⅡB	ds	+2

第九章　分子结构

自然界的物质种类繁多性质各异，少数物质只是由原子组成，大多数则是由分子组成，原子以不同数目、不同方式结合成分子。组成物质的分子、原子或离子之间存在强烈的相互作用，分子中直接相邻原子或离子间的强烈相互作用称为**化学键**(chemical bond)，化学键主要包含离子键、共价键和金属键。分子的性质取决于分子的组成、化学键和空间构型，此外，物质的性质还与分子之间的相互作用力有关。因此，研究化学键、分子构型及分子间的作用力，对于了解物质的性质及其变化规律具有十分重要的意义。

本章重点讨论共价键的形成、特征，讨论分子的主要空间构型及分子的极性和分子间作用力等基本内容。

第一节　离子键

一、离　子　键

(一) 离子的特性

离子化合物的性质与离子键的强度有关，影响离子键强度的主要因素有离子的电荷、离子的电子组态和离子半径。

1. 离子的电荷　正、负离子的电荷数与对应原子的电子组态、电离能、电子亲和能等因素有关。一般情况下，正离子电荷数多为+1 或+2，最高为+4；负离子电荷数也多为–1 或–2，电荷数为–3 或–4 的负离子多数为含氧酸离子等。

2. 离子的电子组态　离子的电子组态多指单个原子的正离子外层电子组态，有如下几种。

(1) 2 电子组态：离子的外层为 ns^2，如 Li^+、Be^{2+}等。

(2) 8 电子组态：离子的外层为 ns^2np^6，主要是ⅠA、ⅡA 族元素的阳离子和ⅥA、ⅦA 族元素阴离子，如 Na^+、Ca^{2+}、F^-、S^{2-}等。

(3) 18 电子组态：离子的外层为 $ns^2np^6nd^{10}$，主要是 ds 区的ⅠB 族、ⅡB 族元素金属离子，如 Ag^+、Zn^{2+}等。

(4) 18+2 电子组态：离子的次外层与外层为$(n-1)s^2(n-1)p^6(n-1)d^{10}ns^2$，主要是ⅢA、ⅣA 和ⅤA 族的金属元素离子，如 Sn^{2+}、Pb^{2+}、Bi^{3+}等。

(5) 9～17 电子组态：离子的外层为 $ns^2np^6nd^{1\sim9}$，是不规则电子组态，主要是 dⅢB～Ⅷ族元素金属离子，如 Cr^{3+}、Fe^{3+}、Co^{2+}等。

3. 离子半径　与原子类似，离子并不存在确定的半径。在离子化合物中，相邻正、负离子间的静电引力和斥力达到平衡时，离子间保持一定的距离，离子可近似地看成具有一定半径的球，两个离子的半径之和等于核间的平衡距离，即

$$R = r_1 + r_2$$

X 射线晶体衍射实验可以测得正、负离子的核间距。1927 年，美国化学家 L. Pauling 根据核外电子排布情况和有效核电荷数，提出一套推算离子半径的理论方法，得出了 Pauling 离子半径。离子半径变化规律归纳为如下几点。

(1) 同一元素的负离子半径大于原子半径，正离子半径小于原子半径。例如，$r(F^-)>r(F)$，

$r(Fe^{3+})<r(Fe)$。同一元素正离子的半径随电荷数增加而减小。例如，$r(Fe^{3+})<r(Fe^{2+})$。

(2) 同一周期元素，电子组态相同的正离子的半径，随离子的正电荷数的增加而减小，例如，$r(Na^{+})>r(Mg^{2+})>r(Al^{3+})$；负离子的半径随离子电荷数的增加而增大。例如，$r(F^{-})<r(O^{2-})$。

(3) 同一主族元素，电荷数相同的正、负离子的半径，随离子的电子层数增加而增大。例如，$r(Li^{+})<r(Na^{+})<r(K^{+})<r(Rb^{+})<r(Cs^{+})$，$r(F^{-})<r(Cl^{-})<r(Br^{-})<r(I^{-})$。

(二) 离子键的形成和特点

NaCl 是由带相反电荷的正、负离子组成，在熔融状态或水溶液中均能导电。1916 年，德国化学家 Walther Kossel 根据稀有气体原子具有稳定结构的事实提出了离子键理论。Kossel 认为，当电负性较小的活泼金属元素的原子与电负性较大的活泼非金属元素的原子相互接近时，金属原子失去最外层价电子，形成带正电荷的正离子，而非金属原子得到电子形成带负电荷的负离子，这种正、负离子之间的静电作用力称为**离子键**(ionic bond)，含有离子键的化合物称为离子化合物。例如，NaCl 的形成过程如下

$$\left.\begin{array}{l} Na(1s^22s^22p^63s^1) \xrightarrow{-e^-} Na^+(1s^22s^22p^6) \\ Cl(1s^22s^22p^63s^23p^5) \xrightarrow{+e^-} Cl^-(1s^22s^22p^63s^23p^6) \end{array}\right\} \longrightarrow Na^+Cl^-$$

元素的电负性相差越大，所形成的离子键成分就越大。一般来说，当两种元素的电负性相差大于 1.7 时，它们之间主要形成离子键。

离子是电荷分布呈球形对称的带电体，在空间各个方向与带相反电荷的离子都有相互吸引，因此，离子键是没有方向性的。

尽管受正、负离子半径相对大小和电荷多少等因素的影响，一个离子的周围只能排列数个带相反电荷离子。但实际上，每一个离子除了与周围的反电荷离子有静电吸引，还与所有的反电荷离子有或强或弱的静电引力，因此，从离子键的本质看，离子键也是没有饱和性的。

二、离子极化

在离子化合物中，因正、负离子均带有电荷，互为外电场，皆能使对方的电子云分布发生变形而偏离原来的球形对称分布，这种现象称为**离子极化**(ionic polarization)。离子的场强越强，极化力越强。

(一) 离子的极化和变形性

1. 离子的极化作用 影响离子极化力的因素主要有离子半径、离子电荷数和离子外层电子组态，极化力一般是考虑正离子使负离子变形的能力。

(1) 离子半径：当离子的电荷数和最外层电子组态均相同时，离子的半径越小，极化力就越强。例如，$Mg^{2+}>Ba^{2+}$，$F^{-}>Cl^{-}$。

(2) 离子电荷数：当离子的外层电子组态相同，半径相近时，正离子的电荷数越多，极化力就越强。例如，$Mg^{2+}<Al^{3+}<Si^{4+}$。

(3) 离子电子组态：在离子半径和电荷数相近时，离子的极化力与离子的外层电子组态有关，其大小顺序为

18、18+2、2 电子组态＞9～17 电子组态＞8 电子组态

2. 离子的变形性 影响离子变形性的主要有离子半径、离子电荷数和离子外层电子组态等因素。通常情况是考虑负离子的变形性，正离子变形较小。

(1) 离子半径：当离子的电荷数和外层电子组态相同时，离子的半径越大，变形性就越大。例如，I^-＞Br^-＞Cl^-＞F^-，Cs^+＞Rb^+＞K^+＞Na^+＞Li^+。

(2) 离子电荷数：当离子的外层电子组态相同，半径相近时，负离子的电荷数越高，变形性就越大，例如，O^{2-}＞F^-。正离子电荷数越高，变形性越小，例如，Na^+＞Mg^{2+}＞Al^{3+}＞Si^{4+}。

(3) 离子外层电子组态：当离子的半径相近，电荷数相同时，变形性大小顺序为

18、18+2 电子组态＞9～17 电子组态＞8 电子组态

例如，Ag^+＞K^+，Hg^{2+}＞Ca^{2+}。

虽然正、负离子都具有极化力和变形性，但因正离子半径小，电荷数高，极化力较大，变形性较小；而负离子半径较大，变形性较大，极化力相对较小。因此，在讨论离子极化时，通常是考虑正离子对负离子的极化力，和负离子被极化后的变形性。如果正离子也具有不可忽视的变形性，如 18、18+2、9～17 电子组态的离子半径较大，也能被负离子极化而变形。正离子被极化后，反过来又增加了它对负离子的极化作用，这种极化称为相互极化。

(二) 离子极化对化学键的影响

正、负离子之间如果完全没有极化作用，所形成的化学键是典型的离子键。但实际上，正、负离子之间总是存在着不同程度的极化作用，当正、负离子相互极化作用显著，使正、负离子的电子云均发生明显变形，导致正、负离子外层电子云发生部分重叠，从而使离子键向共价键过渡。从离子极化观点看，没有完全理想的离子键，即使是电负性最小的 Cs 与电负性最大的 F 形成的 CsF，也不是百分之百的离子键。离子键到共价键过渡的变化趋势如图 9-1 所示。

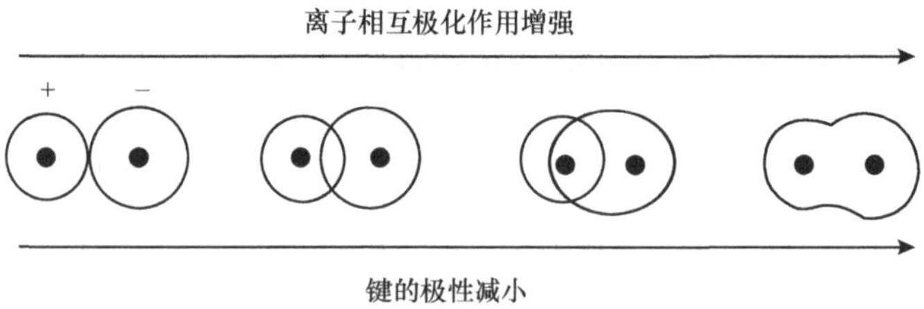

图 9-1　离子极化对化学键类型的影响

(三) 离子极化对化合物某些性质的影响

1. 对化合物溶解度的影响　离子化合物通常易溶于水，而共价化合物较难溶于水。由于离子极化而使共价成分增多的无机化合物在水中的溶解度较小。例如，AgF，AgCl、AgBr、AgI 在水中的溶解度依次递减，就是由于随 X^-半径逐渐增大，Ag^+对 X^-的极化作用依次增强，共价键成分依次增多所致。影响化合物溶解度的因素是多方面的，而离子极化对无机化合物溶解度的影响比较显著。

2. 对化合物颜色的影响　当离子的外层电子吸收可见光(λ=400～760nm)中某波长的光从基态跃迁到激发态时，其余波长的光被反射或从透射出去，物质就会呈现反射光或透射光的颜色。当物质对可见光不吸收或全吸收，物质相应的为无色或黑色。

离子型化合物中，若离子的基态与激发态能量差较大，激发时一般不吸收可见光，因此在白光下不显颜色。当离子极化造成的共价键成分增加时，基态与激发态之间的能量差减小，电子跃迁所需的能量恰好落在可见光范围内，离子极化作用越强，基态与激发态的能量差越小，吸收可见光的波长越长，物质呈现的颜色越深。例如，在 AgX 中，随着 X^-半径的增大，X^-与 Ag^+间的相互极化作用逐渐增强，AgX 的颜色依次加深；硫化物的颜色比氧化物的颜色深，也是类似的原因。此外，当相互极化作用消失后，物质因极化而呈现的颜色就会消失或改变。例

如，PbI_2晶体呈黄色，但溶于水解离成离子后成为无色溶液。

第二节 共价键理论

当两个原子电负性相差较小或相同时，它们之间是如何形成化学键的呢?

1916年，美国化学家Gilbert Newton Lewis提出了原子之间通过共用电子对成键的观点。Lewis认为，原子通过共用电子对使每个参与成键的原子都达到与稀有气体原子相同的外电子层为ns^2或ns^2np^6的稳定结构，这就是所谓的"**八隅律**"(octet rule)。原子间通过共享电子对所形成的化学键称为**共价键**(covalent bond)，如H_2、CO_2等。

Lewis的贡献在于解释了电负性相差比较小的元素原子之间的成键事实。但该理论不能说明共价键的本质，还不能解释为什么带负电荷的两个电子不相互排斥，反而能配对成键使原子结合在一起；也不能解释未达到8电子的稳定分子，如$BeCl_2$分子、BF_3分子，或多于8电子，如PCl_5分子、SF_6分子能稳定存在的；更不能解释O_2的磁性等。随着量子力学的发展，逐渐建立的新的共价键理论——**现代价键理论**(valence bond theory，简称VB法)和**分子轨道理论**(molecular orbital theory，简称MO法)逐一解决了这些问题。

一、现代价键理论

(一) 共价键的本质

1927年，Walter Heinrich Heitler和Fritz Wolfgang London用量子力学方法处理H_2分子，从理论上阐明了共价键理论，得到H_2分子的能量E与核间距r的关系曲线。

由图9-2可看出，当两个H原子的1s电子自旋方向相反时，随着核间距r减小，系统的能量E逐渐降低，当核间距r等于r_0时，系统能量降至最低值E_0，此时，两个H原子间形成了稳定的共价键，这种状态称为H_2分子的基态；相反，若两个H原子的1s电子自旋方向相同时，核间距r越小，E越大，表明这两个H原子不能结合形成稳定的H_2分子，这种状态称为H_2分子的排斥态。

成键时，两个H原子的1s轨道在两核间重叠，使电子在两核间出现的概率密度增大，这个电子云密集区域既降低了两个原子核间的排斥力，又增加了对两核的吸引作用，两方面的作用都使系统能量降低，使H_2分子的形成共价键，如图9-3所示。

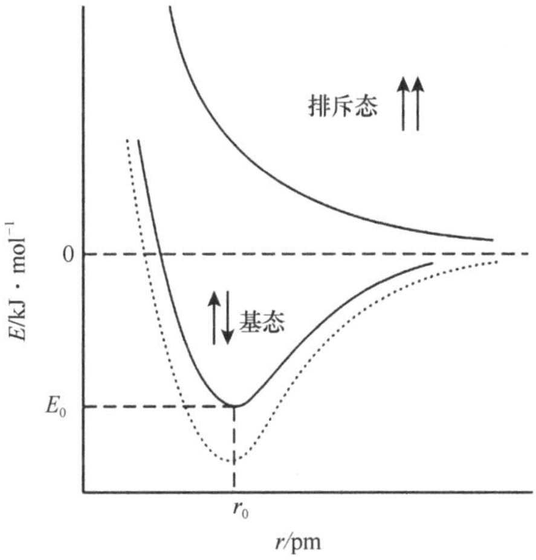

图9-2 H_2形成过程能量变化曲线示意图

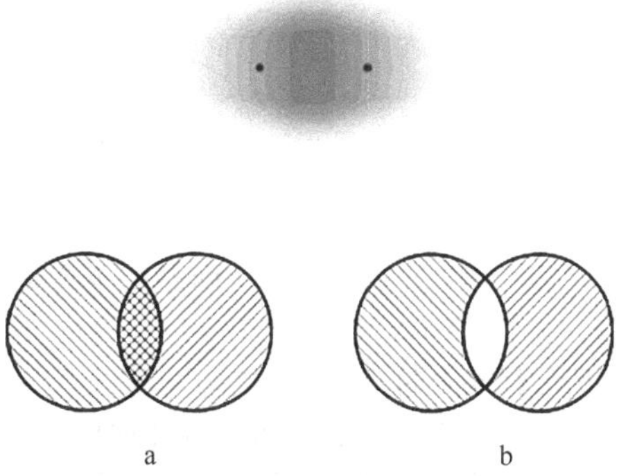

图9-3 H原子轨道重叠示意图

a. 基态；b. 排斥态

(二) 价键理论基本要点

Heitler 和 London 把对 H_2 分子的处理结果推广到其他分子中，建立了现代价键理论。后来 Linus Carl Pauling 等人又发展了这一理论。现代价键理论的基本要点如下。

(1) 当两个原子相互接近时，只有自旋方向相反的未成对电子才能配对形成共价键。

(2) 一个原子有几个未成对电子，就能形成几个共价键。故共价键有饱和性。

(3) 形成共价键时，原子轨道重叠越多，两核间电子云越密集，所形成的共价键越牢固，因此，原子轨道总是尽可能沿着最大重叠的方向进行重叠，称为原子轨道最大重叠原理，故共价键有方向性。例如，HCl 分子中形成 H—Cl 键时，Cl 原子的 $3p_x$ 轨道只能沿 x 轴方向与 H 原子的 1s 轨道发生最大程度的重叠，形成稳定的 H—Cl 共价键，如图 9-4a；而在其他方向的重叠很少，如图 9-4c；或不能重叠，如图 9-4b，都不能形成稳定的共价键。

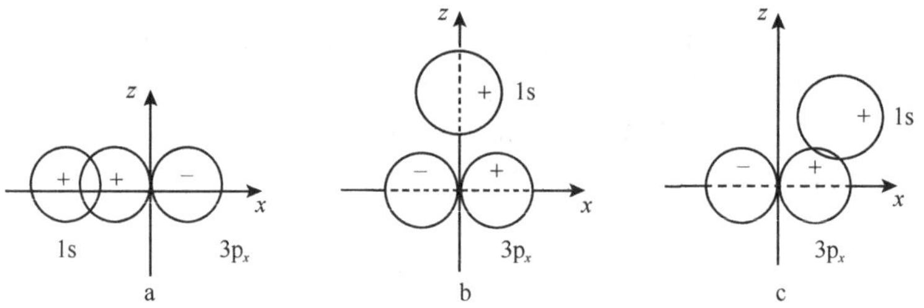

图 9-4　H 原子与 Cl 原子轨道在不同方向重叠示意图

(三) 共价键类型

按照原子轨道重叠方式的不同，共价键可分为 σ 键和 π 键。

1. σ 键　两成键原子核间连线方向的轴称为键轴。原子轨道沿键轴以“头碰头”方式重叠所形成的共价键称为 σ 键，如 s-s、s-p_x 和 p_x-p_x 轨道的重叠，如图 9-5 所示。

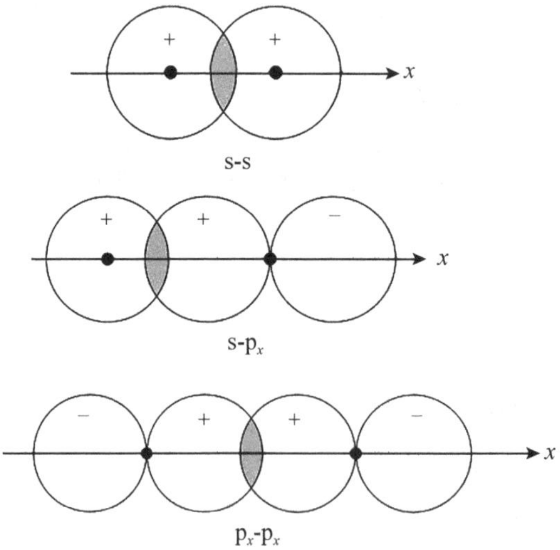

图 9-5　原子轨道“头磁头”重叠示意图

σ 键有如下特点。

(1) 原子轨道的重叠部分沿键轴呈圆柱形对称分布。

(2) 原子轨道的重叠部分可沿着键轴旋转任意角度，轨道的形状及符号均保持不变。

(3) 原子轨道重叠程度达到最大，因而，σ 键稳定。

(4) σ 键可单独存在于两原子间，是构成分子结构的骨架，两原子间只可能形成一个 σ 键。

2. π 键 原子轨道垂直于键轴以“肩并肩”方式进行重叠，所形成的共价键称为 π 键。形成 π 键时，原子轨道的重叠部分垂直于键轴并呈镜面反对称，如互相平行的 p_y-p_y 或 p_z-p_z 轨道重叠，如图 9-6 所示。

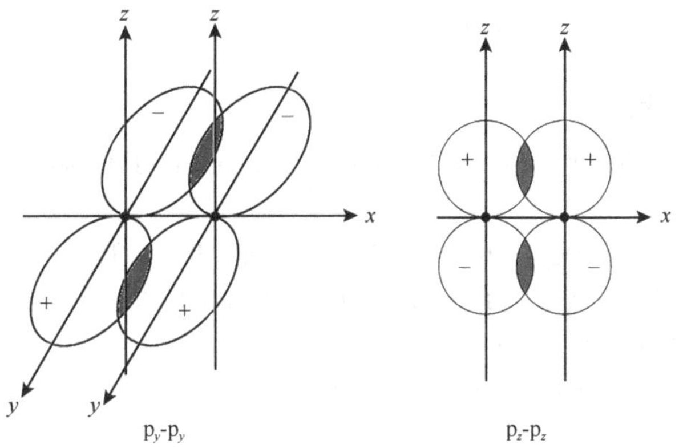

图 9-6 原子轨道“肩并肩”重叠示意图

π 键有如下特点。

(1) 形成 π 键时，若成键轨道围绕键轴旋转 180°，轨道的形状重合，但符号相反，所以两部分重叠区域对键轴所在的平面呈镜面反对称。由于 π 键的存在，两个成键原子不能绕 σ 键轴转动。

(2) π 键与 σ 键共存于具有双键或叁键的两个成键原子间。原子轨道的重叠情况决定了 π 键较不稳定。

(3) π 键不决定分子的构型。

综合形成 σ 键和 π 键的情况，可以看出，形成 σ 键时，原子轨道的重叠程度比形成 π 键时的重叠程度大，所以 σ 键的稳定性大于 π 键。两个原子间形成的共价单键都是 σ 键；两个成键原子间的多键中，一个 σ 键，其余的是 π 键。例如，N 原子价电子为 $2s^2 2p^3$，三个 2p 轨道相互垂直，当两个 N 原子相互接近成键时，每个 N 原子的 $2p_x$ 轨道沿 x 轴方向“头碰头”重叠形成 σ 键；两个 $2p_y$ 轨道在垂直面上“肩并肩”重叠形成一个 π 键，两个 $2p_z$ 轨道在水平面上“肩并肩”重叠形成另外一个 π 键，两个 N 原子间形成共价叁键，其中一个 σ 键，两个 π 键，即 N≡N，如图 9-7 所示。

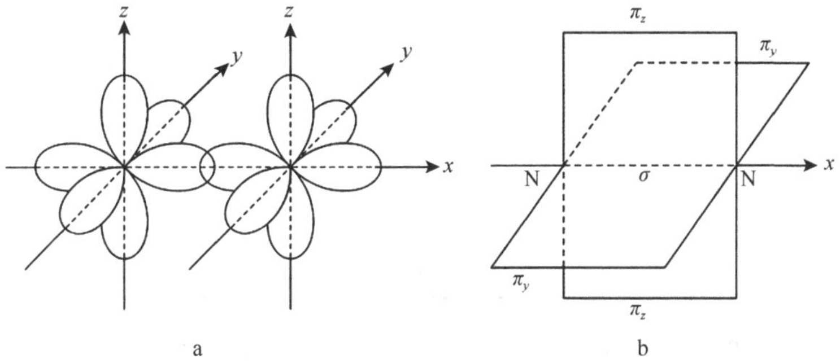

图 9-7 N_2 分子形成示意图

3. 配位键 若由成键两原子中的一个原子单独提供一对电子(也称孤对电子)与另一个原

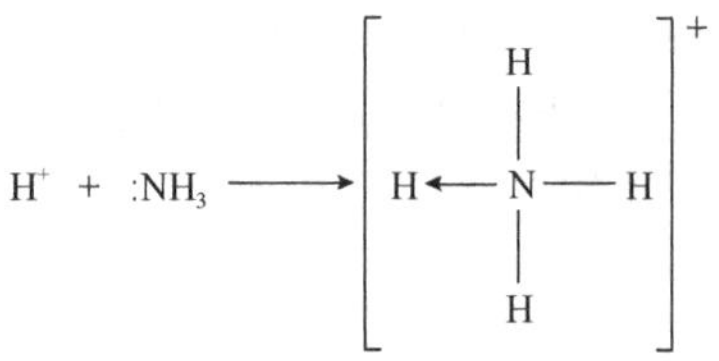

图 9-8 NH_4^+ 配位键示意图

子共用所形成的共价键，称为**配位键**(coordination bond)，用"→"表示箭头方向是从提供孤对电子的原子指向接受孤对电子的原子，如 NH_4^+ 中的配位键，如图 9-8 所示。

形成配位键时，一个成键原子的价电子层有孤对电子，另一个成键原子的价电子层有空轨道。配位键与普通共价键的本质都是共用电子对。

(四) 共价键参数

能表征共价键性质的物理量称为**键参数**(bond parameter)。共价键的键参数主要有键能、键长、键角及键的极性。

1. 键能 **键能**(bond energy)，用符号 E 表示，衡量共价键稳定性。在标准状态下，1mol 气态双原子分子 AB 解离成气态原子 A 与气态原子 B 的标准摩尔反应焓称为 A—B 键的键能，用符号 $E_{(A-B)}$表示，单位为 $kJ \cdot mol^{-1}$。

(1) 对于双原子分子，键能 $E_{(A-B)}$等于其解离能。解离能是断裂指定的 1mol 化学键时所需要的能量。例如，

$$H_2(g) \xlongequal{\quad} 2H(g) \qquad \Delta_r H_m^{\ominus} = 436\ kJ \cdot mol^{-1} \qquad E_{(H-H)} = \Delta_r H_m^{\ominus} = 436\ kJ \cdot mol^{-1}$$

(2) 对于多原子分子，键能等于解离能的平均值。例如，H_2O 分子中有两个等价的 O—H 键

$$H_2O(g) \xlongequal{\quad} OH(g) + H(g) \qquad \Delta_r H_m^{\ominus} = 502\ kJ \cdot mol^{-1}$$

$$OH(g) \xlongequal{\quad} O(g) + H(g) \qquad \Delta_r H_m^{\ominus} = 424\ kJ \cdot mol^{-1}$$

$$E_{(O-H)} = \frac{502 + 424}{2} = 463\ (kJ \cdot mol^{-1})$$

(3) 同一种共价键在不同分子中相近。可用不同分子中同一种键能的平均值(平均键能)作为该键的键能。

一般地，键能越大，键越稳定。同种原子间形成的共价键键能的关系依次为：叁键键能＞双键键能＞单键键能。同核双原子分子的键能随着原子半径的增大而减小。表 9-1 列出了一些常见共价键的键能。

表 9-1 一些常见共价键的键长和键能

共价键	键长/pm	键能/($kJ \cdot mol^{-1}$)	共价键	键长/pm	键能/($kJ \cdot mol^{-1}$)
H—H	74	436	C—C	153	346
H—F	92	570	C=C	134	610
H—Cl	128	431	C≡C	120	835
H—Br	141	366	N—N	145	163
H—I	161	298	N=N	124	418
F—F	141	159	N≡N	113	945
Cl—Cl	199	243	C—H	109	413
Br—Br	228	194	N—H	102	391
I—I	267	152	O—H	96	463

2. 键长 分子中两个成键原子核间的平衡距离称为**键长**(bond length)，用符号 L 表示，单位 pm。量子力学可算出近似键长，X 射线晶体衍射结构分析方法可测定键长。键长越短，键越稳定。相同两原子形成的共价键键长依次为

单键键长＞双键键长＞叁键键长

例如，C—C 键长为 153pm；C═C 键长为 134pm；C≡C 键长为 120pm。表 9-1 列出了一些常见共价键的键长。

3. 键角 多原子分子中，某原子与两个相邻成键原子形成的共价键之间的夹角称为**键角**(bond angle)。键角也是反映分子空间构型的重要参数。例如，H_2O 分子中两个 O—H 键的夹角为 104.5°，为 V 形结构。

4. 键的极性 共价键分为非极性共价键和极性共价键。两个相同成键原子的电负性相同，对共用电子对的吸引力相同，共用电子对不偏向于任何一方，这种共价键称为**非极性共价键**(nonpolar covalent bond)，简称**非极性键**，如 Cl—Cl，N≡N。当两个成键原子的电负性不同时，共用电子对将偏向于电负性较大的原子，这种共价键称为**极性共价键**(polar covalent bond)，简称**极性键**，如 CH_4、H_2O 和 CO_2 分子中的 C—H 键、H—O 键及 C—O 键等。两个成键原子的电负性差越大，共价键极性越强。表 9-2 列出了成键原子电负性差值与键型的关系。

表 9-2 成键原子电负性差值与键型的关系

物质	NaCl	HF	HCl	HBr	HI	Cl_2
电负性差值	2.23	1.78	0.96	0.76	0.46	0
键型	离子键		极性共价键			非极性共价键

二、杂化轨道理论

价键理论揭示了共价键的本质，阐明了共价键的饱和性和方向性，但在解决多原子分子或离子的空间构型时却遇到了困难。例如，C 的价电子组态为 $2s^2 2p^2$，按价键理论，C 原子似乎只能形成两个共价键，并且键角应该为 90°。但 CH_4 分子中，C 原子能与四个 H 原子形成四个稳定的共价键，键角为 109.5°，构型为正四面体；价键理论也不能解释 Be 没有成单电子，却能形成直线形共价分子 $BeCl_2$；以及 PCl_5 为三角双锥结构等事实。1931 年，美国化学家 Linus Carl Pauling 在价键理论的基础上提出了杂化轨道理论，成功的解决了与上述问题有关的系列问题。

(一) 杂化轨道理论基本要点

(1) 在形成多原子分子或离子时，中心原子将数个能量相近的价层原子轨道重新组合，重新分配轨道能量和空间取向，并形成一组数目相等的新原子轨道，这个重新组合的过程称为轨道的**杂化**(hybridization)，杂化后形成的新原子轨道称为**杂化轨道**(hybrid orbital)，中心原子的价电子仍然排布在杂化轨道中。杂化轨道与原来的原子轨道相比在能量、形状和空间取向上都发生了变化。例如，一个 *n*s 轨道和一个 *n*p 轨道杂化后形成两个 sp 杂化轨道。

(2) 杂化后的轨道比杂化前更有利于原子轨道间的最大程度重叠，因而，杂化轨道的成键能力更强。

(3) 杂化轨道之间在空间尽可能以最大角度伸展，使其相互间的排斥力最小，有利于其形成更稳定的共价键。

(4) 中心原子的杂化方式决定了杂化轨道之间的夹角，成键后所形成的分子空间构型也不相同。所以，中心原子的杂化类型决定了分子的空间构型。

(二) 杂化轨道类型与分子的空间构型

根据参与杂化的不同轨道类型，将杂化分为 s-p 型杂化和 s-p-d 型杂化。

1. s-p 型杂化 是中心原子能量相近的价层 *n*s 轨道和 *n*p 轨道参与的杂化。根据参加杂化 p 轨道的数目不同，s-p 型杂化包括 sp 杂化、sp^2 杂化和 sp^3 杂化。

(1) sp 杂化：中心原子的一个 *n*s 轨道和一个 *n*p 轨道杂化，形成两个 sp 杂化轨道。sp 杂化轨道既不同于杂化前的 s 轨道，又不同于杂化前的 p 轨道，它有自己的波函数、能量、形状和空间取向。每个 sp 杂化轨道都含有 $\frac{1}{2}$ 的 s 轨道成分和 $\frac{1}{2}$ 的 p 轨道成分。两个 sp 杂化轨道是能量相等的等价轨道，轨道间的夹角为 180°，分子为直线形构型，如图 9-9 所示。

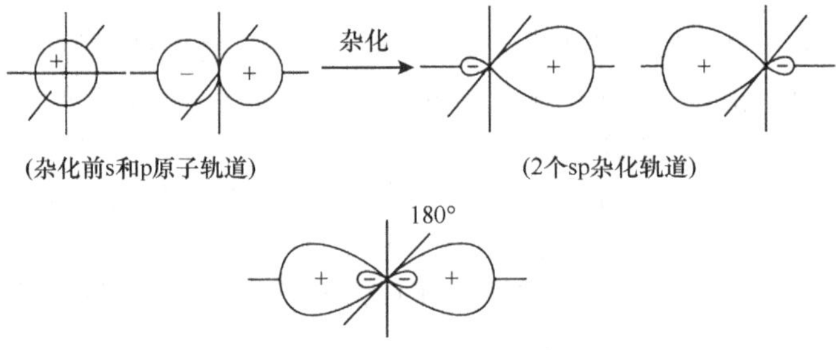

图 9-9　sp 杂化轨道示意图

例如，在形成 $BeCl_2$ 分子时，中心原子 Be 的基态价电子组态为 $2s^2$，当与 Cl 形成化学键时，Be 的 1 个 2s 电子被激发到 2p 轨道上，价电子组态为 $2s'2p'$均含有单电子的 2s 轨道与 2p 轨道杂化，即 sp 杂化。Be 的 2 个 sp 杂化轨道分别与 2 个 Cl 中含有单电子的 3p 轨道重叠，形成 2 个 $\sigma_{sp\text{-}p}$ 键，$BeCl_2$ 分子为直线形，键角 180°。形成 $BeCl_2$ 分子的杂化过程如图 9-10 所示。

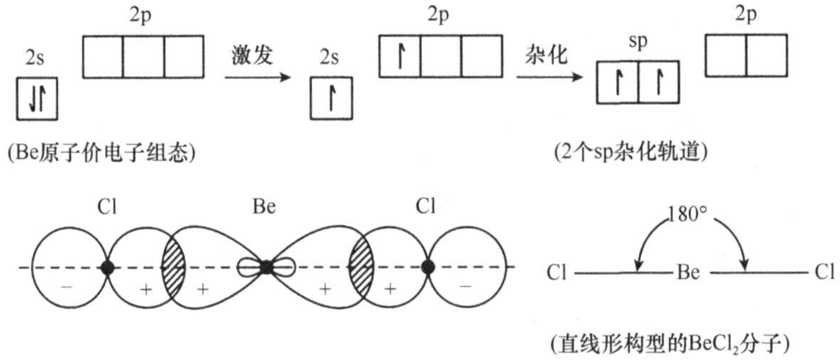

图 9-10　$BeCl_2$ 分子形成示意图

再如 C_2H_2 分子，每个 C 原子的 1 个 2s 电子被激发到 2p 轨道上，价电子组态为 $2s^1 2p_x^1 2p_y^1 2p_z^1$，当与 H 原子结合时，C 原子发生 sp 杂化，另外 2 个各含 1 个单电子的 p 轨道不参与杂化。每个 C 原子的 1 个 sp 杂化轨道之间相互重叠形成 $\sigma_{sp\text{-}sp}$ 键，各自的另 1 个 sp 杂化轨道分别与 H 原子的 1s 轨道重叠形成 $\sigma_{sp\text{-}s}$ 键，2 个 C 原子和 2 个 H 原子在同一条直线上。每个 C 原子都有 2 个未参与杂化且相互垂直的 $2p_y$ 和 $2p_z$ 轨道，且各含 2 个单电子 $2p_y^1 2p_z^1$，相同方向的 2 个 p 轨道分别肩并肩重叠，形成 $\pi_{p_y\text{-}p_y}$ 和 $\pi_{p_z\text{-}p_z}$ 共 2 个 π 键。C_2H_2 分子也是为直线形，键角为 180°，即 H—C≡C—H。

(2) sp^2 杂化：中心原子的 1 个 *n*s 轨道和 2 个 *n*p 轨道杂化，形成 3 个 sp^2 杂化轨道，其中每个 sp^2 杂化轨道含有 $\frac{1}{3}$ 的 s 轨道成分和 $\frac{2}{3}$ 的 p 轨道成分。3 个 sp^2 杂化轨道是等价轨道，轨道间夹角 120°，构型是平面正三角形。

例如，BF_3 分子，中心原子 B 原子的价电子组态为 $2s^2 2p_x^1$，与 F 结合时，B 原子的 1 个 2s 电子被激发到 2p 轨道上，价电子组态为 $2s^1 2p_x^1 2p_y^1$。2s 轨道与 2 个 2p 轨道发生 sp^2 杂化，每

个含单电子的 sp^2 杂化轨道分别与 3 个 F 原子含单电子的 $2p_x$ 轨道重叠，形成 3 个 $\sigma_{sp^2\text{-}p_x}$ 键。BF_3 分子的空间构型为平面正三角形，键角 120°。形成 BF_3 分子的杂化形成过程如图 9-11 所示。

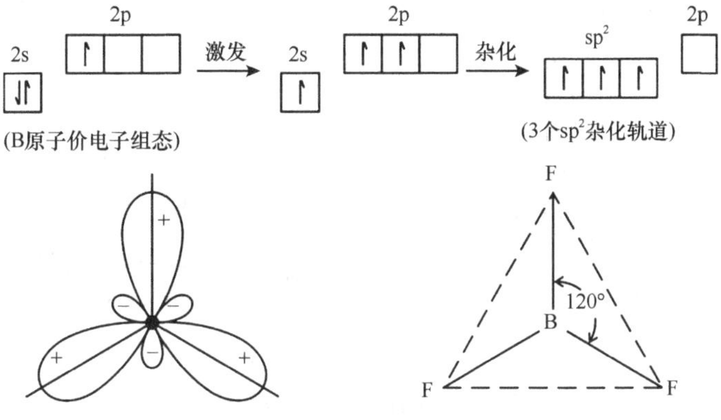

a　　　　b

图 9-11　BF_3 分子形成示意图

a. 3 个 sp^2 杂化轨道；b. 平面三角形构型的 BF_3 分子

再如 C_2H_4 分子，与 C_2H_2 类似，每个 C 原子的 1 个 2s 电子被激发到 2p 轨道上，电子组态均为 $2s^12p_x^12p_y^12p_z^1$ 与氢原子结合时发生 sp^2 杂化，剩下 1 个含单电子 $2p_z$ 轨道没参与杂化。每个 C 原子其中的一个 sp^2 杂化轨道之间相互重叠形成 $\sigma_{sp^2\text{-}sp^2}$ 键，另 2 个 sp^2 杂化轨道分别与 2 个 H 原子的 1s 轨道重叠，共形成 4 个 $\sigma_{sp^2\text{-}s}$ 键，2 个 C 原子和 4 个 H 原子共 6 个原子在同一平面上，键角 120°。每个 C 原子上未参与杂化的 $2p_z$ 轨道垂直于 6 个原子所在的平面，肩并肩重叠形成 $\pi_{p_z\text{-}p_z}$ 键。C_2H_4 分子结构如下：

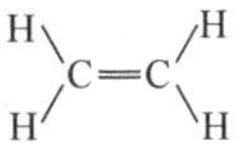

(3)sp^3 杂化：中心原子的 1 个 *n*s 轨道和 3 个 *n*p 轨道杂化，形成 4 个 sp^3 杂化轨道，其中每个 sp^3 杂化轨道含有 $\frac{1}{4}$ 的 s 轨道成分和 $\frac{3}{4}$ 的 p 轨道成分。4 个 sp^3 杂化轨道能量相等，轨道间夹角 109.5°，构型为正四面体。

例如，CH_4 分子，中心原子 C 的 1 个 2s 电子被激发到 2p 轨道上，与 H 原子结合时，C 原子发生 sp^3 杂化，4 个 sp^3 杂化轨道分别与 4 个 H 原子的 1s 轨道重叠形成四个 $\sigma_{sp^3\text{-}s}$ 键，CH_4 分子构型为正四面体，键角 109.5°。CH_4 分子的形成过程如图 9-12 所示。

上述三种杂化类型中，每个杂化轨道中各含一个单电子，且所含原来轨道的成分均相同，杂化轨道的能量也完全相等，这种杂化称为**等性杂化**(equivalent hybridization)。

有孤对电子占据的轨道参与杂化，称为**不等性杂化**(nonequivalent hybridization)。例如，NH_3 分子中心原子 N 的价电子组态为 $2s^2\,2p_x^1\,2p_y^1\,2p_z^1$，与 H 原子结合时，N 原子的 2s 轨道与 2p 轨道发生 sp^3 不等性杂化，其中组 3 个 sp^3 杂化轨道各有 1 个单电子，分别与 3 个 H 原子的 1s 轨道重叠形成 $\sigma_{sp^3\text{-}s}$ 键，另外 1 个 sp^3 杂化轨道有 1 对孤对电子，占据轨道但不参与成键。孤对电子对成键电子对的排斥力较大，压迫键角，所以 NH_3 分子的键角为 107.3°，如图 9-13 所示。

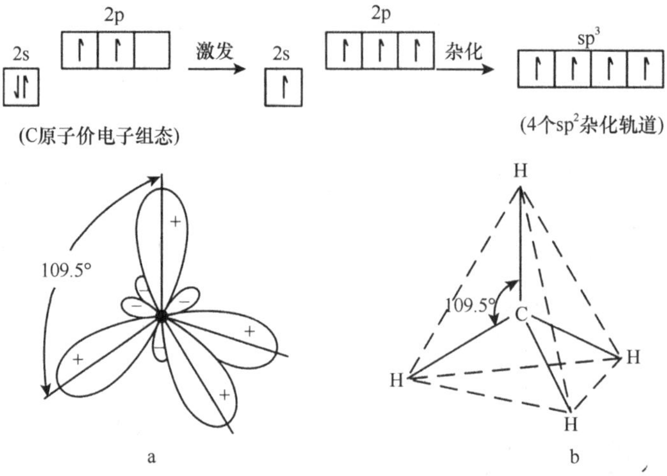

图 9-12　CH_4 分子形成示意图

a. 4 个 sp^3 杂化轨道；b. 正四面体构型的 CH_4 分子

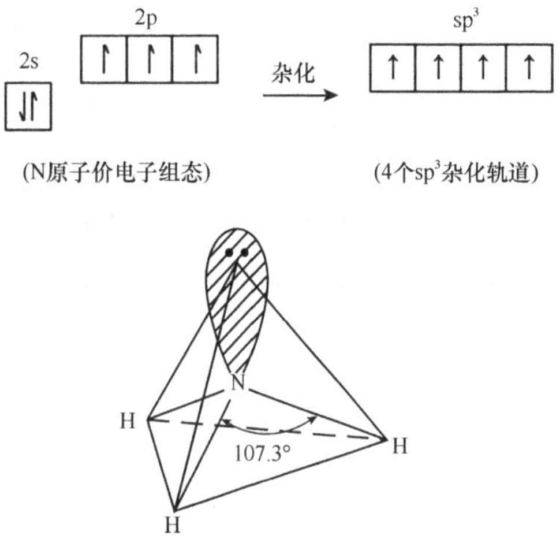

图 9-13　NH_3 分子形成过程示意图

再如 H_2O 分子，O 原子的价电子组态为 $2s^2 2p_x^1 2p_y^1 2p_z^2$，有 2 个单电子和 2 对孤对电子，与 H 原子结合时，O 原子发生 sp^3 不等性杂化，4 个 sp^3 杂化轨道中 2 个 sp^3 杂化轨道各有 1 个单电子，分别与 2 个 H 原子的 1s 轨道重叠形成 2 个 $\sigma_{sp^3\text{-}s}$ 键，另外 2 个 sp^3 杂化轨道各有 1 对孤对电子，不参与成键。由于 2 对孤对电子对成键电子对的排斥力更大，故 H_2O 分子的键角为 104.5°，如图 9-14 所示。

2. d-s-p(或 s-p-d)型杂化　由 d 轨道、s 轨道和 p 轨道参与的杂化称为 d-s-p 杂化，常见的有 dsp^2、dsp^3、d^2sp^3、sp^3d、sp^3d^2 杂化。当有内层 $(n-1)$d 轨道参与杂化时，记为 d-s-p 杂化；当有 *n*d 轨道参与杂化时，记为 s-p-d 杂化。常见的杂化方式与对应的分子空间构型间关系如表 9-3 所示。

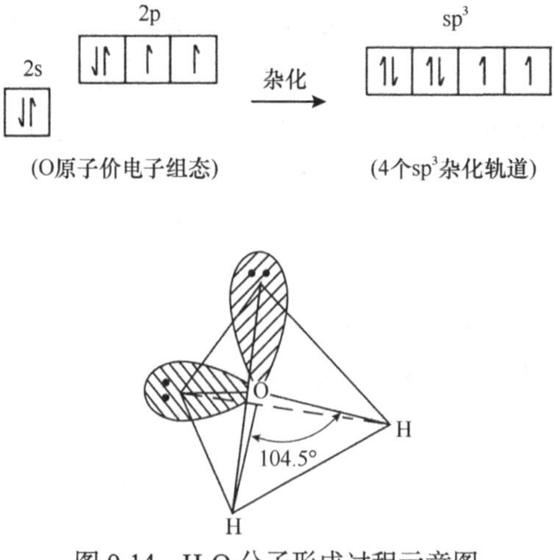

图 9-14　H_2O 分子形成过程示意图

表 9-3 杂化类型与分子空间构型

杂化类型	参与杂化的原子轨道	杂化轨道数	杂化轨道间夹角	空间构型	实例
sp	1 个 *n*s 和 1 个 *n*p	2	180°	直线	$BeCl_2$、C_2H_2
sp^2	1 个 *n*s 和 1 个 *n*p	3	120°	正三角形	BF_3、BCl_3
sp^3	1 个 *n*s 和 3 个 *n*p	4	109.5°	正四面体	CH_4、CCl_4
dsp^2	1 个(*n*−1)d、1 个 *n*s 和 2 个 *n*p	4	90°	平面正方形	$[Ni(CN)_4]^{2+}$、$[CuCl_4]^{2-}$
$sp^3d(dsp^3)$	1 个 *n*d 或(*n*−1)d、1 个 *n*s 和 3 个 *n*p	5	90°、120°、180°	三角双锥	PCl_5、PF_5
$sp^3d^2(d^2sp^3)$	2 个 *n*d 或(*n*−1)d、1 个 *n*s 和 3 个 *n*p	6	90°、180°	正八面体	SF_6、$[AlF_6]^{3-}$

杂化轨道理论仍属于现代价键理论，它在解释分子空间构型等方面丰富和发展了价键理论，但该理论无法预言分子或离子的中心原子会采取哪种杂化方式，因而也无法预测分子的空间构型等相关问题。

三、价层电子对互斥理论

1940 年，英国化学家 N. V. Sidgwick 和美国科学家 H. M. Powell 在总结归纳了许多已知分子空间构型的基础上，提出了一种推测简单共价化合物分子或离子几何构型的理论模型。20 世纪 60 年代初，这个理论又经加拿大科学家 R.J.Gillespie 和 R.S.Nyholm 的进一步发展和完善，被称为**价层电子对互斥理论**(valence shell electron pair repulsion theory)，简称 VSEPR 法。

(一) 价层电子对互斥理论基本要点

(1) 在 AB_n 型分子或离子中(A 为中心原子，B 为配位原子，*n* 为配位数)，B 在 A 的周围排布受 A 的价层电子对的影响。A 的价层电子对包括 σ 成键电子对和未参与成键的孤电子对。

(2) 中心原子 A 的价层电子对之间尽可能互相远离，以使电子对之间的静电斥力最小，形成最稳定的分子。由此，决定了 AB_n 的空间构型。A 的价层电子对之间的排布方式见表 9-4。

表 9-4 中心原子价层电子的排布方式

价层电子对数	2	3	4	5	6
价层电子对排布方式	直线形	平面三角形	四面体	三角双锥	八面体

(3) 成键电子对受成键原子核的吸引，电子云比较紧缩；而孤对电子只受到中心原子核的吸引，电子云比较“肥大”，对相邻电子对的静电斥力较大，分子的构型也受电子对斥力的影响。价层电子对之间的排斥力大小顺序为

孤对电子-孤对电子＞孤对电子-成键电子对＞成键电子对-成键电子对

价层电子对互斥理论预测多原子分子或离子空间构型的步骤如下：

(1) 确定中心原子 A 的价层电子对数，

$$\text{价层电子对数}=\frac{(\text{A的价电子数}+\text{B提供的电子数}\mp\text{电荷数})}{2}$$

中心原子 A 提供的价电子数等于其族数。配原子 B 提供的价电子数：H 原子和卤素原子(F、Cl、Br、I)提供一个电子；O 族元素做配原子时不提供电子。AB_n 若是负离子，加上其电荷数；AB_n 若是正离子，减去其电荷数。

(2) 根据中心原子的价层电子对总数，判断 AB_n 的构型。如果出现单电子，当作一对电子处理；E 为孤对电子。AB_n 的价层电子对数与其构型的关系如表 9-5 所示。

表 9-5　AB_n型分子中心原子价层电子对排布及对应分子的构型

价层电子对数	价层电子对构型	成键电子对数	孤对电子数	分子类型 AB_n	分子的几何图形	分子构型	实例
2	直线型	2	0	AB_2		直线形	$BeCl_2$
3	平面三角形	3	0	AB_3	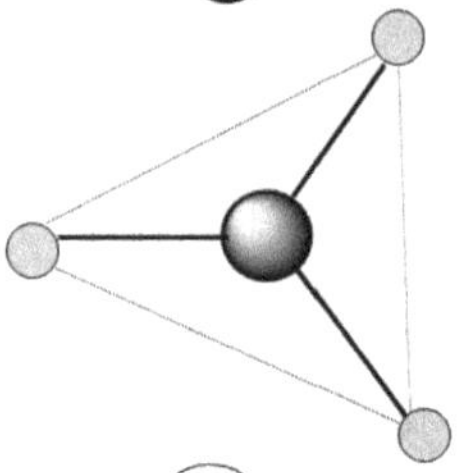	平面三角形	BF_3
		2	1	AB_2 (AB_2E)	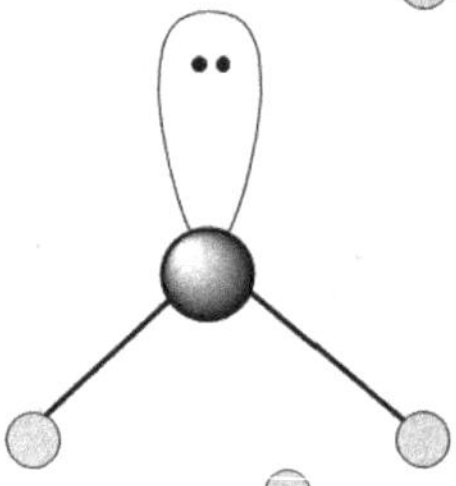	V 形	$PbCl_2$
4	四面体	4	0	AB_4	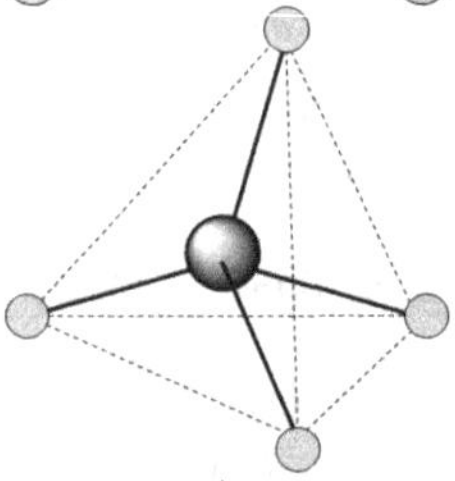	四面体	CH_4
		3	1	AB_3 (AB_3E)	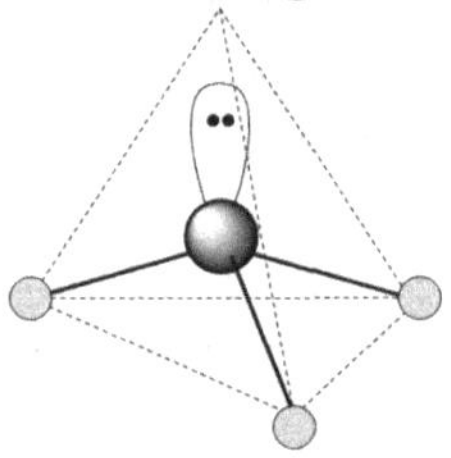	三角锥	NH_3
		2	2	AB_2 (AB_2E_2)	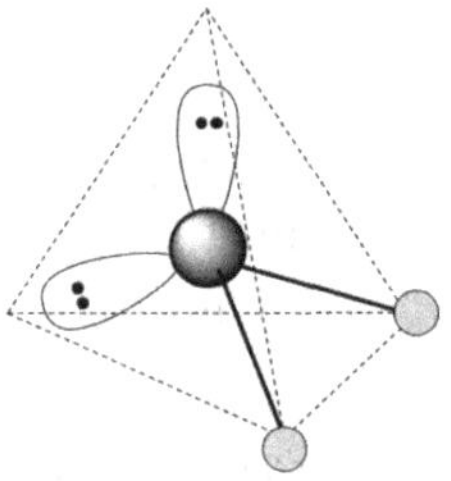	V 形	H_2O
5	三角双锥	5	0	AB_5	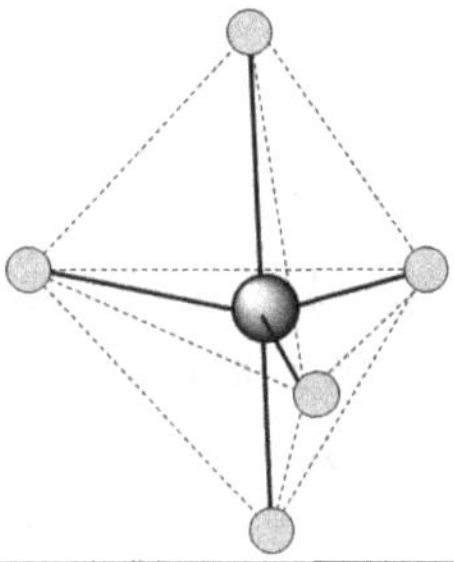	三角双锥	PCl_5

续表

价层电子对数	价层电子对构型	成键电子对数	孤对电子数	分子类型 AB_n	分子的几何图形	分子构型	实例
5	三角双锥	4	1	AB_4 (AB_4E)	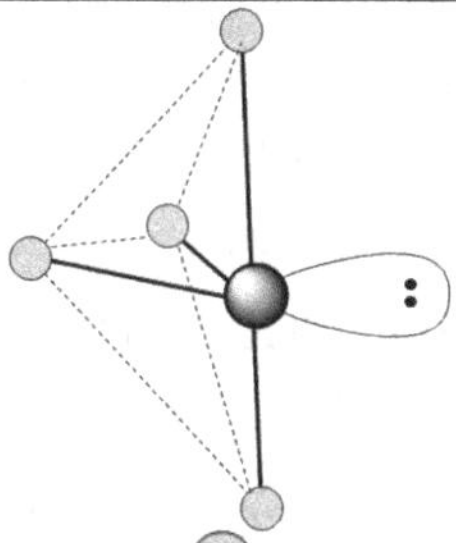	变形四面体	SF_4
		3	2	AB_3 (AB_3E_2)	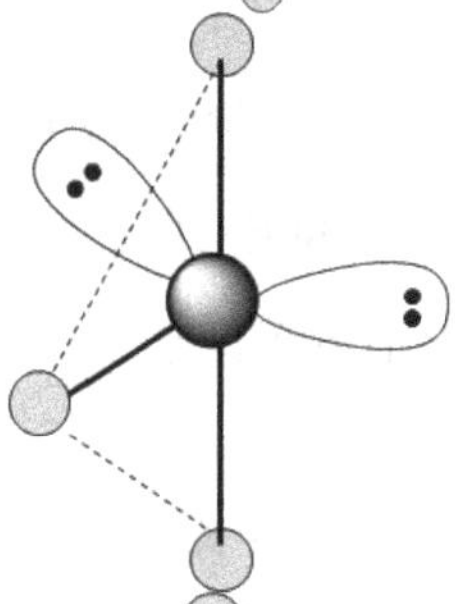	T 形	ClF_3
		2	3	AB_2 (AB_2E_3)	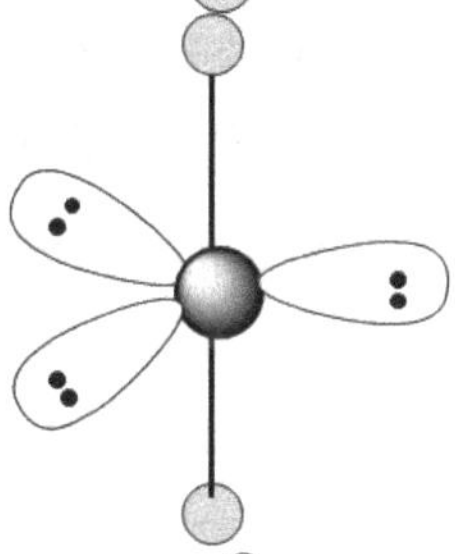	直线形	I_3^-
6	八面体	6	0	AB_6	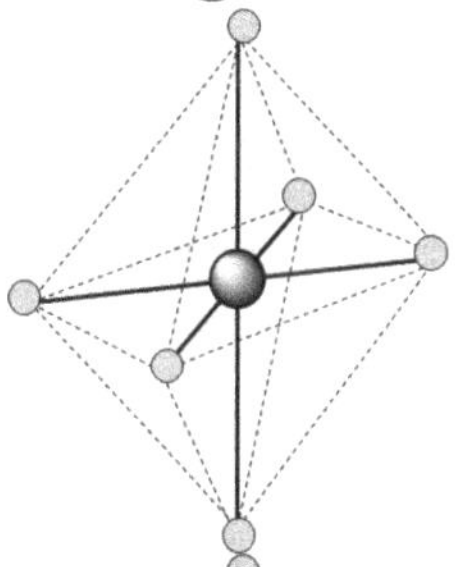	八面体	SF_6
		5	1	AB_5 (AB_5E)	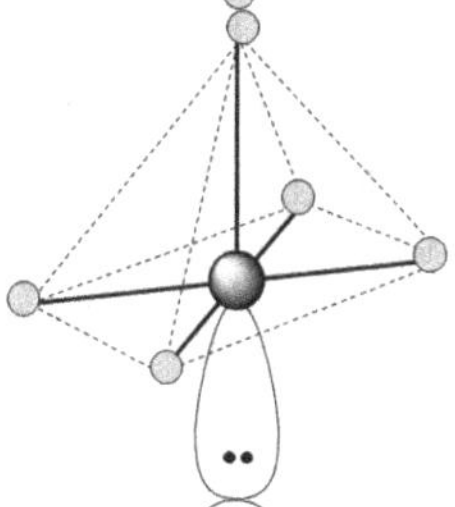	四方锥	IF_5
		4	2	AB_4 (AB_4E_2)	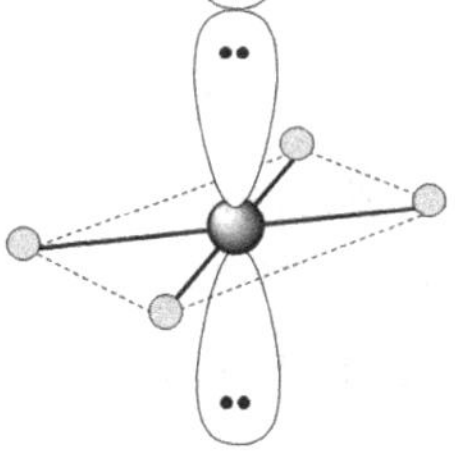	正方形	XeF_4

(二) 价层电子对互斥理论应用

中心原子的价层电子对分为成键电子对和孤对电子，电子对之间的夹角越小，排斥力越大，夹角为 90°时斥力最小。考虑电子对之间斥力的大小顺序，优先使孤对电子-孤对电子处于 90°位置；其次是孤对电子-成键电子对；最后是成键电子对-成键电子对。孤对电子的存在使分子的空间构型与价层电子对的空间排布不一致。而分子的构型是实际上是由中心原子和与它成键的原子在空间排布的相对位置决定的。

例 9-1 计算 ClF_3、SO_4^{2-} 和 H_3O^+ 的价层电子对数。

解 (1) ClF_3 分子，中心原子 Cl 有 7 个价电子，3 个 F 原子作为配位原子各提供 1 个电子。

$$ClF_3\text{的价层电子对数} = \frac{7+3}{2} = 5$$

(2) SO_4^{2-}，中心原子 S 有 6 个价电子，O 原子是配位原子不提供电子，SO_4^{2-} 的电荷数为–2。

$$SO_4^{2-}\ \text{的价层电子对数} = \frac{6+2}{2} = 4$$

(3) H_3O^+，中心原子 O 有 6 个价电子，3 个 H 原子作为配位原子各提供 1 个电子，H_3O^+电荷数为+1。

$$H_3O^+\text{的价层电子对数} = \frac{6+3-1}{2} = 4$$

例 9-2 用价层电子对互斥理论计算 SF_4 的价层电子对数，推测其空间构型。

解 SF_4 分子中，中心原子 S 有 6 个价电子，4 个 F 原子作为配位原子共提供 4 个电子。

$$SF_4\ \text{的价层电子对数}=\frac{1}{2}(6+4)=5$$

价层电子对数为 5，价层电子对构型为三角双锥。但 SF_4 分子只有 4 个成键电子对用于成键，还有一对孤对电子属于 AB_4E 分子。孤对电子所处的位置不同，使 SF_4 可能有两种构型，如图 9-15 所示。

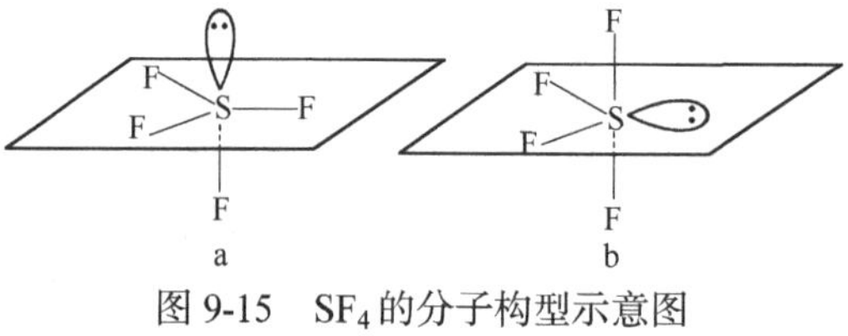

图 9-15 SF_4 的分子构型示意图

可以看出，构型 b 是 SF_4 稳定的构型，是变形四面体。

价层电子对互斥理论判断分子的空间构型简单、直观。但该理论也有一定的局限性，虽然能准确预测中心原子 A 为主族元素原子的 AB_n 型分子或离子的空间构型，但是，若 A 为除 d^0、d^5、d^{10} 外的其他副族元素原子，价层电子对互斥理论则不适用。此外，当价层电子对数等于或超过 7 时，或者当分子或离子不是单一中心原子时，预测的出入较大。该理论只能对分子构型作定性的描述，不能了解化学键是如何形成的，以及化学键的相对稳定性等。

四、分子轨道理论

现代价键理论认为配对成键的电子对存在于两个成键原子之间，电子对是定域的，也成功的说明了化学键的本质、分子的形成过程及分子的构型等诸多重要问题，但是仍无法解释 H_2^+ 中单的电子共价键，也无法说明 O_2 分子的顺磁性等问题，必须认识到，化学键理论都存在一定的局限性。1932年，美国化学家Robert Sanderson Mulliken和德国化学家Friedrich Hermann Hund提出了新的共价键理论——**分子轨道理论**(molecular orbital theory)，即MO法。分子轨道理论不是仅考虑原子的价电子，而是考虑分子的整体性。本章主要讨论第二周期原子形成的双原子分子的分子轨道。

(一) 分子轨道理论基本要点

(1) 分子中的电子不再属于某个原子，也不再局限于两个成键原子之间，而是在整个分子范围内运动，电子的运动状态也用分子轨道波函数 ψ 描述，这里，ψ 称为**分子轨道**(molecular orbital)，用σ、π、δ等符号表示。

(2) 分子轨道由原子轨道**线性组合**(linear combination)而成，即原子轨道相加相减而成。分子轨道数目与组合前的原子轨道数目相等，其中一半分子轨道的能量低于组合的原子轨道，称为**成键轨道**(bonding orbital)，用符号 ψ 表示；另一半是能量高于组合的原子轨道，称为**反键轨道**(antibonding orbital)，用符号 ψ^*表示。

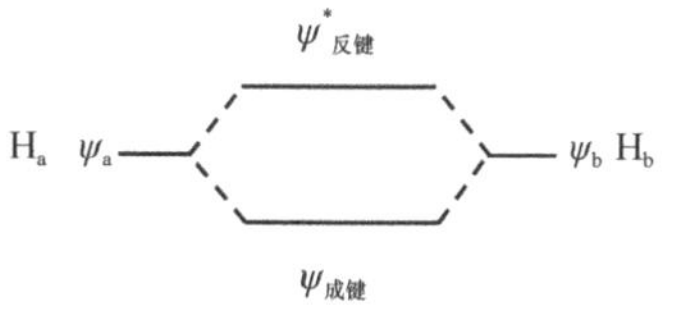

图 9-16 H_2分子的成键轨道与反键轨道

例如，H_a原子轨道与H_b原子轨道组合成H_2分子(图 9-16)，两个分子轨道分别为

$$\psi = c_1\psi_a + c_2\psi_b$$
$$\psi^* = c_1\psi_a - c_2\psi_b$$

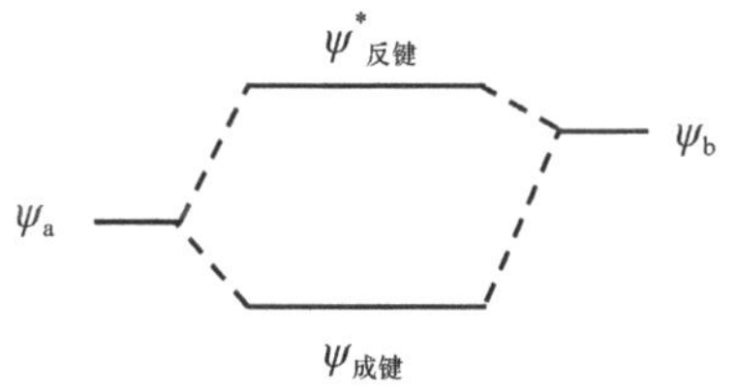

图 9-17 成键轨道和反键轨道的能量关系

ψ_a和ψ_b分别是H_a和H_b的1s原子轨道，组合相加时，两个电子波的波峰叠加，使波增强，电子的概率密度在两核间明显增大，相应的能量比H原子1s原子轨道的能量低，即成键轨道ψ，电子进入此轨道将促使两个原子结合；组合相减时，形成反键轨道 ψ^*，与成键轨道情况相反。如果参与组合的两个原子轨道能量不同，组合成的成键轨道比原来低能态的原子轨道能量还低；反键轨道比原来高能态的原子轨道能量还高，如图 9-17 所示。

(3) 原子轨道组合成分子轨道必须满足三个原则，即对称性匹配、能量近似、轨道最大重叠。

1) 对称性匹配：只有对称性匹配的原子轨道才能够组合成分子轨道。如果两个原子轨道对于“旋转”和“反映”两种对称性操作均为对称或均为反对称，就称为两者对称性匹配。“旋转”是绕键轴旋转180°；“反映”是对包含键轴的某个平面(*xy*、*yz* 或者 *xz* 面)进行镜像反映。s-s、s-p_x、p_x-p_x 原子轨道对于“旋转”和“反映”两个操作均为对称；p_y-p_y、p_z-p_z 原子轨道对于“旋转”和“反映”两个操作均为反对称，所以它们都属于对称性匹配，可以组合成分子轨道。如图 9-18 所示。对称性不匹配则不能组合成分子轨道，如图 9-19 所示。

2) 能量近似原则：原子轨道间的能量相差越小，轨道能量越相近，组合的成键轨道能量越低，电子在这样的分子轨道中成键能力越强，形成的分子越稳定。当原子轨道之间能量相差太大时，不能有效地组合成分子轨道。

3) 轨道最大重叠原则：对称性匹配的两个原子轨道进行线性组合时，原子轨道间将尽可能发生最大程度的重叠，使所形成的分子轨道能量尽可能低。

(4) 电子在分子轨道上填充依然遵循Pauli不相容原理、能量最低原理和Hund规则。

(5) 在分子轨道理论中，用**键级**(bond order)表示键的稳定性。键级的定义为

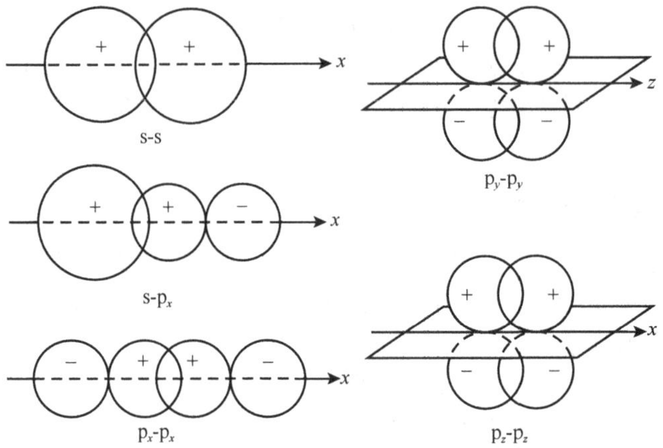

图 9-18　原子轨道对称性匹配示意图

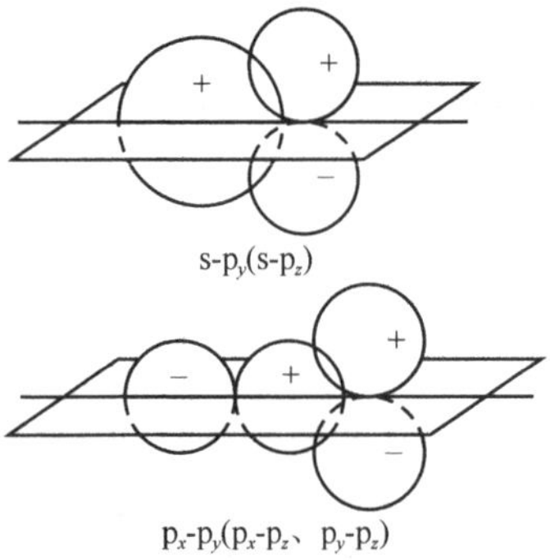

图 9-19　原子轨道对称性不匹配示意图

$$\text{键级} \xlongequal{\text{def}} \frac{1}{2}(\text{成键轨道的电子数}-\text{反键轨道的电子数})$$

一般来说，键级越高，键越稳定；键级为零，表明原子不能结合成分子。

(二) 分子轨道类型

两个原子轨道沿键轴方向以“头碰头”方式组合成的分子轨道，称为 σ 分子轨道，轨道内分布的电子称为 σ 电子，轨道的重叠部分以键轴为对称轴；两原子轨道垂直于键轴以“肩并肩”方式组合成的分子轨道，称为 π 分子轨道，轨道内分布的电子称为 π 电子，重叠区域以键轴所在的某个平面呈中心反对称。

原子 s、p 轨道组合成的分子轨道情况有如下几种。

1. σ 轨道　两个成键原子的 s 轨道以“头碰头”方式组合成一个能量较低的 σ_s 轨道和一个能量较高的 σ_s^* 轨道，见图 9-20a；分布在成键 σ 轨道上的电子称为成键 σ 电子；分布在 σ^* 轨道上的电子称为反键电子。由 σ 电子的成键作用所形成的共价键称为 σ 键。

此外，两个 σ 原子的 p_x 轨道以“头碰头”的方式重叠，组合成 σ_p 轨道和 σ_p^* 轨道。如图 9-20c 所示；s 轨道和 p_x 轨道也可以组合成 σ 分子轨道，见图 9-20b。

2. π 轨道　两个原子的 p_y 轨道或 p_z 轨道以“肩并肩”方式组合，形成 π 轨道和 π^* 轨道，如图 9-21 所示。π 轨道无对称轴，有一个通过键轴且与 p 轨道垂直的对称平面，重叠部分分别在面的上、下两侧，对称面上的电子云密度等于 0，称为节面。分布在 π 轨道上的电子为成键 π 电子；分布在 π^* 轨道上的电子是反键 π 电子。由 π 电子的成键作用形成的共价键称为

π 键。

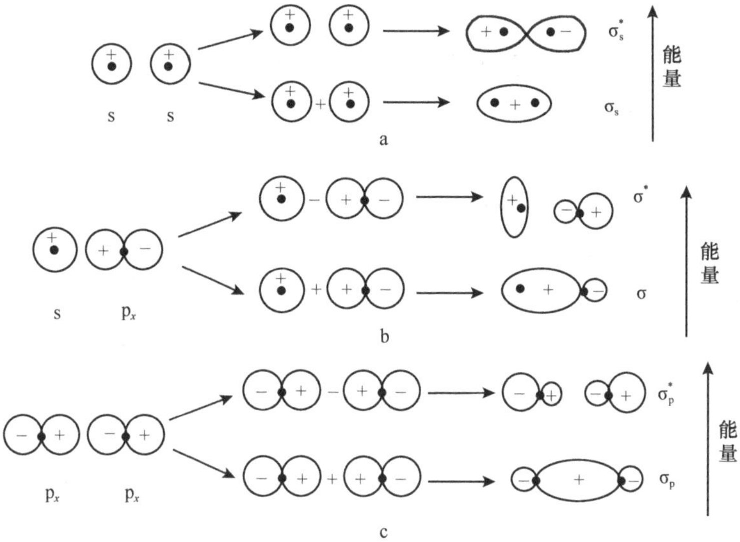

图 9-20　原子轨道组合成 σ 分子轨道示意图

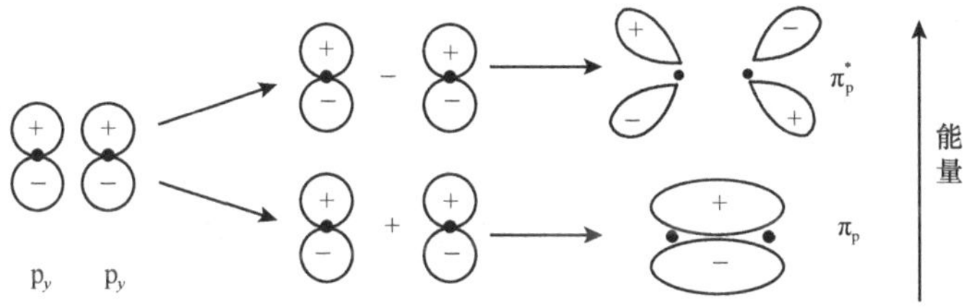

图 9-21　p-p 轨道组合成 π 分子轨道示意图

当成键分子轨道里有一对电子时，形成一个共价单键；成键分子轨道里只有一个电子时，形成一个单电子键；若同类性质的分子轨道中有等数目的成键电子对和反键电子对，共同的作用不能形成共价键。同方向 π 轨道上一对电子和 π^* 轨道上的单电子能形成三电子 π 键。

(三) 同核双原子分子的电子组态

1. 分子轨道能级图　通过光谱实验数据，把分子轨道的能量由低到高排列，得到分子轨道能级顺序。

第二周期元素的 2s 和 2p 轨道的能量差，随原子序数的增加而逐渐增大。从 Li 到 N，2s 轨道和 2p 轨道能量差较小，因而会组合成分子轨道，结果使 σ_{2p_x} 和 $\sigma_{2p_x}^*$ 轨道能量升高，导致出现 σ_{2p_x} 轨道能量高于 π_{2p_y} 和 π_{2p_z} 轨道能量的现象。而对于 O 和 F，2s 轨道和 2p 轨道能量差较大，不能组合成分子轨道。第二周期同核双原子分子的分子轨道能级如图 9-22 所示，a 图适用于 O_2、F_2 分子；b 图适用于 N_2、C_2、B_2、Li_2 等分子。

2. 分子轨道中电子的排布　电子在分子轨道中依然按轨道的能级顺序由低到高排布，根据电子在分子轨道中的电子组态，确定分子的成键情况及分子的其他性质。

例 9-3　试用分子轨道理论说明 F_2 分子的电子组态和键级。

解　F 原子的电子组态为 $1s^2 2s^2 2p^5$，F_2 的 18 个电子分布到图 9-30a 所示的分子轨道中，F_2 分子的电子组态为

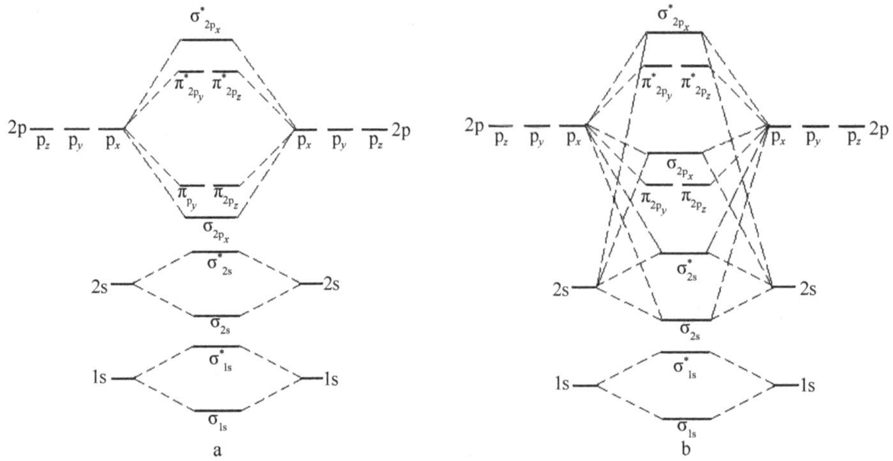

图 9-22　同核双原子分子轨道能级图

$$[(\sigma_{1s})^2(\sigma_{1s}^*)^2(\sigma_{2s})^2(\sigma_{2s}^*)^2(\sigma_{2p_x})^2(\pi_{2p_y})^2(\pi_{2p_z})^2(\pi_{2p_y}^*)^2(\pi_{2p_z}^*)^2]$$

其中$(\sigma_{1s})^2$与$(\sigma_{1s}^*)^2$、$(\sigma_{2s})^2$与$(\sigma_{2s}^*)^2$、$(\pi_{2p_y})^2$与$(\pi_{2p_y}^*)^2$、$(\pi_{2p_z})^2$与$(\pi_{2p_z}^*)^2$成键作用和反键作用相互抵消，对成键没有贡献；对成键有贡献的是$(\sigma_{2p_x})^2$，所以 F_2 分子含有一个 σ 键；

F_2 分子的键级 $=\dfrac{10-8}{2}=1$

例 9-4　试用分子轨道理论说明 O_2 分子的电子组态、化学键和键级，并说明为什么 O_2 分子具有顺磁性？

解　O 原子的电子组态为$1s^2 2s^2 2p^4$，O_2 的 16 个电子分布到图 9-22a 所示的分子轨道中，O_2 分子的电子组态为

$$[(\sigma_{1s})^2(\sigma_{1s}^*)^2(\sigma_{2s})^2(\sigma_{2s}^*)^2(\sigma_{2p_x})^2(\pi_{2p_y})^2(\pi_{2p_z})^2(\pi_{2p_y}^*)^1(\pi_{2p_z}^*)^1]$$

O_2 分子轨道式如图 9-23 所示。

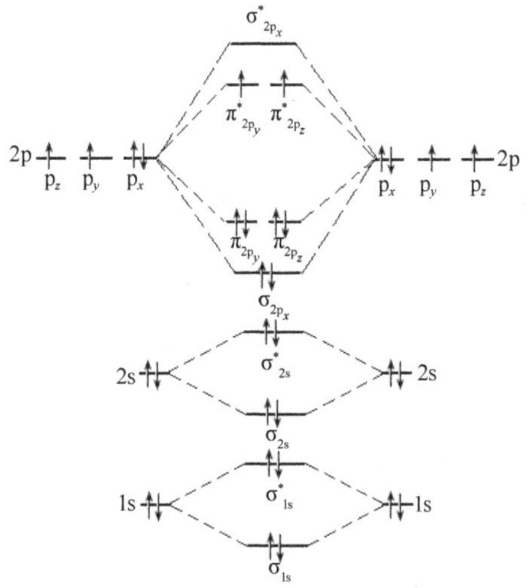

图 9-23　O_2 分子轨道能级图

其中，$(\sigma_{1s})^2$与$(\sigma_{1s}^*)^2$、$(\sigma_{2s})^2$与$(\sigma_{2s}^*)^2$的成键作用和反键作用相互抵消，对成键没有贡献；$(\sigma_{2p_x})^2$对成键有贡献，形成一个 σ 键；$(\pi_{2p_y})^2$与$(\pi_{2p_y}^*)^1$形成一个三电子 π 键；$(\pi_{2p_z})^2$与$(\pi_{2p_z}^*)^1$形成另外一个三电子 π 键，所以 O_2 分子含有一个 σ 键，两个三电子 π 键，即 $\mathrm{O}\overset{\cdots}{\underset{\cdots}{—}}\mathrm{O}$。$O_2$的键级 $=\dfrac{10-6}{2}=2$。分子中有两个单电子，所以 O_2 是顺磁性分子。而价键理论认为 O_2 分子中无单电子，所以不能解释 O_2 的顺磁性。

分子磁性简介：由于电子自旋产生磁场，所以当分子中有单电子时，在外磁场作用下分子产生的磁矩若与外磁场方向一致，此分子呈顺磁性；若分子中没有单电子，在外磁场诱导下产生的磁矩与外磁场方向相反，分子呈抗磁性(逆磁性或反磁性)。

键级的大小表示分子中键的强度，键级越大，分子越稳定。例如，O_2的键级 $=\dfrac{(10-6)}{2}=2$，

O_2^-的键级 $=\frac{(10-7)}{2}=1.5$，O_2^{2-}的键级 $=\frac{(10-8)}{2}=1$。稳定性顺序为：$O_2>O_2^->O_2^{2-}$

例 9-5 试用分子轨道理论说明 N_2 分子的电子组态、化学键和键级。

解 N 原子的电子组态为$1s^2 2s^2 2p^3$，N_2 的 14 个电子分布在图 9-22b 所示的轨道中，N_2分子的电子组态为

$$[(\sigma_{1s})^2(\sigma_{1s}^*)^2(\sigma_{2s})^2(\sigma_{2s}^*)^2(\pi_{2p_y})^2(\pi_{2p_z})^2(\sigma_{2p_x})^2]$$

N_2分子轨道式如图 9-24 所示。

N_2分子含有一个 σ 键，两个 π 键。N_2的键级 $=\frac{10-4}{2}=3$

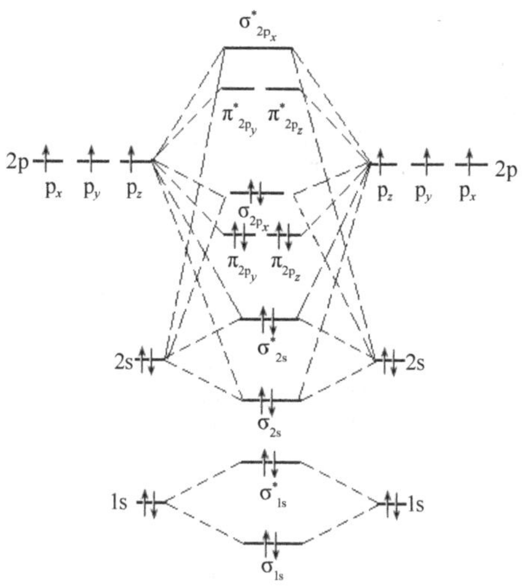

图 9-24 N_2分子轨道能级图

从前述几个实例可以看出，F_2、O_2、N_2分子的键级逐渐增大，它们的化学稳定性也是逐渐增加的。

例 9-6 试用分子轨道理论说明为什么没有 He_2 分子？

解 He_2 分子电子组态为$[(\sigma_{1s})^2(\sigma_{1s}^*)^2]$，键级为零，故不存在 He_2 分子。类似的，惰性气体都不存在双原子分子。

例 9-7 写出 H_2^+、He_2^+、B_2 的电子组态，并计算各个分子或离子的键级，并说明其分子或离子的磁性。

解 (1) H_2^+ 有一个电子，电子组态为 H_2^+：$[(\sigma_{1s})^1]$，形成一个单电子 σ 键，键级为$\frac{1-0}{2}=0.5$。它具有顺磁性。

(2) He_2^+ 有 3 个电子，电子组态为 He_2^+：$[(\sigma_{1s})^2(\sigma_{1s}^*)^1]$，键级为$\frac{2-1}{2}=0.5$，$He_2^+$ 中有一个单电子，也有顺磁性。

(3)B 原子为 $1s^2 2s^2 2p^1$，B_2分子的电子组态：$[(\sigma_{1s})^2(\sigma_{1s}^*)^2(\sigma_{2s})^2(\sigma_{2s}^*)^2(\pi_{2p_y})^1(\pi_{2p_z})^1]$，键级为$\frac{4-2}{2}=1$，分子中有两个单电子，故具有顺磁性。

分子的电子组态也可以如下表示(光谱学符号 K 为第一层)

B_2：$[KK(\sigma_{2s})^2(\sigma_{2s}^*)^2(\pi_{2p_y})^1(\pi_{2p_z})^1]$

N_2：$[KK(\sigma_{2s})^2(\sigma_{2s}^*)^2(\pi_{2p_y})^2(\pi_{2p_z})^2(\sigma_{2p_x})^2]$

O_2：$[KK(\sigma_{2s})^2(\sigma_{2s}^*)^2(\sigma_{2p_x})^2(\pi_{2p_y})^2(\pi_{2p_z})^2(\pi_{2p_y}^*)^1(\pi_{2p_z}^*)^1]$。

(四) 异核双原子分子的电子组态

异核双原子分子的原子轨道组合成分子轨道时，与同核双原子分子完全相似。例如，CO 分子，C 和 O 的核电荷数相近，相应的原子轨道能量也相近，可以组合成分子轨道。CO 与 N_2 电子数相同，是等电子体，两者的电子组态也相同，CO 分子含有一个 σ 键和两个 π 键。

CO 电子组态：$[(\sigma_{1s})^2(\sigma_{1s}^*)^2(\sigma_{2s})^2(\sigma_{2s}^*)^2(\pi_{2p_y})^2(\pi_{2p_z})^2(\sigma_{2p_x})^2]$

(CO 中的一个 π 键是由 C 原子提供空轨道、O 原子提供孤对电子，形成反馈配位键，记为 C$\leftrightharpoons$O。因此，CO 不如 N_2 分子稳定。)

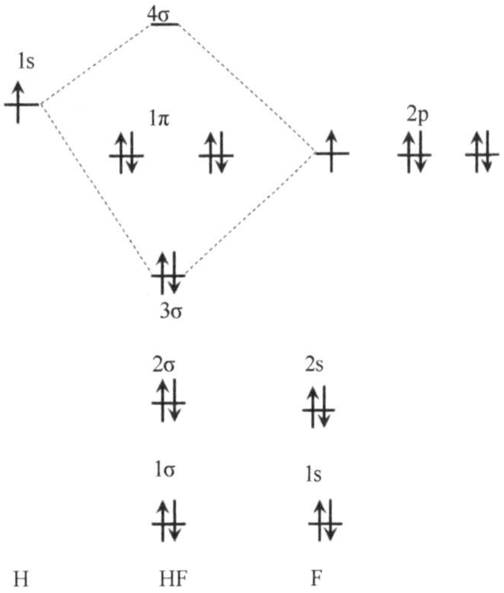

图 9-25　HF 分子轨道能级图

而 HF 分子中，H 和 F 的核电荷数相差较大，F 的 1s 轨道和 2s 轨道能量都很低，且它们与 H 的 1s 轨道能量相差较大，不能有效组合成分子轨道，在 F 与 H 结合时，F 的 1s、2s 仍保持轨道状态，称为非键轨道。非键轨道是分子轨道，这里分别为 1σ 和 2σ。F 的 2p 轨道与 H 的 1s 轨道能量相近，能组合成分子轨道，分别为 3σ 成键轨道和 4σ 反键轨道。F 的 $2p_y$ 和 $2p_z$ 由于与 H 的 1s 轨道对称性不匹配，仍保留原有的能量状态，形成两个简并的非键轨道，即 1π，如图 9-25 所示。

HF 分子的电子组态为 $[(1\sigma)^2(2\sigma)^2(3\sigma)^2(1\pi)^4]$。对成键有贡献的是 3σ 轨道上的一对电子，所以 HF 分子中有一个 σ 键。

(五) 离域 π 键

根据形成 π 键的成键原子数目的不同，π 键可分为**定域 π 键**(localized bond)和**离域 π 键**(delocalized bond)。定域 π 键是指在两个成键原子间形成的 π 键，属于双中心键；离域 π 键是指在三个或以上的成键原子间形成的 π 键，属于多中心键，又称为大 π 键。很多分子中都存在离域 π 键，用符号 $\Pi_{N_a}^{N_e}$ 表示，其中 N_a 表示形成离域 π 键的原子数；N_e 表示该离域 π 键里的电子数。形成离域 π 键应具备如下几个条件。

(1) 离域 π 键内的成键原子必须共处于同一个平面上，每个成键原子都有一个 p 轨道，且相互平行。这些 p 轨道之间能发生最大程度的“肩并肩”重叠，形成稳定的大 π 键。

(2) p 轨道的电子数必须少于 2 倍的 p 轨道数。因为 N_a 个原子轨道线性组合成分子轨道，成键轨道和反键轨道各一半，如果 $N_e = 2N_a$，电子充满全部轨道，键级为零，不能形成离域 π 键。

当 $N_e = N_a$ 时，是正常离域 π 键，如苯分子中有 Π_6^6 键；1,3-丁二烯分子中有 Π_4^4 键；萘分子中有 Π_{10}^{10} 键，见图 9-26。

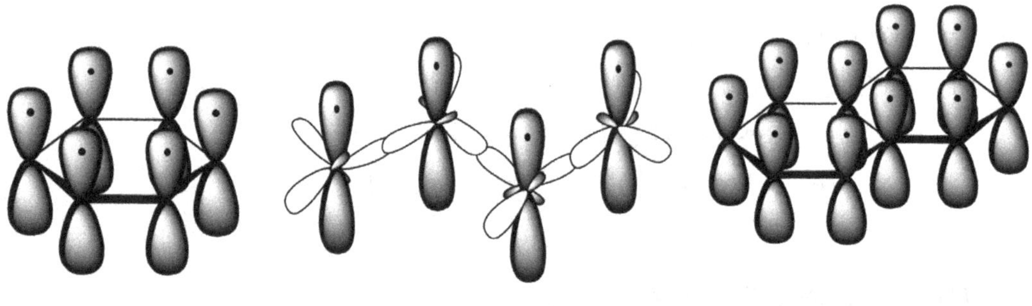

图 9-26　正常离域 π 键

a. $C_6H_6(\Pi_6^6)$；b. $C_4H_4(\Pi_4^4)$；c. $C_{10}H_{10}(\Pi_{10}^{10})$

$N_e > N_a$ 时，称为多电子离域 π 键，如 O_3、CO_2 和 NO_2 分子中都含有 Π_3^4 键，见图 9-27。

$N_e < N_a$ 时，键称为缺电子离域 π 键，如丙烯阳离子中含有 Π_3^2 键，见图 9-28。

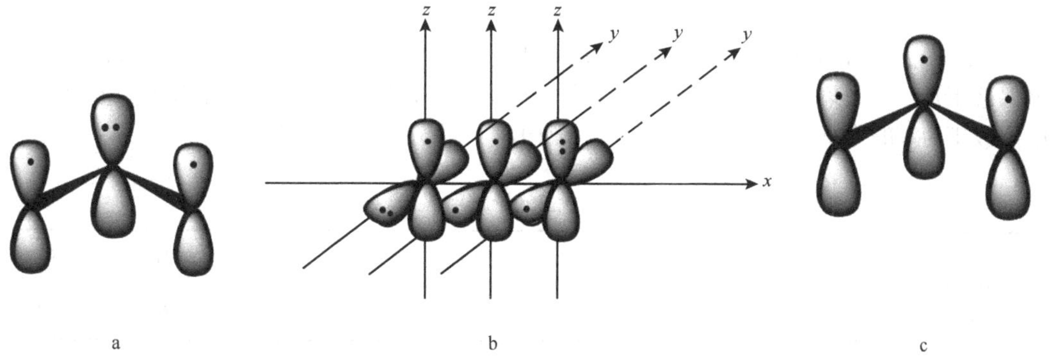

图 9-27 多电子离域 π 键

a. $O_3(\Pi_3^4)$；b. $O_2(\Pi_3^4)$；c. $NO_2(\Pi_3^3)$

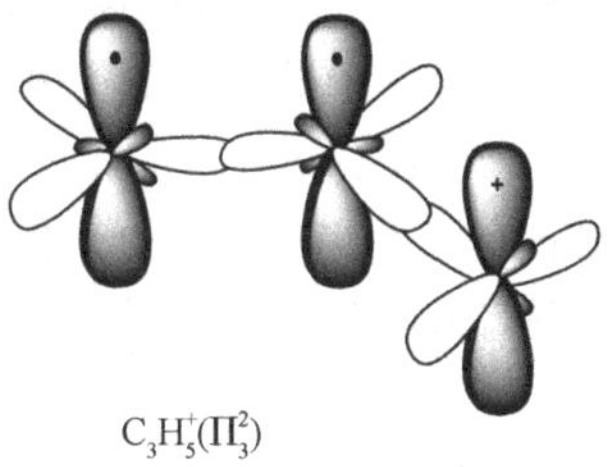

$C_3H_5^+(\Pi_3^2)$

图 9-28 缺电子离域 π 键

第三节 分子间作用力和氢键

分子之间的相互作用力称**分子间作用力**(intermolecular force)，简称分子间力，一般只有几十千焦每摩尔，比化学键键能(150～650kJ · mol^{-1})小。分子间力影响物质的熔点、沸点、汽化热、蒸气压、溶解度及表面张力等性质。荷兰物理学家 Van der Waals 在研究气体的体积、压力和温度之间定量关系时，发现实际气体的行为偏离了理想气体方程，因而提出分子间力的概念。所以，也把这种分子间力称为 Van der Waals 力。分子间力的产生与分子的极性有关。

一、分子的极性

(一) 极性分子和非极性分子

分子中电荷分布均匀对称，正、负电荷中心重合的分子称为**非极性分子**(nonpolar molecule)；正、负电荷中心不重合的分子称为**极性分子**(polar molecule)。

1. 双原子分子 以非极性键结合的双原子分子是非极性分子，如 H—H、N≡N、Cl—Cl 等；以极性键结合的双原子分子是极性分子，如 H—Cl，C⇆O 等。

2. 多原子分子 极性主要与分子的空间构型有关。若分子的空间构型对称，分子中正、负电荷中心相重合，为非极性分子，如 CO_2 分子；若分子的空间构型不对称，分子的正、负电荷中心不重合，则为极性分子。例如，H_2O 分子，V 形构型，正电荷中心在两个 H 原子中间，负电荷中心在 O 原子附近，正、负电荷中心不重合。

通常用**电偶极矩**(electric dipole moment) μ 表示分子极性的大小，即

$$\vec{\mu} = q \cdot d \tag{9-1}$$

式中，d是正、负电荷中心间的距离；q是正(或负)电荷中心所带电量，单位为 C·m(库伦·米)。电偶极矩是一个矢量，从正电荷中心指向负电荷中心，电偶极矩越大，表示分子的极性越强；电偶极矩为零的分子是非极性分子。表 9-6 列出了一些分子的电偶极矩。

表 9-6　一些分子的电偶极矩

分子	CH_4	O_3	H_2S	NH_3	SO_2	HF	H_2O	HCN
$\mu(\times 10^{-30})$/C·m	0	1.78	3.26	4.91	5.45	6.09	6.19	9.96

(二) 分子的极化与变形性

1. 永久偶极　极性分子的偶极是固有的，称为**永久偶极**(permanent dipole，μ)，或固有偶极。

2. 诱导偶极　在外电场的作用下，分子中的电子云分布发生变形，使分子正、负电荷中心不重合，或正、负电荷中心距离增大，外电场使分子的正、负电荷中心都会产生相对位移，所产生的偶极称为**诱导偶极**(induced dipole，$\Delta\mu$)，极性分子的偶极矩将增大($\Delta\vec{\mu}>0$)。这种因外电场的作用使分子产生偶极或偶极矩增大的现象，称为分子的**极化**(polarzing)。外电场消失，诱导偶极消失。如图 9-29 所示。

3. 分子的变形性　外电场对分子产生的诱导偶极使分子发生变形，外电场越强，分子的变形性越大。分子间的相互作用也能产生完全类似的结果，这也是产生分子间作用力的主要原因。

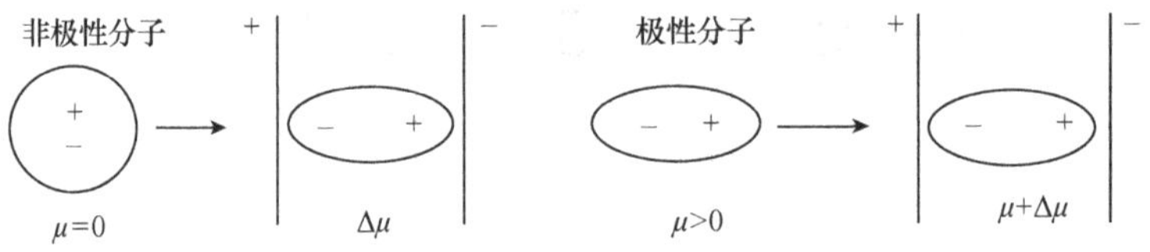

图 9-29　永久偶极与诱导偶极示意

二、分子间作用力

按分子间产生作用力原因和特点的不同，分子间力可分为取向力、诱导力和色散力。

(一) 取向力

当两个极性分子相互接近时，静电力使分子排列发生一定的“取向”，当两个分子接近到一定距离，分子间的静电引力与排斥力达到平衡。这种由于极性分子永久偶极间的异极吸引，使极性分子定向有序地排列而产生的静电作用力，称为**取向力**(orientation force)。取向力仅存在于极性分子之间，如图 9-30 所示。

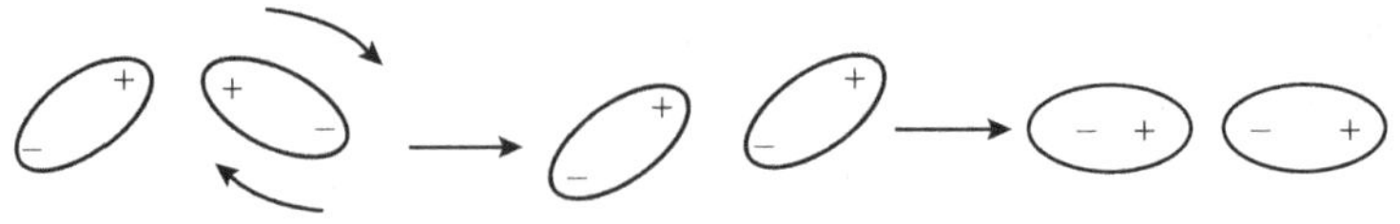

图 9-30　取向力示意图

(二) 诱导力

当一个非极性分子与一个极性分子靠近时，极性分子相当于外电场，对非极性分子产生极化作用，产生诱导偶极，这种永久偶极与诱导偶极之间的静电作用力称为**诱导力**(induction force)。分子极性越大，电场场强越强，诱导力越大，使非极性分子产生的变形性也越大，如图 9-31 所示。

图 9-31 诱导力示意

诱导力不仅存在于极性分子与非极性分子之间，而且存在于极性分子之间。

(三) 色散力

非极性分子运动过程中受外界影响，正、负电荷中心会发生瞬时的不重合，从而产生瞬时偶极。瞬时偶极诱导相邻分子再产生瞬时偶极，进而产生相互作用力。这种瞬时偶极之间的静电作用力称为**色散力**(dispersion force)。虽然瞬间偶极产生的时间短，但却在分子中不断地频繁发生，因此，色散力普遍存在于所有分子之间，是一种最重要的分子间作用力。如图 9-32 所示。分子的变形性越大，分子间的色散力越大。通常相对分子质量越大，分子变形性越大。所以，色散力一般随着相对分子质量的增大而增大。

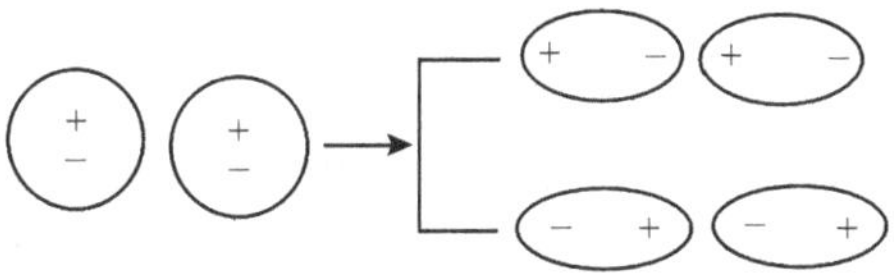

图 9-32 色散力示意

分子间作用力的特点有如下几种。

(1) 分子间力的本质是静电力，不具有饱和性和方向性。

(2) 分子间作用的范围只有几十到几百皮米。

(3) 大多数分子以色散力为主。只有偶极矩很大的分子以取向力为主。

分子间力和一些分子间作用力的大小，分别见表 9-7 和表 9-8。

表 9-7 分子间作用力及其产生原因

分子	分子间力的种类	产生原因
非极性分子之间	色散力	瞬时偶极
非极性分子与极性分子之间	色散力、诱导力	瞬时偶极、诱导偶极
极性分子之间	色散力、诱导力、取向力	瞬时偶极、诱导偶极、永久偶极

表 9-8 一些分子间作用力的大小

分子	$\mu(\times10^{-30})$/C · m	取向力/(kJ · mol^{-1})	诱导力/(kJ · mol^{-1})	色散力/(kJ · mol^{-1})	分子间力和/(kJ · mol^{-1})
Ar	0	0.00	0.00	8.50	8.50
HI	1.49	0.025	0.113	25.87	26.01
HBr	2.76	0.69	0.502	21.94	23.13
HCl	3.70	3.31	1.00	16.83	21.14
NH_3	4.91	13.31	1.55	14.95	29.81
H_2O	6.19	36.39	1.93	9.00	47.32

例 9-8 下列每组分子之间存在哪些分子间作用力?

(1) CH_4和CCl_4;(2) CO 气体;(3) C_2H_4和H_2O。

解 (1) CH_4是非极性分子,CCl_4是非极性分子,CH_4和CCl_4之间存在色散力。

(2) CO 是极性分子,CO 之间存在取向力、诱导力和色散力。

(3) C_2H_4是非极性分子,H_2O是极性分子,C_2H_4和H_2O之间存在诱导力和色散力。

固态或液态体系的分子间力较大,它们的熔点、沸点通常较高。此外,物质在溶剂中的溶解性也与分子间作用力有关,如"相似相溶"的本质就是分子间力影响的结果。

三、氢 键

H_2O,NH_3和 HF 各自与同族其他元素氢化物相比,其沸点都反常地高,其他氢化物的沸点或熔点一般随相对分子质量的增大而逐渐增高。这是因为除了分子间作用力外,H_2O,NH_3和 HF 分子间还存在另外的作用力——氢键。

(一) 氢键的形成

当电负性大、半径小的原子 X 与 H 原子形成共价键时,由于 X 原子对共用电子对的强烈吸引,使 H 原子几乎成了裸露的质子,H 就与另外一个电负性大、半径小的 Y 原子上的孤对电子之间产生较强的静电作用力,这种相互作用力称为**氢键**(hydrogen bond)。

X、Y 一般为 F、O、N 原子,Y 原子含有孤对电子。氢键的强弱与 X、Y 原子的电负性大小有关,它们的电负性越大,形成的氢键也越强。另外,氢键的强弱还与 X、Y 原子的半径大小有关,半径越小,氢键越强。X—H…Y 中的虚线表示氢键,常见氢键的强弱顺序为

F—H…F>F—H…O>O—H…O>O—H…N>N—H…N

(二) 氢键的特点

氢键是比分子间力稍强而比化学键弱很多的作用力,能量一般在 10~40$kJ \cdot mol^{-1}$。低于 10$kJ \cdot mol^{-1}$的属于较弱氢键,大于 40$kJ \cdot mol^{-1}$的是较强氢键。

尽管氢键的本质是静电力,但氢键与共价键一样,也具有饱和性和方向性,通常将氢键看成是较强的,有饱和性和方向性的分子间作用力。H 原子半径小,由于空间位阻的影响,一个 H 原子通常只能与一个 Y 原子形成一个氢键,此为氢键的饱和性;氢键的方向性是指以 H 原子为中心的 X、H 和 Y 三个原子尽可能在一条直线上。例如,HF 之间能形成氢键,如图 9-33 所示。

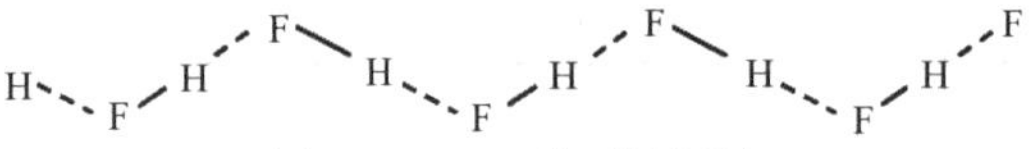

图 9-33 HF 分子间氢键

(三) 氢键类型

氢键可分为分子内氢键和分子间氢键,通常情况下分子间氢键居多。当同一分子内 X-H 上的 H 原子与相邻的 Y 原子相吸引所形成的氢键就是分子内氢键。例如,平面环形分子邻-硝基苯酚,—OH 上的 H 原子与—NO_2上的 O 原子形成的分子内氢键如图 9-34 所示。

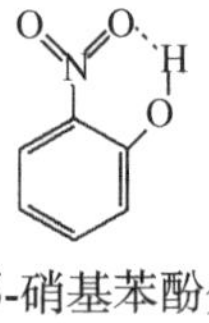

图 9-34 邻-硝基苯酚分子内氢键

在同类物质中,分子间氢键将使物质的熔点、沸点增高;分子内氢键使分子间形成氢键的机会减少,其熔点、沸点降低。

若溶质分子和溶剂分子间形成氢键,将使溶质的溶解度增大;形成分子内氢键的溶质在极性溶剂中的溶解度减小,而在非极性溶剂中溶解度增大。例如,邻-硝基苯酚在水中的溶解度

小于对-硝基苯酚；邻-硝基苯酚在苯中的溶解度大于对-硝基苯酚。

氢键也能导致相同分子聚合。例如，二聚甲酸就是由氢键缔合形成二聚体典型例子。再如，液态和固态 H_2O 中，由于氢键而存在多聚体$(H_2O)_n$分子。

生物体内广泛存在氢键。蛋白质是生物体内占有特殊地位重要的生物大分子，其中，稳定蛋白质二级结构的是由氢键和 Van der Waals 力决定，如 α-螺旋、β-折叠等；稳定蛋白质的三级结构有氢键、Vander Waals 力、盐键、二硫键和疏水键。某些氨基酸残基基团 R 间可形成氢键，还能与体内的溶剂 H_2O 分子形成氢键以稳定蛋白质的三级结构；独立三级结构的多肽链相互结合成蛋白质四级结构时，在相邻亚基的表面残基之间的氢键具有稳定四级结构的作用。可以说，没有氢键就没有蛋白质的高级结构，重要的生物功能就无法实现。

生命的最基本遗传物质 DNA 是巨大的生物高分子。具有一级结构的 DNA 主链通过磷酸二酯键交互连接，形成螺旋骨架，再通过配对碱基之间的氢键和疏水基团的堆积力，维持 DNA 的双螺旋结构的稳定性，这是形成 DNA 双螺旋的基础，没有氢键就没有 DNA 双链，生命遗传也无从谈起(图 9-35)。

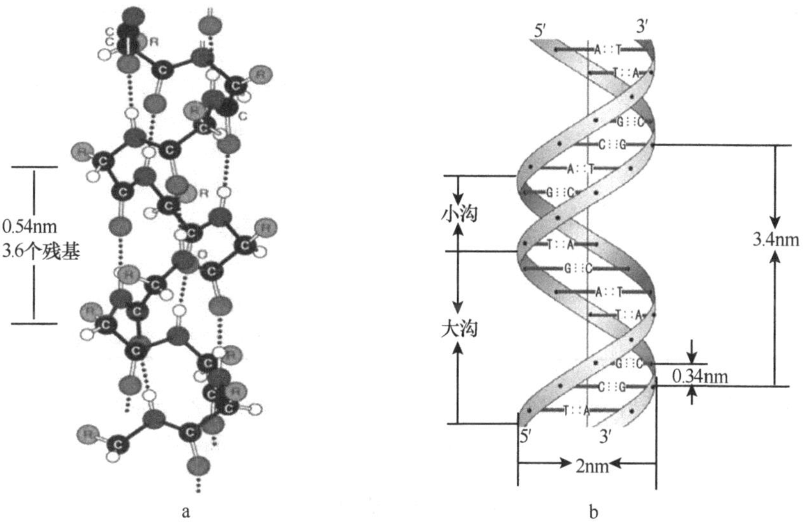

图 9-35 蛋白质 α 螺旋结构模式和 DNA 双螺旋结构模式

a. 蛋白质 α 螺旋结构模式；b. DNA 双螺旋结构模式

离子晶体简介

1. 晶体的主要宏观特征 **晶体**(crystal)显著不同于非晶体(如玻璃、沥青、石蜡等)的主要特征如下：①具有整齐均匀的几何外形；②有固定的熔点；③具有各向异性，即在不同方向上的物理性质(如导热性、导电性、光学性、解离性等)有差异，如石墨在与层垂直方向上的电导率是与层平行方向上的 $1/10^4$；④有特定的对称性；⑤能使 X 线产生衍射；

2. 晶格和晶胞 晶体结构研究表明，构成晶体的离子、原子或分子在空间具有周期性重复排列的规律。如果把组成晶体的每一个微观粒子抽象为一个质点，这些点按一定规则联接起来，构成不同形状的空间点阵，称为**晶格**(lattice)。晶格上微观粒子所处的位置称为结点。晶格中能表达晶体结构一切特征的最小结构单元称为**晶胞**(unit cell)。晶体就是由无数个紧密排列的晶胞所组成。因此，若要了解晶体的空间结构，只要了解晶胞的大小、形状和组成即可。

晶胞都是平行六面体，用六面体相邻的三边 a、b、c 之长及它们的相邻边 cb、ca、ab 所形成的三个夹角 α、β、γ 来表示晶胞的大小和形状，这六个参数称为晶胞参数，如图 9-36 所示。

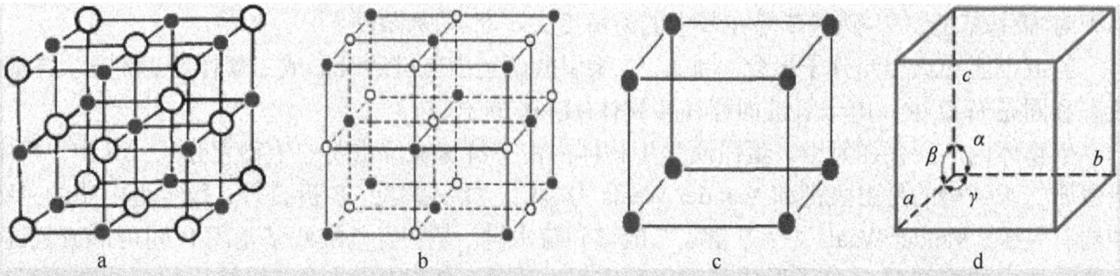

图 9-36　晶胞及其参数

a. 晶体；b. 晶格；c. 晶胞；d. 晶胞参数

根据晶胞参数，晶体分为 7 个晶系；按照质点在六面体中的位置(面心、底心、体心)又分为 14 种晶格，见表 9-9。

表 9-9　晶系晶格实例及参数

晶系及晶格	边长	夹角	晶体实例
立方(简单、体心、面心)	$a=b=c$	$\alpha=\beta=\gamma=90°$	NaCl、ZnS
正交(简单、体心、面心、底心)	$a\neq b\neq c$	$\alpha=\beta=\gamma=90°$	$BaCO_3$、$HgCl_2$
四方(简单、体心)	$a=b\neq c$	$\alpha=\beta=\gamma=90°$	Sn、SnO_2
单斜(简单、底心)	$a\neq b\neq c$	$\alpha=\gamma=90°\neq\beta$	$KClO_3$、$Na_2B_4O_7$
三方(简单)	$a=b=c$	$\alpha=\beta=\gamma\neq 90°$	Bi、Al_2O_3
三斜(简单)	$a\neq b\neq c$	$\alpha\neq\beta\neq\gamma\neq 90°$	$CuSO_4\cdot 5H_2O$
六方(简单)	$a=b\neq c$	$\alpha=\beta=90°\quad\gamma=120°$	SiO_2(石英)、AgI

按晶格结点上微粒的种类及微粒间的作用力不同，晶体分为离子晶体、原子晶体、分子晶体和金属晶体四种基本类型。四种类型的晶体的结构和特性如表 9-10 所示。

表 9-10　晶体结构与特性

晶体类型	结点微粒	微粒间作用力	晶体特性
离子晶体	正、负离子	离子键	熔点、沸点高，硬度大而脆，熔融或溶于水能导电
原子晶体	原子	共价键	熔点高，硬度大，导电性差
分子晶体	分子	分子间力、氢键	熔点、沸点低，硬度小
金属晶体	原子、正离子及电子	金属键	熔点、沸点有高有低，硬度有大有小，有可塑性及金属光泽，导电性好

3. 离子晶体　离子晶体中的正、负离子尽可能地紧密堆积在一起。因多数负离子比正离子大得多，负离子紧密堆积成简单立方、面心立方、六方等结构，而体积小的正离子存在于紧密堆积后形成的空隙中，每个负离子周围存在着一定数目的正离子，每个正离子周围也存在着一定数目的负离子。离子晶体结构与正、负离子在空间的排列方式、离子半径、离子的电荷数、离子的电子组态有关。

(1) 常见离子晶体的类型：对于最简单的 AB 型离子晶体，有 CsCl 型、NaCl 型和 ZnS 型三种主要结构类型，它们的晶胞结构如图 9-37 所示。

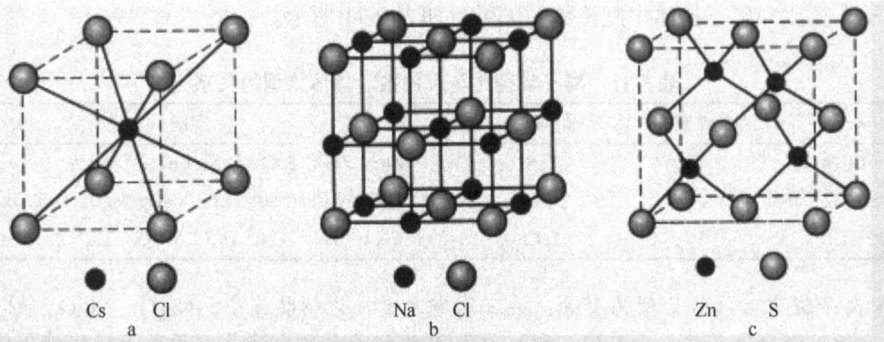

图 9-37　CsCl、NaCl 和 ZnS 晶体的晶胞

a. CsCl 晶体的晶胞；b. NaCl 晶体的晶胞；c. ZnS 晶体的晶胞

1) CsCl 型晶体：晶胞是正立方体。Cs^+处于立方体中心，八个 Cl^-位于立方体的八个顶点处，每个 Cl^-同时属于相邻的八个相同晶胞，Cl^-只是这个晶胞的 1/8 组成部分，在 CsCl 晶体中，每个 Cs^+被八个 Cl^-包围，同时每个 Cl^-也被八个 Cs^+所包围，Cs^+、Cl^-的配位数均为 8，CsCl 晶胞中 Cs^+与 Cl^-的个数比为 1∶1。CsCl 晶体是由两个简单立方点阵平行交错而成。

2) NaCl 型晶体：晶胞是正立方体。Na^+在晶胞体心处，十二条棱的中央各有一个同时属于相邻四个晶胞的 Na^+。所以，晶胞中含四个 Na^+；八个顶点上各有一个属于相邻的八个晶胞的 Cl^-，六个面心各有一个属于相邻的两个晶胞的 Cl^-，晶胞中含四个 Cl^-。晶体中每个 Na^+被六个 Cl^-包围，每个 Cl^-也被六个 Na^+包围，Na^+合 Cl^-的配位数均为 6，Na^+、Cl^-的个数比为 1∶1。

3) ZnS 型晶体：晶胞是正立方体。晶胞中有四个 Zn^{2+}，在八个顶点上各有一个属于相邻的八个晶胞的 S^{2-}，六个面中心各有一个属于相邻两个晶胞的 S^{2-}。晶胞含四个 S^{2-}。每个 Zn^{2+}被四个 S^{2-}包围，每个 S^{2-}也被四个 Zn^{2+}包围，Zn^{2+}、S^{2-}的配位数均为 4，Zn^{2+}与 S^{2-}的个数比为 1∶1。

(2) 离子晶体的半径比与晶体构型：正、负离子半径的相对大小，直接影响到离子的堆积方式和离子晶体的结构类型。每个离子都力求尽可能多的与异电荷离子接触，以形成最稳定的晶体。正离子周围配位的负离子数受正、负离子半径比(r_+ / r_-)的限制。通常有如图 9-38 所示的几种情况。

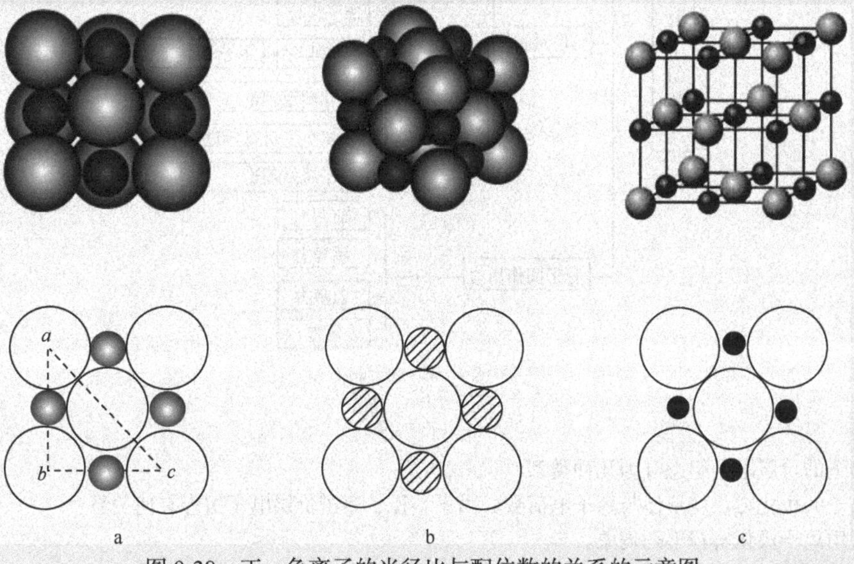

图 9-38　正、负离子的半径比与配位数的关系的示意图

a. $\frac{r_+}{r_-}=0.414$；b. $\frac{r_+}{r_-}>0.414$；c. $\frac{r_+}{r_-}<0.414$

离子半径比和离子晶体中配位数的关系，如表 9-11 所示。

表 9-11　离子半径比与配位数、晶体构型的关系

r_+/r_-	配位数	晶体构型	实例
0.225～0.414	4	ZnS	ZnS、ZnO、BeO、BeS、CuCl、CuBr 等
0.414～0.732	6	NaCl	NaCl、KCl、NaBr、LiF、CaO、MgO、CaS、BaS 等
0.732～1	8	CsCl	CsCl、CsBr、CsI、TlCl、NH_4Cl、TlCN 等

(3) 离子极化对晶体构型的影响：第三周期元素氧化物晶体中，Na_2O、MgO、Al_2O_3 为离子晶体，SiO_2 为原子晶体，而 P_2O_5、SO_3、Cl_2O_7 为分子晶体，这是由于离子极化作用依次增大的缘故。再如 X^- 与 Ag^+ 形成的 AgX，按离子半径比，AgCl、AgBr、AgI 晶体都应是配位数为 6 的 NaCl 型晶体，但由于 AgI 离子极化作用强，实际上为配位数为 4 的 ZnS 型晶体。许多 18 电子组态金属离子所形成的晶体，如 CuX、ZnS、CdS、HgS 等，也是由于正、负离子间较强的极化作用成为配位数为 4 的 ZnS 型晶体，正、负离子间的相互极化作用强，键长将缩短，致使配位数减小，晶型改变。

4. 离子晶体的晶格能　离子晶体的晶格能(lattice energy)是标准状态下使 1mol 离子化合物晶体，变为气态正、负离子时所吸收的能量称，用符号 E_{la} 表示。例如，

$$NaCl(s) \longrightarrow Na^+(g) + Cl^-(g) \qquad E_{la}(NaCl) = 787\ kJ \cdot mol^{-1}$$

晶格能的大小表示离子键的强度，晶格能越大，离子键强度就越大，离子晶体的熔点越高，晶体硬度也越大，离子晶体溶融时消耗的能量也就越大。

知 识 导 图

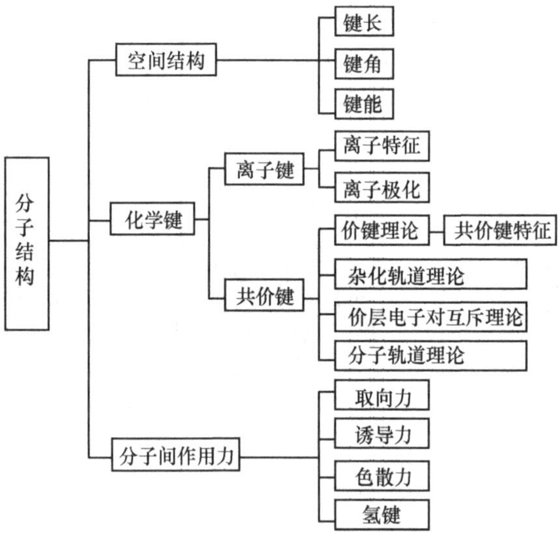

习　　题

1. 离子的价层电子组态分为几种类型？
2. 离子的极化力、变形性与离子电荷数、离子半径、离子价层电子组态有何关系？
3. 试用离子极化解释下列现象。
(1) Ag^+ 和 S^{2-} 均为无色，但形成的 Ag_2S 为什么是黑色的？
(2) Na^+ 与 Cu^+ 半径相近，为什么 NaCl 易溶于水，而 CuCl 则难溶于水？
4. 指出下列各离子的价层电子组态，并指出分别属于哪一种类型？

Li^+、Cr^{3+}、Fe^{2+}、Ag^+、Zn^{2+}、Sn^{4+}、Pb^{2+}、Tl^+、S^{2-}、Br^-

5. 试将 $MgCl_2$、$SiCl_4$、NaCl、$AlCl_3$ 按离子极化作用由强到弱的顺序排列。

6. 根据杂化轨道理论回答下列问题。

(1) 下表中各物质中心原子是以何种类型杂化轨道成键?

(2) NH_3 和 H_2O 的键角为什么比 CH_4 小而又大于 90°?

(3) 为什么 C_2H_4 的键角是 120°，而 C_2H_2 的键角是 180°?

分子	$BeCl_2$	BF_3	CH_4	C_2H_4	C_2H_2	NH_3	H_2O
键角	180°	120°	109.5°	120°	180°	107.3°	104.5°

7. 利用价层电子对互斥理论推测下列分子或离子的空间构型。

I_3^-、SF_4、SiF_6^{2-}、NO_3^-、SO_2、NO_2、XeF_2、XeF_4、PCl_5、BrF_5、NH_4^+、ClO_4^-

8. BF_3 分子的空间构型是平面三角形，但 NF_3 分子的空间构型是三角锥形，试用杂化轨道理论加以解释。

9. 写出 O_2^{2-}、O_2^-、O_2、O_2^+、O_2^{2+} 的分子轨道表示式，并计算它们的键级，比较并写出它们稳定性由大到小的顺序。

10. 根据分子轨道理论，试计算 N_2^+ 的键级。它是顺磁性还是抗磁性物质？推测其键长是比 N_2 的长还是短?

11. 试用价键理论和分子轨道理论分别说明为什么 H_2 分子能稳定存在，而 He_2 分子不能稳定存在?

12. 写出 NO 分子的分子轨道电子排布表示式，并说明如下问题。

(1) 它的键级是多少?

(2) 它的键长应比 NO^- 更长或更短?

(3) 有几个单电子?

(4) 并从键级推测 NO^+ 化合物存在的可能性。

(5) 讨论 NO、NO^-、NO^+ 的磁性。

13. 解释下列现象。

(1) 为什么邻硝基苯酚的熔点低于对硝基苯酚?

(2) 为什么 P 能形成 PCl_3 和 PCl_5，而 N 只能形成 NCl_3?

(3) O 元素与 C 元素的电负性相差很大，为什么 CO 的偶极矩很小，CO_2 的偶极矩为零?

(4) 为什么 BF_3 的偶极矩为零，而 NF_3 的偶极矩不是零?

14. 下列分子哪些是极性分子，哪些是非极性分子?

$BeCl_2$、NCl_3、H_2S、CS_2、NO_2

15. 下列每组分子之间存在哪些分子间作用力?

(1) 苯和 CCl_4；(2) HBr 气体；(3) CO_2 和 H_2O；(4) 甲醇和水。

16. 下列每组分子间，哪些存在氢键？若有氢键，是分子内氢键还是分子间氢键?

(1) HNO_3 分子；(2) 甲烷分子；(3) HCl 气体；(4) NH_3 和 H_2O；(5) HF 分子。

17 按沸点由高到低的顺序排列下列两组物质。

(1) H_2O、H_2S、H_2Se、H_2Te；(2) CCl_4、CF_4、CI_4、CBr_4。

18. 下列说法是否正确？说明理由。

(1) 非极性分子中不含极性键。

(2) 直线形分子一定是非极性分子。

(3) 非金属单质的分子间只存在色散力。

(4) 对羟基苯甲酸的熔点比邻羟基苯甲酸的熔点高。

19. 某一化合物的分子式为 XY_2，X 是第ⅥA 族元素，Y 是第ⅦA 族元素，X 和 Y 在同一周期，它们的电负性值分别为 3.44 和 3.98。试回答下列问题：

(1) 已知 XY_2 分子的键角为 103.3°，推测 XY_2 分子的中心原子 X 成键时采取的杂化轨道类型及 XY_2 分子的空间构型。

(2) X—Y 键的极性如何？XY_2分子的极性如何？

(3) XY_2分子间存在哪些分子间作用力？

(4) XY_2与H_2O相比，何者的熔点、沸点较高？

20. 元素 A 和 B 与地壳中含量最多的元素位于周期表中的同一周期。

(1) A 的最高正氧化数与负氧化数数值相等，它与非金属元素 B 形成 AB_4，A、B 分别位于周期表中哪一族，是什么元素，其价电子组态如何？A 与 B 形成的分子属于极性还是非极性分子？

(2) AB_4分子中，A 原子采用什么杂化轨道类型？A 与 B 如何成键？

(3) 指出 AB_4分子的空间构型，分子极性及分子的熔、沸点高低。

(王美玲)

习 题 详 解

1. 答：离子的外层电子组态有以下几种：①2 电子组态：离子只有 2 个电子，外层电子组态为 $1s^2$，如 Li^+、Be^{2+}等。②8 电子组态：离子的最外电子层有 8 个电子，外层电子组态为 ns^2np^6，主要是 s 区ⅠA 族、ⅡA 族元素阳离子和ⅥA、ⅦA 族元素阴离子，如 Na^+、Ca^{2+}、F^-、S^{2-}等。③18 电子组态：离子的最外电子层有 18 个电子，外层电子组态为 $ns^2np^6nd^{10}$，主要是 ds 区的ⅠB 族、ⅡB 族元素离子，如 Ag^+、Zn^{2+}等。④18+2 电子组态：离子的次外电子层有 18 个电子，最外电子层有 2 个电子，外层电子组态为 $(n-1)s^2(n-1)p^6(n-1)d^{10}ns^2$，主要是ⅢA、ⅣA 和ⅤA 族的金属元素离子，如 Sn^{2+}、Pb^{2+}、Bi^{3+}等。⑤9～17 电子组态：离子的最外电子层有 9～17 个电子，其外层电子组态为 $ns^2np^6nd^{1\sim9}$，是不规则电子组态，主要是 d 区元素金属离子，如 Ti^{3+}为 $3s^23p^63d^1$，是 9 电子组态；Cr^{3+}为 $3s^23p^63d^3$，是 11 电子组态；Fe^{2+}为 $3s^23p^63d^6$，是 14 电子组态；Ni^{2+}为 $3s^23p^63d^8$，是 16 电子组态；Cu^{2+}为 $3s^23p^63d^9$，是 17 电子组态等。需视离子的电子组态情形具体分析推断。

2. 答：离子极化的强弱决定于离子的极化力和离子的变形性。离子的极化力是指离子使带相反电荷离子发生极化而变形的能力。离子所产生的场强越强，极化力越强。影响离子极化力的因素有离子半径、离子电荷数和离子外层电子组态。电子层结构相同时，离子的半径越小，离子电荷数越多，极化力就越强；电荷相同，半径相近时，离子的极化力与离子的外层电子组态有关，其大小顺序为

18、18+2、2 电子组态＞9～17 电子组态＞8 电子组态

离子的变形性是指离子被带相反电荷离子极化而发生变形的程度。影响离子变形性的有离子半径、离子电荷数和离子外层电子组态等因素。离子的电荷数和外层电子组态相同时，离子的半径越大，变形性就越大。当离子的外层电子组态相同，半径相近时，负离子的电荷数越高，变形性就越大；正离子的电荷数越大，变形性就越小。当离子的半径相近，离子的电荷数相同时，变形性大小顺序为

18、18+2 电子组态＞9～17 电子组态＞8 电子组态

3. 答：(1) 这是由于 Ag^+和 S^{2-}也同为 18 电子构型，其极化能力和变形性都很强，相互之间发生强烈的极化作用，使基态与激发态的能量差与可见光能级范围重叠，全部吸收可见光中所有波长的光而呈现出黑色。

(2) 由于水的介电常数很大，约为真空介电常数的 80 倍，在水中正、负离子间的吸引力减小到约为原来的 1/80，正离子和负离子受热运动的作用很容易彼此分离，所以离子键化合物通常易溶于水，NaCl 易溶于水。但是水不能有效地减弱共价键的结合力，所以共价化合物较难溶于水。CuCl 中 Cu^+和 Cl^-相互极化作用的结果，化学键中离子键成分减少而共价键成分依次增大，所以 CuCl 难溶于水。

4. 答：Li^+：2 电子构型；S^{2-}：8 电子构型；Cr^{3+}，Fe^{2+}：9～17 电子构型；Ag^+，Zn^{2+}，Sn^{4+}，Br^-：18 电子构型；Pb^{2+}，Tl^+：18+2 电子构型。

5. 试将 $MgCl_2$、$SiCl_4$、NaCl、$AlCl_3$按离子极化作用由强到弱的顺序排列。

解　由于阴离子相同，所以阳离子半径越大，电荷数越大，极化作用越大

电荷数由大到小顺序：Si^{4+}＞Al^{3+}＞Mg^{2+}＞Na^+

半径由大到小顺序：Si^{4+}＞Mg^{2+}＞Na^+＞Al^{3+}

最终极化作用由强到弱的顺序：$SiCl_4$＞$AlCl_3$＞$MgCl_2$＞NaCl

6. 答：(1) 各分子的键角和杂化类型如下表所示。

分子	$BeCl_2$	BF_3	CH_4	C_2H_4	C_2H_2	NH_3	H_2O
键角	180°	120°	109.5°	120°	180°	107.3°	104.5°
杂化类型	sp	sp^2	sp^3	sp^2	sp	sp^3不等性杂化	sp^3不等性杂化

(2) 略。

(3) 略。

7. 答：几种分子的或离子的空间构型见下表。

分子或离子	价层电子对数	价层电子对构型	配位个数	孤对电子对数	分子或离子的几何构型
I_3^-	5	三角双锥	2	3	直线形
SF_4	5	三角双锥	4	1	变形四面体
SiF_6^{2-}	6	八面体	6	0	八面体
NO_3^-	3	平面三角形	3	0	平面三角形
SO_2	3	平面三角形	2	1	V形
NO_2	3	平面三角形	2	1	V形
XeF_2	5	三角双锥	2	3	直线形
XeF_4	6	八面体	4	2	正方形
PCl_5	5	三角双锥	5	0	三角双锥
BrF_5	6	八面体	5	1	四方锥
NH_4^+	4	四面体	4	0	四面体
ClO_4^-	4	四面体	4	0	四面体

8. 答：B 原子的最外层电子组态为 $2s^22p^1$，当 B 原子与 F 原子化合时，2s 轨道上的 1 个电子被激发到 2p 轨道，进行 sp^2 杂化，3 个 sp^2 杂化轨道分别与 3 个 F 原子的 2p 轨道成键，故 BF_3 分子的空间构型为平面正三角形。

N 原子的最外层电子组态为 $2s^22p^3$，当 N 原子与 F 原子化合时，N 原子采取 sp^3 不等性杂化，其中 N 的一对孤对电子占据一个 sp^3 杂化轨道，另 3 个 sp^3 杂化轨道分别与 3 个 F 原子的 2p 轨道成键，故 NF_3 分子的空间构型为三角锥形。

9. 答：O_2^{2-} 离子的分子轨道式为

$$[(\sigma_{1s})^2(\sigma_{1s}^*)^2(\sigma_{2s})^2(\sigma_{2s}^*)^2(\sigma_{2p_x})^2(\pi_{2p_y})^2(\pi_{2p_z})^2(\pi_{2p_y}^*)^2(\pi_{2p_z}^*)^2]$$

其键级为 $\frac{8-6}{2}=1$，从键级角度考虑，O_2^{2-} 可以存在，但稳定性比 O_2 小。O_2^{2-} 离子中没有单电子，具有反磁性。

O_2^- 离子的分子轨道式为

$$[(\sigma_{1s})^2(\sigma_{1s}^*)^2(\sigma_{2s})^2(\sigma_{2s}^*)^2(\sigma_{2p_x})^2(\pi_{2p_y})^2(\pi_{2p_z})^2(\pi_{2p_y}^*)^2(\pi_{2p_z}^*)^1]$$

其键级为 $\frac{8-5}{2}=1.5$，从键级角度考虑，O_2^- 可以存在，但稳定性比 O_2 小。O_2^- 离子中有 1 个单电子，因此具有顺磁性，磁性较 O_2 弱。

O_2 分子的分子轨道式为

$$[(\sigma_{1s})^2(\sigma_{1s}^*)^2(\sigma_{2s})^2(\sigma_{2s}^*)^2(\sigma_{2p_x})^2(\pi_{2p_y})^2(\pi_{2p_z})^2(\pi_{2p_y}^*)^1(\pi_{2p_z}^*)^1]$$

其键级为$\frac{8-4}{2}=2$；分子中有 2 个单电子，具有顺磁性。

O_2^+ 离子的分子轨道式为

$$[(\sigma_{1s})^2(\sigma_{1s}^*)^2(\sigma_{2s})^2(\sigma_{2s}^*)^2(\sigma_{2p_x})^2(\pi_{2p_y})^2(\pi_{2p_z})^2(\pi_{2p_y}^*)^1]$$

其键级为$\frac{8-3}{2}=2.5$；离子中有 1 个单电子，具有顺磁性。

O_2^{2+} 离子的分子轨道式为

$$[(\sigma_{1s})^2(\sigma_{1s}^*)^2(\sigma_{2s})^2(\sigma_{2s}^*)^2(\sigma_{2p_x})^2(\pi_{2p_y})^2(\pi_{2p_z})^2]$$

其键级为$\frac{8-2}{2}=3$；分子中无单电子，具有抗磁性。

稳定性顺序：$O_2^{2+} > O_2^+ > O_2 > O_2^- > O_2^{2-}$

10. 答：N_2 分子的分子轨道式为

$$[(\sigma_{1s})^2(\sigma_{1s}^*)^2(\sigma_{2s})^2(\sigma_{2s}^*)^2(\pi_{2p_y})^2(\pi_{2p_z})^2(\sigma_{2p_x})^2]$$

其键级为$\frac{8-2}{2}=3$；分子中无单电子，具有抗磁性。

N_2^+ 离子的分子轨道式为

$$[(\sigma_{1s})^2(\sigma_{1s}^*)^2(\sigma_{2s})^2(\sigma_{2s}^*)^2(\pi_{2p_y})^2(\pi_{2p_z})^2(\sigma_{2p_x})^1]$$

其键级为$\frac{7-2}{2}=2.5$；离子中有 1 个单电子，具有顺磁性。键级小于 N_2 分子的键级，所以键长比 N_2 分子的长。

11. 答：用价键理论说明：H 原子的价电子构型为：$1s^1$。在形成 H_2 分子时，每个 H 原子中都有 1 个未成对电子，这个电子所在的轨道可以与另 H 原子的 1 个自旋相反的电子所在的轨道发生重叠，配对形成 1 个 σ 键，使系统的能量降低，形成稳定的 H_2 分子。

He 原子的价电子构型为：$1s^2$。电子已成对，不存在成单电子，所以无法与另一个 He 原子的电子配对成键，无法形成 He_2 分子。

用分子轨道理论说明：H_2 分子的分子轨道式为$[(\sigma_{1s})^2]$；H_2 分子中有 2 电子 σ 键；键级为$\frac{2-0}{2}=1$，分子能稳定存在。

He_2 分子的分子轨道式为$[(\sigma_{1s})^2(\sigma_{1s}^*)^2]$；键级为$\frac{2-2}{2}=0$，键级为零，分子不存在。

12. 答：NO 分子的分子轨道式为

$$[(\sigma_{1s})^2(\sigma_{1s}^*)^2(\sigma_{2s})^2(\sigma_{2s}^*)^2(\sigma_{2p_x})^2(\pi_{2p_y})^2(\pi_{2p_z})^2(\pi_{2p_y}^*)^1]$$

NO^- 离子的分子轨道式为

$$[(\sigma_{1s})^2(\sigma_{1s}^*)^2(\sigma_{2s})^2(\sigma_{2s}^*)^2(\sigma_{2p_x})^2(\pi_{2p_y})^2(\pi_{2p_z})^2(\pi_{2p_y}^*)^1(\pi_{2p_z}^*)^1]$$

(1) NO 分子的键级为$\frac{8-3}{2}=2.5$；分子中有 1 个单电子，具有顺磁性。

(2) NO^- 离子的键级为$\frac{8-4}{2}=2.0$，小于 NO 分子的键级，所以 NO 分子的键长应比 NO^- 更短。

(3) 有 1 个单电子。

(4) NO^+离子的分子轨道式为

$$[(\sigma_{1s})^2(\sigma_{1s}^*)^2(\sigma_{2s})^2(\sigma_{2s}^*)^2(\sigma_{2p_x})^2(\pi_{2p_y})^2(\pi_{2p_z})^2]$$

NO^+离子的键级为$\frac{8-2}{2}=3.0$，可以稳定存在。

(5) NO 分子中有 1 个单电子，具有顺磁性；NO^- 离子中有 2 个单电子，具有顺磁性；NO^+离子中无单电子，具有抗磁性。

13. 答：(1) 邻硝基苯酚的—OH(羟基)上的 H 原子与—NO_2(硝基)上的 O 原子形成分子内氢键，构成了一个平面六元环。对硝基苯酚的—OH 与—NO_2 距离比较远，不能形成分子内氢键，但可以形成分子间氢键，增大了分子间的作用力，所以邻硝基苯酚的熔点低于对硝基苯酚。

(2) P 在元素周期表中位于第三周期，价电子层中的亚有 3s、3p、3d，所以既能发生 sp^3 不等性杂化，形成 PCl_3 分子；又能发生 sp^3d 杂化，形成 PCl_5 分子，而 N 是第二周期元素，价电子层只有 2s、2p 亚层，只能发生 sp^3 形成 NCl_3 分子。

(3) O 元素与 C 元素的电负性相差很大，但 CO 分子的电子组态为 $[(\sigma_{1s})^2(\sigma_{1s}^*)^2(\sigma_{2s})^2(\sigma_{2s}^*)^2(\pi_{2p_y})^2(\pi_{2p_z})^2(\sigma_{2p_x})^2]$，有 8 个成键电子，2 个反键电子，键级为 3，分子具有较大的稳定性。尽管能量高的 6 个电子都处在偏向 O 原子的 σ_{2p} 和 π_{2p} 成键轨道上，但由于 O 的正电荷比 C 多 2 个，所以 CO 分子仅呈现微弱的极性，偶极矩很小；对于 CO_2，分子内的共价键均为极性键，但由于 CO_2 分子是对称结构，整个分子的正电荷中心和负电荷中心重合，为非极性分子，偶极矩即为零。

(4) BF_3 分子内的共价键均为极性键，但由于 BF_3 分子是对称结构，为非极性分子，所以偶极矩为零；但 NF_3 分子中共价键是极性键，分子结构不对称，整个分子的正电荷中心和负电荷中心不重合，所以 NF_3 为极性分子，偶极矩不等于零。

14. 答：极性分子有：NCl_3、H_2S、NO_2。
非极性分子有：$BeCl_2$、CS_2。

15. 答：(1) 苯和 CCl_4：色散力。
(2) HBr 气体：取向力、诱导力和色散力。
(3) CO_2 和 H_2O：诱导力和色散力。
(4) 甲醇和水：取向力、诱导力、色散力和氢键。

16. 答：(1) HNO_3 分子：有氢键，是分子内氢键。
(2) 甲烷分子：无氢键。
(3) HCl 气体：无氢键。
(4) NH_3 和 H_2O：有氢键，是不同分子间氢键。
(5) HF 分子：有氢键，是同种分子间氢键。

17. 答：按沸点由高到低顺序：
(1) $H_2O > H_2Te > H_2Se > H_2S$
(2) $CI_4 > CCl_4 > CBr_4 > CF_4$

18. 答：(1) 不正确。分子的极性由键的极性和分子的空间结构共同决定。像 CO_2，分子内的共价键均为极性键，但由于 CO_2 分子是对称结构，整个分子的正电荷重心和负电荷重心重合，所以 CO_2 为非极性分子。

(2) 不正确。只有结构对称的直线形分子是非极性分子，若分子结构不对称，分子是极性分子，如 C_2H_2 是直线型非极性分子；HCN 是直线型极性分子。

(3) 不正确。当非金属单质分子是极性分子时，分子间会有取向力、诱导力、色散力，如 O_3 分子。

(4) 正确。因为邻羟基苯甲酸分子能形成分子内氢键，减弱了分子极性，减弱了分子间的作用；而对羟基苯甲酸之间可形成分子间氢键，增大了分子间作用，所以对羟基苯甲酸的熔点比邻羟基苯甲酸的熔点高。

19. 答：(1) 由 XY_2 分子的键角是 103.3°，接近于 109.5°，可推测 XY_2 分子的中心原子 X 成键时采取的杂化轨道类型为 sp^3 不等性杂化，杂化轨道的空间构型为四面体，但由于 XY_2 分子中只有两个配位原子，X 原子有两对孤对电子，所以 XY_2 分子的空间构型为 V 形结构。

(2) X-Y 键是极性键，X、Y 位于同一周期相邻族，故极性较弱。XY_2 分子是极性分子。

(3) XY_2 分子间存在取向力、诱导力和色散力。

(4) XY_2 与 H_2O 相比，H_2O 的熔点、沸点较高。

20. 答：(1) A 位于第二周期，第ⅣA 族，是 C 元素，价电子组态：$2s^22p^2$；B 第二周期，第ⅦA 族，是 F 元素，价电子组态：$2s^22p^5$；A 与 B 形成的 AB_4 分子是非极性分子。

(2) 在形成 AB_4 分子时，中心原子 A 原子的基态原子价电子组态为 $2s^2 2p_x^1 2p_y^1$。在 B 原子的作用下，A 原子的一个 2s 电子被激发到 2p 轨道上，价电子组态为 $2s^1 2p_x^1 2p_y^1 2p_z^1$。A 原子用含有单电子的 2s 轨道与 3 个 2p 轨道发生 sp^3 杂化，形成 4 个能量相等、夹角为 109.5°的 sp^3 杂化轨道。A 原子以 4 个 sp^3 杂化轨道与 4 个 B 原子的 2p 轨道形成 4 个 $\sigma_{sp^3\text{-}p}$ 键。

(3) AB_4 分子空间构型为正四面体，分子为非极性分子，熔点、沸点较低。

第十章　配位化合物

配位化合物(coordination compound)是一类组成复杂、性质特殊的无机化合物。早在 1798 年，用 Co(Ⅱ)盐、NH_4Cl 与 NH_3 就制备出了配合物 $CoCl_3 \cdot 6NH_3$，后来又发现 Cr、Ni、Cu、Pt 等金属与 Cl^-、H_2O、CN^-、CO 和 C_2H_4 等生成的类似化合物。1893 年，瑞士化学家 A. Werner 对这类化合物首次提出了配位键、配位数和配位化合物结构等一系列基本概念，成功解释了很多配合物的电导性质、异构现象及磁性，自此，对配合物的研究有了本质上的发展。配合物在工业生产和药物制造以及生命科学等领域有着广泛应用，它与无机化合物、有机金属化合物、配位催化、原子簇化学及分子生物学都密切相关。科学家们还发现生物体内的许多金属元素都是以配合物形式存在的，如生物催化剂——酶，多是微量元素的配合物。甚至某些配合物就是用于治疗和预防疾病的药物。此外，在环境监测、生化检验及药物分析等领域，以配位反应为基础的化学分析也有广泛的应用。

第一节　基 本 概 念

一、配位化合物的定义

金属阳离子(原子)与一定数目的阴离子或中性分子以配位键结合，形成不易解离的复杂离子或分子，称为**配离子**(complex ion)或配位分子，含有配离子的化合物和配位分子统称为配位化合物，简称配合物。例如，$CuSO_4$ 分别与稀 NaOH 和 $BaCl_2$ 反应，分别生成 $Cu(OH)_2$ 和 $BaSO_4$ 沉淀，说明 $CuSO_4$ 溶液中存在大量游离的 Cu^{2+} 和 SO_4^{2-}；但若在 $CuSO_4$ 溶液中加入 $NH_3 \cdot H_2O$，溶液变为深蓝色，再加入适量乙醇降低溶液中物质的溶解度，有深蓝色结晶析出，此结晶再遇 NaOH 溶液，即无 NH_3 也无 $Cu(OH)_2$ 沉淀生成，但遇 $BaCl_2$ 时依然有 $BaSO_4$ 沉淀析出，表明溶液中存在着大量 SO_4^{2-}，Cu^{2+} 和 NH_3 的浓度极低。X 射线分析深蓝色晶体的结构表明，其化学组成为 $[Cu(NH_3)_4]SO_4 \cdot H_2O$，在水溶液中可全部解离为 $[Cu(NH_3)_4]^{2+}$ 和 SO_4^{2-}。

$[Cu(NH_3)_4]^{2+}$ 是 Cu^{2+} 与 NH_3 分子以配位键形成的复杂离子，其行为和弱电解质相似，只能解离出少量的 Cu^{2+} 和 NH_3，绝大多数仍以 $[Cu(NH_3)_4]^{2+}$ 存在，$[Cu(NH_3)_4]^{2+}$ 就是配离子。带正电荷的配离子称为配阳离子，如 $[Cu(NH_3)_4]^{2+}$、$[Ag(NH_3)_2]^+$ 等；带负电荷的配离子称为配阴离子，如 $[PtCl_6]^{2-}$、$[Fe(CN)_6]^{3-}$ 等。还有如 $[Ni(CO)_4]$ 配合物，这样的，是金属原子 Ni 与中性分子 CO 以配位键结合，形成的是不带电荷的配位分子。

二、配位化合物的组成

(一) 配合物的内层和外层

大多数配合物是由配离子与带有相反电荷的离子组成的电中性分子。其中配离子是配合物的特征部分，称为配合物的**内层**(inner sphere)，写在方括号内，而与配离子带相反电荷的离子则是配合物的**外层**(outer sphere)。配合物的内层与外层之间一般以离子键结合。在水溶液中，配合物易解离出外层离子，由于配合物是电中性的，因此配离子的电荷数等于金属离子和配体总电荷的代数和。以 $[Cu(NH_3)_4]SO_4$ 为例，其组成可表示为：

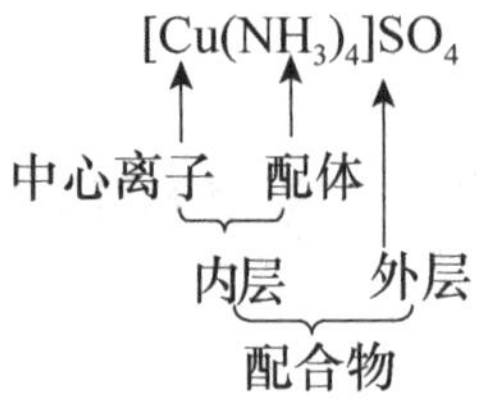

而像$[Ni(CO)_4]$这样的配位分子，只有内层，没有外层。

(二) 中心离子和配体

内层配离子通常由中心离子和配体组成。**中心离子**(central ion)是具有空轨道以接受孤对电子的阳离子，是配离子的核心部分，中心离子大多为过渡元素金属离子，特别是第ⅧB族元素及邻近的元素，如$[Cu(NH_3)_4]^{2+}$、$[Zn(CN)_4]^{2-}$和$[Ni(CO)_4]$的中心离子分别是 Cu^{2+}、Zn^{2+}和 Ni。有的中心离子是某些副族元素的原子和高氧化值的非金属元素。

配离子中与中心离子直接以配位键结合的阴离子或中性分子，称为**配位体**(ligand)，简称配体。如$[Cu(NH_3)_4]^{2+}$、$[Zn(CN)_4]^{2-}$和$[Ni(CO)_4]$中的配体分别为 NH_3、CN^-和 CO，它们均具有孤对电子。

(三) 配位原子和配位数

配体中直接向中心离子提供孤对电子形成配位键的原子，称为**配位原子**(ligating atom)，如 NH_3 中的 N；CO 中的 C；F^-中的 F 等。配位原子多为电负性较大的非金属元素，如 N、O、S、F、Cl 等，它们的最外电子层有孤对电子。

只含有一个配位原子的配体称为**单齿配体**(monodentate ligand)，如 F^-、Cl^-、CN^-、NH_3、H_2O，虽然有的配位原子含有两对或以上的孤对电子，但每个配位原子只提供一对电子与中心离子形成一个配位键。配体中含有两个或以上配位原子的，称为**多齿配体**(multidentate ligand)，如乙二胺 $H_2N—CH_2—CH_2—NH_2$(简写为 en)、氨基乙酸根 $H_2NCH_2COO^-$(简写为 gly)和乙二胺四乙酸根(简写为 EDTA，用 Y^{4-}表示)。

有些配体的两个配位原子靠得较近，由于成键时空间因素的影响，只有其中一个与中心离子成键，故仍属单齿配体，如亚硝酸根 ONO^-(配位原子 O)和硝基 NO_2^-(配位原子 N)；硫氰根 SCN^-(配位原子 S)和异硫氰根 NCS^-(配位原子 N)，也称之为两可配体。常见配位体及其配位原子见表 10-1。

表 10-1　常见配位体及其配位原子

配体类型	配位原子	实例
单齿配体	C	CO、CN^-
	N	NH_3、NO、NR_3、RNH_2、NCS^-、NH_2^-、NO_2^-
	O	H_2O、OH^-、ONO、CO_3^{2-}、$C_2O_4^{2-}$、ROH、$RCOO^-$、R_2O
	P	PH_3、PX_3、PR_3
	S	$S_2O_3^{2-}$、SCN^-、R_2S、
	X	F^-、Cl^-、Br^-、I^-
双齿配体	N	$H_2\ddot{N}CH_2CH_2\ddot{N}H_2$　乙二胺(en) 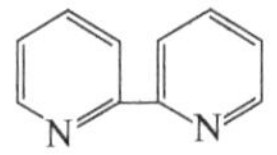　2,2′-联吡啶(bpy)
六齿配体	N、O	$^-\ddot{O}OCCH_2$, $^-\ddot{O}OCCH_2$ $\ddot{N}—CH_2—CH_2—\ddot{N}$ $CH_2CO\ddot{O}^-$, $CH_2CO\ddot{O}^-$　乙二胺四乙酸根(EDTA)

配离子中直接与中心离子结合的配位原子的数目的总和称为**配位数**(coordination number)，配位数也等于中心离子与配体所形成的配位键的数目。例如，配离子$[Zn(CN)_4]^{2-}$的配位数为 4；$[Fe(en)_3]^{3+}$的配位数是 6。配位数的大小主要受中心原子的大小和氧化数、配体的大小及所带电荷、中心离子与配体半径的比值等因素的影响，常见的配位数一般为 2、4 和 6。

三、配位化合物的命名

根据中国化学会《无机化学命名原则》的相关规定，配位化合物的命名与一般无机化合物的命名原则相同。

1. 内层和外层之间的命名　如同无机化合物中酸、碱、盐的命名，即阴离子在前，阳离子在后，命名为“某化某”、“某酸”、“氢氧化某”和“某酸某”。

2. 命名内层　将配体名称列在中心离子之前，不同配体名称之间以中圆点“·”分开。相同配体的数目用二、三、四等数字表示，为避免混淆，复杂配体名称写在圆括号中，在最后一种配体名称与中心离子之间缀以“合”字。中心离子的氧化数用罗马数字在圆括号中标出。即：配体数-配体名称-“合”-中心离子名称(氧化数)。

3. 内层中含有两种或以上配体

(1)先无机配体，后有机配体。

(2)对同类配体，先阴离子，后中性分子。

(3)有多个同类配体时，按配位原子元素符号在英文字母中的顺序先后命名配体；配位原子相同时，简单配体在前，复杂配体在后。

(4)对于配位原子相同、所含原子的数目也相同的不同配体，则按配体中与配位原子相连原子的元素符号英文字母顺序进行。

例如，一些配位化合物的命名如下：

$[Cu(NH_3)_4]^{2+}$	四氨合铜(Ⅱ)配离子
$[CoCl_2(NH_3)_4]^+$	二氯·四氨合钴(Ⅲ)配离子
$[Co(ONO)(NH_3)_5]SO_4$	硫酸亚硝酸根·五氨合钴(Ⅲ)
$[Co(NH_3)_5(H_2O)]_2(SO_4)_3$	硫酸五氨·水合钴(Ⅲ)
$[Co(NH_3)_2(en)_2]Cl_3$	氯化二氨·二(乙二胺)合钴(Ⅲ)
$NH_4[Cr(NCS)_4(NH_3)_2]$	四(异硫氰酸根)·二氨合铬(Ⅲ)酸铵
$K_4[Fe(CN)_6]$	六氰合铁(Ⅱ)酸钾
$H_2[PtCl_6]$	六氯合铂(Ⅳ)酸
$[PtNH_2(NO_2)(NH_3)_2]$	氨基·硝基·二氨合铂(Ⅱ)

中心原子的氧化数若为零，则不标出，如$[Ni(CO)_4]$，四羰基合镍。

四、配位化合物的异构现象

Werner 的配位理论指出，配合物有特定的空间构型，若配合物中有多个配体，可能会存在异构现象，它们的物理性质和化学性质不同。配合物主要有三种异构现象。

(一) 键合异构

配体组成相同而配位原子不同引起的异构现象称为**键合异构**(linkage isomerism)，两可配体ONO^-和NO_2^-、NCS^-和 SCN^-、CN^-和 NC^-等形成的配合物会产生此类异构现象。例如，配离子$[Co(NO_2)(NH_3)_5]^{2+}$有两种不同颜色的化合物，这是因为NO_2^-以 N 配位，生成黄色的硝基异构体；以 O 配位则生成红色的亚硝酸根异构体。

(二) 几何异构

配合物的**几何异构**(geometrical isomerism)是指配体相同，但它们在中心离子周围的排布方式不同产生的异构现象。配位数为 4 的平面正方形结构中，有顺式-和反式-异构体。例如，平面正方形的配合物$[PtCl_2(NH_3)_2]$中，2 个 Cl 原子可以相邻，也可以相对，如图 10-1a 所示。平面正方形配合物中，2 个相同配体与中心原子之间的键角∠LML≈90°，则称该配合物为顺式，用 *cis*-表示；若键角∠LML≈180°，则称该配合物为反式，用 *trans*-表示。配位数为 6 的八面体结构的$[CoCl_2(NH_3)_4]^+$的异构见图 10-1b。

cis-$[PtCl_2(NH_3)_2]$　*trans*-$[PtCl_2(NH_3)_2]$　*trans*-$[CoCl_2(NH_3)_4]^+$　*cis*-$[CoCl_2(NH_3)_4]^+$

a　b

图 10-1　配合物的几何异构

a. 平面四方形配合物；b. 八面体形配合物

(三) 旋光异构

配合物中有一类特殊的异构体，存在两种在空间不能完全重合的结构，例如，全顺式-$MX_2Y_2Z_2$的配合物(图 10-2)这两种结构虽然均为全顺式，但却不能完全重合，两者互成镜像关系，就像人的左右手一样，这种性质被称为手性。手性化合物可使平面偏振光发生偏移，而且互成镜像的异构体使偏振光偏转的角度相同但方向相反。所以这种异构现象称为**旋光异构**(optical isomerism)。使偏振光沿顺时针方向旋转的异构体为右旋(*D*-)异构体，使偏振光沿逆时针方向旋转的异构体为左旋(*L*-)异构体。

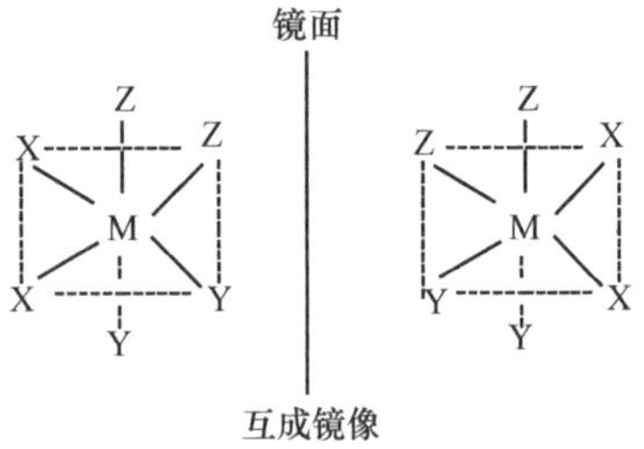

图 10-2　全顺式-$MX_2Y_2Z_2$的配合物

旋光异构体的物理性质和化学性质基本相同，只是光学性质和某些特殊性质不同。例如，人体内的活性酶基本具有旋光性质，而且互为异构体的生物酶的生理活性差别较大。

五、螯　合　物

(一) 螯合物和螯合效应

多齿配体与中心离子形成的环状配合物称为**螯合物**(chelate)。例如，Cu^{2+}与 2 个乙二胺分子生成螯合物$[Cu(en)_2]^{2+}$离子，如图 10-3 所示。每个乙二胺分子中的 2 个配位原子 N 各提供一对孤对电子与Cu^{2+}形成配位键，形成具有较高稳定性的环状结构。螯合物比普通配合物稳定性大大增加的作用称为**螯合效应**(chelating effect)。能与中心离子形成螯合物的多齿配体称为**螯合剂**(chelating agent)。

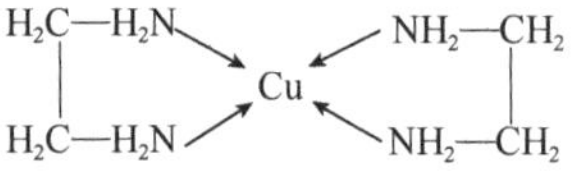

图 10-3　$[Cu(en)_2]^{2+}$

通常，螯合剂中的配位原子之间相邻 2～3 个其他原子，利于生成稳定的五元环和六元环。氨羧类有机化合物是常见的螯合剂，如乙二胺四乙酸(EDTA)盐与金属离子可形成多达 5 个螯合环的高稳定性螯合物，如图 10-4 所示。

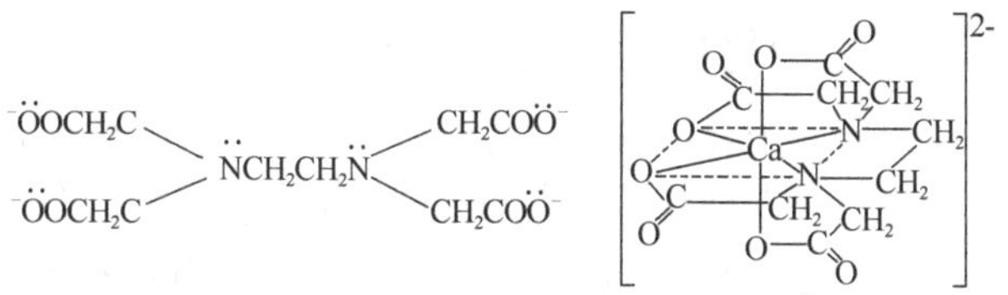

a　　　　　　　　　　b

图 10-4　EDTA 式和 CaY^{2-}的结构

a. EDTA 式；b. CaY^{2-}

(二) 影响螯合物稳定性的因素

1. 螯合环的大小　绝大多数螯合物以五元环和六元环最为稳定，这两种环的键角是 108°和 120°。例如，EDTA 同系物$(\text{—OOCCH}_2)_2N(CH_2)_nN(CH_2COO\text{—})_2$与 Ca^{2+}形成的螯合物的稳定性，随 n 的增大而减小。这是因为五元环的键角(108°)更接近于 C 的 sp^3 杂化轨道的夹角(109°28’)，张力小，环稳定。一些具有共轭双键的螯合剂与中心原子形成稳定的六元环螯合物，如乙酰丙酮，因配体共轭双键上 C 为 sp^2 杂化，键角为 120°，与六元环的键角相符，如图 10-5 所示。三元环和四元环因张力较大，不稳定。

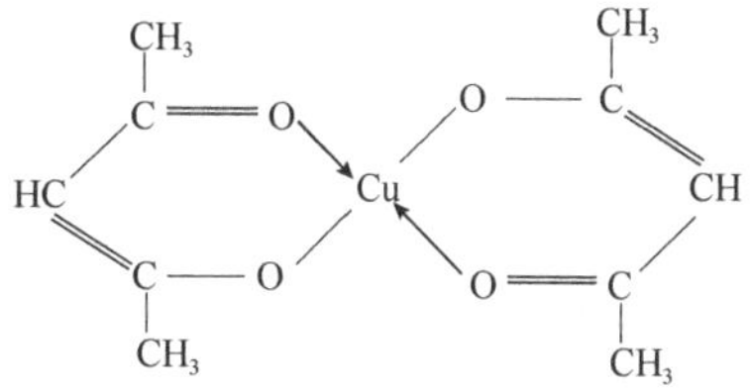

图 10-5　二(乙酰丙酮)合铜(Ⅰ)的结构

2. 螯合环的数目　螯合剂中某个配位原子与中心离子结合后，其余的配位原子与中心离子的距离减小，与中心离子结合的可能性大大增加。若其中有一配位键被破坏，因分子中其他配位原子仍与中心离子键合，这个被破坏的配位键较易恢复，所以螯合物特别稳定。螯合剂中的配位原子越多，形成的螯环就越多，所形成的配位键就越多，配体脱离中心离子的机会就越小，螯合物就越稳定。

第二节　配合物的化学键理论

配合物内层的结构基本决定了配合物的物理性质和化学性质。配合物化学键理论阐明内层中配体与中心离子间化学键的本质，并解释了中心离子的配位数、配合物的空间构型、磁性以及颜色等性质。目前较成熟的配合物化学键理论包括价键理论、晶体场理论等。

一、配合物的价键理论

(一) 价键理论基本要点

1931 年，美国化学家 Pauling L 将杂化轨道理论应用到配合物，提出的配合物价键理论基本要点如下：

(1) 中心离子与配体以配位键结合。配体中配位原子提供孤对电子至中心离子的价层空轨道，两者共用电子对形成配位键。

(2) 中心离子所提供的空轨道首先进行杂化，形成数目相等、能量相同并具有一定空间取向的空杂化轨道。这些杂化轨道分别与配位原子的孤对电子轨道在一定方向相互接近，发生最大重叠以增强成键能力形成稳定的配位键，配合物的结构对称。

(3) 配合物的空间构型、中心离子的配位数及配合物的稳定性等取决于中心离子所提供杂化轨道的数目、杂化类型和配体的性质。

(二) 中心离子轨道的杂化类型和空间构型

事实上，用价键理论来预测配合物的空间构型和中心离子杂化类型是比较困难的，通常是通过实验确定配合物的空间构型及磁性后，再用价键理论来解释配合物的成键过程。

1. 配位数为 2 的配合物 $[Ag(CN)_2]^-$的形成：Ag^+的电子组态为$[Kr]4d^{10}$，当与 CN^-形成$[Ag(CN)_2]^-$时，Ag^+的 5s 轨道和 1 个 5p 轨道进行杂化，形成的 2 个空 sp 杂化轨道，每个 CN^-中的 C 原子提供的一对孤对电子分别进入 sp 杂化轨道，形成 2 个配位键，$[Ag(CN)_2]^-$的空间构型为直线。如图 10-6 所示。

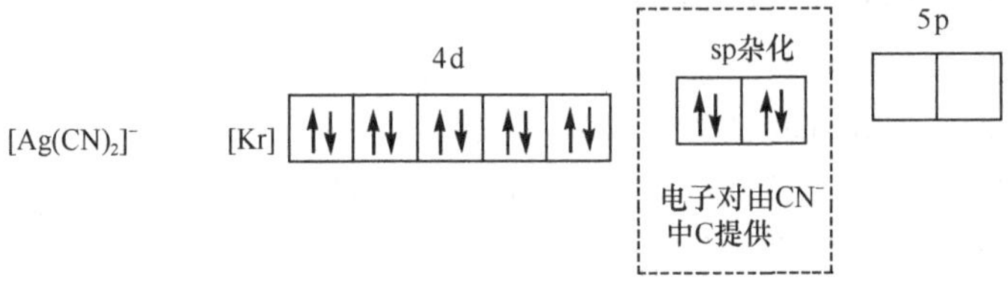

图 10-6 $[Ag(CN)_2]^-$的电子排布

2. 配位数为 4 的配合物

(1) $[Ni(NH_3)_4]^{2+}$的形成 Ni^{2+}的电子组态为$[Ar]3d^8$，4s 轨道和 3 个 4p 轨道进行 sp^3 杂化，4 个 NH_3 中的每个 N 原子提供一对孤对电子，分别进入 4 个空 sp^3 杂化轨道共形成 4 个配位键，$[Ni(NH_3)_4]^{2+}$的空间构型为正四面体如图 10-7 所示。

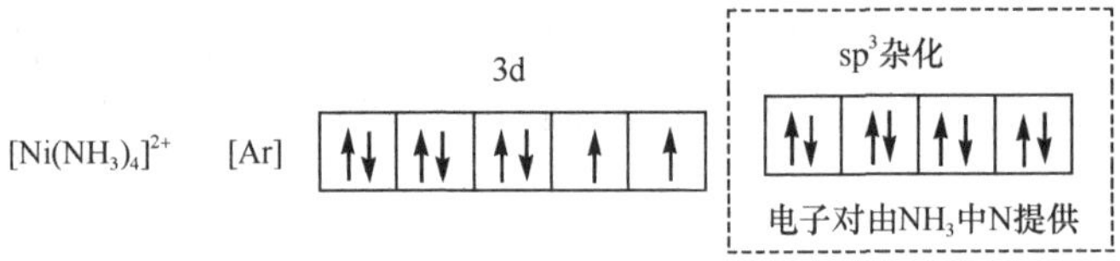

图 10-7 $[Ni(NH_3)_4]^{2+}$的电子排布

(2) $[Ni(CN)_4]^{2-}$的形成 Ni^{2+}与 CN^-接近时，在 CN^-的影响下，Ni^{2+}次外层 3d 电子发生重排，空出 1 个 3d 轨道与 4s 轨道和 2 个 4p 轨道进行杂化，形成 4 个空 dsp^2 杂化轨道，同样的，CN^-中 C 原子提供孤对电子，Ni^{2+}与 CN^-形成配位键，$[Ni(CN)_4]^{2-}$的空间构型为平面正方形。如图 10-8 所示。

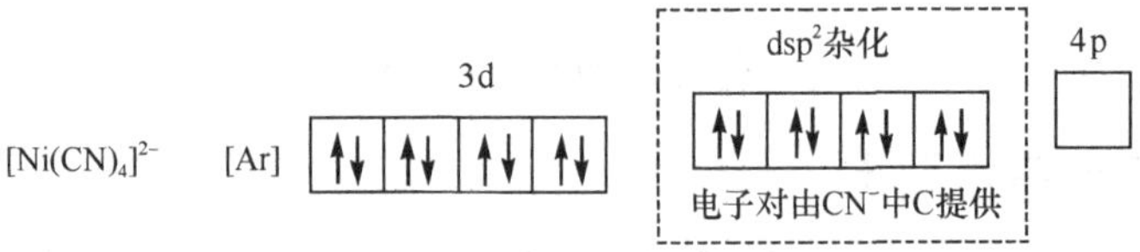

图 10-8 $[Ni(CN)_4]^{2-}$的电子排布

可见，配位数为 4 时，中心离子有 sp^3 和 dsp^2 两种杂化方式，对应的空间构型完全不同。在$[Ni(NH_3)_4]^{2+}$和$[Ni(CN)_4]^{2-}$中，中心原子和配位数均相同但配体不同，当中心离子的价层 d 电子数为 5～8 时，若配体较弱，一般采用 sp^3 杂化，其空间构型为正四面体，如$[Ni(NH_3)_4]^{2+}$；若配体较强，则采用 dsp^2 杂化，其空间构型为平面正方形，如 $[Ni(CN)_4]^{2-}$。

3. 配位数为 6 的配合物

(1) $[FeF_6]^{3-}$的形成 Fe^{3+}的电子组态为$[Ar]3d^5$，与 F^-形成$[FeF_6]^{3-}$时，4s 轨道、3 个 4p 轨道和 2 个 4d 轨道进行杂化，形成 6 个空 sp^3d^2 杂化轨道，每个 F^-提供一对孤对电子与 Fe^{3+}形成配

位键，$[FeF_6]^{3-}$的空间构型为正八面体，如图 10-9 所示。

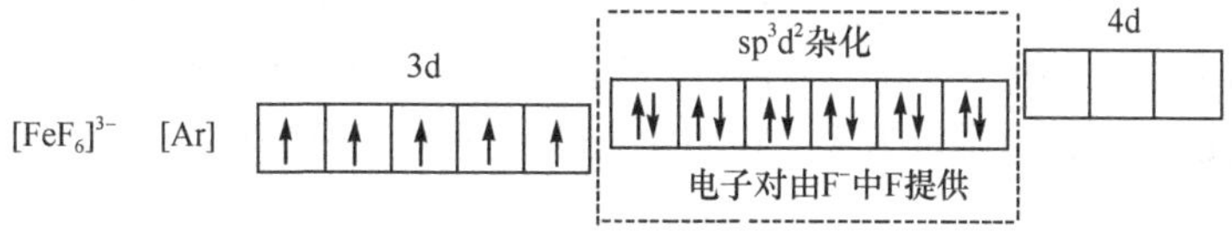

图 10-9　$[FeF_6]^{3-}$的电子排布

(2) $[Fe(CN)_6]^{3-}$的形成：Fe^{3+}与 CN^-形成$[Fe(CN)_6]^{3-}$时，在 CN^-的影响下，Fe^{3+}的 3d 轨道上电子发生重排，5 个电子排入 3 个 3d 轨道中，空出的 2 个 3d 轨道与 4s 轨道和 3 个 4p 轨道进行 d^2sp^3 杂化，形成 6 个空 d^2sp^3 杂化轨道，与 6 个 CN^-形成 6 个配位键，$[Fe(CN)_6]^{3-}$的空间构型也是正八面体，如图 10-10 所示。

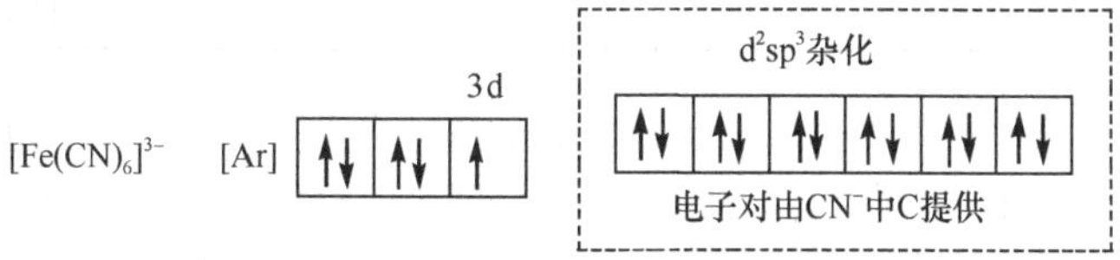

图 10-10　$[Fe(CN)_6]^{3-}$的电子排布

需要注意的是，中心离子的杂化轨道分别与配体中配位原子孤对电子的轨道沿键轴方向进行最大重叠，形成 σ 配位键，具有方向性和饱和性，因而，中心离子的杂化方式决定了配离子的空间构型。表 10-2 为中心离子常见的杂化轨道类型与对应配合物的空间构型。

表 10-2　中心离子的杂化轨道类型与配合物空间构型

配位数	杂化轨道	空间构型	实例
2	sp	直线	$[Au(CN)_2]^-$、$[Ag(NH_3)_2]^+$
3	sp^2	平面三角形	$[CuCl_3]^{2-}$
4	sp^3	四面体	$[HgI_4]^{2-}$、$[Ni(CO)_4]$ 、$[Zn(NH_3)_4]^{2-}$
4	dsp^2	平面四方形	$[AuCl_4]^{2-}$、$[Cu(NH_3)_4]^{2-}$、$[Pt(NH_3)_2Cl_2]$
5	dsp^3	三角双锥形	$[Fe(CO)_5]^{2+}$
6	d^2sp^3	八面体	$[Fe(CN)_6]^{3-}$、$[Co(CN)_6]^{3-}$、$[PtCl_6]^{2-}$
6	sp^3d^2	八面体	$[Fe(H_2O)_6]^{3-}$、$[FeF_6]^{3-}$、$[Co(NH_3)_6]^{2+}$

(三) 内轨配合物和外轨配合物

在上述的$[Ag(NH_3)_2]^+$、$[Ni(NH_3)_4]^{2+}$和$[FeF_6]^{3-}$几种配离子中，中心离子的电子分布在形成配离子时不受配体的影响，内层 d 轨道上的电子不发生重排，杂化轨道全由最外层空 *n*s、*n*p 和 *n*d 轨道杂化，并接受配体的电子对形成配位键，这样的配合物称为外轨配合物。在外轨配合物中，通常未成对电子数较多，所以外轨配合物通常也是高自旋配合物；相反，若中心离子在配体影响下内层$(n-1)$d 电子发生重排，电子将占据较少的轨道，空出部分$(n-1)$d 轨道，中心离子的空$(n-1)$d、*n*s 和 *n*p 轨道进行杂化，并接受配体的电子对形成配位键，这样所形成的配合物称为内轨配合物，如$[Ni(CN)_4]^{2-}$和$[Fe(CN)_6]^{3-}$。内轨配合物中未成对的 d 电子数较少，通常也是低自旋配合物。

(四) 配合物的磁矩

通常，测定配合物的磁矩(μ)就能确定它是属于外轨配合物还是内轨配合物。根据磁学理论，物质中有未成对电子时，电子自旋产生磁矩，该物质有顺磁性，未成对电子数越多，磁矩越大；相反，若电子均已成对，净磁矩为零，物质无磁性(抗磁性或反磁性)。磁矩与物质所含未成对的单电子数 n 的关系为

$$\mu \approx \sqrt{n(n+2)}\mu_B \tag{10-1}$$

μ_B 称为**玻尔磁子**(Bohr magneton)，$\mu_B = 9.27\times10^{-24}A\cdot m^2$。根据式（10-1），未成对电子数为 1～5 时的磁矩理论值见表 10-3。

表 10-3 单电子数与磁矩的理论值 μ

n	0	1	2	3	4	5
μ/μ_B	0.00	1.73	2.83	3.87	4.90	5.92

假定配合物分子除中心离子外的其他部分电子都已成对，那么，配合物的单电子数就是中心离子的单电子数。因此，测得配合物的磁矩并与理论值对比，确定中心离子的单电子数 n，那么，就能判断中心离子轨道杂化类型和配合物的空间构型，进而确知该配合物是内轨型还是外轨型配合物，以及配合物的磁性。

例 10-1 实验测得 $[Fe(C_2O_4)_3]^{3-}$的磁矩 $\mu = 5.75\mu_B$，试判断 Fe^{3+}的杂化类型和配合物的空间构型；并指出$[Fe(C_2O_4)_3]^{3-}$是高自旋还是低自旋？

解 Fe^{3+}电子排布为$[Ar]3d^5$，由磁矩 $\mu = 5.75\mu_B$ 可知，$[Fe(C_2O_4)_3]^{3-}$有 5 个单电子依然分占在 3d 轨道上，在配体 $C_2O_4^{2-}$ 的影响下，Fe^{3+}的 4s、4p 和 2 个 4d 轨道进行 sp^3d^2 杂化，Fe^{3+}与 3 个 $C_2O_4^{2-}$ 离子的 6 对电子对形成 6 个配位键，所以配合物$[Fe(C_2O_4)_3]^{3-}$空间构型为正八面体，配合物中有 5 个单电子，是高自旋配合物。

表 10-4 列出了几种配合物的磁矩实验值，据此可以判断配合物的类型。

表 10-4 几种配合物的磁矩的实验值与单电子数

配合物	中心离子的 d 电子	μ/μ_B	单电子数	配合物类型
$[Co(NH_3)_6]Cl_3$	6	0.00	0	内轨配合物
$K_3[Fe(CN)_6]$	5	1.73	1	内轨配合物
$[Fe(H_2O)_6]SO_4$	6	4.91	4	外轨配合物
$K_3[FeF_6]$	5	5.45	5	外轨配合物

中心离子的电子层结构和配体的性质共同决定配合物的杂化类型。若中心离子的$(n-1)$d 轨道是全充满(d^{10})的，则只能形成外轨配合物，如$[Zn(CN)_4]^{2-}$、$[Ag(CN)_2]^-$、$[Hg(CN)_4]^{2-}$等；而当中心离子的$(n-1)$d 轨道电子数不超过 3 个时，总是形成内轨配合物，如$[Cr(H_2O)_6]^{3+}$和$[Ti(H_2O)_6]^{3+}$ 等。

当中心离子的 d 电子为 4～7 个时，受配体影响 d 电子可能会重排，既可以形成内轨配合物，又可以形成外轨配合物，此时，配体的性质成为决定中心离子杂化类型的主要因素。例如，$[FeF_6]^{3-}$ 和$[Fe(CN)_6]^{3-}$，它们的中心离子同为 Fe^{3+}，电子组态为$[Ar]3d^5$。配体 F^-中配位原子 F 的电负性较大，不易给出孤对电子。当 Fe^{3+}与 F^-形成$[FeF_6]^{3-}$ 时，F^-对 Fe^{3+}的 3d 电子影响不大，5 个电子不发生重排，F^-占用 Fe^{3+}的部分 4d 轨道形成外轨配合物；而配体 CN^- 中配位原子 C 的电负性较小，容易给出孤对电子，当 Fe^{3+}与 CN^- 形成$[Fe(CN)_6]^{3-}$ 时，CN^-对 Fe^{3+}的 3d 电子的影响较大，使 3d 电子重排，空出 2 个 3d 轨道而形成内轨配合物。

(五) 软硬酸碱理论与配离子的稳定性

根据 Lewis 酸碱电子理论，在反应中能够接受电子对的物质是酸，能给出电子对的物质是碱。因此，在配合物中，中心离子是电子对的接受体，是 Lewis 酸；配体是电子对的给予体，是 Lewis 碱。1963 年，美国化学家 R.G. Pearson 提出了**软硬酸碱原则**(soft and hard acid and base，SHAB)，根据对外层电子控制的程度，把体积小、正电荷数高、接受电子能力强、难极化的中心离子称为“硬酸”，如 K^+、Na^+、Ca^{2+}、Mg^{2+}、Al^{3+}、Fe^{3+}等；而体积大、正电荷数低、接受电子能力弱、易极化的中心离子称为“软酸”，如 Ag^+、Cu^+、Au^+、Cd^{2+}、Hg^{2+}等；介于两者之间的中心离子叫“交界酸”，如 Zn^{2+}、Fe^{2+}、Sn^{2+}、Pb^{2+}等。类似的，配体也分为三类，即配位原子电负性大、对外层电子吸引力强、不易失去电子、变形性小的叫做“硬碱”，如 F^-、H_2O、OH^-、SO_4^{2-} 等；配位原子电负性小、对外层电子吸引力弱、易失去电子、变形性大的叫做“软碱”，例如 I^-、S^{2-}、SCN^-、$S_2O_3^{2-}$ 等；介于两者之间的叫“交界碱”，如 Br^-、NO_2^-、SO_3^{2-} 等。

软硬酸碱理论原则的中心含义是“硬亲硬，软亲软，软硬交界不稳定”，即在其他因素相同时，硬酸与硬碱或软酸与软碱反应易生成稳定的配合物；所谓“软硬交界不稳定”是指交界酸与软、硬碱或交界碱与软、硬酸也能结合，但所形成的配合物较不稳定性。例如，按照该理论的划分，Fe^{3+}是硬酸，SCN^-是软碱，F^-是硬碱。F^-能将$[Fe(SCN)_6]^{3-}$ 中的 SCN^-取代，生成$[FeF_6]^{3-}$，因为“硬-软”结合的$[Fe(SCN)_6]^{3-}$不稳定，“硬-硬”结合的$[FeF_6]^{3-}$更稳定。

由于缺乏酸碱软硬度的定量标准，不易确定酸碱的相对强度，软硬酸碱原则只是定性的。但软硬酸碱原则成功地解释了配合物的稳定性，因此，在配合物研究领域应用广泛。

二、晶体场理论

1929 年，H. Bethe 在对晶体结构的研究中首先提出了配合物的**晶体场理论**(crystal field theory，CFT)，1953 年通过晶体场理论成功地解释了金属配合物的光谱特性等，而后，晶体场理论得到了迅速发展。

(一) 晶体场理论的基本要点

(1) 中心离子看成是带正电的点电荷，配体或配位原子是带负电的点电荷，中心离子处于配体的静电场中，中心离子与配体之间通过静电引力结合在一起。

(2) 配体对中心离子价层 d 轨道的电子产生排斥，使原来简并的 5 个 d 轨道能级发生分裂，形成几组能量不同的轨道，中心离子 d 轨道上的电子也随之重新排布，而使系统的总能量降低，配合物更稳定。配体所形成的负电场称为晶体场。

(3) 配合物的空间结构不同，形成的晶体场也不同，对中心离子 d 轨道的影响和其分裂的情况就不同。

(二) 中心原子 d 轨道能级分裂

以正八面体构型的配合物为例来看中心离子 d 轨道能级的分裂情况。

中心离子价电子层中的 5 个 d 轨道 $d_{x^2-y^2}$、d_{z^2}、d_{xy}、d_{yz}、d_{xz} 在没有外电场的影响时，是一组能量相同但伸展方向不同的简并轨道。如将中心离子放在一个球形对称的负电场中心，它们受到的影响相同，能量升高也相同，仍然是 5 个简并轨道。而在正八面体配合物中，6 个配体位于正八面体的 6 个顶端，如图 10-11 所示。

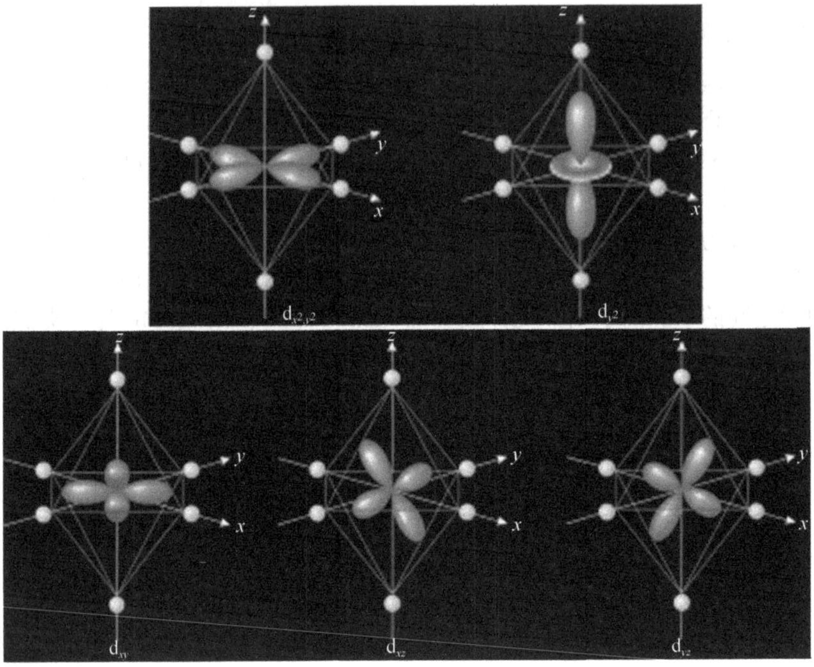

图 10-11　d 轨道和正八面体场配体的相对位置

由于 d_{z^2} 和 $d_{x^2-y^2}$ 轨道电子云的极大值方向正好与配体迎头相碰，因而受到较大的排斥，使这两个轨道的能量升高较多。而 d_{xy}、d_{yz}、d_{xz} 轨道电子云极大值方向正好位于配体的空隙中，受到的排斥作用较小，能量相应比在球形场中轨道低。因此，在正八面体配合物中，原来简并的 5 个 d 轨道分裂成两组：一组为高能量的 d_{z^2} 和 $d_{x^2-y^2}$ 二重简并轨道，称为 d_γ 能级；另一组为低能量的 d_{xy}、d_{xz} 和 d_{yz} 三重简并轨道，称为 d_ε 能级，如图 10-12 所示。图中 E_o 为生成配合物前自由离子 d 轨道的能量，E_s 为在球形场中金属离子 d 轨道的能量。

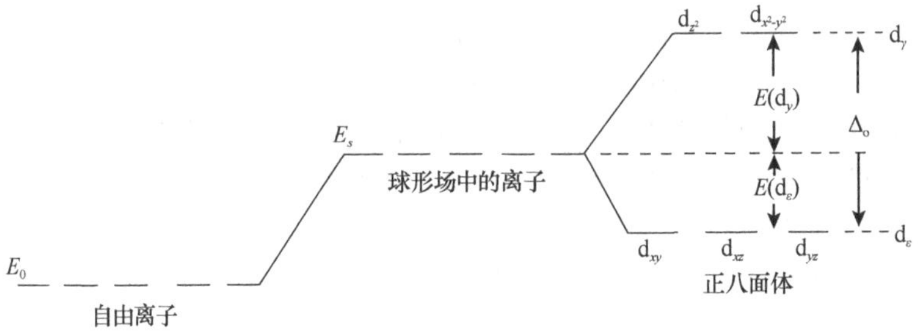

图 10-12　中心原子 d 轨道在正八面体场中的能级分裂

(三) 晶体场分裂能及其影响因素

中心离子 d 轨道能级分裂后，其最高能级 d_γ 轨道与最低能级 d_γ 轨道之间的能量差称为**晶体场分裂能**，简称**分裂能**(splitting energy)。八面体场的分裂能可由配合物的光谱数据求出，用符号 Δ_o 或 $10\,Dq$ 表示。

中心离子 d 轨道在球形负电场作用下能量为 E_s，令 $E_s = 0$，作为计算轨道相对能量的比较标准。在形成八面体场配合物时，分裂后的 d_γ 和 d_ε 轨道的相对能量如下

$$2E(d_\gamma) + 3E(d_\varepsilon) = 0 \qquad E(d_\gamma) - E(d_\varepsilon) = 10Dq = \Delta_o$$

上述方程联立后，可解得 $E(d_\gamma) = +0.6\Delta_o = 6Dq$，$E(d_\varepsilon) = -0.4\Delta_o = -4Dq$

d_γ 能级中每个轨道的能量上升 $0.6\Delta_o$；而 d_ε 能级中每个轨道的能量下降 $0.4\Delta_o$。

影响分裂能的主要因素有如下几种。

1. 配体的性质　对于同一中心离子而言，分裂能的大小与配体的场强有关。

根据光谱实验数据计算，一些常见配体的场强顺序为

$$I^- < Br^- < Cl^- \approx SCN^- < F^- < OH^- \approx ONO^- < C_2O_4^{2-} < H_2O \approx EDTA < NH_3 < en < NO_2^- < CN^- \approx CO$$

这一顺序称为**光谱化学序列**(spectrochemical series)。分裂能越大，场强就越强。习惯上将配体场强大于 NH_3 的配体称为强场配体，如 CN^-、CO 等；配位场强小于 H_2O 的配体称为弱场配体，如卤素离子 X^-等。其他配体的强弱，则取决于中心离子，可通过测定配合物的磁矩来确定。

2. 中心离子的氧化数　当配体相同时，分裂能取决于中心离子的氧化数。一般说来，中心离子的氧化数越高，则分裂能就越大。例如，$[Co(H_2O)_6]^{2+}$为 $111.3 kJ \cdot mol^{-1}$，$[Co(H_2O)_6]^{3+}$为 $222.5\ kJ \cdot mol^{-1}$；$[Fe(H_2O)_6]^{2+}$为 $124.4 kJ \cdot mol^{-1}$，$[Fe(H_2O)_6]^{3+}$为 $163.9 kJ \cdot mol^{-1}$。这是因为中心离子的氧化数值越高，中心离子所带的正电荷越多，对配体的吸引力越大，中心离子与配体之间的距离越近，中心离子价层的 d 电子与配体之间的斥力越大，分裂能也就越大。

3. 中心离子的周期　若中心离子的氧化数及配体都相同，则分裂能按下列顺序增加：第一过渡系＜第二过渡系＜第三过渡系。这是因为随着中心离子半径的增大，d 轨道离核越远，与配体之间的距离越近，受配体电场的排斥作用将增强，因而分裂能增大。如 Co^{3+}、Rh^{3+}、Ir^{3+}与 NH_3 形成的配离子的 Δ_o 值分别为 $275.1 kJ \cdot mol^{-1}$、$405.4 kJ \cdot mol^{-1}$、$478.4\ kJ \cdot mol^{-1}$。

分裂能的大小还受到配合物几何构型的影响，构型不同则晶体场分裂能大小明显不同。

(四) 八面体场中 d 电子的排布

根据 Pauling 不相容原理和 Hund 规则，对于自由的过渡金属离子，d 电子尽量平行自旋分占 d 轨道，这时能量最低。但在晶体场中，中心离子的 d 轨道发生能级分裂，中心离子 d 电子采取使系统能量降低的方式排布。

当中心离子的 d 电子为 1～3 个时，单电子平行自旋分占在 d_ε 能级各轨道上。当中心离子的 d 电子为 8～10 个时，无论配体是强场还是弱场，d 电子只有一种排布方式。

当中心离子的 d 电子为 4～7 个时，d 电子就可能有两种排布方式，见表 10-5。当轨道中已排布一个电子时，另一个电子再进入此轨道时，就必须有额外的能量以克服电子成对时产生的相互排斥作用，这种能量称为**电子成对能**(electron pairing energy，P)，这类中心离子 d 电子的排布方式取决于分裂能 Δ_o 和电子成对能的相对大小。当 $\Delta_o > P$ 时，d 电子优先排布在 d_ε 能级轨道上成对，d_ε 轨道排满后，余下的 d 电子再排布在 d_γ 能级轨道上，形成单电子较少的低自旋配合物；当 $\Delta_o < P$ 时，d 电子将尽量分占 d_ε 和 d_γ 能级各轨道，形成单电子较多的高自旋配合物。

表 10-5　正八面体配合物中 d 电子的排布

d 电子	弱场($P>\Delta_o$)						强场($P<\Delta_o$)					
	d_ε			d_γ		单电子数	d_ε			d_γ		单电子数
d^{10}	⇅	⇅	⇅	⇅	⇅	0	⇅	⇅	⇅	⇅	⇅	0
d^9	⇅	⇅	⇅	⇅	↑	1	⇅	⇅	⇅	⇅	↑	1
d^8	⇅	⇅	⇅	↑	↑	2	⇅	⇅	⇅	↑	↑	2
d^7	⇅	⇅	↑	↑	↑	3	⇅	⇅	⇅	↑		1
d^6	⇅	↑	↑	↑	↑	4	⇅	⇅	⇅			0
d^5	↑	↑	↑	↑	↑	5	⇅	⇅	↑			1
d^4	↑	↑	↑	↑		4	⇅	↑	↑			2
d^3	↑	↑	↑			3	↑	↑	↑			3
d^2	↑	↑				2	↑	↑				2
d^1	↑					1	↑					1

(五) 晶体场稳定化能

电子进入八面体场分裂后的 d 轨道与进入球形场简并的 d 轨道相比，系统所降低的总能量，称为**晶体场稳定化能**(crystal field stabilization energy，CFSE)。CFSE 的绝对值愈大，表明形成配离子时，能量降低得愈多，配合物就愈稳定。

晶体场稳定化能与中心离子的 d 电子数目有关，也与配体的场强和配合物所形成的空间构型有关。正八面体配合物的晶体场稳定化能为

$$\mathrm{CFSE} = xE(d_\varepsilon) + yE(d_\gamma) + (n_2 - n_1)P \tag{10-2}$$

式（10-2）中，x 为 d_ε 能级上的电子数；y 为 d_γ 能级上的电子数；n_1 为球形场中中心离子 d 轨道上的电子对数；n_2 为配合物中 d 轨道上的电子对数。

例 10-2　已知高自旋配离子$[Fe(H_2O)_6]^{2+}$的 Δ_o=124.38kJ · mol^{-1}，低自旋配离子$[Fe(CN)_6]^{4-}$的 Δ_o = 394.68kJ · mol^{-1}，两者的电子成对能 P 均为 179.40kJ · mol^{-1}，分别计算它们的晶体场稳定化能。

解　对$[Fe(H_2O)_6]^{2+}$，中心原子 d 电子的排布如下图 10-13 所示。

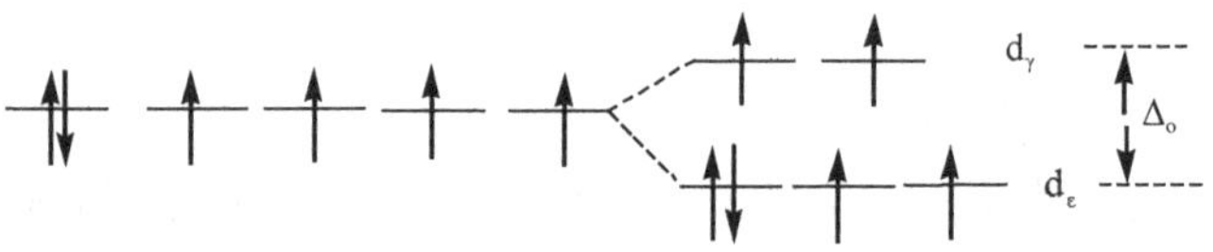

图 10-13　$[Fe(H_2O)_6]^{2+}$中心原子 d 电子排布

$$\mathrm{CFSE} = 4\times(-0.4\Delta_o) + 2\times 0.6\Delta_o = (-0.4\times 124.38)\ \mathrm{kJ\cdot mol^{-1}} = -49.75\mathrm{kJ\cdot mol^{-1}}$$

对$[Fe(CN)_6]^{4-}$，中心原子 d 电子的排布如图 10-14 所示。

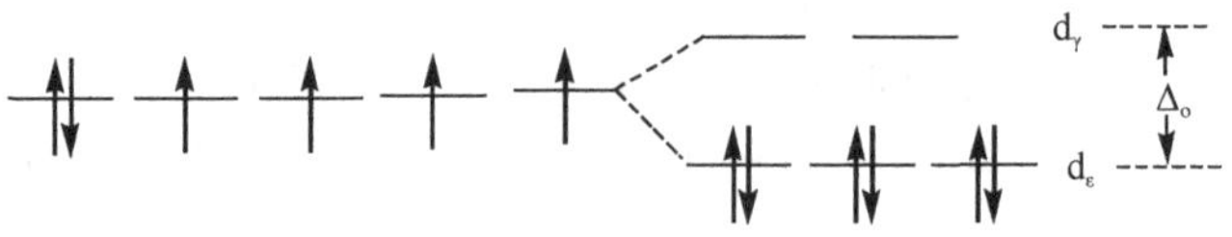

图 10-14　$[Fe(CN)_6]^{4-}$中心原子 d 电子排布

$$\begin{aligned}\mathrm{CFSE} &= 6\times(-0.4\Delta_o) + 0\times 0.6\Delta_o + (3-1)P \\ &= -2.4\Delta_o + 2P = (-2.4\times 394.68 + 2\times 179.40)\mathrm{kJ\cdot mol^{-1}} = -588.43\ \mathrm{kJ\cdot mol^{-1}}\end{aligned}$$

计算结果表明，Fe^{2+}与强场配体或弱场配体所形成配合物的 CFSE 均小于零，强场时更低，故强场配体 CN^-与 Fe^{2+}形成的配合物更稳定。

按上述方法，计算出 d^1～d^{10} 中心离子在八面体场中的 CFSE，计算结果列于表 10-6 中。

表 10-6 八面体场中晶体场稳定化能

d 电子数	弱场			强场		
	电子排布		CFSE	电子排布		CFSE
	d_ε	d_γ		d_ε	d_γ	
10	6	4	0	6	4	0
9	6	3	$-0.6\Delta_o$	6	3	$-0.6\Delta_o$
8	6	2	$-1.2\Delta_o$	6	2	$-1.2\Delta_o$
7	5	2	$-0.8\Delta_o$	6	1	$-1.8\Delta_o + P$
6	4	2	$-0.4\Delta_o$	6	0	$-2.4\Delta_o + 2P$
5	3	2	0	5	0	$-2.0\Delta_o + 2P$
4	3	1	$-0.6\Delta_o$	4	0	$-1.6\Delta_o + P$
3	3	0	$-1.2\Delta_o$	3	0	$-1.2\Delta_o$
2	2	0	$-0.8\Delta_o$	2	0	$-0.8\Delta_o$
1	1	0	$-0.4\Delta_o$	1	0	$-0.4\Delta_o$
0	0	0	0	0	0	0

(六) 晶体场理论的应用

配合物的晶体场理论不仅可以说明配合物的磁性、空间构型和稳定性等性质，还可以解释配合物特殊的颜色。可见光是各种波长光的混合光，波长为 400～760nm，两种适当波长的光按一定强度比例混合得到白光，这两种光为互补色光。溶液在白光照射下呈现一定颜色，正是因为溶液选择吸收了一定波长的光，而呈现出其补色光的颜色。可见光与其补色光的关系如图 10-15 所示。

例如，物质若吸收红色光，便呈现蓝绿色；若吸收蓝绿色的光，便显红色。

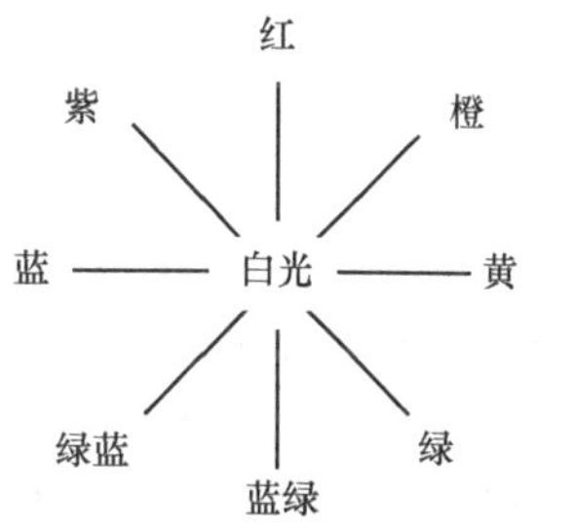

图 10-15 可见光与其补色光的关系

中心离子在晶体场作用下 d 轨道发生能级分裂，若有空的 d_γ 轨道，处于 d_ε 轨道的电子吸收了与分裂能相当的某一波长的光子，跃迁到 d_γ 轨道，这种跃迁称为 d-d 跃迁，d-d 跃迁使配合物呈现出特殊的颜色。

例如，$[Ti(H_2O)_6]^{3+}$水溶液显紫红色，是因为 Ti^{3+}的电子组态为$[Ar]3d^1$，在八面体场中，处于 d_ε 轨道上的该电子吸收了可见光中波长为 492.7nm 附近蓝绿色的光跃迁到 d_γ 轨道上，溶液显紫红色。分裂能的大小不同，配合物选择吸收可见光的波长就不同，配合物就呈现不同的颜色。配体的场强越强，则分裂能越大，d-d 跃迁时吸收的光子能量就越大，配合物吸收的光波长就越短。

电子组态为 d^{10} 的离子，如 Zn^{2+}、Ag^+等没有 d-d 跃迁，因而它们的配合物没有颜色。综上所述，配合物呈现颜色是因为：①中心离子的价层 d 轨道未填满电子；②分裂能在可见光波的能量范围内。

晶体场理论虽然能满意的解释配合物的磁性、颜色等性质，但不能合理解释配体的光谱化学序。例如，为什么 CO 分子不带电荷，却能使中心离子 d 轨道产生很大的分裂能；也不能解释 CN^- 的强配位能力。近代实验证明，中心离子的 d 轨道与配体轨道之间有重叠，即具有共价成分。因此，从 1952 年开始，人们把晶体场理论和分子轨道理论结合起来，进一步提出了配位场理论。

第三节 配合物的稳定性

配合物是比较稳定的物质，一般来说，配离子的稳定性决定了配合物的稳定性。但是，溶液的酸度、沉淀剂、其他配位剂等因素会对配离子的稳定性有一定的影响；另外，配合物是否容易发生氧化还原反应，也反映了配合物的氧化还原稳定性。

一、影响配合物稳定性的主要因素

配离子中的中心离子与配体之间以稳定的配位键结合，解离度很低。例如，只有在 $[Cu(NH_3)_4]SO_4$ 溶液中加入 Na_2S 时，才会有黑色 CuS 沉淀析出，这说明溶液中 $[Cu(NH_3)_4]^{2+}$ 只解离出很少量的 Cu^{2+} 和 NH_3，通常情况下的沉淀剂不足以将 Cu^{2+} 沉淀。溶液中存在着如下平衡

$$Cu^{2+} + 4NH_3 \rightleftharpoons [Cu(NH_3)_4]^{2+}$$

由中心离子与配体结合形成配离子的化学平衡，称为配位平衡。

(一) 配合物的稳定常数

不同于一般化学平衡，配位平衡中的配位反应趋势远大于配离子解离的趋势。$[Cu(NH_3)_4]^{2+}$ 的配位平衡常数表达式为

$$K_s = \frac{[Cu(NH_3)_4^{2+}]}{[Cu^{2+}]\,[NH_3]^4}$$

其中，$[Cu^{2+}]$、$[NH_3]$ 和 $[Cu(NH_3)_4^{2+}]$ 分别为 Cu^{2+}、NH_3 和 $[Cu(NH_3)_4]^{2+}$ 的平衡浓度。配离子的配位平衡常数称为配合物的**稳定常数**(stability constant)，用 K_s 表示。对于配合物类型、配体个数相同的配离子，K_s 越大，说明生成配离子的倾向越大，配离子越稳定。例如，配位数均为 2 的 $[Ag(CN)_2]^-$ 和 $[Ag(NH_3)_2]^+$，K_s 分别为 1.0×10^{21} 和 1.7×10^7，表明 $[Ag(CN)_2]^-$ 远比 $[Ag(NH_3)_2]^+$ 稳定。但对于配体个数不等的配离子，不能用 K_s 直接比较它们的稳定性。

实际上，配离子中的多个配体，无论是与中心离子形成配离子，还是从配离子中解离出来，都是分步进行的。例如，$[Cu(NH_3)_4]^{2+}$ 的形成和解离分四步进行的，每一步都有相应的平衡常数

第一步：$Cu^{2+} + NH_3 \rightleftharpoons [Cu(NH_3)]^{2+}$　　$K_{s1} = \dfrac{[Cu(NH_3)^{2+}]}{[Cu^{2+}][NH_3]}$

第二步：$[Cu(NH_3)]^{2+} + NH_3 \rightleftharpoons [Cu(NH_3)_2]^{2+}$　　$K_{s2} = \dfrac{[Cu(NH_3)_2^{2+}]}{[Cu(NH_3)_2^{2+}][NH_3]}$

第三步：$[Cu(NH_3)_2]^{2+} + NH_3 \rightleftharpoons [Cu(NH_3)_3]^{2+}$　　$K_{s3} = \dfrac{[Cu(NH_3)_3^{2+}]}{[Cu(NH_3)_2^{2+}][NH_3]}$

第四步：$[Cu(NH_3)_3]^{2+} + NH_3 \rightleftharpoons [Cu(NH_3)_4]^{2+}$　　$K_{s4} = \dfrac{[Cu(NH_3)_4^{2+}]}{[Cu(NH_3)_3^{2+}][NH_3]}$

K_{s1}，K_{s2}，K_{s3} 和 K_{s4} 称为逐级稳定常数。通常用累积稳定常数来表示配合物的平衡，如将第一、二两步平衡式相加得

$$Cu^{2+} + 2\,NH_3 \rightleftharpoons [Cu(NH_3)_2]^{2+}$$

$$\beta_2 = \frac{[Cu(NH_3)_2^{2+}]}{[Cu^{2+}][NH_3]^2} = \frac{[Cu(NH_3)^{2+}]}{[Cu^{2+}][NH_3]} \times \frac{[Cu(NH_3)_2^{2+}]}{[Cu(NH_3)^{2+}][NH_3]} = K_{s1} \cdot K_{s2}$$

显然

$$\beta_3 = K_{s1} \cdot K_{s2} \cdot K_{s3}$$

$$\beta_4 = K_{s1} \cdot K_{s2} \cdot K_{s3} \cdot K_{s4}$$

β_n称为累积稳定常数，最后一级累积稳定常数与K_s相等，上例的$\beta_4 = K_s$。

配合物的稳定常数还可用于计算配合物溶液中有关物质的浓度，以及解决配位平衡与共存的其他平衡之间的关系等问题。配位平衡与其他化学平衡一样，也是一种动态平衡，改变中心离子或配体的浓度都会使平衡发生移动，从而导致配离子的生成或解离。

(二) 酸度的影响

达到配合平衡时，有些配合物的配离子、中心离子和配体的浓度会随着溶液酸度的改变而发生不同程度的变化，即溶液的酸度将对一些配离子的配位平衡产生一定影响。

通常，像F^-、CN^-、NH_3这类质子碱配体，可接受质子生成难解离的共轭酸。配体的碱性越强，越容易与H^+结合而导致配离子解离。例如，在$[FeF_6]^{3-}$中加入 HCl 溶液，生成难解离的 HF，$[FeF_6]^{3-}$向解离方向移动：

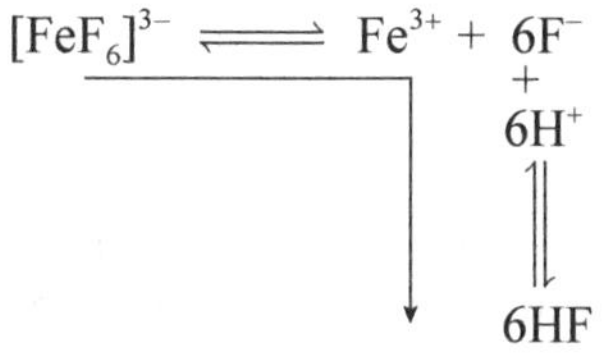

这种因溶液酸度增大而导致配离子稳定性降低的现象称为酸效应。溶液中H^+浓度越大，配离子解离的趋势越大；溶液的酸度一定时，配体的碱性越强，配离子越不稳定；反之，配离子K_s越大，酸效应越弱，配离子在酸性溶液中的稳定性越强。例如，$[Ag(CN)_2]^-$的$K_s = 1.3 \times 10^{21}$，故$[Ag(CN)_2]^-$在酸性溶液中仍能稳定存在。

此外，配合物的中心离子大多数是过渡金属离子，它们在水溶液中往往会发生不同程度的水解，而且溶液的碱性越强，中心离子越易水解，配离子稳定性越差。例如，在$[FeF_6]^{3-}$中加入 NaOH 溶液，产生$Fe(OH)_3$沉淀，$[FeF_6]^{3-}$向解离方向移动：

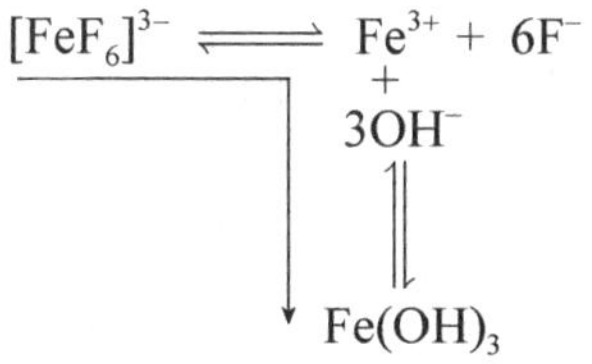

这种因中心离子的水解而导致配离子稳定性降低的现象称为水解效应。因此，为保证配离子稳定，应注意控制溶液的酸度。在保证不生成氢氧化物沉淀的前提下，兼顾考虑配体的酸效应，提高溶液 pH，能提高配离子的稳定性。

(三) 沉淀剂的影响

在配合物溶液中加入能与中心离子生成难溶物的某种沉淀剂，将导致配离子解离，稳定性降低。例如，在$[Cu(NH_3)_4]SO_4$溶液中加入Na_2S，产生 CuS 沉淀，$[Cu(NH_3)_4]^{2+}$向解离方向移动：

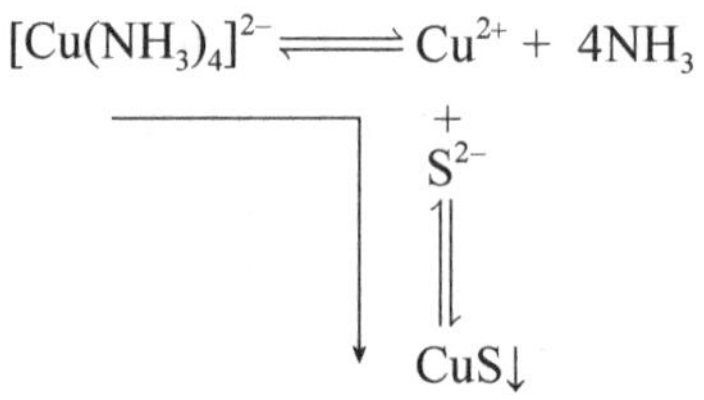

配位平衡还会受沉淀平衡的影响。例如，浓氨水可溶解 AgCl 沉淀，是由于 AgCl 中的 Ag^+ 与配位剂 NH_3 形成了稳定的配离子，导致 AgCl 沉淀溶解：

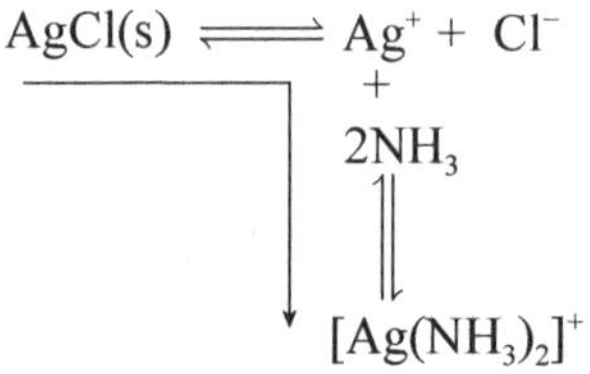

配离子稳定性越差，沉淀剂与中心离子形成沉淀的 K_{sp} 越小，配离子就越容易转化为沉淀物；配体的配位能力越强，沉淀的 K_{sp} 越大，沉淀物就越容易转化为配离子。

例 10-3 向 $0.10mol \cdot L^{-1}$ $AgNO_3$ 溶液 50ml 中加入质量分数为 18.3%($d = 0.929kg \cdot L^{-1}$)的氨水 30.0ml，然后用水稀释至 100ml，求：

(1) 溶液中 Ag^+、$[Ag(NH_3)_2]^+$、NH_3 的浓度；

(2) 加 $0.100mol \cdot L^{-1}$ KCl 溶液 10.0ml 时，是否有 AgCl 沉淀生成？

解 形成$[Ag(NH_3)_2]^+$ 前，溶液中 Ag^+ 和 NH_3 的浓度分别为

$$c(Ag^+) = \frac{0.10 \times 50.0}{100} \text{ mol} \cdot L^{-1} = 0.050 \text{ mol} \cdot L^{-1}$$

$$c(NH_3) = \frac{0.929 \times 1000 \times 18.3\% \times 30.0}{17.03 \times 100} \text{ mol} \cdot L^{-1} = 2.99 \text{ mol} \cdot L^{-1}$$

设平衡时溶液中 Ag^+ 浓度为 x $mol \cdot L^{-1}$

	$Ag^+(aq) + 2NH_3(aq) \rightleftharpoons$		$[Ag(NH_3)_2]^+(aq)$
反应前/ $mol \cdot L^{-1}$	0.05	2.99	0
平衡时/ $mol \cdot L^{-1}$	x	$2.99-0.05 \times 2 + 2x$	$0.05-x$
		≈ 2.89	≈ 0.05

$$K_s\{[Ag(NH_3)_2]^+\} = \frac{[Ag(NH_3)_2^+]}{[Ag^+][NH_3]^2} = 1.1 \times 10^7$$

$$[Ag^+] = \frac{[Ag(NH_3)_2^+]}{K_s\{[Ag(NH_3)_2]^+\} \times [NH_3]^2} = \frac{0.05}{1.1 \times 10^7 \times 2.89^2} \text{mol} \cdot L^{-1} = 5.4 \times 10^{-10} \text{mol} \cdot L$$

溶液中$[Ag^+] = 5.4 \times 10^{-10} mol \cdot L^{-1}$，$[Ag(NH_3)_2^+] = 0.05mol \cdot L^{-1}$，$[NH_3] = 2.89mol \cdot L^{-1}$。

(3) 加入 $0.100mol \cdot L^{-1}$ KCl 溶液 10.0ml 后，溶液总体积有 110ml，各组分浓度为

$$c(Cl^-) = \frac{0.100 \times 10.0}{110} \text{ mol} \cdot L^{-1} = 9.1 \times 10^{-3} \text{ mol} \cdot L^{-1}$$

$$c\{[Ag(NH_3)_2]^+\} = \frac{0.05 \times 100}{110} \text{ mol} \cdot L^{-1} = 0.045 \text{ mol} \cdot L^{-1}$$

$$c(NH_3) = \frac{2.89 \times 100}{110} \text{ mol} \cdot L^{-1} = 2.63 \text{ mol} \cdot L^{-1}$$

生成 AgCl 沉淀的反应式为:$[Ag(NH_3)_2]^+(aq) + Cl^-(aq) \rightleftharpoons AgCl(s) + 2NH_3(aq)$

$$K=\frac{[NH_3]^2}{[Ag(NH_3)_2^+][Cl^-]}=\frac{[NH_3]^2}{[Ag(NH_3)_2^+][Cl^-]}\times\frac{[Ag^+]}{[Ag^+]}$$

$$=\frac{1}{K_s\{[Ag(NH_3)_2]^+\}\times K_{sp}\{AgCl\}}$$

$$=\frac{1}{1.1\times10^7\times1.77\times10^{-10}}=514$$

反应商 $Q=\dfrac{c^2(NH_3)}{c\{[Ag(NH_3)]^+\}\times c(Cl^-)}=\dfrac{2.63^2}{0.0455\times9.1\times10^{-3}}=1.7\times10^4$。由于 $Q>K$，上述反应不能正向进行，因此没有 AgCl 沉淀生成。

(四) 其他配位剂的影响

在某配合物中加入新配位剂时，配离子能否转化为新的配离子，可根据两者 K_s 的相对大小来判断。

例 10-4　判断在 298.15K 时，反应 $[Zn(NH_3)_4]^{2+}+4OH^-\rightleftharpoons[Zn(OH)_4]^{2-}+4NH_3$ 能否正向进行?

解　查表，298.15K 时$[Zn(NH_3)_4]^{2+}$ 的 $K_s=2.88\times10^9$，配离子$[Zn(OH)_4]^{2-}$ 的 $K_s=3.16\times10^{15}$. 反应 $[Zn(NH_3)_4]^{2+}+4OH^-\rightleftharpoons[Zn(OH)_4]^{2-}+4NH_3$ 的平衡常数为

$$K=\frac{[Zn(OH)_4^{2-}][NH_3]^4}{[Zn(NH_3)_4^{2+}][OH^-]^4}\times\frac{[Zn^{2+}]}{[Zn^{2+}]}=\frac{K_{s[Zn(OH)_4]^{2-}}}{K_{s[Zn(NH_3)_4]^{2+}}}=\frac{3.16\times10^{15}}{2.88\times10^9}=1.10\times10^6$$

该反应的平衡常数 K 很大，说明在水溶液中，由$[Zn(NH_3)_4]^{2+}$ 转化为 $[Zn(OH)_4]^{2-}$的反应是可以实现的。

一般情况下，同类配离子的转化反应总是向生成 K_s 大的配离子方向进行。但是，如果转化前后两个配离子的 K_s 相差不大，新配位剂浓度的大小将影响配离子转化反应进行的方向。

二、配合物的氧化还原稳定性

氧化还原电对的标准电极电势反映了电对的氧化或还原能力。例如，电对 Co^{3+}/Co^{2+}:

$$Co^{3+}+e^-\rightleftharpoons Co^{2+}\qquad \varphi^\ominus(Co^{3+}/Co^{2+})=+1.92\ V$$

在标准状态下 Co^{3+}是较强氧化剂，能将 H_2O 氧化生成 O_2；而 Co^{2+} 则是弱还原剂。如果在上述含有 Co^{3+}和 Co^{2+}的溶液中加入足量的氨水，NH_3 将分别与 Co^{3+}和 Co^{2+}生成配位化合物:

$$Co^{3+}+6NH_3\rightleftharpoons[Co(NH_3)_6]^{3+}\qquad K_s=1.6\times10^{35}$$

$$Co^{2+}+6NH_3\rightleftharpoons[Co(NH_3)_6]^{2+}\qquad K_s'=1.3\times10^5$$

由两个配离子的 K_s 不难看出，$[Co(NH_3)_6]^{3+}$ 比$[Co(NH_3)_6]^{2+}$ 稳定得多，因此，溶液中的 Co^{3+} 比 Co^{2+} 少得多，浓度分别为

$$c_{eq}(Co^{3+})=\frac{c_{eq}\{[Co(NH_3)_6]^{3+}\}}{K_sc_{eq}^6(NH_3)}\qquad c_{eq}(Co^{3+})=\frac{c_{eq}\{[Co(NH_3)_6]^{2+}\}}{K_s'c_{eq}^6(NH_3)}$$

代入电对的 Nernst 方程，得

$$\varphi(Co^{3+}/Co^{2+})=\varphi^\ominus(Co^{3+}/Co^{2+})+\frac{RT}{nF}\ln\frac{K_s'c_{eq}\left\{[Co(NH_3)_6]^{3+}\right\}}{K_s\,c_{eq}\left\{[Co(NH_3)_6]^{2+}\right\}}$$

298K 时，标准状态下，各物质浓度均为 $1mol\cdot L^{-1}$，代入方程得

$$\varphi^{\ominus}\left\{[Co(NH_3)_6]^{3+}/[Co(NH_3)_6]^{2+}\right\}=\varphi(Co^{3+}/Co^{2+})$$
$$=\varphi^{\ominus}(Co^{3+}/Co^{2+})+\frac{RT}{nF}\ln\frac{K_s'}{K_s}$$
$$=1.92V-1.78V$$
$$=0.14V$$

即$[Co(NH_3)_6]^{3+}+e^- \rightleftharpoons [Co(NH_3)_6]^{2+}$　　$\varphi^{\ominus}\{[Co(NH_3)_6]^{3+}/[Co(NH_3)_6]^{2+}\}=0.14V$

相应配离子电对的标准电极电势$\varphi^{\ominus}\{[Co(NH_3)_6]^{3+}/[Co(NH_3)_6]^{2+}\}$远远小于自由金属离子电对的标准电极电势$\varphi^{\ominus}(Co^{3+}/Co^{2+})$。

通常，形成配离子后的电极电势将大大改变，即配合物的生成会改变电对氧化态物质的氧化能力或还原态物质的还原能力。

第四节　生物配体和配合物药物

一、生物体内的配体

在人体内存在大量发挥着重要作用的必需微量金属元素，它们在体内主要以配合物的形式存在。生物配体指在生物体中与这些金属元素配位形成配合物的离子或分子。常见的重要生物配体包括卟啉类化合物、蛋白质、聚核苷酸。

(一) 卟啉类化合物

卟吩(porphine)是卟啉类化合物的基本骨架，如图 10-16a 所示，有四个处于同一平面的吡咯环，若其他基团取代了四个吡咯环八个顶点上的 H 原子，就得到不同的衍生物，如原卟啉Ⅸ (protoporphyrin Ⅸ)，如图 10-16b 所示。

金属离子与卟啉结合生成金属卟啉配合物。例如，血红素就是铁卟啉配合物，血红素包含 a、b、c 三种，铁与原卟啉Ⅸ结合形成血红素 b (图 10-16c)，是肌红蛋白、血红蛋白、细胞色素 b、过氧化氢酶、细胞色素 P_{450}和过氧化物酶的辅基。这些物质发挥着输氧、贮存氧、传递电子等重要功能。此外，维生素 B_{12} 是咕啉(类卟啉)和钴的配合物；镁卟啉是叶绿素的组成部分，这类物质对生物体都具有重要的作用。

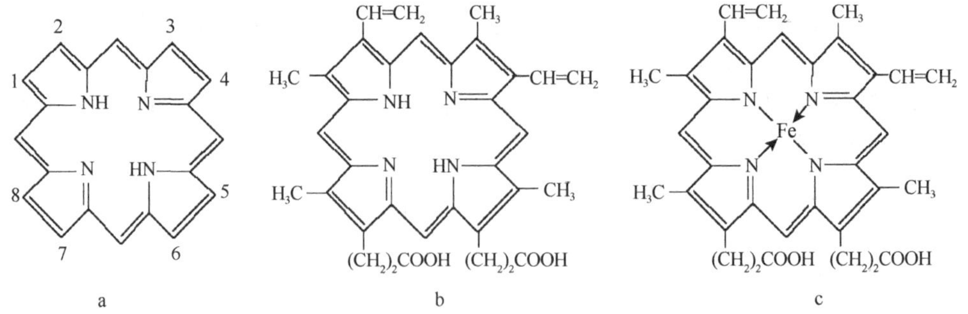

图 10-16　卟吩、原卟啉Ⅸ和血红素 b 的结构

a. 卟吩；b. 原卟啉Ⅸ；c. 血红素 b

(二) 蛋白质

结构较复杂的蛋白质是由 20 多种氨基酸按不同的顺序和比例通过肽键连接而成。

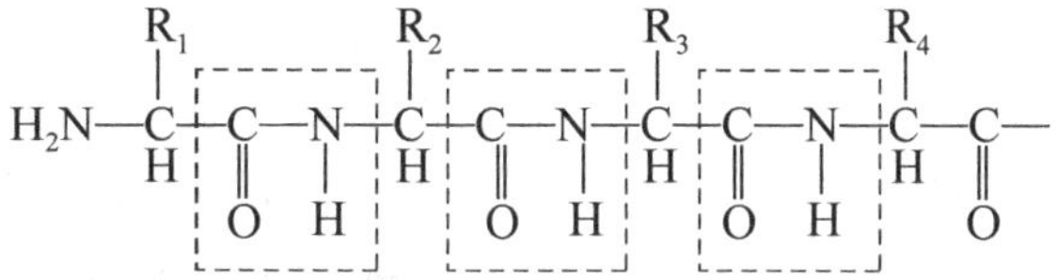

蛋白质的最大特点就是具有专一的活性。一旦结构变形，活性便会遭到破坏。蛋白质分子中肽键上有羰基和亚氨基，以及氨基酸残基上的氨基、羟基、羧基、杂环氮等都是多齿配体，能与金属离子结合，蛋白质的多级结构使分子中两个配位原子被多个氨基酸残基隔开，有关基团有一定的取向和顺序，因此能以扭曲多面体构型与金属离子配位，形成具有一定结构和特定功能的金属酶和金属蛋白。

二、无机配合物药物

无机药物依其来源可分为天然无机药物和合成无机药物。前者主要是矿物药物(如雄黄、砒石)和某些贵金属单质(如金、银)，其特点是使用历史悠久，但作用机制不祥，是传统中药宝库中亟待发掘的一部分。后者主要是已经采用现代物理、化学和生物学方法较为系统地研究过其作用机制。

(一) 金属解毒剂

现代工、农业的迅速发展，使环境中某些非必需甚至有毒的金属元素通过生物链最终可能进入体内，给人类的健康带来严重的危害。例如，重金属 Pb、Hg、Cd 等能与蛋白质中的—SH 基相结合，抑制酶的活性；某些具有毒性的金属离子会取代必需微量元素，如 Cd^{2+} 能取代 Zn^{2+}，从而抑制 Zn 金属酶的活性；某些含 Hg 化合物进入人体后会迅速通过脑屏障，导致对细胞的损害。此外，摄入过量必需金属元素也会引起中毒，人体自身无法将某些有毒的金属离子转变为无毒形式排出体外，只能用某些配体作解毒剂，与体内有毒的金属离子生成无毒的可溶配合物排出体外。临床上已广泛应用的这类金属解毒剂，如柠檬酸钠使 Pb 转变为稳定无毒的可溶性$[Pb(C_6H_5O_7)]^-$ 配离子，并从肾脏排出体外而达到治疗 Pb 中毒的目的；EDTA 的钙盐是排除体内 U、Th、Pu、Sr 等放射性元素的高效解毒剂；二巯丙醇是治疗 As、Hg 中毒的首选药物。

(二) 铂配合物的抗肿瘤作用

20 世纪 70 年代以来，人们发现 *cis*-二氯·二氨合铂(Ⅱ)，也简称顺铂，对治疗某些肿瘤有显著疗效，该配合物具有脂溶性载体配体 NH_3，可顺利地通过细胞膜的脂质层进入癌细胞内，由于有可取代配体 Cl^-存在，Cl^-即被配位能力更强的 DNA 中的配位原子所取代，进而破坏癌细胞的 DNA 的复制能力，抑制癌细胞的生长。该配合物作为抗癌药物从 1978 年开始正式应用于临床以来，对头颈部癌和泌尿生殖系统癌有良好的疗效，但有肾毒性和引起呕吐等不良反应，溶解度差且在治疗过程中有抗药性。科学家们一直致力于寻找低毒、抗药性小，对癌细胞有广谱性和具有口服活性(顺铂必须以静脉注射的方式给药)的药物。新的一代抗癌药已用于临床，如卡铂及其他一些具有低抗药性和低肾毒性的含铂药物得到了进一步的发展，并逐步应用于临床。广泛开展研制的抗癌金属配合物中，已发现有机锡化合物、金属茂类化合物等都具有较高的抗癌活性，有的已在临床使用。

(三) 钌配合物的抗肿瘤作用

在非铂系药物中，金属钌配合物是最有前途的抗癌药物之一。国际上普遍认为钌和钌的配合物毒性低，容易吸收并在体内很快排泄。欧盟在 1997 年成立了钌抗癌药物的研究和发展工作组(COSTD8)，专门加强钌抗癌药物的研究。

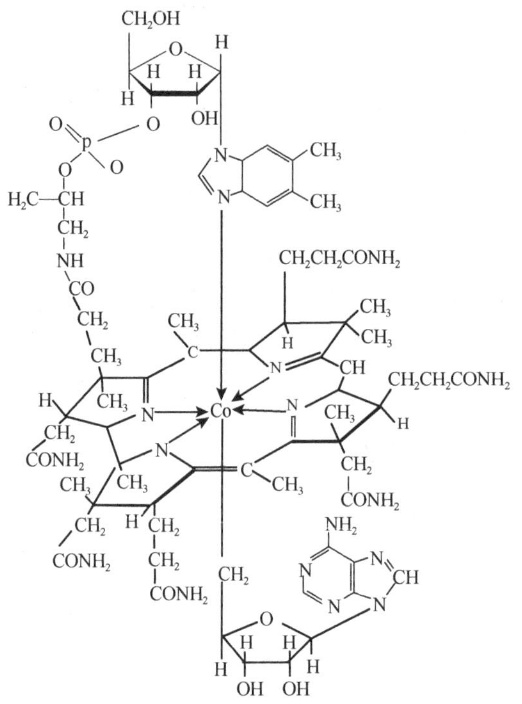

图 10-17　维生素 B_{12} 的分子结构示意

(四) 维生素 B_{12}

维生素 B_{12} 又称钴胺素，是唯一含金属元素的维生素，是 Co^{3+}的多环系化合物(图 10-17)，被称为类咕啉。维生素 B_{12} 的主要生理功能是参与制造骨髓红细胞，防止恶性贫血；防止大脑神经受到破坏。自然界中的维生素 B_{12} 都是微生物合成的，高等动植物不能制造维生素 B_{12}，植物食物中基本上没有维生素 B_{12}。

维生素 B_{12} 是唯一一种需要肠道分泌物的帮助才能被吸收的维生素，有的人由于肠胃异常，缺乏这种内源因子，即使膳食中来源充足也会患恶性贫血，它在肠道内停留时间长，大约需要 3h 才能被吸收。维生素 B_{12} 为浅红色的针状结晶，易溶于水和乙醇，在 pH 4.5～5.0 弱酸条件下最稳定，强酸(pH <2)或碱性溶液中分解，遇热可有一定程度破坏，但短时间的高温下损失小，普通烹调过程损失量约 30%。遇强光或紫外线易被破坏。

知 识 导 图

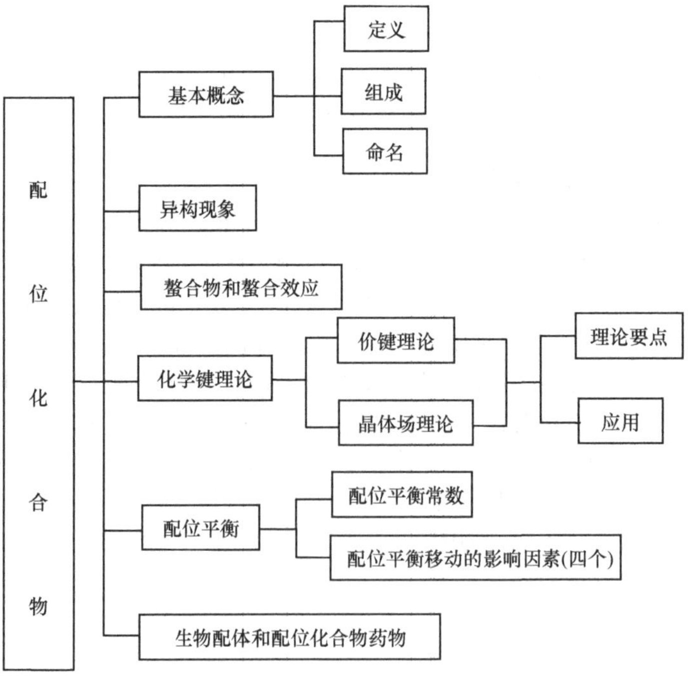

习 题

1. 区别下列几组概念

(1) 单齿配体与多齿配体； (2) 内层与外层； (3) d^2sp^3 杂化和 sp^3d^2 杂化；

(4) 内轨配合物和外轨配合物； (5) 配位数和配体数； (6) 分裂能和晶体场稳定化能。

2. 命名下列配合物，并指出配合物的中心原子、配体、配位原子和配位数。

(1) $[Co(en)_3]_2(SO_4)_3$； (2) $Na_3[Ag(S_2O_3)_2]$ ；

(3) $H[Al(OH)_4]$ ； (4) $K[PtCl_6]$；

(5) $[Cr(H_2O)_2Cl_2]Cl$； (6) $[Pt(NH_3)_4(NO_2)Cl]$；

(7) $[CoCl_2(NH_3)_3H_2O]Cl$； (8) $H[Cr(NCS)_4(NH_3)_2]$。

3. 判断下列说法的对错。

(1) 配合物包含配离子和外层离子两个部分。

(2) 外轨配合物的磁矩比内轨配合物的磁矩大。

(3) 配合物的中心原子都是金属元素。

(4) 配体的数目等于中心原子的配位数。

(5) 配离子的电荷数等于中心原子的电荷数。

(6) 在 $0.1mol \cdot L^{-1}$ 的$[Cu(NH_3)_4]SO_4$溶液中，各物质的浓度大小关系是 $c(SO_4^{2-}) > c\{[Cu(NH_3)_4]^{2+}\} > c(NH_3) > c(Cu^{2+})$。

(7) 可利用 K_s 直接比较同种类型配离子的稳定性。

(8) 溶液 pH 越高，配离子越稳定。

4. 什么是螯合物？螯合物的特点是什么？它的稳定性与哪些因素有关？配体应具备什么条件才能形成五元环和六元环的螯合物？

5. 根据所测磁矩，推断下列配合物的空间构型，并指出是低自旋还是高自旋配合物。

(1) $[Pt(NH_3)_4]^{2+}$ ，$\mu = 0\,\mu_B$；(2) $[Co(en)_3]^{2+}$，$\mu = 3.82\,\mu_B$。

6. 无水 $CoCl_3$ 能与氨形成 3 种配合物，其组成分别为 $CoCl_3 \cdot 6NH_3$、$CoCl_3 \cdot 5NH_3$、$CoCl_3 \cdot 4NH_3$。$AgNO_3$ 能从 3 种配合物的水溶液中分别将其含氯量的 3/3、2/3、1/3 沉淀为 AgCl。根据上述实验事实，确定 3 种配合物的分子式。

7. 试用配合物的价键理论和晶体场理论分别解释，为什么在空气中低自旋的$[Co(CN)_6]^{4-}$易氧化成低自旋的$[Co(CN)_6]^{3-}$。

8. 分别计算 Co^{3+}形成的强场和弱场正八面体配合物的 CFSE，并通过 CFSE 比较两种配合物的稳定性。

9. 判断下列反应进行的方向，并指出哪个反应正向进行得最完全。

(1) $[Ag(NH_3)_2]^+ + 2CN^- \rightleftharpoons [Ag(CN)_2]^- + 2NH_3$

(2) $[Cu(NH_3)_4]^{2+} + Cd^{2+} \rightleftharpoons [Cd(NH_3)_4]^{2+} + Cu^{2+}$

(3) $[FeF_6]^{3-} + 3C_2O_4^{2-} \rightleftharpoons [Fe(C_2O_4)_3]^{3-} + 6F^-$

10. 计算 298.15K 时，AgCl 在 1L $6mol \cdot L^{-1}$ NH_3 溶液中的溶解度。在上述溶液中加入 NaBr 固体使 Br^- 浓度为 $0.1mol \cdot L^{-1}$(忽略因加入 NaBr 所引起的体积变化)，问有无 AgBr 沉淀生成？

11. 已知 298.15 K 时，$\varphi^\ominus(Ag^+/Ag) = 0.799\,6V$，若在其标准电极溶液中加入等体积的 $1mol \cdot L^{-1}$ $Na_2S_2O_3$ 溶液后，电极电势降低为$-0.505V$。

(1) 加入 $Na_2S_2O_3$ 溶液后，电极溶液中$[Ag^+]$为多少？

(2) $K_s\{[Ag(S_2O_3)_2]^{3-}\}$ 为多少？

(姚家灿)

习 题 详 解

1. 答：(1) 只含有一个配位原子的配体称为单齿配体；含有两个或以上配位原子的配体称为多齿

配体。

(2) 中心原子和配体之间以配位键结合，构成配合物的内层，与内层带相反电荷的是外层。

(3) 中心原子以 2 个$(n-1)$d 轨道、1 个 ns 轨道和 3 个 np 轨道杂化形成 6 个杂化轨道，称为 d^2sp^3 杂化；中心原子以 1 个 ns 轨道、3 个 np 轨道和 2 个 nd 轨道杂化形成 6 个杂化轨道，称为 sp^3d^2 杂化。

(4) 在形成配合物的过程中，中心原子用次外层 d 轨道，即$(n-1)$d 和最外层的 ns、np 轨道进行杂化成键，所形成的配合物称为内轨配合物；若中心原子全部用最外层价电子空轨道 ns、np、nd 进行杂化成键，所形成的配合物则称为外轨配合物。

(5) 配位数是指配离子(或配位分子)中直接与中心原子以配位键结合的配位原子的数目；而配体数是指配合物中所含有的配体的数目。如果配体均为单齿配体，则中心原子的配位数与配体的数目相等。如果配体中有多齿配体，则中心原子的配位数与配体的数目不相等。

(6) 中心原子 d 轨道能级分裂后最高能级与最低能级之间的能量差称为分裂能；由于配体负电场的作用，中心原子的 d 轨道能级分裂，电子优先进入能量较低的 d 轨道。d 电子进入分裂后的 d 轨道与进入在球形场中 d 轨道相比，系统所降低的总能量，称为晶体场稳定化能。

2. 答：几种配合物的相关信息见下表。

配合物	中心原子	配体	配位原子	配位数	名称
(1)	Co^{3+}	En	N	6	硫酸三(乙二胺)合钴(Ⅲ)
(2)	Ag^+	$S_2O_3^{2-}$	S	2	二(硫代硫酸根)合银(Ⅰ)酸钠
(3)	Al^{3+}	OH^-	O	4	四羟基合铝(Ⅲ)酸
(4)	Pt^{4+}	Cl^-	Cl	6	六氯合铂(Ⅳ)酸钾
(5)	Cr^{3+}	H_2O、Cl^-	O、Cl	4	氯化二氯·二水合铬(Ⅲ)
(6)	Pt^{2+}	NH_3、Cl^- 、NO_2	N、Cl	6	氯·硝基·四氨合铂(Ⅱ)
(7)	Co^{3+}	Cl^-、NH_3、H_2O	Cl、N、O	6	氯化二氯·三氨·水合钴(Ⅲ)
(8)	Cr^{3+}	NCS^-、NH_3	N	6	四(异硫氰酸根)·二氨合铬(Ⅲ)酸

3. 答：(1) 错误。中性配位分子只有内层，没有外层。

(2) 错误。磁矩与单电子个数有关，外轨配合物磁矩不一定比内轨型大。例如$[Cr(H_2O)_6]$为内轨型，中心离子 Cr^{3+}的电子组态为$[Ar]3d^3$，有 3 个单电子；而$[Ni(NH_3)_6]^{2+}$为外轨型，中心离子 Ni^{2+}的电子组态为$[Ar]3d^8$，有 2 个单电子，故前者磁矩大于后者。

(3) 错误。某些高氧化态非金属元素的原子也能作中心离子形成配合物。

(4) 错误。配合物中多齿配体的数目不等于中心原子的配位数。

(5) 错误。当有阴离子配体时，配离子的电荷数不等于中心原子的电荷数。

(6) 正确。

(7) 正确。

(8) 错误。配离子的中心原子大多是过渡金属离子，它们在水溶液中往往发生水解，导致中心原子浓度降低，配位反应向解离方向移动；而溶液的碱性愈强，中心原子愈容易发生水解，甚至使金属离子生成金属氢氧化物沉淀，也会使配位平衡发生移动，降低配离子的稳定性。

4. 答：由中心原子与多齿配体形成的具有环状结构的配合物称为螯合物。螯合物的特点是稳定。螯合物的稳定性与中心原子与配体所形成的螯合环的大小和数目有关，一般以五元环和六元环最为稳定，螯合环越多的螯合物越稳定。形成五元环和六元环的螯合物的配体必须含有两个或以上能给出孤对电子的配位原子，配位原子之间应间隔两个或三个其他原子。

5. 答：(1) Pt^{2+}为 $5d^8$ 电子排布，由磁矩可知单电子数为 0，4 对电子分布在 4 个 d 轨道上，因此为 dsp^2 杂化，$[Pt(NH_3)_4]^{2+}$的空间构型为平面四方形，为低自旋配合物。

(2) Co^{2+}为 $3d^7$ 电子排布，由磁矩可知有 3 个单电子，2 对电子对，因此为 sp^3d^2 杂化，$[Co(en)_3]^{2+}$的空间构型为正八面体，为高自旋配合物。

6. 答：(1) 由 $CoCl_3$ 和 NH_3 形成配合物可知，中心离子是 Co^{3+}，配体是 NH_3 和 Cl^-，(2)能与 $AgNO_3$ 生成 AgCl 沉淀的 Cl^-一定存在外界，可根据 Cl^-被沉淀的量，确定内外界离子的数目，(3)Co^{3+}的配位数是 6，

即 Cl^-离子数与 NH_3 分子数之和为 6。依据以上三点可知 3 种配合物的结构分别是：$[Co(NH_3)_6]Cl_3$、$[CoCl(NH_3)_5]Cl_2$、$[CoCl_2(NH_3)_4]Cl$。

7. 答：根据价键理论，在$[Co(CN)_6]^{4-}$配离子中，Co^{2+}的价层电子组态为 $3d^7$，要进行 d^2sp^3 杂化，必使 1 个 3d 电子跃迁到 5s 轨道上，而 5s 轨道离核较远，能量较高，电子极易失去，即$[Co(CN)_6]^{4-}$极易被氧化成$[Co(CN)_6]^{3-}$。

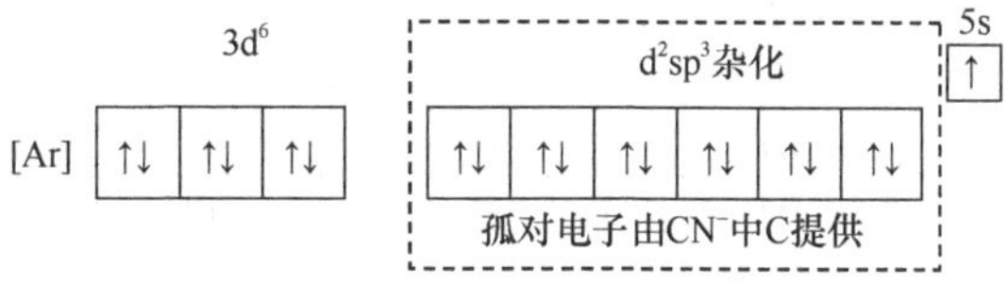

$[Co(CN)_6]^{4-}$

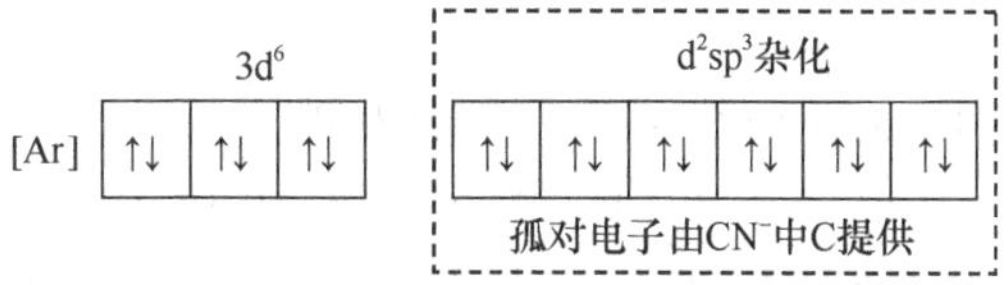

$[Co(CN)_6]^{3-}$

根据晶体场理论，$[Co(CN)_6]^{4-}$和$[Co(CN)_6]^{3-}$均为八面体场配离子，CN^-为强场配体，故均为低自旋配合物，d 电子的排布如下。

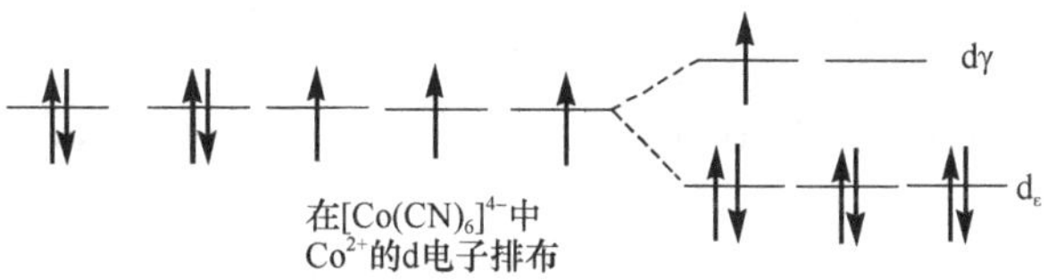

在$[Co(CN)_6]^{4-}$中 Co^{2+}的d电子排布

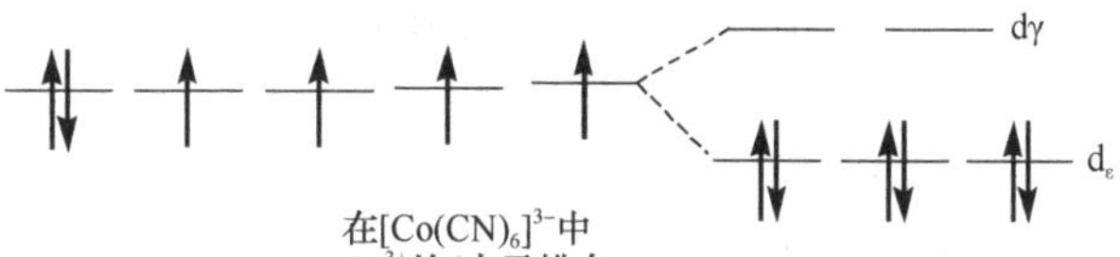

在$[Co(CN)_6]^{3-}$中 Co^{3+}的d电子排布

$[Co(CN)_6]^{4-}$ d_γ 轨道上的 1 个电子易失去，成为能量更低的$[Co(CN)_6]^{3-}$。

8. 答：Co^{3+}有 6 个 d 电子($3d^6$)，其电子排布情况为

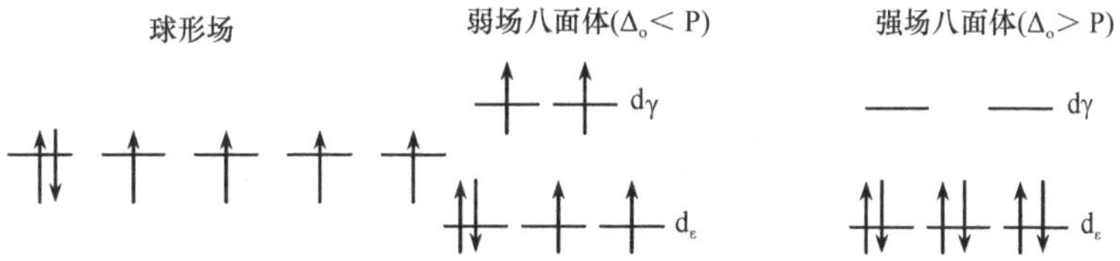

球形场：$E_s = 0$

强场：$CFSE = 6E(d_\varepsilon) + 0E(d_\gamma) + (3-1)P$

$= 6\times(-0.4\Delta_o) + 2P$

$= -2.4\Delta_o + 2P$

$= (-2.0\Delta_o + 2P) - 0.4\Delta_o < -0.4\Delta_o$ (因 $\Delta_o > P$)

弱场：$CFSE = 4E(d_\varepsilon) + 2E(d_\gamma) + (1-1)P$

$= 4\times(-0.4\Delta_o) + (2\times 0.6\Delta_o)$

$= -0.4\Delta_o$

9. 答：配离子由稳定常数小的转化为稳定常数大的。查表得

$K_s\{[Ag(NH_3)_2]^+\} = 1.1\times 10^7$，$K_s\{[Ag(CN)_2]^-\} = 1.3\times 10^{23}$；

$K_s\{[Cu(NH_3)_4]^{2+}\} = 2.0\times 10^{13}$，$K_s\{[Cd(NH_3)_4]^{2+}\} = 1.3\times 10^7$；

$K_s\{[FeF_6]^{3-}\} = 1.1\times10^{12}$，$K_s\{[Fe(C_2O_4)_3]^{3-}\} = 1.6\times10^5$；

$$(1)\ K=\frac{[Ag(CN)_2^-][NH_3]^2}{[Ag(NH_3)_2^+][CN^-]^2}=\frac{[Ag(CN)_2^-][NH_3]^2}{[Ag(NH_3)_2^+][CN^-]^2}\times\frac{[Ag^+]}{[Ag^+]}$$

$$=\frac{K_s\{[Ag(CN)_2]^-\}}{K_s\{[Ag(NH_3)_2]^+\}}=\frac{1.3\times10^{23}}{1.1\times10^7}$$

$$=1.2\times10^{16}$$

该反应进行的方向是$[Ag(NH_3)_2]^+ + 2CN^- \longrightarrow [Ag(CN)_2]^- + 2NH_3$

$$(2)\ K=\frac{[Cd(NH_3)_4^{2+}][Cu^{2+}]}{[Cu(NH_3)_4^{2+}][Cd^{2+}]}=\frac{[Cd(NH_3)_4^{2+}][Cu^{2+}]}{[Cu(NH_3)_4^{2+}][Cd^{2+}]}\times\frac{[NH_3]^4}{[NH_3]^4}$$

$$=\frac{K_s\{[Cd(NH_3)_4]^{2+}\}}{K_s\{[Cu(NH_3)_4]^{2+}\}}=\frac{1.3\times10^7}{2.0\times10^{13}}$$

$$=6.5\times10^{-7}$$

该反应进行的方向是$[Cd(NH_3)_4]^{2+} + Cu^{2+} \longrightarrow [Cu(NH_3)_4]^{2+} + Cd^{2+}$

$$(3)\ K=\frac{[Fe(C_2O_4)_3^{3-}][F^-]^6}{[FeF_6^{3-}][C_2O_4^{2-}]^3}=\frac{[Fe(C_2O_4)_3^{3-}][F^-]^6}{[FeF_6^{3-}][C_2O_4^{2-}]^3}\times\frac{[Fe^{3+}]}{[Fe^{3+}]}$$

$$=\frac{K_s\{[Fe(C_2O_4)_3]^{3-}\}}{K_s\{[FeF_6]^{3-}\}}=\frac{1.6\times10^5}{1.1\times10^{12}}$$

$$=1.4\times10^{-7}$$

该反应进行的方向是$[Fe(C_2O_4)_3]^{3-} + 6F^- \longrightarrow [FeF_6]^{3-} + 3C_2O_4^{2-}$

10. 答：AgCl 溶于 NH_3 溶液中的反应为

$$AgCl(s) + 2\,NH_3(aq) \rightleftharpoons [Ag(NH_3)_2]^+(aq) + Cl^-(aq)$$

反应的平衡常数为

$$K=\frac{[Ag(NH_3)_2^+][Cl^-]}{[NH_3]^2}=\frac{[Ag(NH_3)_2^+][Cl^-]}{[NH_3]^2}\times\frac{[Ag^+]}{[Ag^+]}$$

$$=K_s\{[Ag(NH_3)_2]^+\}\cdot K_{sp}(AgCl)$$

$$=1.1\times10^7\times1.77\times10^{-10}$$

$$=1.95\times10^{-3}$$

设 AgCl 在 $6.0mol\cdot L^{-1}$ NH_3 溶液中的溶解度为 $S mol\cdot L^{-1}$，由反应式可知：$[Ag(NH_3)_2^+]=[Cl^-]=S mol\cdot L^{-1}$，$[NH_3]=(6.0-2S)mol\cdot L^{-1}$，将平衡浓度代入平衡常数表达式中，得

$$K=\frac{S^2}{(6.0-2S)^2}=1.95\times10^{-3}$$

$$S=0.26\ mol\cdot L^{-1}$$

即 298.15K 时，AgCl 在 1L $6.0mol\cdot L^{-1}$ NH_3 溶液中的溶解度为 $0.26mol\cdot L^{-1}$。

在上述溶液中，如有 AgBr 生成，生成 AgBr 沉淀的反应式为

$$[Ag(NH_3)_2]^+(aq) + Br^-(aq) \longrightarrow 2NH_3(aq) + AgBr(s)$$

反应的平衡常数为

$$K=\frac{[NH_3]^2}{[Br^-][Ag(NH_3)_2^+]}=\frac{1}{Ks([Ag(NH_3)_2]^+)\times K_{sp}(AgBr)}$$

$$=\frac{1}{1.1\times10^7\times5.35\times10^{-13}}=\frac{1}{5.89\times10^{-6}}=1.70\times10^5$$

该反应的反应商为

$$Q=\frac{c(NH_3)^2}{c([Ag(NH_3)_2]^+)\times c(Br^-)}=\frac{(6.0-2\times0.26)^2}{0.26\times0.10}=1155$$

由于 $Q<K$，$\Delta_r G_m<0$，$[Ag(NH_3)_2]^+$和 Br^-反应向生成 AgBr 沉淀方向进行，因此有 AgBr 沉淀生成。

11. 答：(1) $\varphi^{\ominus}(Ag^{+}/Ag)=\varphi^{\ominus}(Ag^{+}/Ag)+0.059\,16\lg[Ag^{+}]$

$$=0.799\,6+0.059\,16\times\lg[Ag^{+}]$$

$$=-0.505(V)$$

$$\lg[Ag^{+}]=\frac{-0.505-0.799\,6}{0.059\,16}=\frac{-1.304\,6}{0.059\,16}=-22.05$$

所以$[Ag^{+}]=1.12\times10^{-22}\ mol\cdot L^{-1}$

(2) $$K_s\{[Ag(S_2O_3)_2]^{3-}\}==\frac{[Ag(S_2O_3)_2^{3-}]}{[Ag^{+}][S_2O_3^{2-}]}=\frac{0.50}{1.12\times10^{-22}\times2^2}=1.12\times10^{21}$$

$$[Ag^{+}]=\frac{[Ag(NH_3)_2^{+}]}{K_s\{[Ag(NH_3)_2]^{+}\}\times[NH_3]^2}=\frac{0.25}{1.12\times10^{-22}\times0.5^2}=8.93\times10^{2}(mol\cdot L^{-1})$$

第十一章 s 区 元 素

s 区元素包括氢、第ⅠA 族碱金属元素和第ⅡA 族碱土金属元素，氢的性质不同于 s 区其他元素。本章主要介绍 s 区元素单质及主要化合物的性质和应用。

第一节 氢

H 是元素周期表中唯一尚未找到确切位置的元素。第ⅠA 族除了 H 都是活泼金属元素，主要以失去电子形成稀有气体稳定结构的+1 价离子为特征，但 H 的+1 价化合物主要是形成共价键。一般来说，H^+及氧化数为+1 的含氢化合物比较重要。H 也可以像卤素那样获得一个电子成为H^-。

H 是最简单的原子，H_2分子也是最简单的共价分子，它们的电子体系也最简单，最容易进行理论处理，因而，在近代量子理论中 H 和 H_2分子成为创建原子结构理论和共价分子结构理论的基础物质。在现有的化学元素研究中，氢化学是内容最丰富的元素化学领域之一。

一、物 理 性 质

氢(hydrogen)是宇宙中最丰富的元素，在地壳中 H 的分布很广，在自然界中主要以水、石油、天然气等化合物的形态存在。H_2是无色、无味、无毒的气体，也是最轻的气体。在 0℃和 100kPa 下，密度为 0.089 88g · L^{-1}，仅为空气的 1/14，常用于合成氨、石油化工、有机合成和高能燃料等。H_2难溶于水，也难液化。

自然界中 H 存在三种**同位素**(isotope)，其中稳定的同位素有**氕**(protium，^1_1H 或 H)和**氘**(deuterium，重氢，^2_1H 或 D)。**氚**(tritium，超重氢，^3_1H 或 T)是一种不稳定的**放射性同位素**(radioisotope)。

H 的三种同位素因核外均含有 1 个电子，所以化学性质基本相同。由于三者的质量相差较大，导致它们的单质和化合物在物理性质上存在差异，见表 11-1 和表 11-2。

表 11-1 氕、氘、氚的性质

同位素	相对原子质量	自然丰度/%	熔点/K*	沸点/K*
氕	1.007 825	99.985	13.957	20.30
氘	2.141 02	0.0156	18.73	23.67
氚	3.016 049	～10^{-16}	20.62	25.04

注：*单质分子的性质。

表 11-2 氢同位素化合物的性质

特性参数	H_2O	D_2O
平均键能/(kJ·mol^{-1})	463.5	470.9
溶点/℃	0	3.82
沸点/℃	100	101.42
密度/(g·cm^{-3})	0.997	1.107

氘的氧化物 D_2O 比 H_2O 重，称为**重水**(heavy water)。重水作为控制原子反应堆中核裂变反应能正常进行的中子减速剂和反应的冷却剂；重水分解产生的热核燃料氘是制造氢弹的原料；重水还可以用作示踪物质；通常认为重水不属于有毒物质，但人体代谢需要 H_2O，人不能饮用重水，微生物、鱼类在纯重水或含重水较多的水中数小时就会死亡。

二、化学性质

H^+ 核外没有电子，这与其他原子失去电子的情况不相同。H^+ 并不代表一个简单的质子，它总是同其他化合物相结合，如在水溶液中以 H_3O^+ 的形式存在，在液氨中以 NH_4^+ 形式存在。

在某些特定条件下，H 得到一个电子形成与 F^- 很相似的 H^-，H^- 与碱金属可以形成 MH 化合物，它仅存在于离子型氢化物的晶体中，但其性质与金属卤化物有很大的差异，这是由于 H^- 半径较大易变形。例如，NaH 溶于水后释放出 H_2，而 NaX 却没有这样的性质。

H 原子和其他电负性不大的非金属形成共价型氢化物。H_2 可与 X_2 反应，反应活性由 F 到 I 逐渐减弱。H_2 与 F_2 在黑暗处能迅速反应，而与 I_2 必须在持续加热 500℃的条件下才能化合生成 HI。

H_2 在 O_2 中燃烧的火焰温度可达 3000℃，因此，H_2 可以作为动力燃料。当 H_2 与 O_2 混合超过一定比例时，在光照或点燃条件下发生剧烈爆炸，氢气在空气中的爆炸极限(H_2 体积分数)为 4% ～ 74%。因此，使用 H_2 时要检验以确知其纯度。

H_2 有很高的热稳定性，H_2 分子有很高的 H—H 键能，为 435.783kJ · mol^{-1}，常温下稳定。高温下主要显示还原性，加热条件下，H_2 可以还原 MnO 及活泼性顺序排在 Mn 后面的金属氧化物或金属卤化物，得到金属单质。例如

$$TiCl_4 + 2H_2 \xlongequal{\quad} Ti + 4HCl$$

室温下，只有少数化合物可以直接被 H_2 还原。例如，H_2 能迅速还原 $PdCl_2$ 水溶液

$$PdCl_2\,(aq) + H_2(g) \xlongequal{\quad} Pd(s)\downarrow + 2HCl$$

该反应灵敏，可用来检验 H_2 的反应，粉红色的 $PdCl_2$ 水溶液变黑，即 Pd 黑。

三、氢气的用途

工业生产中，H_2 的主要用途是合成 NH_3，其次是在 Co 催化剂作用下合成醇类。例如

$$2H_2 + CO \xlongequal{\quad} CH_3OH$$

在无机化学工业中，H_2 用于合成 HCl 和制备金属氢化物等。在冶金工业中常利用 H_2 还原金属氧化物，制备金属。

$$CuO + H_2 \xlongequal{\triangle} Cu + H_2O$$
$$Fe_3O_4 + 4H_2 \xlongequal{\triangle} 3Fe + 4H_2O$$

在有机合成工业中，H_2 主要用于对不饱和键的催化加氢等，如石油催化加氢；植物油氢化合成人造脂肪和人造黄油。

H_2 在燃烧时放出大量的热

$$H_2(g) + \frac{1}{2}O_2(g) \xlongequal{\quad} H_2O(g) \qquad \Delta_r H_m^{\ominus} = -241.8\text{kJ} \cdot \text{mol}^{-1}$$

因此，在航天中用液氢作高能燃料，氢能作为一种高效洁净的新能源受到了越来越多的关注，如在燃料电池技术中作为氢源。

氢气的生物学效应

2007 年以来的动物模型研究表明，H_2 对各类氧化损伤均具有理想的治疗效果，目前公认的解释是 H_2 具有选择性抗氧化作用。H_2 属于内源性物质，生物兼容性好，几乎没有任何明显

的毒性作用，制备简单，价格便宜，属于真正意义上的绿色药物，在临床上将具有潜在而广泛的应用前景。

四、氢 化 物

H 与其他元素形成的二元化合物称为**氢化物**(hydride)。除稀有气体外，大多数元素几乎都能与 H 化合而成氢化物。氢化物按其结构分成离子型(盐型)、分子型(共价型)和金属型三类。

(一) 离子型氢化物

H 与电负性小于它的碱金属和碱土金属直接化合时得电子成为 H^-，但 H_2 成为 H^- 的倾向远比 X_2 成为 X^- 要小，故只有在较高温度下才能生成离子型氢化物。这类氢化物具有离子型化合物的共性。均为盐状晶体，常因含少量金属而显灰色。除 LiH 和 BaH_2 具有较高的熔点(分别为 965K、1473K)，其他氢化物均在熔融前就分解成单质。离子型氢化物可溶解在熔融碱金属卤化物中，电解这种融盐溶液，阳极产生 H_2，这一事实也证明有 H^- 存在。

所有离子型氢化物都是金属同 H_2 直接化合制备的，合成温度在 300～700℃。H_2 的压力一般为 100kPa。例如

$$2Na + H_2 \xlongequal{高温} 2NaH$$

离子型氢化物与 H_2O 发生强烈反应放出 H_2

$$NaH + H_2O \xlongequal{\quad} NaOH + H_2\uparrow$$

根据这一特性，有时利用离子型氢化物，如 CaH_2，除去气体或溶剂中微量的水分。

离子型氢化物是良好的强还原剂，$\varphi^{\ominus}(H_2/H^-) = -2.23V$。在高温下可以还原金属氯化物、氧化物和含氧酸盐

$$TiCl_4 + 4NaH \xlongequal{\quad} Ti + 4NaCl + 2H_2\uparrow$$

$$UO_2 + CaH_2 \xlongequal{\quad} U + Ca(OH)_2$$

离子型氢化物的另一特性是在非水极性溶剂中能与一些缺电子化合物结合生成配位氢化物。H 与 B、Al、Ga 生成组成为 XH_4^- 的配位氢化物，典型的配位氢化物是 $LiAlH_4$，由 LiH 和 $AlCl_3$ 在干燥的乙醚中反应制得

$$4LiH + AlCl_3 \xrightarrow{干燥乙醚} LiAlH_4 + LiCl$$

$LiAlH_4$ 具有很强的还原性，在有机反应中常用于还原羰基。

(二) 分子型氢化物

H 与 p 区元素单质(稀有气体及铟、铊除外)结合形成分子型氢化物时，根据其 Lewis 结构式中电子数和化学键数的差异，生成缺电子氢化物(如 B_2H_6，B 未满 8 电子构型)、满电子氢化物(中心原子价电子全部参与成键，没有剩余的非键电子对，如 CH_4)和富电子氢化物(中心原子的一部分电子成键后，有剩余未成键的孤电子对，如 NH_3、H_2O 和 HF)三种。这类氢化物具有分子型化合物熔、沸点低的特点，通常条件下多为气体。分子型氢化物共价键的极性差别较大，化学行为比较复杂。

H_2 与 X_2、S 和 N_2 在一定条件下直接反应得到分子型氢化物；有些非金属元素的氢化物也可以用这些元素的金属化合物与 H_2O 或酸反应制备。例如

$$Ca_3P_2 + 6H_2O \xlongequal{\quad} 3Ca(OH)_2 + 2PH_3$$

$$FeS + 2HCl \xlongequal{\quad} FeCl_2 + H_2S$$

分子型氢化物的热稳定性相差较大，有的在室温下就分解(如 SnH_4、PbH_4 等)；有的在高温下也不分解(如 HF)。与 H 结合的元素电负性越大，所形成的氢化物的热稳定性就越高。

除 HF 外，其他分子型氢化物都具有还原性。同一周期从左到右，元素的分子型氢化物还原性依次减弱；同一族从上到下还原性逐渐增强。

(三) 金属型氢化物

d 区ⅢB 族到ⅤB 族金属元素都能形成氢化物，而ⅥB 族仅有 Cr 能形成氢化物。H_2容易被ⅧB 族的 Ni、Pd 和 Pt 等金属吸附，其中 Pd 对 H_2的吸附最强，室温下，1 体积粉末状的 Pd 大约吸附 900 体积的 H_2，被吸附的 H_2有很强的化学活性。例如，吸附态下的 H_2与 O_2能迅速化合；只有在高压下 Ni 才能形成氢化物；Pt 在任何条件下都不能形成氢化物，但 H_2可以在 Pt-Ni 表面形成化学吸附氢化物，从而使 Pt 在加氢反应中有广泛的催化作用。

从物理性质上看，金属型氢化物基本上保留着金属的外观特征，有金属光泽，有导电性，密度比相应金属小。金属型氢化物在有机合成及用作储氢材料方面有重要用途。

第二节 碱金属和碱土金属的单质

一、s 区金属元素概述

碱金属(alkali metals)元素是周期表中ⅠA 族的元素，包括锂(Li)、钠(Na)、钾(K)、铷(Rb)、铯(Cs)和钫(Fr)。其中 Li、Rb、Cs 是稀有金属，Fr 是放射性元素。碱金属元素的价层电子结构为 ns^1。元素周期表中每个周期都是从碱金属开始的，碱金属原子次外电子层具有稀有气体的稳定结构，对核电荷的屏蔽作用较大，其第一电离能(I_1)在同一周期中最低，碱金属元素第二电离能很高，故容易失去一个电子成为M^+，不表现出其他氧化态。碱金属活泼性很强，自然界中均以化合物形式存在，没有游离的金属单质。它们的氧化物溶于 H_2O 后均呈强碱性，故称为碱金属。

同一周期元素中，碱金属的原子半径最大，熔点、沸点和硬度均很低。碱金属元素化合物多为离子型化合物；但 Li 化合物的共价成分较多。碱金属元素的一些特性参数见表 11-3。

表 11-3 碱金属元素的特性参数

元素性质	锂(Li)	钠(Na)	钾(K)	铷(Rb)	铯(Cs)
相对原子质量	6.941	22.99	39.098	85.47	132.9
价层电子结构	$1s^1$	$2s^1$	$3s^1$	$4s^1$	$5s^1$
原子半径/pm	123	154	203	216	235
离子半径/pm	60	95	133	148	169
第一电离能/($kJ\cdot mol^{-1}$)	520	496	419	403	376
第二电离能/($kJ\cdot mol^{-1}$)	7298	4562	3051	2633	2230
电子亲和能/($kJ\cdot mol^{-1}$)	−59.6	−52.9	−48.4	−46.9	−45.0
电负性	0.98	0.93	0.82	0.82	0.79
熔点/K	453.69	370.96	336.8	312.4	301.55
沸点/K	1620	1156	1047	961	951.5
密度/($g\cdot cm^{-3}$)	0.534	0.968	0.89	1.532	1.878
标准电极电势 $\varphi^{\ominus}(M^+/M)$/V	−3.040	−2.714	−2.936	−2.943	−3.027
氧化数	+1	+1	+1	+1	+1
硬度(金刚石 = 10)	0.6	0.5	0.4	0.3	0.2

碱土金属(alkaline earth metals)元素是位于周期表中ⅡA 族的元素，包括铍(Be)、镁(Mg)、钙(Ca)、锶(Sr)、钡(Ba)和镭(Ra)。其中，Ra 是放射性元素。碱土金属元素的价层电子结构为 ns^2。该族元素均是化学性质活泼的轻金属，自然界中没有游离的金属单质，均以化合物形式存在。它们的第一电离能(I_1)和第二电离能(I_2)都不高，容易失去 2 个价电子成为 M^{2+}，碱土金属元素的氧化数一般为+2。它们的化合物多为离子型化合物，Be 的化合物共价成分较多。碱土金属元素的金属活泼性比同周期的碱金属元素弱，其原子半径比同周期的碱金属小，所形成的金属键比碱金属强，故碱土金属单质的熔点、沸点和密度都要比碱金属高。碱土金属元素的一些特性参数见表 11-4。

表 11-4　碱土金属的特性参数

特性参数	铍(Be)	镁(Mg)	钙(Ca)	锶(Sr)	钡(Ba)
相对原子质量	9.012	24.305	40.080	87.620	137.300
价层电子结构	$1s^2$	$2s^2$	$3s^2$	$4s^2$	$5s^2$
原子半径/pm	89	136	174	191	198
离子半径/pm	31	65	99	113	135
第一电离能/($kJ \cdot mol^{-1}$)	905.63	743.94	596.10	555.70	502.90
第二电离能/($kJ \cdot mol^{-1}$)	1757	1451	1145	1064	965
第三电离能/($kJ \cdot mol^{-1}$)	14849	7733	4812	4210	—
电子亲和能/($kJ \cdot mol^{-1}$)	48.2	38.6	28.9	28.9	—
电负性	1.57	1.31	1.00	0.95	0.89
熔点/K	1551	922	1112	1042	998
沸点/K	3243	1363	1757	1657	1913
密度/($g \cdot cm^{-3}$)	1.847	1.738	1.55	2.64	3.51
标准电极电势 $\varphi^{\ominus}(M^{2+}/M)/V$	−1.968	−2.357	−2.869	−2.899	−2.906
氧化数	+2	+2	+2	+2	+2
硬度(金刚石 ＝10)	4	2.0	1.8	1.5	1.2

s 区金属元素的标准电极电位都较低，表明其单质的还原性较强。同族元素从上到下，原子半径或离子半径逐渐增大，电离能逐渐减小，电负性逐渐减小，金属性与还原性逐渐增强。

碱金属和碱土金属在自然界中以离子型化合物形式存在。只有 Li、Be 和 Mg 形成的化合物具有明显的共价性质。碱金属 Na、K 和碱土金属(除 Ra 外)在自然界分布很广，其中 Na、K、Ca 和 Ba 的丰度较大。这些元素通常存在于矿物中，见表 11-5。

表 11-5　s 区元素主要存在的矿物质

元素	存在的矿物质的名称和组成
Li	锂辉石[$LiAl(SiO_3)_2$]、锂云母[$K_2Li_3Al_4Si_7O_{21}(OH_2F)_3$]、透锂长石($LiAlSi_4O_{10}$)
Na	盐湖和海水中的氯化钠、天然碱($Na_2CO_3 \cdot xH_2O$)、硝石($NaNO_3$)、芒硝($Na_2SO_4 \cdot 10H_2O$)
K	光卤石($KCl \cdot MgCl_2 \cdot 6H_2O$)、盐湖和海水中的氯化钾、钾长石[$K(AlSi_3O_8)$]
Be	绿柱石[$Be_3Al_2(SiO_3)_6$]、硅铍石(Be_2SiO_4)、铝铍石($BeO \cdot Al_2O_3$)
Mg	菱镁矿($MgCO_3$)、光卤石、白云石($CaCO_3$ 、 $MgCO_3$)
Ca	大理石、方解石、白垩、石灰石、石膏、萤石(CaF_2)
Sr	天青石($SrSO_4$)、碳酸锶矿($SrCO_3$)
Ba	重晶石($BaSO_4$)、毒重石($BaCO_3$)

二、单质的物理性质

碱金属和碱土金属都具有金属光泽。其物理性质主要表现为密度小、质地软、熔点低，导电和导热性好。碱金属中 Li、Na 和 K 的密度小于 $1g \cdot cm^{-3}$，能浮在水面上。其余金属密度都小于 $5g \cdot cm^{-3}$，属于轻金属。

除 Be、Mg 外，碱金属和碱土金属的硬度都小于 2。碱金属原子形成的金属键很弱，它们的熔点和沸点都很低。当两种或以上的金属元素混合后，其物理性质与混合前元素的性质都不同。例如，Li-Pb 合金使 Pb 的硬度增大，Mg-Al 合金作为一种轻质工业材料，应用非常广泛。

在一定波长光的作用下，碱金属电子可获得能量从金属表面逸出而产生光电效应。例如，自动门开关上装有 Rb 和 Cs 为原料制成的真空光电管，无人遮挡时，受光照射产生光电流使门关上，门附近有人时便遮挡了光，电效应消失，电路断开，门自动打开。

三、单质的化学性质

s 区元素能直接或间接地与电负性较高的非金属元素单质(如 Cl_2 、S、P、N_2 、O_2 和 H_2 等)反应，形成相应的化合物。碱金属和碱土金属单质的主要化学反应见表 11-6 和表 11-7。

表 11-6 碱金属单质的化学反应

反应方程式	备注
$4Li + O_2(过量) = 2Li_2O$	其他金属形成 Na_2O_2 、K_2O_2 、KO_2 、RbO_2 、CsO_2
$2M + X_2 = 2MX$	X=卤素
$6Li + N_2 = 2Li_3N$	室温，其他碱金属无此反应
$2M + H_2 = 2MH$	高温下反应，LiH 最为稳定
$2M + S = M_2S$	反应很剧烈，产生大量的硫化物
$2M + 2H_2O = 2MOH + H_2$	Li 反应缓慢，K 发生爆炸，与酸反应时都发生爆炸
$3M + E = M_3E$	E = P，As，Sb，Bi，加热反应

表 11-7 碱土金属的化学反应

反应方程式	备注
$2M + O_2(过量) = 2MO$	加热能燃烧，钡能形成过氧化钡
$M + X_2 = MX_2$	X = 卤素
$3M + N_2 = M_3N_2$	水解生成 NH_3 和 $M(OH)_2$
$M + H_2 = MH_2$	高温下反应，Mg 需要高压
$M + S = MS$	—
$M + 2H_2O = 2M(OH)_2 + H_2$	Be、Mg 与冷水反应缓慢
$M + 2H^+ = M^{2+} + H_2$	Be 反应缓慢，其余反应较快
$Be + 2OH^- + 2H_2O = Be(OH)_4^{2-} + H_2$	其他元素没有此性质

活泼的碱金属在常温下易与 O_2、H_2O 等反应，需储存在煤油中。Li、Na 和 K 不能在空气中暴露时间过长，久置于空气中的金属 Na 会变为 Na_2CO_3 。Rb 和 Cs 在空气中迅速氧化，需在惰性气体环境中操作。除 Li 之外，碱金属元素在空气中点燃生成过氧化物或超氧化物。Li 和碱土金属在空气中点燃时除了生成氧化物，还与 N_2 反应生成相应的叠氮化合物。例如

$$3Mg + N_2 = Mg_3N_2$$

Mg_3N_2 在 H_2O 中水解为 $Mg(OH)_2$ 和氨气。

$$Mg_3N_2 + 6H_2O \xlongequal{} 3Mg(OH)_2 + 2NH_3\uparrow$$

Li 与 H_2O 反应较慢，其他碱金属遇 H_2O 反应剧烈，甚至爆炸。Be 和 Mg 的表面能形成一层致密的保护膜，几乎不与冷 H_2O 反应，其他碱土金属元素均能与 H_2O 剧烈反应，产生 H_2 并放出热。

金属 Li、Ca 和 Ba 与 H_2O 反应时较慢，因为这几种金属的熔点较高，反应中放出的热不足以使它们熔化成液体；另外，这几种元素的氢氧化物溶解度较小，它们覆盖在金属固体表面，减少了金属与水反应的机会。

碱金属和碱土金属都能与酸剧烈反应甚至发生爆炸。

Na、Li、Mg 和 Ca 具有很强的还原性，在冶金、无机合成及有机合成中起着重要的作用。例如，用 $TiCl_4$ 制备 Ti

$$TiCl4(g) + 4Na(1) \xlongequal{700\sim800℃} Ti(s) + 4NaCl(s)$$

四、焰 色 反 应

碱金属和碱土金属中的 Ca、Cs、Ba 及它们的挥发性化合物在无色火焰中灼烧时，都具有特征的焰色，称为**焰色反应**(flame reaction)。由于它们的原子或离子受热时，电子容易被激发，当电子从较高能级跃迁到较低能级时，相应的能量以光的形式释放出来，所以，火焰具有特征颜色。Sr、Ba 和 K 的硝酸盐、硫粉、松香等按一定比例混合，可以制成能发出各种颜色光的信号弹和烟花。火焰颜色及主要波长见表 11-8。

表 11-8 部分碱金属和碱土金属的火焰颜色

元素	Li	Na	K	Rb	Cs	Ca	Sr	Ba
颜色	深红	黄	紫	红紫	蓝	橙红	深红	绿
波长/nm	670.8	589.2	766.5	780.0	455.5	714.9	687.8	553.5

焰色反应还可用于辅助确定 K^+、Na^+ 和 Ca^{2+} 等金属离子的存在。

第三节 碱金属和碱土金属的化合物

一、氧 化 物

碱金属和碱土金属单质与 O_2 能形成多种形式的氧化物，如正常氧化物、**过氧化物**(peroxide)、**超氧化物**(superoxide)和**臭氧化合物**(ozonide)，见表 11-9。

表 11-9 碱金属和碱土金属元素可能生成的氧化物

氧化物	阴离子	直接形成	间接形成
正常氧化物	O^{2-}	Li、Be、Mg、Ca、Sr、Ba	第ⅠA 和ⅡA 所有元素
过氧化物	O_2^{2-}	Na、Ba	除 Be 外的所有元素
超氧化物	O_2^-	Na、K、Rb、Cs	除 Be、Mg、Li 外的所有元素
臭氧化物	O_3^-		Na、K、Rb、Cs

(一) 正常氧化物

碱金属在空气中燃烧时，除 Li 生成 Li_2O 外，其他元素只有在缺氧的条件下制得相应的氧化物，因缺氧条件不易控制，故 M_2O 通常采用间接的方法来制备。例如，用 Na 还原 Na_2O_2，制得 Na_2O；用 K 还原 KNO_3，制得 K_2O

$$Na_2O_2 + 2Na = 2Na_2O$$

$$2KNO_3 + 10K = 6K_2O + N_2\uparrow$$

热分解碱土金属的碳酸盐、硝酸盐等，也能得到相应的氧化物。不同的碱金属氧化物的颜色和熔点见表 11-10。

表 11-10　碱金属氧化物的颜色及熔点

氧化物	Li_2O	Na_2O	K_2O	Rb_2O	Cs_2O
颜色	白色	白色	淡黄色	亮黄色	橙红色
熔点/K	1943	1173	623(分解)	673(分解)	763

碱金属氧化物与 H_2O 反应生成相应的氢氧化物 MOH

$$M_2O + H_2O = 2MOH$$

从 Li_2O 到 Cs_2O，反应的剧烈程度依次增强。Li_2O 与 H_2O 反应较缓慢，而 Rb_2O 和 Cs_2O 与 H_2O 反应时，会燃烧甚至爆炸。

碱土金属在室温或加热的条件下，能与 O_2 直接化合生成氧化物 MO。例如

$$2Mg + O_2 = 2MgO$$

碳酸盐或硝酸盐加热分解也可制得 MO。例如

$$CaCO_3 \xlongequal{\triangle} CaO + CO_2\uparrow$$

$$2Sr(NO_3)_2 \xlongequal{高温} 2SrO + 4NO_2\uparrow + O_2\uparrow$$

与碱金属离子 M^+ 相比，碱土金属离子 M^{2+} 电荷多，离子半径较小，所以，碱土金属氧化物具有较大的晶格能，熔点都很高，硬度也较大。

BeO 和 MgO 常用于制造耐火材料。经过煅烧的 BeO 和 MgO 难溶于水，但能溶于酸和铵盐溶液。BeO、CaO、SrO 和 BaO 与水反应的活性逐渐增强，生成相应的氢氧化物

$$CaO + H_2O = Ca(OH)_2$$

CaO 与 H_2O 反应生成的 $Ca(OH)_2$ 又称熟石灰，广泛应用在建筑工业上。此外，CaO 常用于吸收乙醇等有机溶剂中的水分。

碱土金属氧化物的性质见表 11-11。

表 11-11　碱土金属氧化物的性质

氧化物	BeO	MgO	CaO	SrO	BaO
颜色	白色	白色	白色	白色	白色
熔点/K	2851	3073	3173	2703	2246
密度/$(g \cdot cm^{-3})$	3.025	3.650～3.750	3.340	4.700	5.720
离子间距离/pm	165	210	240	257	277
$\Delta_f H_m^\ominus$ /$(kJ \cdot mol^{-1})$	−609.60	−601.70	−635.09	−592.00	−553.50
$\Delta_h H_m^\ominus$ /$(kJ \cdot mol^{-1}$*)	14.2	40.6	66.5	81.6	103.4

注：*气态金属离子标准摩尔水合焓。

(二) 过氧化物

除 Be 和 Mg 外，所有碱金属和碱土金属都能形成相应的过氧化物。其中，只有 Na 和 Ba 能在空气中直接燃烧生成过氧化物 Na_2O_2 和 BaO_2。Na_2O_2 是最常见的碱金属过氧化物。将金属 Na 在 Al 制容器中加热到 573K，并通入不含 CO_2 的干空气，得到淡黄色颗粒状的 Na_2O_2 粉末。

Na_2O_2 在空气中容易和水蒸气、CO_2 或者稀酸反应

$$2Na_2O_2 + 2CO_2 = O_2 + 2Na_2CO_3$$

$$Na_2O_2 + 2H_2O = 2NaOH + H_2O_2$$

$$Na_2O_2 + H_2SO_4(\text{稀}) = Na_2SO_4 + H_2O_2$$

生成的 H_2O_2 不稳定，易分解放出 O_2，同时放出大量的热。因此，Na_2O_2 可以用作高空飞行或潜水时的供氧剂和 CO_2 的吸收剂，同时也可作为防毒面具的填充材料。

Na_2O_2 是一种强氧化剂，工业上可以作为漂白剂。Na_2O_2 在熔融时几乎不分解，但遇到棉花、木炭或铝粉等还原性物质时，就会发生爆炸，使用 Na_2O_2 时应当注意安全。

碱土金属的过氧化物以 BaO_2 较为重要，工业上把 BaO 在空气中加热到 873K 以上制得 BaO_2

$$2BaO + O_2 \xlongequal{873\sim1073K} 2BaO_2$$

在实验室常用 BaO_2 与稀 H_2SO_4 反应制取 H_2O_2

$$BaO_2 + H_2SO_4 = BaSO_4\downarrow + H_2O_2$$

(三) 超氧化物

除 Li、Be、Mg 外，其他碱金属和碱土金属都能形成超氧化物。K、Rb、Cs 能在空气中直接燃烧生成超氧化物。按照分子轨道理论，在 O_2^- 中含有一个 σ 键和一个三电子 π 键，因 O_2^- 中有一个未成对电子，故有顺磁性，并呈现出颜色，例如，KO_2 为橙黄色，RbO_2 为深棕色，CsO_2 为深黄色。

超氧化物都是很强的氧化剂，与 H_2O 反应剧烈，生成 O_2 和 H_2O_2。例如

$$2KO_2 + 2H_2O = O_2\uparrow + H_2O_2 + 2KOH$$

超氧化物也可以与 CO_2 反应，放出 O_2。例如

$$4KO_2 + 2CO_2 = 2K_2CO_3 + 3O_2$$

因此，碱金属和碱土金属的超氧化物可用于吸收 CO_2 和再生 O_2。例如，由于 KO_2 易于制备，常用于急救器、潜水、登山及消防队员的空气背包中。

(四) 臭氧化物

干燥的 Na、K、Rb 和 Sr 的氢氧化物固体与 O_3 反应，可以制得臭氧化物。例如

$$3KOH(s) + 2O_3(g) = 2KO_3(s) + KOH\cdot H_2O(s) + \frac{1}{2}O_2(g)$$

将产物在液氨中重结晶，可以得到橘红色的 KO_3 晶体。在室温下，它会缓慢地分解为超氧化合物和 O_2

$$KO_3 = KO_2 + \frac{1}{2}O_2$$

用分子轨道理论比较 O_2，O_2^{2-} 和 O_2^- 可知，O_2^{2-} 和 O_2^- 的反键轨道上的电子比 O_2 多，键级比 O_2 小。另外，它们的键能分别为 $142kJ\cdot mol^{-1}$ 和 $398kJ\cdot mol^{-1}$，比 O_2 的键能 $498kJ\cdot mol^{-1}$ 也小，所以，过氧化物和超氧化物稳定性不高，臭氧化物的稳定性更差。

二、氢氧化物

碱金属和碱土金属的氢氧化物都是白色固体，在空气中易吸水而潮解，NaOH 和 $Ca(OH)_2$ 常用作干燥剂，也能和空气中的 CO_2 反应生成碳酸盐，应密封保存。碱金属的氢氧化物易溶于水，而碱土金属的氢氧化物在 H_2O 中的溶解度较小。

碱金属氢氧化物最显著的性质就是强碱性，除 LiOH 是中强碱外，其余的都属于强碱。碱金属氢氧化物对皮肤、天然植物纤维等具有很强的腐蚀性，故又称为苛性碱(如 NaOH 称为苛性钠、烧碱)。碱金属氢氧化物的性质见表 11-12。

表 11-12　碱金属氢氧化物的性质

性质	LiOH	NaOH	KOH	RbOH	CsOH
熔点/K	723	591	633	574	545
$\Delta_{sol}H_m^\ominus$ /(kJ · mol^{-1*})	−23.4	−44.4	−57.7	−62.3	−74.5
溶解度(288 K)/(mol · L^{-1})	5.3	26.4	19.1	17.9	25.8
酸碱性		⟶	碱性依次增强		

注：*溶解热。

碱金属氢氧化物中比较重要的是 NaOH，是非常重要的无机化工原料，应用十分广泛。NaOH 溶液和熔融的 NaOH 既可溶解某些两性金属(Al、Zn 等)及其氧化物，又能溶解许多非金属单质及其氧化物。例如

$$2Al + NaOH + 6H_2O \xlongequal{\quad} 2Na[Al(OH)_4] + 3H_2\uparrow$$

$$Al_2O_3 + 2NaOH \xlongequal{\quad} 2NaAlO_2 + H_2O$$

$$Si + 2NaOH + 2H_2O \longrightarrow Na_2SiO_3 + 2H_2\uparrow$$

$$SiO_2 + NaOH \xlongequal{\quad} Na_2SiO_3 + H_2\uparrow$$

由于 NaOH 与玻璃的主要成分 SiO_2 反应生成黏性的 Na_2SiO_3，故长时间盛放 NaOH 的试剂瓶要用橡胶塞。

工业上通常用电解食盐水的方法来制备 NaOH

$$2NaCl + 2H_2O \xlongequal{电解} 2NaOH + Cl_2\uparrow + H_2\uparrow$$

表 11-13 列出了碱土金属氢氧化物的溶解度和酸碱性。碱土金属氧化物，除 BeO 和 MgO 外遇水均发生剧烈反应，生成易溶于水的相应氢氧化物，$Be(OH)_2$ 和 $Mg(OH)_2$ 是难溶氢氧化物。

表 11-13　碱土金属氢氧化物的性质

性质	$Be(OH)_2$	$Mg(OH)_2$	$Ca(OH)_2$	$Sr(OH)_2$	$Ba(OH)_2$
溶解度(293K)/(mol·L^{-1})	8×10^{-6}	5×10^{-4}	1.8×10^{-2}	6.7×10^{-2}	2×10^{-1}
酸碱性	两性	中强碱	强碱	强碱	强碱

碱金属和碱土金属的氢氧化物的溶解性与其离子半径的大小密切相关。碱土金属氢氧化物从 $Be(OH)_2$ 到 $Ba(OH)_2$ 随着阳离子半径的增大，与阴离子之间的吸引力逐渐减小，$M(OH)_2$ 的溶解度逐渐增大。同一周期中，碱土金属离子比碱金属离子半径小，且带有两个单位正电荷，因此，$M(OH)_2$ 的溶解度比 MOH 小。另外，同一周期的 M^{2+}的极化力强于 M^+，故 $M(OH)_2$ 溶解度减小。

离子势(ionic potential) ϕ 是金属离子的电荷数 Z 和金属离子半径 r(单位：pm)的比值。即

$$\phi = \frac{Z}{r}$$

离子势的大小影响离子型化合物的溶解性、水解性，影响某些氢氧化物的酸碱性及含氧酸盐的热稳定性等。电子构型相同时，金属离子的离子势越大，其极化力也越大，离子化合物的溶解性降低，水解倾向变大，含氧酸盐的热稳定性变差。

MOH 表示金属氢氧化物，它可有以下两种解离方式。

酸式解离：$MOH \rightleftharpoons H^+ + MO^-$

碱式解离：$MOH \rightleftharpoons OH^- + M^+$

金属氢氧化物的酸碱性取决于它们的解离方式。离子势可用于判断氢氧化物的酸式或碱式电离，若ϕ小，即 M 离子的电荷数少，离子半径大，则 M 与 O 原子间的静电作用较弱，相对的 O—H 较强，有利于碱式解离；若ϕ大，即Z大，r小，M 与 O 原子间的静电作用较强，有利于酸式解离。判断金属氢氧化物酸碱性的经验规律为：

$\sqrt{\phi} < 0.22$ 时，金属氢氧化物呈碱性；$0.22 < \sqrt{\phi} < 0.32$ 时，金属氢氧化物呈两性；$\sqrt{\phi} > 0.32$ 时，金属氢氧化物呈酸性。

碱土金属氢氧化物的碱性递变规律为：从 $Be(OH)_2$ 到 $Ba(OH)_2$ 依次增强。

碱土金属氢氧化物中较重要的是 $Ca(OH)_2$，俗称熟石灰、消石灰，易由 CaO 制得，广泛用于化工和建筑工业。

三、重要盐类及其性质

(一) 盐类的通性

碱金属和碱土金属常见的盐有卤化物、碳酸盐、硝酸盐、硫酸盐和硫化物等。

1. 熔点 碱金属盐多数是离子晶体，熔点和沸点均较高，见表 11-14。Li 的某些盐(如卤化物)表现出一定程度的共价性。

表 11-14 碱金属盐的熔点

元素	氯化物/℃	硝酸盐/℃	碳酸盐/℃	硫酸盐/℃
Li	613	约 255	720	859
Na	801	307	858	880
K	771	333	901	1069
Rb	715	305	837	1050
Cs	646	414	792	1005

同周期碱土金属离子的极化力更大，其盐的离子键特征比碱金属差；同族元素随着金属离子半径的增大，键的离子性增强。例如，碱土金属氯化物的熔点从 Be 到 Ba 依次增高，但 $BeCl_2$ 熔点明显较低，这是由于 Be^{2+} 半径小，极化力强，$BeCl_2$ 的共价性非常明显。$MgCl_2$ 也有一定程度的共价性，见表 11-15。

表 11-15 碱土金属氯化物的熔点

碱土金属氯化物	$BeCl_2$	$MgCl_2$	$CaCl_2$	$SrCl_2$	$BaCl_2$
熔点/℃	415	714	775	874	962

由于碱金属离子 M^+ 和碱土金属离子 M^{2+} 都是无色的，所以，它们盐类的颜色取决于阴离

子的颜色，如 $BaCrO_4$ 黄色，$K_2Cr_2O_7$ 橙色，$KMnO_4$ 紫红色等。

2. 溶解性 碱金属的盐类大多数都易溶于水，可以完全电离。部分 Li 盐，如 LiF、Li_2CO_3 和 Li_3PO_4 等及少数与较大阴离子形成的盐微溶或难溶，见表 11-16。

表 11-16 钠与钾的难溶盐

名称	结构式	颜色
乙酸铀酰锌钠	$NaAc\cdot Zn(Ac)_2\cdot 3UO_2(Ac)_2\cdot 9H_2O$	淡黄色
高氯酸钾	$KClO_4$	白色
酒石酸钾	$KHC_4H_4O_6$	白色
六氯铂酸钾	$K_4[PtCl_6]$	淡黄色
钴亚硝酸钾钠	$K_2Na[Co(NO_2)_6]$	亮黄色
四苯硼酸钾	$K[B(C_6H_5)_4]$	白色

通常用部分难溶碱金属盐的特性进行离子鉴定。例如，Na^+ 与乙酸铀酰锌反应生成淡黄色的乙酸铀酰锌钠沉淀，是检验 Na^+ 的特效反应

$$Na^+ + Zn^{2+} + 3UO_2^{2+} + 9Ac^- + 9H_2O = NaAc\cdot Zn(Ac)_2\cdot 3UO_2(Ac)_2\cdot 9H_2O\downarrow$$

K^+ 与亚硝酸钴钠反应生成黄色沉淀，用于鉴别 K^+

$$2K^+ + Na^+ + [Co(NO_2)_6]^{3-} = K_2Na[Co(NO_2)_6]\downarrow$$

碱土金属的盐类比相应的碱金属盐溶解度小。除了硝酸盐、盐酸盐、硫酸镁和铬酸镁易溶于水外，其他的碳酸盐、硫酸盐、草酸盐和铬酸盐等都难溶于水。Ca、Sr 和 Ba 的硫酸盐在浓 H_2SO_4 中能部分溶解，故浓 H_2SO_4 不能使它们沉淀完全

$$MSO_4 + H_2SO_4 = M(HSO_4)_2$$

同样，若向难溶的碱土金属碳酸盐的悬浊液中通入过量的 CO_2，碳酸盐将溶解，生成可溶性的碳酸氢盐。例如

$$CaCO_3 + CO_2 + H_2O = Ca(HCO_3)_2$$

加热碳酸氢盐会放出 CO_2，又得到碳酸盐沉淀。难溶的碱土金属碳酸盐、草酸盐、铬酸盐和磷酸盐等，都可以溶解于强酸溶液中。例如

$$CaCO_3 + 2H^+ = Ca^{2+} + CO_2\uparrow + H_2O$$

$$2BaCrO_4 + 2H^+ = 2Ba^{2+} + Cr_2O_7^{2-} + H_2O$$

$$Ca_3(PO_4)_2 + 4H^+ = 3Ca^{2+} + 2H_2PO_4^-$$

因此，要使这些难溶盐沉淀完全，一般应控制溶液为中性或微碱性。

在碱性条件下，Mg^{2+} 与镁试剂(对硝基苯偶氮间苯二酚)反应，生成天蓝色配合物，这是 Mg^{2+} 的鉴定(镁试剂法)方法。

钙盐中 CaC_2O_4 的溶解度最小，沉淀不溶于乙酸，以此鉴定 Ca^{2+}。

根据水中可溶性 Ca、Mg 盐的含量，将水分为**软水**(soft water)和**硬水**(hard water)。软水是指水中不含或含较少可溶性 Ca、Mg 盐的水，自然水中的雨水和雪水属软水；蒸馏水为加工而成的软水。硬水是指水中含有较多的可溶性 Ca、Mg 盐的水，泉水、溪水、江河水中含有较多的 $Ca(HCO_3)_2$ 和 $Mg(HCO_3)_2$，属暂时硬水；部分地下水属硬水。衡量水硬度的主要指标是 Ca^{2+} 和 Mg^{2+} 的浓度。饮用水硬度在 150～450mg · L^{-1} 最有利于人体健康的。

3. 热稳定性 一般碱金属盐具有较高的热稳定性。卤化物在高温时挥发而难分解。硫酸盐在高温下既难挥发又难分解。碳酸盐除 Li_2CO_3 在 973K 部分分解为 Li_2O 和 CO_2 外，其余的在 1073K 以下均不分解。碱金属硝酸盐的热稳定性较差。例如

$$4LiNO_3 \xrightarrow{973K} 2Li_2O + 4NO_2\uparrow + O_2\uparrow$$
$$2NaNO_3 \xrightarrow{1003K} 2NaNO_2 + O_2\uparrow$$
$$2KNO_3 \xrightarrow{943K} 2KNO_2 + O_2\uparrow$$

碱土金属盐的热稳定性虽比碱金属差，但常温下稳定。碱土金属碳酸盐和硫酸盐的稳定性都随金属离子半径的增大而增强，表现为它们的分解温度依次升高。Be 盐的稳定性特别差。表 11-17 列出了常见碱土金属盐类的分解温度。

表 11-17　常见碱土金属盐的分解温度

元素名称	硝酸盐/℃	碳酸盐/℃	硫酸盐/℃
Be	约 100	<100	550～600
Mg	约 129	540	1124
Ca	>561	900	>1450
Sr	>750	1294	1580
Ba	>592	1360	>1580

总体来说，碱金属和碱土金属盐热稳定性的基本规律是：含有结晶水的盐受热容易失去结晶水，变成无水盐；含氧酸盐其热稳定顺序为：硅酸盐>磷酸盐>硫酸盐>碳酸盐>硝酸盐；正盐>酸式盐；碱金属盐>碱土金属盐。

一般来说，离子所带的电荷越多，半径越小，则水合作用越强。由于碱土金属离子的半径比碱金属离子小，正电荷多，水合作用更强，因此，碱土金属盐更易带结晶水，其无水盐具有较强的吸湿性。

(二) 重要盐简介

1. 卤化物　用途最广的是氯化钠(NaCl)，来源于海盐、岩盐和井盐。高度精制的 NaCl 可用来制备**生理盐水**(normal saline)，作为电解质补充药，是维持体液渗透压的重要成分，用于调节体内水分和电解质的平衡等。

KCl 也是补充电解质的药物，能维持细胞内渗透压，用于低钾心脏病人补充血钾的治疗。KCl 制剂有氯化钾片、注射液和缓释片等。

碱土金属的卤化物中，由于 Be 的半径小，且具有缺电子性，因而是共价型聚合物 $(BeX_2)_n$ 不导电、能升华，蒸汽中有 $BeCl_2$ 和 $(BeCl_2)_2$ 分子。

无水 $MgCl_2$ 是制取金属镁的原料，光卤石和海水是获得 $MgCl_2$ 的主要原料。$MgCl_2$ 常以 $MgCl_2 \cdot 6H_2O$ 形式存在，因会水解为碱式氯化镁，加热水合物不能得到无水盐

$$MgCl_2 \cdot 6H_2O \xrightarrow{\geq 408K} Mg(OH)Cl + HCl + 5H_2O$$
$$Mg(OH)Cl \xrightarrow{约770K} MgO + HCl$$

将 $MgCl_2 \cdot 6H_2O$ 在干燥的 HCl 气流中加热脱水能得到无水 $MgCl_2$，它有吸潮性，纺织工业中用来保持棉纱的湿度而使其柔软，普通食盐因含有 $MgCl_2$ 杂质而易潮解。

直接加热 $CaCl_2 \cdot 6H_2O$ 脱水可生成 $CaCl_2$，即

$$CaCl_2 \cdot 6H_2O \xrightarrow{473K} CaCl_2 \cdot 2H_2O \xrightarrow{533K} CaCl_2$$

少许水解反应使 $CaCl_2$ 中常含有微量 CaO。无水 $CaCl_2$ 具有很强的吸水性，也是一种重要的干燥剂。$CaCl_2 \cdot 6H_2O$ 和冰(1.44∶1)的混合物是实验室常用的制冷剂，可获得 218K 的低温。在医学上，静脉注射 $CaCl_2$ 作为补 Ca 药物，用于治疗 Ca 缺乏症，也用作抗过敏性药和消炎药。

$BaCl_2$ 一般以水合物 $BaCl_2 \cdot 2H_2O$ 形式存在。加热至 400K 变为无水 $BaCl_2$。$BaCl_2$ 是重要的可溶性钡盐，有毒，对人致死量为 0.8g。$BaCl_2$ 用于灭鼠剂，在实验室中常用于鉴定 SO_4^{2-}。

CaF_2 又称萤石，无色结晶或白色粉末，难溶于水，微溶于无机酸，是制取 HF 和 F_2 的重要原料。

2. 硫酸盐　纯度高且颗粒细的无水 Na_2SO_4 称为元明粉，又名无水芒硝，白色、无臭、有苦味的结晶或粉末，有吸湿性。$Na_2SO_4 \cdot 10H_2O$ 俗称芒硝，溶于水，不溶于乙醇。芒硝是具有泻下通便，润燥软坚，清火消肿功效的中药。

$MgSO_4 \cdot 7H_2O$ 为无色晶体，无臭，味苦咸，在空气中易风化，易溶于水，难溶于乙醇。Na_2SO_4 用作泻药和利胆药，注射时用作抗惊厥功能。

$CaSO_4$ 无臭、无味，微溶于水，不溶于乙醇，溶于稀盐酸。$CaSO_4 \cdot 2H_2O$ 俗称生石膏。生石膏具有清热泻火的功效。生石膏受热脱去部分结晶水，转化为白色细粒的烧石膏（$CaSO_4 \cdot \frac{1}{2}H_2O$，又称煅石膏、熟石膏）。煅石膏粉末可用于治疗湿疹、烫伤、疥疮溃烂等。煅石膏与 H_2O 混合成糊状后将逐渐硬化，重新生成生石膏，在医疗上用作石膏绷带。

$BaSO_4$ 为白色疏松的细粉，无臭、无味，不溶于水和有机溶剂，也不溶于稀酸和稀碱溶液。$BaSO_4$ 是唯一无毒的钡盐，溶解度小，不溶于胃酸，在肠胃道内无吸收，能阻止 X 射线通过。所以，$BaSO_4$ 为高密度胃肠道造影剂，可制成不同比例混悬液单独使用，临床上用于消化道 X 射线造影剂。

3. 碳酸盐　$NaHCO_3$ 为白色结晶性粉末，俗称小苏打，无臭，味咸，是临床上常用的制酸剂，有中和胃酸的功能，用以缓解或预防因为胃酸过多所引起的心口灼热感、胃胀气或消化不良等症状，也可用来治疗或预防溃疡的发生。$NaHCO_3$ 无腐蚀性，既能中和酸，又能维持血液中酸碱平衡，临床上应用广泛。

Li_2CO_3 为白色结晶性粉末，无臭、无味，难溶于水，不溶于乙醇，临床上用于治疗狂躁型抑郁症。

四、配位化合物

碱金属和碱土金属形成配合物的能力通常较弱，很难和无机配体或有机配体形成稳定的配合物。1967 年，美国化学家 C. J. Pederson 首次报道了冠醚及其相关性质。冠醚最大的特点就是既有疏水的外部骨架，又有亲水的能与金属离子形成配位键的空腔，并且不同冠醚的空腔大小不同，能选择性地与半径大小不同的金属离子形成稳定的配合物，如图 11-1。冠醚中两个不相邻的 O 原子被 N 原子取代后形成穴醚，双环的穴状冠醚，与碱金属形成的配合物非常稳定，如图 11-2。穴醚和冠醚是常用的人工离子载体，在研究生物体内 Na^+、K^+、Mg^{2+} 和 Ca^{2+} 等金属离子的跨膜转运中具有重要的作用。

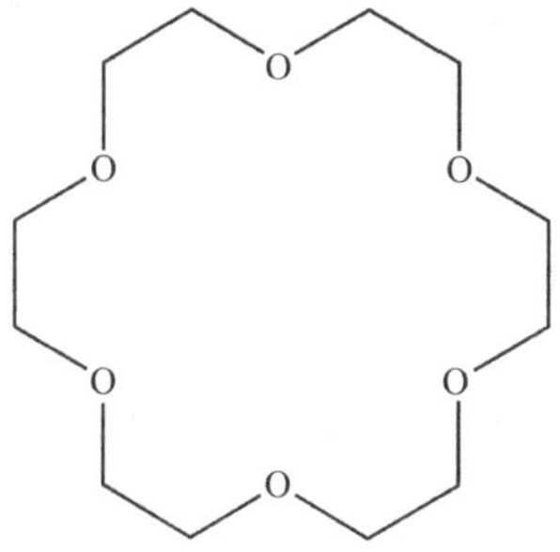

图 11-1　18 冠-6

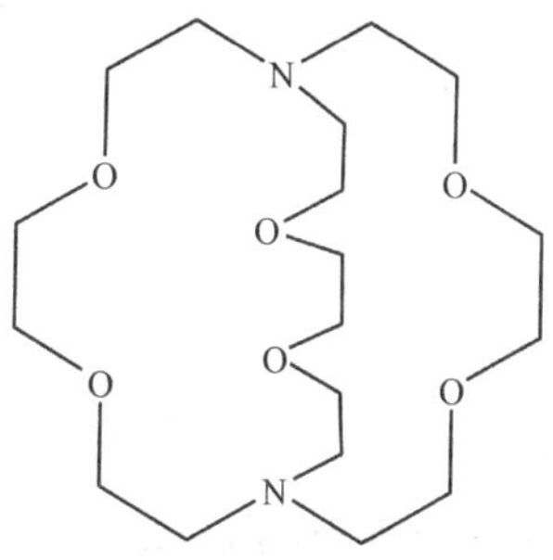

图 11-2　穴醚 K222

碱土金属形成配合物的能力比碱金属强，且能形成大环配合物，如 Mg 的重要配合物**叶绿素**(chlorophyll)，结构见图 11-3。自然界两种主要的叶绿素，即叶绿素 a 和叶绿素 b，它们的区别是卟啉环上的一个取代基不同。

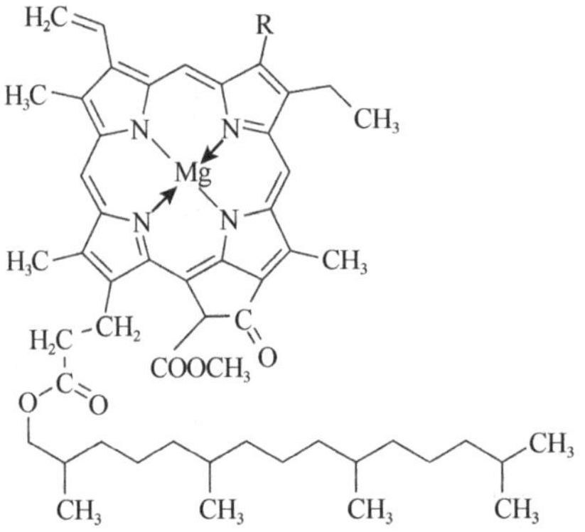

叶绿素 a ($R=CH_3$)

叶绿素 b ($R=CHO$)

图 11-3　叶绿素通式

碱土金属能与草酸根、多磷酸根离子和 EDTA 等有机螯合剂配合形成稳定的配合物，特别是它们的 Ca^{2+} 和 Mg^{2+} 配合物比较常见。例如，EDTA 滴定法测定水的硬度，就是基于 EDTA 能与 Ca、Mg 形成稳定配合物的原理。

第四节　锂和铍的特殊性及对角线规则

一、特　殊　性

一般来说，碱金属和碱土金属元素的性质是有规律性的递变，但 Li 和 Be 的单质和化合物在性质上与同族其他元素相比，表现出很多反常性。

Li 和 Be 的熔点、沸点比同族元素高很多。Li 的化学性质与其他碱金属变化规律不同。Li 在空气中可以与 O_2 反应生成 Li_2O，与 N_2 反应生成 Li_3N。Li^+ 和 Be^{2+} 化合物的共价性比较显著。由于 Li^+ 的水合能很大，$\varphi^\ominus(Li^+/Li)$ 比 $\varphi^\ominus(Cs^+/Cs)$ 还要小。

二、对角线规则

在 s 区和 p 区元素中，除了同族元素的性质相似外，还有一些元素及其化合物的性质呈现出对角线相似性。即ⅠA 族的 Li 与ⅡA 族的 Mg、ⅡA 族的 Be 和ⅢA 族的 Al、ⅢA 族的 B 和ⅣA 族的 Si，这三对元素在周期表中处于对角线位置：

Li　Be　B　C
　\\　\\　\\
Na　Mg　Al　Si

每对元素及其化合物在性质上有许多相似之处，这种现象称为对角线规则。

(一) 锂和镁的相似性

Li 和 Mg 在过量 O_2 中燃烧均生成正常氧化物；Li 和 Mg 能与 N_2 直接反应生成相应的氮化物；Li 和 Mg 与 H_2O 反应都很缓慢；Li 和 Mg 的氢氧化物均为中强碱，溶解度较小，加热时分解生成正常的氧化物；Li 和 Mg 的氯化物均能溶解于有机溶剂，表现出共价特征。

(二) 铍和铝的相似性

Be 和 Al 都是两性金属，其氧化物、氢氧化物均为两性，氧化物熔点高、硬度大，氢氧化物难溶于水。$BeCl_2$ 、$AlCl_3$ 为共价化合物，易升华，易聚合，可溶于有机溶剂。Be 和 Al 的单质均能被浓 HNO_3 钝化。

对角线规则是经验规律，主要是离子极化造成的结果。同一周期金属离子的最外层电子构型相同，极化作用从左至右随着离子电荷数的增加而增强。同一族电荷数相同的金属离子，极化作用自上而下随着离子半径的增大而减弱。因此，处于周期表中左上右下对角线上的邻近两种元素，由于其电荷数和半径的影响恰好相反，它们的离子极化作用相近，因而具有许多相似的化学性质。

B 和 Si 性质的相似性将在 p 区元素性质中介绍。

第五节 碱金属和碱土金属的生物学效应及常见药物

一、碱金属和碱土金属的生物学效应

(一) 钾和钠的生物学效应

K 和 Na 是人体维持生命不可或缺的必需元素，人体内的 K 主要是以 K^+ 的形式分布在细胞内液，浓度约为 $0.16mol \cdot L^{-1}$。K^+ 约占细胞内液正离子总数的 98%。通常情况下，饮食中 K 的含量足以满足机体需要，K 由肠道吸收后约 1/3 经肾脏排泄。肾脏对 K 的排泄没有限制，即使机体处于缺 K 状态，肾脏仍继续排 K。

Na 主要是以 Na^+ 的形式分布在细胞外液体中，浓度为 $0.13 \sim 0.15mol \cdot L^{-1}$。$Na^+$ 约占细胞外液体正离子总数的 90%。Na 和 K 共同作用调节体内水分的平衡并使心跳规律化。在细胞膜两边 Na^+ 和 K^+ 的浓度差是形成膜电势的主要因素，膜电势对神经细胞和肌肉细胞的脉冲传导及维持神经和肌肉的应激性具有重要的作用。

(二) 钙和镁的生物学效应

Ca 和 Mg 是人体的必需元素。在正常人体内，Ca 占体重的 1.5%～2.0%，是牙齿和骨骼的主要成分。Ca 主要以**羟基磷灰石**[$Ca_5(PO_4)_3(OH)$](hydroxyapatite)的形式存在，占人体钙的 99%。还有 1%的 Ca 分布于细胞外液、血浆及软组织中。血液中 Ca 的浓度为 9～11.5mg/100ml，部分是以 Ca^{2+} 形式存在，另一部分与有机物或蛋白质结合。Ca 和 Mg 都能调节植物和动物体内磷酸盐的输送和沉积。K^+ 、Na^+ 、Ca^{2+} 和 Mg^{2+} 等离子保持一定的浓度比，对维持神经肌肉细胞的应激性和促进肌纤维收缩具有重要作用。Ca 对心血管系统有直接的影响，Ca 和 K 相互拮抗维持正常的心跳节律。Ca 对体内多种酶也有激活作用，Ca 还参与凝血过程、抑制毒物的吸收，影响细胞膜的渗透作用。

成人如果缺 Ca 可患骨质软化症和骨质疏松症，易抽搐及凝血功能不全等症状。儿童缺 Ca 可引起生长迟缓、佝偻病、骨骼变形等。Ca 缺乏将导致高血压、异位钙化、阿尔茨海默病及某些神经系统疾病，合理的膳食及药物补充每日所需的 Ca 非常重要。但是，人体摄取 Ca 及草酸过量时，也会引起某些异常生物矿化，引起结石等疾病。

在植物中，Mg 主要存在于叶绿素中，谷类的光合作用活性与 Ca^{2+} 和 Mg^{2+} 的浓度有关。

Mg 占人体重量的 0.05%，主要以磷酸盐形式存在于牙齿和骨骼中，其余分布在软组织和体液中。Mg^{2+} 是细胞内液中的重要离子，是体内多种酶的激活剂，对维持心肌正常生理功能有着重要的作用。缺 Mg 会导致心肌坏死、冠状动脉硬化等。成年人每日需要 Mg 的量为 200～300mg。

(三) 锂的生物学效应

Li 在人体的血液及许多器官和组织中均有分布，能改变某些酶的活性，抑制脑内神经突触部位去甲肾上腺素的释放并促进其再摄取，使突触部位去甲肾上腺素含量减低，还可促进 5-羟色胺(5-HT)合成，有助于情绪稳定，被广泛地应用在狂躁抑郁症精神病的治疗。

现代医学还应用 Li 盐治疗急性痢疾、白细胞减少症、再生障碍性贫血及某些妇科疾病等。目前尚无特效治疗锂盐中毒的药物。

二、含 s 区元素的常见药物

含碱金属元素的药物主要含 K 和 Na；含碱土金属元素的药物主要含 Ca 和 Mg。

$Na_2S_2O_3$ 注射液主要用于治疗氰化物、As、Hg、Pb、Bi、I 等的中毒。通过体内硫转移酶与体内游离的或已经与高铁血红蛋白结合了的 CN^- 相结合，生成毒性很小的硫氰酸盐，并随尿排出体外，从而达到解毒的目的。

常见含 K 药物有 KCl 片、柠檬酸钾颗粒。许多具有利尿功效的中药如夏枯草、百茅根、泽泻，以及具有降糖功能的胰岛素、苯乙双胍等药物含 K 量均较高。柠檬酸钾是目前最常用预防肾结石的药物，该药物可提供大量的柠檬酸以提升尿中的酸度。对于尿酸结石，低柠檬酸钙结石症和肾小管中毒症引起的钙结石症，有非常突出的治疗效果。

铍立安是含 Be 的药物，治疗皮肤瘙痒、抗炎、抗过敏、抗渗出和抗增生作用，不良反应小，对慢性湿疹有良好效果。

水杨酸镁具有消炎镇痛功效，用于治疗各种关节炎，亦可用于滑囊炎和其他软组织风湿病。因不含 Na^+，尤其适用于伴有高血压或心力衰竭的患者。

门冬氨酸钾镁注射液是电解质补充药物，用于低钾血症、低钾及洋地黄中毒引起的心律失常、病毒性肝炎、肝硬化和肝性脑病的治疗；MgO 可作为消化药、软便剂；具有调节与胃酸有关的胃部不适症状的铝碳酸镁咀嚼片，也是临床上常用的含 Mg 药物；滑石粉主要为硅酸盐类矿物，有含水硅酸镁，有蜡样光泽、质软细腻，置水中不崩散，无臭，无味，具有利尿通淋，清热解暑，祛湿敛疮的功能。

此外，还有各种剂型的含 Ca 药物及保健品，如广为人知的葡萄糖酸钙等，随着人们对健康的日益关注，甚至终生都离不开与钙有关的药物及保健品等。

抗骨质疏松药物雷尼酸锶(普特罗思)，具有可促进骨形成和降低骨的再吸收双重作用，与钙剂和维生素 D 联用，用于治疗妇女绝经后骨质疏松，可降低脊椎和髋骨骨折风险。Sr 和 Ca 化学性质及在体内代谢过程相类似，Sr 参与骨骼代谢，聚集在成骨活性增加的区域但不进入骨髓细胞。$SrCl_2$ 在临床上用于治疗前列腺癌、乳腺癌及其他癌症的骨转移灶引起的疼痛。

知识导图

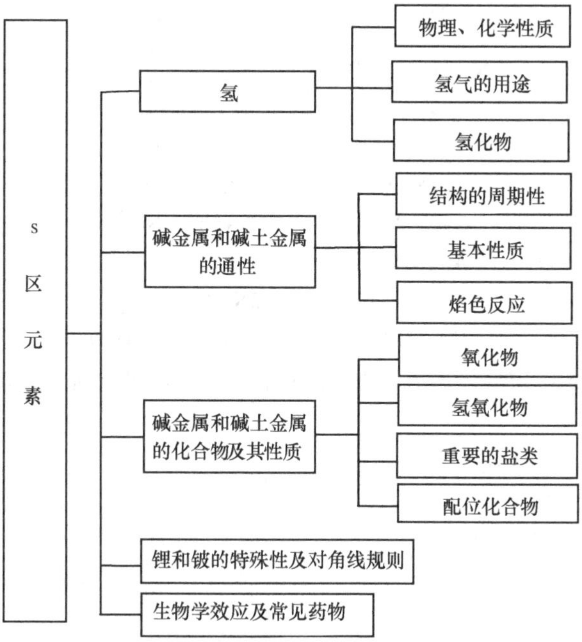

习　题

1. 在自然界中，为什么没有碱金属和碱土金属单质存在？

2. 一些碱金属和碱土金属离子在无色火焰中燃烧为什么会有特殊的颜色？这些特殊的颜色有什么实际意义和应用？

3. 请用离子势分别说明碱土金属氢氧化物碱性的递变规律和碱土金属碳酸盐热稳定性的递变规律。

4. 写出金属钠与 H_2O 、Na_2O_2 、NH_3 、C_2H_5OH 、$TiCl_4$ 、KCl、MgO 和 $NaNO_2$ 的反应。

5. 写出 Na_2O_2 与 H_2O 、CO_2 和稀 H_2SO_4 的反应。

6. 往 $BaCl_2$ 和 $CaCl_2$ 的水溶液中分别依次加入：(1) 碳酸铵；(2) 乙酸；(3) 铬酸钾，各有什么现象发生？写出反应方程式。

7. 钡离子(Ba^{2+})对人体有毒，为什么 $BaSO_4$ 可作为人体消化道 X 射线检查疾病时的造影剂？

8. 含有 Ca^{2+}、Mg^{2+}和 SO_4^{2-} 的粗食盐如何精制成纯的食盐？写出相应的化学反应式，并进行说明。

(刘　娜)

习题答案

1. 答：碱金属和碱土金属单质性质活泼，能与 O_2 、CO_2 和水发生反应。

2. 答：燃烧时原子核外电子获得了能量而被激发并跃迁到较高能级，当返回到较低能级时多余的能量以光的形式释放出来。每个原子的电子结构不同，对应的能级差也不同，因此所发出的光具有不同的波长，我们看到的光的颜色也就不同。

3. 答：碱性顺序从 $Be(OH)_2$ 到 $Ba(OH)_2$ 逐渐增强。由于从 Be^{2+} 到 Ba^{2+} 半径渐增，极化能力渐弱，碱式解离趋势渐强。从 Be^{2+} 到 Ba^{2+} 半径逐渐增加但电荷相同，所以离子势 $\dfrac{Z}{r}$ 逐渐降低，极化程度随之渐低，它们碳酸盐 MCO_3 的离子性渐强，M^{2+} 从 CO_3^{2-} 中夺取 O^{2-} 成为氧化物 MO 放出 CO_2 的能力逐渐下降，故 MCO_3 的热稳定性逐渐增强，分解温度渐升。

4. 答：$2Na + 2H_2O \xlongequal{\quad} 2NaOH + H_2\uparrow$

$$2Na + Na_2O_2 \xlongequal{\quad} 2Na_2O$$

$$2Na + 2NH_3 \xlongequal{\quad} 2NaNH_2 + H_2$$

$$Na + C_2H_5OH \xlongequal{\quad} C_2H_5ONa + \frac{1}{2}H_2\uparrow$$

$$4Na + TiCl_4 \xlongequal{\quad} Ti + 4NaCl$$

$$KCl + Na \xlongequal{\quad} NaCl + K\uparrow$$

$$2Na + MgO \xlongequal{\quad} Mg + Na_2O$$

$$6Na + 2NaNO_2 \xlongequal{\quad} 4Na_2O + N_2\uparrow$$

5. 答：$2Na_2O_2 + 2H_2O \xlongequal{\quad} 4NaOH + O_2\uparrow$

$$2Na_2O_2 + 2CO_2 \xlongequal{\quad} 2Na_2CO_3 + O_2\uparrow$$

$$Na_2O_2 + H_2SO_4(稀) \xlongequal{\quad} Na_2SO_4 + H_2O_2$$

6. 答：在 $BaCl_2$ 溶液中 $\xrightarrow{加入碳酸铵溶液}$ 有白色沉淀 $\xrightarrow{加入乙酸}$ 白色沉淀溶解 $\xrightarrow{加入K_2CrO_4}$ 有黄色沉淀生成，发生的反应为

(1) $Ba^{2+} + CO_3^{2-} \xlongequal{\quad} BaCO_3\downarrow$

(2) $BaCO_3 + HAc \xlongequal{\quad} Ba(Ac)_2 + H_2O + CO_2\uparrow$

(3) $Ba^{2+} + CrO_4^{2-} \xlongequal{\quad} BaCrO_4\downarrow$

在 $CaCl_2$ 溶液中 $\xrightarrow{加入碳酸铵溶液}$ 有白色沉淀 $\xrightarrow{加入乙酸}$ 白色沉淀溶解 $\xrightarrow{加入K_2CrO_4}$ 有黄色沉淀生成，发生的反应为

(1) $Ca^{2+} + CO_3^{2-} \xlongequal{\quad} CaCO_3\downarrow$

(2) $CaCO_3 + HAc \xlongequal{\quad} Ca(Ac)_2 + H_2O + CO_2\uparrow$

(3) $Ca^{2+} + CrO_4^{2-} \xlongequal{\quad} CaCrO_4\downarrow$

7. 答：$BaSO_4$ 难溶，所以不被吸收，且不易被 X 射线透过。

8. 答：(1) 将粗盐溶于水制成溶液。

(2) 加入 $BaCl_2$ 溶液以除去 SO_4^{2-}：$Ba^{2+} + SO_4^{2-} \xlongequal{\quad} BaSO_4\downarrow$。

(3) 再加入 Na_2CO_3 溶液以除去 Ca^{2+}、Mg^{2+}、Ba^{2+}。

$$Ca^{2+} + CO_3^{2-} \xlongequal{\quad} CaCO_3\downarrow$$

$$Ba^{2+} + CO_3^{2-} \xlongequal{\quad} BaCO_3\downarrow$$

$$Mg^{2+} + CO_3^{2-} \xlongequal{\quad} MgCO_3\downarrow$$

(4) 最后加入适量的 HCl 溶液以除去 CO_3^{2-}：$2H^+ + CO_3^{2-} \xlongequal{\quad} H_2O + CO_2\uparrow$。

(5) 蒸发、结晶、烘干得纯的食盐。

第十二章 p 区 元 素

p 区元素包括第ⅢA～ⅧA 族元素(13～18 族)。除 He 以外的 p 区元素原子结构的特征是最后一个电子填充在 np 轨道上，最外层电子结构为 $ns^2np^{1\sim6}$。周期表中以元素 B–Si–As–Te–At 为对角线划分，对角线右边的元素为非金属元素(含对角线上的元素)，对角线左边的元素为金属元素。本章主要讨论 p 区重要元素中ⅢA～ⅦA 族的单质和主要化合物的化学性质和其变化规律、化学结构及在医药领域的应用。

第一节 p 区元素概述

p 区元素包含几乎所有的非金属元素和部分金属元素。在周期表中以 B、Si、As、Te、At 对 p 区做一条对角线，线上方为非金属元素，线下方为金属元素，线上及其附近元素为“准金属”元素。其中一些元素具有半导体性质，如 B、Si、Ge，还有一些元素有金属和非金属多种变体，如 C、P、As、Se、Te。

p 区元素的原子半径在同一族中自上而下逐渐增大，电负性变小，金属性逐渐增强。p 区的非金属元素多数既有氧化性又具有还原性。当它们与比自己电负性低的金属元素化合时，都表现出氧化性，但因电负性差值的大小不同而异：电负性差值小于 1.7 的，容易形成共价型化合物；电负性差值大于 1.7 的，容易形成离子型化合物。当非金属元素之间相互化合时，电负性大的就表现为氧化性，电负性小的就表现为还原性。p 区元素大多具有多种氧化态，非金属元素的最高氧化态等于所在主族的族序数。

第二节 硼族和碳族元素

硼族是周期表中的ⅢA 族元素，包括硼 B、铝 Al、镓 Ga、铟 In、铊 Tl，价电子组态为 ns^2np^1。

B 在地壳中的质量分数为 1.0×10^{-3}%，在自然界中以硼砂 $Na_2B_4O_7\cdot10H_2O$ 和硼镁矿 $Mg_2B_2O_5\cdot H_2O$ 等矿物形式存在。Al 在地壳中的质量分数为 8.2%，其丰度仅次于 O 和 Si 位列第三，在金属元素中位列第一，在自然界以铝土矿 $Al_2O_3\cdot nH_2O$ 和铝硅酸盐矿形式广泛存在。Ga、In、Tl 在地壳中含量很低且分散，属于稀散元素。Al、Ga、In、Tl 均属于金属元素。硼族元素的性质见表 12-1。

表 12-1 硼族元素的原子半径、电负性、电子亲和能、电离能

主要参数＼元素	B	Al	Ga	In	Tl
原子半径/pm	77	117	122	140	147
电负性	2.04	1.61	1.81	1.78	2.04
电子亲和能/($kJ\cdot mol^{-1}$)	23	44	36	34	50
第一电离能/($kJ\cdot mol^{-1}$)	800.6	577.6	578.6	558.3	589.3

硼族元素的电势图如下：

$\varphi_A^\ominus$/V：

$H_3BO_3 \underline{\ -0.8894\ } B$　　$Al^{3+} \underline{\ -1.68\ } Al$　　$Ga^{3+} \underline{\ -0.5493\ } Ga$

$In^{3+} \underline{\ -0.339\ } In$　　$Tl^{3+} \underline{\ -1.28\ } Tl^+ \underline{\ -0.3358\ } Tl$

$\varphi_B^\ominus$/V：

$B(OH)_4^- \underline{\ -2.5\ } B$　　$Al(OH)_4^- \underline{\ -2.34\ } Al$

$Ga(OH)_4^- \underline{\ -1.22\ } Ga$　　$Tl(OH)_3 \underline{\ -0.05\ } TlOH \underline{\ -0.334\ } Tl$

C 在地壳中占 0.048%，游离态的 C 在自然界中主要以石墨和金刚石形式存在，化合态的碳包括 CO_2，碳酸盐及动植物、化石燃料等；Si 在地壳中占 27.7 %，位列第二，在自然界中多与氧以化合态存在，如 SiO_2、硅酸盐等；Ga 在地壳中占 1.5×10^{-4} %，其主要存在于锗石 $Cu_5(CuFe)_6AsGeS_{12}$ 中；Sn 元素在地壳中占 2.2×10^{-4} %，其主要存在于锡石矿 SnO_2 中。Pb 在地壳中占 1.4×10^{-3} %，其主要存在于方铅矿 PbS 中。

一、硼族元素的单质及其理化性质

(一) 硼

无定形 B 为黄棕色粉末，晶体硼呈灰黑色，硬度和熔点高。B 单质在常温下不活泼，仅可以与 F_2 反应生成 BF_3

$$2B + 3F_2 \xlongequal{} 2BF_3$$

在 450℃下 B 可与 O_2 反应生成 B_2O_3，但 B_2O_3 会在表面形成保护膜使反应停止，只有在 1000℃以上保护膜蒸发，反应才能持续进行

$$4B + 3O_2 \xlongequal{\text{约}1000℃} 2B_2O_3$$

900℃以上，B 与金刚石反应，2000℃以上 B 与碳反应生成一系列产物。赤热条件下，无定形 B 可以同水蒸气作用生成**硼酸**(boric acid)

$$2B + 6H_2O \xlongequal{\triangle} 2H_3BO_3 + 3H_2\uparrow$$

高温下，B 可与金属反应生成金属硼化物，如 Nb_3B_4、ZrB_2、LaB_6 等。

硼与氧化性的酸反应生成硼酸

$$B + 3HNO_3(\text{浓}) \xlongequal{\triangle} H_3BO_3 + 3NO_2\uparrow$$

有氧化剂存在时，B 可以与熔融的强碱反应

$$2B + 2NaOH + 3KNO_3 \xlongequal{\text{熔融}} 2NaBO_2 + 3KNO_2 + H_2O$$

(二) 铝

Al 的熔点 660℃，沸点 2519℃，密度 $2.70g\cdot cm^{-3}$，是良好的导体。铝和其他金属形成的合金和金属间化合物，如铝镁合金，是重要的用途广泛的材料。

Al 亲 O 能力很强，与 O 化合时放出大量的热，用于高熔点金属 Cr、Mn、V 的还原冶炼(铝热还原法)，也常被用作炼钢的脱氧剂

$$2Al + Fe_2O_3 \xlongequal{\triangle} 2Fe + Al_2O_3$$

Al 与 O 的结合趋势极大，在空气中放置时 Al 表面生成致密的氧化铝膜，致使其不能与 O_2 继续反应，甚至不能与冷的浓 H_2SO_4 或浓 HNO_3 反应。

Al 为两性金属，可以与稀酸或稀碱反应，还可与氧化性稀酸反应。Al 和一些非金属，如 B、Si、P、As、S、Se、Te 在高温下直接反应。

(三) 镓、铟、铊

Ga 和 In 是银白色金属，Tl 呈银灰色，Ga、In、Tl 比 Pb 软，熔点低，它们的单质均能与

酸反应

$$2Ga + 3H_2SO_4 = Ga_2(SO_4)_3 + 3H_2\uparrow$$

$$Ga + 6HNO_3 = Ga(NO_3)_3 + 3NO_2\uparrow + 3H_2O$$

Ga 的两性与 Al 相似，也可与强碱反应生成 H_2

$$2Ga + 2NaOH + 6H_2O = 2Na[Ga(OH)_4] + 3H_2\uparrow$$

Ga、In 可被氧化到+3，但 Tl 只能被氧化到+1。

二、硼族元素的主要化合物

(一) 硼的化合物

单质 B 燃烧或硼酸 H_3BO_3 脱水得到无色晶体 B_2O_3(硼酸酐)，并可进一步与水反应生成硼酸

$$B_2O_3 + 3H_2O = 2H_3BO_3$$

B_2O_3 与金属氧化物共融时，生成有特征颜色的硼酸盐熔珠，可用于鉴定金属氧化物。例如

$$CoO + B_2O_3 = Co(BO_2)_2(深蓝色)$$

硼酸 H_3BO_3 为一元弱酸，其 $K_a = 5.8\times10^{-10}$。分子结构见图 12-1。

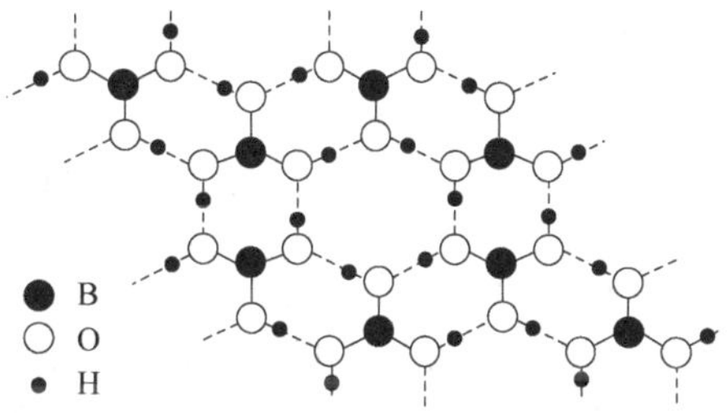

图 12-1　硼酸 H_3BO_3 分子的层状结构

$$H_3BO_3 + H_2O = [B(OH)_4]^- + H^+$$

H_3BO_3 中加入甘油后，甘油分子与 $[B(OH)_4]^-$ 结合生成更稳定的 $[B(C_3H_6O_3)_4]^-$，这一结构消耗了 $[B(OH)_4]^-$，使平衡向右移动，H_3BO_3 酸性变强。

在浓 H_2SO_4 催化下，H_3BO_3 与乙醇发生酯化反应，生成硼酸三乙酯，点燃硼酸三乙酯有绿色火焰，这是鉴定硼酸的辅助方法。

硼砂(Borax)$Na_2[B_4O_5(OH)_4]\cdot8H_2O$ 是 B 的最重要含氧酸盐，白色，玻璃光泽。硼砂在 400℃时脱去 8 个结晶水和 2 个羟基水，成为 $Na_2B_4O_7$。

硼砂与水反应生成等量的弱酸和弱酸盐，形成缓冲溶液

$$[B_4O_5(OH)_4]^{2-} + 5H_2O = 2H_3BO_3 + 2[B(OH)_4]^-$$

根据缓冲溶液 pH 计算公式可以算出硼砂溶液的 pH = 9.24。

三卤化硼 BX_3 都是共价化合物，熔、沸点都很低，并按 F、Cl、Br、I 的顺序有规律地逐渐增高。BX_3 是缺电子分子，接受电子对的倾向强烈，能接受 H_2O、HF、NH_3、醚、醇、胺类提供的电子对，所以在有机合成中常用作催化剂。

BCl_3 在潮湿的空气中易水解，形成白色酸雾

$$BCl_3 + 3H_2O = H_3BO_3 + 3HCl$$

BF_3 水解产生的 F^- 可以和未水解的 BF_3 形成 $[BF_4]^-$

$$4BF_3 + 3H_2O = 3[BF_4]^- + 3H^+ + H_3BO_3$$

B 的其他卤化物不与相应的 HX 反应形成 $[BX_4]^-$。这是由于与 F 相比，Cl、Br、I 的原子半径较大，而 B 原子半径很小，因此难以在周围排列四个较大的卤素原子。

(二) 铝的化合物

Al_2O_3有两种晶型，α-Al_2O_3和γ-Al_2O_3。α-Al_2O_3十分稳定，不溶于水、酸或碱。自然界中的α-Al_2O_3矿物为刚玉，其熔点高，硬度高，仅次于金刚石。刚玉中含有少量Cr(Ⅲ)时，显红色，称为红宝石；若含有Fe(Ⅱ、Ⅲ)或Ti(Ⅳ)时显蓝色，称为蓝宝石。γ-Al_2O_3可以由水合Al_2O_3脱水制得，既可溶于酸又可溶于碱。γ-Al_2O_3颗粒小，具有较好的吸附性能和催化性能，称为活性Al_2O_3。将γ-Al_2O_3高温灼烧，或使$Al(OH)_3$脱水可转化为α-Al_2O_3。Al在O_2中燃烧或高温灼烧也可得到α-Al_2O_3。

$Al(OH)_3$的组成相当于$Al_2O_3 \cdot 3H_2O$，它有三种晶型，均为层状结构。其中最重要的是γ-$Al(OH)_3$，称为水铝石，是铝土矿的主要成分。$Al(OH)_3$是两性氢氧化物，既可溶于酸又可溶于碱。

铝盐和铝酸盐在水溶液中易发生水解

$$2NaAlO_2 + H_2O = 2NaOH + Al_2O_3$$

在铝的卤化物中，除AlF_3是离子型化合物外，其余均为共价型化合物。无水$AlCl_3$是无色晶体，在常温下能挥发，180℃时升华。由于$AlCl_3$分子中的Al是缺电子原子，其空轨道可接受Cl原子提供的孤电子对，所以$AlCl_3$自身有强烈聚合倾向。$AlCl_3$在靠近沸点的蒸汽中，形成Al_2Cl_6，其结构如图12-2所示。

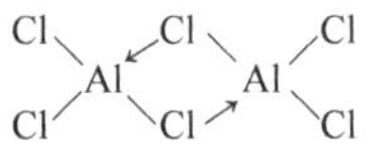

图 12-2 双聚三氯化铝Al_2Cl_6的分子结构

图12-2中每个Al原子都以sp^3杂化轨道与4个Cl原子形成四面体结构。两个Al原子与两侧的4个Cl原子在同一平面上，中间的2个Cl以桥键的方式位于该平面的上、下方，每个Cl上的一对孤电子对进入Al的空轨道上形成配位键，并与上述平面垂直，这种由Cl作“桥”的键又称为氯桥键。

无水$AlCl_3$易溶解于水，在潮湿的空气中可发生强烈的水解而形成酸雾，故必须采用干法制备无水三氯化铝

$$2Al(s) + 3Cl_2 = 2AlCl_3$$

无水$Al(SO_4)_3$为白色粉末，易溶于水，因水解而使溶液呈酸性，其水解产物是碱式盐或$Al(OH)_3$的胶状沉淀，它具有吸附和絮凝作用，所以$Al_2(SO_4)_3$被广泛用作净水剂、媒染剂。$Al_2(SO_4)_3$与K^+、Rb^+、Cs^+和NH_4^+等的硫酸盐结合而形成复盐，称为矾，其通式为$MAl(SO_4)_2 \cdot 12H_2O$。

三、碳族元素的单质及其理化性质

碳族是周期表中的ⅣA族元素，包括碳(C)、硅(Si)、锗(Ge)、锡(Sn)、铅(Pb)，价电子组态为ns^2np^2(表12-2)。

表 12-2 碳族元素的原子半径、电负性、电子亲和能、电离能

主要参数 \ 元素	C	Si	Ge	Sn	Pb
原子半径/pm	77	117	122	140	147
电负性	2.55	1.90	2.01	1.96/1.8	2.33/1.9
电子亲和能/($kJ \cdot mol^{-1}$)	−122.5	−119.6	−115.8	−120.6	−101.3
第一电离能/($kJ \cdot mol^{-1}$)	1085.4	786.5	762.2	708.6	715.5

碳族元素电势图如下

$\varphi_A^\ominus$/V：

$$CO_2 \xrightarrow{-0.12} CO \xrightarrow{0.51} C \xrightarrow{0.13}$$

$$SiO_2 \xrightarrow{-0.86} Si \xrightarrow{0.102} SiH_4$$

$$H_2SiO_3 \xrightarrow{-0.84} Si$$

$$GeO_2 \xrightarrow{-0.34} Ge^{2+} \xrightarrow{0.23} Ge$$

$$Sn^{4+} \xrightarrow{0.15} Sn^{2+} \xrightarrow{-0.14} Sn$$

$$PbO_2 \xrightarrow{1.455} Pb^{2+} \xrightarrow{-0.126} Pb$$

$\varphi_B^\ominus$/V：

$$CO_3^{2-} \xrightarrow{0.765} C \xrightarrow{-0.70} CH_4$$

$$SiO_3^{2-} \xrightarrow{-1.7} Si \xrightarrow{-0.73} SiH_4$$

$$HGe_3^{-} \xrightarrow{-1.0} Ge$$

$$Sn(OH)_6^{2-} \xrightarrow{-0.96} HSnO_2^{-} \xrightarrow{-0.79}$$

$$HPbO_2^{-} \xrightarrow{-0.34} Pb$$

$$PbO_2 \xrightarrow{0.248} PbO \xrightarrow{-0.54} Pb$$

(一) 碳

C 单质在自然界主要以石墨和金刚石的形态存在，近年碳笼(富勒烯)、碳纳米管和石墨烯的相继发现，使碳材料的研究成为热点。

金刚石的杂化类型是 sp^3(图 12-3)，为无色透明晶体，熔点 3550℃，莫氏硬度为 10，不导电，在所有单质中熔点最高、硬度最大。金刚石在室温下呈化学惰性，但在空气中加热到 820℃能燃烧生成 CO_2。金刚石主要用于装饰品和硬质材料。石墨的杂化类型为 sp^2，为灰黑色柔软固体，密度比金刚石小，熔点比金刚石低 50℃左右，有导电性。石墨常温下呈化学惰性，但比金刚石活泼。

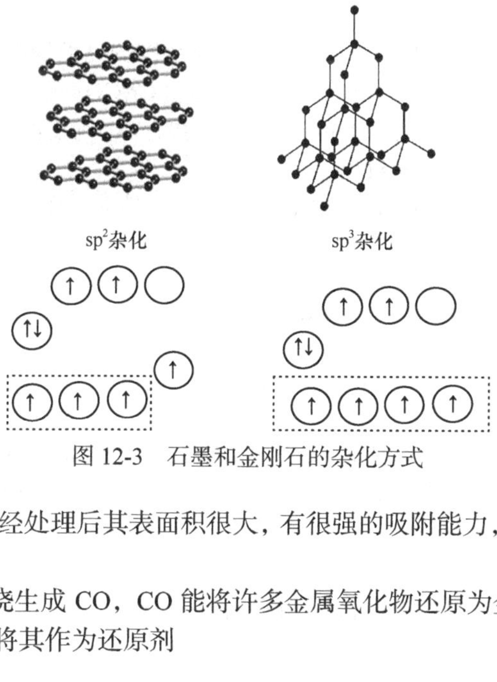

图 12-3　石墨和金刚石的杂化方式

活性炭是微晶单质，经处理后其表面积很大，有很强的吸附能力，可用于净化空气、脱色、去臭等。

C 在 O_2 中不完全燃烧生成 CO，CO 能将许多金属氧化物还原为金属，如工业炼铁，实际上是将焦炭转化为 CO，将其作为还原剂

$$Fe_2O_3 + 3CO \xlongequal{} 2Fe + 3CO_2$$

灼热的 C 与水蒸气反应是工业上用焦炭合成水煤气的方法

$$H_2O(g) + C(\text{灼热}) \xlongequal{} H_2(g) + CO(g)$$

将聚丙烯腈、沥青等隔绝空气加热到 1000℃以上，得到一类重要的微晶体碳——碳纤维。

(二) 硅

单质 Si 呈灰黑色，具有与金刚石类似的结构，硬度很高，熔点 1414℃。结晶 Si(单晶 Si 和多晶 Si)是重要的电子工业材料。

单质 Si 可以通过 C 在电炉 1800℃下还原 SiO_2 制备

$$SiO_2 + 2C \xlongequal{} Si + 2CO_2\uparrow$$

Si 具有亲 O 性和亲 F 性，但在常温下活性较差，只能与 F_2 生成 SiF_4。高温时 Si 的化学活性增强，可与 Cl_2、O_2、C、N_2 等反应。Si 可与强碱快速反应放出 H_2，用于室外制备 H_2。

(三) 锗、锡、铅

Ge 是银白色硬金属。

单质 Sn 有两种晶型，α-Sn(灰锡)、β-Sn(白锡)和 γ-Sn(脆锡)，前两者之间的转化温度为 13.2℃，低于这一温度以 α-Sn 形式存在，高于这一温度时为 β-Sn，温度高于 161℃转化为 γ-Sn。

Pb 是暗灰色重金属，熔点较低(327.46℃)，密度较大。

Ge、Sn、Pb 单质属于中等活泼金属，可与 O_2、X_2、S 等在一定条件下反应。产物中 Ga、Sn 氧化数均为+4，Pb 的氧化数为+2。Ge、Sn、Pb 的单质可与 H_2 在一定条件下反应。

Sn 和 Pb 单质均可与碱溶液反应放出 H_2，金属 Ge 很难与 NaOH 水溶液反应，但可与熔融的 NaOH 反应生成 Ge(Ⅳ)。

四、碳族元素的简单化合物

(一) 碳的化合物

CO 为无色、无味可燃有毒气体。CO 的结构为 $C \overset{\leftarrow}{\equiv} O$，其中有一个 O→C 配位键，使 CO 偶极矩几乎为零。由于分子内有配位键，碳原子周围的电子云密度增大，增强了碳原子的配位能力，可形成羰基配合物，如 $Ni(CO)_4$、$Fe(CO)_5$、$Cr(CO)_6$ 等。

CO 与血红蛋白(Hb)结合能力是 O_2 的 230～270 倍，CO 与血红蛋白结合后，Hb 就失去结合氧的能力，使生物机体因缺氧而致死，引起中毒。

二氧化碳 CO_2 分子是直线型，在分子中存在着两个Π_3^4键（图 12-4）。

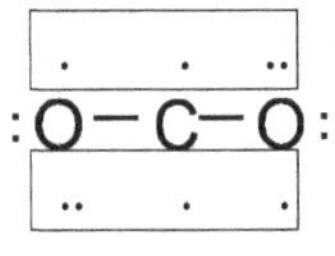

图 12-4　CO_2 分子的结构

CO_2 是无色、无臭气体，临界温度 31℃，加压时容易液化。CO_2 具有临界温度较低，临界压力适中且超临界密度大，无毒、惰性且容易获得及极易从萃取产物中分离的特性，使其成为目前普遍使用的超临界流体。

CO_2 是酸性氧化物，能与碱反应，大量用于生产 Na_2CO_3、$NaHCO_3$、化肥等。

多数碳酸盐溶解度小，自然界钙和镁的碳酸盐矿石较多，如大理石、石灰石、方解石、白云石、菱镁矿等。

C 的四种卤化物均存在，常温下 CF_4 为无色气体、CCl_4 为无色液体、CBr_4 为无色固体、CI_4 为暗红色固体。其中 CCl_4 熔点–22.9℃，沸点 76.7℃，是重要的非极性溶剂。CCl_4 可以使燃烧物隔绝空气，常用作灭火剂。

碳化物有离子型、金属型和共价型三种。C 与ⅠA、ⅡA、ⅢA 族金属形成的碳化物是离子型碳化物，这类碳化物中不一定含有离子键，但由于有典型的金属原子，故称离子型碳化物，如 CaC_2、Mg_2C_3、Al_4C_3 等，这类碳化物易水解生成炔烃(CaC_2、Mg_2C_3)或烷烃(Al_4C_3)。

C 与过渡金属形成金属型碳化物(间充型碳化物)，这类碳化物仍保持金属光泽，其硬度和熔点比原来金属还高，如 Zr、Hf、Nb、Ta、Mo、W 等。对于原子半径大于 1.3Å 的金属，C 原子不会使金属晶格变形，只使晶格更紧密坚实，这些金属的碳化物具有极高的熔点和硬度，如碳化钽和碳化钨等。对于原子半径小于 1.3Å 的金属，C 原子使原金属晶格变形，C 原子链贯穿在变形的金属结构中，如 Cr、Mn、Fe、Co 和 Ni 的碳化物，这些金属的碳化物的性质介于离子型和间充型之间，有较高的熔点和硬度，能被 H_2O 和酸分解生成烃类和 H_2 的混合物。

(二) 硅的化合物

SiO_2 以晶态和非晶态两种形态存在于自然界。石英为晶态 SiO_2，无色透明的棱柱状晶体，俗称水晶。紫水晶、玛瑙、碧玉都是含有杂质的有色石英晶体。硅藻土和燧石是非晶态的 SiO_2。

SiO_2 为酸性氧化物，不溶于水，可以和热的强碱溶液或熔融的碳酸钠反应，生成硅酸盐。

Si 的卤化物都是共价化合物，其中重要的有 SiF_4 和 $SiCl_4$。SiF_4 可由 HF 和 SiO_2 反应制得。$SiCl_4$ 可由粗硅直接加热氯化或将 SiO_2 与焦炭在 Cl_2 气氛中加热制得。

(三) 锗、锡和铅的化合物

Ge、Sn、Pb 均有两种常见的氧化物 MO 和 MO_2，均不易溶于水，且多数具有特征颜色。

Ge(Ⅱ)的氧化物和氢氧化物均为两性物质。GeO_2 可溶于强碱，生成锗酸盐，其结构与硅酸盐极其相似。

Sn(Ⅱ)的氧化物 SnO 为两性氧化物，除与酸反应外在隔绝空气的条件下可与 NaOH 溶液反应生成 $Na[Sn(OH)_3]$。SnO_2 也属于两性氧化物，但它与酸碱的反应不如 SnO 容易。

SnO 在空气中加热得到 SnO_2，隔绝空气加热发生歧化反应

$$2SnO = SnO_2 + Sn$$

单质 Pb 在空气中加热只能得到 PbO，俗称密陀僧或铅黄，呈黄色或红色，两性偏碱。黑色的 PbO_2 属于酸性氧化物，与 PbO 反应的产物为 Pb_3O_4 或 Pb_2O_3，前者显红色，俗称铅丹，后者显橙色。

Pb 的化学性质稳定，在工业上与亚麻仁油混合后作为油灰涂在管子的连接处防止漏水。Pb 的许多化合物，色彩缤纷，常用作颜料，如 $PbCrO_4$ 是黄色颜料；PbI_2 是金色颜料；早在古代 $PbCO_3$ 就被用作白色颜料，但 $PbCO_3$ 作白色颜料容易变黑，现已被 TiO_2 替代。

五、硼族和碳族元素的生物学效应及其常见药物

(一) 生物学效应

过量摄入硼会导致中毒，表现为易怒、癫痫发作及胃肠道紊乱。硼缺乏会影响骨骼和脑健康，适量硼对人类健康具有有益的生物学效应，硼能够缓解关节炎症状、调节免疫反应及降低患前列腺癌的风险。

铝的生物学效应主要毒性表现为对中枢神经系统、骨和造血系统的损伤。铝进入大脑后会产生明显的脑功能障碍，记忆力减退，行为紊乱，海马及脑皮质的神经元会产生广泛的神经元纤维

缠结病变。阿尔茨海默病症患者脑内铝含量增高。镓合金无明显细胞毒性，一般用于牙科材料。镓具有抗肿瘤、抗炎、调节免疫系统的作用。铟和铊主要表现为毒性，铊的毒性甚至高于铅和汞。

铅是常见的工业和环境毒物，是对人有害的一种重金属。铅对神经系统、心血管系统、泌尿系统、生殖系统及儿童发育具有毒性。

(二) 常见药物

1. 硼砂 有杀菌作用，口服对人体有害。医学上硼砂用于皮肤黏膜的消毒防腐、足癣、霉菌性阴道炎、外耳道湿疹等。硼砂也是一味中药材，为皮肤和五官疾患的常用药。

2. 氢氧化铝 抗酸药，主要用于治疗胃及十二指肠溃疡。制剂有氢氧化铝片、氢氧化铝凝胶和复方氢氧化铝片。

3. 药用炭 为吸附药，可用于吸附汞盐、细菌毒素及生物碱等毒物的解毒剂，内服可治疗胃肠充气。

4. 三硅酸镁 抗酸药，中和胃酸时产生硅酸溶胶，在胃内形成保护膜，用于治疗胃酸过多、胃与十二指肠溃疡。

5. 氧化铅 燥湿，杀虫，敛疮，用于湿疹，疥，癣，腋下狐臭，疮疡溃破久不收口；俗称“密陀僧”，天然的矿产很稀少，呈橘黄色小片或土状粉末，系由方铅矿氧化而成。药用品多用铅为原料加工制成的氧化铅。

第三节 氮族元素

氮族是周期表中ⅤA 族元素，包括氮(N)、磷(P)、砷(As)、锑(Sb)、铋(Bi)，价电子组态为 ns^2np^3。

N_2 存在于空气中。As、Sb、Bi 在自然界中主要以硫化物矿的形式存在。本族元素从 N 到 Bi 随着原子序数的增大，元素的非金属性递减，金属性递增。N、P 是典型的非金属元素，而 As 和 Sb 为准金属元素，Bi 为金属元素。与卤素和氧族元素相比，从上到下形成正氧化数化合物的趋势较明显。它们和电负性较大的元素结合时，氧化数主要为+3 和+5。在氮族元素中，按 As、Sb、Bi 的顺序，随着核电荷的增加，ns^2 价电子的稳定性增加，氧化数为+3 化合物的特性逐渐增强，此现象为“惰性电子对效应”，故 Bi(Ⅴ)具有很强的氧化性。

氮族元素的原子与其他元素原子化合时，主要以共价键结合，而且氮族元素原子越小，形成共价键的趋势越大。在氧化数为–3 的二元化合物中，只有活泼金属的氮化物和磷化物是离子型的（表 12-3）。

表 12-3 氮族元素的原子半径、电负性、电子亲和能、电离能

元素 主要参数	N	P	As	Sb	Bi
原子半径/pm	55	110	121	141	154.7
电负性	3.04	2.19	2.18	2.05	2.02
电子亲和能/($kJ \cdot mol^{-1}$)	–7.0	71.7	77.0	101.0	100.0
第一电离能/($kJ \cdot mol^{-1}$)	1402.0	1011.8	859.7	833.7	703.3

氮族元素的电势图，

$\varphi_A^\ominus$ /V：

$$NO_3^- \underline{\ 0.7989\ } NO_2 \underline{\ 1.08\ } HNO_2 \underline{\ 1.04\ } NO \underline{\ 1.582\ } N_2O \underline{\ 1.77\ } N_2 \underline{\ 0.27\ } NH_4^+$$

$$H_3PO_4 \xrightarrow{-0.276} H_3PO_3 \xrightarrow{-0.50} H_3PO_2 \xrightarrow{-0.51} P \xrightarrow{-0.065} PH_3$$

$$H_3AsO_4 \xrightarrow{0.5748} H_3AsO_3 \xrightarrow{0.2473} As \xrightarrow{-0.2381} AsH_3$$

$$Sb_2O_3 \xrightarrow{0.58} SbO^+ \xrightarrow{0.21} Sb \xrightarrow{-0.5104} SbH_3$$

$$Bi_2O_5 \xrightarrow{1.6} Bi^{3+} \xrightarrow{0.32} Bi \xrightarrow{-0.8} BiH_3$$

$\varphi_B^\ominus$/V：

$$NO_3^- \xrightarrow{-0.86} NO_2 \xrightarrow{0.88} NO_2^- \xrightarrow{-0.46} NO \xrightarrow{0.76} N_2O \xrightarrow{0.94} N_2 \xrightarrow{-0.73} NH_3$$

$$PO_4^{3-} \xrightarrow{-1.12} HPO_3^{2-} \xrightarrow{-1.57} H_2PO_3^{2-} \xrightarrow{-2.05} P \xrightarrow{-0.89} PH_3$$

$$AsO_4^{3-} \xrightarrow{-0.67} As(OH)_4^- \xrightarrow{-0.68} As \xrightarrow{-1.43} AsH_3$$

$$Sb(OH)_4^- \xrightarrow{-0.66} Sb \xrightarrow{-1.34} SbH_3$$

$$BiO_2 \xrightarrow{0.55} Bi_2O_3 \xrightarrow{-0.46} Bi$$

一、氮族元素的单质及其理化性质

(一) 氮

N_2 是空气的重要成分之一，无色、无臭、无毒，在水中溶解度小。N_2 分子中存在三键，一个 σ 键，2 个 π 键。N_2 分子是已知的最稳定的双原子分子之一，在高温、高压、催化剂条件下与 H_2 反应生成 NH_3。在放电条件下，N_2 与 O_2 直接化合生成 NO。在高温下 N_2 可以和 Li、Mg、Ga、Sr、Ba 等金属单质反应生成氮化物，其中与 Sr 在 380℃反应，与 Ba 在 260℃反应，与 Li 在 250℃反应。

(二) 磷

磷的常见同素异形体有白磷和红磷。白磷的结构见图 12-5。

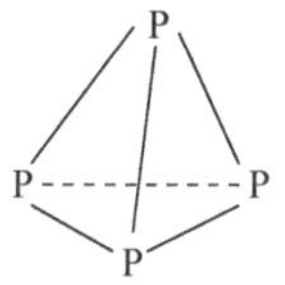

图 12-5 白磷的结构图

白磷的化学性质较活泼，易溶于有机溶剂。白磷经轻微摩擦就会引起燃烧，必须保存在 H_2O 中。白磷在潮湿的空气中缓慢氧化时，产生的能量以冷光的形式放出。白磷剧毒，致死量约 0.1g，工业上主要用于制造磷酸。红磷无毒，化学性质比白磷稳定得多。红磷多用于安全火柴的制造，在农业上用于制备杀虫剂。

P 是构成核酸、磷脂和某些酶的主要成分，因此，对一切生物来说，磷酸盐在能量传递的过程，诸如新陈代谢、光合作用、神经功能和肌肉活动中都起着主要作用。P 的活泼性远高于 N，易与 O_2、X_2、S 等许多非金属直接化合。

(三) 砷、锑、铋

N_2 和 P 分子晶体的熔点随分子半径增大而升高；而 As 的熔点比 N_2 和 P 高很多，说明其结构已变为金属晶体。其他金属单质的金属键随着原子半径的增大而减弱，导致 Aa、Sb、Bi 的熔点又依次变低。As 在蒸汽中为 As_4 分子，与 P_4 相似，是四面体结构。

二、氮族元素的简单化合物

(一) 氮的化合物

1. 氨和铵盐 氨 NH_3(ammonia)是 N 的重要化合物，几乎所有含 N 化合物都可以由 NH_3 来制取。工业上在高温、高压和催化剂存在下，由 H_2 和 N_2 合成 NH_3。在实验室中，用铵盐与碱反应制备少量的 NH_3

$$2NH_4Cl + Ca(OH)_2 \longequal CaCl_2 + 2NH_3\uparrow + 2H_2O$$

NH_3 是有特殊刺激气味的无色气体，三角锥构型，极性分子，能生成分子间氢键，比同族其他元素氢化物沸点反常地高。

液 NH_3 和 H_2O 一样能发生微弱的解离，因此，液 NH_3 是一种良好的非水溶剂

$$NH_3 + NH_3 \rightleftharpoons NH_4^+ + NH_2^- \qquad K^\ominus = 1\times10^{-32}$$

NH_3 在水中的溶解度极大，一体积 H_2O 在常温下可以溶解 700 体积的 NH_3。NH_3 与 H_2O 通过氢键形成水合物 $NH_3\cdot H_2O$ 和 $2NH_3\cdot H_2O$，即氨水。氨水溶液呈弱碱性。由于 NH_3 分子中的 N 具有孤对电子，可以作为电子对的给予体，与水中 H^+的 1s 空轨道以配位键互相结合成 NH_4^+，水中的 OH^-因此增多而显碱性。

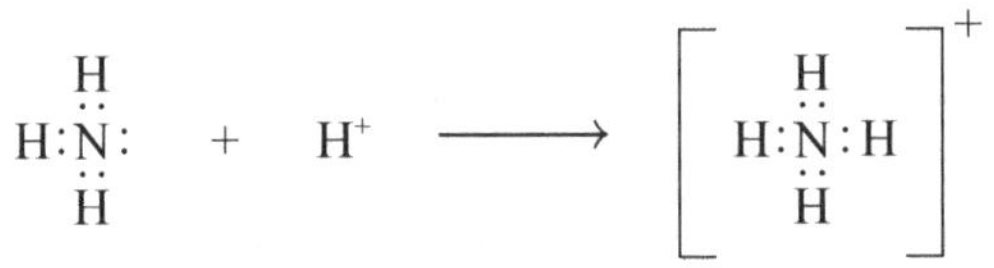

NH_3 能和酸，如 HCl、H_2SO_4 等反应生成 NH_4^+，还可以做配体，与 Ag^+、Cu^{2+}等离子反应形成$[Ag(NH_3)_2]^+$、$[Cu(NH_3)_4]^{2+}$等配离子。

NH_3 分子中的 N 处于最低氧化数−3，在一定条件下，可被氧化剂氧化成 N_2 或氧化数较高的氮化合物。例如，NH_3 在纯 O_2 中燃烧，火焰显黄色或淡蓝色

$$4NH_3 + 3O_2 = 2N_2 + 6H_2O$$

催化铂下，NH_3 还可被氧化为 NO

$$4NH_3 + 5O_2 \xlongequal{Pt,\ 200℃} 4NO + 6H_2O$$

工业上用此反应实现 NH_3 接触氧化法制备 HNO_3。

常温下 NH_3 能与许多强氧化剂如 Cl_2、H_2O_2、$KMnO_4$ 等直接反应。例如

$$3Cl_2 + 2NH_3 = N_2 + 6HCl$$

在一定条件下，NH_3 分子中的 H 原子可以依次被取代，生成一系列 NH_3 的衍生物。例如，金属 Na 可与 NH_3 反应，生成氨基化钠

$$2NH_3 + 2Na \xlongequal{350℃} 2NaNH_2 + H_2$$

NH_3 还可生成亚氨基衍生物如 Ag_2NH，以及氮化物，如 Li_3N。

铵盐是 NH_3 和酸反应的产物。铵盐易溶于水，且都发生一定程度的水解。当铵盐与强碱作用时，都能产生 NH_3，使湿润红色石蕊试纸变蓝。

NH_4^+ 的半径(143pm)和 K^+的半径(133pm)接近，因此铵盐的性质类似于钾盐，它们的溶解度相似。例如，NH_4ClO_4 和 $KClO_4$ 的溶解度都很小。

固态铵盐加热极易分解，其分解产物因酸根不同而异。挥发性酸生成的铵盐被加热时，NH_3 与酸一起挥发；难挥发性酸生成的铵盐被加热时，只有 NH_3 挥发出，酸留于容器中。例如

$$NH_4Cl \xlongequal{\triangle} NH_3\uparrow + HCl\uparrow$$

$$(NH_4)_2SO_4 \xlongequal{\triangle} NH_3\uparrow + NH_4HSO_4$$

由氧化性酸组成的铵盐被加热时，分解产生的 NH_3 被氧化性酸氧化成 N_2 或氮的化合物。例如

$$NH_4NO_3 \xlongequal{210℃} N_2O\uparrow + 2H_2O$$

温度更高时，NH_4NO_3 以另一种方式分解，同时放出大量的热

$$2NH_4NO_3 \xrightarrow{\geq 300℃} 2N_2(g) + O_2(g) + 4H_2O(g) \quad \Delta H^{\ominus} = -236.1\ kJ \cdot mol^{-1}$$

由于反应产生大量的气体和热量，如果反应在密封容器中进行，就会引起爆炸。因此，硝酸铵可用于制造炸药——硝铵炸药。NH_4Cl 常用于染料工业、焊接及干电池的制造。铵盐都可用作化学肥料。

2. 氮的氧化物 氮可以形成多种氧化物，N_2O、NO、N_2O_3、NO_2、N_2O_5，其中最主要的是 NO 和 NO_2。

N_2O 结构为 N═N═O，直线型分子，又称笑气，无色有甜味气体，是一种氧化剂，在一定条件下能支持燃烧，但在室温下稳定，有轻微麻醉作用，并能致人发笑。

N_2O_3 的两个 N 原子通过 σ 键相连，在整个分子中存在着一个 $\prod_5^6$ 键。N_2O_3 是酸性氧化物，是 HNO_2 的酸酐，可溶于苯、乙醚、氯仿(三氯甲烷)、四氯化碳(四氯甲烷)，性质不稳定，常压下即可分解为 NO 和 NO_2。N_2O_3 助燃，有毒，对水、土壤和大气可造成污染。

NO 结构为 N ═O，无色、有毒气体，在水中的溶解度较小，且与水不发生反应，常温下 NO 很容易氧化为 NO_2。NO 气体分子在人体内有传递信号的作用。

NO_2 是红棕色、有毒气体，有刺激味。温度降低时聚合成无色的 N_2O_4 分子。NO_2 与水反应生成硝酸和 NO

$$3NO_2 + H_2O = 2HNO_3 + NO$$

NO_2 的结构为 V 型，采用不等性 sp^3 杂化，分子中含有 $\prod_3^3$ 键，见图 12-6。

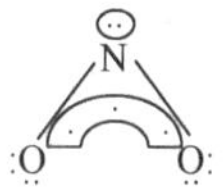

图 12-6 NO_2 的结构图

N_2O_5 分子中主要为 sp^2 杂化，分子中有 6 个 σ 键和 2 个 $\prod_3^4$ 键。一般条件下的 N_2O_5 为无色固体，微溶于水，水溶液呈酸性，气态时不稳定。

3. 亚硝酸及亚硝酸盐 HNO_2 是一种弱酸，$K_a^{\ominus} = 5.62 \times 10^{-4}$，很不稳定，仅存在于冷的稀溶液中，浓溶液或微热时，会分解为 NO 和 NO_2

$$2HNO_2 \rightleftharpoons H_2O + NO + NO_2$$

亚硝酸盐稳定且均易溶于水，仅浅黄色的 $AgNO_2$ 微溶。亚硝酸盐广泛用于有机合成及在食品工业中用作防腐剂和助色剂。

在 HNO_2 及其盐中，N 的氧化数为+3，既有氧化性又有还原性

$$HNO_2 + H^+ + e^- \rightleftharpoons NO + H_2O \qquad \varphi_A^{\ominus} = 1.04V$$

$$NO_3^- + 3H^+ + 2e^- \rightleftharpoons HNO_2 + H_2O \qquad \varphi_A^{\ominus} = 0.934V$$

HNO_2 在酸性介质中，主要表现为氧化性

$$2NO_2^- + 2I^- + 4H^+ = 2NO + I_2 + 2H_2O$$

此反应可用以定量测定亚硝酸盐。

HNO_2 及其盐只有遇到强氧化剂时才能被氧化

$$5NO_2^- + 2MnO_4^- + 6H^+ = 5NO_3^- + 2Mn^{2+} + 3H_2O$$

4. 硝酸及硝酸盐 硝酸(nitric acid)是工业上重要的三酸(HCl、H_2SO_4、HNO_3)之一。HNO_3 是强酸，在水中全部电离。工业上生产 HNO_3 的主要方法是 NH_3 的接触氧化法(1000℃，Pt-Rh 催化)

$$4NH_3 + 5O_2 = 4NO + 6H_2O \qquad \Delta H^{\ominus} = -904\ kJ \cdot mol^{-1}$$

NO 和 O_2 化合成 NO_2，NO_2 再和 H_2O 反应即可制得 HNO_3。

HNO_3 中 N 采用 sp^2 杂化，分子内含有 Π_3^4 键。其结构如图 12-7 所示。

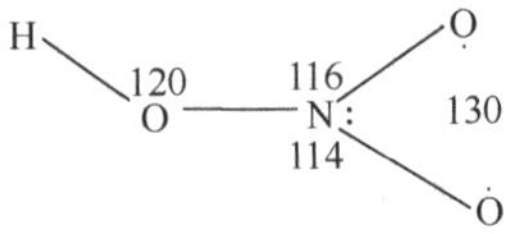

图 12-7 HNO_3 的结构图

实验室中，用硝酸盐与浓硫酸反应制备少量 HNO_3

$$NaNO_3 + H_2SO_4 = NaHSO_4 + HNO_3$$

纯 HNO_3 为无色液体，易挥发，遇光和热将有部分分解

$$4HNO_3 = 2H_2O + 4NO_2\uparrow + O_2\uparrow$$

分解出来的 NO_2 又溶于 HNO_3，使 HNO_3 带黄色。

HNO_3 中 N 的氧化数+5，HNO_3 分子不稳定，故具有强氧化性。很多非金属(C、P、S、I 等)都能被 HNO_3 氧化成相应的氧化物或含氧酸

$$3C + 4HNO_3 = 3CO_2\uparrow + 4NO\uparrow + 2H_2O$$
$$3P + 5HNO_3 + 2H_2O = 3H_3PO_4 + 5NO\uparrow$$
$$S + 2HNO_3 = H_2SO_4 + 2NO\uparrow$$
$$3I_2 + 10HNO_3 = 6HIO_3 + 10NO\uparrow + 2H_2O$$

氧化还原反应中 HNO_3 为氧化剂，其还原产物常是混合物。混合物中以哪种物质为主，往往取决于 HNO_3 的浓度、还原剂的强度和用量及反应的温度。通常，浓 HNO_3 作氧化剂时，还原产物主要是 NO_2；稀 HNO_3 作氧化剂时，还原产物主要是 NO；极稀的 HNO_3 作氧化剂时，只要还原剂足够活泼，还原产物主要是 NH_4^+。

浓 HNO_3 与浓 HCl 按体积比 1∶3 组成王水，惰性金属金、铂等能发生氧化和配位反应而溶于王水

$$Au + HNO_3 + 4HCl = H[AuCl_4] + NO + 2H_2O$$
$$3Pt + 4HNO_3 + 18HCl = 3H_2[PtCl_6] + 4NO + 8H_2O$$

硝酸盐在常温下比较稳定，但在高温时固体硝酸盐都会分解而显氧化性。

比 Mg 活泼的碱金属和碱土金属的硝酸盐，受热分解产生亚硝酸盐和 O_2

$$2NaNO_3 \xlongequal{\triangle} 2NaNO_2 + O_2\uparrow$$

活泼性在 Mg 与 Cu 之间的金属的硝酸盐，受热分解得到相应的金属氧化物

$$2Pb(NO_3)_2 \xlongequal{\triangle} 2PbO + 4NO_2\uparrow + O_2\uparrow$$

活泼性比 Cu 差的金属的硝酸盐，受热分解生成金属单质

$$2AgNO_3 \xlongequal{\triangle} 2Ag + 2NO_2\uparrow + O_2\uparrow$$

所有硝酸盐在高温时容易分解放出 O_2，故与可燃性物质混和会极迅速燃烧，硝酸盐也用于制造烟火与黑火药。

(二) 磷的化合物

1. 磷的氧化物 P 在充足的空气中燃烧可得到 P_2O_5，如果 O_2 不足，则生成 P_2O_3。根据蒸汽密度的测定，P_2O_5 分子式实为为 P_4O_{10}，P_2O_3 分子式实为 P_4O_6。

P_2O_5 为白雪状固体，吸水性很强，吸水后迅速潮解。它的干燥性优于其他常用干燥剂，不仅能有效地吸收气体或液体中的水，而且能从许多化合物中夺取与 H_2O 分子组成相当的 H 和 O。例如，可使 H_2SO_4 和 HNO_3 脱水分别变为硫酐和硝酐

$$P_2O_5 + 3H_2SO_4 = 3SO_3 + 2H_3PO_4$$
$$P_2O_5 + 6HNO_3 = 3N_2O_5 + 2H_3PO_4$$

2. 磷的含氧酸 磷酸(H_3PO_4)又称正磷酸，无氧化性，是一种稳定的三元中强酸。

将 H_3PO_4 加热至 210℃，两分子 H_3PO_4 失去一分子 H_2O 生成焦磷酸 $H_4P_2O_7$；继续加热至 400℃，$H_4P_2O_7$ 又失去一分子 H_2O 成偏磷酸 HPO_3；偏磷酸与 H_2O 结合，又生成 H_3PO_4。

焦磷酸 $H_4P_2O_7$ 分子中，2 个 P 原子之间通过 O 原子相连，这种由 n 个单酸脱水通过 O 原子连起来生成的酸叫多酸。正磷酸由于脱水程度不同，可以聚合成不同的**多磷酸**(polyphosphoric acid)。例如，三个 H_3PO_4 脱去三分子 H_2O，即形成三偏磷酸 $(HPO_3)_3$

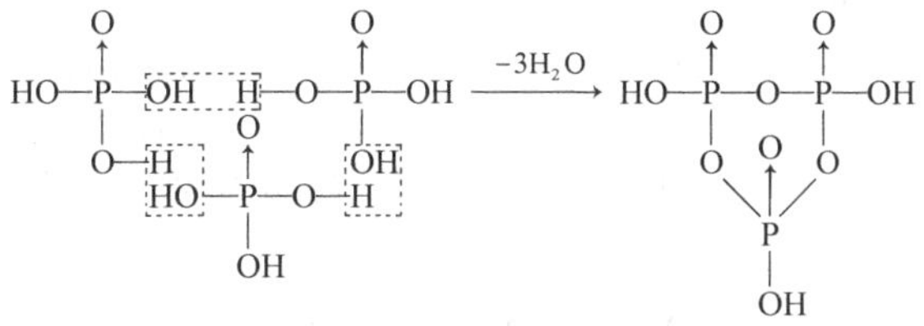

三个正磷酸 H_3PO_4 脱去两分子 H_2O，即成三聚磷酸 $H_5P_3O_{10}$

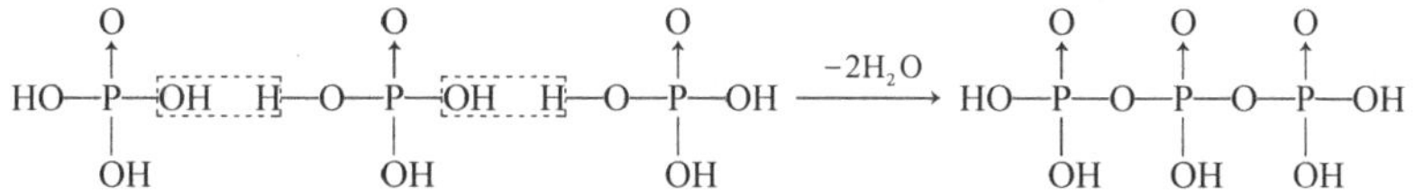

焦磷酸、三聚磷酸都是多聚磷酸(多酸)。从若干个酸分子之间失去 H_2O 分子后形成的多酸称为缩合酸。多聚磷酸为缩合酸。缩合酸有链状、环状或骨架状的结构。

磷酸是三元酸，能形成正盐(如 Na_3PO_4)和两种酸式盐(如 Na_2HPO_4 和 NaH_2PO_4)共三个系列的盐。所有磷酸二氢盐都能溶于水，而在磷酸氢盐和正磷酸盐中，只有铵盐和碱金属(除 Li 外)盐可溶于水。

可溶性磷酸盐在水溶液中有不同程度的离解，使溶液呈现不同的 pH。利用磷酸盐的这种性质，可以配制几种不同 pH 的标准缓冲溶液。

3. 磷的卤化物 卤化磷中以 PCl_3 和 PCl_5 较重要。

PCl_3 是无色液体，分子呈三角锥形。由于 P 原子上还有一对孤对电子，故 PCl_3 易与金属原子配位形成配合物。PCl_3 易水解生成 $HPO(OH)_2$ 或称亚磷酸 H_3PO_3(二元酸)：

$$PCl_3 + 3H_2O = H_3PO_3 + 3HCl$$

故 PCl_3 在潮湿空气中会产生烟雾。

干燥 Cl_2 与过量 P 反应可得 PCl_3；过量 Cl_2 与 PCl_3 作用可得白色的 PCl_5，PCl_5 受热又可分解为 PCl_3 和 Cl_2。

PCl_5 易水解，水量不足时部分水解成三氯氧磷 $POCl_3$ 和 HCl

$$PCl_5 + H_2O = POCl_3 + 2HCl$$

$POCl_3$ 在过量水中完全水解

$$POCl_3 + 3H_2O = H_3PO_4 + 3HCl$$

(三) 砷、锑、铋的化合物

As、Sb、Bi 的氧化物有氧化数为+3 的 As_2O_3、Sb_2O_3、Bi_2O_3 和氧化数为+5 的 As_2O_5、Sb_2O_5。其中 As_2O_3(俗称砒霜)是白色粉状固体，剧毒，致死量为 0.1g。

As_2O_3 两性偏酸性，易溶于碱，生成亚砷酸盐，也可溶于酸

$$As_2O_3 + 6NaOH = 2Na_3AsO_3 + 3H_2O$$

$$As_2O_3 + 6HCl = 2AsCl_3 + 3H_2O$$

Sb_2O_3 是两性氧化物，不溶于水，能溶于强酸或强碱溶液中，生成相应的盐

$$Sb_2O_3 + 6HCl = 2SbCl_3 + 3H_2O$$

$$Sb_2O_3 + 2NaOH = 2NaSbO_2 + H_2O$$

Bi_2O_3 是弱碱性氧化物，不溶于水和碱溶液，能溶于酸，生成盐

$$Bi_2O_3 + 6HNO_3 = 2Bi(NO_3)_3 + 3H_2O$$

向+3、+5 As，Sb，Bi 的盐(M^{3+}、M^{5+})溶液、它们的含氧酸盐(MO_3^{3-}、MO_4^{3-})及 Bi^{3+}盐的强酸性溶液中通入 H_2S，得到一系列的有色硫化物沉淀：As_2S_3(黄色)、Sb_2S_3(橙红色)、Bi_2S_3(黑色)、As_2S_5(黄色)、Sb_2S_5(橙红色)。

As_2S_3 呈两性偏酸性，易溶于碱

$$As_2S_3 + 6OH^- = AsO_3^{3-} + AsS_3^{3-} + 3H_2O$$

Sb_2S_3 呈两性，既溶于酸又溶于碱

$$Sb_2S_3 + 6OH^- = SbO_3^{3-} + SbS_3^{3-} + 3H_2O$$

$$Sb_2S_3 + 6H^+ + 12Cl^- = 2[SbCl_6]^{3-} + 3H_2S\uparrow$$

As_2S_3 和 Sb_2S_3 还可溶于碱性硫化物，如碱金属硫化物 Na_2S、$(NH_4)_2S$，生成相应的硫代亚酸盐

$$As_2S_3 + 3S^{2-} = 2AsS_3^{3-}$$

$$Sb_2S_3 + 3S^{2-} = 2SbS_3^{3-}$$

Bi_2S_3 呈碱性，不能溶于碱性硫化物。

As_2S_5 和 Sb_2S_5 的酸性比相应的 As_2S_3 和 Sb_2S_3 强，因此更易溶于碱或碱金属硫化物中，生成相应的硫代砷酸盐和硫代锑酸盐

$$Sb_2S_5 + 3S^{2-} = 2SbS_4^{3-}$$

$$4As_2S_5 + 24OH^- = 3AsO_4^{3-} + 5AsS_4^{3-} + 12H_2O$$

硫代亚酸盐和硫代酸盐(如 AsS_3^{3-}、AsS_4^{3-})可以看作是相应的含氧酸盐(AsO_3^{3-}、AsO_4^{3-})中的 O 被 S 取代后的产物，这种被取代的盐通称为硫代酸盐。

As 和 Sb 的硫代亚酸盐及硫代酸盐遇强酸就发生分解，生成 H_2S 和相应的硫化物沉淀。

三、氮族元素的生物学效应及其常见药物

(一) 生物学效应

NO 是生物体内传递生命信息的第二信使和神经递质。NO 可用于松弛血管平滑肌，抑制血管平滑肌细胞的增殖与移行，有利于改善血管的重构，并有抗血小板聚集及黏附作用。

单质 As 毒性很低，而 As 化合物均有毒性，其毒性排序如下：$AsH_3 > As^{3+} > As^{5+} > RAsX > As^0$。As 是一种胞浆毒物，体内 As(Ⅲ)易与巯基结合形成稳定的配合物，从而阻碍细胞呼吸，使细胞代谢发生障碍，并对多种酶有抑制作用。As 的急性中毒表现为急性肠胃炎、中毒性肾病、中毒性肝炎、中毒性心肌损害、周围神经病变、手足掌皮肤过度角质化等病变，以及流泪、胸痛、呼吸困难、头痛、头晕、乏力等症状。长期接触 As 可诱发多种肿瘤，已被 WHO 确认为致癌物。

As 的有益生物学功能包括对动物生长有促进作用。但 As 的作用机制和其作为有益元素的剂量尚未明确，不能将其列为生命必须元素。

Sb 及其化合物的毒性大小也取决于其氧化态。不同氧化态的无机 Sb 毒性顺序为 $Sb^0 > Sb^{3+} > Sb^{5+}$，有机 Sb 毒性一般较无机 Sb 小。Sb(Ⅲ)具有致癌作用，并影响某些酶和器官的作用。Sb 急性中毒表现为腹痛、呕吐、脱水、肌肉痛、抽搐、尿血或无尿等症状。慢性中毒则出现喉咙干燥、恶心、头痛、失眠、食欲减退及眩晕等症状。

Bi 及其化合物在临床上用于治疗幽门螺旋杆菌所致的胃肠道疾病。除了较强的抗菌能力，一些 Bi 的制剂还具有抗肿瘤活性，如 ^{213}Bi 和 ^{212}Bi 可作为治疗小型肿瘤的化疗药剂。硝酸铋和柠檬酸铋可用于缓解顺铂类药物造成的肾脏损伤。

(二) 常见药物

1. 氨(NH_3)　含量为 9.5%～10.5%的稀 NH_3 溶液用于消毒防腐和治疗动物蜇伤。NH_4Cl 可作为祛痰剂和辅助利尿剂。

2. N_2O　用作吸入全麻药。

3. 硝酸甘油($C_3H_5N_3O_9$)　在医药上用作血管扩张药。将其制成 0.3%硝酸甘油片剂，舌下给药，作用迅速而短暂，治疗冠状动脉狭窄引起的心绞痛。

4. 砒霜(As_2O_3)　可用于治疗急性早幼粒细胞白血病(APL)。

5. 含铋药物　常用于治疗阿米巴病，腹泻等消化道疾病。碱式碳酸铋、铝酸铋、柠檬酸铋用于治疗或缓解胃部疾病。

第四节　氧 族 元 素

周期表中ⅥA 族元素包括氧(O)、硫(S)、硒(Se)、碲(Te)、钋(Po)五个元素，通称为氧族元素。其中 O 是地壳中含量最多的元素，丰度以质量计高达 46.6%；Se 和 Te 属于稀有元素。Po 是放射性元素。

O 族元素原子的价层电子构型为 ns^2np^4，有获得 2 个电子达到稀有气体稳定结构的趋势。O 族元素原子和其他元素化合时，如果电负性相差很大，则可以有电子的转移。例如，O 可以和大多数金属形成二元离子化合物，S、Se、Te 只能形成少数离子型化合物。O 族元素和高价态的金属或非金属化合时，所生成的化合物主要为共价化合物。O 族元素与电负性比它们大的元素化合时，可呈现+2、+4、+6 氧化数。O 族元素都有同素异形体，例如，氧有普通 O_2 和 O_3 两种单质；S 有斜方硫、单斜硫和弹性硫。O 和 S 的性质相似，都活泼。它们对应化合物的性质也有很多相似之处（表 12-4）。

表 12-4　氧族元素的原子半径、电负性、电子亲和能、电离能

元素 主要参数	O	S	Se	Te	Po
原子半径/pm	66	104	117	137	167
电负性	3.44	2.58	2.55	2.10	2.00
电子亲和能/（$kJ\cdot mol^{-1}$）	−141	−200	−195	−190	−130
第一电离能/（$kJ\cdot mol^{-1}$）	1520	1006	941	869	818

氧族元素电势图

$\varphi_A^\ominus$/V：

$$O_3 \underline{\ 2.08\ } O_2 \underline{\ 0.694\ } H_2O_2 \underline{\ 1.76\ } H_2O$$

$$S_2O_8^{2-} \underline{\ 2.01\ } SO_4^{2-} \underline{\ -0.22\ } S_2O_6^{2-} \underline{\ 0.57\ } HS_2O_3 \underline{\ 0.08\ } HS_2O_4^- \underline{\ 0.88\ }$$

$$S_2O_3^{2-} \underline{\ 0.50\ } S \underline{\ 0.14\ } H_2S$$

$$SeO_4^{2-} \underline{\ 1.15\ } H_2SeO_3 \underline{\ 0.74\ } Se \underline{\ -0.40\ } H_2Se$$

$$H_6TeO_6 \underline{\ 1.02\ } TeO_2 \underline{\ 0.53\ } Te \underline{\ -0.72\ } H_2Te$$

$\varphi_B^\ominus$/V：

$$O_3 \underline{\ 1.247\ } O_2 \underline{\ -0.056\ } HO_2^- \underline{\ 0.867\ } OH^-$$

$$SO_4^{2-}\ \underline{-0.93}\ S_2O_3^{2-}\ \underline{-0.57}\ S_2O_3^{2-}\ \underline{-0.74}\ S\ \underline{-0.508}\ S^{2-}$$

$$SeO_4^{2-}\ \underline{0.05}\ SOe_3^{2-}\ \underline{-0.37}\ Se\ \underline{-0.92}\ Se^{2-}$$

$$TeO_4^{2-}\ \underline{0.4}\ TeO_3^{2-}\ \underline{-0.57}\ Te\ \underline{-1.14}\ Te^{2-}$$

一、氧族元素的单质及其理化性质

(一) 氧

氧的单质由氧(O_2)和臭氧(O_3)两种形态。常温下 O_2 为无色、无味气体，熔点–218.4℃，沸点–183℃。液态呈淡蓝色，固态呈淡蓝雪花状。O_3 在常温下为带有腥味的淡蓝色气体，熔点–192.5℃，沸点 111.9℃，液态呈深蓝色，固态呈紫黑色。

O_2 在通常状态下稳定。O_3 不稳定，在 437K 以上迅速分解。常温下 O_2 的氧化性比 O_3 差，能使还原性较强的物质氧化。O_3 是最强的氧化剂之一，在酸性和碱性条件下均显示出较强的氧化性，是唯一具有极性的单质。O_3 大量存在于大气平流层(臭氧层)，能吸收紫外线保护地表生物。

(二) 硫

S 主要来自天然硫矿、黄铁矿和天然气中的 H_2S。

单质 S 有两种常见的同素异形体：正交硫(斜方硫、菱形硫)和单斜硫。正交硫热力学稳定状态，在温度大于 368.6K 时转化为单斜硫。正交硫的分子式为 S_8，加热熔化，在气化前，S_8 分子开环并形成长链，迅速冷却得到长链结构、有拉伸性的弹性硫。单质硫可以与非金属和绝大多数金属反应。

(三) 硒和碲

Se 有无定形和晶体两种状态。无定形 Se 为棕色粉末，软化点 323 K。最稳定的 Se 晶体为黑色，熔点 490K，密度较无定形 Se 大，分子为 Se_8，蒸汽中有 Se_2。碲也有无定形和晶体两种状态。无定形 Se 为棕黑色，晶体为银白色，有金属光泽。蒸汽中有 Te_2 分子。

粉末状的 Se 与干燥的 Cl_2 在常温下反应，有白色到黄色的 $SnCl_4$ 生成。反应过程中有黄棕色的中间产物 $SnCl_2$ 生成。Se 与热浓 H_2SO_4 反应，生成亚硒酸和 SO_2。

粉末状的 Te 与液 Br_2 反应，有橙色到黄色的 $TeBr_4$ 生成。Te 与 HNO_3 反应，生成 TeO_2，并将 HNO_3 还原成 NO。

二、氧族元素的简单化合物

(一) 氧的化合物

过氧化氢(Hydrogen Peroxide)分子中两个 O 原子连在一起，—O—O—称为过氧键，两个 H 原子和两个 O 原子不在同一个平面上，见图 12-8。纯 H_2O_2 是无色的黏稠液体，分子间有氢键。由于极性比水强，在固态和液态时分子缔合的程度比水大，沸点为 150℃。H_2O_2 可以与水以任意比例互溶，通常市售 H_2O_2 为 H_2O_2 30%水溶液。H_2O_2 的化学性质主要表现为弱酸性、热不稳定性和氧化还原性。

H_2O_2 是极弱的二元弱酸

$$H_2O_2 \rightleftharpoons H^+ + HO_2^- \qquad K_{a_1}^{\ominus}=2.2\times10^{-12}$$

$$HO_2^- \rightleftharpoons H^+ + O_2^-$$

H_2O_2的$K_{a_2}^{\ominus}$更小。H_2O_2作为酸，可以与一些碱反应生成盐，即为过氧化物

$$H_2O_2 + Ba(OH)_2 = BaO_2 + 2H_2O$$

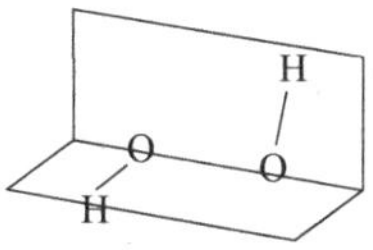

图 12-8 H_2O_2的结构图

在H_2O_2分子中 O 的氧化数为–1，H_2O_2既有氧化性又有还原性，例如，H_2O_2在酸性溶液中可将I^-氧化为I_2

$$H_2O_2 + 2I^- + 2H^+ = I_2 + 2H_2O$$

在碱性溶液中，H_2O_2可将绿色的 $[Cr(OH)_4]^-$氧化为黄色的CrO_4^{2-}

$$2[Cr(OH)_4]^- + 3H_2O_2 + 2OH^- = 2CrO_4^{2-} + 8H_2O$$

H_2O_2的还原性较弱，只是在遇到比它更强的氧化剂时才表现出还原性。例如

$$2MnO_4^- + 5H_2O_2 + 6H^+ = 2Mn^{2+} + 5O_2\uparrow + 8H_2O$$

这一反应可用于高锰酸钾法定量测定H_2O_2。

H_2O_2的氧化性比还原性显著，因此，常用作氧化剂。H_2O_2作为氧化剂的主要优点是其还原产物为H_2O，不给反应体系引入新的杂质，而且过量部分也很容易在加热时分解成H_2O及O_2。H_2O_2可杀灭肠道致病菌、化脓性球菌，致病酵母菌，一般用于物体表面消毒。医用H_2O_2浓度等于或低于 3%，擦拭创伤面时有灼烧感，表面因氧化成白色并冒气泡，清水可洗净，3～5min 恢复原来肤色。

纯 H_2O_2溶液较稳定，但光照、加热和增大溶液的碱度都能促使其分解。重金属离子(如Mn^{2+}、Cr^{3+}、Fe^{3+}、MnO_2等)对H_2O_2的分解有催化作用。其歧化分解反应为

$$2H_2O_2 = 2H_2O + O_2$$

为防止H_2O_2分解，通常将其保存在棕色瓶中，存放于阴凉处。

(二) 硫的化合物

1. 硫化氢(Hydrogen Sulfide) 是有毒气体，为大气污染物之一，空气中含 0.1%的H_2S会引起人头晕，导致慢性中毒，大量吸入H_2S会造成死亡。所以在制取和使用H_2S时需注意通风。

H_2S微溶于水，其水溶液称为氢硫酸。20℃时，1 体积水约可溶解 2.6 体积的H_2S，所得H_2S溶液的物质的量浓度约为 0.1 $mol \cdot L^{-1}$。氢硫酸是一个很弱的二元酸，可生成两类盐，即正盐(硫化物)和酸式盐(硫氢化物)。两类盐都易水解。

H_2S中 S 的氧化数为–2，因此H_2S具有还原性，可被氧化剂氧化到 0、+4、+6 三种氧化态。氢硫酸在空气中放置能被O_2氧化，析出游离 S 而浑浊

$$2H_2S + O_2 = 2S\downarrow + 2H_2O$$

强氧化剂在过量时可以将H_2S氧化成H_2SO_4

$$H_2S + 4Cl_2 + 4H_2O = 8HCl + H_2SO_4$$

S 能形成多种氧化物和含氧酸。本节主要介绍亚硫酸H_2SO_3及其盐、H_2SO_4及其盐和硫代硫酸盐的性质。

2. 二氧化硫、亚硫酸及亚硫酸盐 SO_2为无色透明气体，有刺激味。溶于水、乙醇和乙醚。SO_2的结构如图 12-9 所示。

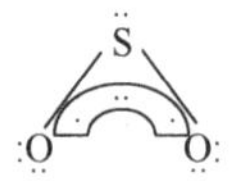

图 12-9　SO_2的结构图

常温下，潮湿的 SO_2 与 H_2S 反应析出 S。在高温及催化剂存在的条件下，SO_2 被 H_2 还原成为 H_2S，被 CO 还原成 S。强氧化剂可将 SO_2 氧化成 SO_3，仅在催化剂存在时，O_2 才能使 SO_2 氧化为 SO_3。SO_2 具有自燃性，无助燃性。

液态 SO_2 能溶解如胺、醚、醇、苯酚、有机酸、芳香烃等有机化合物，多数饱和烃不能被溶解。SO_2 有一定的水溶性，与 H_2O 及水蒸气反应生成有毒及腐蚀性蒸汽。SO_2 化学性质极其复杂，不同的温度可作为非质子溶剂、路易氏酸、还原剂、氧化剂、氧化还原试剂等。液态 SO_2 还可作自由基接受体。如在偶氮二异丁腈自由基引发剂存在下与乙烯化合物反应得到聚砜。液态 SO_2 在光照下，可与氯和烷烃进行氯磺化反应，在氧存在下生成磺酸。液态 SO_2 在低温表现出还原作用，但在 300℃以上表现出氧化作用。SO_2 还能够抑制霉菌和细菌的滋生，可以用作食物和干果的熏蒸、防腐剂。

SO_2 溶于水，部分反应生成 H_2SO_3

$$SO_2 + H_2O = H_2SO_3$$

H_2SO_3 很不稳定，仅存在于溶液中。H_2SO_3 是中强酸，可形成正盐和酸式盐。

在 SO_2、H_2SO_3 及其盐中，S 的氧化数为+4，以还原性为主。还原性以亚硫酸盐为最强，其次为 H_2SO_3，而 SO_2 最弱。空气中的 O_2 可以氧化 H_2SO_3 及亚硫酸盐

$$2H_2SO_3 + O_2 = 2H_2SO_4$$

$$2Na_2SO_3 + O_2 = 2Na_2SO_4$$

强氧化剂能迅速氧化 H_2SO_3 和亚硫酸盐。例如

$$Na_2SO_3 + Cl_2 + H_2O = H_2SO_4 + 2NaCl$$

SO_3^{2-} 能使蓝色 I_2-淀粉溶液褪色

$$SO_3^{2-} + I_2 + H_2O = SO_4^{2-} + 2I^- + 2H^+$$

亚硫酸及其盐只有遇到强的还原剂时才表现氧化性。例如

$$2H_2S + 2H^+ + SO_3^{2-} = 3S\downarrow + 3H_2O$$

亚硫酸钠或亚硫酸氢钠常作印染工业中的除氯剂，除去布匹漂白后残留的氯。它们还可以用作消毒剂，杀灭霉菌。

3. 三氧化硫、硫酸和硫酸盐　SO_3 是一种无色易升华的固体。α-SO_3 呈丝质纤维状和针状，密度 1.97g·cm^{-3}，熔点 62.3℃；β-SO_3 呈石棉纤维状，熔点 62.4℃，在 50℃可升华；γ-SO_3 呈玻璃状，熔点 16.8℃，沸点 44.8℃。SO_3 溶于 H_2O 反应生成 H_2SO_4 并放出大量的热，SO_3 又称硫酸酐，是酸性氧化物，与碱性氧化物反应生成盐和水。SO_3 是很强的氧化剂，特别是在高温时能氧化硫、磷、铁、锌及溴化物、碘化物等。

在 SO_3 中，S 元素采取 sp^2 杂化，p_z 轨道中有一对电子，杂化轨道中有一对成对电子和 2 个成单电子，其中 2 个 O 原子分别与 S 形成 σ 键，2 个氧原子 p_z 轨道各有 1 个电子，第三个 O 原子与杂化轨道的孤对电子形成配位键，其 p_z 轨道有 2 个电子，这样，在垂直分子的面上有一个 Π_4^6 键，如图 12-10 所示。

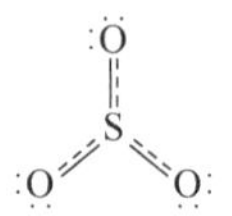

图 12-10　SO_3 的结构图

纯 H_2SO_4 是无色油状液体，10.4℃时凝固。98%的 H_2SO_4 沸点为 338℃。浓 H_2SO_4 吸收 SO_3 得发烟硫酸

$$H_2SO_4 + xSO_3 = H_2SO_4 \cdot xSO_3$$

H_2SO_4 是二元酸中酸性最强的酸，第一步完全解离，但第二步部分解离

$$H_2SO_4 = H^+ + HSO_4^-$$

$$HSO_4^- \rightleftharpoons H^+ + SO_4^{2-} \qquad K_{a_2}^{\ominus} = 1.02 \times 10^{-2}$$

浓 H_2SO_4 具有很强的吸水性，常用其作干燥剂。与水混合时，形成水合物并放出大量的热，浓 H_2SO_4 强烈的脱水性能将有机物分子中的 H 和 O 按 2∶1 比例脱去而使有机物碳化。

浓 H_2SO_4 是很强的氧化剂，特别在加热时，能氧化很多金属和非金属。浓 H_2SO_4 作氧化剂时本身被还原为 SO_2、S 或 H_2S。它和非金属反应时，一般还原为 SO_2。它和金属反应时，其被还原的程度和金属的活泼性有关，不活泼的金属只能将 H_2SO_4 还原为 SO_2；活泼金属可以将 H_2SO_4 还原为单质 S 甚至 H_2S。H_2SO_4 能生成正盐和酸式盐。除碱金属和氨有酸式盐外，其他金属只有正盐。酸式硫酸盐和大多数硫酸盐都易溶于水，但 $PbSO_4$、$SrSO_4$ 等难溶于水，$BaSO_4$ 几乎不溶于水也不溶于酸。因此，常用可溶性的 Ba 盐溶液鉴定溶液中的 SO_4^{2-}。多数硫酸盐还具有生成复盐的倾向，如摩尔盐[$(NH_4)_2SO_4 \cdot FeSO_4 \cdot 12H_2O$]、铝钾矾[$K_2SO_4 \cdot Al_2(SO_4)_3 \cdot 24H_2O$]等。

硫酸盐有很多重要的用途，如明矾是常用的净水剂，胆矾($CuSO_4 \cdot 5H_2O$)是消毒杀菌剂和农药，绿矾($FeSO_4 \cdot 7H_2O$)是农药、药物等的原料。

硫代硫酸钠俗称大苏打和海波，可将 S 粉溶于沸腾的 Na_2SO_3 碱性溶液中制得：

$$Na_2SO_3 + S \xlongequal{\triangle} Na_2S_2O_3$$

$Na_2S_2O_3$ 易溶于水，水溶液呈弱碱性，它在中性、碱性溶液中很稳定，在酸性溶液中由于生成不稳定的硫代硫酸($H_2S_2O_3$)而分解

$$S_2O_3^{2-} + 2H^+ = S\downarrow + SO_2\uparrow + H_2O$$

$S_2O_3^{2-}$ 可以看成是 SO_4^{2-} 中的一个 O 原子被 S 原子所代替的产物，$S_2O_3^{2-}$ 中两个 S 原子的平均氧化数为+2，因此 $S_2O_3^{2-}$ 具有还原性，易被氧化。$Na_2S_2O_3$ 是中等强度的还原剂，被强氧化剂如 Cl_2、Br_2 氧化成硫酸盐

$$S_2O_3^{2-} + 4Cl_2 + 5H_2O_2 = 2SO_4^{2-} + 8Cl^- + 5H_2O$$

反应可用于除 Cl_2。

$Na_2S_2O_3$ 与较弱的氧化剂(如 I_2)反应生成连四硫酸盐

$$2S_2O_3^{2-} + I_2 = S_4O_6^{2-} + 2I^-$$

反应是间接碘量法的基础。

硫代硫酸根有很强的配位能力。例如

$$2S_2O_3^{2-} + AgX = [Ag(S_2O_3)_2]^{3-} + X^- \text{ (X 代表 Cl，Br)}$$

在照相技术中，常用 $Na_2S_2O_3$ 作定影剂，将未曝光的 AgBr 溶解。重金属的硫代硫酸盐难溶并且不稳定。例如，Ag^+ 与 $S_2O_3^{2-}$ 生成 $Ag_2S_2O_3$ 白色沉淀.在溶液中 $Ag_2S_2O_3$ 迅速分解，颜色由白色经黄色、棕色，最后呈黑色的 Ag_2S。利用此反应可鉴定 $S_2O_3^{2-}$ 的存在

$$S_2O_3^{2-} + 2Ag^+ = Ag_2S_2O_3\downarrow$$

$$Ag_2S_2O_3 + H_2O = Ag_2S\downarrow + H_2SO_4$$

(三) 硒和碲的化合物

H_2Se 和 H_2Te 均为无色且有恶臭的气体，其毒性大于 H_2S。

H_2S、H_2Se 和 H_2Te 的熔、沸点依次升高，呈规律性变化。这说明其分子间作用力依次增强。H_2S、H_2Se 和 H_2Te 的酸性也依次增强，不过都属于弱酸。H_2S、H_2Se 和 H_2Te 的还原性依

次增强，呈规律性变化。

Se 和 Te 在空气中燃烧分别生成 SeO_2 和 TeO_2，均为白色固体。SeO_2 在 315℃升华。SeO_2 溶于水得亚硒酸 H_2SeO_3；TeO_2 不溶于水，亚碲酸 H_2TeO_3 是将 TeO_2 溶于碱中，再酸化重结晶获得。H_2SO_3、H_2SeO_3 和 H_2TeO_3 均为弱酸，酸性依次减弱。

S(Ⅳ)、Se(Ⅳ)、Te(Ⅳ)的还原性依次减弱，氧化性逐渐增强。Se(Ⅳ)和 Te(Ⅳ)主要显氧化性。

硒酸 H_2SeO_4 稀溶液的酸性与稀 H_2SO_4 相近，第一级完全解离。

三、氧族元素的生物学效应及其常见药物

(一) 生物学效应

过量摄入 Se 会引起中毒。动物急性 Se 中毒表现为脱毛、脱蹄、角变形、四肢僵硬。人慢性 Se 中毒引起秃头、指甲异常、疲乏无力。防治 Se 中毒可以通过增加摄入蛋白质、蛋氨酸、维生素 E 实现。

Se 在机体抗氧化防御体系中有着举足轻重的作用。在细胞和体液中，通过含硒抗氧化酶或含硒蛋白消除脂质过氧化物，阻断活性氧和自由基的致病作用；Se 缺乏可引起心血管疾病、骨节病、白内障等。

(二) 常见药物

1. H_2O_2 3% H_2O_2 用作消毒剂和食品防腐剂。30 % H_2O_2 是实验室中常用试剂。H_2O_2 能将有色物质氧化为无色，可用来做漂白剂。

2. 硫黄 是一种矿物质，它性酸、温、有毒，归肾和大肠经，功效是外用能杀虫止痒。另外 S 具有杀菌和缓泻作用。

3. SeS_2 为抗皮脂溢药。

4. $Na_2S_2O_3$ 是用于重金属中毒的解毒剂。

第五节 卤 素

周期表中的ⅦA 族元素，包括氟 F、氯 Cl、溴 Br、碘 I 和砹 At 五种元素，通称为**卤族元素**(Halogen)。价电子结构为 ns^2np^5，最高氧化数为+7。

F 元素在地壳中的质量分数为 0.95%，在自然界的存在形式有萤石(CaF_2)、冰晶石(Na_3AlF_6)、氟磷灰石[$Ca_{10}F_2(PO_4)_6$]。Cl 元素在地壳中的质量分数为 0.013%，在自然界存在形式有 NaCl、光卤石($KCl·MgCl_2·6H_2O$)。Br 元素在地壳中的质量分数为 3.7×10^{-5}%，主要存在于海水中。I 元素在地壳中的质量分数为 1.4×10^{-5}%，主要存在于海水、海藻中。

卤素单质 X_2 具有很强的得电子能力，是强氧化剂，它们的氧化性按 F_2、Cl_2、Br_2、I_2 的顺序减弱。X^- 的还原性则按照 F、Cl、Br、I 的顺序增强。其基本性质见表 12-5。

表 12-5 卤素元素的原子半径、电负性、电子亲和能、电离能

元素 / 主要参数	F	Cl	Br	I
原子半径/pm	64	99	114	133
电负性	4.98	3.16	2.96	2.66
电子亲和能/($kJ·mol^{-1}$)	−322	−348.7	−324.5	−295
第一电离能/($kJ·mol^{-1}$)	1681	1256	1143	1009

卤素元素电势图

$\varphi_A^{\ominus}$/V：

$$ClO_4^- \underline{\ 1.23\ } ClO_3^- \underline{\ 1.21\ } HClO_2 \underline{\ 1.64\ } HClO \underline{\ 1.63\ } Cl_2 \underline{\ 1.36\ } Cl^-$$

$$BrO_4^- \underline{\ 1.76\ } BrO_3^- \underline{\ 1.49\ } HBrO \underline{\ 1.56\ } Br_2 \underline{\ 1.07\ } Br^-$$

$$H_5IO_6 \underline{\ 1.70\ } IO_3^- \underline{\ 1.14\ } HIO \underline{\ 1.45\ } I_2 \underline{\ 0.54\ } I^-$$

$\varphi_B^{\ominus}$/V：

$$ClO_4^- \underline{\ 0.40\ } ClO_3^- \underline{\ 0.33\ } ClO_2^- \underline{\ 0.66\ } ClO^- \underline{\ 0.40\ } Cl_2 \underline{\ 1.36\ } Cl^-$$

$$BrO_4^- \underline{\ 0.93\ } BrO_3^- \underline{\ 0.54\ } BrO^- \underline{\ 0.45\ } Br_2 \underline{\ 1.07\ } Br^-$$

$$H_5IO_6 \underline{\ 0.7\ } IO_3^- \underline{\ 0.14\ } IO^- \underline{\ 0.45\ } I_2 \underline{\ 0.54\ } I^-$$

一、卤素元素单质及其理化性质

卤素元素单质随着相对分子质量的增大，分子半径也依次增大，色散力逐渐增强，熔点、沸点逐渐升高。F_2、Cl_2是气体，Br_2是液体，I_2是固体。固态 I_2在熔化前已有较大的蒸汽压，加热易升华，I_2蒸气呈紫色。

所有卤素均有刺激性气味，刺激性从 Cl_2至 I_2依次减小。吸入较多的卤素蒸汽会引起严重中毒，甚至死亡。

卤素单质均有颜色，随着相对分子质量的增大，其颜色依次加深；水中溶解度较小。

(一) 与金属反应

F_2能和所有的金属剧烈化合。Cl_2几乎和所有的金属化合，但有时需要加热。Br_2不如 Cl_2活泼，能和除贵金属以外的所有其他金属化合。I_2比 Br_2活泼性差。卤素和非金属之间的作用，也呈现如上规律性。

(二) 与氢反应

卤素单质都能和 H_2直接化合生成 HX。F_2与 H_2在阴冷处就能反应，放出大量热并引起爆炸；Cl_2和 H_2的混合物在常温下缓慢反应，在强光照射时反应加快，甚至会发生爆炸反应；Br_2和 H_2的化合反应比 Cl_2缓和；I_2和 H_2在高温下才能反应。

(三) 与水反应

卤素 X_2(X=F、Cl、Br)可以置换水中的 O

$$2X_2 + 2H_2O \longrightarrow 4HX + O_2\uparrow$$

该反应可以分解为两个氧化还原半反应

$$X_2 + 2e \rightleftharpoons 2X^-$$

$$4H^+ + O_2 + 4e \rightleftharpoons 2H_2O$$

根据以下各氧化还原电对的标准电极电势 $\varphi^{\ominus}$

氧化还原电对	F_2/F^-	Cl_2/Cl^-	Br_2/Br^-	O_2/H_2O	I_2/I^-
$\varphi^{\ominus}$/V	2.87	1.36	1.07	0.81(pH=7)	0.54

可知 F_2、Cl_2、Br_2可以氧化 H_2O，而 I_2不能。

F_2与 H_2O 剧烈反应放出 O_2。Cl_2在日光下缓慢置换 H_2O 中的 O。Br_2与 H_2O 非常缓慢地反应放出 O_2。I_2不能置换水中的 O，相反 O_2可与 HI 溶液反应，使 I_2析出。

F_2在水中只能进行氧化反应。其他X_2(X=Cl、Br、I)在水中能发生歧化反应，Cl_2到I_2进行的程度越来越小：

$$X_2 + H_2O = H^+ + X^- + HXO$$

从反应方程式可知，加酸可抑制、加碱则促进该歧化反应向右进行。对Cl_2、Br_2而言，因前述在H_2O中的置换反应活化能很高，反应速率很慢，故它们在H_2O中的歧化反应是主要的。

二、卤素元素的简单化合物

(一) 卤化氢

HX 都是无色气体，有刺激味。它们都是极性分子，很容易液化。液态 HX 不导电，表明它们是共价型化合物。HX 易溶于水，其水溶液叫氢卤酸。HX 的酸性和还原性按 HF、HCl、HBr、HI 顺序增强，热稳定性按此顺序减弱。HX 酸都是挥发性的酸。除 HF 酸是弱酸外，其余的 HX 酸都是强酸，酸性强弱顺序为 HF＜HCl＜HBr＜HI。

在 HX 和 HX 酸中，X^-处于最低氧化数−1，具有还原性，还原性大小顺序为 HF＜HCl＜HBr＜HI。HF 几乎不具有还原性，任何强氧化剂都不能氧化它。其他 HX 酸通常被氧化为X_2单质。例如，强氧化剂$KMnO_4$可氧化 HCl

$$2KMnO_4 + 16HCl = 2KCl + 2MnCl_2 + 8H_2O + 5Cl_2$$

而 HI 甚至可被空气中的O_2氧化为I_2，故 HI 溶液放置在空气中会慢慢变成黄色甚至棕色。

HX 中，HCl 为重要的工业原料和化学试剂，商品浓 HCl 的含量为 37 %左右(约 $12mol\cdot L^{-1}$)。HI 是具有强烈的腐蚀性的强酸，由于 HBr 和 HI 的还原性都较强，溴化物和碘化物与浓H_2SO_4的反应类似，能被氧化成Br_2或I_2，同时生成SO_2或H_2S

$$2HBr + H_2SO_4(浓) = SO_2 + Br_2 + 2H_2O$$

$$8HI + H_2SO_4(浓) = H_2S + 4I_2 + 4H_2O$$

因此，不能用浓H_2SO_4与溴化物和碘化物的反应来制备 HBr 或 HI，可用非氧化性的酸，如H_3PO_4

$$NaBr + H_3PO_4 = NaH_2PO_4 + HBr$$

实验室中还常用非金属卤化物水解的方法制备 HBr 或 HI

$$PBr_3 + 3H_2O = H_3PO_3 + 3HBr$$

在实际应用时，只需将Br_2或I_2与红 P 混合，再将H_2O逐渐加入该混合物中，就可制得 HBr 或 HI

$$3Br_2 + 2P + 6H_2O = 2H_3PO_3 + 6HBr$$

$$3I_2 + 2P + 6H_2O = 2H_3PO_3 + 6HI$$

由于 F 原子半径特别小，且 HF 分子之间易形成氢键而缔合成$(HF)_n$，故 HF 的熔、沸点反常的高，在 HX 中最高；HF 可以通过氢键与活泼金属的氟化物形成各种酸式盐，如KHF_2(KH·HF)等；HF 酸是弱酸，与其他 HX 酸不同，HF 酸能与SiO_2或硅酸盐反应，一般生成气态的SiF_4

$$SiO_2 + 4HF = SiF_4\uparrow + 2H_2O$$

$$CaSiO_3 + 6HF = SiF_4\uparrow + CaF_2 + 3H_2O$$

因此，HF 酸不能储于玻璃容器中，应该盛于塑料容器里。上述反应说明 Si—F 比 Si—O 有更大的键能。该反应可利用来蚀刻玻璃，溶解硅酸盐。HF 能侵蚀皮肤，并且难以治愈，故在使用时须特别小心。

(二) 卤化物

卤素和电负性较小的元素形成的化合物称为卤化物，分为离子型和共价型二类。卤素与活泼的碱金属、碱土金属形成离子型卤化物，它们的熔、沸点高，大多数可溶于水并几乎完全解离，但 AgCl、Hg_2Cl_2、$PbCl_2$难溶于水。卤素和非金属或氧化数较高的金属形成共价型卤化物，非金属卤化物的熔、沸点低，不溶于水(如CCl_4)，或遇水立即水解(如PCl_5、$SiCl_4$)，水解常生

成相应的 HX 酸和该非金属的含氧酸

$$PCl_5 + 4H_2O = 5HCl + H_3PO_4$$

$$SiCl_4 + 3H_2O = 4HCl + H_2SiO_3$$

金属氟化物与其他卤化物不同，碱土金属的氟化物(特别是 CaF_2)难溶于水，而碱土金属的其他卤化物却易溶于水；AgF 易溶于水，而 Ag 的其他卤化物则不溶于水。

(三) 含氧酸及含氧酸盐

除 F 外，Cl、Br、I 都可以与 O 化合，生成氧化数为+1、+3、+5、+7 的各种含氧化合物(氧化物、含氧酸和含氧酸盐)，但它们都不稳定或不很稳定。比较稳定的是含氧酸盐。

含氧酸及其盐的化学性质主要为热稳定性、氧化性，含氧酸具有酸性。它们的制备采用氧化还原或复分解的方法。卤素的含氧酸及其盐都是氧化剂。

卤素的含氧酸中，HClO、HBrO、HIO 均为弱酸，它们的 $K_a^\ominus$ 分别为 2.8×10^{-8}、2.0×10^{-9}、2.3×10^{-11}。$HClO_3$、$HBrO_3$ 为强酸，HIO_3 为弱酸。$HClO_4$、$HBrO_4$、H_5IO_6 依次为最强酸、强酸和弱酸。

次卤酸 HClO、HBrO、HIO 均不稳定，且稳定性依次减弱；但 $HClO_3$、$HBrO_3$、HIO_3 稳定性较好；$HClO_4$、$HBrO_4$、H_5IO_6 均已获得纯物质，稳定性好。

F 和 O 的化合物叫氟化物[如二氟化氧(OF_2)]，因为 F 的电负性最大，其氧化数总为负值，这里 O 的氧化数为+2。因此 F 不能形成含氧酸或含氧酸盐。

在卤素的含氧酸及其盐中，以次氯酸、次氯酸盐和氯酸盐最为重要。

1. 次氯酸及其盐 Cl_2 与 H_2O 发生下列可逆反应

$$Cl_2 + H_2O \rightleftharpoons HClO + H^+ + Cl^-$$

Cl_2 在 H_2O 中的溶解度不大，在反应中又有强酸生成，所以上述歧化反应进行得不完全。

HClO 是很弱的酸，$K^\ominus = 3.98\times10^{-8}$，它只能存在于溶液中。HClO 性质不稳定容易分解，把 Cl_2 通入冷的碱溶液中，可生成次氯酸盐，反应如下

$$Cl_2 + 2NaOH = NaClO + NaCl + H_2O$$

$$2Cl_2 + 2Ca(OH)_2 \xlongequal{\leq 40℃} Ca(ClO)_2 + CaCl_2 + 2H_2O$$

漂白粉是 $Ca(ClO)_2$ 和 $CaCl_2$、$Ca(OH)_2$、H_2O 的混合物，其有效成分是 $Ca(ClO)_2$。次氯酸盐(漂白粉)的漂白作用也主要基于 HClO 的氧化性，干燥的 Cl_2 是没有漂白能力的。漂白粉遇酸放出 Cl_2

$$Ca(ClO)_2 + 4HCl = CaCl_2 + 2Cl_2\uparrow + 2H_2O$$

漂白粉在潮湿空气中受 CO_2 作用逐渐分解释出 HClO

$$Ca(ClO)_2 + CO_2 + H_2O = CaCO_3 + 2HClO$$

漂白粉是强氧化剂，作为价廉的消毒、杀菌剂，广泛用于漂白棉、麻、纸浆等。

2. 氯酸及氯酸盐 加热 HClO 发生歧化反应可制得氯酸 $HClO_3$，也可用 $Ba(ClO_3)_2$ 与稀 H_2SO_4 反应得到

$$Ba(ClO_3)_2 + H_2SO_4 = BaSO_4\downarrow + 2HClO_3$$

$HClO_3$ 仅存在于水溶液中，若将其浓缩到 40%以上，即爆炸分解。$HClO_3$ 是强酸、强氧化剂，能将浓 HCl 氧化为 Cl_2

$$HClO_3 + 5HCl = 3Cl_2 + 3H_2O$$

$HClO_3$ 作为氧化剂氧化 HCl 时，本身可能被还原为 $HClO_2$、HClO、Cl_2(HCl 是还原剂，$HClO_3$ 不能被还原到 Cl^-，但 $HClO_2$、HClO 均不稳定，故 $HClO_3$ 的还原产物为 Cl_2)。HCl 作为还原剂还原 $HClO_3$ 时，本身可能被氧化为 Cl_2、HClO、$HClO_2$($HClO_3$ 是氧化剂，HCl 不可能被氧化成 $HClO_3$)，而 $HClO_2$、HClO 均不稳定，故 HCl 的氧化产物也是 Cl_2。

加热次氯酸盐溶液发生歧化反应，得到氯酸盐

$$3ClO^- \rightleftharpoons ClO_3^- + 2Cl^-$$

将 Cl_2 通入热的碱溶液，制得氯酸盐

$$3Cl_2 + 6KOH = 5KCl + KClO_3 + 3H_2O$$

$KClO_3$ 在冷水中的溶解度不大，溶液冷却时有 $KClO_3$ 白色晶体析出。固体 $KClO_3$ 加热时分解，当有催化剂 MnO_2 存在时，200℃时就开始分解生成 O_2 和 KCl；如没有催化剂存在，在 400℃左右时分解生成 $KClO_4$ 和 KCl，同时，还有少量 O_2 生成。固体氯酸盐是强氧化剂，和各种易燃物(如 S、C、P)混合时，在撞击时发生剧烈爆炸，因此氯酸盐被用来制造炸药、火柴和烟火等。

氯酸盐只有在酸性溶液中才具有氧化性，且氧性较强。例如，$KClO_3$ 在酸性溶液中能氧化 KCl、KI

$$ClO_3^- + 5Cl^- + 6H^+ = 3Cl_2 + 3H_2O$$

$$ClO_3^- + 6I^- + 6H^+ = 3I_2 + Cl^- + 3H_2O$$

3. 高氯酸及高氯酸盐 $KClO_4$ 与浓 H_2SO_4 反应生成高氯酸

$$KClO_4 + H_2SO_4 = KHSO_4 + HClO_4$$

$HClO_4$ 是无机酸中最强的酸。无水 $HClO_4$ 是无色液体。浓 $HClO_4$ 不稳定，易受热分解发生爆炸，储藏 $HClO_4$ 时应远离有机物质。$HClO_4$ 的水溶液在氯的含氧酸中是最稳定的，其氧化性也远比 $HClO_3$ 弱。

Cl 的含氧酸盐中以高氯酸盐最为稳定。但高氯酸盐固体受热时分解为氯化物和 O_2，是强氧化剂，如

$$KClO_4 \xrightarrow{525℃} KCl + 2O_2\uparrow$$

其氧化能力比氯酸盐弱，可用于制造较为安全的炸药。$Mg(ClO_4)_2$ 和 $Ba(ClO_4)_2$ 是很好的吸水剂和干燥剂。NH_4ClO_4 用作火箭的固体推进剂。

4. 溴和碘的含氧化合物 Br 和 I 也可以形成与 Cl 类似的含氧化合物，性质按 Cl、Br、I 的顺序呈现规律性的变化。

HBrO 和 HIO 都是弱酸,酸性按 HClO-HBrO-HIO(K_a 依次为 2.8×10^{-8},2.6×10^{-9},2.4×10^{-11})的顺序减弱。它们都是强氧化剂，都不稳定，且易发生歧化反应

$$3HXO = 2HX + HXO_3$$

Br_2 和 I_2 与冷的碱液作用，也能生成次溴酸盐和次碘酸盐，而且比次氯酸盐更容易歧化。只有在 0℃以下的低温才可得到 BrO^-，在 50℃以上产物几乎全部是 BrO_3^-。IO^- 在所有温度下的歧化速率都很快，所以，在碱性介质中不存在 IO^-

$$3I_2 + 6OH^- = 5I^- + IO_3^- + 3H_2O$$

与 $HClO_3$ 一样，$HBrO_3$ 是用溴酸盐和 H_2SO_4 反应制得

$$Ba(BrO_3)_2 + H_2SO_4 = BaSO_4\downarrow + 2HBrO_3$$

HIO_3 可用浓 HNO_3 或 $HClO_3$ 氧化 I_2 得到

$$I_2 + 10HNO_3(浓) = 2HIO_3 + 10NO_2\uparrow + 4H_2O$$

$$2HClO_3 + I_2 = 2HIO_3 + Cl_2$$

HXO_3 的酸性按 $HClO_3$、$HBrO_3$、HIO_3 顺序逐渐减弱，但它们的稳定性却逐渐增加。$HBrO_3$ 只存在于水溶液中，HIO_3 在常温时为无色晶体。

溴酸盐和碘酸盐的制备方法与氯酸盐相似。溴酸盐和碘酸盐在酸性溶液中也都是强氧化剂。

高碘酸有两种存在形式，即正高碘酸 H_5IO_6 及偏高碘酸 HIO_4。H_5IO_6 为五元酸，所有 H 原子都能被金属原子取代而生成盐，如 Ag_5IO_6。高碘酸是弱酸，酸性远不如 $HClO_4$ 和 $HBrO_4$。

三、类卤素和类卤化物

由两个或以上电负性较大元素的原子组成的原子团通常与卤素单质性质相似，故称类卤

素。它们的阴离子也与 X^-性质相似，因之称为类卤离子。目前已经分离出的类卤素有氰$(CN)_2$、氧氰$(OCN)_2$、硫氰$(SCN)_2$ 和硒氰$(SeCN)_2$。常见的类卤离子有氰根离子(CN^-)、氰酸根离子(OCN^-)、异氰酸根离子(ONC^-)、硫氰根离子(SCN^-)、硒氰根离子$(SeCN^-)$、碲氰根离子$(TeCN^-)$和叠氮酸根离子(N_3^-)等。但 N_3^- 和 $TeCN^-$虽也有卤离子相似的性质，但它没有与单质卤素相应的母体(表 12-6)。

表 12-6　类卤素与卤素的对比

化合物	分子	酸	盐
卤素	X X—X	HX H—X	KX
氰	$(CN)_2$:N≡C—C≡N:	HCN H—C≡N:	KCN
硫氰	$(SCN)_2$:N≡C—S—S—C≡N:	HSCN H—S—C≡N:	KSCN
氧氰	$(OCN)_2$:N≡C—O—O—C≡N:	HOCN H—O—C≡N:	KOCN

(一) 类卤素、类卤化物与卤素、卤化物性质的对比

类卤素、类卤化物与卤素、卤化物的性质相似的地方很多，主要有以下几点。

(1) 在游离状态时皆是二聚体，通常具有挥发性，并具有特殊的刺激性气味。二聚体类卤素不稳定，许多二聚体还会发生聚合作用。

(2) 氢化物的水溶液都是氢酸，不过类卤素的氢酸一般都比氢卤酸的酸性弱。与金属反应生成氧化数–1 的阴离子的盐。

(3) 类卤素所形成的盐常与卤化物共晶。Ag(Ⅰ)、Hg(Ⅰ)和 Pb(Ⅱ)的类卤素盐皆不溶于水。

(4) 形成和卤素形式类似的配离子。例如，卤配离子 HgI_4^{2-}、$CoCl_6^{3-}$、FeF_6^{3-}；类卤配离子 $Hg(CN)_4^{2-}$、$Co(CN)_6^{3-}$、$Fe(SCN)_6^{3-}$。

(5) 形成多种互化物，如 CNCl、CN(SCN)、CN(SeCN)及 ClN、BrN_3、IN_3 等都已制得。

(6) 许多化学性质相似。单质具有氧化性，阴离子具有还原性；单质与碱作用；单质和不饱和烃起加成反应。

(二) 几种类卤素和类卤化物

1. 氰和氰化物　氰$[(CN)_2]$是无色气体，苦杏仁味，熔点 245K，沸点 253K，剧毒。其性质和氯气相似。在 273K 时，1 体积水可溶解 4 体积的$(CN)_2$。

HCN 常温时为无色液体，苦杏仁味，剧毒。凝固点为 260K，沸点为 299K。因液态 HCN 分子间有强烈的缔合作用。HCN 的水溶液称为氢氰酸，是比 H_2CO_3 和 HClO 还要弱的一元酸。

HCN 的盐称为氰化物。氰化物的许多性质和氯化物相似。碱金属和碱土金属的氰化物易溶于水，水溶液因水解而显碱性，重金属氰化物难溶于水。

CN^-与 CO 是等电子体，很容易和过渡金属，特别是 Cu^+、Ag^+、Au^+等离子形成稳定的配离子。这些配离子在提纯 Au、Ag 和电镀工业中都得到广泛的应用。但因 CN^-毒性太大，危害工人健康和环境，现在的电镀工业中已逐步被无氰电镀代替。

氰化物及其衍生物均属剧毒物品，它会使中枢神经系统瘫痪，血红蛋白失去输氧能力(强配位能力的 CN^-取代 O_2)，致死量为 0.05g。空气中 HCN 必须控制在 $5\times10^{-7}g\cdot L^{-1}$ 以下，在水中含量不得超过 $0.01mg\cdot L^{-1}$。然而，氰化物又是常用的化学试剂，也是合成某些药物的不可缺少的原料。使用时需注意安全。

利用氰化物易生成配合物和具有还原性的特点，对含 CN^-的废水进行处理

$$FeSO_4 + 6CN^- \longrightarrow [Fe(CN)_6]^{4-} + SO_4^{2-}$$

$$CN^- + 2OH^- + Cl_2 \longrightarrow CNO^- + 2Cl^- + H_2O(Cl_2 \text{可用} H_2O_2\text{、}O_3 \text{等代替})$$

其中，$[Fe(CN)_6]^{4-}$、CNO^-都是低毒物质。

2. 硫氰和硫氰酸盐 硫氰[$(SCN)_2$]在常温下是黄色油状液体，凝固点为 271～276K，不稳定，逐渐聚合为不溶性砖红色固体。它在 CCl_4 和 CH_3COOH 中能稳定存在。它的氧化能力和 Br_2 相似

$$(SCN)_2 + 2I^- \longrightarrow 2SCN^- + I_2$$

硫氰酸(HSCN)在 273 K 以下为固体，易溶于水，水溶液为一元强酸。硫氰酸有两种互变异构体：HSCN 和异硫氰酸 HNCS，其中 HNCS 可存在于 CCl_4 中。

硫氰酸盐很容易制备，如 KCN 和 S 共熔，即得 KSCN。

四、卤族元素的生物学效应及其常见药物

(一) 生物学效应

F 是生物体骨骼和牙齿发育的必须元素之一。氟磷灰石($CaF_2(PO_4)_6$)比羟基磷灰石晶格紧缩，稳定性增加，溶解度和溶解速率降低，对热稳定性更高。用氟化物处理牙菌斑有利于防治龋齿。饮用水中 F 含量高于 $1.8mg\cdot L^{-1}$时会出现氟中毒，临床表现为氟骨病和氟斑牙。

I 是构成甲状腺素的必需成分，甲状腺素的功能是维持生长及智力发育和调节能量代谢。人体含 I 量约 11mg，缺 I 可发生地方性甲状腺肿及呆小症。为防治地方性甲状腺肿，国家在 1995 年普遍实现了食盐加碘。

(二) 常用药物

I_2 用作消毒防腐药，具有很强的消毒杀菌作用。KIO_3 是补碘药。

第六节 稀 有 气 体

稀有气体位于周期表第ⅧA 族或称零族，包括氦(He)、氖(Ne)、氩(Ar)、氪(Kr)、氙(Xe)、氡(Rn)六种元素。稀有气体在自然界以单原子形式存在。除 Rn 以外其余主要存在于空气中，约占空气体积的 1%，其中 Ar 的含量最高，占整个稀有气体总体含量的 99 %以上。

一、稀有气体的单质及其理化性质

稀有气体之间存在较弱的色散力，它们的熔、沸点都很低。同族自上而下由于色散力逐渐增大，熔、沸点呈递增趋势。He 的沸点只有−268.9℃，是所有物质中最低的。稀有气体的化学性质不活泼，也被称为惰性气体。

He 是除 H_2 以外最轻的气体，不能燃烧，常用于填充气球、飞船，安全性高。He 在人体血液中的溶解度小于 N_2，用 He 取代 N_2，配成 80% He 和 20% O_2 的人造空气，用于潜水员深潜作业，可以避免潜水员上升时因压力骤降，N_2 从血液里逸出在血管中形成气泡造成堵塞所导致的潜水病。

在电场激发下，Ar 发蓝光，Ne 发红光，可用于制作霓虹灯、信号灯等。Ar 也用于氩弧焊技术。Kr 和 Xe 具有极高的发光强度，用做特殊的电光源。Xe 灯被称为人造小太阳，可用于模拟太阳光。体积分数为 0.2 的 Xe 含氧气体可用于麻醉剂，效果好、无不良反应。

Rn 存在于一些天然石材中，须得到需要时应监测室内 Rn 的含量。长期吸入含 Rn 的气体或粉尘，容易引发肺癌。Rn 的放射性在医疗上用于治疗恶性肿瘤。

二、稀有气体的简单化合物

无色气体 Xe 与 PtF_6 反应生成橙黄色的固体 $Xe[PtF_6]$，该物质为合成的第一个稀有气体化合物。目前已合成的稀有气体化合物仅限于电离能较大的 Kr、Xe 和 Rn，其中以 Xe 的含氟化合物和含氧化合物为主。

将不同配比的 Xe 和 F 放在一密闭的 Ni 容器内加热，Xe 和 F 即发生一系列反应

$$Xe + F_2 = XeF_2$$
$$Xe + 2F_2 = XeF_4$$
$$Xe + 3F_2 = XeF_6$$

XeF_2、XeF_4、XeF_6 都是共价化合物，常温下为无色固体，熔点按 XeF_2、XeF_4、XeF_6 的顺序降低，热稳定性也依次降低。

Xe 的含氧化合物主要是 XeO_3、H_2XeO_4、XeO_4、H_4XeO_6。酸性介质中 Xe(Ⅵ)化合物较稳定，碱性介质中 Xe(Ⅷ)化合物较稳定。

知 识 导 图

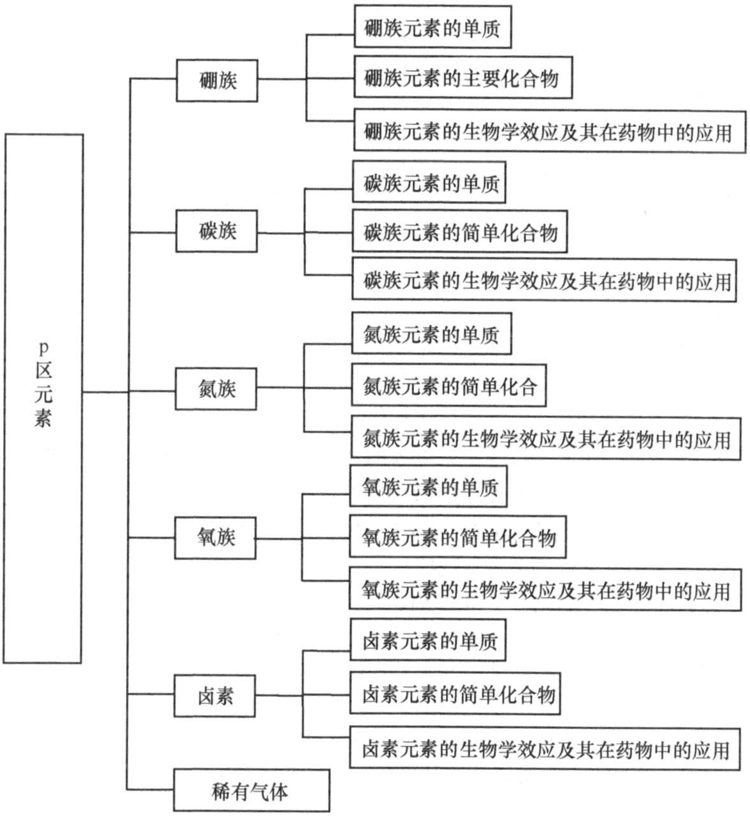

习　　题

1. 简要回答下面问题。

(1) 解释在硼酸中加入甘油其酸性增强的原因；为什么硼砂溶于水形成缓冲溶液？计算 pH。

(2) 为什么 CO_2 灭火器不能用于扑灭活泼金属引起的火灾?

(3) 碳和硅都是第ⅣA 族元素，为什么常温下 CO_2 是气体而 SiO_2 是固体?

(4) 解释同一主族元素，常温下 N_2 很不活泼，而 P_4 反应活性很高。

(5) 解释久置的浓硝酸会发黄。

(6) 简要回答 NH_3 显碱性而 HN_3 为酸性的原因。

(7) 为什么 NH_3 对于 H^+ 的配位能力比 PH_3 强，而与过渡金属的配位能力比 PH_3 弱。

(8) 为什么从 NO^+、NO 到 NO^- 的键长逐渐增大?

(9) O 的电负性比 C 强，为什么 CO 几乎没有极性?

(10) 能否直接加热 $AlCl_3 \cdot 6H_2O$ 脱水制备无水 $AlCl_3$? 无水 $AlCl_3$ 应如何制备?

(11) 为什么 NCl_5 和 $BiCl_5$ 不存在，而 PCl_5 可以存在?

(12) 水有哪些反常的物理性质，如何用氢键理论加以解释?

(13) 硫化钠溶液在空气中放置颜色会变黄，试说明理由。

(14) 解释为什么稀的 H_2O_2 在室温下分解缓慢，加入少量二氧化锰后分解速度加快。

(15) 解释稀的 HF 为弱酸，但较浓时酸度明显增强?

(16) 为什么碘单质在水中溶解度很小，而在四氯化碳和碘化钾溶液中溶解度较大?

(17) 在卤素化合物中，为何 Cl、Br、I 可呈多种氧化数?

(18) 说明为何 KI 溶液中通入 Cl_2 时，开始溶液呈现红棕色，继续通入 Cl_2，颜色褪去。

(19) 利用电极电势解释下列现象：在淀粉碘化钾溶液中加入少量 NaClO 时得到蓝色溶液 A；加入过量 NaClO 时，得到无色溶液 B，将 B 溶液酸化后加入少量固体 Na_2SO_3，则 A 的蓝色复现，当 Na_2SO_3 过量时又褪去成为无色溶液 C，再加入 $NaIO_3$ 溶液，A 的蓝色又出现。指出 A、B、C 各为何种物质，并写出各步反应方程式。

(20) 在酸性的 KIO_3 溶液中加入 $Na_2S_2O_3$ 有什么反应发生?

2. 写出下列各物质的化学式。

硼砂、刚玉、明矾、冰晶石、石英、密陀僧、铅丹、金刚砂、羟基磷灰石、雄黄、雌黄、砒霜、石膏、天青石、重晶石、海波、保险粉、萤石、氟磷灰石、光卤石。

3. 铝矾土中常含有氧化铁杂质。将铝矾土与氢氧化钠晶体共熔，用水溶解熔块后过滤，在滤液中通入二氧化碳后生成沉淀，再次过滤后煅烧沉淀，得到较纯净的氧化铝。写出有关反应方程式，并指出如何去除杂质。

4. 写出下列各反应方程式。

(1) 将酸性 $KMnO_4$ 溶液加到过量的 KI 溶液中。

(2) 往酸化的 $KBrO_3$ 溶液中逐滴加入不足量的 KI 溶液。

(3) 往酸化的 KI 溶液中逐滴加入不足量的 $KBrO_3$ 溶液。

(4) 先把等摩尔量的 NO_2^- 和 I^- 混合并用 H_2SO_4 酸化，然后逐滴加入适量的 $KMnO_4$ 溶液。

(5) 往 NO_2^- 和 I^- 的混合溶液中逐滴加入用 H_2SO_4 酸化的适量的 $KMnO_4$ 溶液。

5. 今有一瓶白色固体，可能含有 $SnCl_2$、$SnCl_4$、$PbCl_2$、$PbSO_4$ 等化合物，从下列实验现象判断哪几种物质是确实存在的，并用反应式表示实验现象。

(1) 白色固体用水处理得一乳浊液 A 和不溶固体 B。

(2) 乳浊液 A 加入少量 HCl 则澄清，滴加碘–淀粉溶液可以褪色。

(3) 固体 B 易溶于 HCl，通 H_2S 得黑色沉淀，此沉淀与 H_2O_2 反应后又生成白色沉淀。

6. 单质 A 与 I_2 共热生成红色固体 B，B 水解生成两种酸 C 和 D。C 与 $AgNO_3$ 混合有白色沉淀 E 析出，加热后生成金属 F，同时生成 G。向 D 中滴加氯水，溶液逐渐发黄有 H 生成，单质 A 在空气中充分燃烧的产物 I 与足够的水反应得 G，G 中加入过量的钼酸铵和硝酸溶液，生成黄色沉淀 J。写出上述符号 A→J 代表的物质，及相关反应方程式。

7. 无色晶体 A 与浓硫酸混合，有气体 B 产生。B 的浓溶液与二氧化锰共热生成气体 C。C 通入 Bi(Ⅲ) 的碱性溶液得到一种土黄色的物质 D，D 与 Mn(Ⅱ)的酸性溶液作用使溶液逐渐变为紫红色，说明有 E 生成。C 通入 NaI 的溶液生成 F 和 A 的水溶液。写出上述符号 A→F 代表的物质。

8. 有一种白色的固体 A，加入油状无色液体 B，可得紫黑色固体 C。C 微溶于水，加入 A 后溶解度增大，成棕色溶液 D。将 D 分成两份，一份中加一种无色溶液 E；另一份通入气体 F，也变成无色透明溶液。E 溶液遇到盐酸变为乳白色混浊液。将气体 F 通入溶液 E，在所得的溶液中加 $BaCl_2$ 溶液有白色沉淀，该沉淀物不溶于 HNO_3。请分别写出 A→F 的分子式。

9. 有 9.43g 的 NaCl、$CaCl_2$、KI 混合物，将其溶于水后，通入氯气使之反应。反应后将溶液蒸干，灼烧所得残留物重 6.22g。再将残留物溶于水，加入足量 Na_2CO_3 溶液，所得沉淀过滤、烘干后重 1.22g。计算原混合物中个物质的质量。

10. 某气态物质 A 溶于水，所得溶液既有氧化性又有还原性。

(1) 向此溶液加入碱时生成盐。

(2) 将(1)所得溶液酸化。加入适量 $KMnO_4$，可使 $KMnO_4$ 褪色。

(3) 在(2)所得溶液中加入 $BaCl_2$ 得白色沉淀。

试判断 A 是什么物质，并写出有关反应方程式。

(武世奎　胡密霞)

习 题 详 解

1. 答：(1)硼酸 H_3BO_3 为一元弱酸，其 $K_a = 5.8\times10^{-10}$。

$$H_3BO_3 + H_2O \rightleftharpoons [B(OH)_4]^- + H^+$$

H_3BO_3 中加入甘油，酸性可增强。因为加入的甘油分子与 $[B(OH)_4]^-$结合生成更稳定的$[B(C_3H_6O_3)_4]^-$，这一结构消耗了$[B(OH)_4]^-$，使平衡向右移动氢离子浓度增加，酸性变强。

硼砂与水反应生成等量的弱酸和弱酸盐，形成缓冲溶液。

$$[B_4O_5(OH)_4]^{2-} + 5H_2O = 2H_3BO_3 + 2[B(OH)_4]^-$$

根据缓冲溶液计算公式可以算出硼砂溶液的 pH = 9.24。

(2) 二氧化碳灭火器不能扑灭活泼金属(如金属钠。钾、钙)着火。因为这些金属在二氧化碳中还可以燃烧。

(3) CO_2 是分子晶体，分子之间以分子间作用力相互作用。SiO_2 是原子晶体，尽管写成 SiO_2，但是其内部并没有单个的分子，原子之间以共价键结合。共价键的强度远大于分子间作用力，破坏共价键所需要的能量大，故常温下是固体。而 CO_2 变为气体，只需要克服分子间作用力即可，需要的能量小，故常温下是气体。

(4) 氮气中，两个氮原子之间有一个 σ 键和两个 π 键，稳定性高。P_4 分子中 4 个磷原子位于四面体的 4 个顶点，磷原子之间 p 轨道相互重叠形成 σ 键，键角 60°，而 p 轨道之间夹角为 90°，因此这种 σ 键有张力、弯曲、不稳定。

(5) 硝酸不稳定，见光或温度高都会使其分解出棕黄色的二氧化氮溶于其中，所以久置的浓硝酸会呈黄色

$$4HNO_3 = 2H_2O + 4NO_2\uparrow + O_2\uparrow$$

(6) 叠氮酸中的叠氮离子为类卤素，性质类似于卤素离子。所以叠氮酸是一种弱酸。

(7) 结合 H^+ 的能力就是看非金属性。非金属性是指非金属原子得到电子(形成阴离子)能力的性质。我们常用电子亲合能来表示原子得到电子的难易程度，一般说来，元素的电子亲合能越大，它的非金属性越强。

NH_3 与 PH_3 能与过渡金属形成配合物，作为配体 PH_3 的配位能力比 NH_3 强得多，因为 PH_3 除了提供配位的电子对以外，配合物的中心原子还可以向磷原子的空 d 轨道反馈电子，形成反馈 π 键，以加强配合物的稳定性，即产生 σ 和 π 键的协同效应。

(8) NO^+ 共有 14 个价电子，其结构为：$KK(\sigma_{2s})^2(\sigma^*_{2s})^2(\pi_{2p_y})^2(\pi_{2p_z})^2(\sigma_{2p_x})^2$

NO 共有 15 个价电子，其结构为：$KK(\sigma_{2s})^2(\sigma^*_{2s})^2(\pi_{2p_y})^2(\pi_{2p_z})^2(\sigma_{2p_x})^2(\pi^*_{2p_y})^1$

NO^-共有 16 个价电子，其结构为：$KK(\sigma_{2s})^2(\sigma^*_{2s})^2(\pi_{2p_y})^2(\pi_{2p_z})^2(\sigma_{2p_x})(\pi^*_{2p_y})^1(\pi^*_{2p_z})^1$

NO^+，NO，NO^-的键级分别为 3、2.5、2，故键长从 NO^+、NO 到 NO^-依次增长。

(9) CO 的结构为：$C\equiv O:$，其中有一个 O→C 配位键，使 CO 的偶极矩几乎为零。

(10) 无水 $AlCl_3$ 三氯化铝易溶解于水并水解，在潮湿的空气中因强烈地水解形成酸雾。故必须采用干法制备无水 $AlCl_3$

$$2Al(s) + 3Cl_2 \longrightarrow 2AlCl_3$$

(11) N 元素之所以没有 NCl_5，是因为 N 原子只有两个电子层，l 电子层是没有 d 轨道的，所以 N 原子上的孤对电子不能拆开，形成五个未成对电子来成键(同理，不存在 NF_5)。Bi 没有 $BiCl_5$ 是因为 Bi 原子存在惰性电子对效应，正五价的 Bi 具有相当强的氧化性，Cl^-可以将它氧化成正 5 价。

(12) 水的固体(冰)密度比液体密度要小。所以冰可以浮在水面上。这是由于水在结冰的时候由于分子间的氢键的作用导致的。

(13) 硫化钠具有强烈的吸湿性，在空气中易被氧气氧化为多硫化物，反应式如下

$$S^{2-} + H_2O \rightleftharpoons HS^- + OH^-$$

$$4HS^- + O_2 \longrightarrow 2H_2O + 2S_2^{2-}$$

Na_2S 也可以被氧化为 S，而 S 能溶解于 Na_2S 形成多硫化钠。反应如下

$$2Na_2S + O_2 + 2H_2O \longrightarrow 4NaOH + 2S\downarrow$$

$$(x-1)S + Na_2S \longrightarrow Na_2S_x$$

多硫化物中硫的个数为 2～5。多硫化物都是有色的，二硫化物呈浅黄色，五硫化物为深黄色或红色，其他多硫化物颜色介于两者之间。Na_2S 暴露于空气中时间越长，则越易形成多硫化物，所以颜色越来越深。

(14) 过氧化氢可以发生气化反应，但在常温无杂质的情况下，分解速率不快。加入二氧化锰后可被还原为锰离子，锰离子又可被氧化为二氧化锰。结果是二氧化锰起到了催化剂的作用，加速了双氧水分解

$$H_2O_2 + 2H^+ + 2e \longrightarrow 2H_2O \qquad \varphi^{\ominus}_{H_2O_2/H_2O} = 1.77V \quad ①$$

$$MnO_2 + 4H^+ + 2e \longrightarrow Mn^{2+} + 2H_2O \qquad \varphi^{\ominus}_{MnO_2/Mn^{2+}} = 1.23V \quad ②$$

$$O_2 + 2H^+ + 2e \longrightarrow H_2O_2 \qquad \varphi^{\ominus}_{O_2/H_2O_2} = 0.692V \quad ③$$

因为 $\varphi^{\ominus}_{H_2O_2/H_2O} = 1.77V > \varphi^{\ominus}_{MnO_2/Mn^{2+}} = 1.23V$，

所以 $H_2O_2 + Mn^{2+} \longrightarrow MnO_2 + 2H^+$

又因为 $\varphi^{\ominus}_{MnO_2/Mn^{2+}} = 1.23V > \varphi^{\ominus}_{O_2/H_2O_2} = 0.692V$，

所以 $MnO_2 + H_2O_2 + 2H^+ \longrightarrow Mn^{2+} + O_2 + 2H_2O$

(15) HF 的极性很强，化学键离子性百分数约 50%，在水中应该易于解离，但实验测得氢氟酸解离平衡常数很小，$K_a = 6.3\times10^{-4}$。

HF 本身完全解离，但水合氢离子与氟离子结合成稳定的离子对 $H_3O\cdots F^-$，这使得实际解离过程变为

$$HF + H_2O \rightleftharpoons (H_3O^+\cdots F^-) \rightleftharpoons H_3O^+ + F^-$$

所以实测 $K_a = 6.3\times10^{-4}$。

当 HF 浓度较大时，酸性增强。这是由于浓度大时，体系中另一平衡变得更重要

$$F^- + HF \rightleftharpoons HF_2^- \qquad K = 5$$

由于 K 较大倾向于形成 HF_2^-，削弱了 F^-与水合氢离子结合，离子对 $H_3O^+\cdots F^-$ 解离。所以浓度高的氢氟酸酸性较强。

(16) 碘单质为非极性分子，因此在水中溶解度很小，而四氯化碳为非极性溶剂，所以能溶解碘。碘在碘化钾溶液中 I_2 和 I^-(I^- 靠近 I_2 分子时，使 I_2 极化产生诱导偶极，进一步形成了配离子 I_3^-、I_5^-，其中以 I_3^- 最稳定。)形成了 I_3^- 配离子促使碘溶解

$$I_2 + I^- \longrightarrow I_3^-$$

(17) 除氟外，氯、溴、碘的原子最外层电子结构中都存在着空的 nd 轨道。当这些元素与电负性更大的元素化合时，拆开成对的 ns 电子和 np 电子，激发进入 nd 空轨道。每拆开一对电子，可形成两个共价键，故这些元素可显示出+1、+3、+5、+7 的氧化态，这些氧化态突出表现在氯、溴、碘的含氧化物和卤素的互化物中。

(18) 开始时 Cl_2 氧化 I^-生成 I_2，I_2 溶液呈现红棕色；继续通入 Cl_2，在水溶液中，Cl_2 将 I_2 氧化，生成 HIO_3

$$I^- + Cl_2 \longrightarrow I_2 + 2Cl^-$$

$$I_2 + 5Cl_2 + 6H_2O = 10HCl + 2HIO_3$$

(19) A. I_2；B. $NaIO_3$；C. NaI。

加入少量的 NaClO 时，由于 $\varphi^{\ominus}_{ClO^-/Cl^-} = 1.49V$，$\varphi^{\ominus}_{I_2/I^-} = 0.535V$，故 ClO^- 将 I^- 氧化为 I_2，反应方程式为 $2I^- + ClO^- + 2H^+ = I_2 + Cl^- + H_2O$。

加入过量的 NaClO 时，NaClO 水解显碱性，在碱性介质中 $\varphi^{\ominus}_{ClO^-/Cl^-} = 0.81V$，$\varphi^{\ominus}_{IO_3^-/I^-} = 0.26V$，故在碱性溶液中 ClO^- 将 I^- 氧化为 IO_3^-，反应方程式为

$$I^- + 3ClO^- = IO_3^- + 3Cl^-$$
$$I_2 + 3ClO^- + 2OH^- = 2IO_3^- + 3Cl^- + H_2O$$

酸化后加入固体 Na_2SO_3，$\varphi^{\ominus}_{IO_3^-/I^-} = 1.195V$，$\varphi^{\ominus}_{SO_4^{2-}/SO_3^{2-}} = 0.20V$，故 IO_3^- 可以氧化 SO_3^{2-}，反应方程式为

$$2IO_3^- + 5SO_3^{2-} + 2H^+ = I_2 + 5SO_4^{2-} + H_2O$$

加入过量的固体 Na_2SO_3 时，在碱性溶液中 $\varphi^{\ominus}_{I_2/I^-} = 0.535V$，$\varphi^{\ominus}_{SO_4^{2-}/SO_3^{2-}} = -0.92V$，故 I_2 可以将 SO_3^{2-} 氧化为 SO_4^{2-}，反应方程式为

$$I_2 + SO_3^{2-} + 2OH^- = 2I^- + SO_4^{2-} + H_2O$$

再加入 IO_3^- 后，SO_3^{2-} 减少，溶液的碱性减弱，酸性增强，$\varphi^{\ominus}_{IO_3^-/I^-} = 1.195V$，$\varphi^{\ominus}_{I_2/I^-} = 0.535V$，故 IO_3^- 可将 I^- 氧化为 I_2，反应方程式为

$$IO_3^- + 5I^- + 6H^+ = 3I_2 + 3H_2O$$

(20) $IO_3^- + 6S_2O_3^{2-} + 6H^+ = 3S_4O_6^{2-} + I^- + 3H_2O$

2. 答：硼砂 $Na_2B_4O_7 \cdot 10H_2O$；刚玉 Al_2O_3；明矾 $KAl(SO_4)_2 \cdot 12H_2O$；冰晶石 Na_3AlF_6；石英 SiO_2；密陀僧 PbO；铅丹 Pb_3O_4；金刚砂 SiC；羟基磷灰石 $Ca_5[PO_4]_3(OH)$；雄黄 As_2S_2；雌黄 As_2S_3；砒霜 As_2O_3；石膏 $CaSO_4 \cdot 2H_2O$；天青石 $SrSO_4$；重晶石 $BaSO_4$；海波 $Na_2S_2O_3$；保险粉 $Na_2S_2O_4 \cdot 2H_2O$；萤石 CaF_2；氟磷灰石 $Ca_5[PO_4]_3F$；光卤石 $KCl \cdot MgCl_2 \cdot 6H_2O$。

3. 答：

$$2NaOH + Al_2O_3 = 2NaAlO_2 + H_2O$$
$$2NaAlO_2 + 3H_2O + CO_2 = Na_2CO_3 + 2Al(OH)_3\downarrow$$
$$2Al(OH)_3 \xlongequal{\triangle} Al_2O_3 + 3H_2O$$

Al_2O_3、Fe_2O_3 中加入浓的氢氧化钠溶液时，其中的 Al_2O_3 会与之发生反应分别生成偏铝酸钠和 Fe_2O_3，氧化铁不溶可过滤除去。偏铝酸钠与二氧化碳反应生成碳酸钠和氢氧化铝，氢氧化铝加热可生成三氧化二铝。

4. 答：(1) $4KMnO_4 + 5KI + 7H_2SO_4 = 4MnSO_4 + I_2 + 3KIO_3 + 3K_2SO_4 + 7H_2O$

(2) $2BrO_3^- + 10I^- + 12H^+ = Br_2 + 5I_2 + 6H_2O$

$2BrO_3^- + I_2 = Br_2$(棕色) $+ 2IO_3^-$

(3) $2BrO_3^- + 10I^- + 12H^+ = Br_2 + 5I_2 + 6H_2O$

(4) $2NO_2^- + 3I^- + 4H^+ = I_3^- + 2NO\uparrow + 2H_2O$

$I_2 + 2MnO_4^- + 4H^+ = 2IO_3^- + 2Mn^{2+} + 2H_2O$

(5) $2MnO_4^- + 15I^- + 16H^+ = 2Mn^{2+} + 5I_3^- + 8H_2O$

$2MnO_4^- + 5NO_2^- + 6H^+ = 2Mn^{2+} + 5NO_3^- + 3H_2O$

$2MnO_4^- + I_2 + 4H^+ = 2Mn^{2+} + 2IO_3^- + 2H_2O$

5. 答：根据 $SnCl_2$、$SnCl_4$、$PbCl_2$、$PbSO_4$ 的性质和实验现象判断 A 可能是 $SnCl_2$ 和 $SnCl_4$ 的水解产物，因为 $PbCl_2$ 和 $PbSO_4$ 不水解，发生水解的只能是 $SnCl_2$ 和 $SnCl_4$。而 B 可能是 $PbCl_2$ 和 $PbSO_4$，因为它们溶解度小。实验(2)现象证明 A 是 $SnCl_2$ 不是 $SnCl_4$，因 $SnCl_2$ 才能还原 I_2。根据实验现象(3)可知固体 B 是易溶于 HCl 的 $PbCl_2$，且遇 H_2S 生成黑色的 PbS 沉淀，与 H_2O_2 作用得白色的 $PbSO_4$ 沉淀，也证明固体 B 是 $PbCl_2$。所以这瓶白色固体是 $SnCl_2$ 和 $PbCl_2$ 的混合物。

(1) $SnCl_2 + H_2O = Sn(OH)Cl\downarrow + HCl$

(2) $Sn(OH)Cl\downarrow + HCl = SnCl_2 + H_2O$

$Sn^{2+} + I_2 = Sn^{4+} + 2I^-$

(3) $PbCl_2 + 2HCl = H_2[PbCl_4]$

$$PbCl_2 + H_2S = PbS\downarrow(黑色) + 2HCl$$
$$PbS + 4H_2O_2 = PbSO_4\downarrow(白色) + 4H_2O$$

6. 答：A. P_4；B. PI_3；C. H_3PO_3；D. HI；E. Ag_2HPO_3；F. Ag；G. H_3PO_4；H. I_2；I. P_4O_{10}；J. $(NH_4)_3PMo_{12}O_{40}\cdot 6H_2O$。相关反应方程式如下

$$P_4 + 6I_2 = 4PI_3$$
$$PI_3 + 3H_2O = H_3PO_3 + 3HI$$
$$H_3PO_3 + 2AgNO_3 = Ag_2HPO_3 + 2HNO_3$$
$$2HI + Cl_2 = 2HCl + I_2$$
$$4Ag_2HPO_3 \xlongequal{\triangle} 8Ag + P_4O_{10} + 2H_2O$$
$$P_4 + 5O_2 \xlongequal{燃烧} P_4O_{10}$$
$$P_4O_{10} + 6H_2O = 4H_3PO_4$$
$$PO_4^{3-} + 3\,NH_4^+ + 12\,MoO_4^{2-} + 24H^+ = (NH_4)_3PMo_{12}O_{40}\cdot 6H_2O\downarrow + 6H_2O$$

7. 答：A. NaCl；B. HCl；C. Cl_2；D. $NaBiO_3$；E. $KMnO_4$；F. $NaIO_3$

8. 答：A. KI；B. 浓 H_2SO_4；C. I_2；D. KI_3；E. $Na_2S_2O_3$；F. Cl_2

9. 答：(1) 混合物溶液中通入氯气，发生反应：$Cl_2 + 2KI = I_2 + 2KCl$。反应后蒸干溶液，KI 转化为 KCl，I_2 除去，混合物质量减少(9.43g − 6.22g) = 3.21g

	KI ⟶	KCl	减少量
Mr	166.0	74.5	166.0 − 74.5 = 91.5
	m/g	x	3.21

$$x = \frac{166.0\times 3.21}{91.5} = 5.82$$

即混合物中含 5.82 g KI。

(2) 残留物溶于水，加入足量 Na_2CO_3 溶液，发生反应

$CaCl_2 + Na_2CO_3 = 2\,NaCl + CaCO_3\downarrow$ (NaCl、KCl 溶于水，随滤液除去)

	$CaCl_2$	$CaCO_3$
Mr	110.98	100.09
m/g	y	1.22

$$y = \frac{110.98\times 1.22}{100.09} = 1.35$$

即混合物中 1.35g $CaCl_2$。

(3) 原混合物中 NaCl 的质量为(9.43 − 5.82 − 1.35)g = 2.26g

10. 答：A 是 SO_2。反应方程式如下：

(1) $SO_2 + 2OH^- = SO_3^{2-} + H_2O$

(2) $2\,MnO_4^- + 6H^+ + 5\,SO_3^{2-} = 5\,SO_4^{2-} + 2Mn^{2+} + 3H_2O$

(3) $Ba^{2+} + SO_4^{2-} = BaSO_4\downarrow$(白色)

第十三章 d 区 元 素

周期表中的ⅢB-Ⅷ族元素属于 d 区元素，价层电子组态为$(n-1)d^{1\sim9}ns^{1\sim2}$。其中次外层$(n-1)$d 轨道未充满，而最外层 *ns* 轨道多为全充满。本章主要介绍 d 区元素的一般性质、用途、重要化合物及常见离子的鉴别等内容。

第一节 过渡元素概述

过渡元素(transition elements)是指周期表中从ⅢB～Ⅷ族的所有元素，它们介于 s 区与 p 区元素之间，故称之为过渡元素。它们的价层电子构型为$(n-1)d^{1\sim10}ns^{1\sim2}$(Pd 为 $4d^{10}5s^0$)。过渡元素单质都是金属，共分为四个系列。各元素分区及元素符号见表 13-1。

表 13-1 过渡元素

周期＼族	ⅢB 族	ⅣB 族	ⅤB 族	ⅥB 族	ⅦB 族	ⅧB 族	ⅠB 族	ⅡB 族
4(第一过渡系)	Sc	Ti	V	Cr	Mn	Fe、Co、Ni 铁系元素	Cu	Zn
5(第二过渡系)	Y	Zr	Nb	Mo	Tc	Ru、Rh、Pd 轻铂组	Ag	Cd
6(第三过渡系)	La-Lu	Hf	Ta	W	Re	Os、Ir、Pt 重铂组	Au	Hg
7(第四过渡系)	Ac-Lr	Rf	Db	Sg	Bh	Hs、Mt、Ds	Rg	Cn

本章重点讨论第 4、5 周期ⅢB～Ⅷ族共 8 列的 25 种元素，它们的$(n-1)$d 轨道均未充满电子。

一、过渡元素的原子结构特征与元素性质通性

表 13-2 列出了 d 区第一过渡系元素的一些基本性质。它们都是金属，具有硬度较大、熔点和沸点较高、良好的导电、导热性能、易生成合金等性质。

表 13-2 d 区第一过渡系元素的一些基本性质

元素	Sc	Ti	V	Cr	Mn	Fe	Co	Ni
价电子组态	$3d^14s^2$	$3d^24s^2$	$3d^34s^2$	$3d^54s^1$	$3d^54s^2$	$3d^64s^2$	$3d^74s^2$	$3d^84s^2$
原子半径/pm	161	145	132	125	124	124	125	125
电负性	1.36	1.54	1.63	1.66	1.55	1.83	1.88	1.91
第一电离能/$(kJ\cdot mol^{-1})$	631.0	658.0	650.0	652.8	717.4	759.4	758.0	736.7
熔点/℃	1541	1668	1910	1907	1246	1538	1495	1455
沸点/℃	2830	3287	3407	2671	2061	2861	2927	2913
密度/$(g\cdot cm^{-3})$	3.00	4.51	6.10	7.20	7.30	7.86	8.90	8.90
硬度/(金刚石=10)		4.0		9.0	6.0	4.5	5.5	4.0
$\varphi^{\ominus}_{(M^{2+}/M)}$/V		−1.630	−1.190	−0.910	−1.180	−0.440	−0.277	−0.250
$\varphi^{\ominus}_{(M^{3+}/M)}$/V	−2.080	−1.210	−0.838	−0.760	−0.287	−0.040	0.450	

续表

元素	Sc	Ti	V	Cr	Mn	Fe	Co	Ni
导电率/(Hg=1)			3.7	7.3		9.8	9.9	13.9
导热率/(Hg=1)				8.3		9.5	8.3	7.0
氧化数	(+2)* +3	+2 +3 +4	+2 +3 +4 +5	+2 +3 +6	+2 +3 +4 +6 +7	+2 +3 (+6)	+2 +3	+2 (+3)

注：*括号表示不稳定的氧化数。

大部分过渡元素单质与其正离子组成电对的电极电势为负值，单质的还原能力较强。该过渡系元素都能从非氧化性酸中置换出 H_2。多数元素有多种氧化态，且通常在低氧化态时以简单离子形式存在于晶体或溶液中，高氧化态以氧化物、含氧酸盐及配合物的形式存在。所形成的化合物中，其水合离子和酸根离子常呈现一定颜色。过渡元素多是活泼金属，可直接与 O_2、X_2 反应生成氧化物和卤化物。

(一) 过渡元素的原子结构特征

大多数 d 区和 ds 区元素的最后一个电子填充在外层$(n-1)$d 轨道上，且未充满，元素的有效核电荷较大，进而引起元素在性质上具有许多不同于主族元素的显著特征。由于过渡元素有类似 4s 和 3d、5s 和 4d、6s 和 5d 轨道之间的能级交错现象，最外层和次外层能级之间的能量差值较小，所以，过渡元素的$(n-1)$d 电子可以部分或全部参与成键。

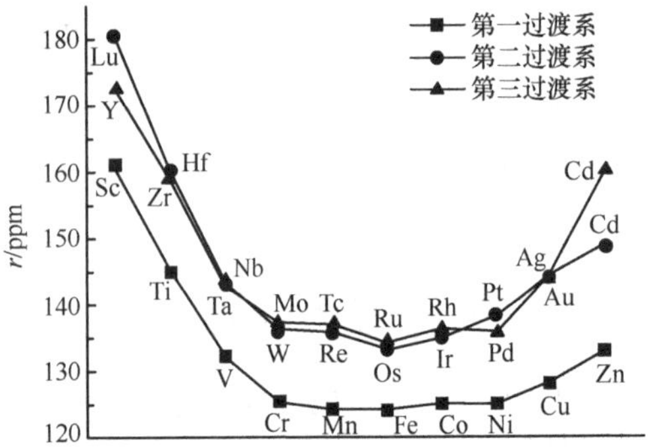

图 13-1 过渡元素的原子半径

(二) 过渡元素的原子半径

与同周期主族元素的原子半径相比，过渡元素原子半径一般较小，其原子半径及它们随原子序数和周期变化的情况如图 13-1 所示。

各周期从左至右随着原子序数的增加，原子半径缓慢地减小，至ⅠB 族前又增大。同族从上到下，原子半径逐渐增大，但第 5、6 周期(ⅢB 除外)由于价电子填入$(n-2)$f 轨道，内层电子的屏蔽作用加大，导致从镧到镥的原子半径依次小幅减小，几乎抵消了同族元素从上至下随周期数增加的影响。因此，这两周期的同族元素原子半径较为接近，使得第二和第三过渡系的同族元素在化学性质上的差异不如第一和第二过渡系的差异明显。

(三) 过渡元素的氧化数

过渡元素的氧化态均为正值，最高氧化值与族序数相等，以第一过渡系最典型，见表 13-2。

(四) 电负性、电离能和金属性

过渡元素的电子层组态特征决定了它们的电负性和电离能。从表 13-2 看出，过渡元素的电负性相差不大，电离能变化的规律性也不显著，总体上过渡元素自左向右或自上而下的电负性和电离能均有逐渐增大的趋势，但有交错现象。例如，锰(Mn)和锌(Zn)的电负性小于相邻的铬(Cr)和铁(Fe)元素；钛(Ti)的电离能高于相邻元素。

同周期元素的金属性依次减弱。类似于电负性，第一过渡系 Mn 的标准电极电势小于与之相邻的 Cr 和 Fe，这是因为 Mn 失去 2 个电子后形成稳定的 $3d^5$ 半充满构型。同族元素从上到下金属性依次减弱，这是因为随着原子序数的增加，原子半径逐渐增大的趋势并不明显，而有效核电荷却明显增加。

二、单质的性质

(一) 物理性质

过渡元素中，锇(Os)、铱(Ir)、铂(Pt)的密度最大，都在 $21g \cdot cm^{-3}$ 以上；钨(W)的熔点最高，大于 3400℃，是所有金属中最难熔的，第一、第二、第三过渡系元素的熔点见表 13-2。过渡金属一般呈银白色或灰色，均有金属光泽，其中锇(Os)呈灰蓝色。此外，除钪(Sc)和钛(Ti)属轻金属外，其余都是重金属。

(二) 化学性质

过渡金属的金属性比同周期 p 区元素强，而弱于同周期的 s 区元素。其中ⅢB 族元素的金属性最强、最活泼，在空气中迅速氧化，不仅能溶于酸，而且能与热 H_2O 反应放出 H_2，这是因为它们次外层 d 轨道中仅有一个电子，容易失去，它们的性质较活泼并接近于碱土金属；其他过渡金属则不易被空气氧化，也不易与 H_2O 反应。在与酸的反应中，第一过渡系比第二、第三过渡系元素活泼，第一过渡系多数金属可从非氧化性酸中置换出 H_2。但金 Au、铂 Pt 等性质不活泼的元素，与非氧化性酸(如 HCl)和氧化性酸(如 HNO_3)均不反应。第一过渡系元素与酸的反应性能见表 13-3。

表 13-3 第一过渡系元素与酸的反应性能

元素	Sc	Ti	V	Cr	Mn
发生反应的酸	各种酸	热 HCl、HF	HNO_3、HF、浓 H_2SO_4	稀 HCl、H_2SO_4	稀 HCl、H_2SO_4 等
元素	Fe	Co	Ni	Cu	Zn
发生反应的酸	稀 HCl、H_2SO_4 等	缓慢溶解于 HCl 等	稀 HCl、H_2SO_4 等	HNO_3、浓热 H_2SO_4	稀 HCl、H_2SO_4 等

三、含氧化合物及其水合物酸碱性

过渡元素的氧化物及其水合物的酸碱性变化与主族元素具有相似性。总趋势是：同周期从左到右，最高氧化态氧化物及其水合氧化物的碱性逐渐减弱，酸性逐渐增强；同族元素相同氧化态的氧化物及其水合物，自上而下酸性逐渐减弱，碱性逐渐增强。例如，钛(Ti)、锆(Zr)、铪(Hf)的氢氧化物 $M(OH)_4$(或 H_2MO_3)中，$Ti(OH)_4$ 的碱性较弱，$Zr(OH)_4$ 和 $Hf(OH)_4$ 的碱性比酸性强。这种变化规律和过渡元素高氧化态离子的半径变化规律一致。一些元素最高氧化态物质的酸碱性见表 13-4。

表 13-4 一些过渡元素的最高氧化态物质的酸碱性表

元素	Sc	Ti	Cr	Mn	其他(Fe、Co 和 Ni)
氧化物	Sc_2O_3	TiO_2	CrO_3	Mn_2O_7	不能生成稳定的高氧化态的氧化物
酸碱性	碱性氧化物	两性	酸酐(铬酸酐)	强酸酸酐	

通常，同一元素不同氧化态氧化物及其水合物的酸碱性以高氧化态酸性较强，酸性随氧化态的降低而减弱，低氧化态氧化物及其水合物一般呈碱性。Mn 不同氧化态氧化物的酸碱性变化见表 13-5。

表 13-5　锰氧化物的酸碱性表

氧化态	Ⅱ	Ⅲ	Ⅳ	Ⅵ	Ⅶ
氧化物	MnO	Mn_2O_3	MnO_2	MnO_3	Mn_2O_7
水合物	$Mn(OH)_2$	$Mn(OH)_3$	$Mn(OH)_4$	H_2MnO_4	$HMnO_4$
酸碱性	碱性	弱碱性	两性	酸性	酸性

四、过渡元素金属离子及化合物的颜色

过渡元素水合离子常呈现特殊的颜色。一些过渡元素低氧化态水合离子的颜色见表 13-6。

表 13-6　过渡元素低氧化态水合离子的颜色

水合离子	Ti^{2+}	V^{2+}	V^{3+}	Cr^{3+}	Mn^{2+}	Fe^{2+}	Fe^{3+}	Co^{2+}	Ni^{2+}
颜色	褐	紫	绿	蓝紫	淡粉	浅绿	淡紫	粉红	绿

五、配　合　物

过渡元素原子或离子的$(n-1)$d 以及全空的 ns、np 和 nd 轨道易接受配位体提供的孤电子对而形成配位键。因此，它们的原子和离子都易形成配合物。同一中心离子与不同配体形成配合物时的晶体场分裂能不同，d-d 跃迁时所需能量不同，配合物多显不同的颜色。例如，Ni 与 H_2O 和 NH_3 的配合物颜色如表 13-7 所示。

表 13-7　不同配体镍配合物的颜色

配合物	$[Ni(NH_3)_6]^{2+}$	$[Ni(H_2O)_6]^{2+}$
d-d 跃迁时吸收波长/nm	925	1176
颜色	蓝	浅绿

第二节　钛　和　钒

钛(titanium，Ti)和**钒**(vanadium，V)为第一过渡系元素，分别属于ⅣB 族和ⅤB 族元素。Ti 是稀有金属，在地壳中的丰度为 0.42%，主要以钛铁矿和金红石存在。V 在自然界中极为分散，主要以钒钛铁矿、铀钒钾矿的形式存在，我国有丰富的 Ti 和 V 资源。

Ti 的价电子构型为 $3d^24s^2$，最稳定的氧化数是+4；V 价电子构型为 $3d^34s^2$，最稳定的氧化数是+4 和+5。钛和钒元素的标准电势图如下

$\varphi_A^\ominus$ / V：

$$Ti^{4+} \xrightarrow{0.1} Ti^{3+} \xrightarrow{0.37} Ti^{2+} \xrightarrow{-1.63} Ti$$

$$V^{5+} \xrightarrow{1.00} V^{4+} \xrightarrow{0.337} V^{3+} \xrightarrow{-0.255} V^{2+} \xrightarrow{-1.13} V$$

$\varphi_B^\ominus$ / V：

$$TiO_2 \xrightarrow{-1.38} TiO \xrightarrow{-1.95} TiO \xrightarrow{-2.13} Ti$$

$$VO_4^{3-} \xrightarrow{2.19} HV_2O_5^- \xrightarrow{0.542} V_2O_3 \xrightarrow{0.486} VO \xrightarrow{-0.82} V$$

可以看出，无论在酸性还是碱性介质中，其单质都具有强还原性；V 的最高氧化态有强氧化性。

一、钛的性质及用途

(一) 物理性质

钛(Ti)单质为银白色金属，有光泽，熔点高，耐磨，耐低温，无磁性，延展性好，其密度 $4.54g \cdot cm^{-3}$，比 Fe($7.8g \cdot cm^{-3}$) 小，比 Al($2.7g \cdot cm^{-3}$)大，质地轻，却又坚韧和耐腐蚀，强度接近钢铁，兼有 Al 和 Fe 的优点，主要用于航天材料。

(二) 化学性质

因表面能钝化，常温下极稳定，不与 X_2、O_2、H_2O、强酸(甚至王水)、强碱反应。当与热浓 HCl 或热 HNO_3 接触时反应放出 H_2。与 HF 酸或其盐酸的混合液在常温下反应。高温时 Ti 相当活泼

$$Ti + O_2 \xlongequal{红热} TiO_2$$
$$Ti + 2Cl_2 \xlongequal{600K} TiCl_4$$
$$3Ti + 2N_2 \xlongequal{800K} Ti_3N_4$$
$$Ti + C = TiC(空气中稳定，不与水反应)$$
$$2Ti + 6HCl = 2TiCl_3\,(紫) + 3H_2\uparrow$$
$$Ti + 6HF = TiF_6^{2-} + 2H^+ + 2H_2\uparrow$$

(三) 钛的重要化合物

1. 二氧化钛$(TiO)_2$ 为白色粉末，其晶体有三种晶型：金红石型、锐钛矿型和板钛矿型，其中最重要的是金红石型。金红石型的晶体结构见图 13-2。Ti 的配位数 6，O 的配位数 3，自然界中是红色或桃红色晶体，有时因含 Fe、Nb、Ta、Sn、Cr 等杂质而呈黑色，不溶于水、稀酸，能溶于 HF、热浓 H_2SO_4、浓 NaOH。

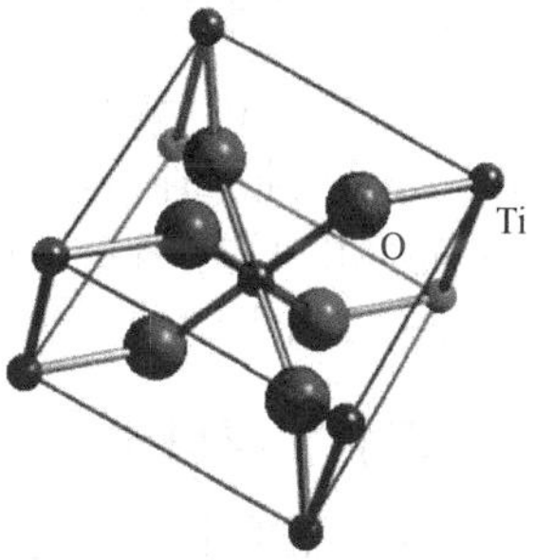

图 13-2 二氧化钛的晶体结构

(1) 与酸性化合物反应：强电场条件下，TiO_2 在水中易水解

$$Ti^{4+} + H_2O = TiO^{2+} + 2H^+$$

TiO^{2+}称为钛氧基或钛酰基，上述反应可写成

$$TiO_2 + H_2SO_4(浓) = TiOSO_4 + H_2O$$

(2) 与碱性化合物反应：TiO_2 可与碱性化合物反应

$$TiO_2 + MgO \xlongequal{熔融} MgTiO_3$$
$$TiO_2 + BaCO_3 \xlongequal{熔融} BaTiO_3 + CO_2\uparrow$$

偏钛酸钡 $BaTiO_3$，是一种压电材料，受压时两端产生电位差。

TiO_2 与 $KHSO_4$ 共熔，得可溶性盐类

$$TiO_2 + 2KHSO_4 \xlongequal{熔融} TiOSO_4 + K_2SO_4 + H_2O$$

2. 三氯化钛$(TiCl)_3$ 可由单质 Ti 在加热下与 HCl 反应得 $TiCl_3$ 紫色溶液，也可以由 $TiCl_4$ 还原制得

$$2TiCl_4 + H_2 = 2TiCl_3 + 2HCl$$
$$2TiCl_4 + Zn = 2TiCl_3 + ZnCl_2$$

水溶液中析出的紫色晶体是配合物$[Ti(H_2O)_6]Cl_3$。乙醚从 $TiCl_3$ 饱和溶液中萃取出的绿色晶体是配合物$[Ti(H_2O)_5Cl]Cl_2 \cdot H_2O$。两者互为异构体。

Ti(Ⅳ)和 Ti(Ⅲ)的电极电势为：$\varphi^{\ominus}(TiO^{2+}/Ti^{3+}) = 0.099V$，Ti(Ⅳ)的氧化性不强；Ti(Ⅲ)的还原性较强。

3. 四氯化钛($TiCl_4$) 为正四面体型共价化合物，熔点和沸点分别为−23.2℃和 136.4℃，常温下是无色液体，易挥发，有刺激性气味，极易水解，在空气中立即与水反应并产生白烟，可以利用此反应制造烟雾弹

$$TiCl_4 + 3H_2O = H_2TiO_3 + 4HCl\uparrow$$

制备 $TiCl_4$ 时，为了防止水解，Cl_2 要严格除水，反应前装置要通 CO_2 气体除 H_2O，反应停止后还要通 CO_2 保护。吸收尾气 Cl_2 的装置上也要有干燥管，防止外界 H_2O 的侵入。

4. 钛酸 在钛盐中加碱，可得 α-钛酸，即氢氧化钛

$$TiBr_4 + 4NaOH = Ti(OH)_4(s) + 4NaBr$$

α-钛酸可溶于酸或碱，可写成 $Ti(OH)_4$、H_4TiO_4 或 $TiO_2 \cdot xH_2O$ 等形式。

将钛酸溶液煮沸，水解生成稳定的 β-钛酸，不溶于酸也不溶于碱

$$Ti(SO_4)_2 + 4H_2O = Ti(OH)_4 + 2H_2SO_4$$

钛在人体体温条件或与体液、药品接触后不发生溶化、电离，也不与人体的肌肉、骨骼发生反应，被称为亲生物金属。钛有不导电、无磁性、无放射性的特点，是骨科常的内植入材料，广泛应用于接骨、制造人工关节及义齿等。

二、钒的性质及用途

(一) 物理性质

在自然界中，V(Ⅲ)常与铁矿共存，如钒钛铁矿；V(Ⅴ)可独立成矿。单质 V 为浅灰色，熔点比 Ti 高，纯净时延展性好，不纯时硬而脆。钢中加 0.1%～0.2%的 V 具有韧性、强度、延展性及抗冲击力均加强的特性。

V 的氧化物已成为化学工业中的最佳催化剂之一，有“化学面包”之称。

(二) 化学性质

V 的标准电极电势为 $\varphi^{\ominus} = -0.82V$，是活泼金属，由于表面钝化，常温下不活泼；块状 V 可抵抗空气的氧化和海水的腐蚀，非氧化性酸及碱也不与 V 反应。

可溶于浓 H_2SO_4、HNO_3 和 HF 酸中

$$V + 8HNO_3 = V(NO_3)_4 + 4NO_2 + 4H_2O$$

$$2V + 12HF = 2H_3VF_6 + 3H_2\uparrow$$

高温下，V 的活性很高，可与 O_2、Cl_2 等反应

$$4V + 5O_2 = 2V_2O_5\text{(砖红色，固体)}$$

$$V + 2Cl_2 = VCl_4\text{(红，液体)}$$

(三) 钒的重要化合物

V 的重要化合物主要有 V_2O_5 和钒酸盐等。V(Ⅴ)在水溶液中不存在，以钒氧基(VO_2^+、VO^{3+})或含氧酸根(VO_3^-、VO_4^{3-})等形式存在；由于 V 和 O 之间有较强的极化作用，含氧化合物吸收部分可见光后，集中在 O 原子一端的电子向 V 跃迁，产生电荷转移吸收光谱，故 V(Ⅴ)化合物有颜色，如：VO_4^{3-}淡黄，VO_3^-黄，VO_2^+黄。另外，VO^{2+}蓝，V^{3+}绿，V^{2+}紫。

1. 五氧化二钒(V_2O_5) 为砖红色固体，无臭、无味、有毒，是钒酸(H_3VO_4)及偏钒酸(HVO_3)的酸酐。两性偏酸性，微溶于水，溶液呈淡黄色。玻璃中加入 V_2O_5 可防紫外线。加热偏钒酸铵或水解三氯氧钒 $VOCl_3$ 可得 V_2O_5

$$2NH_4VO_3 \xlongequal{\triangle} V_2O_5 + 2NH_3 + H_2O$$

$$2VOCl_3 + 3H_2O \xlongequal{\quad} V_2O_5 + 6HCl$$

工业上用钒铅矿制备

$$V_2O_5 + 2NaCl + \frac{1}{2}O_2 \xlongequal{\quad} 2NaVO_3 + Cl_2$$

用水浸出偏钒酸钠 $NaVO_3$，酸化得到红棕色水合 V_2O_5 沉淀。煅烧得 V_2O_5。V_2O_5 是两性氧化物，在 H_2O 中溶解度很小，但能溶于酸与碱中

$$V_2O_5 + 6NaOH \xlongequal{\quad} 2Na_3VO_4 + 3H_2O$$

$$V_2O_5 + H_2SO_4 \xlongequal{\quad} (VO_2)_2SO_4 + H_2O$$

V_2O_5 有氧化性，与盐酸反应产生 Cl_2

$$V_2O_5 + 6HCl \xlongequal{\quad} 2VOCl_2 + Cl_2\uparrow + 3H_2O$$

在强酸中，V(Ⅴ)以 VO^{3+}、VO_2^+形式存在，V(Ⅳ)以 VO^{2+} 形式存在。

2. 钒酸盐

(1) 与酸缩合：一定条件下向钒酸盐溶液中加酸，随着溶液 pH 的减小，钒酸盐会逐渐脱水，缩合生成多钒酸根离子，包括偏钒酸盐 VO_3^-、正钒酸盐 VO_4^{3-}、二聚钒酸盐 $V_2O_7^{4-}$、多聚酸 $H_{n+2}V_nO_{3n+1}$，其存在形式与体系的 pH 有关，pH 越大聚合度越低，pH 越小，聚合度越高；缩合度增大，颜色由淡黄到深红色逐渐加深，不同 pH 溶液中的钒酸盐颜色见表 13-8。

表 13-8 钒酸盐在不同 pH 溶液中的颜色

pH	pH＞12.6	pH≥13	pH≥8.4	pH≥3	pH≈2	pH=1
离子	VO_4^{3-}	$V_2O_7^{4-}$	$V_3O_9^{3-}$	$V_{10}O_{28}^{6-}$	$V_2O_5 \cdot xH_2O$	VO_2^+
颜色	无色	浅黄	黄	深红	黄棕	黄

当 pH＞13 时，以 VO_4^{3-}存在，pH 降低，经二聚、四聚、五聚等，聚合度逐渐升高。

当 pH = 2 时，以 V_2O_5 形式析出。

当 pH≤1 时，以黄色的 VO_2^+ (V_2O_5 与强酸的反应产物)存在。

(2) 钒酸盐与 H_2O_2 反应：VO_4^{3-}中氧可被过氧链取代，向钒酸盐 VO_4^{3-}溶液中加 H_2O_2，在酸性条件下得红棕色过氧钒离子$[V(O_2)]^{3+}$；在碱性、中性、弱酸性时得黄色二过氧钒酸根$[VO_2(O_2)_2]^{3-}$。两者之间存在着如下平衡

$$[VO_2(O_2)_2]^{3-} + 6H^+ \rightleftharpoons [V(O_2)]^{3+} + H_2O_2 + 2H_2O$$

(3) 钒酸盐的氧化性：酸性条件下，钒酸盐氧化性强，可被 Fe^{2+}、草酸、酒石酸和乙醇还原为 VO^{2+}。

$$\underset{黄}{VO_2^+} + Fe^{2+} + 2H^+ \xlongequal{\quad} \underset{蓝}{VO^{2+}} + Fe^{3+} + H_2O$$

因此，测定钒可用草酸氧化还原滴定法

$$2VO_2^+ + H_2C_2O_4 + 2H^+ \xlongequal{\quad} 2VO^{2+} + 2CO_2 + 2H_2O$$

三、钛和钒离子的鉴定

(一) Ti^{3+}的鉴定

在中性溶液中，Ti^{3+}将 Fe^{3+}还原为 Fe^{2+}，当被还原为 Fe^{2+}后，KSCN 与 Fe^{3+}生成的红色配合物减少使溶液颜色变浅

$$Ti^{3+} + Fe^{3+} + H_2O \xlongequal{\quad} Ti^{2+} + Fe^{2+} + 2H^+$$

(二) 钒酸盐 VO_4^{3-}的鉴定

利用 VO_4^{3-}与 H_2O_2 反应，在不同 pH 条件下得到不同颜色产物的特点进行鉴定。例如，在

酸性条件下得红棕色过氧钒离子$[V(O_2)]^{3+}$；在碱性、中性或弱酸性时得黄色二过氧钒酸根$[VO_2(O_2)_2]^{3-}$。两者之间存在着如下平衡

$$[VO_2(O_2)_2]^{3-} + 6H^+ \rightleftharpoons [V(O_2)]^{3+} + H_2O_2 + 2H_2O$$
$$VO_4^{3-} + H_2O_2 \rightleftharpoons [VO_2(O_2)_2]^{3-}(\text{黄})$$

第三节　铬、钼和钨

铬(Cr)、钼(Mo)、钨(W)同属ⅥB 族元素，它们在地壳中的丰度分别是 0.0083%，1.1×10^{-4}%和 1.3×10^{-4}%。在自然界中铬铁矿是含 Cr 的主要矿物，Mo 常以硫化物存在，如辉钼矿 MoS_2。W 主要以黑色的钨锰矿和黄灰色的钨酸钙矿存在。

Cr 和 Mo 的价电子层结构为$(n-1)d^5ns^1$，W 为 $5d^46s^2$，均可提供 6 个价电子形成较强的金属键，它们都具有多种氧化态，最高氧化数为+6，都具有 d 区元素多种氧化态的特征。最高氧化态的稳定性按 Cr、Mo、W 的顺序增强；而低氧化态则相反，Cr(Ⅲ)的化合物稳定，而 Mo 和 W 以高氧化态(Ⅵ)的化合物最稳定。

它们的标准电势图如下

$\varphi_A^\ominus$ / V：

$$Cr_2O_7^{2-} \xrightarrow{1.33} Cr^{3+} \xrightarrow{-0.41} Cr^{2+} \xrightarrow{-0.91} Cr$$

$$MoO_2^{2+} \xrightarrow{0.48} MoO_2^{+} \xrightarrow{0.311} Mo^{3+} \xrightarrow{-0.20} Mo$$

$$WO_3 \xrightarrow{-0.30} W_2O_5^{+} \xrightarrow{-0.40} WO_2 \xrightarrow{-0.15} W^{3+} \xrightarrow{-0.11} W$$

$\varphi_B^\ominus$ / V：

$$Cr_2O_7^{2-} \xrightarrow{-0.13} Cr(OH)_3 \xrightarrow{-1.1} Cr(OH)_2 \xrightarrow{-1.4} Cr(OH)_2 \xrightarrow{-1.2} CrO_2^{-}$$

$$MoO_4^{2-} \xrightarrow{-0.96} MoO_2 \xrightarrow{-0.91} Mo$$

$$WO_4^{2-} \xrightarrow{-1.007} W$$

可以看出：Cr 无论在酸性介质还是碱性介质中，单质都具有强还原性；Cr 的最高氧化态在酸性中都具有强氧化性；Mo 和 W 在碱性介质中，单质具有强还原性，而在酸性介质中单质的还原性较弱。

一、铬、钼和钨的性质及用途

(一) 物理性质

Cr、Mo、W 都是灰白色金属，单质的熔点和沸点都非常高。W 不溶于 HCl、H_2SO_4 和 HNO_3，只溶于王水或 HF 和 HNO_3 的混合酸。

(二) 化学性质

Mo 和 W 的化学性质较稳定，在通常状态下，Cr、Mo、W 在空气或 H_2O 中都很稳定。因它们的表面容易形成一层氧化膜而降低了它们的活泼性。在室温下，无保护膜的 Cr 能溶于稀 HCl 或 H_2SO_4，生成蓝色溶液。该溶液若与空气接触则很快变成绿色，这是因为生成的蓝色 Cr^{2+}

被空气中的 O_2 进一步氧化成绿色的 Cr^{3+}

$$Cr + 2HCl = CrCl_2 + H_2\uparrow$$

$$4CrCl_2 + 4HCl + O_2 = 4CrCl_3 + 2H_2O$$

Cr 的含水氯化物可脱水

$$CrCl_3 \cdot 6H_2O = Cr(OH)Cl_2 + 5H_2O + HCl\uparrow$$

Cr 族元素的金属活泼性是按 Cr 到 W 的顺序逐渐降低的。F_2 可与这些金属剧烈反应；Cr 在加热时能与 Cl_2、Br_2 和 I_2 反应；Mo 在同样条件下只与 Cl_2 和 Br_2 化合；W 则不能与 Br_2 和 I_2 化合。

二、铬的重要化合物

Cr 原子的价层电子构型为 $3d^54s^1$，6 个价电子都能参与成键，其最高氧化数为+6。Cr 也能形成氧化数为+5，+4，+3，+2，+1，0，−1，−2，最常见的是氧化数为+3 和+6 的化合物。

(一) 铬(Ⅲ)的化合物

1. 三氧化二铬(Cr_2O_3)　为绿色晶体，熔点 2435℃，是冶炼 Cr 的原料，也是常用的绿色颜料，俗称铬绿。Cr_2O_3 微溶于水，与 Al_2O_3 晶型相同，也具有两性，能与 H_2SO_4 和浓 NaOH 反应

$$Cr_2O_3 + 3H_2SO_4 = Cr_2(SO_4)_3 + 3H_2O$$

$$Cr_2O_3 + 2NaOH + 3H_2O = 2NaCr(OH)_4$$

或 $Cr_2O_3 + 2NaOH = 2NaCrO_2 + H_2O$

$(NH_4)_2Cr_2O_7$ 受热分解，或金属 Cr 在 O_2 中燃烧的方法制得 Cr_2O_3

$$(NH_4)_2Cr_2O_7 \xlongequal{\triangle} Cr_2O_3 + N_2\uparrow + 4H_2O$$

$$4Cr + 3O_2 \xlongequal{\triangle} 2Cr_2O_3$$

Cr^{3+} 盐溶液与 NH_3 水或 NaOH 反应可制得 $Cr(OH)_3$

$$Cr_2(SO_4)_3 + 6NaOH = 2Cr(OH)_3\downarrow + 3Na_2SO_4$$

$Cr(OH)_3$ 是灰蓝色的胶状沉淀，与 $Al(OH)_3$ 相似，也具有两性，在溶液中存在如下平衡

$$\underset{紫色}{Cr^{3+}} + 3OH^- \rightleftharpoons \underset{灰蓝}{Cr(OH)_3} \rightleftharpoons H^+ + \underset{绿色}{CrO_2^-} + H_2O$$

2. 铬(Ⅲ)盐　$CrCl_3 \cdot 6H_2O$(绿或紫)、$Cr_2(SO_4)_3 \cdot 18H_2O$(紫)、铬钾钒 $KCr(SO_4)_2 \cdot 12H_2O$(蓝紫)等为常见的 Cr(Ⅲ)盐，它们与 Al(Ⅲ)盐 $AlCl_3 \cdot 6H_2O$、$Al_2(SO_4)_3 \cdot 18H_2O$、$KAl(SO_4)_2 \cdot 12H_2O$ 类似，其中 $CrCl_3$ 最为常见。Cr(Ⅲ)盐都易溶于水成水合离子 $[Cr(H_2O)_6]^{3+}$，不仅能存在于溶液中，也存在于 Cr(Ⅲ)盐的晶体中，最重要的 Cr(Ⅲ)盐是硫酸铬。硫酸铬的颜色与其含结晶水的个数有关，见表 13-9。

表 13-9　含不同结晶水硫酸铬的颜色

硫酸铬	$Cr_2(SO_4)_3 \cdot 18H_2O$	$Cr_2(SO_4)_3 \cdot 6H_2O$	$Cr_2(SO_4)_3$
颜色	紫色	绿色	桃红色

(二) 铬酸盐和重铬酸盐

迄今为止，不论晶体还是溶液中都未获得简单的 Cr^{6+} 离子，Cr(Ⅵ)总是以氧化物 CrO_3、含氧酸根 CrO_4^{2-}、$Cr_2O_7^{2-}$、CrO_2^{2+} 等形式存在。常见的 Cr(Ⅵ)化合物是铬酸盐和重铬酸盐，其中以 $K_2Cr_2O_7$(红矾钾)和 $Na_2Cr_2O_7$(红钒钠)最为重要。它们都是易溶于水的黄色晶体，其水溶液都显碱性。

1. 氧化性　在酸性溶液中，$Cr_2O_7^{2-}$ 是强氧化剂，可氧化 H_2S、H_2SO_3、HI 等

$$Cr_2O_7^{2-} + 14H^+ + 6e^- \rightleftharpoons 2Cr^{3+} + 7H_2O \qquad \varphi^{\ominus} = +1.33V$$

$$Cr_2O_7^{2-} + 3SO_3^{2-} + 8H^+ = 2Cr^{3+} + 3SO_4^{2-} + 4H_2O$$

$$Cr_2O_7^{2-} + 6I^- + 14H^+ = 2Cr^{3+} + 3I_2 + 7H_2O$$

$$Cr_2O_7^{2-} + 3H_2S + 8H^+ = 2Cr^{3+} + S\downarrow + 7H_2O$$

CrO_4^{2-}与 $Cr_2O_7^{2-}$存在着如下平衡

$$\underset{\text{黄}}{2CrO_4^{2-}} + 2H^+ \rightleftharpoons \underset{\text{橙}}{Cr_2O_7^{2-}} + H_2O$$

在酸性溶液中 $Cr_2O_7^{2-}$为主；在碱性溶液中以 CrO_4^{2-}为主。

实验室利用重铬酸盐在强酸条件下的强氧化性，配制铬酸洗液，用于洗涤化学玻璃仪器壁上黏附的污物。还可利用强酸性条件下将乙醇氧化为乙酸而有颜色变化，检测酒后驾驶：

$$3CH_3CH_2OH + 2K_2Cr_2O_7 + 8H_2SO_4 = 3CH_3COOH + 2Cr_2(SO_4)_3 + 2K_2SO_4 + 11H_2O$$

2. 沉淀反应 重铬酸盐通常具有良好的水溶性，但 Ag^+、Ba^{2+}或 Pb^{2+}离子的铬酸盐难溶于水。不论向 CrO_4^{2-}盐还是向 $Cr_2O_7^{2-}$盐溶液中加入这些离子时，都生成相应的铬酸盐沉淀

$$Cr_2O_7^{2-} + 4Ag^+ + H_2O = 2Ag_2CrO_4\downarrow(\text{砖红色}) + 2H^+ \qquad K_{sp}^{\ominus} = 2.0\times10^{-12}$$

$$Cr_2O_7^{2-} + 2Ba^{2+} + H_2O = 2BaCrO_4\downarrow(\text{黄}) + 2H^+ \qquad K_{sp}^{\ominus} = 1.2\times10^{-10}$$

$$Cr_2O_7^{2-} + 2Pb^{2+} + H_2O = 2PbCrO_4\downarrow(\text{黄}) + 2H^+ \qquad K_{sp}^{\ominus} = 2.8\times10^{-13}$$

利用这些沉淀的特征颜色可对 CrO_4^{2-}或 $Cr_2O_7^{2-}$离子鉴定，或者鉴别溶液中是否含有 Ag^+、Ba^{2+}或 Pb^{2+}离子。

3. 生成配合物 在酸性条件下，$Cr_2O_7^{2-}$与 H_2O_2 反应形成过氧基配合物

$$Cr_2O_7^{2-} + 2H^+ + 4H_2O_2 = 2Cr_2O(O_2)_2 + 5H_2O$$

$$2Cr_2O(O_2)_2 + 12H^+ = 4Cr^{3+} + 7O_2\uparrow + 6H_2O$$

$$2Cr_2O(O_2)_2 + (C_2H_5)_2O = [Cr_2O(O_2)_2\cdot(C_2H_5)_2O]$$

若将 30%的 H_2O_2 加入 0℃的 $K_2Cr_2O_7$ 水溶液中，生成蓝色的 $K_2[Cr_2O_{12}]$。

Cr(Ⅵ)是毒性很强的元素，而 Cr(Ⅲ)却是人体必需的微量元素。研究已证实：Cr(Ⅲ)参与糖和脂肪等的代谢，促进人体生长发育，激活胰岛素和葡萄糖耐受因子(GTF)，并把葡萄糖从血中清除出去，GIF 作为胰岛素的“协同”激素，增进胰岛素在体内的作用。

轻度糖尿病患者可考虑从饮食中摄入蛋白质食品，以补充 $CrCl_3$，纠正人体葡萄糖耐受性失调。这是由于当人体缺 Cr 时，胰岛素作用降低，糖的利用发生障碍，特别是血内脂肪和胆固醇含量增加，并发动脉硬化，影响视力等症状。海藻类、鱼类、豆类、根类、谷物、瘦肉、奶制品等食物中含 Cr(Ⅲ)。

三、钼和钨的重要化合物

Mo 和 W 原子的价电子构型分别为 $4d^55s^1$ 和 $5d^46s^2$，可以形成氧化数从+2 到+6 的多种化合物，其中+6 的化合物较为稳定。Cr(Ⅵ)化合物的氧化性比 Mo(Ⅵ)和 W(Ⅵ)化合物要弱得多。Mo(Ⅵ)和 W(Ⅵ)化合物中，比较重要的是氧化物和含氧酸盐。

1. 三氧化钼(MoO_3)和三氧化钨(WO_3) 均为固体粉末，表 13-10 列出了它们的一些物理性质。

表 13-10 MoO_3 和 WO_3 的一些物理性质

化合物	颜色	受热颜色变化	熔点/℃	沸点/℃
MoO_3	白色	黄色	795	1155
WO_3	黄色	橙黄色	1473	1750

MoO_3 和 WO_3 均比 CrO_3 稳定，加热到融化也不分解，不与酸(除 HF)反应。虽然都是酸性氧化物，但都不溶于水，仅能溶于氨水和强碱溶液中生成相应的含氧酸盐

$$MoO_3 + 2NH_3 \cdot H_2O = (NH_4)_2MoO_4 + H_2O$$
$$WO_3 + 2NaOH = Na_2WO_4 + H_2O$$

它们的氧化性极弱，仅在高温下能被氢还原为金属

$$MoO_3 + 3H_2 = Mo + 3H_2O$$
$$WO_3 + 3H_2 = W + 3H_2O$$

2. 钼酸、钨酸及其盐 钼酸(H_2MoO_4)和钨酸(H_2WO_4)在水中的溶解度不如铬酸 H_2CrO_4，即使用可溶性的钼酸盐或钨酸盐与强酸作用，仍得到相应的钼酸或钨酸沉淀

$$MoO_4^{2-} + 2H^+ + H_2O = H_2MoO_4 \cdot H_2O(黄)$$
$$WO_4^{2-} + 2H^+ + xH_2O = H_2WO_4 + xH_2O(黄)$$

H_2CrO_4、H_2MoO_4 和 H_2WO_4 的酸性和氧化性均依次减弱。

Mo 和 W 的含氧酸盐中，除碱金属和铵盐可溶于水外，其余盐均难溶于水。钼酸盐常用作颜料、催化剂和防腐剂，钨酸盐在耐火纺织物和荧光屏上使用。

3. 多酸及其盐 在一定条件下，一些简单的含氧酸能彼此缩合成为比较复杂的酸，这种酸称为多酸，也可看作是由两个或以上的酸酐形成的酸。由两个或以上相同含氧酸分子缩水而形成的多酸称为同多酸，由两种或以上不同含氧酸分子缩水形成的酸称为杂多酸。例如，在 CrO_4^{2-} 的水溶液中加酸，会分别得到 $Cr_2O_7^{2-}$、$Cr_3O_{10}^{2-}$、$Cr_4O_{13}^{2-}$等铬的同多酸根离子；而$[P(Mo_{12}O_{40})]^{3-}$为磷钼酸根，是杂多酸根。

对多酸研究已有一个多世纪的悠久历史，特别是功能性多酸化合物的合成和应用开发，如 Inouge Yamase 等在 1991 年报道了第一例具有抗艾滋病毒活性的杂多钼酸盐$(NH_4)_{12}[Eu_4(MoO_4)(H_2O)_{16}(Mo_7O_{24})] \cdot 13H_2O$(PM-104)；使多酸在药物化学等领域的应用研究引起了人们极大的兴趣。随后，相继报道了 $NaSb_9W_{21}O_{36}^{18-}$和$[(NH_3Pr^i)_6(Mo_7O_{24})] \cdot 3H_2O$(PM-8)都具有较好的抗病毒、抗癌作用*。

四、铬、钼和钨离子的鉴定

(一) 铬离子的鉴定

1. Cr^{3+}鉴定 碱性条件下，Cr^{3+}易被 H_2O_2 氧化为 CrO_4^{2-}，并易与 Ba^{2+}形成黄色 $BaCrO_4$ 沉淀

$$Cr^{3+} + 4OH^- = CrO_2^- + 2H_2O$$
$$CrO_2^- + 3H_2O_2 = 2CrO_4^{2-} + 4H_2O$$
$$CrO_4^{2-} + Ba^{2+} = BaCrO_4\downarrow$$

2. $Cr_2O_7^{2-}$鉴定 $Cr_2O_7^{2-}$ 可与 Ba^{2+}形成黄色 $BaCrO_4$ 沉淀

$$Cr_2O_7^{2-} + Ba^{2+} = BaCrO_4\downarrow + H_2CrO_4$$

(二) MoO_4^{2-}鉴定

钼酸铵和磷酸盐的混合溶液在一定温度下酸化后，即可得到黄色晶体状沉淀——12-钼磷酸铵。

$$12MoO_4^{2-} + 3NH_4^+ + HPO_4^{2-} + 23H^+ = (NH_4)_3[P(Mo_{12}O_{40})] \cdot 6H_2O\downarrow + 6H_2O$$

第四节 锰

锰(Mn)在周期表中位于第四周期，第ⅦB 族，在地壳中的含量为 0.085%。在自然界

*引自钟绍鹏，陈建秋，沈卫阳. 2010. 多酸. 化合物在药学领域的应用研究近况[J].药学研究进展，34(10)：449-455.

中，Mn 主要以氧化物形式存在，如软锰矿 $MnO_2 \cdot xH_2O$、黑锰矿 Mn_3O_4 和水锰矿 $Mn_2O_3 \cdot H_2O$ 等。锰的价层电子构型为 $3d^54s^2$，氧化态有+2、+3、+4、+5、+6 和+7，其中+2、+4、+6、+7 为其常见氧化态。

锰元素的标准电势图如下

$\varphi_A^\ominus$ / V：

$$MnO_4^- \xrightarrow{0.56} MnO_4^{2-} \xrightarrow{2.26} MnO_2 \xrightarrow{0.95} Mn^{3+} \xrightarrow{1.51} Mn^{2+} \xrightarrow{-1.19} Mn$$

$\varphi_B^\ominus$ / V：

$$MnO_4^- \xrightarrow{0.56} MnO_4^{2-} \xrightarrow{0.60} MnO_2 \xrightarrow{-0.20} Mn(OH)_3 \xrightarrow{0.11} Mn(OH)_2 \xrightarrow{-1.55} Mn$$

由 Mn 的电势图可看出：无论在酸性介质还是碱性介质中，单质 Mn 都具有强还原性；在酸性介质中，其最高氧化态的化合物具有强氧化性；处于中间氧化态的 Mn^{2+} 和 Mn^{3+} 可发生歧化反应，在酸性介质中歧化反应的倾向性更强

$$2Mn^{3+} + 2H_2O \rightleftharpoons Mn^{2+} + MnO_2 + 4H^+$$

该歧化反应的平衡常数 $K = 3.2 \times 10^9$。

一、锰的性质及用途

(一) 物理性质

单质 Mn 为白色金属，质硬而脆，密度 $7.20g \cdot cm^{-3}$。熔点 1244℃，沸点 2097℃。单质 Mn 的用途不多，但制成的合金非常重要。例如，含锰 12%～15%的 Mn-Cu 合金具有坚硬、强韧、耐磨损和抗冲击性强等特性，被用于制造钢轨及破碎机等。该合金还具有不被磁化的特性，可将其用于防磁船舰的适当部位。

(二) 化学性质

Mn 是活泼金属，在常温下，能缓慢溶于水；能与稀酸反应放出 H_2。

$$Mn + 2H_2O = Mn(OH)_2 + H_2\uparrow$$

$$Mn + 2H^+ = Mn^{2+} + H_2\uparrow$$

在加热条件下，Mn 能和 X_2、O_2、S、B、C、Si、P 等非金属直接反应。在空气中燃烧生成 MnO 和 Mn_2O_3 的混合物 Mn_3O_4

$$3Mn + 2O_2 \xlongequal{\triangle} Mn_3O_4$$

Mn 和 F_2 反应生成 MnF_3 和 MnF_4，与其他卤素反应则生成 MnX_2 型卤化物。

$$2Mn + 3F_2 \xlongequal{\triangle} 2MnF_3$$

$$Mn + 2F_2 \xlongequal{\triangle} MnF_4$$

$$Mn + X_2 \xlongequal{\triangle} MnX_2 (除 F_2 外)$$

Mn 在植物的光合作用、酶的活性及维生素的转化中起着十分重要的作用。例如，小麦、玉米、果树缺 Mn，会导致这些植物叶子出现红、褐色斑点。

二、锰的重要化合物

(一) Mn(Ⅱ)的化合物

Mn^{2+}的重要化合物有：氯化锰($MnCl_2$)、硫酸锰($MnSO_4$)及硝酸锰[$Mn(NO_3)_2$]等。这些 Mn^{2+} 化合物都易溶于水。水溶液中 Mn^{2+}离子常以淡红色的$[Mn(H_2O_6)]^{2+}$ 水合离子存在。从溶液中结晶析出的 Mn(Ⅱ)盐是带结晶水的粉红色晶体，例如 $MnCl_2 \cdot 4H_2O$、$Mn(NO_3)_2 \cdot 6H_2O$ 和

$Mn(ClO_4)_2 \cdot 6H_2O$ 等。$MnSO_4$ 是最稳定的 Mn(Ⅱ)盐，即使在受热到红热状态时也不分解。不溶性的 Mn(Ⅱ)盐有 $MnCO_3$、$Mn_3(PO_4)_2$、MnS 等。

1. Mn^{2+}的还原性 Mn^{2+}的价电子构型为半充满 $3d^5$ 结构，因此 Mn^{2+}是 Mn 的最稳定状态。在酸性溶液中 Mn^{2+}的还原性很弱，其 $\varphi_A^\ominus(MnO_4^-/Mn^{2+}) = +1.5V$，难将 Mn^{2+}氧化成 MnO_4^-，但若在酸性较强的热溶液中，与过二硫酸铵、铋酸钠等强氧化剂作用，能将 Mn^{2+} 氧化成紫色的 MnO_4^-，用这些反应可定性检验 Mn^{2+} 。

$$2Mn^{2+} + 5S_2O_8^{2-} + 8H_2O \xlongequal{\triangle} 2MnO_4^- + 10SO_4^{2-} + 16H^+$$

向 Mn(Ⅱ)盐溶液中加入强碱，首先生成白色的 $Mn(OH)_2$ 沉淀，它在碱性介质中很不稳定，与空气接触立即被氧化生成棕色的 Mn_2O_3 和 MnO_2 的水合物

$$MnSO_4 + 2NaOH = Mn(OH)_2\downarrow(白) + Na_2SO_4$$

碱性介质中，Mn^{2+}的还原性较强，空气中 O_2 可将其氧化成稳定化合物

$$MnO_2 + 2H_2O + 2e^- \rightleftharpoons Mn(OH)_2\downarrow + 2OH^- \qquad \varphi_B^\ominus = -0.05\ V$$

$$O_2 + 2H_2O + 4e^- \rightleftharpoons 4OH^- \qquad \varphi_B^\ominus = 0.401\ V$$

2. Mn^{2+}的沉淀反应 Mn^{2+}的弱酸盐和氢氧化物均难溶于水

$$Mn^{2+} + S^{2-} = MnS\downarrow(肉色)$$

MnS 沉淀可溶于弱酸，如乙酸。在中性或碱性条件下 MnS 较稳定。

$$MnS + 2HAc = Mn^{2+} + H_2S + 2Ac^-$$

(二) Mn(Ⅳ)的化合物

MnO_2 是 Mn(Ⅳ)化合物中最重要的化合物，在通常情况下它很稳定，但 Mn(Ⅳ)的盐却不稳定。MnO_2 呈弱酸性，不溶于水、稀酸和稀碱，在酸碱中均不歧化。酸性条件下，MnO_2 是较强氧化剂。

$$MnO_2 + 4H^+ + 2e^- \rightleftharpoons Mn^{2+} + 2H_2O \qquad \varphi_A^\ominus = 1.23V$$

实验室中，将其与浓 HCl 反应可制备得到 Cl_2 和 Mn(Ⅱ)化合物

$$MnO_2 + 4HCl = Cl_2\uparrow + MnCl_2 + 2H_2O$$

如在更强的酸(如浓 H_2SO_4)中，则发生反应生成氧气和硫酸锰。

$$2MnO_2 + 2H_2SO_4(浓) = 2MnSO_4 + O_2\uparrow + 2H_2O$$

$$MnO_2 + 2FeSO_4 + 2H_2SO_4 = Fe_2(SO_4)_3 + MnSO_4 + 2H_2O$$

$$MnO_2 + H_2O_2 + H_2SO_4 = MnSO_4 + O_2\uparrow + 2H_2O$$

碱性条件下，MnO_2 可以作为还原剂，其 $\varphi_B^\ominus(MnO_4^{2-}/MnO_2) = +0.60V$，有氧化剂存在时，$MnO_2$ 可被氧化至 Mn(Ⅵ)酸盐。例如

$$3MnO_2 + 6KOH + KClO_3 \xlongequal{\triangle} 3K_2MnO_4(绿) + KCl + 3H_2O$$

MnO_2 在工业上有很重要的用途。例如，作为干电池的去极化剂、玻璃的“漂白剂”、油漆中作为“催干剂”等。

(三) Mn(Ⅵ)和 Mn (Ⅶ)的化合物

1. Mn(Ⅵ)的化合物 锰酸盐仅以深绿色的锰酸根 MnO_4^{2-}存在于强碱溶液中。如制备 K_2MnO_4 是在空气或其他氧化剂 $KClO_3$、KNO_3 等的存在下，由 MnO_2 与碱金属氢氧化物或碳酸盐共熔

$$MnO_2 + 6KOH + KClO_3 \xlongequal{\triangle} 3K_2MnO_4 + KCl + 3H_2O$$

在酸性条件下，$\varphi_A^\ominus(MnO_4^-/MnO_4^{2-}) = 0.558V$，$\varphi_A^\ominus(MnO_4^{2-}/MnO_2) = 2.24V$，锰酸盐溶液很容易发生歧化反应

$$3MnO_4^{2-} + 4H^+ = MnO_2 + 2MnO_4^- + 2H_2O$$

而在碱性条件下，$\varphi_B^\ominus(MnO_4^-/MnO_4^{2-}) = 0.558V$，$\varphi_B^\ominus(MnO_4^{2-}/MnO_2) = 0.60V$，锰酸盐也会

发生歧化反应，但速率较慢

$$3MnO_4^{2-} + 2H_2O \xlongequal{\quad} MnO_2 + 2MnO_4^- + 4OH^-$$

虽然锰酸盐在酸性条件下具有强的氧化性，但其不稳定，故通常不使用。

2. Mn (Ⅶ)的化合物

(1) Mn(Ⅶ) 的强氧化性：Mn(Ⅶ)化合物中最重要的是 $KMnO_4$(俗名灰锰氧)，稳定的深紫色晶体，有光泽，水溶液呈紫红色。以 MnO_2 和 KOH 为原料在 200～270℃加热熔融，并通入空气制得 K_2MnO_4，再通入 CO_2 或加酸可制得 $KMnO_4$

$$2MnO_2 + 4KOH + O_2 \xlongequal{\triangle} 2K_2MnO_4 + 2H_2O$$

$$3K_2MnO_4 + 2CO_2 \xlongequal{\triangle} 2KMnO_4 + MnO_2 + 2K_2CO_3$$

$KMnO_4$ 固体加热到 200℃以上分解，这是实验室制备 O_2 的一种简便方法。

$$2KMnO_4 \xlongequal{\triangle} K_2MnO_4 + MnO_2 + O_2\uparrow$$

$KMnO_4$ 最重要的性质就是具有氧化性，其氧化能力和还原产物因介质的酸碱性不同而不同。

在酸性溶液中，MnO_4^- 是强氧化剂。它可以氧化 Fe^{2+}、I^-、Cl^-、SO_3^{2-}、$C_2O_4^{2-}$ 等离子，本身被还原为 Mn^{2+}

$$MnO_4^- + 5Fe^{2+} + 8H^+ \xlongequal{\quad} 5Fe^{2+} + Mn^{2+} + 4H_2O$$

在微酸性、中性及微碱性溶液中 MnO_4^- 与还原剂反应生成 MnO_2

$$2KMnO_4 + 3K_2SO_3 + H_2O \xlongequal{\quad} 2MnO_2\downarrow + 3K_2SO_4 + 2KOH$$

$$2MnO_4^- + I^- + H_2O \xlongequal{\quad} 2MnO_2\downarrow + IO_3^- + 2OH^-$$

在强碱性溶液中，被还原为锰酸盐

$$2KMnO_4 + K_2SO_3 + 2KOH \xlongequal{\quad} 2K_2MnO_4 + K_2SO_4 + H_2O$$

$KMnO_4$ 是良好氧化剂，常将其用于棉、毛的漂白或油类脱色；还可用于 Ti^{3+}、VO^{2+}、Fe^{2+} 等过渡金属离子及 H_2O_2、草酸盐、甲酸盐和亚硝酸盐等的容量分析；0.1%稀溶液可用于消毒和杀菌；5%溶液在临床工作中可治疗轻度烫伤。

(2) Mn(Ⅶ)的不稳定性：溶液的 pH 会影响 $KMnO_4$ 的稳定性，酸性溶液中分解较快，中性或微碱性溶液中分解缓慢。此外，光对高锰酸盐的分解具有催化作用，因此，$KMnO_4$ 溶液必须保存在棕色的试剂瓶中

$$4MnO_4^- + 4H^+ \xlongequal{\quad} 4MnO_2 + 3O_2 + 2H_2O$$

Mn 氧化态的转化也与溶液的酸碱性及与它反应的氧化剂或还原剂的相对强弱等条件有关，如表 13-11 所示。

表 13-11　不同氧化态的锰氧化物

化合物	MnO	Mn_2O_3	MnO_2	(MnO_3)	Mn_2O_7
酸碱性	碱性	弱碱性	两性	酸性	酸性

对应氧化物的水合物

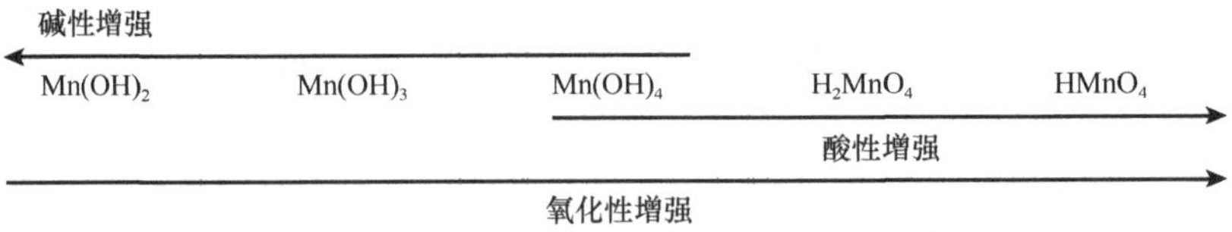

三、锰离子的鉴定

1. Mn^{2+}鉴定 向含 Mn^{2+}的溶液中加入硫化铵，即生成肉色的 MnS 沉淀，沉淀溶于稀酸。

$$Mn^{2+} + S^{2-} = MnS\downarrow$$

$$MnS + 2H^+ = Mn^{2+} + H_2S$$

Mn^{2+}溶液与 $NaBiO_3$ 固体经浓 HNO_3 酸化后，反应生成紫红色 MnO_4^-

$$2Mn^{2+} + 5NaBiO_3 + 14H^+ = 2MnO_4^- + 5Bi^+ + 5Na^+ + 7H_2O$$

2. MnO_4^-鉴定 酸性条件下 MnO_4^-与 H_2O_2 反应使 MnO_4^-紫红色褪去，并有气体生成

$$2MnO_4^- + 5H_2O_2 + 6H^+ = 2Mn^{2+} + 5O_2\uparrow + 8H_2O$$

已发现的锰超氧化物歧化酶(MnSOD)有 30 多种，它们大多含 2～4 个亚基，每个亚基都含有一个锰(Ⅲ)。大多数 MnSOD 的中心原子 Mn 是具有五配位的三角双锥构型，也有少数六配位的八面体(图 13-3)。MnSOD 的催化过程分为两步

$$Mn(\text{Ⅲ}) + O_2^{-\cdot} \longrightarrow Mn(\text{Ⅱ}) + O_2$$

$$Mn(\text{Ⅱ}) + O_2^{-\cdot} \longrightarrow Mn(\text{Ⅲ}) + H_2O_2$$

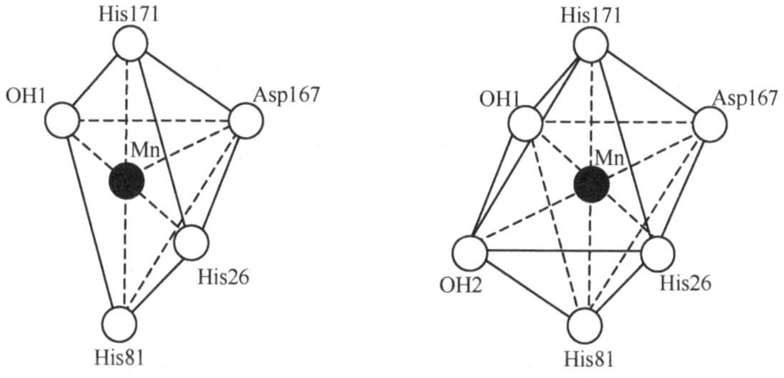

图 13-3 MnSOD 中心原子 Mn 空间构型

a. 三角双锥构型；b. 八面体构型

第五节 铁系元素

元素周期表中 d 区的Ⅷ族第一过渡系元素包括铁(Fe)，钴(Co)和镍(Ni)三种元素，其物理性质和化学性质都比较相似，故将其合称铁系元素。Fe 在地壳中的含量约占 5 %，居第四位，仅次于 Al，在自然界中以赤铁矿 Fe_2O_3、磁铁矿 Fe_3O_4、褐铁矿 $Fe_2O_3 \cdot 3H_2O$、菱铁矿 $FeCO_3$、黄铁矿 FeS_2、钛铁矿 $FeTiO_3$ 和铬铁矿 $Fe(CrO_2)_2$ 等形式存在。Co 在地壳中的含量为 0.0023%，常与 S 或 As 结合，如辉钴矿 CoAsS 并存于自然界中。它还存在于维生素 B_{12} 中。Ni 在地壳中的含量为 0.018%，也与 S 或 As 结合为紫硫镍铁矿、镍黄铁矿等。铁系元素中，Fe 是人类使用最丰富、最重要和最常用的金属。Co 和 Ni 主要用于制造合金。

Fe、Co 和 Ni 的价电子层结构分别为：$3d^64s^2$、$3d^76s^2$ 及 $3d^86s^2$。虽然它们都具有 d 区元素多种氧化态的特征，但它们的最高氧化值除铁外，都没有达到 3d 和 4s 的总和。例如，Co 和 Ni 的最高氧化值分别为+5 和+4。这是由于随着原子序数的增加，原子的有效核电荷增加，增强了原子核对 3d 电子的束缚作用。

Fe、Co 和 Ni 标准电势图如下

$\varphi_A^{\ominus}/V$:

$$FeO_4^{2-} \xrightarrow{2.20} Fe^{3+} \xrightarrow{0.771} Fe^{2+} \xrightarrow{-0.44} Fe$$

$$Co^{3+} \xrightarrow{1.95} Co^{2+} \xrightarrow{-0.282} Co$$

$$NiO_2^{3+} \xrightarrow{1.68} Ni^{2+} \xrightarrow{-0.282} Ni$$

$\varphi_B^{\ominus}/V$:

$$FeO_4^{2-} \xrightarrow{0.72} Fe(OH)_3 \xrightarrow{-0.56} Fe(OH)_2 \xrightarrow{-0.877} Fe$$

$$Co(OH)_3 \xrightarrow{0.17} Co(OH)_2 \xrightarrow{-0.73} Co$$

$$NiO_2 \xrightarrow{0.49} Ni(OH)_2 \xrightarrow{0.69} Ni$$

可以看出，无论在酸性介质还是碱性介质中，单质 Fe、Co 都具有较强还原性，而 Ni 在酸性条件下具有较强的还原性；Fe^{2+}具有还原性，在强酸性条件下不水解；Fe^{3+}与强氧化剂反应生成稳定的高铁酸盐；高氧化态的 Fe、Co 和 Ni 比低氧化态具有更强的氧化性。

一、单质的性质及用途

(一) 物理性质

铁系元素单质都是具有金属光泽的白色金属，Fe 和 Co 略带灰色，Ni 为银白色。依 Fe、Co、Ni 顺序，原子半径略有减小，密度增加。熔点依次为 1535℃、1495℃和 1453℃。这可能是由于它们 3d 轨道中的成单电子数依次减少，导致金属键依次减弱。Co 硬而脆，Fe 和 Ni 有良好的延展性。它们都有铁磁性，可用做电磁铁。它们的某些合金磁化后可成永久磁铁，如用它们制成的磁性载体纳米材料常应用于医药学领域。

(二) 化学性质

在空气和水中，Fe 因含杂质会慢慢形成铁锈 $Fe_2O_3 \cdot xH_2O$，而 Co、Ni 和纯 Fe 都较稳定。铁系元素的单质均属于中等活泼金属，都能溶于稀酸，但 Co 和 Ni 溶解较缓慢；与浓 H_2SO_4 和浓 HNO_3 反应时被钝化，处于钝化状态时不再溶于稀酸中。

没有水蒸气存在时，常温下铁系元素与 O_2、S、Cl_2、P 等非金属几乎不反应；加热或高温下，Fe、Co 和 Ni 均能与 X_2、O_2、S 和 N_2 等非金属剧烈反应

$$5Co + 3O_2 \xlongequal{500℃} Co_3O_4 + 2CoO$$

$$2Ni + O_2 \xlongequal{\triangle} 2NiO$$

Fe、Co 和 Ni 都不与碱反应。Fe 能被热的浓碱溶液侵蚀。

Fe、Co 和 Ni 都易形成羰基配合物，如 $Fe(CO)_5$、$Co_2(CO)_8$ 和 $Ni(CO)_4$ 等。

二、重要化合物

(一) 铁系元素的盐

1. 铁盐

(1) Fe(Ⅱ)盐：最重要的是 $FeSO_4 \cdot 7H_2O$，俗称绿矾，易溶于水，加热时首先生成白色的无水 $FeSO_4$，然后进一步分解生成 Fe_2O_3

$$2FeSO_4 \xlongequal{\triangle} Fe_2O_3 + SO_2\uparrow + SO_3\uparrow$$

绿矾久置空气中会逐渐失去部分结晶水，表面易氧化为黄褐色碱式硫酸铁 $Fe(OH)SO_4$

$$4FeSO_4 + 2H_2O + O_2 \longlongequal 4Fe(OH)SO_4$$

在酸性溶液中能被 $K_2Cr_2O_7$、$KMnO_4$、Cl_2 等强氧化剂氧化，故在分析化学中经常用其作还原剂

$$6FeSO_4 + 7H_2SO_4 + K_2Cr_2O_7 = Cr_2(SO_4)_3 + 3Fe_2(SO_4)_3 + K_2SO_4 + 7H_2O$$

在生产生活中，照相显影剂、纺织染色剂、除臭剂、木材防腐剂、农药等就是利用 Fe(Ⅱ)盐的还原性。绿矾与鞣酸反应可生成易溶的鞣酸亚铁，在空气中被氧化成黑色的鞣酸铁，可用于制蓝黑墨水。

浅绿色硫酸亚铁铵 $FeSO_4 \cdot (NH_4)_2SO_4 \cdot 6H_2O$ 是 Fe(Ⅱ)的重要化合物，称为莫尔盐，Fe^{2+}是氧化还原滴定中常用的还原剂，也是重要的化工原料。在医药中用于治疗缺铁性贫血。

(2) Fe(Ⅲ)盐：常见的有三氯化铁($FeCl_3$)、高氯酸铁[$Fe(ClO_4)_3$]、硝酸铁[$Fe(NO_3)_3$]、硫酸铁[$Fe_2(SO_4)_3$]和硫酸铁铵[$NH_4Fe(SO_4)_2$]，最重要的是 $FeCl_3$。将 Fe 屑和 Cl_2 在高温下可直接反应制得

$$2Fe + 3Cl_2 \xlongequal{\triangle} 2FeCl_3$$

无水 $FeCl_3$ 为红褐色六方晶系晶体(图 13-4)，熔点 282℃，沸点 315℃。水中的溶解度 $918g \cdot kg^{-1}$，属共价化合物，常用升华法提纯 $FeCl_3$。400℃时 $FeCl_3$ 蒸气中有双聚分子 Fe_2Cl_6 存在，750℃以上分解为单分子。

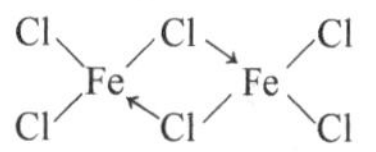

图 13-4 $FeCl_3$ 的结构图

$FeCl_3$ 能溶于乙醇、甘油、乙醚和丙酮中，在有机溶剂中长时间光照会逐渐还原为 $FeCl_2$，有机溶剂则被氧化或氯化。例如，$FeCl_3$ 溶于乙醇中，光辐射后，乙醇被氧化为乙醛。

在酸性介质中，$FeCl_3$ 有较强的氧化性，可氧化 KI，H_2S，SO_2，Sn^{2+}等强还原剂

$$2Fe^{3+} + 2I^- = 2Fe^{2+} + I_2$$

$$2Fe^{3+} + H_2S = 2Fe^{2+} + S + 2H^+$$

$$2Fe^{3+} + SO_3^{2-} + H_2O = SO_4^{2-} + 2Fe^{2+} + 2H^+$$

常见的 Fe(Ⅲ)盐为浅紫色或近于无色的含结晶水的盐。如 $Fe(NO_3)_3 \cdot 9$(或 6)H_2O，$Fe(ClO_4)_3 \cdot 10H_2O$ 及 $Fe_2(SO_4)_3 \cdot 10H_2O$ 等。Fe^{3+}水溶液一般为黄色，Fe^{3+}在水溶液中的水合情况与溶液的 pH 有关。例如，当 pH＜1，全部以浅紫色的$[Fe(H_2O)_6]^{3+}$存在，但 pH＞1 则发生逐级水解。

$$[Fe(H_2O)_6]^{3+} \rightleftharpoons [Fe(OH)(H_2O)_5]^{2+} + H^+$$

第二步水解发生缩合反应，形成逆磁性的 μ-氧·二[五水合铁(Ⅲ)]离子

$$2[Fe(OH)(H_2O)_5]^{2+} \rightleftharpoons [(H_2O)_5FeO(H_2O)_5]^{4+} + H_2O$$

随着溶液酸度的降低，pH = 2～3 时，缩合度倾向增大，溶液由黄棕色逐渐变为红棕色，产生红棕色凝胶状水合氧化铁沉淀 $Fe_2O_3 \cdot nH_2O$，亦即 $Fe(OH)_3$ 沉淀。加热也可促使水解速率增大。

2. 钴盐和镍盐

(1) 钴盐：卤化物有氟化高钴 CoF_3 和卤化钴 CoX_2。Co(Ⅱ)的无水卤化钴通常都有特定的颜色，如 CoF_2 红色，$CoCl_2$ 蓝色，$CoBr_2$ 绿色，CoI_2 黑色。而 Co(Ⅱ)盐在某些方面与 Fe(Ⅱ)盐相似：可溶盐含相同的结晶水，如 $CoSO_4 \cdot 7H_2O$、$FeSO_4 \cdot 7H_2O$；水合离子有颜色，如$[Co(H_2O)_6]^{2+}$红色，$[Fe(H_2O)_6]^{2+}$浅绿色。Co(Ⅱ)水合离子还原性比 Fe(Ⅱ)弱，在水溶液中稳定存在，在碱性介质中能被空气氧化。例如

$$4Co(OH)_2\text{(红)} \xrightarrow[OH^-]{O_2} Co(OH)_3\text{(棕)}$$

$CoCl_2$ 中结晶水的数目不同，其颜色也不同

$$\underset{\text{粉红}}{CoCl_2 \cdot 6H_2O} \rightleftharpoons \underset{\text{紫红}}{CoCl_2 \cdot 2H_2O} \rightleftharpoons \underset{\text{蓝紫}}{CoCl_2 \cdot H_2O} \rightleftharpoons \underset{\text{蓝}}{CoCl_2}$$

利用此性质，将 $CoCl_2$ 掺入硅胶中以指示硅胶含水量，也可作为指示空气湿度变化的“变色花”，当干燥硅胶吸水后逐渐由蓝色变为粉红色，将其置入烘箱，$CoCl_2$ 因失水再由粉红色变为蓝色，故可重复使用。

由 $\varphi_A^\ominus(Co^{3+}/Co^{2+}) = +1.92V$ 可见 Co^{3+}是强氧化剂。酸性介质中 Co^{3+}可将 Mn^{2+}氧化成 MnO_4^-

$$5Co^{3+} + Mn^{2+} + 4H_2O \xlongequal{\quad} MnO_4^- + 5Co^{2+} + 8H^+$$

此外，Co^{3+} 还能将 H_2O 氧化转变为 Co^{2+}

$$4Co^{3+} + 2H_2O \xlongequal{\quad} 4Co^{2+} + 4H^+ + O_2\uparrow$$

故 Co^{3+}在水溶液中不能稳定存在，而主要以固体形式存在，如 CoF_3、Co_2O_3、$Co_2(SO_4)_3 \cdot 18H_2O$ 等。重要的 Co(Ⅲ)配合物有$[Co(NH_3)_6]Cl_3$、$K_3[Co(CN)_6]$、$Na_3[Co(NO_2)_6]$。

(2) 镍盐：镍只有 Ni(Ⅱ)盐，常见的有暗绿色的硫酸镍 $NiSO_4 \cdot 7H_2O$、黄绿色的 $NiCl_2 \cdot 7H_2O$ 和绿色的 $Ni(NO_3)_2 \cdot 6H_2O$ 及复盐$(NH_4)_2SO_4 \cdot NiSO_4 \cdot 6H_2O$。通常将金属 Ni 溶于 H_2SO_4 或 HNO_3 制得相应的盐。制备 $NiSO_4$ 时，常加入一些氧化剂 HNO_3 或 H_2O_2 以加快反应

$$Ni + H_2SO_4 + 2HNO_3 \xlongequal{\quad} NiSO_4 + 2NO_2\uparrow + 2H_2O$$

镍盐常用于镀镍、镍催化剂，制纯 ZnO，陶瓷工业中作褐色颜料，金属着色，也可作防腐剂及 NH_3 吸收剂。

(二) 铁系元素的配合物

1. 铁的配合物 Fe^{2+}、Fe^{3+}的价电子构型分别为 $3d^6$、$3d^5$，都有未充满的 d 轨道，能与许多配体如 NH_3、CN^-、F^-、SCN^-、$C_2O_4^{2-}$等形成配合物。因 Fe^{3+}在碱性条件下易形成 $Fe(OH)_3$ 沉淀，故 Fe^{3+}不能与 NH_3 形成配合物

$$[Fe(H_2O)_6]^{3+} + 3NH_3 \xlongequal{\quad} Fe(OH)_3\downarrow + 3NH_4^+ + 3H_2O$$

(1) Fe(Ⅱ)配合物：Fe(Ⅱ)难形成稳定的氨合物，无水 $FeCl_2$ 虽然可与 NH_3 形成$[Fe(NH_3)_6]Cl_2$，但此配合物遇水分解

$$[Fe(NH_3)_6]Cl_2 + 6H_2O \xlongequal{\quad} Fe(OH)_2\downarrow + 4NH_3 \cdot H_2O + 2NH_4Cl$$

Fe^{2+}能与 CN^-形成稳定的配合物，Fe(Ⅱ)盐与 KCN 溶液反应得 $Fe(CN)_2$ 沉淀，KCN 过量时沉淀溶解生成配合物

$$FeSO_4 + 2KCN \xlongequal{\quad} Fe(CN)_2\downarrow + K_2SO_4$$

$$Fe(CN)_2 + 4KCN \xlongequal{\quad} K_4[Fe(CN)_6]\ (\text{黄色})$$

六氰合铁(Ⅱ)酸钾或亚铁氰化钾 $K_4[Fe(CN)_6] \cdot 3H_2O$ 是黄色晶体，俗称黄血盐。例如，向黄血盐溶液中通入 Cl_2 或用其他氧化剂，将 Fe^{2+}被氧化成 Fe^{3+}得到深红色的六氰合铁(Ⅲ)酸钾或铁氰化钾 $K_3[Fe(CN)_6]$晶体，俗称赤血盐

$$2K_4[Fe(CN)_6] + Cl_2 \xlongequal{\quad} 2KCl + 2K_3[Fe(CN)_6]$$

黄血盐和赤血盐的稳定常数均很大，都是很稳定的配合物。研究证实$[Fe(CN)_6]^{3-}$有动力学活性；而$[Fe(CN)_6]^{4-}$显惰性，即配体 CN^-很难与其他配体交换。此外，在中性溶液中$[Fe(CN)_6]^{3-}$可微弱水解

$$[Fe(CN)_6]^{3-} + 3H_2O \xlongequal{\quad} Fe(OH)_3 + 3CN^- + 3HCN$$

而$[Fe(CN)_6]^{4-}$不易水解，故赤血盐毒性比黄血盐大。因此，在处理含 CN^-废水时，常用 Fe^{2+} 使形成稳定的$[Fe(CN)_6]^{4-}$，以达到排放要求。

向黄血盐水溶液中加入 Fe^{3+}，或向赤血盐中加入 Fe^{2+}，均能生成蓝色沉淀

$$K^+ + Fe^{3+} + [Fe(CN)_6]^{4-} \xlongequal{\quad} KFe[Fe(CN)_6]\downarrow\ (\text{蓝，普鲁士蓝})$$

$$K^+ + Fe^{2+} + [Fe(CN)_6]^{3-} \xlongequal{\quad} KFe[Fe(CN)_6]\downarrow\ (\text{蓝，滕氏蓝})$$

这两种蓝色沉淀具有完全相同的铁氰骨架结构和组成，只是骨架空隙中水分子的数目略有差别。它们的化学式可简写为：$Fe^{Ⅲ}_4[Fe^{Ⅱ}CN_6]_3 \cdot x\,H_2O\ (x = 14\sim16)$。

普鲁士蓝是一种古老的蓝色染料，用于上釉和油画染料。在医疗上根据铊(Tl)能置换普鲁士蓝中的铁，形成不溶性物质并使其随粪便排出，对治疗经口摄入的急慢性铊中毒有一定疗效。图 13-5 为普鲁士蓝的结构。

黄血盐与 $NaNO_2$ 反应，可制得五氰亚硝酰合铁(Ⅲ)酸钠(硝普钠)$Na_2[Fe(CN)_5NO]$，临床用于高血压急症，如高血压危象、高血压脑病、恶性高血压、嗜铬细胞瘤手术前后阵发性高血压等的紧急降血压药；还用于治疗急性心力衰竭，包括急性肺水肿；亦用于急性心肌梗死或瓣膜(二尖瓣或主动脉瓣)关闭不全时的急性心力衰竭和外科麻醉期间进行控制性降压等。硝普钠为鲜红透明粉末状结晶，易溶于水，溶液呈褐色，久置或遇光易分解，Fe^{3+}转化为 Fe^{2+}，溶液变蓝。

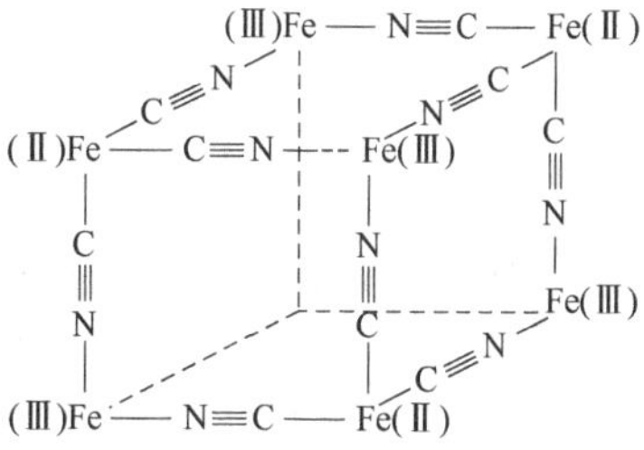

图 13-5　普鲁士蓝的结构

此外，Fe(Ⅱ)的一个重要配位化合物是环戊二烯配合物$[(C_5H_5)_2Fe(Ⅱ)]$，俗称二茂铁，为橙黄色固体，是夹心式结构，因此环戊二烯基的相关位置不同，故二茂铁有遮盖式和交错式两种构象，见图 13-6。二茂铁的合成是有机金属化学发展的一个里程碑，用于汽油抗震剂等。在医药学领域二茂铁表现出抗癌活性，如可与雌激素结合的他莫昔芬是二茂铁的同类物，其细胞毒性可杀死癌细胞。

图 13-6　二茂铁的构象

(2) Fe(Ⅲ)的配合物：在 HCl 中，Fe^{3+}与 Cl^-形成黄色的$[FeCl_4]^-$及$[FeCl_4(H_2O)_2]^-$配离子，$FeCl_3$水溶液中随 Cl^-浓度的不同，以$[FeCl(H_2O)_5]^{2+}$，$[FeCl_2(H_2O)_4]^+$，$[FeCl_4(H_2O)_2]^-$等形式存在，说明 Fe^{3+}与 Cl^-可形成不同的配合物。

在 Fe^{3+}溶液中加入 KSCN 或 NH_4SCN 溶液即生成血红色$[Fe(SCN)_n]^{3-n}$

$$Fe^{3+} + nSCN^- = [Fe(SCN)_n]^{3-n}(\text{血红},\ n = 1\sim6)$$

这一反应非常灵敏，常用分光光度法检出 Fe^{3+}或比色测定 Fe^{3+}。该反应需在酸性环境中进行，否则 Fe^{3+}会发生水解。

Fe^{3+}与 F^-有较强的亲和力，易形成无色的$[FeF]^{2+}$、$[FeF_2]^+$、$[FeF_3]$、$[FeF_4]^-$、$[FeF_5]^{2-}$、$[FeF_6]^{3-}$等配离子，它们的 K_s 较大，化学分析中常用 F^-作 Fe^{3+}的掩蔽剂。

一定条件下，Fe 能与 CO 反应生成$[Fe(CO)_5]$、$[Fe_2(CO)_9]$等羰基配合物。

2. 钴的配合物　Co(Ⅱ)配合物的颜色与其配位环境有关。配位数为 6 的八面体配合物为粉色至紫色，配位数为 4 的四面体配合物为蓝色。$CoCl_2$ 浓溶液加热或加入浓 HCl，溶液由粉红色变为蓝色，冷却或加水稀释溶液又变为粉红色

$$\underset{\text{粉红}}{[Co(H_2O)_6]^{2+}} + 4Cl^- \rightleftharpoons \underset{\text{蓝}}{[CoCl_4]^{2-}} + 6H_2O$$

以 NO_2^-作配体时，Co^{2+}易被氧化。例如，在 HAc 存在下，Co^{2+}被 NO_2^-氧化，当 NO_2^-过量时，生成$[Co(NO_2)_6]^{3-}$

$$Co^{2+} + 7NO_2^- + 2H^+ = NO + H_2O + [Co(NO_2)_6]^{3-}$$

可见，Co(Ⅲ)配合物的稳定性大于 Co(Ⅱ)配合物，配体的配位能力越强，Co(Ⅲ)配合物越稳定。例如，$[Co(CN)_6]^{3-}(K_s = 1\times10^{64})$的稳定性大于$[Co(NH_3)_6]^{3+}$ $(K_s = 1.4\times10^{35})$。

3. 镍的配合物　$[Ni(H_2O)_6]^{2+}$是八面体，显绿色，加入氨水，先有绿色沉淀 $Ni(OH)_2$ 生成，氨水过量，沉淀溶解生成$[Ni(NH_3)_6]^{2+}$ 配合物。

$Ni(CN)_2$ 溶于过量 KCN 溶液中，结晶析出橙红色 $K_2[Ni(CN)_4]\cdot H_2O$ 配合物，其构型为平面四方形；继续加 KCN 溶液，最后生成$[Ni(CN)_5]^{3-}$红色溶液。

三、铁、钴和镍离子的鉴定

1. Fe^{2+}和 Fe^{3+}的鉴定

(1) Fe^{2+}的鉴定：向 Fe^{2+} 溶液中加入赤血盐溶液，有滕氏蓝沉淀生成。

$$Fe^{2+} + [Fe(CN)_6]^{3-} + K^+ \longequal KFe[Fe(CN)_6]\downarrow$$

也可向 Fe^{2+} 溶液中加 H_2O_2，再加 KSCN 溶液，溶液变为血红色

$$2Fe^{2+} + H_2O_2 + 2H^+ = 2Fe^{3+} + 2H_2O$$

$$Fe^{3+} + nSCN^- = [Fe(SCN)_n]^{3-n}$$

(2) Fe^{3+}的鉴定：向 Fe^{3+}溶液中加入 KSCN 溶液，溶液变为血红色

$$Fe^{3+} + nSCN^- = [Fe(SCN)_n]^{3-n}$$

也可向 Fe^{3+}溶液中加入黄血盐，有普鲁氏蓝沉淀生成

$$Fe^{3+} + [Fe(CN)_6]^{4-} + K^+ = KFe[Fe(CN)_6]\downarrow$$

2. Co^{2+}的鉴定 Co^{2+}与 KSCN 反应生成蓝色的配离子$[Co(SCN)_4]^{2-}$，它在水溶液中不稳定，在有机溶剂中稳定，在丙酮或乙醚中显蓝色

$$Co^{2+} + 4SCN^- = [Co(SCN)_4]^{2-}\text{(蓝色)}$$

Co^{2+}与适量氨水反应，生成蓝绿色沉淀，氨水过量则沉淀溶解生成棕黄色的$[Co(NH_3)_6]^{2+}$，该配合物在空气中能被缓慢氧化为更稳定的$[Co(NH_3)_6]^{3+}$

$$Co^{2+} + 2NH_3 \cdot H_2O\text{(适量)} = Co(OH)_2\downarrow\text{(蓝绿色)} + 2NH_4^+$$

$$Co(OH)_2 + 6NH_3\text{(过量)} = [Co(NH_3)_6]^{2+}\downarrow\text{(棕黄色)} + 2OH^-$$

$$4[Co(NH_3)_6]^{2+} + O_2 + 2H_2O = 4[Co(NH_3)_6]^{3+}\text{(黄色)} + 4OH^-$$

3. Ni^{2+}的鉴定 可向 Ni^{2+} 的溶液中加入丁二酮肟，生成猩红色螯合物，见图 13-7。

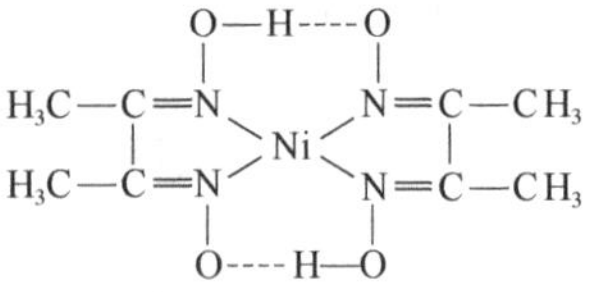

图 13-7 丁二酮肟与镍(Ⅱ)形成的配合物结构

第六节 铂 系 元 素

铂系元素包括第二和第三过渡系的钌(Ru)、铑(Rh)、钯(Pd)、锇(Os)、铱(Ir)、铂(Pt)六种元素。自然界中几乎全以单质的形式存在，高度分散于各种矿石中。它们都是稀有金属，与金、银一起称为贵金属。

一、铂系元素的性质及用途

(一) 物理性质

铂系元素既具有相似的物理、化学性质，又有各自的特性。除 Os 呈蓝灰色外，其余铂系金属单质均为银白色，熔点高、强度大，热稳定性、抗腐蚀性、高温抗氧化性和催化活性良好。这六种元素可分成两组：钌、铑、钯的密度约为 $12g \cdot cm^{-3}$，称为轻铂金属；锇、铱、铂的密度约为 $22g \cdot cm^{-3}$，称为重铂金属。

在同一周期，它们的熔、沸点都是从左到右逐渐降低；六种元素单质中，Os 的熔点最高，Pd 熔点最低。这种变化趋势与铁系金属相似，可能是由于它们的$(n-1)$d 轨道中单电子数从左到右逐渐减少(钌、铑、钯分别为 3、2、0；锇、铱、铂分别为 4、3、1)，金属键逐渐减弱。钌和锇硬度大而脆。纯单质 Pt 具有高度的可塑性，可将其冷轧制得厚度为 0.0025mm 的薄片。铂系元素的一些物理性质见表 13-12。

表 13-12 铂系元素的一些物理性质(27℃)

性质 \ 元素	钌	铑	钯	锇	铱	铂
价电子组态	$4d^75s^1$	$4d^85s^1$	$4d^{10}$	$5d^66s^2$	$5d^76s^2$	$5d^96s^1$

续表

性质 \ 元素	钌	铑	钯	锇	铱	铂
原子半径/nm	0.133	0.134	0.137	0.135	0.135	0.138
密度/(g · cm^{-3})	12.30	12.42	12.03	22.48	22.40	21.45
熔点/℃	2400	1960	1550	2700	2454	1769
沸点/℃	4900	4500	3980	5500	5300	4590
硬度	6.5		4.8	7.0	6.5	4.3
熔化热/(kJ · mol^{-1})	25.5	21.8	16.7	29.3	26.4	21.8
汽化热/(kJ · mol^{-1})	647.4	560.9	371.9	783.3	662.1	563.4
热导率/(W · M^{-1} · k^{-1})	117.0	152.0	75.2	87.0	147.0	74.1
热导率/(10^{8} · Ω^{-1} · m^{-1})	0.132	0.199	0.092	0.094	0.188	0.092
抗拉强度/MPa	5070	1400	420		2390	400

铂系元素的通性：它们都是稀有金属；价电子有从 *n*s 层填入(*n*−1)d 层的强烈趋势，而且这种趋势在三元素组里随着原子序数的增加而增高；熔点普遍较高；铂系元素的氧化态变化和铁系元素相似，即每一元素组成的最高氧化态的倾向都是从左到右逐渐降低；和其他副族元素一样，重铂系元素形成的高氧化态的倾向较轻铂系相应元素大；能形成多种类型的配合物。由于铂系金属离子是富 d 电子离子，易与 π 酸配位体如 CO、CN^-、NO 等形成反馈 π 键的配合物，不与烯、炔形成有机金属配合物。

(二) 化学性质

钌和铑最外层只有 1 个 5s 电子，钯则没有 5s 电子。锇和铱最外层有 2 个 6s 电子，铂最外层只有 1 个 6s 电子。

铂系元素的标准电极电势为

	Ru	Rh	Pd	Os	Ir	Pt
$\varphi^{\ominus}_{M^{2+}/M}$ / V	0.45	0.60	0.85	0.85	1.00	1.20

铂系元素化学性质稳定，常温下不与 X_2、S、O_2 等发生化学反应，只有粉末状锇在室温下的空气中会慢慢地被氧化

$$Os(s) + 2O_2(g) \xlongequal{\quad} OsO_4(g)$$

在高温下，铂系元素与 S、P、F_2、Cl_2 等非金属反应，但不与 N_2 反应。Pd 是铂系元素中最活泼的金属，能溶于硝酸；而 Pt 溶于王水

$$3Pt + 4HNO_3 + 18HCl \xlongequal{\quad} 3H_2PtCl_6 + 4NO + 8H_2O$$

Pt 不溶于氢氟酸且延展性好，制成坩埚、蒸发皿，用于处理 HF 酸。Pt 坩埚内 SiO_2 和 HF 反应时，注意熔融的 NaOH 腐蚀 Pt。Pt 与 S 熔融时化合。铑和铱不溶于王水，能与熔融 NaOH 和 Na_2O_2 反应生成溶于酸的化合物；锇与钌不溶于王水。所有铂系金属在氧化剂存在时，与碱熔融得可溶性化合物。特别易形成高氧化态的钌和锇

$$Ru + 2KOH + KClO_3 \xlongequal{\quad} K_2RuO_4 + KCl + H_2O$$

此外，铂系元素的催化活性很高，金属细粉，如铂黑的催化活性尤其大。大多数的铂系金属能吸收气体，特别是吸收 H_2。Pd 吸收 H_2 最多，常温下 1 体积的 Pd 能吸收 200 体积以上的 H_2。真空中 Pd 金属加热到 200℃，溶解的 H_2 就完全放出来。Pt 溶解 O_2 的能力强，1 体积 Pt 能溶解 70 体积左右的 O_2。铂系元素吸收气体的性质和它们的高度催化性能有密切关系。

二、铂系元素的重要化合物

(一) 氧化物

铂系金属的氧化物中，只有钌和锇有 MO_4 氧化物，氧化数为+8。OsO_4 可以由单质 Os 在

空气中直接与 O_2 化合制得

$$Os + 2O_2 \xlongequal{500℃} OsO_4$$

OsO_4 为浅黄色晶体，极毒，易挥发。

RuO_4 不能由单质直接化合制得，要先制得橙色的钌酸盐

$$Ru + 3Na_2O_2 \xlongequal{\quad} Na_2RuO_4 + 2Na_2O$$

再于酸介质中经 $NaClO_3$ 氧化而得到

$$3Na_2RuO_4 + NaClO_3 + 3H_2SO_4 \xlongequal{\quad} 3RuO_4 + NaCl + 3Na_2SO_4 + 3H_2O$$

RuO_4 为黄色晶体，毒性极大，易挥发，具有强的氧化能力，可将 HCl 氧化

$$2RuO_4 + 16HCl \xlongequal{\quad} 2RuCl_3 + 5Cl_2\uparrow + 8H_2O$$

此外，RuO_4 不稳定，加热 180℃ 爆炸分解

$$RuO_4 \xlongequal{180℃} RuO_2 + O_2\uparrow$$

RuO_4 和 OsO_4 均为共价化合物，四面体构型，微溶于水，易溶于 CCl_4，可利用它们的挥发性，将钌和锇与其他铂系金属分开。

其余铂系含氧化物还有 RuO_2、Rh_2O_3、RhO_2、PdO_2、OsO_2、IrO_2、PtO_2 等。在 1000℃高温下，单质钌与氧反应得到蓝色到黑色具有金红石结构的 RuO_2，在氧气中加热 Rh，生成暗灰色 Rh_2O_3，而 Pd 得到黑色 PdO，铱则得到 IrO_2。

向 $PtCl_4$ 溶液加碱得到黄色的两性水合二氧化物沉淀，加热脱水制得黑色的 PtO_2。

(二) 卤化物和配合物

1. 卤化物 在铂系元素的卤化物中，锇卤化物中锇的氧化数从+2 到+7。钌，铑，铱的稳定氧化态为+3，能与所有 X_2 形成三卤化物。Pt 稳定氧化态为+4 和+2，能与所有 X_2 形成四卤化物，能与除 F_2 外其他 X_2 形成二卤化物。Pd 稳定氧化态为+2，能与所有 X_2 形成二卤化物。除 Pd 外，它们均有 MF_6 卤化物。例如

$$Ir + 3F_2 \xlongequal{\quad} IrF_6\text{(浅黄色)}$$

高价的铂系卤化物 MF_6 均是强氧化剂，但稳定性差。PtF_6 是已知的最强的氧化剂之一，能将 O_2 氧化成 $O_2^+[PtF_6]^-$，还能将惰性气体 Xe 氧化成 $Xe^+[PtF_6]^-$

$$Xe + PtF_6 \xlongequal{\quad} Xe^+[PtF_6]^-\text{(橙色)}$$

Pt 与王水反应，得 H_2PtCl_6，分解得 $PtCl_4$

$$H_2PtCl_6 \xlongequal{\quad} PtCl_4 + 2HCl$$

$PdCl_2$ 溶液可用于吸收 CO 气体

$$CO + PdCl_2 + H_2O \xlongequal{\quad} Pd\downarrow + CO_2 + 2HCl$$

$PdCl_2$ 有两种结构，α-$PdCl_2$ 和 β-$PdCl_2$，如图 13-8 所示。

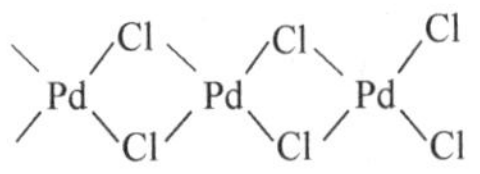

a

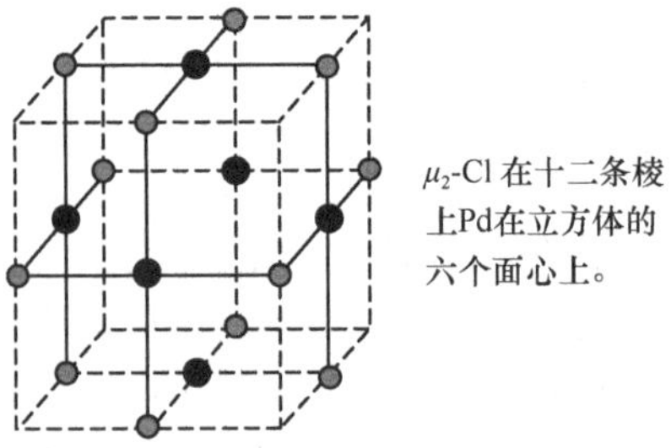

b

图 13-8 $PdCl_2$ 的两种结构

a. α-$PdCl_2$ 为扁平链状结构；b. β-$PdCl_2$(黑球为钯原子，白球为氯原子)

铂系元素的溴和碘化物的氧化数较低，只有 MX_2，MX_3，这是因为 Br^-、I^- 的半径较大，空间位阻大。

2. 配合物 铂系元素配合物的配体多为 F^-、Cl^-，中心原子为 Pd、Pt，它们是铂系元素的重要化合物，常形成 $M_2[PtX_6]$型的六卤合铂酸盐。将 Pt 溶于王水后小心蒸发，得到吸湿性强的橙黄色游离配酸 $H_2[PtCl_6]\cdot 6H_2O$ 晶体，其钠盐溶于水，而钾盐、铵盐等难溶。

用 $PtCl_4$ 溶于盐酸也可得 H_2PtCl_6

$$PtCl_4 + 2HCl = H_2PtCl_6$$

用类似方法可得其盐

$$PtCl_4 + 2NH_4Cl = (NH_4)_2PtCl_6$$

将固体 H_2PtCl_6 和 KNO_3 混合灼烧，可制备 PtO_2

$$H_2[PtCl_6] + 6KNO_3 = PtO_2 + 6KCl + 4NO_2 + O_2 + 2HNO_3$$

氯钯酸和氯铂酸中的 Pd(Ⅳ)和 Pt(Ⅳ)均具有氧化性，用 SO_2、$H_2C_2O_4$ 等还原剂还原可得相应的低价态酸

$$H_2[PdCl_6] + SO_2 + 2H_2O = H_2PtCl_4 + 2HCl + H_2SO_4$$
$$K_2[PtCl_6] + K_2C_2O_4 = K_2[PtCl_4] + 2CO_2\uparrow + 2KCl$$

在 Pt(Ⅱ)和 Pd(Ⅱ)的配合物中，以形成平面四边形构型居多，且有颜色。例如，$[PtCl_4]^{2-}$红色，$[Pt(NH_3)_4]^{2+}$无色，而生成的盐$[Pt(NH_3)_4]\cdot[PtCl_4]$是绿色的；$[PdCl_4]^{2-}$黄棕色，$[PdCl_2(NH_3)_2]$黄色，$[PtCl_2(NH_3)_2]$黄色。$[PdCl_2(NH_3)_2]$和$[PtCl_2(NH_3)_2]$都有顺反异构体，且都是反磁性物质，见图 13-9。

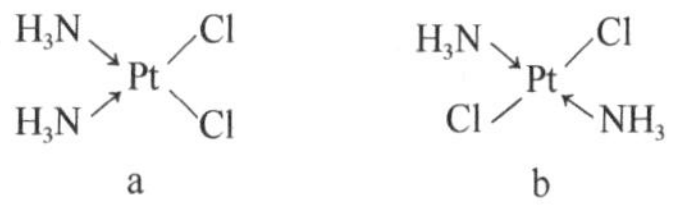

图 13-9 顺铂和反铂的结构图

a. 顺铂；b. 反铂

顺式结构称为顺铂，顺铂具有抗癌活性高、抗癌谱广的特点，而其毒性谱与其他药物不同，易于与其他抗癌药配伍使用，且与其他抗癌药物少有交叉耐药性，有利于联合用药。

顺铂的制备是先将氯铂酸根$[PtCl_6]^{2-}$还原为$[PtCl_4]^{2-}$

$$2K_2[PtCl_6] + N_2H_4\cdot 2HCl = 2K_2[PtCl_4] + 6HCl + N_2$$

再以氨处理$[PtCl_4]^{2-}$可制得

$$K_2[PtCl_4] + 2NH_4Ac = cis\text{-}Pt(NH_3)_2Cl_2 + 2HAc + 2KCl$$

第七节 d 区元素的生物学效应及常用药物

过渡元素与人体有着密不可分的联系。目前已确定必需微量元素有 14 种，其中钒(V)、铬(Cr)、锰(Mn)、铁(Fe)、钴(Co)、镍(Ni)、钼(Mo)均是 d 区元素，尽管它们在人体内含量极少，但对维持人体正常代谢和健康起着重要作用，一旦缺少了这些必需的微量元素，人体就会出现疾病、甚至危及生命。

一、d 区元素的生物功能

(一) 钒、铬和锰的生物功能简介

1. V 的生物功能 正常成人体内共含钒 25mg 左右，约 90%储存于脂肪组织中，其余分布于骨、肝、脾、胃等组织中，血液中钒含量甚微。国际生物防治组织(International Organization for Biological Control of Noxious Animals and Plants，IOBC)建议每天摄入钒约 $3\mu g\cdot d^{-1}$，人体对食物中的微量钒的吸收率很低，只有约 5%。

钒能刺激人体的造血功能；抑制胆固醇的合成，减轻诱发动脉硬化的程度；对骨和牙齿正常发育及钙化有关；还可促进糖代谢，对 Na、K、Ca-ATP 酶的活性有很强的抑制作用。

体内钒降低会导致糖尿病发生；骨骼发育不正常，生长缓慢；生殖功能受损。钒在体内蓄积到一定浓度时有毒性。

2. Cr 的生物功能 正常成人体内含铬 5～10mg，日摄入量 5～150pg，进入血浆的铬与运

铁蛋白结合运至肝及全身。

铬能形成葡萄糖耐量因子，协助胰岛素发挥作用；降低血浆胆固醇及调节血糖；促进血红蛋白的合成及造血功能等。体内铬含量增高可诱发肺癌。

3. Mn 的生物功能 正常成人体内锰为 10～20mg，几乎所有组织均有分布，人体需锰约 3μg · d^{-1}，锰在体内吸收率为 3%～4%，血液中锰为 5～15μg · L^{-1}。人体内的锰主要由肠道、胆汁、尿液排泄。

锰参与许多酶催化反应，如精氨酸酶、脯氨酸酶、丙酮酸羧化酶、RNA 聚合酶、超氧化物歧化酶均含有锰；还参与造血、卟啉合成、改善机体对铜的利用；MnSOD 有抗衰老作用等。缺锰会引起中枢神经系统病变，脑功能异常，细胞免疫功能降低等。

(二) 铁、钴和镍的生物功能

1. Fe 的生物功能 成人体内含铁 3～5g，主要存在于血液中以配离子的形式存在。Fe^{2+}与血红素、蛋白质等形成血红蛋白和肌红蛋白，起运输和储存氧的作用；铁影响蛋白质及去氧核糖核酸的合成及造血维生素代谢。

缺铁时，肝脏内合成去氧核糖核酸将受到抑制，肝脏发育减慢，肝细胞及其他细胞内的线粒体和微粒体发生异常，细胞色素 C 含量减少，从而使血液中红细胞数量或血红蛋白含量降低，载氧量减少，引起整个肌体的生理紊乱，导致贫血。

缺铁性贫血患者细胞内 Cu、Zn 浓度降低而影响微量元素 Cu、Zn 在体内的生物功能；缺铁可引起机体感染性增加，微生物繁殖受阻，白细胞的杀菌能力降低，淋巴细胞功能受损，导致免疫力降低。据 WHO 调查，缺铁性贫血是世界通病，婴幼儿贫血的根源在于缺铁。

血红蛋白(血红素)是体内运载氧的工具，如以 Hb 代表血红素，动物体内吸氧和供氧过程可用下列平衡表示：$Hb + O_2 \rightleftharpoons HbO_2$

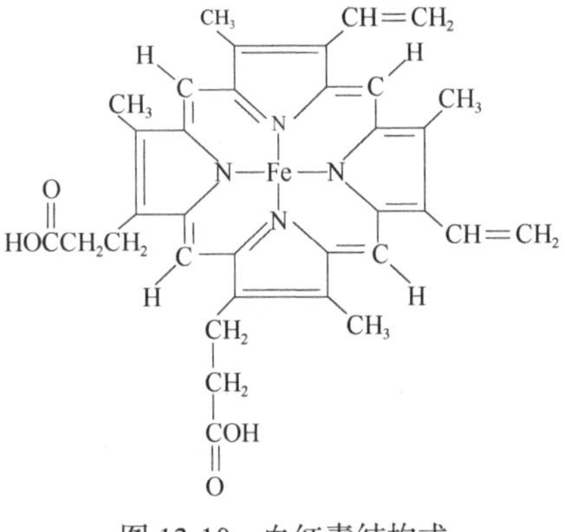

图 13-10 血红素结构式

血红素是由中心 Fe^{2+}与配体卟啉衍生物结合成的大环配位化合物(图 13-10)。若人体吸入 CO，CO 将取代 O_2 并结合非常稳定而造成缺氧，因此大量吸入 CO 会造成中毒甚至致死。

2. Co 的生物功能 正常成人体内含钴 1.1～1.5mg，人体吸收率为 63%～97%，钴通过小肠进入血浆后与三种**运钴蛋白**(transcobalamin Ⅰ、Ⅱ和Ⅲ)结合后运至肝脏及全身，主要由尿排泄，每日排泄量约等于吸收量。

当运钴蛋白缺乏、摄入量不足或因消化系统疾病而干扰钴吸收时，可造成钴及维生素 B_{12} 缺乏。在恶性贫血和急性白血病时，血清钴降低，慢性粒细胞白血病时和淋巴肉芽肿时血钴升高。

3. Ni 的生物功能 体内镍总含量约 10mg，由于人体对镍的需求量极少，目前尚未发现正常饮食导致缺镍。

镍主要是参与代谢及细胞膜的结构，有刺激生血功能的作用，能促使红细胞再生，对凝血过程中易变因子的稳定性有一定的作用。研究表明，镍与 DNA 中的磷酸酯结合，使 DNA 结构处于稳定状态，进而影响 DNA 的合成、RNA 的复制及蛋白质的表达。

(三) 钼的生物功能简介

在第二过渡系元素中，唯一具有特殊生物功能的元素就是钼，其在人体中总含量为 5～9mg，体内分布广，以肝内含量最高，其次是肾。

体内钼均通过各种钼酶的活性来表现，钼是构成黄嘌呤氧化酶、醛氧化酶、亚硫酸氧化酶等氧化酶的组成成分，可解除有害醛类的毒性。钼酶存在于所有的生物体内，参与蛋白质、含硫氨基酸和核酸的代谢。钼进入机体内后，主要在两个方面参与物质代谢过程：一是作为钼酶的重复组分(钼辅助因子)参与许多生化反应；二是以无机盐的形式，与其他营养元素特别是铜、硫等相互作用发生反应。钼还是一种抗癌元素，它能有效降低亚硝胺前体 NO_3^-和 NO_2^-，从而抑制亚硝胺类致癌物的产生。

缺少钼可导致神经异常，智力发育迟缓，影响骨骼生长，提高食管癌的发病率。但若长期摄入过量钼元素，会增强黄嘌呤氧化酶的活性，使嘌呤代谢失常，血中尿酶含量过高，关节软骨组织内尿酸盐沉着，出现痛风样症状。

主要过渡元素在人体内含量、日需量、食物来源及生物功能见表 13-13。

表 13-13 在体内过渡元素的含量、大约日需量、食物来源及生物功能

元素	氧化态	体内含量	大约日需要量	食物来源	主要生物功能
钒(V)	+5、+6	约 25mg	约 3μg	谷类、蔬菜和坚果类等植物	促进人体造血功能，抑制胆固醇的合成，促进牙齿矿化
铬(Cr)	+3	5～10mg	5～150pg	肝脏、牛肉、啤酒、面包、黑胡椒、鸡肉、面粉	维持正常胆固醇，协助胰岛素发挥作用，防止动脉硬化，促进蛋白质代谢合成，促进生长发育
锰(Mn)	+2、+3	10～20mg	3mg	萝卜缨、小麦、扁豆、大白菜、粗粮、干果、茶叶	参与酶催化反应；维持机体生长发育、骨骼结构、正常代谢及脑和免疫系统正常的生理功能
铁(Fe)	+2、+3	3～5g	12mg	动物内脏、瘦肉、蛋黄	与血红素、蛋白质等形成血红蛋白和肌红蛋白，起到运输和储存氧的作用
钴(Co)	+2、+3	1.1～1.5mg	190～290μg	绿色植物	形成红细胞必需成分，参与蛋白质、脂肪、糖类代谢，参与血红蛋白的合成，扩张血管，降低血压
镍(Ni)	+2	约 10mg	70～160μg	巧克力、果仁、干豆和谷类	保护心血管系统，促进血细胞生成
铜(Cu)	+1、+2	100～200mg	2～5mg	肉类、蛋类、豆类、粗粮、蔬菜	一些金属酶的组成成分，参与体内造血过程，催化血红蛋白合成，维持血液、中枢神经系统等的生理功能
锌(Zn)	+2	1.4～2.3 g	15mg	鱼类、肉类、动物肝肾、豆类和小麦	参与人体多种酶的合成，在机体的生长发育、基因调控中具有中心地位，在核酸、蛋白质、RNA、DNA合成中发挥重要作用，对物质代谢起调节作用
钼(Mo)	+4、+5、+6	约 9mg	0.15～0.5mg	动物肝、肾、谷物、豆类	形成钼酶，参与多种生理生化反应过程；能抑制体内亚硝胺类致癌物的产生

现代医学研究表明，人体所含微量元素的多少与癌症、心血管疾病及人类的寿命有着密切的关系。例如，肺癌、喉癌、舌癌和鼻咽癌等与镍含量高有关；肺癌主要是来自于香烟中，香烟中镍能与烟雾中的一氧化碳结合成为强致癌性的羰基镍，镍及其氧化物对肺和呼吸道有刺激和损坏作用。体内含铁、铜、锌总量减少，均可减弱免疫机制，降低抗病能力，助长细菌感染。由此可以看出，微量元素在抗病、防癌、延年益寿等方面起着不可忽视的作用。

微量元素在机体内需严格地保持一定的浓度，缺乏或过量将会对机体产生不良影响。因而，研究者们一直致力于体内微量元素的探测与疾病诊断的研究，以揭示某些疾病的发生、发展过程及其机制，从而为这些疾病的防治开辟新的途径，为人类健康带来福音。

二、含 d 区元素的常用药物

(一) 含钒、铬和锰的常用药物

1. 钒 降糖药血糖安其主要成分为原钒酸钠。

2. 铬 $CrCl_3 \cdot 6H_2O$ 在临床上被用于治疗糖尿病和动脉粥样硬化。

3. 锰　1∶1000 的高锰酸钾溶液在临床上作为有机磷中毒洗胃用药；0.02%和 0.05%的高锰酸钾溶液临床上用于冲洗黏膜、腔道和伤口。

(二) 含铁和钴的常用药物

1. 含铁药物　口服用于治疗缺铁性贫血的，如硫酸亚铁、富马酸亚铁(富血铁)、琥珀酸亚铁、枸橼酸铁铵、缓释铁等。

注射用药物，如蔗糖铁(氢氧化铁蔗糖复合物)，用于口服铁剂效果不好而需要静脉铁剂治疗的患者。

2. 含钴药物　维生素 B_{12} 为含钴的药物，包括氰钴胺、羟钴胺、腺苷钴胺和甲钴胺几种临床用药。氰钴胺、羟钴胺需转化为辅酶型，才能发挥药效；腺苷钴胺和甲钴胺在用药后直接发挥药效。

(三) 含铂的常用药物

已经成功应用于临床治疗肿瘤的有顺铂、卡铂、奥沙利铂、奈达铂和双环铂。

知识导图

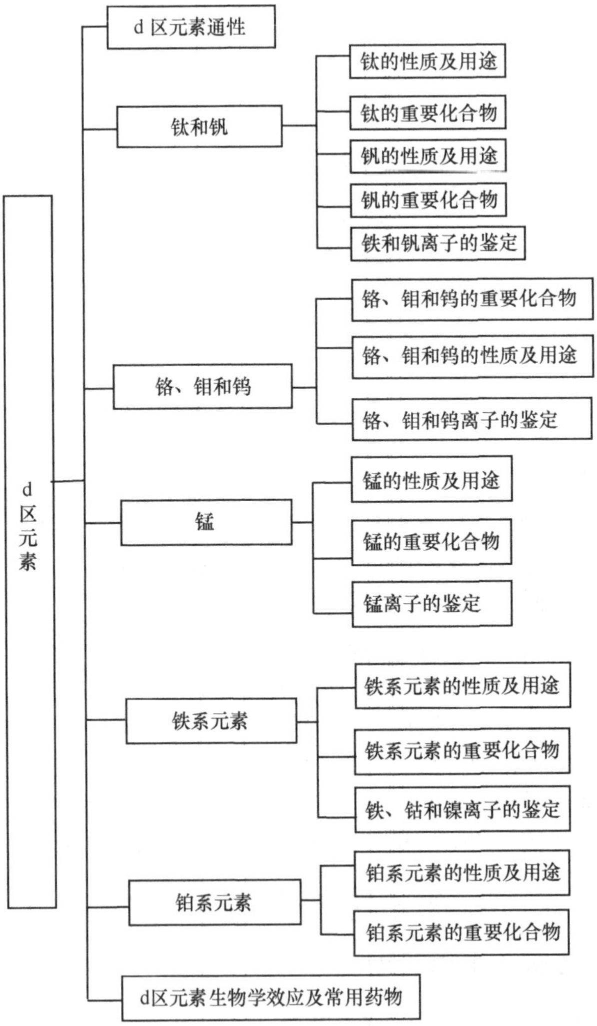

习　题

1. d 区元素氧化数的变化规律是什么？

2. 写出下列钒化合物或酸根中钒的氧化数？

VO_2^+、$VOCl_2$、VO_4^{3-}、$V_3O_9^{3-}$、$[VOF_4]^{2-}$、$[V(NH_3)_6]Cl_3$、$K_2V_4O_9(H_2O)_7$

3. 在 $K_2Cr_2O_7$ 溶液中，加入一定量的浓 H_2SO_4。加热煮沸至 200℃，发现溶液的颜色变成蓝绿色。经检验溶液中并无任何还原剂存在。试说明原因。

4. $BaCrO_4$ 和 $BaSO_4$ 的溶度积相似，为什么 $BaCrO_4$ 能溶于强酸，而 $BaSO_4$ 则不溶？

5. 举例说明什么是：(1)多酸；(2)同多酸；(3)杂多酸。

6. 试用简单的方法分离下列混合离子。

(1) Fe^{2+} 和 Zn^{2+}；(2) Mn^{2+} 和 Co^{2+}；(3) Fe^{3+}和 Cr^{3+}；(4) Al^{3+}和 Cr^{3+}。

7. 已知：$\varphi^{\ominus}(Cr^{2+}/Cr) = -0.9V$，$\varphi^{\ominus}(Mn^{2+}/Mn) = -1.2V$，$\varphi^{\ominus}(Cr^{3+}/Cr^{2+}) = -0.4V$，$\varphi^{\ominus}(Mn^{3+}/Mn^{2+}) = +1.5V$，$\varphi^{\ominus}(Fe^{2+}/Fe) = -0.4V$，$\varphi^{\ominus}(Fe^{3+}/Fe^{2+}) = +0.8V$。根据这些数据，回答下列各问题：

(1) 比较 Fe^{3+}、Mn^{3+}和 Cr^{3+}对于还原剂的稳定性。

(2) 比较金属铁、铬、锰分别被氧化成 Fe^{2+}、Cr^{2+}、Mn^{2+}的难易程度。

(3) 某溶液中含有 Cr^{2+}和 Fe^{3+}离子，或者含有 Mn^{2+}和 Fe^{3+}离子会发生什么现象？

8. 解释下列现象：

(1) 向锰(Ⅱ)盐溶液中加碱，先生成白色沉淀，在空气中慢慢变成棕色。

(2) 向铁(Ⅲ)盐溶液中加碳酸钠，放出 CO_2，向铁(Ⅱ)盐溶液中加入碳酸钠则不产生 CO_2。

(3) 向钴(Ⅱ)盐溶液中加碱生成蓝色沉淀，加热后变黑。

(4) 氢氧化锰 $Mn(OH)_2$ 沉淀在空气中久置，颜色由白色变为褐色。

(5) 为什么蓝色的变色硅胶受潮后会变红？

(6) 为什么 $TiCl_4$ 暴露在空气中会冒烟？

9. 钴的一种配合物具有下列组成 Co：22.58%；H：5.79%；N：32.30%；C：12.26%；Cl：27.17%。将配合物加热，失去 NH_3 的重量为原重量的 32.63%。问：

(1) 在配合物中含有几个氨分子。

(2) 配合物的实验式如何？

10. 在 Fe^{2+}、Co^{2+} 和 Ni^{2+}离子的溶液中，分别加入一定量的 NaOH 溶液，放置在空气中，各有什么变化？写出反应方程式。

11. 已知 $\varphi^{\ominus}(Zn^{2+}/Zn) = -0.763V$，在酸性溶液中钒元素的电势图为：

$$VO_2^+ \xrightarrow{1.00V} VO^{2+} \xrightarrow{0.337V} V^{3+} \xrightarrow{-0.255V} V^{2+} \xrightarrow{-1.2V} V$$

将足够量的锌粉加入到 1.0L 0.10mol · L^{-1} 的 VO_2^+酸性溶液中[已知 $c(H^+) = 2.0mol \cdot L^{-1}$]，试确定反应的最终产物。写出由 VO_2^+被还原到最后产物的反应方程式。计算该反应 298K 时的标准平衡常数及平衡组成。

12. 已知 $\varphi^{\ominus}(Co^{3+}/Co^{2+}) = 1.84V$，$\varphi^{\ominus}\{[Co(NH_3)_6]^{3+}/[Co(NH_3)_6]^{2+}\} = 0.10V$，$K_s^{\ominus}\{[Co(NH_3)_6]^{3+}\} = 10^{35.2}$，$\varphi^{\ominus}(O_2/OH^-) = 0.401V$。(1) 计算 $K_s^{\ominus}\{[Co(NH_3)_6]^{2+}\}$，比较$[Co(NH_3)_6]^{2+}$ 和$[Co(NH_3)_6]^{2+}$的相对稳定性。(2)写出$[Co(NH_3)_6]^{2+}$与空气中 O_2 反应的离子方程式。计算反应的标准平衡常数，并判断反应进行的方向。

13. 根据下列反应现象，写出有关的反应式：

(1) 在 $Cr_2(SO_4)_3$ 溶液中滴加 NaOH 溶液，先析出灰蓝色絮状沉淀，后又溶解，此时加入溴水，溶液颜色由绿变黄。

(2) 将 H_2S 通入 H_2SO_4 酸化的 $K_2Cr_2O_7$ 溶液中，溶液的颜色由橙变绿，同时有乳白色沉淀析出。

(3) 在 $FeCl_3$ 溶液中通入 H_2S，有乳白色沉淀析出。

(4) 在 Co^{2+}溶液中加入 KSCN，稍稍加热有气体逸出。

(5) 黄色的 $BaCrO_4$ 沉淀溶解在浓盐酸中，得到一种绿色溶液。

(袁泽利)

习 题 详 解

1. 答：同一过渡系从左向右氧化数逐渐升高，但随后元素氧化数逐渐下降；同一副族自上而下，氧化态变化趋势为高氧化态稳定性增加。

2. 答：VO_2^+(+3)；$VOCl_2$(+4)；VO_4^{3-} (+5)；$V_3O_9^{3-}$ (+5)；$[VOF_4]^{2-}$(+4)；$[V(NH_3)_6]Cl_3$(+3)；$K_2V_4O_9(H_2O)_7$(+4)

3. 答：这是由于 $K_2Cr_2O_7$ 与浓 H_2SO_4 反应 生成的暗红色 CrO_3 在加热下变为蓝绿色的 Cr_2O_3.

4. 答：这是由于 $BaCrO_4$ 中的 CrO_4^{2-} 会在强酸溶液中发生氧化反应，而 SO_4^{2-} 却不会，此为氧化还原反应对沉淀溶解平衡的影响所致。

5. 答：(1)多酸：两个或以上的含氧酸分子缩合失去水而成的酸，如两个磷酸 H_3PO_4 分子去水缩合而成的焦磷酸 $H_4P_2O_7$；(2)同多酸：由相同的酸酐组成的一类酸，也可以认为是：两个或两个以上同种简单含氧酸分子缩合而成的酸。如 $H_4V_2O_7$、$H_6V_4O_{13}$、$H_4Mo_8O_{26}$、$H_{10}Mo_{12}O_{41}$；(3)杂多酸：由不同的含氧酸缩合而制得的缩合含氧酸，如磷钨杂多酸 $H_3PW_{12}O_{40}.nH_2O$。

6. 答：(1) 溶液中加入锌粉：$Fe^{2+} + Zn = Zn^{2+} + Fe$，过滤滤液即为 Zn^{2+}；将滤饼加入 Sn^{2+} 溶液中，过滤滤液既为 Fe^{2+}。

(2) 酸性溶液中加入氯酸钾，Mn^{2+} 会被氧化成二氧化锰沉淀，过滤；将滤液在碱性条件下，生成 $Co(OH)_3$ 沉淀，过滤，加入盐酸，又生成 Co^{2+}。

(3) 在溶液中加入浓氨水，Fe^{3+} 产生沉淀，过滤，滤液加入盐酸，又生成 Fe^{3+}；Cr^{3+} 则与氨水生成紫红色的二-羟基-四胺合铬(Ⅲ)配合物。

(4) 在溶液中加入浓氨水，Al^{3+} 产生沉淀，过滤，滤液加入盐酸，又生成 Al^{3+}，Cr^{3+} 则与氨水生成紫红色的二-羟基-四胺和铬(Ⅲ)配合物。

7. 答：(1) 因 $\varphi^\ominus(Mn^{3+}/Mn^{2+}) > \varphi^\ominus(Fe^{3+}/Fe^{2+}) > \varphi^\ominus(Fe^{2+}/Fe)$，故加入相同的还原剂后稳定性为：$Mn^{3+}$、$Fe^{3+}$、$Cr^{3+}$。

(2) 因 $\varphi^\ominus(Fe^{2+}/Fe) > \varphi^\ominus(Cr^{2+}/Cr) > \varphi^\ominus(Mn^{2+}/Mn)$；故铁最难，铬次之，锰最弱。

(3) 氧化还原反应。

8. 答：(1) 由于锰(Ⅱ)在碱性介质中的还原性较强，空气中与氧发生反应氧化为棕色的锰(Ⅳ)。

(2) 铁(Ⅲ)在水溶液中常以 $[Fe(H_2O)_6]^{3+}$ 形式存在，由于铁(Ⅲ)的离子势(z/r)大，极化作用强，在水溶液中水解显著，使溶液呈现酸性。而铁(Ⅱ)却不具有水解性。

(3) 钴(Ⅱ)盐溶液中加碱生成的 $Co(OH)_2$ 为蓝色沉淀，在空气中慢慢氧化为黑色的 Co_3O_4 所致。

(4) 氢氧化锰 $Mn(OH)_2$ 沉淀在空气中久置，与空气接触被氧化生成棕色的 Mn_2O_3 和 MnO_2 的水合物所致。

(5) 这是由于变色硅胶的主要化学组成为二氧化钴，二氧化钴在无水状态下呈现蓝色，在潮湿的空气中，二氧化钴随着吸水的多少，使它的结晶水数目不同而呈现不同的颜色，逐渐形成一水、二水……直至六水二氧化钴；颜色便由蓝色依次转变为蓝紫、紫红、粉红色。

(6) 这是由于 $TiCl_4$ 暴露在空气中会于水进行反应生成 TiO_2 和 HCl 气体所致。

9. 答：(1) 由于中心只有一个钴：设有 x 个配位 NH_3，故有：$17x/58.93 = 32.63/22.58$，解之 $x = 5$，故在该配合物中仅有五个配位 NH_3。

(2) 若钴的氧化数为+3，则有 CN^- 可以有 1 个和 2 个，故：若为 1 个 CN^-，则有两个 Cl^-，但该组成不满足题中所给各元素的比例；若 2 个 CN^-，则有 1 个 Cl^-，但该组成仍不符合题中所给各元素的比例。因此，钴的氧化数只能为+2，则只能有 1 个 CN^- 和 1 个 Cl^-，方能满足电中性。因此，该配合物的实验式为 $[Co(NH_3)_5CN]Cl$。

10. 答：Fe^{2+} 产生白色胶状沉淀 $Fe(OH)_2$，在空气中易氧化为棕色的 $Fe(OH)_3$ 沉淀

$$Fe^{2+} + 2OH^- = Fe(OH)_2\downarrow$$
$$4Fe(OH)_2 + O_2 + 2H_2O = 4Fe(OH)_3\downarrow$$

Co^{2+} 生成蓝色胶状沉淀 $Co(OH)_2$，在空气中放置可缓慢地氧化为粉红色 $Co(OH)_3$ 沉淀

$$Co^{2+} + 2OH^- = Co(OH)_2\downarrow$$
$$4Co(OH)_2 + O_2 + 2H_2O = 4Co(OH)_3\downarrow$$

Ni^{2+} 与 NaOH 作用生成的绿色胶状沉淀 $Ni(OH)_2$，空气不能使之氧化。

11. 答：依据歧化反应判断规则，若 $E_{左}^{\ominus} > E_{右}^{\ominus}$，则 VO^{2+}在该条件下不能稳定存在，从电势图可知，酸性条件下产物只有 VO^{2+}，故该氧化还原反应的方程式为

$$Zn + VO_2^+ + 2H^+ = VO^{2+} + Zn^{2+} + H_2O$$

298K 时，有 $\lg K^{\ominus} = nE^{\ominus}/0.0591 = 2\times(1.00+0.763)/0.0591 = 59.66$，$K^{\ominus} = 10^{59.66}$

12. 答 1)

$$[Co(NH_3)_6]^{3+} \rightleftharpoons Co^{3+} + 6NH_3 \qquad (1)$$

$$[Co(NH_3)_6]^{2+} \rightleftharpoons Co^{2+} + 6NH_3 \qquad (2)$$

(1)–(2)式得

$$Co^{2+} + [Co(NH_3)_6]^{3+} \rightleftharpoons Co^{3+} + [Co(NH_3)_6]^{2+} \qquad (3)$$

新的氧化还原电对为$[Co(NH_3)_6]^{3+}/[Co(NH_3)_6]^{2+}$

$$\lg K^{\ominus} = nE^{\ominus}/0.0591 = 1\times(0.1-1.84)/0.0591 = -29.44$$

氧化还原反应(3)的平衡常数 $K^{\ominus} = 10^{-29.44}$

$$K^{\ominus} = K_f^{\ominus}[Co(NH_3)_6]^{2+}/K_f^{\ominus}([Co(NH_3)_6]^{3+})$$

$K_f^{\ominus}[Co(NH_3)_6]^{2+} = 10^{5.76}$，故 $[Co(NH_3)_6]^{3+}$更为稳定。

2)

$$2H_2O + O_2 + 4[Co(NH_3)_6]^{2+} = 4OH^- + 4[Co(NH_3)_6]^{3+}$$

$$\lg K^{\ominus} = nE^{\ominus}/0.0591 = 4\times(0.10-0.401)/0.0591 = -20.37$$

$$K^{\ominus} = 10^{-20.37}$$

由于 $E^{\ominus} < 0$，反应向逆反应方向进行。

13. 答：(1) $Cr^{3+} + 3OH^- \rightleftharpoons Cr(OH)_3\downarrow$(灰蓝色)

$Cr(OH)_3 + OH^- \rightleftharpoons CrO_2^-$(绿色)

$CrO_2^- + Br_2 + OH^- \rightleftharpoons CrO_4^-$(黄色) $+ Br^- + H_2O$

(2) 在溶液中有 S 沉淀生成，刚开始呈乳白色，这是由于开始形成的沉淀稀疏，呈乳白色，随着反应不断进行 S 单质逐渐增多，形成淡黄色沉淀。

$$Cr_2O_7^{2-} + 3H_2S \rightleftharpoons 2CrO_2^- + 3S\downarrow + 3H_2O$$

(3)

$$2FeCl_3 + H_2S \rightleftharpoons 2FeCl_2 + S\downarrow + 2HCl$$

(4)

$$Co^{2+} + 6SCN^- \rightleftharpoons [Co(SCN)_6]^{4-}$$

$$[Co(SCN)_6]^{4-} + 2H^+ \rightleftharpoons [Co(SCN)_6]^{3-} + H_2\uparrow$$

(5)

$$2BaCrO_4 + 16HCl \rightleftharpoons 2CrCl_3 + 3Cl_2\uparrow + 2BaCl_2 + 8H_2O$$

第十四章 ds 区元素

周期表ⅠB 族和ⅡB 族元素属于 ds 区，它们都是金属，也称为过渡元素。他们的价电子层结构特征和氧化态特征有别于其他过渡元素，本章着重介绍金属单质的物理性质和化学性质；氧化物或氢氧化物的化学性质；盐和配合物的结构和性质，以及离子鉴定和生物学效应等内容。

第一节 ds 区元素概述

铜(copper)Cu、**银**(silver)Ag、**金**(gold)Au 位于周期表ⅠB 族，也称为铜族元素，ⅠB 族元素的价电子构型为$(n-1)d^{10}ns^1$；**锌**(zinc)Zn、**镉**(cadmium)Cd、**汞**(mercury)Hg 位于周期表ⅡB 族，也称为锌族元素。ⅡB 族价电子构型为$(n-1)d^{10}ns^2$。

ⅠB 和ⅡB 族元素与碱金属和碱土金属一样，最外层都只有 1～2 个 s 电子，但次外层电子数目不同，ⅠB 和ⅡB 族元素为 18 电子组态，碱金属和碱土金属为 8 电子组态(锂除外)。由于 18 电子组态对核的屏蔽效应比 8 电子组态的小得多，所以，ⅠB 和ⅡB 族元素原子的有效电荷较大，对最外层 s 电子的吸引力比碱金属和碱土金属要强得多，所以其原子半径、离子半径比较小，电离能高，电子密度大，金属的活泼性远不如碱金属和碱土金属。此外，ⅡB 族元素比同周期的ⅠB 族元素活泼，具体顺序是：Zn＞Cd＞Cu＞Hg＞Ag＞Au。

ⅠB 族元素氧化数有+1，+2，+3，这是由于ⅠB 族元素原子最外层 *n*s 轨道和次外层的(*n*–1)d 轨道属于同一能级组，能量相差不大的缘故。ⅡB 族元素的特征氧化数为+2，Hg 和 Cd 还有+1 氧化数的化合物，这是因为ⅡB 族元素的(*n*–1)d 轨道已全充满，不参与成键，*n*s 电子与(*n*–1)d 电子的电离能之差比ⅠB 族大，所以，通常只失去 *n*s 电子而显+2 氧化数。

ⅠB 和ⅡB 元素的元素电势图如下

$\varphi_A^\ominus$ / V：

$$Cu^{2+} \xrightarrow{0.159} Cu^{+} \xrightarrow{0.521} Cu$$

$$Ag^{3+} \xrightarrow{1.80} Ag^{2+} \xrightarrow{1.98} Ag^{+} \xrightarrow{0.80} Ag$$

$$Au^{3+} \xrightarrow{1.00} Au^{2+} \xrightarrow{1.80} Au^{+} \xrightarrow{1.69} Au$$

$\varphi_B^\ominus$ / V：

$$Cu(OH)_2 \xrightarrow{-0.080} Cu_2O \xrightarrow{-0.360} Cu$$

$$Ag_2O_3 \xrightarrow{0.739} AgO \xrightarrow{0.607} Ag_2O \xrightarrow{0.342} Ag$$

$\varphi_A^\ominus$ / V：

$$Zn^{2+} \xrightarrow{-0.763} Zn \quad Cd^{2+} \xrightarrow{-0.403} Cd$$

$$Hg^{2+} \xrightarrow{0.911} Hg_2^{2+} \xrightarrow{0.795} Hg$$

$\varphi_B^{\ominus}$ / V：

$$ZnO_2^{2-} \xrightarrow{-1.285} Zn \quad Cd(OH)_2 \xrightarrow{-0.809} Cd$$

$$HgO \xrightarrow{0.072} Hg_2O \xrightarrow{0.123} Hg$$

从元素电势图可以看出，ⅠB 和ⅡB 族元素在周期表中从上到下活泼性依次降低，这与ⅠA 和ⅡA 族元素正好相反。18 电子组态的ⅠB 和ⅡB 族元素离子，除了有很强的极化力，还有较大的变形性，它们易形成共价化合物；这些离子有 *n*s、*n*p 和 *n*d 空轨道，故形成配位化合物的能力较强，这也是 ds 区元素的特点之一。

第二节 铜族元素

一、单质的性质及用途

(一) 物理性质

铜族元素单质属于重金属，密度较大，熔沸点较高，但硬度较小。常温下均为固体，纯 Cu 为紫红色，纯 Au 为黄色，Ag 为银白色。它们都有很好的延展性、导电性和导热性。铜族元素之间及它们与其他金属之间易形成合金，如青铜含有 Cu 和 Sn 或 Pb 等，质地坚韧、易铸；黄铜含有 Cu 和 Zn，广泛用于制作仪器零件；白铜含有 Cu 和 Ni，主要用于制作刀具等。银合金通常呈浅黄色或灰白色。Au-Cu 合金呈暗红色，Au 易与 Hg 形成汞齐。汞齐是指汞溶解其他金属(如金、银、钾、钠、锌等)后所形成这些金属与汞的合金。

(二) 化学性质

铜族元素的基本性质列于表 14-1。

按 Cu、Ag、Au 的顺序，它们的化学活性递减。常温下，铜在干燥的空气中较稳定，在空气中加热，生成黑色的 CuO。Ag、Au 在加热时不与空气中的 O_2 化合。Cu 久置于潮湿的空气中，表面会慢慢生成一层铜绿

$$2Cu + O_2 + H_2O + CO_2 = Cu(OH)_2 \cdot CuCO_3\downarrow$$

Cu、Ag、Au 在高温下不与 H_2、N_2 或 C 反应；在常温下与 X_2 反应时，Cu 较易进行，Ag 反应慢，Au 则需在加热时才起反应。它们均不与稀 HCl 或稀 H_2SO_4 反应放出 H_2，但在有空气存在时，Cu 可缓慢溶于稀酸中。

表 14-1 铜族元素的一些性质

性质 \ 元素	铜	银	金
元素符号	Cu	Ag	Au
原子序数	29	47	79
相对原子质量	63.55	107.00	197.00
价电子层结构	$3d^{10}4s^1$	$4d^{10}5s^1$	$5d^{10}6s^1$
常见氧化数	+1，+2	+1	+1，+3
原子半径/pm	117	134	134
M^+离子半径/pm	96	126	137
M^{2+}离子半径/pm	72	89	85(M^{3+})

续表

性质 \ 元素	铜	银	金
第一电离势/(kJ · mol^{-1})	746	731	890
第二电离势/(kJ · mol^{-1})	1958	2074	1980
M$^+$水合热/(kJ · mol^{-1})	−582	−485	−644
M^{2+}水合热/(kJ · mol^{-1})	−2121	—	—
升华热/(kJ · mol^{-1})	331	284	385
电负性	1.90	1.93	2.54

$$2Cu + 4HCl + O_2 \xlongequal{\quad} 2CuCl_2 + 2H_2O$$
$$2Cu + 2H_2SO_4 + O_2 \xlongequal{\quad} 2CuSO_4 + 2H_2O$$

Cu 还可溶于浓 HCl；Cu 和 Ag 能溶于 HNO_3 或热的浓 H_2SO_4；Au 只溶于 HCl 与 HNO_3 的混合酸(王水)中

$$3Cu + 8HNO_3 \xlongequal{\quad} 3Cu(NO_3)_2 + 2NO + 4H_2O$$
$$2Ag + 2H_2SO_4 \xlongequal{\quad} Ag_2SO_4\downarrow + SO_2 + 2H_2O$$
$$Au + HNO_3 + 4HCl \xlongequal{\quad} H[AuCl_4] + NO\uparrow + 2H_2O$$

在常温下有 O_2 存在时，Au 可溶于含有 KCN 或 NaCN 的溶液，形成稳定的配合物 $M[Au(CN)_2]$。

二、铜的重要化合物

(一) Cu(Ⅰ)的化合物

1. 氧化亚铜(Cu_2O) 固体颜色随颗粒大小不同而呈现黄色、红色、砖红色到深棕色。Cu_2O 的主要性质有如下几点。

(1) 热稳定性：对热稳定，在 1508K 时熔融而不分解。

(2) 氧化还原性：Cu_2O 呈弱碱性，溶于稀酸即发生歧化反应，生成 Cu^{2+}和 Cu

$$Cu_2O_{(s)} + 2H^+ \xlongequal{\quad} Cu^{2+} + Cu\downarrow + H_2O$$

临床上还可用生成 Cu_2O 沉淀的多少，来判断尿糖含量

$$\underset{\text{葡萄糖}}{Cu^{2+} + 4OH^- + C_6H_{12}O_6} \xlongequal{\quad} \underset{\text{葡萄糖酸}}{Cu_2O\downarrow + C_6H_{12}O_7 + 2H_2O}$$

(3) 配位性：Cu_2O 溶于 HX 酸，生成无色的配合物

$$Cu_2O_{(s)} + 4HCl \xlongequal{\quad} 2H[CuCl_2] + H_2O$$

Cu_2O 可溶于氨水，生成无色的$[Cu(NH_3)_2]^+$ 配合物

$$Cu_2O_{(s)} + 4NH_3 \cdot H_2O \xlongequal{\quad} 2[Cu(NH_3)_2]^+ + 2OH^- + H_2O$$

$[Cu(NH_3)_2]^+$不稳定，被空气中的 O_2 氧化生成深蓝色的$[Cu(NH_3)_4]^{2+}$，利用这种性质可除去气体中的痕量氧

$$4[Cu(NH_3)_2]^+ + O_2 + 8NH_3 + 2H_2O \xlongequal{\quad} 4[Cu(NH_3)_4]^{2+} + 4OH^-$$

2. 卤化亚铜[CuX(X = Cl、Br、I)] 外观呈白色，均难溶于水，溶解度按 Cl-Br-I 的顺序依次减小。CuX 与过量的 X^-或拟卤素离子作用，生成配位数为 2 或 4 的配合物

$$CuI_{(s)} + I^- \xlongequal{\quad} [CuI_2]^-$$

CuCl 的盐酸溶液能吸收 CO，形成氯化羰基铜(Ⅰ)$[Cu(CO)Cl \cdot H_2O]$，该反应可定量完成，可用于测定气体混合物中 CO 的含量。

3. 硫化亚铜(Cu_2S) 是灰黑色有光泽的结晶或粉末，对热稳定。不溶于水、丙酮、$(NH_4)_2S$、稀 H_2SO_4 和稀 HCl；微溶于氨水，可溶于浓 HNO_3 或 NaCN 中。

4. Cu(Ⅰ)的配合物 Cu^+ 为 nd^{10} 构型，外层有 4s 和 4p 空轨道，能分别采取 sp、sp^2、sp^3

杂化方式与配体形成配位数分别为 2、3、4 的直线形、三角形、四面体形配合物，并以配位数为 2 的配合物最常见，如$[CuX_2]^-$(F^-除外)、$[Cu(CN)_2]^-$、$[Cu(NH_3)_2]^+$、$[Cu(CN)_4]^{3-}$等。

Cu^+属于软酸，与下列离子或分子都可形成稳定的配合物，其稳定性依次增强：$Cl^- < Br^- < I^- < SCN^- < NH_3^- < S_2O_3^{2-} < CS(NH_2)_2 < CN^-$，这一顺序与碱的软度顺序基本符合。$Cu^+$ 的配合物常用它相应的难溶盐与具有相同阴离子的其他易溶盐(或酸)在溶液中制得。例如，CuCN 溶于 NaCN 溶液中生成易溶的 $Na[Cu(CN)_2]$

$$CuCN_{(s)} + NaCN \xlongequal{\quad} Na[Cu(CN)_2]$$

$[Cu(NH_3)_2]^+$和$[Cu(Cl)_2]^-$均可吸收 CO 气体，生成 CO 为配体的化合物，在合成氨工业中，常用$[Cu(NH_3)_2]Ac$ 溶液吸收易使催化剂中毒的 CO 气体，形成配合物$[Cu(CO)(NH_3)_3]^+$ 。

(二) Cu(Ⅱ)的化合物

1. 氧化铜(CuO) 是黑色粉末状固体，不溶于水，是碱性氧化物，易溶于酸生成相应的盐

$$CuO + 2H^+ \xlongequal{\quad} Cu^{2+} + H_2O$$

CuO 在高温时表现出强氧化性。例如

$$CuO + H_2 \xlongequal{\quad} Cu + H_2O$$
$$CuO + CO \xlongequal{\quad} Cu + CO_2$$

在 Cu^{2+}溶液中加入强碱，即产生蓝色絮状的 $Cu(OH)_2$ 沉淀，$Cu(OH)_2$ 呈两性偏碱性，易溶于酸，也能溶于强碱生成亮蓝色的$[Cu(OH)_4]^{2-}$

$$Cu^{2+} + 2OH^- \xlongequal{\quad} Cu(OH)_2\downarrow$$
$$Cu(OH)_{2(s)} + 2OH^- \xlongequal{\quad} [Cu(OH)_4]^{2-}$$

2. Cu(Ⅱ)盐 常见的可溶性 Cu(Ⅱ)盐有 $CuSO_4 \cdot 5H_2O$(胆矾)、$CuCl_2 \cdot 2H_2O$ 和 $Cu(NO_3)_2$。

$CuSO_4 \cdot 5H_2O$ 的结构见图 14-1，遇热失去结晶水，生成白色粉末状的无水 $CuSO_4$，它具有强吸水性，吸水后变为蓝色。无水 $CuSO_4$ 可用于检验无水乙醇、乙醚等有机溶剂中的微量水分，也可用作干燥剂。

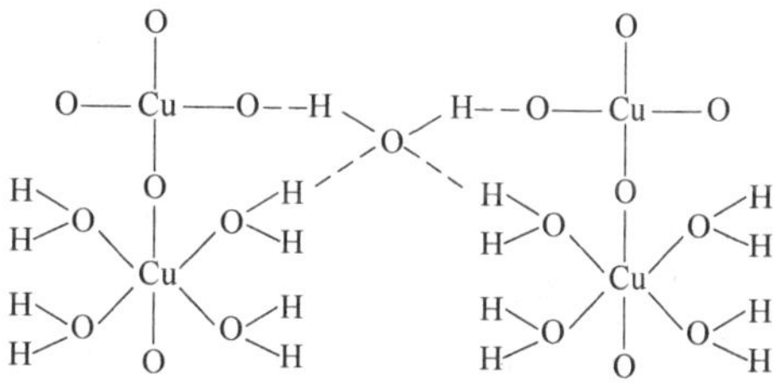

图 14-1 $CuSO_4 \cdot 5H_2O$ 中原子间的连接关系

$CuSO_4$ 遇少量氨水生成浅蓝色的碱式硫酸铜 $Cu_2(OH)_2SO_4$沉淀，继续加氨水，沉淀溶解，得到深蓝色$[Cu(NH_3)_4]^{2+}$

$$2CuSO_4 + 2NH_3 \cdot H_2O \xlongequal{\quad} (NH_4)_2SO_4 + Cu_2(OH)_2SO_4\downarrow$$
$$Cu_2(OH)_2SO_{4(s)} + 8NH_3 \xlongequal{\quad} 2[Cu(NH_3)_4]^{2+} + SO_4^{2-} + 2OH^-$$

在溶液中加乙醇即得到深蓝色晶体$[Cu(NH_3)_4]SO_4 \cdot H_2O$，该配合物溶液能溶解纤维，加酸后纤维又析出，利用此性质在工业上用于制造人造丝。

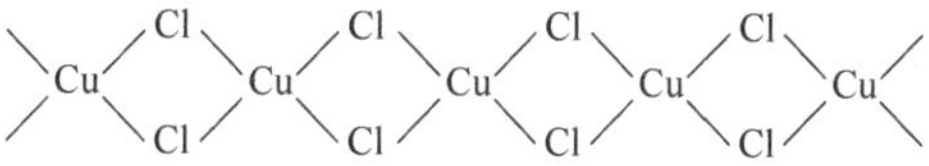

图 14-2 $CuCl_2$ 的长链结构

$CuCl_2$ 呈棕黄色，为链状的共价分子(图 14-2)，能潮解，易溶于水、乙醇和丙酮。

在 Cu(Ⅱ)盐溶液中通入 H_2S 气体得到黑色 CuS 沉淀，它难溶于水，不溶于非氧化性酸，能溶于热的稀 HNO_3 或浓 HNO_3

$$3CuS_{(s)} + 2NO_3^- + 8H^+ \xlongequal{\quad} 3Cu^{2+} + 3S\downarrow + 2NO\uparrow + 4H_2$$

3. Cu(Ⅱ)的配合物 Cu^{2+} 的价电子组态为 $3s^23p^63d^9$，比 Cu^+更易形成配位数为 4 和 6 的配合物，如$[Cu(NH_3)_4(H_2O)_2]^{2+}$、$[CuY]^{2-}$等；配位数为 4 的配合物中，$Cu^{2+}$多以 dsp^2 杂化方式成键，形成平面四边形配离子，如$[Cu(NH_3)_4]^{2+}$、$[Cu(OH)_4]^{2-}$、$[Cu(H_2O)_4]^{2-}$、$[Cu(en)_2]^{2+}$(深蓝紫色)、$[CuCl_4]^{2-}$(淡黄色)等。

(三) Cu(Ⅱ)和 Cu(Ⅰ)的转化

考虑 Cu^+和 Cu^{2+}的价电子，气、固态时 Cu^+化合物稳定，如自然界存在的 Cu_2S、Cu_2O 的矿物；在溶液中 Cu^{2+}化合物比较稳定，Cu^{2+}离子有较大的水合热($-2121kJ \cdot mol^{-1}$)，已超过 Cu 的第二电离能，易形成稳定的$[Cu(H_2O)_4]^{2+}$。从 Cu 的元素电势图可以看到，Cu^+能歧化成 Cu^{2+}和 Cu。在 298K 时，该歧化反应的平衡常数 $K_s^{\ominus} = 1.25\times10^6$，歧化反应能进行得很完全。

当溶液中存在 Cl^-、I^-、CN^-时，Cu^+可生成稳定的 CuCl、CuI、CuCN 沉淀

$$Cu^{2+} + 4I^- = 2CuI\downarrow + I_2 \text{ (}I^-\text{是沉淀剂、还原剂)}$$

$$Cu^{2+} + Cu + 2Cl^- = 2CuCl\downarrow$$

$$2Cu^{2+} + 4CN^- = 2CuCN\downarrow + (CN)_2 \text{ (}CN^-\text{是还原剂、配位剂)}$$

沉淀的 K_{sp}越小或配合物的 K_s越大,则生成的 Cu(Ⅰ)化合物越稳定,Cu(I)就越容易转化为 Cu(Ⅰ)化合物。

三、银和金的重要化合物

银盐最突出的特点是难溶于水，能溶于水的只有 $AgNO_3$、Ag_2SO_4、AgF 和 $AgClO_4$ 等。Ag^+易形成配合物。溶解难溶性盐的方法通常是将其转化成配离子。

常用的 $AgNO_3$ 是一种无色晶体，易溶于水，受热或光照都会发生分解，必须保存在棕色瓶中。$AgNO_3$ 遇蛋白质即生成黑色的蛋白银，它对有机组织有腐蚀和破坏作用。

四、铜和银离子鉴定

1. Cu^{2+}鉴定 乙酸的酸性溶液中，Cu^{2+}离子与亚铁氰化钾反应生成红棕色亚铁氰化铜沉淀

$$2Cu^{2+} + [Fe(CN)_6]^{4-} = Cu_2[Fe(CN)_6]^{4-}\downarrow$$

此沉淀不溶于稀硝酸，能溶于氨水中。

2. Ag^+鉴定 在含 Ag^+的溶液中加入稀盐酸，生成白色沉淀，向沉淀中滴加氨水，沉淀将溶解，再向溶液中加入稀硝酸酸化后，白色沉淀又出现

$$Ag^+ + Cl^- = AgCl\downarrow$$

$$AgCl\downarrow + 2NH_3 = [Ag(NH_3)_2]^+ + Cl^-$$

$$[Ag(NH_3)_2]^+ + Cl^- + 2H^+ = AgCl\downarrow + 2NH^+{}_4$$

第三节 锌 族 元 素

一、单质的性质

(一) 物理性质及用途

锌是银白色金属，熔点和沸点比其他过渡金属要低，属于低熔点金属；镉是一种质地软、具有延展性和略带蓝色光泽的银白色金属；汞是常温下唯一的液体金属，有流动性，在 273～573K 体积膨胀系数很均匀且不湿润玻璃，可用于制造温度计。室温下汞的蒸气压很低(293K时为 0.16Pa)，可用于制造气压计。汞蒸气在电弧中能导电，并辐射高强度的可见光和紫外光，常用作仪器上的紫外可见光源，也可用于制作医疗使用的太阳灯。

(二) 化学性质

锌族元素的基本性质列于表 14-2。

表 14-2 锌族元素的一些性质*

性质＼元素	锌	镉	汞
元素符号	Zn	Cd	Hg
原子序数	30	48	80
相对原子质量	65.38	112.41	200.60
价电子层结构	$3d^{10}4s^2$	$4d^{10}5s^2$	$5d^{10}6s^2$
原子半径/pm	125	148	144
M2+离子半径/pm	74	97	110
第一电离势/($kJ \cdot mol^{-1}$)	906	868	1007
第二电离势/($kJ \cdot mol^{-1}$)	1733	1631	1810
第三电离势/($kJ \cdot mol^{-1}$)	3833	3616	3300
M2+水合热/($kJ \cdot mol^{-1}$)	−2060.6	−1824.2	−1849.7
升华热/($kJ \cdot mol^{-1}$)	131	112	61.9
汽化热/($kJ \cdot mol^{-1}$)	116	100	58.6
电负性	1.65	1.69	2.00

锌的化学性质比较活泼，能与非氧化性稀酸反应放出氢气；在加热条件下，锌能与绝大多数非金属元素直接化合；锌在潮湿的空气中放置，可生成 $ZnCO_3 \cdot 3Zn(OH)_2$；锌是两性金属，既能与酸反应生成相应的盐，又能与碱反应生成锌酸盐

$$Zn + 2NaOH + 2H_2O = Na_2[Zn(OH)_4] + H_2$$
$$Na_2[Zn(OH)_4] = Na_2ZnO_2 + 2H_2O$$

锌与氨水反应生成锌氨配离子

$$Zn + 4NH_3 + 2H_2O = [Zn(NH_3)_4](OH)_2 + H_2$$

镉在潮湿空气中缓慢氧化并失去金属光泽，加热时表面形成棕色的氧化物薄层。高温下镉与卤素激烈反应形成卤化镉。镉也可与硫直接化合生成硫化镉。镉、氧化镉和氢氧化镉的溶解度小，可溶于酸，但不溶于碱。镉可形成多种配离子，如$[Cd(NH_3)_6]^{2+}$、$[Cd(CN)_4]^{2-}$。

汞的化学性质不活泼，需加热至沸才能与氧气反应生成氧化汞，773K 时分解为汞和氧气。汞不与非氧化性酸反应，但可溶解于热的浓硫酸和硝酸

$$3Hg + 8HNO_3 = 3Hg(NO_3)_2 + 2NO + 4H_2O$$

过量的 Hg 与冷的稀硝酸反应则生成 $Hg_2(NO_3)_2$。

二、锌和镉的化合物

(一) 氧化物和氢氧化物

1. 氧化锌(ZnO) 俗称锌白，是白色不溶于水的粉末，可作颜料，其结构属 ZnS 型。ZnO 具有收敛性和微弱的杀菌力，故医药上常调制成软膏使用。

2. 氧化镉(CdO) 由于制备方法的不同而显不同颜色，Cd 在空气中加热生成褐色 CdO，250℃ $Cd(OH)_2$ 热分解为绿色 CdO。CdO 具有 NaCl 型晶体结构。

3. 氢氧化锌[$Zn(OH)_2$] 饱和溶液中 $Zn(OH)_2$ 是白色胶状沉淀，具有两性，可溶于强酸或强碱中。$Zn(OH)_2$ 也可溶于氨水中，生成无色的配合物$[Zn(NH_3)_4]^{2+}$。

4. 氢氧化镉[$Cd(OH)_2$] 显两性偏碱性，只有在热、浓强碱中才缓慢溶解生成 $Na_2[Cd(OH)_4]$。

(二) Zn(Ⅱ)和 Cd(Ⅱ)盐及配合物

1. 氯化锌($ZnCl_2$) 是白色固体，易潮解形成 $ZnCl_2 \cdot 2H_2O$，有机合成中常用作脱水剂和吸水剂。化学性质较稳定，易溶于水，水解后溶液显弱酸性。它能溶解金属氧化物

$$FeO + 2H[ZnCl_2(OH)] = Fe[ZnCl_2(OH)]_2 + H_2O$$

2. 硫化锌(ZnS) 是白色固体，可作白色颜料，难溶于水，易溶于 $0.10mol \cdot L^{-1}$ HCl 中。

3. 硫化镉(CdS) 是黄色固体，可作黄色颜料，难溶于水，溶于浓酸。

4. 硫酸锌($ZnSO_4$) 是白色粉末，有多种水合物，在 0～39℃为 $ZnSO_4 \cdot 7H_2O$，39～60℃为 $ZnSO_4 \cdot 6H_2O$，60～100℃为 $ZnSO_4 \cdot H_2O$；加热到 280℃时各种水合物完全失去结晶水，在 930℃左右分解为 ZnO 和 SO_3。$ZnSO_4$ 是制造锌钡白($ZnS\text{-}BaSO_4$)和锌盐的主要原料。

5. 配合物 Zn^{2+} 能与 X^-、SCN^-、CN^-等配体形成配位数为 4 的四面体型无色配合物。如

$$Zn^{2+} + 4CN^- = [ZnCN]^{2-} \quad K_s^\ominus = 5.0 \times 10^{16}$$

三、汞的化合物

汞不与非氧化性酸反应，但可溶解于热的浓 H_2SO_4 和 HNO_3

$$3Hg + 8HNO_3 = 3Hg(NO_3)_2 + 2NO + 4H_2O$$

过量的 Hg 与冷的稀 HNO_3 反应则生成 $Hg_2(NO_3)_2$。

(一) 氧化物

1. 氧化汞(HgO) 呈亮红色或橙红色鳞片状结晶或结晶性粉末。粉末极细时为黄色，无味，医药上称黄降汞，用于消毒和杀菌，难溶于水，是碱性氧化物，能溶于强酸中

$$HgO_{(s)} + 2HCl = HgCl_2 + H_2O$$

HgO 受热不稳定，加热到 400℃以上发生分解

$$2HgO = Hg + O_2\uparrow$$

2. 氧化亚汞(Hg_2O) 在碱性条件下易发生歧化反应

$$Hg_2O = Hg + HgO$$

(二) 氯化汞和氯化亚汞

1. 稳定性 氯化汞 $HgCl_2$ 较稳定。Hg_2^{2+}在溶液中可稳定存在，氯化亚汞 Hg_2Cl_2 见光易分解，必须避光和密闭保存

$$Hg_2Cl_2 = HgCl_2 + Hg$$

2. 与 NH_3 反应 $HgCl_2$ 与氨反应称为氨解反应，生成氨基氯化汞(白降汞)白色沉淀

$$HgCl_2 + 2NH_3 = HgNH_2Cl\downarrow + NH_4Cl$$

Hg_2Cl_2 与氨反应生成 Hg 和 $HgNH_2Cl$ 的混合物

$$Hg_2Cl_2 + 2NH_3 = HgNH_2Cl\downarrow + Hg + NH_4Cl$$

3. 与 $SnCl_2$ 反应 在酸性溶液中，$HgCl_2$ 是强氧化剂，能被 $SnCl_2$ 还原

$$2HgCl_2 + SnCl_2 = Hg_2Cl_2\downarrow + SnCl_4$$

$SnCl_2$ 过量时，$SnCl_2$ 与 Hg_2Cl_2 可继续反应

$$Hg_2Cl_2(s) + SnCl_2 = 2Hg + SnCl_4$$

这一反应用于检验 Hg^{2+}。

4. 与 KI 反应 $HgCl_2$ 与适量 KI 反应，生成橙红色 HgI_2 沉淀

$$HgCl_2 + 2KI = HgI_2\downarrow + 2KCl$$

KI 过量时，生成无色的$[HgI_4]^{2-}$

$$HgI_{2(s)} + 2I^- = [HgI_4]^{2-}$$

含$[HgI_4]^{2-}$的碱性溶液称为奈氏试剂，用于检验 NH_3 或 NH_4^+

$$2[HgI_4]^{2-} + NH_3 + 3OH^- = HgOHgNH_2I(\text{土黄色}) + 7I^- + 2H_2O$$

Hg_2Cl_2 也能与 KI 进行反应

$$Hg_2I_2(s) + KI \longequal Hg_2I_2\downarrow + KCl$$

Hg_2I_2 不稳定，易分解

$$Hg_2I_2(s) = HgI_2\downarrow + Hg$$

(三) 汞的配合物

Hg^{2+} 可与 Cl^-、Br^-、I^-、CN^-、SCN^-等离子形成较为稳定的配合物

$$Hg^{2+} + 4Cl^- = [HgCl_4]^{2-} \qquad K_s^{\ominus} = 1.31\times10^{15}$$

$$Hg^{2+} + 4I^- = [HgI_4]^{2-} \qquad K_s^{\ominus} = 5.66\times10^{29}$$

$$Hg^{2+} + 4SCN^- = [Hg(SCN)_4]^{2-} \qquad K_s^{\ominus} = 4.98\times10^{21}$$

$$Hg^{2+} + 4CN^- = [Hg(CN)_4]^{2-} \qquad K_s^{\ominus} = 1.31\times10^{30}$$

四、锌、汞离子的鉴定

1. Zn^{2+}鉴定 向含有 Zn^{2+}的溶液中加入 $K_4[Fe(CN)_6]$ 溶液，则有白色的 $Zn_2[Fe(CN)_6]$沉淀生成，加入过量的 NaOH 溶液，沉淀溶解

$$2Zn^{2+} + K_4[Fe(CN)_6] = Zn_2[Fe(CN)_6]\downarrow + 4K^+$$

$$Zn_2[Fe(CN)_6](s) + 4NaOH = 2Zn^{2+} + Na_4[Fe(CN)_6]$$

2. Hg^{2+}鉴定 在酸性溶液中，$HgCl_2$ 是强氧化剂，能被 $SnCl_2$ 等还原，当 $SnCl_2$ 过量时，$SnCl_2$ 与 Hg_2Cl_2 可继续反应生成 Hg 单质

$$HgCl_2 + SnCl_2 = Hg + SnCl_4$$

3. Hg_2^{2+}鉴定 向含有 Hg_2^{2+}离子的溶液中加入氨溶液，则有 Hg 和 $HgNH_2Cl$ 的混合物生成

$$Hg_2Cl_2(s) + NH_3 = Hg + HgNH_2Cl\downarrow + HCl$$

第四节 ds 区元素的生物学效应及常用药物

一、人体有益元素的生物学效应

(一) 铜的生物学效应

铜是人体正常生长发育所必需的微量元素，正常人体内含铜量为 80～120mg，每日从食物中摄取 2～5mg。

铜主要与肠黏膜内的含巯基的金属蛋白和过氧化物歧化酶结合进入体内，其次与小分子蛋白质和氨基酸结合转运入小肠黏膜细胞而被吸收。铜在体内主要以结合态存在，铜总量的 50%～70%存在于肌肉与骨骼中，20%储存于肝脏中，5%～10%分布于血液中。铜经胆汁、皮肤和尿液排泄。

铜与铁代谢密切相关，影响生物对铁的吸收、运输及利用。铜通过参与细胞色素氧化酶系统和血红蛋白的合成、解离来调节机体对铁的吸收。由于肠黏膜进入血浆中的 Fe^{2+}不能直接与血浆中的运铁蛋白结合，需要在铜蓝蛋白的作用下将 Fe^{2+}转化为 Fe^{3+}再与运铁蛋白结合，运送到骨髓、肝脏及全身组织，用于合成血红蛋白、肌红蛋白或含铁酶。

铜酶是铜锌超氧化物歧化酶(CuZn-SOD)，超氧化物歧化酶的功能是催化超氧离子(O_2^-)发生歧化反应

$$2O_2^- + 2H^+ = O_2 + H_2O_2$$

铜酶存在于红细胞、肝脏及脑组织中，对机体有解毒作用。

铜缺乏可引起免疫功能低下，应激能力下降，小细胞低色素性贫血，肝脏肿大和骨骼病变

等。但铜在体内过量，也可能导致血尿、尿闭、溶血性黄疸、呕血等症状。

(二) 锌的生物学效应

正常成人体内含锌总量约 2300mg，主要分布在肌细胞和骨骼中。锌主要在肠道内吸收，经尿液和粪便排泄。人体内的锌主要与生物大分子配体形成金属蛋白、金属核酸等配合物。

含锌酶的结构与其功能密切相关，300 多种含锌酶的活化中心都有 Zn(Ⅱ)的存在，其中与人体有关的含锌酶大约有 100 多种。锌是精氨酸酶、二肽酶、肌肽酶、氨基肽酶等的激活剂。缺锌导致各种含锌酶的活性降低，引起如胱氨酸、亮氨酸、赖氨酸的代谢紊乱。锌是核酸的重要组分，能够稳定 RNA、DNA 和核糖体的结构，锌依赖酶是核酸合成和降解的关键酶。

锌在激素的产生、储存和分泌中发挥重要作用。实验证明缺锌后脑垂体和血液中生长激素明显减少，锌能增强促性腺激素受体分子的生物学活性。锌参与机体免疫过程，锌有保护胸腺细胞及各种免疫细胞对抗凋亡的作用。锌参与体内维生素 A 还原酶及视黄醛结合蛋白的合成，锌可通过增强视网膜上视黄醇脱氢酶的活性，使视黄醛再生或直接作用于视网膜神经细胞上。

锌在脑中主要存在于杏仁核、脉络丛、海马旁回、松果体和血管中，参与调节谷氨酸等神经递质的传递。缺锌可损坏学习记忆相关中枢，使神经反射减慢，反应性降低，使学习记忆功能降低。

(三) 银的生物学效应

银是人体内的微量元素之一，WHO 规定，银对人体的安全值为 0.05ppm 以下，饮用水中银离子的限量为 $0.05mg \cdot L^{-1}$。银不仅是一种贵金属，还是一种真正纯天然安全的绿色杀菌剂。有关银离子的抗菌原理有如下几点。

1. 金属离子作用 细菌细胞膜带负电荷，银离子到达细菌细胞膜，依靠库仑力，使 Ag^+ 与细菌细胞膜牢固吸附，银离子穿透细菌细胞壁进入细胞内，并与巯基(-SH)反应，使蛋白质凝固，破坏细胞合成酶的活性，细胞丧失分裂增殖能力而死亡。菌体失去活性后显中性，银离子游离出来再与其他细菌结合，达到持久抗菌效果。

2. 光催化作用 银的化学结构决定了银具有较高的催化能力，银离子通过光激活水和空气中的氧，产生羟基自由基和活性氧离子，羟基自由基和活性氧离子在短时间内破坏细菌的增殖能力使细胞死亡，从而达到抗菌目的。

二、有害元素的毒性及防护

(一) 镉及其化合物的毒性

镉不是人体必需元素，体内镉主要是通过食物、水和空气从外界环境进入体内而蓄积下来的。镉及其化合物的毒性都较大，且在体内代谢较慢。镉污染源主要来自于电镀、采矿、冶炼、染料、电池和化学工业等排放的废水。

若经呼吸道吸入含镉的烟雾和灰尘，肺内镉的吸收量会占总量的 25%～40%。血液里的镉，主要与红细胞结合。

肝和肾是体内镉主要分布的两大器官，含镉约占体内镉总量的 60%。其余分布于肺、胰、甲状腺、睾丸、毛发等处。各器官中镉的含量，会因地区、环境污染情况的不同而有很大差异，并随年龄的增加而增加。

体内镉主要通过肾脏经尿液排出。镉的排出速度很慢，肾皮质镉的生物学半衰期是 10～30 年。

(二) 汞的毒性

汞有强烈的生物毒性，吸入汞蒸气会缓慢中毒，导致毛发脱落，神经错乱等。使用汞时在通风橱中进行；储存汞时，常在汞上面覆盖 10% NaCl 溶液，防止汞蒸气挥发。汞撒落时尽量收集起来，在无法收集的地方用硫黄粉广泛覆盖，转化为硫化汞后深埋。

人体血液中汞的安全浓度为 $0.1\mu g \cdot ml^{-1}$，当达到 $0.5 \sim 1.0\mu g \cdot ml^{-1}$ 时，就会出现明显中毒症状。主要表现为口腔炎、神经过敏、头痛、腹泻、作呕和贫血。

含汞、镉的污水处理简介

化工、电子、电镀等行业排放的废水中常含有一些有害的金属元素，如汞、镉等。1956 年日本轰动世界的“水俣病”，就是由于食用了被含汞污水污染的鱼、虾所造成的悲剧，主要致毒物是甲基汞。

含镉废水排入江河、近海后，特别易被沿岸的贝类吸收，镉会随食物链最终进入人体内，蓄积到一定程度导致镉中毒。Cd^{2+}取代骨骼中的 Ca^{2+}，引起骨质疏松和骨质软化等，使人感到骨骼疼痛，即“骨痛病”。

处理含有害金属离子污水常用的有沉淀法、氧化还原法、离子交换法等。

1. 沉淀法　废水中加入沉淀剂，使有害金属离子生成难溶于水的沉淀而除去。是除去水中有害金属离子的常用方法。如当废水中只含有 Cd^{2+}时，采用加碱或可溶性硫化物的方法使 Cd^{2+} 形成 $Cd(OH)_2$ 或 CdS 沉淀析出。

2. 氧化还原法　如氰法镀镉废水中含有$[Cd(CN)_4]^{2-}$，解离出的 Cd^{2+}和 CN^-都是毒性很大的物质，因此，在除去 Cd^{2+}的同时，也要除去 CN^-，采用在废水中加入漂白粉，利用氧化还原反应将废水中的有害物质转变成无毒物质，达到目的。

3. 离子交换法　当含有害金属离子的废水流经离子交换树脂时，有害金属离子可被交换到树脂上达到净化污水目的。含汞、镉、铅等有害金属离子的污水可用阳离子交换树脂进行处理。

镉中毒及其解救

1. 镉中毒的主要临床表现

(1) 吸入中毒：全身无力、头晕、头痛、发热、寒战、四肢酸痛、伴有呼吸道黏膜刺激症状；重症者发生化学性肺炎或肺水肿，表现为胸痛、胸闷、剧烈咳嗽、咳大量黏痰或带血性痰或粉红色泡沫样痰、呼吸困难、发绀，甚至高热。极严重者出现呼吸和循环衰竭。

(2) 口服中毒：恶心、呕吐、腹痛、腹泻等胃肠道症状；严重者全身乏力、大汗、肌肉酸痛、虚脱，甚至抽搐、休克。

2. 急救处理简介

(1) 吸入中毒：吸氧，可给予依地酸二钠钙或巯基类配位剂进行驱镉治疗。

(2) 口服中毒：立即洗胃，腹痛时可用阿托品。

三、常 用 药 物

1. 硫酸铜($CuSO_4$)　在中医药上，$CuSO_4 \cdot 5H_2O$ 是胆矾的主要成分，内服可作催吐剂，外用可治疗砂眼、结膜炎等。农业生产中，波尔多液($CuSO_4 \cdot 5H_2O : CaO : H_2O = 1 : 1 : 100$)用于农作物的杀虫、杀菌。

2. 硝酸银($AgNO_3$)　10%的 $AgNO_3$ 溶液用作消毒剂和腐蚀剂，0.25%～0.5%的 $AgNO_3$ 溶液用于治疗眼科炎症，更高浓度的 $AgNO_3$ 溶液用于口腔、宫颈及其他组织炎症的治疗。

3. 氧化锌(ZnO)　具有收敛、促进创面愈合的作用，常配制成外用复方散剂、混悬剂、软膏剂和糊剂等，用于治疗各种皮炎和湿疹。

4. 硫酸锌($ZnSO_4$)　补锌药，现在多用葡萄糖酸锌，主要用于治疗锌缺乏引起的疾病。

5. 氯化汞($HgCl_2$)　俗称升汞，白色粉末状，剧毒，内服 0.2～0.4g 可致死。中药称白降丹，用于治疗疔毒。杀菌力强，主要用于配制外科手术器械消毒液。

6. 氯化亚汞(Hg_2Cl_2)　俗称甘汞，外用治疗皮肤的慢性溃疡病。

7. 硫化汞(HgS)　中药称之为朱砂、丹砂或辰砂，具有镇静安神和解毒的功效，内服用于治疗惊风癫痫症，外用配制复方制剂，具有消肿、解毒、止痛的功效。

知 识 导 图

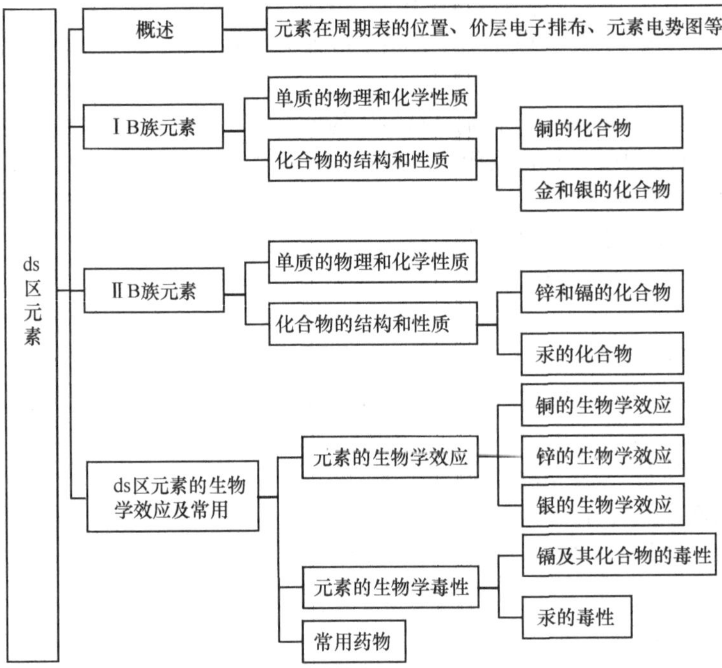

习　　题

1. 如何用化学方法区别汞盐和亚汞盐?
2. 请解释铜器在含有二氧化碳的潮湿空气中表面会产生铜绿的原因,并写出相应的化学反应方程式。
3. 试对比 Cu^{2+}、Zn^{2+}、Hg^{2+}、Hg_2^{2+}分别与 NaOH 溶液、NH_3溶液反应的情况，并用离子方程式表示。
4. 试对比 Cu^{2+}、Ag^+、Hg^{2+}、Hg_2^{2+}与 KI 溶液反应的情况，并用离子方程式表示。
5. 化合物 A 溶于水得一无色溶液，在 A 溶液中，加入氨水有白色沉淀生成；在 A 溶液中加入稀氢氧化钠溶液有黄色沉淀生成；在 A 溶液中滴加碘化钾溶液，先析出橘红色沉淀，当碘化钾过量时，橘红色沉淀消失。在 A 溶液中加入数滴汞振荡，汞逐渐消失，仍变为无色溶液，再加入氨水得灰黑色沉淀。试判断 A 为何物质，并写出有关化学反应方程式。
6. 利用铜的元素电势图，计算 Cu^+ 歧化反应的标准平衡常数。

(蒋心惠)

习 题 详 解

1. 答：汞盐 Hg^{2+}和亚汞盐 Hg_2^{2+}在性质上最主要的差异是在一定条件下，Hg_2^{2+}离子可发生歧化反应：$Hg_2^{2+}(aq) \xlongequal{\quad} Hg^{2+}(aq) + Hg(l)$，所以可利用相关反应区别汞盐和亚汞盐。如

$$Hg^{2+}(aq) + 2OH^-(aq) \xlongequal{\quad} HgO(s)(黄色) + H_2O(l)$$

$$Hg_2^{2+}(aq) + 2OH^-(aq) \xlongequal{\quad} HgO(s)(\text{黄色}) + Hg(s)(\text{灰黑色}) + H_2O(l)$$
$$Hg(NO_3)_2(aq) + NH_3(aq) \xlongequal{\quad} HgNH_2NO_3(s)(\text{白色}) + HNO_3(aq)$$
$$Hg_2(NO_3)_2(aq) + NH_3(aq) \xlongequal{\quad} HgNH_2NO_3(s)(\text{白色}) + HNO_3(aq) + Hg(s)(\text{灰黑色})$$

也可利用 Hg^{2+} 和 Hg_2^{2+} 离子氧化还原性质上的差异进行区别。如

$$2HgCl_2(aq) + SnCl_2(aq) \xlongequal{\quad} Hg_2Cl_2(s)(\text{白色}) + SnCl_4(aq)$$
$$Hg_2Cl_2(aq) + SnCl_2(aq) \xlongequal{\quad} Hg(s)(\text{灰黑色}) + SnCl_4(aq)$$

2. 答：铜与空气中的 O_2、H_2O 和 CO_2 化合生成碱式碳酸铜，称为铜绿：

$$2Cu + O_2 + H_2O + CO_2 \xlongequal{\quad} Cu_2(OH)_2 \cdot CuCO_3\downarrow$$

3. 答：与 NaOH 溶液反应：$Cu^{2+}(aq) + 2OH^-(aq) \xlongequal{\quad} Cu(OH)_2(s)(\text{蓝色})$

$$Zn^{2+}(aq) + 2OH^-(aq) \xlongequal{\quad} Zn(OH)_2(s)(\text{白色})$$
$$Hg^{2+}(aq) + 2OH^-(aq) \xlongequal{\quad} HgO(s)(\text{黄色}) + H_2O(l)$$
$$Hg_2^{2+}(aq) + 2OH^-(aq) \xlongequal{\quad} HgO(s)(\text{黄色}) + Hg(s)(\text{灰黑色}) + H_2O(l)$$
$$Cu^{2+}(aq) + 4NH_3(aq) \xlongequal{\quad} [Cu(NH_3)_4]^{2+}(aq)(\text{蓝紫色})$$
$$Zn^{2+}(aq) + 4NH_3(aq) \xlongequal{\quad} [Zn(NH_3)_4]^{2+}(aq)(\text{无色})$$
$$Hg^{2+}(aq) + 2NH_3(aq) \xlongequal{\quad} [Hg(NH_3)_2]^{2+}(aq)$$
$$Hg_2^{2+}(aq) + 2NH_3(aq) \xlongequal{\quad} [Hg(NH_3)_2]^{2+}(aq) + Hg(s)(\text{灰黑色})$$

4. 答：

$$Cu^{2+}(aq) + 2I^-(aq) \xlongequal{\quad} CuI_2(s)(\text{金黄色})$$
$$CuI_2(s)(\text{金黄色}) + I^-(aq) \xlongequal{\quad} CuI(s)(\text{白色}) + I_2(s)$$
$$Ag^+(aq) + I^-(aq) \xlongequal{\quad} AgI(s)(\text{黄色})$$
$$Hg^{2+}(aq) + 2I^-(aq) \xlongequal{\quad} HgI_2(s)(\text{橘红色})$$
$$HgI_2(s)(\text{橘红色}) + 2I^-(aq) \xlongequal{\quad} [HgI_4]^{2-}(aq)(\text{无色})$$
$$Hg_2^{2+}(aq) + 2OH^-(aq) \xlongequal{\quad} HgO(s)(\text{黄色}) + Hg(s)(\text{灰黑色}) + H_2O(l)$$

5. 答：A 为硝酸汞，有关化学反应方程式依次为

$$Hg(NO_3)_2(aq) + NH_3(aq) \xlongequal{\quad} HgNH_2NO_3(s)(\text{白色}) + HNO_3(aq)$$
$$Hg(NO_3)_2(aq) + 2NaOH \xlongequal{\quad} HgO(s)(\text{黄色}) + 2NaNO_3(aq) + H_2O(l)$$
$$Hg(NO_3)_2(aq) + 2KI(aq) \xlongequal{\quad} HgI_2(s)(\text{橘红色}) + 2KNO_3(aq)$$
$$HgI_2(s)(\text{橘红色}) + 2KI(aq) \xlongequal{\quad} K_2[HgI_4](aq)$$
$$Hg(NO_3)_2(aq) + Hg(l) \xlongequal{\quad} Hg_2(NO_3)_2(aq)$$
$$Hg_2(NO_3)_2(aq) + NH_3(aq) \xlongequal{\quad} HgNH_2NO_3(s)(\text{白色}) + HNO_3(aq) + Hg(s)(\text{灰黑色})$$

6. 答：铜元素电势图为：$\varphi_A^\ominus / V \quad Cu^{2+} \xrightarrow{0.153} Cu^+ \xrightarrow{0.521} Cu$

发生歧化反应的方程式为：$2Cu^+(aq) \xlongequal{\quad} Cu^{2+}(aq) + Cu(s)$

根据 Nernst 方程知：$E_{\text{池}}^\ominus = \varphi_+^\ominus - \varphi_-^\ominus = 0.521V - 0.153V = 0.368V$

$$E_{\text{池}}^\ominus = \frac{0.05916}{n}\lg K^\ominus$$

$$0.368 = \frac{0.05916}{1}\lg K^\ominus$$

解得：$\lg K^\ominus = 6.22$，$K^\ominus = 1.66\times10^6$

第十五章　f 区 元 素

f 区元素包括镧系元素和锕系元素，元素的外层电子构型为$(n-2)f^{1\sim14}(n-1)d^{0\sim2}ns^2$，最后一个电子是填充在$(n-2)$f 亚层上，故而又称为**内过渡元素**(inner transition elements)。**镧系元素**(Lanthanides)是元素周期表中第 57 号元素镧 La 到 71 号元素镥 Lu 共 15 种元素的统称，用符号 Ln 表示。**锕系元素**(Actinides)是元素周期表中第 89 号元素锕 Ac 到 103 号元素铹 Lr 共 15 种元素的统称，用符号 An 表示*。

ⅢB 族元素钪(Sc)、钇(Y)的化学性质与镧系元素相近，在自然界中常共存于同种矿物，因此这 17 个元素被统称为**稀土元素**(rare earth elements)，用 RE 表示。"稀土"之称是一种历史习惯，主要是因为在自然界中，稀土形成独立的矿物分布稀散，并且冶炼纯化难度高。其次，稀土的氧化物与土壤很相似，都难溶于水，以前的化学家们误以为这是一种比较稀少的土，于是就取名为"稀土"。其实，稀土在地壳中的储量非常巨大，内含一组典型的金属元素。例如，17 种稀土元素在地壳中占 0.0153%，其中丰度最大的是铈，在地壳中占 0.0046%，含量高于锡；其次是钇、钕、镧等。钇的含量高于铅，铥也比我们所熟悉的银或汞多。

稀土被誉为工业"维生素"、工业"黄金"，是极其重要的战略资源。稀土现已广泛应用于冶金、机械、化工、农业等传统产业。比如，稀土可以提高钢材的强度、耐磨性和抗腐蚀性能；加入稀土的铝导线，可以提高导电性能和抗腐蚀性能；稀土作为催化剂用于石油加工的催化裂化，可以提高汽油产出率；稀土用于农业，可以提高产量，并能增强农作物的抗灾病能力。稀土更是发展电子信息、开发新能源材料等高科技产业必不可少的原料。稀土镍氢可充电，已广泛用于移动电话、笔记本电脑、电动工具等方面。各种稀土功能材料在航天、航空和国防尖端技术中，如雷达、侦察卫星、激光制导和自动指挥系统等方面都获得了广泛应用。

我国是稀土资源较为丰富的国家之一。2012 年发布的《中国的稀土状况与政策》白皮书显示，我国稀土储量约占世界总储量的 23%，承担了世界近 90%的市场供应，是世界上最大的稀土生产、应用和出口国。然而，如何实现稀土资源的合理利用和自然环境的有效保护，是我国稀土开发过程中面临的严峻问题。

一个国家稀土的开发应用水平，尤其是在高新技术领域中应用，与其工业技术发达程度有关。美国的稀土用量一直居世界第一位。日、英、法、德等工业发达国家都缺乏稀土资源但用量都很大，并拥有世界一流的稀土应用技术。这些国家都把稀土看作是对本国经济和技术发展有着至关重要作用的战略元素。美国认定的 35 个战略元素和日本选定的 26 个高技术元素中，都包括了全部稀土元素。

第一节　镧 系 元 素

镧系元素的基态电子组态是根据光谱实验数据确定的，价层电子组态可用通式 $4f^{1\sim14}5d^{0\sim1}6s^2$ 表示，包括镧(La)、铈(Ce)、镨(Pr)、钕(Nd)、钷(Pm)、钐(Sm)、铕(Eu)、钆(Gd)、铽(Tb)、镝(Dy)、钬(Ho)、铒(Er)、铥(Tm)、镱(Yb)、镥(Lu)共 15 种元素。

*关于 f 区元素的定义目前仍是有争议的，不同教材有所不同。本教材中，镧和锕分别放入镧系元素和锕系元素中一起讨论。

一、原子结构及基本性质

镧系元素的原子，随着原子序数的增加，电子都填充在 4f 轨道上，其外层轨道的电子排布基本相同，因此该系元素的化学性质都是比较相近的。镧系元素的金属一般都具有银白色的光泽，质地较软，有一定的延展性。它们的化学性质都比较活泼，新切开的有光泽的金属表面在空气中迅速形成一层氧化膜，并进一步氧化而变暗。

金属与冷水反应缓慢，与热水反应剧烈，能产生 H_2。所有镧系元素都能生成化学性质接近的氧化数为+3 的化合物，个别镧系元素也能生成比较稳定或不太稳定的氧化数为+2 或+4 的化合物，15 个元素的化学性质并不完全相似，它们的光学、电磁学等物理性质有较大的差别。

(一) 原子半径和离子半径

如图 15-1 所示，随着镧系元素的原子序数增大，镧系元素的原子半径缓慢减小。同样地，+3 离子半径随原子序数增大而逐渐减小，且变化趋势非常规律。镧系元素的原子半径和其+3 离子半径随着原子序数增大而逐渐减小的特征现象，是它们的 4f 电子屏蔽效应的结果，称为**镧系收缩**(lanthanide contraction)。造成这种现象的原因有两个：其一，由于 4f 电子对原子核的屏蔽作用比较弱，随着原子序数的递增，外层电子所受的有效核电荷缓慢增加，电子壳层依次有所缩小；其二，f 轨道的形状太分散，4f 电子相互之间的屏蔽也非常不完全，在填充 f 电子的同时，每个 4f 电子所受的有效核电荷的吸引也在逐渐增加，结果使得 4f 壳层也逐渐缩小。

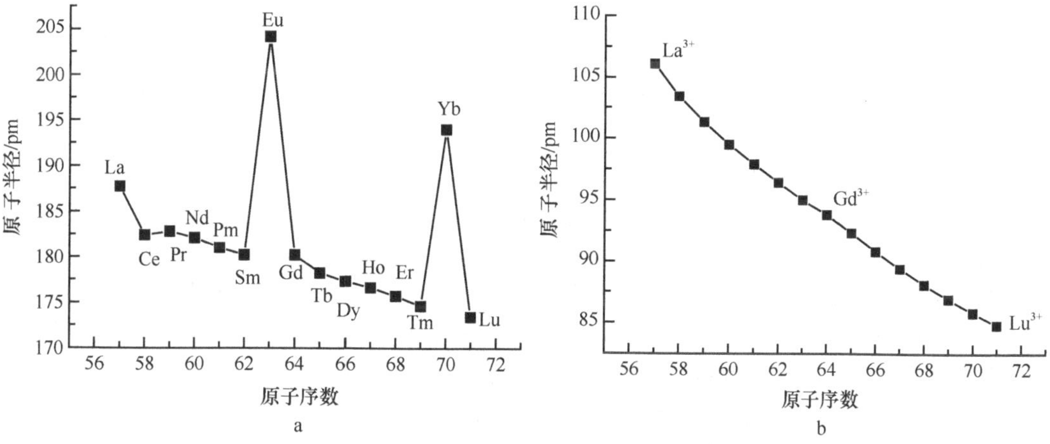

图 15-1 镧系元素的原子半径与 Ln^{3+}的半径

a. 镧系元素；b. Ln^{3+}

镧系收缩的结果使金属原子半径从 La(187.7pm)到 Lu(173.4pm)共缩小约 15pm，平均约 1pm/核电荷，见表 15-1。总之，镧系元素的化学性质受 4f 电子数的影响很小，因此这些元素的化学性质都十分相似。在整个系列中，只有铕(Eu)和镱(Yb)出现异常，这是因为在 Eu 和 Yb 的电子层结构中，分别有半充满的 $4f^7$ 和 $4f^{14}$ 电子，这种结构比起 4f 电子层没有充满的其他状态来说，对原子核有较大的屏蔽作用，所以其半径突出地增大。基于此，Eu 和 Yb 的密度及熔点比它们各自左右相邻的两个金属都小；它们的性质同 Ca、Sr、Ba 相近，如都能溶于液氨形成深蓝色的溶液。

由于镧系收缩的影响，钇 Y^{3+}(88pm)在离子半径的序列中落在铒 Er^{3+}(88.1pm)的附近，因而，在自然界中常同镧系元素共生，成为稀土元素的一员。这使得镧系后面各族过渡元素的原子半径和离子半径分别与相应同族上面一个元素的原子半径和离子半径极为接近。例如，ⅣB 族的 Zr^{4+}(80pm)和 Hf^{4+}(79pm)、ⅥB 族的 Nb^{5+}(70pm)和 Ta^{5+}(69pm)、ⅥB 族的 Mo^{6+}(62pm)和 W^{6+}(62pm)不仅半径极其近似，而且化学性质也相似，造成锆和铪、铌和钽、钼和钨这三对元素在分离上非常困难。第Ⅷ族中两排铂系元素在性质上极为相似，也是镧系收缩所带来的影响。

表 15-1　镧系元素的电子构型和性质

元素	Ln 电子组态	Ln^{3+}电子组态	常见氧化数	Ln 半径/pm	Ln^{3+}半径/pm	Ln^{3+}颜色
57La	$4f^0 5d^1 6s^2$	$4f^0$	+3	187.7	106.1	无
58Ce	$4f^1 5d^1 6s^2$	$4f^1$	+3、+4	182.4	103.4	无
59Pr	$4f^3 5d^0 6s^2$	$4f^2$	+3、+4	182.8	101.3	黄绿
60Nd	$4f^4 5d^0 6s^2$	$4f^3$	+3、+2	182.1	99.5	红紫
61Pm	$4f^5 5d^0 6s^2$	$4f^4$	+3	181.0	97.9	粉红
62Sm	$4f^6 5d^0 6s^2$	$4f^5$	+3、+2	180.2	96.4	淡黄
63Eu	$4f^7 5d^0 6s^2$	$4f^6$	+3、+2	204.2	95.0	浅粉红
64Gd	$4f^7 5d^1 6s^2$	$4f^7$	+3	180.2	93.8	无
65Tb	$4f^9 5d^0 6s^2$	$4f^8$	+3、+4	178.2	92.3	浅粉红
66Dy	$4f^{10} 5d^0 6s^2$	$4f^9$	+3、+2	177.3	90.8	浅黄绿
67Ho	$4f^{11} 5d^0 6s^2$	$4f^{10}$	+3	176.6	89.4	淡黄
68Er	$4f^{12} 5d^0 6s^2$	$4f^{11}$	+3	175.7	88.1	淡红
69Tm	$4f^{13} 5d^0 6s^2$	$4f^{12}$	+3、+2	174.6	86.9	淡绿
70Yb	$4f^{14} 5d^0 6s^2$	$4f^{13}$	+3、+2	194.0	85.8	无
71Lu	$4f^{14} 5d^1 6s^2$	$4f^{14}$	+3	173.4	84.8	无

(二) 金属性质和特征氧化态

镧系元素都是非常活泼的金属，活泼的顺序由 La 到 Lu 递减，但是差距较小，其活泼性仅次于碱金属和碱土金属，都是很强的还原剂。镧系元素的单质都能与空气中的 O_2 直接反应，尤其在潮湿的空气中反应进行很快，常温下镧系元素也能和其他的非金属单质直接化合，因此，稀土的金属单质要隔绝空气保存。镧系元素的特征氧化数为+3，它们都是还原性较强的金属。由于镧系元素原子的 4f、5d 和 6s 的能级比较接近，所以它们的电子组态倾向于保持或接近全空、全充满和半充满的稳定状态。一些稀土元素的常见氧化数还表现为+4 或+2，如 $Ce^{4+}(4f^0 5d^0 6s^0)$、$Dy^{4+}(4f^8 6s^0)$、$Eu^{2+}(4f^7 6s^0)$、$Yb^{2+}(4f^{14} 6s^0)$等。

(三) Ln^{3+}离子的颜色

多数 Ln^{3+}具有一定的颜色，可以简单地认为是与这些离子的 4f 亚层中电子发生的 f-f 跃迁、d-f 跃迁和配体-金属电荷迁移有关。当 4f 轨道全空、半满或全满时离子是无色的，离子对可见光无吸收。例如，$La^{3+}(4f^0)$和 $Lu^{3+}(4f^{14})$离子无色；另一稳定组态的离子 $Gd^{3+}(4f^7)$和接近稳定组态的离子 $Ce^{3+}(4f^1)$、$Eu^{3+}(4f^6)$、$Tb^{3+}(4f^7)$和 $Yb^{3+}(4f^{13})$的对光的最大吸收在紫外区或红外区，因而，多显无色或浅色。

二、重要化合物及性质

镧系元素的重要化合物有氧化物、氢氧化物、常见的盐和配合物等。

(一) 氧化物

镧系元素和 O_2 的反应非常剧烈，都能生成 Ln_2O_3 型氧化物，且生成焓都很大，这些氧化物的稳定性都很高，其熔点一般也很高(>2000℃)。例如，Ce 生成白色的 CeO_2，Pr 生成黑色的 Pr_6O_{11}，Tb 生成暗棕色的 Tb_4O_7，且 CeO_2、PrO_2 比 Al_2O_3、SiO_2 还要稳定。镧系元素氧化物属碱性氧化物，溶于酸；高温灼烧过的 CeO_2 难溶于强酸，需要加入还原剂助溶。许多镧系元素氧化物都有重要的用途。例如，Ln_2O_3 可用于制造光学玻璃，CeO_2 是抛光粉，Eu_2O_3 可用于制造彩色荧光粉等。此外，Ln_2O_3 的颜色变化也与 Ln^{3+} 的颜色变化规律相同，如表 15-2 所示。

表 15-2 Ln_2O_3 的颜色变化

氧化物	La_2O_3	Ce_2O_3	Pr_2O_3	Nd_2O_3	Sm_2O_3	Eu_2O_3	Gd_2O_3
颜色	白	白	黄绿	浅蓝	淡黄	淡玫瑰	白
氧化物	Tb_2O_3	Dy_2O_3	Ho_2O_3	Er_2O_3	Tm_2O_3	Yb_2O_3	Lu_2O_3
颜色	白	白	棕	淡玫瑰	淡绿	白	白

(二) 氢氧化物

镧系元素氢氧化物的碱性与碱金属氢氧化物的碱性相接近，都不具有两性，在空气中放置能吸收二氧化碳生成碳酸盐。它们的溶解度都很小，向 Ln^{3+} 的盐溶液中缓慢加入氨水并严格控制 pH，可按溶度积由小到大依次沉淀出 $M(OH)_3$。

某种金属离子吸引电子或者阴离子的能力被称为该金属离子的相对碱度。引力越强，碱度越弱。碱度的强弱与金属离子的离子势有关。离子半径越小，所带电荷越多，离子势也越大。镧系元素中带相同电荷的离子随着原子序数增加半径逐渐减小，离子势也相应地逐渐增大，离子的碱度也逐渐减弱。通常可以利用 Ln^{3+} 离子半径的微小差异，亦即碱度的微小差异，对镧系元素的离子进行分离。

如表 15-3 所示，由于 Ln^{3+} 的碱度随离子半径的缩小而减弱，镧系元素氢氧化物的碱性从上到下依次降低，对 OH^- 的吸引力依次增强，所需要的 OH^- 逐渐减少。即随着 pH 降低，$Ln(OH)_3$ 将从溶液中逐渐沉淀出来。

表 15-3 $Ln(OH)_3$ 的溶度积常数(298K)和开始沉淀的 pH

$Ln(OH)_3$	颜色	开始沉淀的 pH			$K_{sp}^{\ominus}$
		硝酸盐	氯化物	硫酸盐	
$La(OH)_3$	白	7.82	8.03	7.41	1.0×10^{-19}
$Ce(OH)_3$	白	7.60	7.41	7.35	1.5×10^{-20}
$Pr(OH)_3$	浅绿	7.35	7.05	7.17	2.7×10^{-22}
$Nd(OH)_3$	紫红	7.31	7.02	6.95	1.9×10^{-21}
$Pm(OH)_3$	黄	6.92	6.83	6.70	6.8×10^{-22}
$Sm(OH)_3$	白	6.91	—	6.68	3.4×10^{-22}
$Eu(OH)_3$	白	6.84	—	6.75	2.1×10^{-22}
$Gd(OH)_3$	白	—	—	—	2.0×10^{-22}
$Tb(OH)_3$	黄	—	—	—	1.4×10^{-22}
$Dy(OH)_3$	黄	—	—	—	5.0×10^{-23}
$Ho(OH)_3$	浅红	6.76	—	6.50	1.3×10^{-23}

续表

$Ln(OH)_3$	颜色	开始沉淀的 pH			$K_{sp}^{\ominus}$
		硝酸盐	氧化物	硫酸盐	
$Er(OH)_3$	绿	6.40	—	6.21	3.3×10^{-24}
$Tm(OH)_3$	白	6.30	—	6.18	2.9×10^{-24}
$Yb(OH)_3$	白	6.30	—	6.18	2.5×10^{-24}
$Lu(OH)_3$	白	6.95	6.78	6.83	—

(三) 常见的盐

镧系元素常见的盐主要有氯化物、硫酸盐、草酸盐和硝酸盐等。

镧系元素氯化物一般易溶于水，固体都含结晶水 $LnCl_3\cdot xH_2O(x=6\sim7)$。在氢氧化物、氧化物或碳酸盐中加入盐酸即可得到氯化物。必须注意的是，因氯化物可发生水解生成氯氧化物 LnOCl，故不能通过加热水合氯化物来制备无水氯化物。无水 $LnCl_3$ 通常需要在 HCl 气流中、有 NH_4Cl 存在或者真空脱水等方法来制备。无水 $LnCl_3$ 熔点高，在熔融状态下易导电。

镧系元素硫酸盐和硫酸铝相似，易溶于水。含结晶水的 $Ln_2(SO_4)_3\cdot xH_2O$ 脱水后最终可转化成 Ln_2O_3，定量分析中的铈量法就是以 $Ce(SO_4)_2$ 为氧化剂，其电极电势与溶液酸度有关。

镧系元素草酸盐可溶于稀的强酸，溶解度比在水中大，酸浓度越高，溶解度越大。它们受热最终分解为氧化物，而且在加热过程中生成相应的碳酸盐。

镧系元素硝酸盐 $Ln(NO_3)_3\cdot xH_2O$ 通常也含结晶水，且以 $x=6$ 较为常见。$Ln(NO_3)_3$ 易溶于水，也能溶于有机溶剂，如醇、酮、醚中。

(四) 配合物

镧系元素形成配合物的能力与碱土金属中的钙和钡类似，但不如过渡元素突出。镧系金属离子属于硬酸，与硬碱的配位原子 F、O、N 等易形成稳定的配位键。镧系元素配合物中，由于 Ln^{3+}的 4f 轨道很难参与成键，故配位键主要为离子键，稳定化能小，稳定性较低。Ln^{3+}因电荷多，半径较大，外层空轨道多，导致配位数较大，最高可达 12，常显出较特殊的配位几何形状，如四方反锥体、十二面体等。

三、稀土元素的生物学效应及常见药物

(一) 生物学效应

稀土元素对动植物具有广泛的生物学效应。与激素有许多相似之处，低浓度的稀土可促进愈伤组织生长。施用稀土除可促进作物生长发育外，还可提高作物产量、改善作物品质、增强作物抗逆性和抗病性。在生物体内，与钙离子性质结构相似的稀土可以通过对 Ca^{2+}、Mg^{2+}、Fe^{2+} 等金属离子的置换与竞争，影响一些生物酶或生物大分子的生理功能，因而有人将稀土离子称为超级钙。

稀土化合物具有一系列特殊的药效作用已被陆续发现，且广泛应用于治疗烧伤、炎症、皮肤病、抗凝血等。适当浓度的稀土对于细菌的生长具有抑制作用。早在 20 世纪 60 年代，稀土作为局部烧伤抗菌剂已经在临床上使用。磺基水杨酸稀土具有很好的镇痛、镇静与解热作用。我国开发的稀土抗炎药氯芬那酸、吲哚美辛、丙磺舒等抗炎效果好且毒性小。稀土在癌症诊疗中也有广泛的应用前景，研究发现钨钛磷酸稀土杂多酸盐显出较强的抗艾滋病病毒活性及较低的细胞毒性，被认为是到目前为止发现的一种较好的抗艾滋病病毒杂多配合物。

目前，科学家致力研究稀土对多种细胞的作用，以期彻底明确稀土元素与人体的作用机制

及远期生物效应，从而更加安全和合理地使用我国丰富的稀土资源。

(二) 常见药物

草酸铈：用于治疗海洋性眩晕和妊娠呕吐。

钛铁试剂钕、钐化合物：将钕、钐化合物制成的软膏，用于治疗湿疹皮炎、过敏性皮炎等炎症。

3%的磺基水杨酸钕：用于治疗牙龈炎。

稀土放射性药物亦已在临床上普遍使用。例如，应用 ^{169}Yb 和 ^{167}Tm 作组织定位显像药，应用 ^{90}Y 和 ^{153}Sm 治疗骨转移癌等。

离子交换法富集 Ln^{3+}

先将含有镧系元素离子的溶液从顶部注入钠盐(如聚苯乙烯磺酸钠)阳离子交换柱，Ln^{3+} 置换 Na^+后，在柱的上部形成一个吸附带，再用含有阴离子配体(如酒石酸根、乳酸根和 2-羟基异丁酸根)的溶液缓慢流过柱体使 Ln^{3+}沿交换柱下移并相互分离。阴离子螯合配位体在淋洗过程中与 Ln^{3+}离子形成配合物。配合物离子(正电荷低于 Ln^{3+})与树脂结合得不像 Ln^{3+}结合得那样强，因而进入树脂附近的溶液中。树脂上的阳离子与溶液中的中性或阴离子配合物之间建立平衡。

开始时柱体顶部的 Na^+被 Ln^{3+}取代

$$Ln^{3+}(aq) + 3Na^+(res) \Longleftrightarrow Ln^{3+}(res) + 3Na^+(aq)$$

配位试剂淋洗时形成电中性或带负电荷的镧系配合物。为了维持树脂本身的电中性，镧系配合物离开后留下的位置重新被 Na^+占据

$$3Na^+(aq) + Ln^{3+}(res) + 3RCO_2^-(aq) \Longleftrightarrow 3Na^+(res) + Ln(RCO_2)_3(aq)$$

半径最小的 Ln^{3+}与阴离子配体的结合力最强(配合物的稳定常数最大)，因而最先出现在流出液中。

第二节 锕系元素简介

锕系元素包括锕(Ac)、钍(Th)、镤(Pa)、铀(U)、镎(Np)、钚(Pu)、镅(Am)、锔(Cm)、锫(Bk)、锎(Cf)、锿(Es)、镄(Fm)、钔(Md)、锘(No)、铹(Lr)共 15 种元素，它们都是放射性元素，用元素符号 An 表示。前 4 种元素锕、钍、镤、铀自然界中存在，铀以后的 93～103 号的 11 种元素称为超铀元素，全部是由人工核反应合成。

一、原子结构及基本性质

锕系元素的电子组态如表 15-4 所示，它们与镧系元素相似，具有 $5f^n7s^2$ 和 $5f^{n-1}6d^17s^2$ 两种类型，但不同的是，5f 跃迁到 6d 所需的能量比 4f 跃迁到 5d 所需的能量更小，所以锕系元素中前面一半元素具有保持 d 电子的强烈趋势。锕系元素最外层的电子组态基本相同。锕以后的元素，其电子依次填充 5f 电子层，它们对外层电子的屏蔽作用强，而相互间的屏蔽作用较差，有效核电荷数依次缓慢增加，原子半径和离子半径依次减小，称为**锕系收缩**。但锕系收缩的程度比镧系收缩明显，特别是前面 4 个元素尤为显著。

锕系元素中，填充最初几个 5f 电子时，离子半径收缩比较明显，后来趋于平缓，使得这些元素的离子半径十分接近。因此锕系元素在化学性质上的差别随着原子序数的增大而逐渐变小，以致逐个分离锕系元素越来越困难。广泛使用的分离方法是溶剂萃取法和离子交换法，特别是在发现锫、锎、锿、镄和钔等元素时，离子交换色谱法起了重要的作用。其分离机制是基于离子半

径的微小差别以及各种配合剂的不同配合作用，使锕系元素被依次从离子交换柱淋洗下来。

表 15-4 锕系元素的部分性质

元素	Ln 电子组态	常见氧化数	原子半径/pm	Ln^{3+}半径/pm	半衰期
89Ac	$6d^17s^2$	+3	189.8	111.0	21.8a
90Th	$6d^27s^2$	+3、+4、+5	179.8	108.0	1.41×10^{10}a
91Pa	$5f^26d^17s^2$	+3、+4	164.2	105.0	3.28×10^4a
92U	$5f^36d^17s^2$	+3、+2	154.2	103.0	4.47×10^9a
93Np	$5f^46d^17s^2$	+3	150.3	101.0	2.41×10^6a
94Pu	$5f^67s^2$	+3、+2	152.3	100.0	8.10×10^7a
95Am	$5f^77s^2$	+3、+2	173.0	99.0	7.38×10^3a
96Cm	$5f^76d^17s^2$	+3	174.3	98.6	1.60×10^7a
97Bk	$5f^97s^2$	+3、+4	170.4	98.1	1.38×10^3a
98Cf	$5f^{10}7s^2$	+3、+2	169.4	97.6	350a
99Es	$5f^{11}7s^2$	+3	169.0	97.0	277d
100Fm	$5f^{12}7s^2$	+3	194.0	97.0	100d
101Md	$5f^{13}7s^2$	+3、+2	194.0	96.0	55d
102No	$5f^{14}7s^2$	+3、+2	194.0	95.0	1h
103Lr	$5f^{14}6d^17s^2$	+3	171.0	94.0	3min

锕系元素的金属都具有银白色光泽，都是放射性元素，在暗处遇荧光物质能发光。它们的熔沸点比镧系元素稍高，密度稍大，且金属结构的变体较多。它们都是活泼金属，在空气中迅速变暗，生成氧化膜，其中钍的氧化膜有保护性。它们可与大多数非金属反应，与非氧化性酸、沸水或水蒸气反应放出 H_2，与碱不反应。

二、重要化合物及性质

锕系元素的氯化物、硝酸盐、高氯酸盐可溶于水，氢氧化物、氟化物、硫酸盐和草酸盐不溶于水。大多数锕系元素能形成配合物。α 衰变和自发裂变是锕系元素的重要核特性。随着原子序数的增大，半衰期依次缩短，如铀 238 的半衰期为 44.68 亿年，而锘 260 的半衰期只有 3 分钟。锕系元素的离子颜色变化规律与镧系元素相似，如 $5f^0$、$5f^7$、$5f^{14}$ 电子组态的离子都无色，其余元素基本上都有颜色。

三、锕系元素的应用

锕系元素都有很强的放射性，单质及其化合物均不易得到。锕系元素的毒性和辐射危害较大，因此，有关化学性质的研究都是在微克量级甚至数百个原子的量级上进行的，所有的实验操作须在特殊的密闭工作箱中进行，且必须采取严格的防护措施。在人工合成的锕系元素中，只有钚、镎、镅、锔的年产量达千克级以上，锎仅为克量级，锿以后的元素量极少，半衰期很短，仅用于研究。用途比较多的只有铀和钍，钚在某些情况下用作核燃料。

知 识 导 图

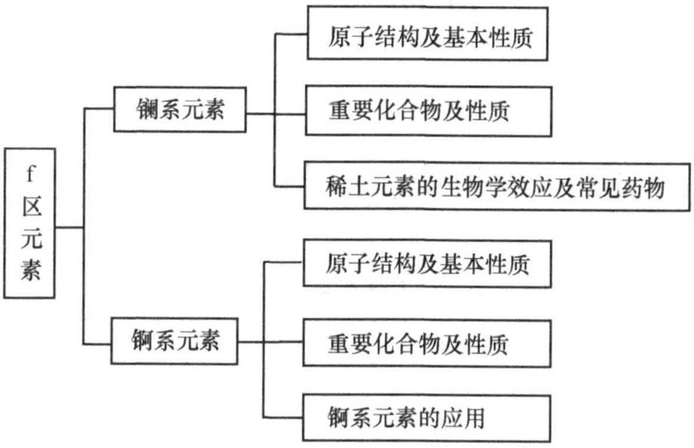

习　　题

1. 请写出 Eu、Yb 的价层电子构型，并解释 Eu、Yb 的原子半径比左右相邻元素大，而它们的熔点却比相邻元素低的原因？

2. 简述从镧到镥金属活泼性及氢氧化物碱性的变化规律。

3. 镧系元素草酸盐的溶度积和碳酸盐相近，为什么后者易溶于稀强酸？

4. 简述稀土元素的主要用途。

(付　琛)

习 题 详 解

1. 答：Eu：$4f^76s^2$　　Yb：$4f^{14}6s^2$

镧系原子 4f 电子受核束缚，只有 5d 和 6s 电子才能成为自由电子，RE(g)有 3 个电子($5d^16s^2$)参与形成金属键，而 Eu(g)和 Yb(g)只有 2 个电子($6s^2$)参与，金属键相对弱一些，因此半径比相邻元素更大，熔点较低。有人也把这叫作“双峰效应”。(影响半径大小的为 f 轨道等价电子层对原子核的屏蔽作用，屏蔽作用强，原子受到原子核的屏蔽作用增强。对于镧系金属，随原子序数的增加，4f 电子对核的屏蔽作用降低，进而使最外层电子受到强的核吸引力，所以原子半径由左至右依次降低；其次因为 f 层电子的电子分散相对较散，4f 电子相互之间的屏蔽作用也不完全，所以使得 4f 电子所受到的有效核电荷数也在逐渐增加，结果 4f 壳层也逐渐缩小。)

2. 答：稀土金属的活泼顺序按 Sc、Y、La 递增，但由 La 到 Lu 递减，其中镧(La)的活泼性最高。镧系元素氢氧化物的碱性均较强，但由 La 到 Lu 亦呈递减趋势。

3. 答：虽然镧系元素碳酸盐的溶解度和溶度积都比相应的草酸盐略小，但由于碳酸的酸性比草酸弱得多，而且在酸性溶液中碳酸会分解成二氧化碳和水，导致镧系元素的碳酸盐能溶解在强酸溶液中。

4. 答：包括镧系元素在内的稀土元素具有独特的物理化学性质，这为其广泛的应用提供了基础。目前稀土金属和化合物已成为农业、化工、冶金、军事国防等诸方面不可缺少的特殊材料。

附　　录

附录一　SI 基本单位和常用单位

附表 1-1　SI 基本单位和常用单位

量的名称	单位名称	单位符号	用 SI 基本单位和 SI 导出单位表示
长度*	米	m	—
质量*	千克	kg	—
时间*	秒	s	—
电流*	安[培]	A	—
热力学温度*	开[尔文]	K	—
物质的量*	摩[尔]	mol	—
发光强度*	坎[德拉]	cd	—
力	牛[顿]	N	$1N = 1kg \cdot m/s^2$
压力，压强，应力	帕[斯卡]	Pa	$1Pa = 1N/m^2$
能[量]，功，热量	焦[耳]	J	$1J = 1N \cdot m$
功率，辐[射能]通量	瓦[特]	W	1W = 1J/s
电荷[量]	库[仑]	C	$1C = 1A \cdot s$
电压，电动势，电位，(电势)	伏[特]	V	1V = 1W/A
摄氏温度	摄氏度	℃	1℃ = 1K
频率	赫[兹]	Hz	$1Hz = 1s^{-1}$
长度	微米	μm	$1\mu m = 1\times10^{-6}m$
长度	纳米	nm	$1nm = 1\times10^{-9}m$
长度	埃	Å	$1Å = 1\times10^{-10}m$
长度	皮米	pm	$1pm = 1\times10^{-12}m$

注：*为 SI 基本单位。

附录二　一些物质的基本热力学数据

附表 2-1　298.15K 的标准摩尔生成焓、标准摩尔生成自由能和标准摩尔熵的数据

物质	$\Delta_f H_m^\ominus/(kJ \cdot mol^{-1})$	$\Delta_f G_m^\ominus/(kJ \cdot mol^{-1})$	$S_m^\ominus/(J \cdot K^{-1} \cdot mol^{-1})$
Ag(s)	0	0	42.55
Ag^+(aq)	105.79	77.12	73.45
$AgNO_3$(s)	−124.4	−33.47	140.92
AgCl(s)	−127.01	−109.8	96.25
AgBr(s)	−100.37	−96.90	107.11
AgI(s)	−61.84	−66.19	115.5
Ag_2O(s)	−31.1	−11.21	121.3
Al(s)	0	0	28.30

续表

物质	$\Delta_f H_m^\ominus$/(kJ·mol^{-1})	$\Delta_f G_m^\ominus$/(kJ·mol^{-1})	$S_m^\ominus$/(J·K^{-1}·mol^{-1})
$AlCl_3$(s)	−704.2	−628.8	109.29
Al_2O_3(刚玉)	−1675.7	−1582.3	50.92
Ba(s)	0	0	62.48
Ba^{2+}(aq)	−537.64	−560.74	9.6
$BaCl_2$(s)	−855.0	−806.7	123.67
BaO(s)	−548.0	−520.3	72.1
$BaCO_3$(s)	−1213.0	−1134.4	112.1
$BaSO_4$(s)	−1473.2	−1362.2	132.2
Br_2(g)	30.91	3.1	245.468
Br_2(l)	0	0	152.21
C(金刚石)	1.897	2.900	2.377
C(石墨)	0	0	5.74
CO(g)	−110.53	−137.16	197.660
CO_2(g)	−393.51	−394.39	213.785
Ca(s)	0	0	41.59
Ca^{2+}(aq)	−543.0	−553.54	−56.2
$CaCl_2$(s)	−795.4	−748.8	108.4
$CaCO_3$(方解石)	−1207.6	−1129.1	91.7
$CaCO_3$(蓝文石)	−1207.8	−1128.2	88.0
CaO(s)	−634.92	−603.3	38.1
$Ca(OH)_2$(s)	−985.2	−897.5	83.4
$CaSO_4$(s)	−1425.2	−1309.1	108.4
Cl_2(g)	0	0	233.08
Cl^-(aq)	−167.08	−131.3	56.60
Co(s)	0	0	30.0
$CoCl_2$(s)	−312.5	−269.8	109.2
Cu(s)	0	0	33.15
Cu^{2+}(aq)	64.9	65.52	−98
CuO(s)	−157.3	−129.7	42.6
Cu_2O(s)	−168.6	−149.0	93.1
CuS(s)	−53.1	−53.7	66.5
$CuSO_4$(s)	−771.4	−662.2	109.2
F_2(g)	0	0	202.8
F^-(aq)	−332.6	−278.8	−13.8
Fe(s)	0	0	27.28
Fe^{2+}(aq)	−89.1	−78.87	−137.7
Fe^{3+}(aq)	−48.5	−4.7	−315.9
FeO(s)	−272.0	−251.4	60.75
Fe_3O_4(s)	−1118.4	−1015.4	145.27
Fe_2O_3(s)	−824.2	−742.2	87.40
H_2(g)	0	0	130.680
H^+(aq)	0	0	0

续表

物质	$\Delta_f H_m^\ominus$/(kJ·mol^{-1})	$\Delta_f G_m^\ominus$/(kJ·mol^{-1})	$S_m^\ominus$/(J·K^{-1}·mol^{-1})
HCl(g)	−92.31	−95.30	186.902
HF(g)	−275.5	−277.27	179.70
HBr(g)	−36.29	−53.4	198.700
HI(g)	26.50	1.7	206.590
HNO_3(l)	−174.1	−80.7	155.60
H_2O(g)	−241.826	−228.61	188.835
H_2O(l)	−285.830	−237.14	69.95
H_2O_2(l)	−187.78	−120.42	109.6
H_2S(g)	−20.6	−33.4	205.81
HN_3(l)	264.0	327.2	140.6
HN_3(g)	294.1	328.1	239.0
Hg(l)	0	0	75.90
$HgCl_2$(s)	−224.3	−178.6	146.0
HgO(红色)	−90.79	−58.49	70.25
HgI_2(s)	−105.4	−101.7	180.0
HgS(红色)	−58.2	−50.6	82.4
I_2(g)	62.42	19.37	260.687
I_2(s)	0	0	116.14
I^-(aq)	−56.78	−51.59	106.45
K(s)	0	0	64.68
K^+(aq)	−252.14	−283.26	101.20
KI(s)	−327.9	−324.9	106.3
KCl(s)	−436.5	−408.5	82.55
KBr(s)	−393.8	−380.7	95.9
KOH(s)	−424.7	−378.7	78.9
$KMnO_4$(s)	−837.2	−737.6	171.71
Mg(s)	0	0	32.67
Mg^{2+}(aq)	−467.0	−454.8	−137
MgO(s)	−601.6	−569.3	26.95
$MgCO_3$(s)	−1095.8	−1012.1	65.7
$MgSO_4$(s)	−1284.9	−1170.6	91.6
Mn(s)	0	0	32.01
Mn^{2+}(aq)	−220.75	−228.1	−73.6
MnO_2(s)	−520.1	−465.2	53.1
N_2(g)	0	0	191.609
NH_3(g)	−45.94	−16.4	192.776
NH_4Cl(s)	−314.5	−202.9	94.6
NH_4NO_3(s)	−365.56	−184.01	151.08
NO(g)	91.30.25	87.6	210.8
NO_2(g)	33.2	51.3	240.1
N_2O_4(l)	−19.5	97.5	209.2
N_2O_4(g)	11.1	97.89	304.4

续表

物质	$\Delta_f H_m^\ominus/(kJ\cdot mol^{-1})$	$\Delta_f G_m^\ominus/(kJ\cdot mol^{-1})$	$S_m^\ominus/(J\cdot K^{-1}\cdot mol^{-1})$
$N_2H_4(l)$	50.6	149.3	121.2
$N_2H_4(g)$	95.4	159.4	238.5
Na(s)	0	0	51.30
$Na^+(aq)$	−240.34	−261.88	58.45
NaCl(s)	−411.2	−384.1	72.1
$Na_2CO_3(s)$	−1130.7	−1044.4	135.0
$NaNO_3(s)$	−467.85	−367.06	116.52
NaOH(s)	−425.6	−379.4	64.4
$O_2(g)$	0	0	205.2
$O_3(g)$	142.7	163.2	238.9
$OH^-(aq)$	−230.0	−157.2	−10.8
P(白)	0	0	41.1
P(红)	−17.6	12.1	22.80
$P_4(g)$	58.91	24.44	279.98
$PCl_3(l)$	−319.7	−272.3	217.1
Pb(s)	0	0	64.80
$PbI_2(s)$	−175.5	−173.58	174.9
PbO(黄色)	−219.0	−188.9	66.5
$PbO_2(s)$	−277.4	−217.3	68.60
$Pb_3O_4(s)$	−718.4	−601.2	211.3
PbS(s)	−100.4	−98.7	91.3
$PbSO_4(s)$	−919.97	−813.0	148.50
S(斜方)	0	0	32.054
S(单斜)	0.360	−0.070	33.03
$H_2S(g)$	−20.6	−33.4	205.81
$SO_2(g)$	−296.81	−300.13	248.223
$SO_3(g)$	−395.7	−371.02	256.77
SiO_2(石英)	−910.7	−856.3	41.46
$SnCl_2(s)$	−325.1	—	130
SnO(四方)	−280.71	−251.9	57.17
SnO_2(四方)	−577.63	−515.8	49.04
$SbCl_3(s)$	−382.2	−323.7	184.1
Zn(s)	0	0	41.63
$Zn^{2+}(aq)$	−153.39	−147.1	−109.8
ZnO(s)	−350.46	−320.52	43.65
ZnS(s)	−205.98	−201.29	57.7
$ZnSO_4(s)$	−982.84	−817.5	−110.5
$CH_4(g)$	−74.6	−50.5	186.3
$C_2H_2(g)$	227.4	209.9	200.9
$C_2H_4(g)$	52.4	68.4	219.3
C_2H_6(g，乙烷)	−84.0	−32.0	229.2
C_6H_6(g，苯)	82.9	129.7	269.2

续表

物质	$\Delta_f H_m^\ominus$/(kJ·mol^{-1})	$\Delta_f G_m^\ominus$/(kJ·mol^{-1})	$S_m^\ominus$/(J·K^{-1}·mol^{-1})
C_6H_6(l，苯)	49.1	124.5	173.4
CH_3OH(g)	−201.0	−162.3	239.9
CH_3OH(l)	−239.2	−166.6	126.8
HCHO(g)	−108.6	−102.5	218.8
HCOOH(l)	−425.0	−361.4	129.0
C_2H_5OH(g)	−234.8	−167.9	281.6
C_2H_5OH(l)	−277.6	−174.8	160.7
CH_3CHO(l)	−192.2	−127.6	160.2
CH_3COOH(l)	−484.3	−389.9	159.8
H_2NCONH_2(s)	−333.1	−197.33	104.60
$C_6H_{12}O_6$(s) (葡萄糖)	−1273.3	−910.6	212.1
$C_{12}H_{22}O_{11}$(s) (蔗糖)	−2226.1	−1544.6	360.2

注：本表资料主要引自 2005. Lange's Handbook of Chemistry，(16th ed). New York：McGraw-Hill，1.238-1.279；Weast RC. CRC Handbook of Chemistry and Physics，95th ed.，CRC Press，2014～2015。

附表 2-2　一些有机化合物的标准摩尔燃烧热

化合物	$\Delta_c H_m^\ominus$/(kJ·mol^{-1})	化合物	$\Delta_c H_m^\ominus$/(kJ·mol^{-1})
烃类		醛、酮、酯类	
CH_4 甲烷(g)	890.8	CH_2O 甲醛(g)	570.7
C_2H_2 乙炔(g)	1301.1	C_2H_2O 乙烯酮(g)	1025.4
C_2H_4 乙烯(g)	1411.2	C_2H_4O 乙醛(l)	1166.9
C_2H_6 乙烷(g)	1560.7	C_3H_6O 丙酮(l)	1789.9
C_3H_6 丙烯(g)	2058.0	C_3H_6O 丙醛(l)	1822.7
C_3H_6 环丙烷(g)	2091.3	C_4H_8O 2-丁酮(l)	2444.1
C_3H_8 丙烷(g)	2219.2	$C_2H_4O_2$ 甲酸甲酯(l)	972.6
C_4H_6 1，3-丁二烯(g)	2541.5	$C_3H_6O_2$ 乙酸甲酯(l)	1592.2
C_4H_{10} 正丁烷(g)	2877.6	$C_4H_8O_2$ 乙酸乙酯(l)	2238.1
C_5H_{12} 正戊烷(l)	3509.0	酸类	
C_6H_6 苯(l)	3267.6	CH_2O_2 甲酸(l)	254.6
C_6H_{12} 环己烷(l)	3919.6	$C_2H_4O_2$ 乙酸(l)	874.2
C_6H_{14} 正己烷(l)	4163.2	$C_6H_5NO_2$ 烟酸(s)	2731.1
C_7H_8 甲苯(l)	3910.3	$C_7H_6O_2$ 苯甲酸(s)	3228.2
C_7H_{16} 正庚烷(l)	4817.0	$C_{17}H_{35}COOH$ 硬脂酸(s)	−11281
$C_{10}H_8$ 萘(s)	5156.3	含氮化合物	
醇、酚、醚类		CHN 氢氰酸(g)	671.5
CH_3OH 甲醇(l)	726.1	CH_3NO_2 硝基甲烷(l)	709.2
C_2H_5OH 乙醇(l)	1366.8	CH_4N_2O 脲(s)	632.7
C_2H_6O 甲醚(g)	1460.4	CH_5N 甲胺(g)	1085.6
$C_2H_6O_2$ 乙二醇(l)	1189.2	C_2H_3N 乙胺(l)	1247.2
C_3H_7OH 1-丙醇(l)	2021.3	C_2H_5NO 乙酰胺(s)	1184.6
$C_3H_8O_3$ 甘油(l)	1655.4	C_3H_9N 三甲胺(g)	2443.1
$C_4H_{10}O$ 乙醚(l)	2723.9	C_5H_5N 吡啶(l)	2782.3

续表

化合物	$\Delta_c H_m^{\ominus}$/(kJ·mol^{-1})	化合物	$\Delta_c H_m^{\ominus}$/(kJ·mol^{-1})
$C_5H_{11}OH$ 1-戊醇(l)	3330.9	C_6H_7N 苯胺(l)	3392.8
C_6H_6O 苯酚(s)	3053.5	碳水化合物	
		$C_6H_{12}O_6$ 葡萄糖(s)	−2803.0
		$C_{12}H_{22}O_{11}$ 蔗糖(s)	−5640.9

注：本表数据主要摘自 2014～2015. Weast RC. CRC Handbook of Chemistry and Physics，95th ed.，CRC Press。

附录三　弱酸(弱碱)在水中的标准解离常数(25℃)

附表 3-1　弱酸(弱碱)在水中的标准解离常数(25℃)

化合物	化学式	温度/℃	分步	K_a(或 K_b)	pK_a(或 pK_b)
砷酸	H_3AsO_4	25	1	5.5×10^{-3}	2.26
		25	2	1.7×10^{-7}	6.76
		25	3	5.1×10^{-12}	11.29
亚砷酸	H_2AsO_3	25	—	5.1×10^{-10}	9.29
硼酸	H_3BO_3	20	1	5.4×10^{-10}	9.27
		20	2		>14
碳酸	H_2CO_3	25	1	4.5×10^{-7}	6.35
		25	2	4.7×10^{-11}	10.33
铬酸	H_2CrO_4	25	1	1.8×10^{-1}	0.74
		25	2	3.2×10^{-7}	6.49
氢氰酸	HCN	25	—	6.2×10^{-10}	9.21
氢氟酸	HF	25	—	6.3×10^{-4}	3.20
氢硫酸	H_2S	25	1	8.9×10^{-8}	7.05
		25	2	1.2×10^{-13}	12.90
过氧化氢	H_2O_2	25	—	2.4×10^{-12}	11.62
次溴酸	HBrO	25	—	2.0×10^{-9}	8.55
次氯酸	HClO	25	—	3.9×10^{-8}	7.40
次碘酸	HIO	25	—	3×10^{-11}	10.5
碘酸	HIO_3	25	—	1.6×10^{-1}	0.78
高碘酸	HIO_4	25	—	2.3×10^{-2}	1.64
亚硝酸	HNO_2	25	—	5.6×10^{-4}	3.25
磷酸	H_3PO_4	25	1	6.9×10^{-3}	2.16
		25	2	6.1×10^{-8}	7.21
		25	3	4.8×10^{-13}	12.32
亚磷酸	H_3PO_3	20	1	5.0×10^{-2}	1.3
		20	2	2.0×10^{-7}	6.70
焦磷酸	$H_4P_2O_7$	25	1	1.2×10^{-1}	0.91
		25	2	7.9×10^{-3}	2.10
		25	3	2.0×10^{-7}	6.70
		25	4	4.8×10^{-10}	9.32
叠氮酸	HN_3	25		2.5×10^{-5}	4.6

续表

化合物	化学式	温度/℃	分步	K_a(或 K_b)	pK_a(或 pK_b)
硫酸	H_2SO_4	25	2	1.0×10^{-2}	1.99
亚硫酸	H_2SO_3	25	1	1.4×10^{-2}	1.85
		25	2	6×10^{-7}	7.2
硒酸	H_2SeO_4	25	2	2.0×10^{-2}	1.7
亚硒酸	H_2SeO_3	25	1	2.4×10^{-3}	2.62
		25	2	4.8×10^{-8}	8.32
正硅酸	H_4SiO_4	30	1	1.2×10^{-10}	9.9
		30	2	1.6×10^{-12}	11.8
		30	3	1×10^{-12}	12
		30	4	1×10^{-12}	12
乙(醋)酸	CH_3COOH	25	1	1.75×10^{-5}	4.756
丙酸	C_2H_5COOH	25	1	1.3×10^{-5}	4.87
一氯乙酸	$CH_2ClCOOH$	25	1	1.3×10^{-3}	2.87
草酸	$C_2H_2O_4$	25	1	5.6×10^{-2}	1.25
		25	2	1.5×10^{-4}	3.81
乳酸	$C_3H_6O_3$	25	1	1.4×10^{-4}	3.86
柠檬酸	$C_6H_8O_7$	25	1	7.4×10^{-4}	3.13
		25	2	1.7×10^{-5}	4.76
		25	3	4.0×10^{-7}	6.40
L-酒石酸	$C_4H_6O_6$	25	1	1.0×10^{-3}	2.98
		25	2	4.6×10^{-5}	4.34
苯甲酸	C_6H_5COOH	25	1	6.25×10^{-5}	4.204
邻苯二甲酸	$C_8H_6O_4$	25	1	1.14×10^{-3}	2.943
		25	2	3.70×10^{-6}	5.432
苯酚	C_6H_5OH	25	1	1.0×10^{-10}	9.99
巴比土酸	$C_4H_4N_2O_3$	25	1	9.8×10^{-5}	4.01
甲胺	CH_3NH_2	25	1	2.2×10^{-11}	10.66
二甲胺	$(CH_3)_2NH$	25	1	1.9×10^{-11}	10.73
吗啡	C_4H_9NO	25		3.2×10^{-9}	8.50
乙胺	$C_2H_5NH_2$	20	1	2.2×10^{-11}	10.65
腺嘌呤	$C_5H_5N_5$		1	5×10^{-5}	4.3
			2	1.5×10^{-10}	9.83
鸟嘌呤	$C_5H_5N_5O$	40		1.2×10^{-10}	9.92
胸腺嘧啶	$C_5H_6N_2O_2$	25		1.1×10^{-10}	9.94
Tris-HCl		37	1	1.4×10^{-8}	7.85
氨基乙酸	H_2NCH_2COOH	25	1	4.5×10^{-3}	2.35
		25	2	1.6×10^{-10}	9.78
氨水	NH_3	25	—	1.8×10^{-5}	4.75
氢氧化钙	Ca^{2+}	25	2	4×10^{-2}	1.4
氢氧化铝	Al^{3+}	25	—	1×10^{-9}	9.0
氢氧化银	Ag^{+}	25	—	1.0×10^{-2}	2.00
氢氧化锌	Zn^{2+}	25	—	7.9×10^{-7}	6.10
羟胺	NH_2OH	25		1.07×10^{-8}	7.97

注：本表数据主要录自 Weast RC. CRC Handbook of Chemistry and Physics, 95th ed., CRC Press, 2014～2015。K_a(或 K_b)是从 pK_a(或 pK_b)换算过来的。

附录四　一些难溶化合物的溶度积(18～25℃)

附表 4-1　一些难溶化合物的溶度积(18～25℃)

化合物	K_{sp}	化合物	K_{sp}	化合物	K_{sp}
AgAc	1.94×10^{-3}	$BiPO_4$	1.3×10^{-23}	Hg_2F_2	3.10×10^{-6}
AgBr	5.35×10^{-13}	$Bi(OH)_3$	6.0×10^{-31}	Hg_2I_2	5.2×10^{-29}
$AgBrO_3$	5.38×10^{-5}	BiI_3	7.71×10^{-19}	Hg_2SO_4	6.5×10^{-7}
AgCN	5.97×10^{-17}	Bi_2S_3	1×10^{-97}	$KClO_4$	1.05×10^{-2}
AgCl	1.77×10^{-10}	$CaC_2O_4\cdot H_2O$	2.32×10^{-9}	$K_2[PtCl_6]$	7.48×10^{-6}
AgI	8.52×10^{-17}	$CaCO_3$	3.36×10^{-9}	Li_2CO_3	2.5×10^{-2}
$AgIO_3$	3.17×10^{-8}	CaF_2	5.3×10^{-9}	$MgCO_3$	6.82×10^{-6}
AgSCN	1.03×10^{-12}	$Ca(IO_3)_2\cdot 6H_2O$	7.10×10^{-7}	MgF_2	5.16×10^{-11}
AgOH	2.0×10^{-8}	$Ca(OH)_2$	5.5×10^{-6}	$Mg(OH)_2$	5.61×10^{-12}
$AgNO_2$	6.0×10^{-4}	$CaSO_4$	4.93×10^{-5}	$Mg_3(PO_4)_2$	1.04×10^{-24}
Ag_2CO_3	8.46×10^{-12}	$Ca_3(PO_4)_2$	2.07×10^{-33}	$MnCO_3$	2.34×10^{-11}
$Ag_2C_2O_4$	5.40×10^{-12}	$CdCO_3$	1.0×10^{-12}	$Mn(IO_3)_2$	4.37×10^{-7}
Ag_2CrO_4	1.12×10^{-12}	CdF_2	6.44×10^{-3}	$Mn(OH)_2$	1.9×10^{-13}
Ag_2S	6.3×10^{-50}	$Cd(IO_3)_2$	2.5×10^{-8}	MnS	2.5×10^{-13}
Ag_2SO_3	1.50×10^{-14}	$Cd(OH)_2$	7.2×10^{-15}	$NiCO_3$	1.42×10^{-7}
Ag_2SO_4	1.20×10^{-5}	CdS	8.0×10^{-27}	$Ni(IO_3)_2$	4.71×10^{-5}
Ag_3AsO_4	1.03×10^{-22}	$Cd_3(PO_4)_2$	2.53×10^{-33}	$Ni(OH)_2$	5.48×10^{-16}
Ag_3PO_4	8.89×10^{-17}	$Co_3(PO_4)_2$	2.05×10^{-35}	α-NiS	3.2×10^{-19}
$Al(OH)_3$	1.3×10^{-33}	CuBr	6.27×10^{-9}	$Ni_3(PO_4)_2$	4.74×10^{-32}
$AlPO_4$	9.84×10^{-21}	CuC_2O_4	4.43×10^{-10}	$PbCO_3$	7.40×10^{-14}
$AlAsO_4$	1.6×10^{-16}	CuCl	1.72×10^{-7}	$PbCl_2$	1.70×10^{-5}
Al_2S_3	2×10^{-7}	CuI	1.27×10^{-12}	PbF_2	3.3×10^{-8}
AuCl	2.0×10^{-13}	CuS	6.3×10^{-36}	PbI_2	9.8×10^{-9}
AuI	1.6×10^{-23}	CuSCN	1.77×10^{-13}	$PbSO_4$	2.53×10^{-8}
$AuCl_3$	3.2×10^{-25}	Cu_2S	2.5×10^{-48}	PbS	8.0×10^{-28}
AuI_3	1×10^{-46}	$Cu_3(PO_4)_2$	1.40×10^{-37}	$Pb(OH)_2$	1.43×10^{-15}
$Au_2(C_2O_4)_3$	1×10^{-10}	$FeCO_3$	3.13×10^{-11}	$Sn(OH)_2$	5.45×10^{-28}
$BaCO_3$	2.58×10^{-9}	FeF_2	2.36×10^{-6}	SnS	1.0×10^{-25}
$BaCrO_4$	1.17×10^{-10}	$Fe(OH)_2$	4.87×10^{-17}	$SrCO_3$	5.60×10^{-10}
BaF_2	1.84×10^{-7}	$Fe(OH)_3$	2.79×10^{-39}	SrF_2	4.33×10^{-9}
$Ba(IO_3)_2$	4.01×10^{-9}	FeS	6.3×10^{-18}	$Sr(IO_3)_2$	1.14×10^{-7}
$BaSO_4$	1.08×10^{-10}	HgI_2	2.9×10^{-29}	$SrSO_4$	3.44×10^{-7}
BaS_2O_3	1.60×10^{-5}	HgS(black)	1.6×10^{-52}	$ZnCO_3$	1.46×10^{-10}
BaC_2O_4	1.6×10^{-7}	HgS(red)	4×10^{-53}	ZnF_2	3.04×10^{-2}
$Be(OH)_2$	6.92×10^{-22}	Hg_2Br_2	6.40×10^{-23}	$Zn(OH)_2$	3×10^{-17}
$BeMoO_4$	3.2×10^{-2}	Hg_2CO_3	3.6×10^{-17}	α-ZnS	1.6×10^{-24}
$BeCO_3\cdot 4H_2O$	1×10^{-3}	$Hg_2C_2O_4$	1.75×10^{-13}	β-ZnS	2.5×10^{-22}
$BiAsO_4$	4.43×10^{-10}	Hg_2Cl_2	1.43×10^{-18}	$Zn_3(PO_4)_2$	9.0×10^{-33}

注：本表资料主要引自 2005. Lange's Handbook of Chemistry(16th ed). New York：McGraw-Hill，1.331-1.342。

附录五　一些电对的标准电极电位(298.15K)

附表 5-1　酸性溶液中的标准电极电位

半反应	$\varphi_A^\ominus$ / V	半反应	$\varphi_A^\ominus$ / V
$Li^++e^- \rightleftharpoons Li$	−3.040	$Hg_2Cl_2+2e^- \rightleftharpoons 2Hg+2Cl^-$	0.2682
$K^++e^- \rightleftharpoons K$	−2.931	$Cu^{2+}+2e^- \rightleftharpoons Cu$	0.340
$Ba^{2+}+2e^- \rightleftharpoons Ba$	−2.92	$[Fe(CN)_6]^{3-}+e^- \rightleftharpoons [Fe(CN)_6]^{4-}$	0.361
$Ca^{2+}+2e^- \rightleftharpoons Ca$	−2.84	$[Ag(NH_3)_2]^++e^- \rightleftharpoons Ag+2NH_3$	0.373
$Na^++e^- \rightleftharpoons Na$	−2.71	$4H_2SO_3+4H^++6e^- \rightleftharpoons S_4O_6^{2-}+6H_2O$	0.507
$Mg^{2+}+2e^- \rightleftharpoons Mg$	−2.356	$Cu^++e^- \rightleftharpoons Cu$	0.520
$Be^{2+}+2e^- \rightleftharpoons Be$	−1.99	$I_2+2e^- \rightleftharpoons 2I^-$	0.5355
$Al^{3+}+3e^- \rightleftharpoons Al$	−1.676	$MnO_4^-+e^- \rightleftharpoons MnO_4^{2-}$	0.56
$Zr^{4+}+4e^- \rightleftharpoons Zr$	−1.55	$S_2O_6^{2-}+4H^++2e^- \rightleftharpoons 2H_2SO_3$	0.569
$Ti^{3+}+3e^- \rightleftharpoons Ti$	−1.21	$4HSO_3^-+8H^++6e^- \rightleftharpoons S_4O_6^{2-}+6H_2O$	0.577
$Mn^{2+}+2e^- \rightleftharpoons Mn$	−1.17	$Hg_2SO_4+2e^- \rightleftharpoons 2Hg+SO_4^{2-}$	0.614
$Zn^{2+}+2e^- \rightleftharpoons Zn$	−0.7626	$O_2+2H^++2e^- \rightleftharpoons H_2O_2$	0.695
$In^{3+}+e^- \rightleftharpoons In^+$	−0.444	$[PtCl_4]^{2-}+2e^- \rightleftharpoons Pt+4Cl^-$	0.758
$Fe^{2+}+2e^- \rightleftharpoons Fe$	−0.44	$Fe^{3+}+e^- \rightleftharpoons Fe^{2+}$	0.771
$Cr^{3+}+e^- \rightleftharpoons Cr^{2+}$	0.424	$Hg_2^{2+}+2e^- \rightleftharpoons 2Hg$	0.7960
$S+2e^- \rightleftharpoons S^{2-}$	−0.407	$Ag^++e^- \rightleftharpoons Ag$	0.7991
$Cd^{2+}+2e^- \rightleftharpoons Cd$	−0.403	$Hg^{2+}+2e^- \rightleftharpoons Hg$	0.8535
$PbSO_4+2e^- \rightleftharpoons Pb+SO_4^{2-}$	−0.356	$2Hg^{2+}+2e^- \rightleftharpoons Hg_2^{2+}$	0.911
$Tl^++e^- \rightleftharpoons Tl$	−0.336	$Pd^{2+}+2e^- \rightleftharpoons Pd$	0.915
$Co^{2+}+2e^- \rightleftharpoons Co$	−0.277	$NO_3^-+3H^++2e^- \rightleftharpoons HNO_2+H_2O$	0.94
$H_3PO_4+2H^++2e^- \rightleftharpoons H_3PO_3+H_2O$	−0.276	$Br_2(aq)+2e^- \rightleftharpoons 2Br^-$	1.087
$Ni^{2+}+2e^- \rightleftharpoons Ni$	−0.257	$ClO_3^-+3H^++2e^- \rightleftharpoons HClO_2+H_2O$	1.181
$V^{3+}+e^- \rightleftharpoons V^{2+}$	−0.255	$2IO_3^-+12H^++10e^- \rightleftharpoons I_2+6H_2O$	1.195
$2SO_4^{2-}+4H^++2e^- \rightleftharpoons S_2O_6^{2-}+2H_2O$	−0.25	$ClO_4^-+2H^++2e^- \rightleftharpoons ClO_3^-+2H_2O$	1.201
$N_2+5H^++4e^- \rightleftharpoons N_2H_5^+$	−0.23	$O_2+4H^++4e^- \rightleftharpoons 2H_2O$	1.229
$CO_2+2H^++2e^- \rightleftharpoons HCOOH$	−0.20	$MnO_2+4H^++2e^- \rightleftharpoons Mn^{2+}+2H_2O$	1.23
$AgI+e^- \rightleftharpoons Ag+I^-$	−0.152	$Tl^{3+}+2e^- \rightleftharpoons Tl^+$	1.25
$Sn^{2+}+2e^- \rightleftharpoons Sn$	−0.1375	$2HNO_2+4H^++4e^- \rightleftharpoons N_2O+3H_2O$	1.297
$Pb^{2+}+2e^- \rightleftharpoons Pb$	−0.1262	$HBrO+H^++2e^- \rightleftharpoons Br^-+H_2O$	1.341
$2H^++2e^- \rightleftharpoons H_2$	0.000	$Cr_2O_7^{2-}+14H^++6e^- \rightleftharpoons 2Cr^{3+}+7H_2O$	1.36
$[Co(NH_3)_6]^{3+}+e^- \rightleftharpoons [Co(NH_3)_6]^{2+}$	0.058	$Cl_2(aq)+2e^- \rightleftharpoons 2Cl^-$	1.396
$AgBr+e^- \rightleftharpoons Ag+Br^-$	0.071	$MnO_4^-+8H^++5e^- \rightleftharpoons Mn^{2+}+4H_2O$	1.51
$S_4O_6^{2-}+2e^- \rightleftharpoons 2S_2O_3^{2-}$	0.080	$MnO_4^-+4H^++3e^- \rightleftharpoons MnO_2+2H_2O$	1.70
$S+2H^++2e^- \rightleftharpoons H_2S$	0.144	$Ce^{4+}+e^- \rightleftharpoons Ce^{3+}$	1.72
$Sn^{4+}+2e^- \rightleftharpoons Sn^{2+}$	0.151	$H_2O_2+2H^++2e^- \rightleftharpoons 2H_2O$	1.763
$SO_4^{2-}+4H^++2e^- \rightleftharpoons H_2SO_3+H_2O$	0.158	$Au^++e^- \rightleftharpoons Au$	1.83
$Cu^{2+}+e^- \rightleftharpoons Cu^+$	0.159	$[Co(H_2O)_6]^{3+}+e^- \rightleftharpoons [Co(H_2O)_6]^{2+}$	1.92
$AgCl+e^- \rightleftharpoons Ag+Cl^-$	0.2223	$S_2O_8^{2-}+2e^- \rightleftharpoons 2SO_4^{2-}$	1.96
$HAsO_2+3H^++3e^- \rightleftharpoons As+2H_2O$	0.240	$F_2+2H^+ \rightleftharpoons 2HF^-$	3.053

注：本表资料主要引自 2005. Lange's Handbook of Chemistry(16th ed.). New York：McGraw-Hill。

附表 5-2　碱性性溶液中的标准电极电位

半反应	$\varphi_B^\ominus$ / V	半反应	$\varphi_B^\ominus$ / V
$Ca(OH)_2 + 2e^- \rightleftharpoons Ca + 2OH^-$	−3.026	$AsO_4^{3-} + 2H_2O + 2e^- \rightleftharpoons AsO_2^- + 4OH^-$	−0.67
$Mg(OH)_2 + 2e^- \rightleftharpoons Mg + 2OH^-$	−2.687	$TeO_3^{2-} + 3H_2O + 4e^- \rightleftharpoons Te + 6OH^-$	−0.415
$Al(OH)_3 + 3e^- \rightleftharpoons Al + 3OH^-$	−2.310	$CrO_4^{2-} + 4H_2O + 3e^- \rightleftharpoons Cr(OH)_4^- + 4OH^-$	−0.13
$B(OH)_4^- + 3e^- \rightleftharpoons B + 4OH^-$	−1.811	$O_2 + H_2O + 2e^- \rightleftharpoons HO_2^- + OH^-$	−0.076
$Mn(OH)_2 + 2e^- \rightleftharpoons Mn + 2OH^-$	−1.56	$IO_3^- + 3H_2O + 6e^- \rightleftharpoons I^- + 6OH^-$	0.257
$Sb + 3H_2O + 3e^- \rightleftharpoons SbH_3 + 3OH^-$	−1.338	$O_2 + 2H_2O + 4e^- \rightleftharpoons 4OH^-$	0.401
$Zn(OH)_4^{2-} + 2e^- \rightleftharpoons Zn + 4OH^-$	−1.285	$2ClO^- + 2H_2O + 2e^- \rightleftharpoons Cl_2 + 4OH^-$	0.421
$WO_4^{2-} + 2H_2O + 2e^- \rightleftharpoons WO_2 + 4OH^-$	−1.259	$FeO_4^{2-} + 2H_2O + 3e^- \rightleftharpoons FeO_2^- + 4OH^-$	0.55
$2SO_3^{2-} + 2H_2O + 2e^- \rightleftharpoons S_2O_4^{2-} + 4OH^-$	−1.13	$MnO_4^- + 2H_2O + 3e^- \rightleftharpoons MnO_2 + 4OH^-$	0.60
$WO_4^{2-} + 4H_2O + 6e^- \rightleftharpoons WO + 8OH^-$	−1.074	$MnO_4^{2-} + 2H_2O + 2e^- \rightleftharpoons MnO_2 + 4OH^-$	0.62
$SO_4^{2-} + H_2O + 2e^- \rightleftharpoons SO_3^{2-} + 2OH^-$	−0.936	$SbO_2^- + 2H_2O + 3e^- \rightleftharpoons Sb + 4OH^-$	0.639
$2H_2O + 2e^- \rightleftharpoons H_2 + 2OH^-$	−0.828	$Ag_2O_3 + H_2O + 2e^- \rightleftharpoons 2AgO + 2OH^-$	0.739
$Co(OH)_2 + 2e^- \rightleftharpoons Co + 2OH^-$	−0.733	$BrO^- + H_2O + 2e^- \rightleftharpoons Br^- + 2OH^-$	0.76
$Ni(OH)_2 + 2e^- \rightleftharpoons Ni + 24OH^-$	−0.72	$ClO^- + H_2O + 2e^- \rightleftharpoons Cl^- + 2OH^-$	0.890
$AsO_2^- + 2H_2O + 3e^- \rightleftharpoons As + 4OH^-$	−0.68	$O_3 + H_2O + 2e^- \rightleftharpoons O_2 + 2OH^-$	1.240

注：本表资料主要引自 2005. Lange's Handbook of Chemistry(16th ed.). New York：McGraw-Hill。

附录六　一些金属配合物的累积稳定常数

附表 6-1　一些金属配合物的累积稳定常数

配体及金属离子	$\lg\beta_1$	$\lg\beta_2$	$\lg\beta_3$	$\lg\beta_4$	$\lg\beta_5$	$\lg\beta_6$
氨(NH_3)						
Co^{2+}	2.11	3.74	4.79	5.55	5.73	5.11
Co^{3+}	6.7	14.0	20.1	25.7	30.8	35.2
Cd^{2+}	2.65	4.75	6.19	7.12	6.80	5.14
Fe^{2+}	1.4	2.2				
Mn^{2+}	0.8	1.3				
Cu^{2+}	4.31	7.98	11.02	13.32	12.86	
Hg^{2+}	8.8	17.5	18.5	19.28		
Ni^{2+}	2.80	5.04	6.77	7.96	8.71	8.74
Ag^{+}	3.24	7.05				
Zn^{2+}	2.37	4.81	7.31	9.46		
氯离子(Cl^-)						
Sb^{3+}	2.26	3.49	4.18	4.72		
Bi^{3+}	2.44	4.7	5.0	5.6		
Cu^{+}		5.5	5.7			
Pt^{2+}		11.5	14.5	16.0		
Hg^{2+}	6.74	13.22	14.07	15.07		
Au^{3+}		9.8				
Ag^{+}	3.04	5.04		5.30		
溴离子(Br^-)						
Bi^{3+}	4.30	5.55	5.89	7.82		
Cd^{2+}	1.75	2.34	3.32	3.70		
Pb^{2+}	1.2	1.9		1.1		

续表

配体及金属离子	$\lg\beta_1$	$\lg\beta_2$	$\lg\beta_3$	$\lg\beta_4$	$\lg\beta_5$	$\lg\beta_6$
Hg^{2+}	9.05	17.32	19.74	21.00		
Pt^{2+}				20.5		
Ag^{+}	4.38	7.33	8.00	8.73		
氰离子(CN^-)						
Au^{+}		38.3				
Cd^{2+}	5.48	10.60	15.23	18.78		
Cu^{+}		24.0	28.59	30.30		
Fe^{2+}						35
Fe^{3+}						42
Hg^{2+}				41.4		
Ni^{2+}				31.3		
Ag^{+}		21.1	21.7	20.6		
Zn^{2+}				16.7		
氟离子(F^-)						
Al^{3+}	6.10	11.15	15.00	17.75	19.37	19.84
Fe^{3+}	5.28	9.30	12.06			
Be^{2+}	5.1	8.8	12.6			
Cr^{3+}	4.41	7.81	10.29			
碘离子(I^-)						
Bi^{3+}	3.63			14.95	16.80	18.80
Hg^{2+}	12.87	23.82	27.60	29.83		
Ag^{+}	6.58	11.74	13.68			
Cd^{2+}	2.10	3.43	4.49	5.41		
Cu^{+}		8.85				
Pb^{2+}	2.00	3.15	3.92	4.47		
Ca^{2+}	4.6					
Cu^{2+}	6.7	9.0				
Mn^{2+}	5.7					
Ni^{2+}	5.8	7.4				
硫氰酸根(SCN^-)						
Fe^{3+}	2.95	3.36				
Hg^{2+}		17.47		21.23		
Au^{+}		23		42		
Ag^{+}		7.57	9.08	10.08		
Bi^{3+}	1.15	2.26	3.41	4.23		
Cd^{2+}	1.39	1.98	2.58	3.6		
Cr^{3+}	1.87	2.98				
Co^{2+}	−0.04	−0.70	0	3.00		
Cu^{+}	12.11	5.18				
Ni^{2+}	1.18	1.64	1.81			
硫代硫酸根($S_2O_3^{2-}$)						
Ag^{+}	8.82	13.46				
Hg^{2+}		29.44	31.90	33.24		
Cu^{+}	10.27	12.22	13.84			
Cd^{2+}	3.92	6.44				
Fe^{3+}	2.10					
Pb^{2+}		5.13	6.35			

续表

配体及金属离子	$\lg\beta_1$	$\lg\beta_2$	$\lg\beta_3$	$\lg\beta_4$	$\lg\beta_5$	$\lg\beta_6$
乙酸根(CH_3COO^-)						
Fe^{3+}	3.2					
Hg^{2+}		8.43				
Pb^{2+}	2.52	4.0	6.4	8.5		
氢氧根(OH^-)						
Al^{3+}	9.27			33.03		
Be^{2+}	9.7	14.0	15.2			
Bi^{3+}	12.7	15.8		35.2		
Cd^{2+}	4.17	8.33	9.02	8.62		
Cr^{3+}	10.1	17.8		29.9		
Cu^{2+}	7.0	13.68	17.00	18.5		
Fe^{2+}	5.56	9.77	9.67	8.58		
Fe^{3+}	11.87	21.17	29.67			
Pb^{2+}	7.82	10.85	14.58			61.0
Mn^{2+}	3.90		8.3			
Ni^{2+}	4.97	8.55	11.33			
柠檬酸根(按 L^{3-}配体)						
Al^{3+}	20.0					
Co^{2+}	12.5					
Cd^{2+}	11.3					
Cu^{2+}	14.2					
Fe^{2+}	15.5					
Fe^{3+}	25.0					
Ni^{2+}	14.3					
Zn^{2+}	11.4					
乙二胺($H_2NCH_2CH_2NH_2$)						
Co^{2+}	5.91	10.64	13.94			
Cu^{2+}	10.67	20.00	21.0			
Zn^{2+}	5.77	10.83	14.11			
Ni^{2+}	7.52	13.84	18.33			
Cr^{2+}	5.15	9.19				
Fe^{2+}	4.34	7.65	9.70			
Hg^{2+}	14.3	23.3				
Mg^{2+}	0.37					
Mn^{2+}	2.73	4.79	5.67			
Pb^{2+}		26.90				
草酸根($C_2O_4^{2-}$)						
Cu^{2+}	6.16	8.5				
Fe^{2+}	2.9	4.52	5.22			
Fe^{3+}	9.4	16.2	20.2			
Hg^{2+}		6.98				
Zn^{2+}	4.89	7.60	8.15			
Ni^{2+}	5.3	7.64	～8.5			
Mg^{2+}	3.43	4.38				
Mn^{2+}	3.97	5.80				
乙二胺四乙酸(EDTA)						
Ag^+	7.32					

续表

配体及金属离子	$\lg\beta_1$	$\lg\beta_2$	$\lg\beta_3$	$\lg\beta_4$	$\lg\beta_5$	$\lg\beta_6$
Al^{3+}	16.11					
Ba^{2+}	7.78					
Bi^{3+}	22.8					
Ca^{2+}	11.0					
Cd^{2+}	16.4					
Co^{2+}	16.31					
Co^{3+}	36					
Cr^{3+}	23					
Cu^{2+}	18.7					
Fe^{2+}	14.33					
Fe^{3+}	24.23					
Hg^{2+}	21.80					
La^{3+}	16.34					
Mg^{2+}	8.64					
Mn^{2+}	13.8					
Ni^{2+}	18.56					
Pb^{2+}	18.3					
Ti^{3+}	21.3					
Sn^{2+}	22.1					
V^{3+}	25.9					
Zn^{2+}	16.4					
2，2′-联吡啶(dipy)						
Ag^{+}	3.65	7.15				
Cd^{2+}	4.26	7.81	10.47			
Co^{2+}	5.73	11.57	17.59			
Cr^{2+}	4.5	10.5	14.0			
Cu^{+}		14.2				
Cu^{2+}	8.0	13.60	17.08			
Fe^{2+}	4.36	8.0	17.45			
Hg^{2+}	9.64	16.74	19.54			
Mn^{2+}	4.06	7.84	11.47			
1，10-邻菲啰啉(phen)						
Ag^{+}	5.02	12.07				
Ca^{2+}	0.7					
Cd^{2+}	5.93	10.53	14.31			
Co^{2+}	7.25	13.95	19.90			
Cu^{2+}	9.08	15.76	20.94			
Fe^{2+}	5.85	11.45	21.3			
Fe^{3+}	6.5	11.4	23.5			
Hg^{2+}		19.65	23.35			
Mg^{2+}	1.2					
Mn^{2+}	3.88	7.04	10.11			
Ni^{2+}	8.80	17.10	24.80			

注：本表数据主要录自 2005. Lange's Handbook of Chemistry(16th ed.). New York：McGraw-Hill。

汉英名词对照索引

G

H

J

K

L

W

X

Y

Z

其他